La Cité mystique de Dieu
Livres 5 et 6

Sœur Marie d'Agréda

La Cité mystique de Dieu
Livres 5 et 6

La Caverne du Pèlerin

La Cité mystique de Dieu, livres 5 et 6, par Sœur Marie d'Agréda. Réédition de 1857, traduite par le Père Thomas Croset, franciscain, et éditée par la Librairie de Mme Ve Poussielgue - Rusand. Des modifications mineures ont été apportées sur cette présente édition afin de rendre la lecture plus agréable.

Le but de cette édition est de perpétuer et de propager la Tradition de l'Église, au coût d'impression le plus bas possible et pour le bien du plus grand nombre.

Retrouvez tous nos livres sur www.lacavernedupelerin.fr

© La Caverne du Pèlerin, 2023
Texte de quatrième de couverture : Inspiré de la page Wikipedia sur Sœur Marie d'Agréda.
Image de quatrième de couverture : image symbolisant la Vierge Marie libre de droit et prise sur le site Pixabay.
Date de publication : 02/2023
ISBN : 9798378135974

Sœur Marie d'Agréda

La Cité mystique de Dieu

soit la vie de la Très Sainte Vierge Marie
manifestée par la même sainte Vierge à la Vénérable mère
Marie de Jésus d'Agréda
de l'Ordre de Saint-François

Traduite de l'espagnol par le R.P. Croset, Franciscain
Revue par un religieux du même ordre

Livres 5 et 6

Informations sur la précédente édition
Librairie de Mme Ve Poussielgue - Rosand
Rue Saint-Sulpice, 23
Paris
1857

Livre cinquième

Où l'on dépeint la perfection avec laquelle la très pure Marie imitait les opérations de l'âme de son très aimable fils, et comment ce divin législateur lui expliquait la loi de grâce, les vérités de la foi, les sacrements et le décalogue. — On y voit aussi avec quel zèle et avec quelle fidélité elle observait cette loi. — La mort de saint Joseph. — La prédication de saint Jean-Baptiste. — Le jeûne et le baptême de notre rédempteur. — La vocation des premiers disciples, et le baptême de Notre Dame la Vierge Marie.

Chapitre 1
Après le retour à Nazareth, le Seigneur éprouve la très pure Marie par une certaine sévérité et par une espèce d'absence. — But de cette épreuve.

712. Jésus, Marie et Joseph arrivèrent enfin à Nazareth, où leur pauvre maison fut changée en un nouveau ciel. Et si j'étais obligée de raconter les mystères qui se passèrent entre l'Enfant-Dieu et la très pure Mère, jusqu'à ce qu'il eût achevé la douzième année de son âge et commencé à prêcher au peuple, il me faudrait faire plusieurs livres, et encore cela ne me permettrait-il de dire que fort peu de chose, à cause de la grandeur ineffable de l'objet et de la bassesse d'une femme ignorante telle que je suis. J'entrerai néanmoins dans quelques détails, selon la lumière que j'ai reçue de cette grande Dame, passant toujours sous silence les choses les plus sublimes, parce qu'il n'est ni possible ni convenable de traiter toutes les vérités en ce

monde, la connaissance en étant réservée pour Celui que nous attendons.

713. Quelques jours après leur retour à Nazareth, le Seigneur détermina d'exercer sa très sainte Mère en la manière dont il l'avait exercée lorsqu'elle était dans son enfance (comme je l'ai marqué au second livre de la première partie, chapitre 27ᵉ), quoiqu'elle fût dans cette présente occasion plus forte dans la pratique de l'amour et dans la plénitude de la sagesse. Mais comme le pouvoir de Dieu est infini, et le cercle de son divin amour immense, et que la capacité de notre Reine surpassait celle de toutes les créatures, ce même Seigneur résolut de l'élever à un plus haut état de sainteté et de mérite. Et il voulut par-là, comme un véritable Maître spirituel, former une disciple si sage et si excellente, qu'elle fût ensuite une Maîtresse consommée et un exemplaire vivant de la doctrine de son Maître, comme elle le fut après l'ascension de son Fils, notre Seigneur, ainsi que je le dirai dans la troisième partie. Il était aussi convenable et même nécessaire pour l'honneur de notre Rédempteur Jésus-Christ, que sa doctrine évangélique, par laquelle et en laquelle il devait fonder cette nouvelle loi de grâce, si sainte, qu'on n'y peut trouver ni tache ni ride[1], prouvât aussitôt son efficace et sa vertu par la formation d'une simple créature en qui elle produisit ses effets dans une plénitude vraiment adéquate, et que toute la perfection possible fût donnée à cette créature, afin que ses semblables d'un rang inférieur pussent se modeler sur elle. Et il était raisonnable que cette créature fût la très pure Marie, comme étant la Mère et la plus proche du Maître de la sainteté.

714. Le Très-Haut détermina que notre divine Dame fût la première disciple de son école et l'aînée de la nouvelle loi de grâce, la parfaite image de son idée, et la matière choisie sur laquelle le sceau de sa doctrine et de sa sainteté serait imprimé comme sur une cire molle, afin que le Fils et la Mère fussent les deux tables véritables de la nouvelle loi[2] qu'il venait enseigner au monde. Et afin d'atteindre cette très sublime fin que la sagesse divine s'était proposée, le Seigneur découvrit à l'auguste Marie tous les mystères de la loi évangélique et de sa doctrine, et s'en entretint avec elle à leur retour d'Égypte, jusqu'à ce qu'il commençât à prêcher, comme nous le verrons plus loin. Le Verbe incarné et sa très sainte Mère s'occupèrent en ces profonds mystères l'espace de vingt-trois ans qu'ils demeurèrent à Nazareth, avant que le temps de la prédication de notre adorable Sauveur fût arrivé. Et c'est parce que tout cela regardait la divine Mère (dont les évangélistes n'ont point écrit la vie) qu'ils n'en ont fait aucune mention, excepté de ce qui arriva lors de la douzième année de l'Enfant Jésus, quand à Jérusalem il s'écarta de ses parents, comme le raconte saint Luc[3], et ainsi que je le dirai en son lieu. Pendant ce temps-là l'auguste Marie fut la seule disciple de son adorable Fils. Et outre les dons ineffables de sainteté et de grâce qu'il lui avait communiqués jusqu'alors, il lui donna une nouvelle lumière, et la fit participante de

---

1   Ep 5, 27.

2   Ex 31, 18.

3   Lc 2, 48, etc.

sa science divine, déposant en elle et gravant dans son cœur toute la loi de grâce, et la doctrine qu'il devait enseigner dans son Église évangélique, jusqu'à la fin du monde. Et cela se fit d'une manière si relevée, qu'il n'est pas possible de l'exprimer par des termes humains ; mais notre grande Dame en devint si savante, qu'elle aurait pu éclairer par son enseignement plusieurs mondes, s'ils eussent été créés.

715. Or le Seigneur voulant élever au-dessus de tout ce qui n'était pas Dieu cet édifice dans le cœur de sa très sainte Mère, en jeta les fondements en éprouvant la force de son amour et de ses autres vertus. C'est pourquoi il lui fit ressentir intérieurement ses absences, en la privant de sa vue habituelle, qui la remplissait d'une joie inaltérable et d'une consolation céleste qui répondait à ce bienfait. Je ne veux pas dire par là que le Seigneur l'abandonnât ; mais qu'étant avec elle et en elle d'une manière mystérieuse et par une grâce ineffable, il lui cacha sa présence et lui suspendit les très doux effets qui en découlaient ; notre auguste Princesse ignorait la cause aussi bien que le mode de changement, parce que sa Majesté ne lui découvrit point ses desseins. En outre, l'Enfant-Dieu, sans lui rien faire connaître, se montra plus sérieux qu'à l'ordinaire, et se trouvait corporellement moins souvent avec elle, car il se retirait à chaque instant, et ne lui adressait plus que quelques paroles, et encore était-ce avec un air imposant et d'un ton impérieux. Mais une chose plus affligeante pour elle, ce fut l'éclipse de ce soleil qui se répétait auparavant dans sa très sainte humanité, comme dans un miroir de cristal, où elle voyait ordinairement les opérations de son âme très pure ; de sorte qu'elle ne les pouvait plus considérer pour tâcher de copier cette image vivante, comme elle l'avait fait jusque-là.

716. Cette épreuve inattendue fut le creuset où l'or très pur du saint amour de notre grande Reine reçut un nouveau et juste prix. Car d'abord, surprise de ce qui lui était arrivé, elle eut aussitôt recours à l'humble estime qu'elle avait d'elle-même, et se croyant indigne de la vue du Seigneur qui venait de lui cacher sa présence, elle attribua le tout à son ingratitude, et à ce qu'elle n'avait pas donné au Père des miséricordes le retour qu'elle lui devait pour les bienfaits qu'elle avait reçus de sa main très libérale. Notre très prudente Reine ne s'affligeait point de ce que les douces consolations et les caresses ordinaires du Seigneur lui manquassent ; mais la crainte qu'elle avait de lui avoir déplu, ou d'avoir négligé son service et méconnu en quelque chose son bon plaisir, lui perçait l'âme de douleur. Un amour aussi véritable et aussi noble que le sien ne pouvait avoir d'autres sentiments ; car il ne s'emploie qu'à plaire à l'objet qu'il aime, et il ne sait goûter aucun repos, lorsqu'il ne le croit pas satisfait, parce qu'il ne trouve de consolation que dans le contentement de son bien-aimé. Ces amoureuses angoisses de la divine Mère étaient fort agréables à son très saint Fils, parce qu'elles renouvelaient son amour, et les tendres affections de son Unique et de son Élue lui pénétraient le cœur[4]. Mais quand sa très douce Mère le cherchait[5] et

---

4   Ct 4, 9.

5   Ct 3, 1.

voulait lui parler, il feignait par une amoureuse adresse de paraître toujours sérieux et réservé ; et par cette rigueur mystérieuse, le feu du très chaste cœur de la Mère élevait ses flammes comme la fournaise dans laquelle on jette quelques gouttes d'eau.

717. L'innocente colombe faisait des actes héroïques de toutes les vertus ; elle s'humiliait jusqu'à l'anéantissement, elle honorait son très saint Fils par de profondes adorations, elle bénissait le Père éternel, et lui rendait des actions de grâces pour ses œuvres et pour ses bienfaits, admirables ; se conformant à son bon plaisir divin, elle cherchait sa volonté sainte et parfaite pour l'accomplir en tout ; elle s'enflammait d'amour, de foi, d'espérance ; de sorte que de toutes ses œuvres s'exhalaient des parfums[6] dont respirait la délicieuse odeur le Roi des rois, qui reposait dans le cœur de cette très sainte Vierge, comme dans sa couche fleurie et odoriférante[7]. Elle persévérait dans une oraison continuelle avec des larmes, des gémissements et des soupirs redoublés, qui partaient du plus intime de son cœur ; elle répandait sa prière en la présence du Seigneur[8], exposait son affliction à sa divine clémence, et ne cessait de lui adresser des plaintes remplies d'une incomparable douceur et d'une douleur amoureuse.

718. « Créateur de l'univers, disait-elle, Dieu Éternel et Puissant, infini en sagesse et en bonté, incompréhensible en votre être et en vos perfections, je sais, mon souverain bien, que mes gémissements ne sont point cachés à votre sagesse[9], et que vous connaissez la blessure de mon cœur. Si j'ai manqué, comme une servante inutile, à votre service et à votre bon plaisir, pourquoi, vie de mon âme, ne me châtiez-vous pas par toutes les peines de la vie mortelle en laquelle je me trouve, plutôt que de me condamner à voir la sévérité de votre face, que mérite celui qui vous a offensé ? Toutes les douleurs me seraient indifférentes, mais je ne saurais me résigner à l'idée de vous voir irrité ; parce que vous seul, Seigneur, êtes ma vie, mon bien, ma gloire et mon trésor. Rien de tout ce que vous avez créé ne touche mon cœur, et les images sensibles ne sont entrées dans mon âme que pour me faire glorifier votre grandeur, et vous reconnaître comme le maître et le Créateur de toutes choses. Or que ferai-je, mon unique bien, si je suis privée de la lumière de mes yeux[10], de la fin de mes désirs, du guide de mon pèlerinage, de la vie qui me donne l'être, et de tout l'être qui me nourrit et me donne la vie ? Qui donnera une source de larmes à mes yeux[11], afin que je pleure de n'avoir pas profité de tant de biens que j'ai reçus, et d'avoir été si ingrate dans le retour que je devais ? Ô ma divine lumière, ma voie, mon guide et mon Maître, qui par la perfection et l'excellence su-

---

6   Ct 1, 11.

7   *Ibid.* 16.

8   Ps 141, 3.

9   Ps 37, 10.

10   Ps 37, 11.

11   Jr 9, 1.

réminente de vos œuvres, souteniez ma faiblesse et excitiez ma lâcheté ; si vous me cachez cet exemplaire, comment conformerai-je ma vie à votre bon plaisir ? Qui m'éclairera dans la nuit de ce bannissement ? Que ferai-je ? à qui aurai-je recours, si vous m'éloignez de votre protection ? »

719. Notre auguste Reine ne se trouvait pourtant pas soulagée par toutes ces tendres affections ; mais soupirant, comme un cerf blessé[12], après les très pures fontaines de la grâce, elle s'adressait aussi à ses saints anges, et dans les longs entretiens qu'elle avait avec eux, elle leur disait : « Princes célestes, favoris et amis intimes du souverain Roi, et mes gardes fidèles, au nom de la félicité inamissible que vous avez de voir toujours sa divine face dans la lumière inaccessible[13], je vous prie de me dire, en cas qu'il soit irrité, le sujet de sa colère. Intercédez aussi pour moi en son adorable présence, afin qu'il me pardonne, si par malheur je l'ai offensé. Représentez-lui, mes amis, que je ne suis que poussière, quoique formée de ses mains et marquée de son image[14] ; qu'il n'oublie pas pour toujours cette pauvre affligée[15], qui le glorifie et le loue avec humilité. Priez-le de calmer ma crainte, et d'animer la vie que je n'ai que pour l'aimer. Dites-moi par quels moyens je pourrai lui plaire, et mériter la joie de sa divine face ? — Notre Reine et Maîtresse, lui répondirent les anges, votre cœur est assez fort pour ne point se laisser vaincre à la tribulation, et vous savez mieux que nous combien le Seigneur est proche de celui qui est affligé et qui l'appelle dans ses besoins[16]. Il est sans doute attentif à vos souhaits, et ne méprise point vos plaintes amoureuses. Vous ne trouverez jamais en lui que le meilleur des Pères, et votre enfant unique se montrera toujours le plus tendre des fils à la vue de vos larmes. — Serait-ce une témérité, répliquait la plus aimante des mères, de me présenter devant lui ? Commettrais-je un excès d'audace en me prosternant pour lui demander pardon, si j'ai été assez malheureuse que de lui déplaire ? Que ferai- je ? Quel remède trouverai-je dans mes peines ? — Notre Roi, lui répondaient les princes célestes, ne rebute point un cœur humilié ; il le regarde avec complaisance, et il ne rejette jamais les soupirs de celui qui aime, ni les œuvres qu'il fait avec amour[17]. »

720. Les saints anges consolaient quelque peu leur Reine par ces réponses, dans lesquelles ils lui déclaraient en termes généraux l'amour du Tout-Puissant et la complaisance singulière avec laquelle il écoutait ses douces plaintes. Ils ne s'expliquaient pas davantage, parce que ce même Seigneur y voulait prendre ses délices[18]. Et quoique son très saint Fils, par l'amour naturel qu'il portait à une telle Mère

---

12   Ps 41, 2

13   Mt 18, 10 ; 1 Tm 6, 16.

14   Jb 10, 9.

15   Ps 73, 19.

16   Ps 4, 2 ; 90, 15 ; 37, 10.

17   Ps 50, 19 ; 100, 18.

18   Pr 8, 17.

comme homme véritable, s'attendrit plusieurs fois de la voir si affligée, il cachait néanmoins cette compassion sous un sérieux apparent. Il arrivait parfois que quand la très amoureuse Mère l'appelait à table, il ne bougeait pas, ou bien il y allait sans la regarder et sans lui dire un seul mot. Alors notre grande Reine versait beaucoup de larmes et représentait à son aimable Fils les amoureuses peines de son cœur, et elle s'exprimait, elle se comportait dans des cas pareils avec tant de modération, de prudence et de sagesse, que si par impossible Dieu était susceptible d'un sentiment d'admiration, il l'aurait éprouvé en voyant chez une simple créature une si grande plénitude de sainteté et de perfection. Mais l'Enfant Jésus, en tant qu'homme, ressentait une joie particulière à la vue des effets merveilleux que l'amour divin et la grâce produisaient en sa Mère Vierge. Et les saints anges lui donnaient une nouvelle gloire et lui offraient des cantiques de louanges pour ce prodige inouï de vertu.

721. La tendre et prévoyante Mère avait préparé pour l'Enfant Jésus une estrade que le patriarche saint Joseph avait faite, et elle n'y mit qu'une simple couverture ; car depuis que cet adorable Enfant fut sorti du berceau, lorsqu'ils étaient en Égypte ; il ne voulut point avoir de couche ni d'autres literies. Et encore ne s'y étendait-il pas et ne s'en servait-il pas toujours ; assez souvent il s'asseyait sur le bois nu, ne faisant que s'appuyer sur un pauvre coussin de laine, qu'avait arrangé notre Dame elle-même. Et quand elle voulut lui proposer de prendre un lit plus commode, le saint Enfant lui répondit qu'il ne devait se coucher et s'étendre que sur le lit de la croix, pour enseigner au monde par son exemple qu'on ne doit pas passer au repos éternel par celui que les habitants de Babylone aiment, et que pendant la vie mortelle la souffrance est un délice[19]. Dès lors notre divine Dame prit un soin tout particulier de l'imiter en cette manière de reposer. Quand le moment de se retirer était venu, la Maîtresse céleste de l'humilité avait coutume de se prosterner devant son très saint Fils, qui se tenait sur son estrade, et de lui demander chaque soir pardon de ne l'avoir pas mieux servi dans le cours de la journée, et de n'avoir pas répondu à ses bienfaits par assez de reconnaissance. Elle lui rendait de nouvelles actions de grâces pour toutes ses faveurs, et confessait, en versant des larmes abondantes, qu'il était véritablement le Dieu rédempteur du monde ; et elle ne se relevait point que son Fils ne le lui eût commandé et donné en même temps sa bénédiction. Elle pratiquait la même chose tous les matins, afin que le divin Maître lui ordonnât ce qu'elle devait faire pour son service pendant tout le jour ; et le divin Maître se prêtait aux désirs de sa Mère avec la plus tendre complaisance.

722. Mais à l'époque de cette épreuve il tint une tout autre conduite. Lorsque sa très innocente Mère l'abordait pour l'adorer, selon sa coutume, redoublant ses larmes et ses soupirs, il ne lui répondait pas un seul mot, il ne l'écoutait que d'un air sévère, et lui commandait ensuite de se retirer. On ne saurait dire quelles impressions causait dans le très candide cœur de l'amoureuse Mère de voir son

---

19   1 P 2, 21.

Fils Dieu et homme si changé en ses manières, si grave, si taciturne, et si différent dans tout son extérieur de ce qu'il était autrefois à son égard. Notre divine Dame examinait son intérieur, observait l'ordre de ses actions, pesait leurs qualités, leurs circonstances, et appliquait toute son attention et toute sa mémoire à cette revue de son âme et de ses puissances ; et quoiqu'elle n'y pût remarquer la moindre obscurité, parce que tout y était lumière, sainteté, pureté et grâce, néanmoins, comme elle savait que ni les cieux ni les étoiles ne sont purs aux yeux de Dieu, suivant l'expression de Job[20], et qu'il trouve de quoi reprendre dans les esprits les plus angéliques, notre grande Reine craignait que le Seigneur ne découvrît en elle quelque défaut qu'elle n'apercevait point. Et de cette crainte elle tombait dans des défaillances d'amour, d'un amour fort comme la mort[21], qui, quoique inspiré par la plus haute sagesse, fait souffrir à l'âme, dans ces accès de sainte jalousie, des tourments indicibles. Notre auguste Princesse passa plusieurs jours dans ce rude exercice, où son très saint Fils l'éprouva avec une satisfaction ineffable, et l'éleva à un état qui la rendit Maîtresse universelle des créatures, pour la récompenser de la fidélité et de la tendresse de son amour par un surcroît de grâces plus abondantes que celles dont elle était déjà comblée. Il arriva ensuite ce que je dirai dans le chapitre suivant.

Instruction que j'ai reçue de la Reine du ciel

723. Ma fille, je vois que vous désirez d'être la disciple de mon très saint Fils, surtout depuis que vous avez su et écrit comment je la fus. Je veux que vous appreniez, pour votre consolation, que l'adorable Sauveur n'a pas exercé une seule fois l'office de maître, et seulement dans le temps où, sous la forme humaine, il a enseigné sa doctrine telle qu'elle se trouve dans les Évangiles et dans son Église ; mais qu'il continue à remplir toujours le même office envers les âmes, et qu'il le remplira jusqu'à la fin du monde[22], en les corrigeant, les instruisant et leur inspirant ce qui est le meilleur et le plus parfait, afin qu'elles le mettent en pratique. C'est ce qu'il fait absolument envers toutes, quoiqu'elles reçoivent plus ou moins de lumières, selon sa divine volonté, et selon les dispositions plus ou moins bonnes dans lesquelles elles se trouvent. Si vous avez toujours profité de cette vérité, vous saurez par une longue expérience que le Seigneur ne dédaigne point d'être le maître du pauvre[23], ni d'enseigner le misérable et le pécheur, s'ils veulent être attentifs à ses leçons intérieures. Et puisque vous souhaitez maintenant de connaître la disposition que sa Majesté demande pour exercer à votre égard l'office de maître au degré que votre cœur désire, je veux vous l'indiquer de la part du même Seigneur, et vous assurer

---

20   Jb 4, 15 ; 25, 5 ; 4, 18.

21   Ct 8, 6.

22   Mt 28, 20.

23   Mt 11, 5.

que s'il vous trouve bien disposée, il répandra dans votre âme, comme un véritable et sage maître, sa sagesse, sa lumière et sa doctrine avec une grande plénitude.

724. Vous devez avoir en premier lieu la conscience pure et tranquille, et un soin continuel de ne tomber dans aucun péché, ni dans la moindre imperfection, en quelque circonstance que vous soyez placée. Vous devez aussi abandonner tout ce qui est terrestre, et faire tous vos efforts pour bannir de votre mémoire les images des choses visibles, afin de garder votre cœur dans la simplicité, dans la sérénité et dans le calme. Et quand vous aurez l'intérieur débarrassé, et libre des ténèbres et des idées grossières qui les causent, alors vous écouterez le Seigneur, vous prêterez l'oreille à sa voix, comme une fille bien-aimée qui oublie son peuple de cette Babylone remplie de vanité, la maison de son père Adam et toutes les mauvaises habitudes de sa vie passée ; et si vous êtes ainsi disposée, je vous assure qu'il vous fera entendre les paroles de la vie éternelle[24]. Il faut donc que vous l'écoutiez avec beaucoup de respect et avec une humble reconnaissance[25], que vous fassiez une très grande estime de sa doctrine, et que vous la pratiquiez avec une extrême ponctualité ; parce que rien ne saurait échapper à ce souverain Seigneur et Maître des âmes[26], et qu'il se retire avec dégoût, lorsque la créature ingrate néglige de lui obéir, et de reconnaître un si grand bienfait. Les âmes ne doivent pas croire que ces éloignements du Très-Haut leur arrivent toujours comme celui par lequel il m'éprouvait ; car chez moi, loin qu'il y eût faute, il n'y avait qu'un amour excessif ; mais à l'égard des autres créatures, en qui se trouvent tant de péchés, de négligences et de grossières ingratitudes, cette absence est ordinairement une peine et un châtiment qu'elles ont mérité.

725. Or, faites maintenant réflexion, ma fille, sur les manquements que vous pouvez avoir commis en ne faisant pas toute l'estime que vous deviez de la doctrine et de la lumière que vous avez reçues du divin Maître par un enseignement tout particulier aussi bien que par mes conseils et par mes avis. Commencez à modérer vos craintes désordonnées, et ne doutez plus que ce ne soit le Seigneur qui vous parle et qui vous enseigne, puisque la doctrine elle-même rend témoignage de sa vérité et vous assure que c'est lui qui en est l'auteur ; car elle est sainte, pure, parfaite et sans tache. Elle apprend ce qui est le meilleur et vous corrige du moindre défaut ; et en outre elle a l'approbation de vos supérieurs et de vos pères spirituels. Je veux aussi que, m'imitant en ce que vous avez écrit, vous ne vous dispensiez jamais de venir à moi tous les soirs et tous les matins, puisque je suis votre Maîtresse, et que vous me disiez vos fautes avec humilité et avec une parfaite contrition, afin que j'intercède pour vous et que, comme mère, j'en obtienne du Seigneur le pardon. Si vous commettez quelque faute ou quelque imperfection, reconnaissez-la aussitôt avec douleur, et priez le Seigneur, avec un ferme désir de vous en corriger,

---

24   Jn 6, 69.

25   Ps 44, 11.

26   He 4, 13.

qu'il vous la pardonne. Et si vous êtes fidèle à exécuter mes ordres, vous serez la disciple du Très-Haut et la mienne, comme vous le souhaitez, parce que la pureté de l'âme et la grâce sont la plus éminente et la plus juste disposition pour recevoir les influences de la lumière divine et la science infuse, que le Rédempteur du monde communique à ceux qui sont ses véritables disciples.

Chapitre 2
La très pure Marie découvre de nouveau les opérations de l'âme de son Fils,
notre Rédempteur, aussi bien que tout ce qui lui avait été caché ;
et cet adorable Seigneur commence à lui expliquer la loi de grâce.

726. L'esprit humain a longtemps disserté sur la nature, les propriétés, les causes et les effets de l'amour. Et si je voulais dépeindre l'amour saint et divin de notre Dame l'auguste Marie, il faudrait que j'ajoutasse beaucoup de choses à tout ce qui a été dit et écrit sur cette matière ; car après celui que l'âme de notre Seigneur Jésus-Christ a eu, on ne saurait trouver en toutes les créatures humaines et angéliques un amour qui approche de la noblesse et de l'excellence de celui dont la Reine du ciel a été partagée, puisqu'elle a mérité d'être appelée la Mère de la belle dilection[27]. L'objet, la matière du saint amour est toujours et partout unique ; c'est Dieu pour lui-même, et toutes les choses créées pour Dieu. Mais le sujet qui éprouve cet amour, les causes qui l'engendrent et les effets qu'il produit sont fort différents ; et tout cela atteignit chez notre grande Princesse le suprême degré auquel puisse arriver la simple créature. La pureté de cœur, la foi, l'espérance, la crainte sainte et filiale, la science et la sagesse furent en elle sans limites, de même que les bienfaits, le souvenir qu'elle en conserva, l'estime qu'elle en fit, et toutes les autres causes que l'amour saint et divin peut avoir. Cette flamme céleste n'est point produite ni allumée comme l'amour profane et aveugle, qui entre par les sens dépravés, et qui bientôt fait perdre la raison aux malheureux qu'il égare, car l'amour saint et pur pénètre par la très noble intelligence, et par la force de sa bonté infinie et de sa douceur ineffable, parce que Dieu, qui est la sagesse et la bonté même, veut être aimé non seulement avec douceur, mais aussi avec sagesse et avec connaissance de ce que l'on aime.

727. Ces amours ont plus de ressemblances dans les effets que dans les causes. Car s'ils ont une fois soumis le cœur et qu'ils y aient établi leur empire, ils n'en sortent qu'avec difficulté. Et de là naît la douleur que le cœur humain ressent quand il rencontre chez l'objet qu'il aime du dédain, de la froideur ou une moindre correspondance, parce que c'est ce qui l'oblige à renoncer à l'amour ; et comme d'un autre côté l'amour s'est tellement emparé du cœur, qu'il saurait difficilement en être banni, même avec le secours de la raison, cette cruelle tyrannie fait souffrir à ses esclaves les douleurs de la mort. Tout cela n'est que folie dans l'amour aveugle et mondain. Mais c'est une très haute sagesse dans l'amour divin, parce que, où l'on

---

27   Qo 24, 24.

ne peut trouver aucune raison pour s'empêcher d'aimer, la grande prudence est de chercher constamment de nouveaux motifs pour aimer avec plus d'ardeur et pour plaire à l'objet que l'on aime. Et comme la volonté emploie toute sa liberté dans cette entreprise ; plus elle aime librement le souverain Bien, moins elle se sent libre pour ne le pas aimer de sorte que la volonté étant la maîtresse et la reine de l'âme dans ce glorieux débat, la rend heureusement esclave de son amour même, et fait qu'elle ne veut et ne peut, pour ainsi dire, refuser cette libre servitude. Et si elle essuie quelque rebut de la part du souverain Bien qu'elle aime, elle souffre, par cette libre violence, les douleurs de la mort, comme étant privée de l'objet de la vie ; parce qu'elle ne vit qu'à cause qu'elle aime et qu'elle sait être aimée.

728. On peut comprendre par là jusqu'à un certain point ce que le cœur très ardent et très pur, de notre Reine souffrit par l'absence de l'objet de son amour qui la laissa si longtemps dans les craintes qu'elle avait de lui avoir déplu. Car cette auguste Dame étant un abrégé quasi immense d'humilité et d'amour divin, et ne sachant pas la cause de cette sévérité apparente de son bien-aimé, endura le martyre le plus doux et le plus rigoureux à la fois que les hommes ou les anges puissent imaginer. La seule Marie, qui fut la Mère du saint Amour[28], et qui l'eut dans le suprême degré possible en une simple créature, elle seule, dis-je, fut capable de souffrir ce supplice, qui surpassa toutes les peines des martyrs et toutes les pénitences des confesseurs. De sorte qu'en elle, fut accompli ce que dit l'Époux dans les Cantiques : *Quand même un homme donnerait tout ce qu'il possède pour l'amour, il croirait n'avoir rien donné*[29]. En effet, elle oublia tout ce qui est visible et créé aussi bien que sa propre vie dans cette occasion, et n'en fit aucun cas, ne cherchant que les moyens de regagner les bonnes grâces et l'amour de son très saint Fils et son Dieu, qu'elle craignait d'avoir perdus, quoiqu'elle en jouît toujours. Il n'est pas possible d'exprimer les peines et les soins qu'elle prit pour plaire à son aimable Fils et au Père éternel.

729. Elle passa dans ce pénible état trente jours, qui lui parurent durer des siècles ; car elle ne pouvait vivre un seul moment sans la satisfaction de son amour et de son bien-aimé. Et il nous semble que le cœur de notre doux Enfant Jésus ne pouvait pas non plus résister davantage à la force de l'amour qu'il portait à sa très pure Mère, parce que ce tendre Sauveur souffrait aussi une surprenante et douce violence en la tenant si longtemps dans l'affliction et dans la crainte. Il arriva que cette humble et auguste Reine se présenta un jour devant l'Enfant-Dieu, et, se prosternant à ses pieds avec beaucoup de larmes et des soupirs, elle lui dit : « Mon très doux amour et unique bien de mon âme, qu'est-ce que cette vile poussière comparée avec votre pouvoir immense ? Que peut toute la misère de la créature auprès de votre bonté infinie ? Vous êtes en tout au-dessus de notre bassesse, et nos imperfections aussi bien que nos défauts font un heureux naufrage dans l'océan

---

28   Qo 24, 24.

29   Ct 8, 7.

immense de votre miséricorde. Si je n'ai pas apporté à votre service tout le zèle que je confesse que je vous dois, châtiez mes négligences et pardonnez-les-moi ; mais faites, mon Fils et mon Seigneur, que je voie la joie de votre face, qui est mon salut, et cette lumière désirée qui me donnait la vie et l'être. Regardez cette pauvre créature prosternée dans la poussière à vos pieds ; je ne m'en relèverai point que je n'aie vu clairement le miroir dans lequel mon âme s'examinait. »

730. Notre grande Reine, humiliée devant son très saint Fils, lui dit ces paroles et lui exposa quelques autres raisons remplies de sagesse et de l'amour le plus ardent. Et comme cet adorable Seigneur désirait de la remettre dans ses délices plus encore qu'elle ne désirait d'y rentrer, il lui répondit avec beaucoup de complaisance : *Ma Mère, levez-vous*. Et ces mots, prononcés par Celui qui était la Parole du Père éternel, eurent tant d'efficace, qu'ils transformèrent instantanément la divine Mère et l'élevèrent à une très sublime extase, dans laquelle elle vit abstractivement la Divinité ; et elle y fut reçue du Seigneur avec de très doux embrassements et avec des paroles de père et d'époux ; de sorte qu'elle passa de la tristesse à la joie, de la peine à la jubilation, et de l'amertume aux plus suaves délices. Sa Majesté lui découvrit de profonds mystères qui regardaient la nouvelle loi évangélique. Et la très sainte Trinité, voulant la graver tout entière dans son cœur très candide, la destina pour être l'aînée et la première disciple du Verbe incarné, afin de former en elle comme l'exemplaire qui devait servir de règle aux apôtres, aux martyrs, aux docteurs, aux confesseurs, aux vierges et à tous les autres justes de la nouvelle Église et de la loi de grâce que le Verbe devait fonder pour la rédemption des hommes.

731. C'est à ce mystère que répond tout ce que notre auguste Princesse dit d'elle-même, et que la sainte Église lui applique au chapitre vingt-quatrième de l'Ecclésiastique, sous le symbole de la Sagesse divine. Je ne m'arrête point à expliquer ce chapitre, parce que, sachant le mystère que j'écris maintenant, on peut facilement conjecturer que tout ce que le Saint-Esprit y dit se rapporte à notre grande Dame. Il suffit de citer quelques passages du texte pour que tous pénètrent une partie d'un mystère si admirable. *Je suis sortie*, dit cette incomparable Reine, *de la bouche du Très-Haut, je suis née avant toutes les créatures. C'est moi qui ai fait naître dans le ciel une lumière qui ne s'éteindra jamais, et qui ai couvert la terre comme un nuage ; j'ai habité dans les lieux très hauts, et mon trône est dans une colonne de nuée. Seule j'ai parcouru le cercle des cieux, j'ai pénétré la profondeur des abîmes, j'ai marché sur les flots de la mer, et je me suis assise dans tous les lieux de la terre ; j'ai eu l'empire sur tous les peuples et sur toutes les nations ; j'ai foulé aux pieds par ma puissance les cœurs de tous les grands et de tous les petits ; et parmi toutes ces choses j'ai cherché un lieu de repos, et je demeurerai dans l'héritage du Seigneur. Alors le Créateur de l'univers m'a donné ses ordres et m'a parlé ; Celui qui m'a créée a reposé dans mon tabernacle, et il m'a dit : habitez dans Jacob, qu'Israël soit votre héritage, et étendez vos racines dans mes élus. J'ai été créée dès le commencement et avant les siècles ; je ne cesserai point*

d'être dans la suite de tous les âges, *et j'ai exercé en sa présence mon ministère dans la maison sainte. J'ai été ainsi affermie dans Sion, j'ai trouvé mon repos dans la Cité sanctifiée, et ma puissance s'est établie dans Jérusalem. J'ai pris racine dans le peuple que le Seigneur a honoré, le peuple dont l'héritage est la part de mon Dieu, et ma demeure se trouve dans l'assemblée des saints*[30].

732. L'Ecclésiastique, continuant à décrire les autres excellences de l'auguste Marie, dit aussi : *J'ai étendu mes branches comme le térébinthe, et mes branches sont des branches d'honneur et de grâce. J'ai poussé des fleurs d'une agréable odeur comme la vigne, et mes fleurs deviendront des fruits de gloire et d'abondance. Je suis la Mère du pur amour, de la crainte, de la science et de l'espérance sainte. En moi est toute la grâce de la voie et de la vérité, en moi est toute l'espérance de la vie et de la vertu. Venez à moi, vous tous qui me désirez avec ardeur, et vous serez remplis des fruits que je porte ; car mon esprit est plus doux que le miel, et mon héritage l'emporte sur le miel le plus excellent ; la mémoire de mon nom passera dans la suite de tous les siècles. Ceux qui me mangent auront encore faim, et ceux qui me boivent auront encore soif. Celui qui m'écoute ne sera point confondu ; et ceux qui agissent en moi ne pêcheront point. Et ceux qui me trouvent auront la vie éternelle*[31]. Ce que je viens de copier littéralement du chapitre de l'Ecclésiastique est plus que suffisant pour découvrir les excellences de la très pure Marie ; les âmes pieuses y apprendront tant de mystères qui la concernent, que leur force secrète les attirera à cette Mère de la grâce, et leur donnera quelque connaissance de la grandeur incompréhensible à laquelle l'enseignement de son adorable Fils l'a élevée par un décret de la bienheureuse Trinité. Cette auguste Princesse fut l'Arche véritable du nouveau Testament[32] ; et la surabondance de la sagesse et de la grâce dont elle est enrichie rejaillit et rejaillira sur les autres saints jusqu'à la fin du monde.

733. La divine Mère revint de son extase ; elle adora de nouveau son très saint Fils, et le pria de lui pardonner si elle avait commis quelque négligence à son service. Sa Majesté lui dit en la relevant de terre : « *Ma Mère, je suis fort satisfait de votre zèle, et je veux que vous vous prépariez de nouveau à recevoir les témoignages de ma loi. J'accomplirai la volonté de mon Père, et je graverai dans votre cœur la doctrine évangélique que je viens enseigner au monde. Et vous la mettrez, ma Mère, en pratique selon mes désirs et mes intentions*[33]. » La très pure Reine lui répondit : « *Faites, mon Fils et mon Seigneur, que je trouve grâce devant vos yeux*[34], et conduisez mes puissances par les droites voies de votre bon plaisir. Parlez, mon divin Maître, parce que votre servante vous écoute, et elle vous servira jusqu'à la mort. » Dans ce doux entretien, notre grande Reine découvrit tout l'intérieur et toutes les opérations de

---

30   Qo 24, 5, etc.

31   Qo 24, 22, etc.

32   Ap 11, 19.

33   Ps 118, 2.

34   Est 7, 3.

l'âme très sainte de Jésus-Christ ; et dès lors cette faveur augmenta tant du côté du sujet, qui était la divine disciple, que du côté de l'objet, parce qu'elle reçut une lumière plus claire et plus sublime ; de sorte qu'elle vit en son adorable Fils toute la nouvelle loi évangélique, tous ses mystères, tous ses sacrements et toute sa doctrine, telle que le Maître céleste l'avait conçue dans son entendement et déterminé dans sa volonté comme Rédempteur et Maître des hommes. À cette connaissance, qui fut réservée pour la seule Marie, le Seigneur en ajouta une autre ; car il l'instruisait verbalement et lui dévoilait le plus caché de sa sagesse[35], et ce que tous les hommes et tous les anges ensemble n'ont jamais découvert. Et comme elle apprit cette sagesse sans déguisement, elle en communiqua aussi sans envie toute la lumière[36], qu'elle répandit avant et surtout après l'Ascension de notre Seigneur Jésus-Christ.

734. Je vois bien qu'il faudrait parler ici des très profonds mystères qui se passèrent entre notre Seigneur Jésus-Christ et sa Mère jusqu'à ce qu'il commençât à prêcher, parce que toutes ces merveilles arrivèrent à la divine Mère dans le temps de l'enfance de cet adorable Seigneur ; mais j'avoue de nouveau ce que j'ai dit de mon incapacité et de celle de toutes les créatures pour un sujet si relevé. Il faudrait d'ailleurs, pour le traiter, écrire tous les mystères de l'Écriture Sainte, toutes lesvertus chrétiennes, toute la doctrine et toutes les traditions de la sainte Église ; la réfutation des hérésies, les décisions de tous les sacrés conciles, tout ce qui soutient l'Église, et tout ce qui la conservera jusqu'à la fin du monde, et plusieurs autres grands mystères de la vie et de la gloire des saints, parce que tout cela fut gravé dans le cœur très pur de notre grande dame ; aussi bien que tout ce que dit notre Rédempteur et Maître afin que la rédemption des hommes et la doctrine de son Église fussent abondantes ; ce qu'écrivirent les évangélistes, les apôtres, les prophètes et les anciens pères ; ce que firent ensuite tous les saints, les lumières que les docteurs reçurent ; ce que souffrirent les martyrs et les vierges, la grâce qu'ils obtinrent pour supporter leurs peines avec patience. Notre auguste Princesse connut distinctement et avec une grande pénétration toutes ces choses, et beaucoup d'autres qu'on ne saurait expliquer ; et, elle en témoigna au Père éternel comme auteur de tout, et à son Fils unique comme chef de l'Église, toute la reconnaissance possible à une simplecréature. J'essaierai, malgré mon insuffisance, d'en parler plus tard.

735. Quoiqu'elle fût occupée à de telles merveilles avec toute la plénitude qu'elles demandaient, étant fort attentive à son fils et à son Maître, elle ne négligeait jamais ce qui regardait son service corporel, et veillait soigneusement à ses besoins et à ceux de saint Joseph ; lorsqu'elle avait préparé leur repas, elle servait toujours son très saint fils à genoux et avec un respect incomparable. Elle faisait aussi que l'Enfant Jésus consolât de sa présence son père putatif autant que s'il eût été son père naturel. Et l'Enfant-Dieu obéissait à sa Mère, et se trouvait souvent

---

35   1 R 3, 10.

36   Ps 50, 8.

près de saint Joseph pendant le travail, auquel il ne cessait de se livrer pour entretenir à la sueur de son front le fils du Père éternel, aussi bien que sa Mère. Et à mesure que l'Enfant croissait, il aidait le saint patriarche suivant les forces de son âge ; et quelquefois il faisait des miracles, s'employant à des choses qui surpassaient les forces naturelles, afin de soulager davantage le saint époux dans son travail ; mais ces merveilles ne se passaient qu'entre eux trois.

Instruction que la Reine des anges me donna

736. Ma fille, je vous convie de nouveau à être dès à présent ma disciple et ma compagne en la pratique de la doctrine céleste, que mon très saint Fils a enseignée à son Église par le moyen des Évangiles et des Écritures Saintes. Je veux que vous prépariez votre cœur avec un nouveau zèle, afin que vous receviez comme une terre choisie la semence vive et sacrée de la parole du Seigneur, et que son fruit soit au centuple[37]. Soyez attentive à mes paroles, faites que votre plus fréquente lecture soit celle des Évangiles, et méditez dans le plus secret de votre âme sur la doctrine et sur les mystères que vous y découvrirez. Écoutez la voix de votre Époux et de votre Maître. Il engage tous les hommes à recueillir de sa bouche les paroles de la vie éternelle[38]. Mais la vie mortelle présente tant de dangers et tant de séductions, qu'il y a fort peu d'âmes qui veuillent les écouter et prendre le chemin de la lumière[39]. La plupart s'adonnent aux plaisirs que leur offre le prince des ténèbres ; et celui qui marche dans les ténèbres ne sait où il va[40]. Le Très-Haut vous appelle dans les voies de la véritable lumière ; marchez-y à ma suite, et vous obtiendrez l'accomplissement de vos désirs. Renoncez à tout ce qui est terrestre et visible ; détournez-en votre vue et votre attention ; méprisez toutes les fausses apparences ; évitez les occasions d'être connue ; faites en sorte que les créatures n'aient aucune place dans votre cœur ; gardez votre secret, et mettez votre trésor à couvert des tromperies humaines et diaboliques[41]. Vous viendrez à bout de tout, si, comme disciple de mon très saint Fils et la mienne, vous vous conformez avec la perfection convenable à la doctrine de l'Évangile que nous vous enseignons. Or, pour que cette doctrine vous mène à une fin si sublime, vous devez vous souvenir toujours du bienfait dont vous a prévenue la bonté divine en vous appelant à être, autant que votre faiblesse vous le permettra, la novice et la professe de l'imitation de ma vie, de ma doctrine et de mes vertus, en suivant en toutes choses mes traces, afin que vous passiez de cet état au noviciat le plus élevé et à la profession la plus parfaite de la religion catholique, en vous modelant par la pratique de la doctrine évangélique sur le Rédempteur

---

37   Lc 8, 8.

38   Jn 6, 69.

39   Mt 7, 14.

40   Jn 12, 35.

41   Is 24, 16 ; Mt 13, 44.

du monde, qui vous attirera par l'odeur de ses parfums dans les voies droites de sa vérité. La première condition pour être ma disciple, c'est d'être disposée à devenir celle de mon très saint Fils ; et l'un et l'autre vous doivent faire arriver au but final, qui consiste dans l'union de l'âme à l'être immuable de Dieu. Ces trois états sont des bienfaits d'un prix incomparable, qui vous mettent dans l'obligation d'être plus parfaite que les plus hauts séraphins. La droite du Tout-Puissant vous les a accordés, pour vous rendre capable de recevoir l'enseignement et vous élever à l'intelligence de ma vie, de mes œuvres, de mes vertus et de mes mystères, afin que vous les écriviez. Et le souverain Seigneur a bien voulu vous favoriser, par mon intercession et par mes prières, de cette grande miséricorde, sans que vous l'ayez méritée. Et j'ai rendu ces prières efficaces, en récompense de ce que vous avez soumis votre esprit craintif et lâche à la volonté du Très-Haut, et à l'autorité de vos supérieurs qui vous ont ordonné plusieurs fois d'écrire mon histoire. Le prix le plus avantageux et le plus utile à votre âme est celui que vous avez reçu dans ces trois états, ou chemins mystiques, très relevés, très mystérieux, très cachés à la prudence de la chair[42], et très agréables aux yeux de la Divinité. Ils renferment une science et des instructions très abondantes pour arriver à leur fin, comme vous l'avez appris et expérimenté. Faites-en un traité à part, car c'est la volonté de mon très saint Fils. Vous lui donnerez pour titre celui que vous avez annoncé dans l'introduction de cette Histoire, c'est-à-dire celui-ci : *Les Lois de l'épouse, les hautes Perfections de son chaste amour, et le Fruit tiré de l'arbre de la vie que cet ouvrage contient.*

Chapitre 3
L'auguste Marie et son saint époux Joseph allaient tous les ans à Jérusalem, selon la loi, et y menaient avec eux l'Enfant Jésus

737. Quelques jours après le retour de nos saints voyageurs à Nazareth, le temps arriva où le précepte de la loi de Moïse obligeait les Israélites de se présenter à Jérusalem devant le Seigneur. Ce commandement obligeait trois fois l'année, comme cela résulte de l'Exode et du Deutéronome[43]. Mais il n'obligeait que les hommes, et par conséquent les femmes pouvaient y aller par dévotion ou s'en dispenser, car la visite du Temple ne leur était ni commandée ni défendue. La divine Dame et son époux conférèrent ensemble sur ce qu'ils devaient faire dans ces occasions. Le saint souhaitait d'y mener la Reine du ciel et le très saint Enfant, pour l'offrir de nouveau au Père éternel, comme il le faisait toutes les fois qu'il allait dans le Temple. La très pure Mère y était aussi portée par sa dévotion et par le culte du Seigneur ; mais comme en cas semblable elle n'entreprenait rien sans le conseil de son Maître, le Verbe incarné, elle le consulta, sur le parti qu'il y avait à prendre. Après quoi il fut décidé que saint Joseph irait seul deux fois l'année à Jérusalem, et que la troisième ils iraient tous trois

---

42   Mt 11, 25.

43   Ex 23, 14 et 17 ; Dt 16, 1 etc.

ensemble. Ces fêtes solennelles, lors desquelles les Israélites se rendaient au Temple, étaient celle des Tabernacles, celle des Semaines, qui correspondait à la Pentecôte, et celle des pains sans levain, qui était la préparation de la Pâque[44]. Et c'est à celle-ci que le très doux Jésus, la très pure Marie et saint Joseph montaient ensemble à Jérusalem. Elle durait sept jours, et il y arriva ce que je dirai dans le chapitre suivant. Mais le saint patriarche assistait seul aux deux autres fêtes sans y mener l'Enfant ni la Mère.

738. Les deux fois par an que le saint époux Joseph allait à Jérusalem, il faisait ce voyage pour lui-même, pour sa divine épouse et au nom du Verbe incarné, dont les lumières et les faveurs le remplissaient de grâce, de dévotion et de dons célestes, et lui permettaient ainsi de faire au Père éternel l'offrande de l'hostie que sa Majesté lui laissait comme en dépôt jusqu'au temps qu'elle avait déterminé. Et en attendant, le saint, comme député du Fils et de la Mère (qui priaient pour lui à Nazareth), faisait des prières mystérieuses dans le temple de Jérusalem, et offrait le sacrifice de ses lèvres. Et comme il y offrait Jésus et Marie, cette offrande était plus agréable au Père éternel que toutes celles que le reste du peuple d'Israël lui pouvait offrir. Mais quand le Verbe incarné et la Vierge Mère se rendaient en la ville sainte pour la fête de Pâque, avec saint Joseph, ce voyage était beaucoup plus merveilleux pour lui et pour les courtisans du ciel, parce que les dix mille anges qui accompagnaient sous une forme humaine les trois voyageurs Jésus, Marie et Joseph, formaient toujours le long de la route cette très solennelle procession dont j'ai déjà parlé ; de sorte qu'ils s'y trouvaient tous avec la beauté éclatante et avec le profond respect qui leur étaient ordinaires, servant leur Créateur et leur Reine, comme je l'ai marqué en racontant leurs autres voyages. Celui-ci était presque de trente lieues, distance de Nazareth à Jérusalem. Et soit qu'ils y allassent, soit qu'ils s'en retournassent, l'ordre de cette procession et du service des saints anges était observé suivant lesbesoins et suivant la volonté du Verbe incarné.

739. Ils faisaient moins de chemin par jour dans ces voyages que dans les autres, parce qu'après leur retour d'Égypte, l'Enfant Jésus voulut les faire à pied ; de sorte qu'ils marchaient ainsi tous les trois. Il était par conséquent nécessaire d'aller plus lentement, car l'adorable Sauveur voulut dès lors se soumettre à la fatigue pour le service du Père éternel et pour notre salut ; et loin d'user desa puissance infinie pour éviter la peine de la marche, il cheminait comme un homme passible, permettant aux causes naturelles de produire leurs effets propres, ce qui avait lieu quand il se rendait sujet à la lassitude. Et quoique la première année en laquelle ils firent ce voyage, la divine Mère et son époux prissent soin de soulager l'Enfant-Dieu en le portant quelquefois entre leurs bras, ce n'était que pendant un moment, et dans la suite il alla toujours à pied. La très douce Mère ne s'y opposait point, parce qu'elle savait que c'était sa volonté d'endurer cette fatigue ; mais elle le menait d'ordinaire par la main, ou parfois le saint patriarche Joseph. Mais quand cet adorable Enfant

---

44   Dt 16, 13, 9, 8.

se lassait et s'échauffait, la très prudente et très amoureuse Mère se laissait attendrir d'une compassion naturelle, et souvent se mettait à pleurer. Elle lui demandait
alors comment il se trouvait du chemin, et lui essuyait la sueur de son divin visage
plus beau que les cieux et que leurs astres. Notre auguste Reine lui rendait ce service à genoux et avec un respect incomparable. Et le très saint Enfant lui répondait
d'une manière agréable, et lui exprimait la complaisance avec laquelle il supportait
ces peines pour la gloire de son Père éternel et pour le bien des hommes. Ils passaient la plus grande partie du temps dans ces entretiens et en des louanges divines,
comme ils faisaient dans les autres voyages que j'ai racontés.

740. Quelquefois notre grande Reine regardait les opérations intérieures de son
très saint Fils, et elle considérait en même temps la perfection de l'humanité divinisée, sa beauté et ses actions, dans lesquelles se révélait déjà sa divine grâce ; elle
voyait aussi comme il croissait en l'être et en la manière d'opérer comme homme
véritable ; la très prudente Dame repassait toutes ces choses dans son esprit[45], faisait des actes héroïques de toutes les vertus, et s'enflammait du divin amour. Elle
regardait aussi dans l'Enfant le Fils du Père éternel et le Dieu véritable ; et tout en
conservant la tendresse naturelle d'une mère véritable, elle lui rendait, l'honneur
et le respect qu'elle lui devait comme à son Dieu et à son Créateur ; et tout cela
se conciliait admirablement dans son cœur candide et très pur. Il arrivait parfois
que lorsque le divin Enfant marchait, le vent lui faisait flotter les cheveux (disons
en passant qu'ils ne devinrent jamais trop longs, et qu'il n'en perdit point un seul
jusqu'à ce que les bourreaux les lui arrachèrent), et à cette vue la très douce Mère
éprouvait de nouvelles impressions et des sentiments pleins de douceur et de sagesse. Mais quoi qu'elle fît, soit intérieurement, soit extérieurement, elle ne cessait
de ravir les anges et de complaire souverainement à son très saint Fils et Créateur.

741. Toutes les fois que le Fils et la Mère faisaient ce voyage, ils opéraient des
choses admirables pour le bien des âmes, car ils en convertissaient plusieurs à la
connaissance du Seigneur, et les retiraient du péché en les mettant dans le chemin de la vie éternelle. Ils le faisaient néanmoins d'une manière secrète, parce qu'il
n'était pas encore temps que le Maître de la vérité se manifestât. Mais comme la
divine Mère savait que c'était ce que le Père éternel avait recommandé à son très
saint Fils[46], et que ses œuvres devaient alors se produire sans éclat, elle y concourait comme un instrument caché de la volonté du Restaurateur du monde. Et notre
très prudente Maîtresse voulant se conduire en tout avec une plénitude de sagesse,
consultait toujours l'Enfant-Dieu sur tout ce qu'ils devaient faire dans ces voyages,
et lui demandaient par quels lieux et par quelles maisons ils devaient passer, et cela
parce qu'elle savait que son adorable Fils disposait dans ces circonstances les moyens
convenables pour opérer les merveilles que sa sagesse avait prévues et déterminées.

---

45   Lc 2, 19.

46   Jn 12, 49.

742. Quand ils s'arrêtaient pour passer la nuit soit dans une hôtellerie, soit à la campagne, où ils reposèrent plus d'une fois, l'Enfant-Dieu et sa très pure Mère ne se séparaient jamais. Notre grande Dame se trouvait toujours avec son Fils et son Maître, et elle était fort attentive à toutes ses actions pour les imiter. Il en était de même dans le Temple, où elle suivait les prières que le Verbe incarné adressait à son Père éternel, et voyait comme il s'humiliait dans son humaine infériorité, et reconnaissait avec un profond respect les dons qu'il recevait de la Divinité. La bienheureuse Mère entendait quelquefois la voix du Père qui disait : *Celui-ci est mon Fils bien-aimé en qui je me plais uniquement*[47]. Elle découvrait aussi quelquefois que son très saint Fils priait le Père éternel pour elle, et qu'il la lui présentait comme sa véritable Mère, et cette connaissance lui causait une joie indicible. Elle le voyait souvent prier pour le genre humain, et offrir ses œuvres et ses peines pour tant de hautes fins. Et toutes ses prières, elle les répétait en s'y associant pleinement.

743. Il arrivait aussi que les saints anges chantaient avec une harmonie céleste des hymnes au Verbe incarné, soit lorsqu'il cheminait, soit lorsqu'il entrait dans le Temple ; et l'heureuse Mère les entendait et pénétrait tous ces mystères, qui la remplissaient d'une nouvelle lumière et d'une sagesse sublime, et enflammaient son cœur de l'amour divin ; et le Très-Haut lui communiquait tant de nouvelles faveurs, qu'il ne m'est pas possible de les rapporter. Mais il la préparait par toutes ces grâces aux peines et aux afflictions qu'elle était destinée à souffrir ; car souvent, après tant de bienfaits admirables, il lui représentait, comme s'il avait déroulé un plan sous ses yeux, tous les affronts, toutes les ignominies et toutes les douleurs que son très saint Fils souffrirait dans la ville de Jérusalem. Et afin que ce spectacle lui fût plus sensible, cet adorable Seigneur avait accoutumé en ces moments-là de se mettre en prière en présence de sa très douce Mère ; et comme elle le regardait par la lumière de la divine sagesse, et qu'elle l'aimait comme son Dieu et comme son Fils véritable, elle était transpercée du glaive de douleur que Siméon lui avait prédit[48], et versait beaucoup de larmes, prévoyant les injures, les peines et la mort ignominieuse que son très doux Fils subirait , et considérant que cette beauté qui surpassait celle de tous les enfants des hommes, serait si fort défigurée, qu'il paraîtrait plus difforme qu'un lépreux[49], et que ses yeux seraient témoins de toutes ces horreurs. Mais l'Enfant-Dieu, voulant adoucir sa douleur, lui disait quelquefois d'y disposer son cœur par la charité qu'elle avait pour le genre humain, et d'offrir ces peines, qui les attendaient tous deux, au Père éternel pour le salut des hommes. Le Fils et la Mère faisaient conjointement cette offrande, que la très sainte Trinité recevait avec complaisance, et l'appliquaient spécialement aux fidèles, et surtout aux prédestinés, qui devaient profiter des mérites et de la rédemption du Verbe incarné.

---

47   Mt 17, 5.

48   Lc 2, 35.

49   Is 53, 3-4 ; Sg 2, 20 ; Ps 44, 3.

C'est à ces exercices que Jésus et Marie consacraient principalement le temps qu'ils mettaient pour aller visiter le Temple de Jérusalem.

Instruction que l'auguste Reine Marie me donna

744. Ma fille, si vous considérez avec une profonde attention l'étendue de vos obligations, la peine que je vous ai dit si souvent de prendre pour accomplir les commandements et la loi du Seigneur, vous paraîtra très légère et très douce[50]. Ce doit être le premier pas de votre pèlerinage, comme le principe et le fondement de toute la perfection chrétienne. Je vous ai enseigné plusieurs fois que les préceptes du Seigneur ne doivent pas être accomplis avec tiédeur et lâcheté, mais avec une dévotion fervente qui vous portera à ne pas vous contenter simplement d'une vertu commune, mais à vous adonner à la pratique de beaucoup d'œuvres surérogatoires, en ajoutant par amour ce que Dieu ne vous impose point par obligation ; car c'est une invention de sa sagesse pour rendre ses fidèles serviteurs et ses véritables amis plus agréables à sa Majesté, comme il veut que vous le soyez. Rappelez-vous, ma très chère fille, que le chemin de la vie mortelle à la vie éternelle est long, pénible et dangereux ; long par la distance[51], pénible par les obstacles, dangereux par la fragilité humaine et par la ruse des ennemis[52]. En outre le temps est court[53], la fin incertaine, et cette même fin est ou très heureuse ou très malheureuse, et l'une et l'autre sont irrévocables. Depuis le péché d'Adam, la vie animale et terrestre tyrannise ceux qui la suivent ; les chaînes des passions sont fortes, et la guerre est continuelle ; le plaisir par sa présence flatte les sens et les trompe aisément ; les choses qui conduisent à la vertu sont plus cachées en leurs effets et plus difficiles à connaître ; et tout cela joint ensemble rend le pèlerinage douteux quant à son issue, et sème la route de dangers et d'embûches[54].

745. Entre tous les périls, celui de la chair n'est pas le moindre, à cause de la faiblesse humaine ; c'est là un ennemi domestique toujours actif, qui fait déchoir beaucoup d'âmes de la grâce[55]. Le moyen, le plus court et le plus sûr de le vaincre, pour vous comme pour tout le monde, doit être de passer votre vie dans les amertumes, dans les afflictions et dans les peines, sans y jouir d'un moment de repos ni d'aucune satisfaction des sens, et de faire avec eux un pacte inviolable[56], en vertu duquel vous ne leur accordiez que ce que la nécessité exige ou ce que la raison permet. Outre cette précaution, vous devez aspirer toujours à ce qui sera le plus agréable au Seigneur, et à la dernière fin que vous souhaitez d'atteindre. C'est pourquoi il faut que vous vous ef-

---

50   Mt 11, 30.

51   3 R 19, 7.

52   Mt 7, 14.

53   1 Co 7, 29.

54   Qo 9, 2 ; 2, 8 ; Mt 25, 31, etc ; Jb 7, 20, 1.

55   Sg 4, 12.

56   Jb 31, 1.

forciez de m'imiter toujours, et si je vous recommande cette imitation, c'est par le désir que j'ai de vous voir arriver à la plénitude de la vertu et de la sainteté. Considérez la ferveur et la ponctualité avec lesquelles je faisais tant de choses, sans que le Seigneur me les eût commandées, mais parce que je savais qu'elles étaient de son bon plaisir. Redoublez avec ardeur les actes de vertu, les dévotions, les exercices spirituels. Dites en tout temps des prières au Père éternel pour le salut des hommes, et aidez-les par votre exemple et par d'utiles avis autant que vous le pourrez. Consolez les affligés, encouragez les faibles, tendez la main à ceux qui sont tombés, et offrez, s'il est nécessaire, votre sang et votre propre vie pour tous. Remerciez singulièrement mon très saint Fils, de ce qu'il souffre avec tant de mansuétude la noire ingratitude des hommes, sans cesser de les conserver et de les combler de bienfaits. Réfléchissez à l'amour invincible qu'il leur a porté et qu'il leur porte, et à la manière dont je partageais et je partage encore maintenant cette charité. Enfin je veux que vous suiviez votre divin Époux en une vertu si excellente, et moi aussi, puisque je suis votre Maîtresse.

Chapitre 4
L'Enfant Jésus étant dans sa douzième année, va avec ses parents à Jérusalem, et il reste dans le Temple sans qu'ils s'en aperçoivent[57]

746. Jésus, Marie et Joseph continuaient, comme je l'ai dit, de se rendre tous les ans au Temple pour y célébrer la pâque des pains sans levain ; et, par suite de cette habitude, ils allèrent à Jérusalem au moment où l'Enfant-Dieu atteignait sa douzième année, quand déjà il convenait qu'il commençât à faire paraître les splendeurs de son inaccessible lumière. Cette fête des pains sans levain durait sept jours, selon les prescriptions de la loi[58] ; mais le premier et le dernier jour étaient les plus solennels. C'est pour cela que nos très saints pèlerins passaient à Jérusalem toute cette semaine, solennisant la fête par le culte qu'ils rendaient au Seigneur, et par les prières que les autres Israélites avaient coutume de faire, quoiqu'ils fussent si distingués et si différents de tous les autres par le mystère qui cachait leur excellence. La bienheureuse Mère et son saint époux recevaient pendant ces jours, chacun de leur côté, de si grandes faveurs de la main libérale du Seigneur, qu'il n'est pas possible à l'entendement humain de les concevoir.

747. Le septième jour de la solennité étant passé, ils prirent le chemin de Nazareth. Et comme ils sortaient de la ville de Jérusalem, l'Enfant-Dieu quitta ses parents sans qu'ils s'en pussent apercevoir[59], et il demeura caché pendant qu'ils poursuivaient leur voyage, ne sachant pas ce qui leur arrivait. Dans cette circonstance, le Seigneur profita de la coutume et du grand concours des pèlerins ; car ils étaient si nombreux dans ces fêtes, qu'ordinairement ils se partageaient par troupes, et que

---

57   Lc 2.

58   Dt 16, 8.

59   Lc 2, 43.

les hommes se séparaient des femmes pour garder la bienséance convenable. Les enfants qu'on y menait allaient indifféremment avec leurs pères ou avec leurs mères, parce qu'il n'y avait en cela aucun danger d'indécence ; de sorte que dans cette occasion saint Joseph avait sujet de croire que l'Enfant Jésus accompagnait sa très sainte Mère, dont il ne s'éloignait jamais[60] ; et il ne pouvait pas supposer qu'elle fût partie sans lui, parce que cette divine Reine l'aimait et le connaissait bien mieux que toutes les créatures angéliques et humaines. Notre grande Dame n'avait pas des raisons aussi fortes pour se persuader que notre adorable Sauveur était avec le patriarche saint Joseph ; mais le Seigneur lui-même la divertit par d'autres pensées divines et saintes, afin qu'elle n'y prît pas garde dès le commencement, et qu'ensuite, lorsqu'elle remarquerait l'absence de son bien-aimé, elle crût que le glorieux saint Joseph le menait avec lui, et que ce souverain Maître avait voulu lui ménager cette consolation.

748. Marie et Joseph marchèrent dans cette pensée pendant tout un jour, comme dit saint Luc[61]. Et, comme on sortait de la ville par des endroits différents, les étrangers rejoignaient ensuite chacun sa femme ou sa famille. La très pure Marie et son époux se réunirent au lieu où ils devaient passer la première nuit après leur départ de Jérusalem. Alors cette grande Dame s'aperçut que l'Enfant-Dieu n'était point avec saint Joseph, comme elle le croyait, et que le patriarche ne le trouvait pas non plus avec sa Mère ; cela les mit tous deux dans un tel étonnement, qu'ils en perdirent presque la parole ; de sorte qu'ils restèrent un assez long temps sans se pouvoir parler. Et chacun se conduisant, de son côté, par sa très profonde humilité, s'accusait soi-même d'avoir par sa négligence perdu de vue le très saint Enfant, parce qu'ils ignoraient l'un et l'autre le mystère et les voies que sa Majesté avait prises pour l'exécuter. Les divins époux revinrent quelque peu de leur étonnement, et ils délibérèrent ensemble avec une extrême douleur sur ce qu'ils devaient faire. Et l'amoureuse Mère dit à saint Joseph : « Mon époux et mon Seigneur, je ne saurais avoir le cœur en repos si nous n'allons au plus tôt chercher mon très saint Fils. » Ils le firent de la sorte, en commençant par en demander des nouvelles parmi leurs parents et ceux de leur connaissance ; mais personne ne put leur en donner aucune ni adoucir leur douleur ; au contraire, ils la leur augmentèrent en leur répondant qu'ils ne l'avaient pas vu depuis qu'ils étaient sortis de Jérusalem.

749. La Mère, affligée, s'adressa à ses saints anges. Et ceux qui portaient cette admirable devise du très saint nom de Jésus (dont j'ai fait mention en parlant de la Circoncision) se trouvaient avec le même Seigneur ; les autres accompagnaient sa très pure Mère, et cela arrivait toutes les fois qu'ils se séparaient. La Reine du ciel interrogea ceux-ci, qui étaient au nombre de dix mille, et leur dit : « Mes amis et mes compagnons fidèles, vous pénétrez assez la juste cause de ma douleur ; je vous prie de me consoler dans une affliction si amère en me donnant quelque nouvelle

---

60   Lc 2, 44.

61   Lc 2, 44.

de mon bien-aimé, afin que je le cherche et que je le trouve[62]. Donnez, esprits célestes, quelque espoir à mon cœur désolé, qui, privé de son bien et de sa vie, semble me quitter pour l'aller chercher. » Les saints anges, qui savaient que c'était la volonté du Seigneur d'exercer dans cette occasion sa très sainte Mère pour augmenter ses mérites, et qu'il n'était pas encore temps de lui découvrir le mystère, tâchèrent, sans perdre de vue leur Créateur et notre Rédempteur, de la consoler par d'autres considérations ; mais ils ne lui dirent pas alors où son très saint Fils était, ni de quelles choses il s'occupait. Cette réponse des anges et les nouveaux doutes qu'ils causèrent à notre très prudente Dame redoublaient ses inquiétudes, ses larmes, ses soupirs et l'impatience qu'elle avait de chercher non la drachme perdue, comme cette femme de l'Évangile[63] ; mais tout le trésor du ciel et de la terre.

750. La Mère de la Sagesse formait dans son cœur diverses pensées. Elle se demanda d'abordsi Archélaüs, ayant eu quelque connaissance de l'Enfant Jésus, et imitant la cruauté de son père Hérode, ne l'aurait point fait prendre. Et, quoiqu'elle sût par les divines Écritures et par les révélations et l'enseignement de son très saint Fils que le temps de la mort de son Rédempteur et du nôtre n'était pas encore arrivé, néanmoins elle craignait qu'on ne l'eût mis en prison et qu'on ne le maltraitât[64]. Sa très profonde humilité la faisait aussi douter si par malheur son service ne lui aurait point été désagréable, et s'il ne se serait point retiré dans le désert avec son futur précurseur saint Jean. Puis, s'adressant quelquefois à son bien-aimé absent, elle lui disait : « Mon doux amour, la gloire de mon âme, le désir qui vous presse de souffrir pour les hommes et votre immense charité feront que vous n'éviterez aucune peine[65] ; au contraire, je crains, mon adorable Seigneur, que vous n'alliez au-devant de toutes les souffrances. Où irai-je ? Où est-ce que je pourrai vous rencontrer, lumière de mes yeux ? Voulez-vous que le glaive de douleur qui m'a séparée de votre présence m'arrache la vie[66] ? Mais je ne dois pas m'étonner, mon divin Maître, que vous châtiiez par votre absence celle qui n'a pas su profiter du bonheur de votre compagnie. Pourquoi, Seigneur, m'avez-vous fait goûter les douces caresses de votre enfance, si je dois être privée sitôt de votre aimable présence et de votre doctrine céleste ? Mais, hélas ! je ne puis pas mériter de vous avoir pour Fils et de vivre auprès de vous ici-bas ; ainsi j'avoue que je dois vous remercier d'avoir daigné m'accepter quelque temps comme esclave[67]. Que si étant, malgré mon indignité, votre Mère, je puis me prévaloir de ce titre pour vous chercher comme mon Dieu et mon souverain bien, permettez-moi, Seigneur, de le faire, et accordez-moi ce qui me manque

---

62   Ct 3, 2-3.

63   Lc 15, 8.

64   Sg 2, 13, etc. ; Is Lc 2 ; Jr 11, 18, etc. ; Dn 9, 26 ; Jn 7, 30.

65   He 10, 3, etc ; Lc 7.

66   Tb 10, 4.

67   Lc 1, 48.

pour mériter de vous trouver ; car je vivrai avec vous au désert, dans les peines, dans les afflictions, et en quelque endroit du monde que vous soyez, Seigneur, mon âme désire devenir, au prix de toutes les douleurs et de tous les tourments, jusqu'à un certain point digne soit de mourir, si je ne vous trouve pas, soit de vivre en votre service et en votre compagnie. Quand votre être divin se déroba à mon amour, il me resta la présence de votre aimable humanité ; et quoiqu'elle me montrât un air sérieux et sévère, et moins de marques de sa bienveillance qu'à l'ordinaire, j'avais la consolation de pouvoir me prosterner à vos pieds. Mais je suis maintenant privée de ce bonheur ; le Soleil qui m'éclairait s'est entièrement caché, et il ne me reste que les craintes et les gémissements. Ah ! vie de mon âme, que de profonds soupirs n'ai-je pas sujet de vous adresser ! mais ils ne sont pas dignes de votre grande clémence, puisque je ne sais où il sera donné à mes yeux de vous trouver. »

751. La très innocente colombe passa les trois jours pendant lesquels elle chercha le Sauveur du monde dans les larmes, dans les gémissements, sans reposer, sans dormir ni manger. Et, quoique les dix mille anges qui l'accompagnaient sous une forme humaine la vissent si affligée et si triste, ils ne lui dirent pas où elle trouverait le divin Enfant. Le troisième jour elle résolut de l'aller chercher au désert, où se tenait saint Jean ; car, n'apprenant rien qui lui fit présumer qu'Archélaüs eût fait prendre son très saint Fils, elle penchait à croire qu'il était près de son précurseur. Mais, quand elle voulut exécuter son dessein, les saints anges l'en dissuadèrent en lui disant que le Verbe incarné n'était point au désert. Elle se proposa aussi de se rendre à Bethléem, pour voir si par bonheur elle ne le trouverait point dans la grotte de la nativité. Les anges la détournèrent encore de ce voyage, en lui déclarant que le Seigneur n'était pas si loin. Et quoique la bienheureuse Mère inférât de ces réponses que les esprits célestes n'ignoraient point où était l'Enfant Jésus, elle fut si retenue et si humble, qu'elle ne leur demanda plus où elle le pourrait trouver, parce qu'elle crut que le Seigneur voulait qu'ils le lui cachassent. On voit par là avec combien de magnificence et de respect cette auguste Reine traitait les secrets du Très-Haut et ses ministres[68] ; car ce fut une des rencontres où elle put déployer toute la grandeur royale de son cœur magnanime.

752. La douleur que la très pure Marie eut dans cette occasion surpassa celle que tous les martyrs ensemble ont pu souffrir ; et elle y exerça aussi une patience et une résignation sans égale, parce que la perte de son très saint Fils, la connaissance qu'elle en avait, l'amour qu'elle lui portait et l'estime qu'elle en faisait étaient au-dessus de tout ce qu'on saurait concevoir. Sa perplexité était excessive, sans que, comme je l'ai dit, elle en connût la cause. En outre, le Seigneur la laissa pendant ces trois jours dans cet état commun, où elle avait accoutumé de se trouver quand, privée de ses faveurs singulières, elle était, pour ainsi dire, réduite à l'état de grâce ordinaire ; car, excepté la présence sensible des anges et les entretiens qu'elle avait

---

68   2 Ma 2, 9.

avec eux, il lui suspendit les autres bienfaits qu'il communiquait souvent à son âme très sainte. Par tout ce que je viens de dire, on comprendra un peu quelle devait être la douleur de la divine et amoureuse Mère. Mais, ô prodige de sainteté, de prudence, de force et de perfection ! dans une affliction si inouïe et dans une peine si extrême, elle ne se troubla point ; elle ne perdit ni la paix intérieure ni la paix extérieure ; elle n'eut aucune pensée de colère, ni aucun mouvement d'impatience, ni la moindre tristesse désordonnée, comme il arrive d'ordinaire dans les grandes afflictions aux autres enfants d'Adam, dont toutes les passions et les puissances se soulèvent même pour une petite contrariété. Mais la Maîtresse des vertus gouvernait et maintenait toujours les siennes dans un accord admirable. Et quoique la douleur dont son cœur était pénétré fût sans mesure, elle n'en resta pas moins mesurée dans toutes ses actions, ne cessant jamais de louer le Seigneur, de le prier pour le genre humain, et de lui demander la consolation de retrouver son très saint Fils.

753. Elle le chercha avec cette sagesse divine et avec une extrême diligence pendant trois jours, interrogeant et questionnant diverses personnes, signalant l'extérieur de son bien-aimé aux filles de Jérusalem, et allant par les rues et par les places de la ville ; de sorte que ce que Salomon dit de cette grande Dame dans les Cantiques fut accompli en cette occasion[69]. Quelques femmes lui demandaient à quelles marques on pourrait reconnaître l'Enfant qu'elle avait perdu ; et elle leur répondait en indiquant celles que l'Épouse avait données en sa noce : *Mon bien-aimé est blanc et vermeil, choisi entre mille*[70]. Il y en eut une entre autres qui, l'ayant entendue, lui dit : « Un enfant qui a les mêmes marques que vous dites s'est présenté hier à ma porte pour demander l'aumône, et je la lui ai donnée ; mais ses manières agréables et son extrême beauté m'ont ravi le cœur ; et, en lui faisant la charité, je sentis en mon âme une forte et douce impression, et une tendre compassion de voir un si bel enfant dans la pauvreté et sans asile. » Ce furent les premières nouvelles que la Mère affligée reçut de son Fils à Jérusalem. Et, respirant quelque peu dans sa douleur, elle continua de s'en informer, et quelques autres personnes lui dirent presque la même chose. Après qu'elle eut reçu ces nouvelles, elle alla à l'hôpital de la ville, croyant qu'elle y trouverait l'Époux et le Maître de la pauvreté parmi les pauvres comme parmi ses frères et ses amis légitimes[71]. Et, lorsqu'elle leur en demanda des nouvelles, ils lui dirent que l'Enfant qui avait toutes les marques qu'elle disait les avait visités pendant trois jours, leur portant quelques aumônes et les laissant fort consolés dans leurs afflictions.

754. Toutes ces nouvelles excitaient en notre divine Dame de très doux sentiments, qu'elle offrait du plus intime de son cœur à l'Enfant adorable qu'elle cherchait. Et ne l'ayant pas trouvé au milieu des pauvres, elle crut qu'il serait sans doute

---

69   Ct 5, 10-11 ; 3, 2.

70   Ct 5, 9-10.

71   Mt 25, 40.

au Temple, comme en la maison de Dieu, en la maison de prière. Les saints anges, répondant à cette pensée, lui dirent : « Reine et Maîtresse de l'univers, votre consolation est proche, vous verrez bientôt la lumière de vos yeux ; hâtez-vous d'aller au Temple. » Le glorieux patriarche saint Joseph rencontra en ce moment son épouse, car pour multiplier les chances de retrouver l'Enfant-Dieu, il avait dirigé ses recherches vers d'autres endroits. Il fut aussi averti par un autre ange de se rendre au Temple. Pendant ces trois jours, il avait couru dans tous les sens, tantôt avec sa divine épouse, tantôt seul, avec des fatigues excessives et une douleur inexprimable ; de sorte que sa vie aurait été dans un danger manifeste, si la main du Seigneur ne l'eût fortifié, et si notre très prudente Dame n'eut eu soin de le consoler dans son extrême affliction, et de lui faire prendre un peu de nourriture et de repos ; car le tendre et sincère amour qu'il portait à l'Enfant-Dieu lui inspirait un si vif désir de le retrouver, qu'il oubliait tout le reste. Or, par cet avis des Princes célestes, la très pure Marie et saint Joseph allèrent au Temple, où il arriva ce que je dirai dans le chapitre suivant.

Instruction que la Reine des anges me donna

755. Ma fille, les mortels savent par une fort longue expérience qu'on ne perd point sans douleur ce que l'on aime et que l'on possède avec plaisir. Cette vérité, si connue par l'épreuve qu'onen fait, devrait instruire les mondains et les faire rougir du peu d'amour qu'ils portent à leur Dieu et Créateur ; puisque d'un si grand nombre qui le perdent, il en est si peu qui s'affligent de l'avoir perdu, parce qu'ils n'ont jamais mérité de l'aimer, ni de le posséder en vertu de la grâce. Et comme la perte d'un bien qu'ils n'aiment point et qu'ils n'ont point possédé, ne les afflige pas, il en résulte que l'ayant perdu, ils ne se mettent pas fort en peine de le chercher. Mais il y a une grande différence entre la perte et l'absence du véritable bien ; en effet, ce n'est pas une même chose que Dieu se cache d'une âme pour éprouver son amour, et lui donner occasion d'avancer dans la vertu, ou qu'il s'en éloigne, en punition de ses péchés ; car le premier est une industrie de l'amour divin, et un moyen pour se communiquer davantage à la créature qui le désire et qui le mérite. Le second est un juste châtiment de la colère divine. Dans la première absence du Seigneur l'âme saintement inquiète s'humilie par un filial amour, qui lui fait craindre d'y avoir donné quelque sujet. Et quand même sa conscience ne lui reprocherait rien, le juste, dans ce cas, pénétré d'un sincère amour, apprécie mieux les conséquences de la perte dont il se voit menacé ; heureux de ce bonheur dont parle le Sage[72], il ne cesse de trembler de frayeur à la pensée d'une telle perte ; car l'homme ne sait jamais s'il est digne de l'amour ou de la haine de Dieu[73] ; et cette connaissance est réservée pour l'avenir. En attendant, les mêmes choses arrivent en général au juste et au pécheur, dans le cours de leur vie mortelle.

---

72   Pr 28, 11.

73   Qo 9, 1-2.

756. Le Sage dit que ce danger est le plus grand et le plus funeste, parmi tous les maux qu'il y a sous le soleil[74], parce que les impies et les réprouvés se remplissent de malice et s'endurcissent le cœur par une fausse et dangereuse sécurité, en voyant que les choses se passent de même pour eux et pour les autres, et qu'on ne peut distinguer avec certitude l'élu du réprouvé, l'ami de l'ennemi, le juste du pécheur, celui qui mérite la haine, de celui qui est digne d'amour[75]. Mais si les hommes écoutaient leur conscience sans passion, sans illusion, elle apprendrait à chacun la vérité, qu'il lui importe de savoir ; car lorsqu'elle reproche les péchés commis, c'est une insigne folie de ne point s'attribuer à soi-même les maux que l'on souffre, et de ne pas reconnaître sa misère, après avoir perdu la grâce et avec elle le souverain bien[76]. Et si leur raison était libre, ils avoueraient que la plus grande preuve de leur malheur serait de ne point ressentir avec une extrême affliction la perte ou la privation de la joie spirituelle, et des effets de la grâce ; car si une âme créée et destinée pour la félicité éternelle n'éprouve point ce regret, elle témoigne assez qu'elle ne la désire et qu'elle ne l'aime pas ; puisqu'elle ne la cherche point avec empressement[77], jusqu'à ce qu'elle parvienne à espérer qu'elle n'a point perdu le souverain bien par sa faute, du moins avec cette prudente certitude que comporte la vie mortelle.

757. Je perdis mon très saint Fils quant à la présence corporelle ; et quoique je conservasse l'espoir de le retrouver, l'amour que je lui portais, et le doute où j'étais de la cause de son absence, ne me laissèrent prendre aucun repos que je ne l'eusse rencontré. Je veux, ma très chère fille, que vous en fassiez de même quand vous le perdrez, soit par votre faute, soit par son amoureuse industrie. Et afin que cela n'arrive point en punition de votre négligence, vous devez vivre avec tant de ferveur, que ni l'affliction, ni les angoisses, ni la faim, ni les périls, ni la persécution, ni l'épée, ni la hauteur, ni la profondeur ne puissent jamais vous séparer de votre bien[78] ; puisque si vous lui êtes fidèle comme vous le devez être, et que vous ne veuilliez point le perdre, ni les anges, ni les principautés, ni les vertus, ni aucune autre créature ne saurait vous en priver[79]. Les chaines de son amour sont si fortes, que rien ne les peut rompre, si ce n'est la propre volonté de la créature.

Chapitre 5
Trois jours après, la très pure Marie et Joseph trouvèrent l'Enfant Jésus dans le Temple proposant des questions aux docteurs

758. Dans le chapitre précédent, j'ai répondu en partie au doute qu'on pouvait

---

74　*Ibid.* 3.

75　*Ibid.* 12.

76　Lc 12, 58.

77　Lc 15, 8.

78　Rm 8, 35.

79　Rm 8, 38.

avoir sur ce que, notre divine Reine accompagnant et servant son très saint Fils avec une vigilance si attentive, elle le perdit néanmoins de vue, et le laissa s'écarter dans Jérusalem. Et quoiqu'il suffise de dire que le Seigneur lui-même en voulut disposer de la sorte, j'ajouterai pourtant ici quelque chose de plus, pour expliquer comment cette séparation se fit, sans qu'il y eût aucune négligence volontaire de la part de l'amoureuse Mère. Il est certain qu'outre que l'Enfant-Dieu profita, pour disparaître, de la multitude du peuple qui assistait à la fête, il se servit aussi d'un autre moyen surnaturel, qui était presque nécessaire pour divertir l'attention de sa prudente Mère et fidèle compagne, sans cela elle aurait infailliblement remarqué que le Soleil qui la conduisait dans toutes ses voies s'en éloignait. Or il arriva que, pendant que les hommes se séparaient des femmes, comme je l'ai dit, le puissant Seigneur répandit en sa très pure Mère une vision intellectuelle de la Divinité, de sorte qu'il lui ra-vitoutes les puissances intérieures par la force de ce sublime objet, et l'éleva si fort au-dessus de ses sens, qu'elle n'en put user que pour poursuivre un assez long temps son chemin, et pour ce qui regarde le reste, elle se trouva par la vue du Seigneur tout abîmée dans la douceur de la divine consolation[80]. Saint Joseph eut pour se tranquilliser les raisons que j'ai dites ; et d'ailleurs, il fut aussi élevé à une haute contemplation qui lui rendit la pensée, et plus facile et plus mystérieuse, que l'Enfant allait avec sa Mère. Ce fut par ce moyen que cet adorable Enfant s'écarta de ses parents, et demeura à Jérusalem. Et lorsque notre Reine, ayant déjà beaucoup avancé son chemin, se trouva seule et sans son très saint Fils, elle crut qu'il était avec son père putatif[81].

759. Cette séparation eut lieu fort près des portes de la ville, d'où l'Enfant-Dieu s'en retourna à travers les rues ; et considérant alors par sa science divine tout ce qui lui devait arriver dans cette même ville, il l'offrit à son Père éternel pour le salut des âmes. Il demanda l'aumône pendant ces trois jours, pour anoblir dès lors l'humble mendicité, cette fille aînée de la sainte pauvreté. Il visita les hôpitaux, il y consola tous les pauvres, et partagea avec eux les aumônes qu'il avait reçues ; il rendit secrètement la santé du corps à plusieurs malades, et à beaucoup de personnes celle de l'âme, les éclairant intérieurement, et les mettant dans le chemin de la vie éternelle ; mais il opéra ces merveilles avec une plus grande abondance de grâce et de lumière en faveur de quelques-uns de ceux qui lui firent la charité, voulant accomplir par avance la promesse qu'il devait faire ensuite à son Église, l'assurant que celui qui reçoit un juste et un prophète en qualité de prophète, recevra la récompense due au juste[82].

760. Après qu'il se fut occupé de ces œuvres, et à plusieurs autres selon la volonté du Père éternel, il alla au Temple. Et au jour que l'évangéliste saint Luc indique[83], les rabbins, qui étaient les docteurs de la loi, s'assemblèrent en un lieu où ils discu-

---

80   Ct 5, 1.

81   Lc 2, 44.

82   Mt 10, 41.

83   Lc 2, 46.

taient quelques doutes et quelques passages des Écritures. Dans cette occasion on y disputait sur la venue du Messie ; car les nouveautés et les merveilles qui avaient suivi la naissance de saint Jean et la venue des rois mages, avaient beaucoup accrédité parmi les Juifs l'opinion que les temps étaient accomplis, et que, bien qu'il fût inconnu, le Messie devait déjà être au monde. Ils étaient tous assis en leurs places, avec cette autorité qui distingue d'ordinaire ceux qui passent pour savants. L'Enfant Jésus s'approcha de l'assemblée de ces docteurs ; et Celui qui était le Roi des rois, le Seigneur des seigneurs[84], la Sagesse infinie ; Celui qui redresse les sages[85], se présenta devant les savants du monde comme un humble disciple[86], faisant connaître qu'il ne venait que pour ouïr la dispute, et s'informer du sujet qu'on y proposait. Il s'agissait de savoir si le Messie promis était venu, ou si le temps de son avènement au monde était arrivé.

761. Les opinions des docteurs étaient fort opposées sur cet article ; les uns assuraient la chose, et les autres la niaient. Et ceux qui tenaient la négative alléguaient quelques témoignages desécritures, et des prophéties entendues avec la grossièreté que l'Apôtre remarque[87] ; car la lettre tue, si elle est prise sans l'esprit. Or ces sages à leurs propres yeux avançaient que le Messie devait venir avec une majesté et une grandeur de roi, pour donner la liberté à son peuple par la grandeur de sa puissance, et le délivrer temporellement de la servitude des gentils ; et l'on ne voyait alors aucune apparence de cette puissance et de cette liberté, dans l'impossibilité où les Hébreux étaient de secouer le joug des Romains. Ce sentiment eut beaucoup de vogue parmi ce peuple grossier et aveugle ; parce qu'il ne prenait que pour lui seul la Majesté et la grandeur du Messie promis, aussi bien que la rédemption qu'il venait par son pouvoir divin accorder à son peuple, s'imaginant qu'elle devait être temporelle et terrestre, comme l'attendent toujours les Juifs aveuglés par les ténèbres qui remplissent leurs cœurs[88]. Aujourd'hui même ils ne parviennent pas à comprendre que la gloire, la majesté et la puissance de notre Rédempteur, aussi bien que la liberté qu'il est venu donner au monde, ne sont point des choses terrestres, temporelles et périssables, mais célestes, spirituelles et éternelles, et qu'elles ne sont pas seulement pour les Juifs, quoiqu'ils en aient eu les prémices, mais pour tout le genre humain sans aucune exception.

762. Le Maître de la vérité, Jésus, reconnut que la dispute se terminait à cette erreur ; car quoiqu'il y en eût quelques-uns qui soutinssent l'opinion contraire, le nombre en était fort petit ; et ceux-là se trouvaient accablés par l'autorité et par les raisons des autres. Et comme cet adorable Seigneur était venu au monde pour

---

84   Ap 19, 16.

85   1 Co 1, 24.

86   Sg 7, 15.

87   2 Co 3, 6.

88   Is 6, 10 ; 2 Co 3, 15.

rendre témoignage à la vérité, qui était lui-même[89], il ne voulut pas permettre dans cette occasion, en laquelle il importait extrêmement de la découvrir, que l'erreur contraire prévalût par l'autorité des docteurs. Sa charité immense ne put point supporter cette ignorance de ses œuvres, et de ses fins très sublimes chez les interprètes de la loi, qui devaient être des ministres versés dans la véritable doctrine, pour enseigner au peuple le chemin de la vie, et lui en faire connaître l'auteur aussi bien que notre Rédempteur. L'Enfant-Dieu s'approcha davantage de l'assemblée, pour manifester la grâce qui était répandue sur ses lèvres[90]. Il s'avança au milieu des interlocuteurs avec une rare majesté et avec une beauté admirable, exprimant le désir de proposer quelque doute. Et par ses manières nobles et agréables il inspira à ces docteurs l'envie de l'écouter avec attention.

763. Il prit la parole en ces termes : « J'ai entendu toute la discussion qui a eu lieu sur la venue du Messie, et les conclusions qui en ont été tirées. Avant de proposer mes objections contre cette solution, j'établis que les prophètes disent qu'il viendra avec une grande puissance et une grande majesté, comme on vient de le prouver par les témoignages qu'on a allégués. En effet, Isaïe dit qu'il sera notre Législateur, notre Roi, et Celui qui sauvera son peuple[91] ; et dans un autre endroit il assure qu'il accourra de loin avec une grande fureur[92], ce que David confirme en disant qu'il consumera tous ses ennemis[93]. Daniel déclare que toutes les tribus et tous les peuples le serviront[94]. L'Ecclésiastique dit qu'une grande multitude de saints viendra avec lui[95]. Les Écritures sont remplies de semblables promesses, pour faire reconnaître son avènement à des signes assez clairs, assez évidents, si on les considère avec attention. Mais le doute est fondé sur la comparaison de ces passages avec d'autres passages des prophètes qui doivent être tous également vrais, bien qu'à la lettre ils paraissent contradictoires. Ainsi il faut nécessairement qu'ils accordent, et donner à chacun de ces passages un sens par lequel il puisse et doive se concilier avec les autres. Or comment entendrons-nous maintenant ce que dit le même Isaïe, qu'il viendra de la terre des vivants, et qui est-ce qui racontera sa génération ? qu'il sera rassasié d'opprobres, qu'il sera mené à la mort comme une brebis qu'on va égorger, et qu'il n'ouvrira point la bouche[96] ? Jérémie assure que les ennemis du Messie se réuniront pour le persécuter, pour mettre du poison dans son pain, et pour effacer

---

89　Jn 18, 37.

90　Ps 44, 3.

91　Is 33, 22.

92　Is 30, 27.

93　Ps 96, 3.

94　Dn 7, 14.

95　Qo 24. 3, etc.

96　Is 53, 8, 11, 7.

son nom de la terre, quoiqu'ils ne doivent point réussir dans leur dessein[97]. David a dit qu'il serait le rebut du peuple et l'opprobre des hommes, et qu'il serait foulé aux pieds et méprisé comme un ver de terre[98]. Zacharie, qu'il viendrait doux et humble, et monté sur un vil animal[99]. Tous les prophètes tiennent le même langage en parlant des marques que le Messie promis doit avoir. »

764. « Comment sera-t-il donc possible, ajouta l'Enfant-Dieu, d'accorder ces prophéties, si nous supposons que le Messie doive venir avec de puissantes armées et avec majesté, pour vaincre les rois et les monarques par la force et par l'effusion du sang des étrangers ? Nous ne pouvons pas nier que, devant venir deux fois, la première pour racheter le monde, et l'autre pour le juger, les prophéties ne doivent être appliquées à ces deux avènements, en attribuant à chacun ce qui lui appartient. Et comme les fins de ces mêmes avènements doivent être différentes, leurs circonstances le seront aussi, puisqu'il ne doit pas remplir le même office dans les deux cas, mais qu'au contraire les choses y seront fort opposées. Dans le premier il doit vaincre le démon et lui arracher l'empire qu'il a acquis sur les âmes par le premier péché. Et pour cela il doit d'abord satisfaire à Dieu pour tout le genre humain, et ensuite enseigner aux hommes par ses paroles et par ses exemples le chemin de la vie éternelle, les moyens de vaincre les ennemis de leur salut, comment ils doivent servir et adorer leur Créateur et Rédempteur, et de quelle manière ils sont obligés de répondre aux bienfaits qu'ils reçoivent de sa main libérale, et d'en faire un bon usage. Sa vie et sa doctrine doivent concourir à toutes ces fins dans le premier avènement. Le second aura lieu pour faire rendre compte à tous les hommes dans le jugement universel, et pour donner à chacun le prix dû à ses œuvres bonnes ou mauvaises ; et alors il punira ses ennemis avec fureur et indignation ; c'est ce que les prophètes disent du second avènement. »

765. « D'après toutes ces observations, si nous voulons supposer que le Messie paraîtra pour la première fois avec puissance et majesté, et que, comme le dit David[100], il règnera de la mer jusqu'à la mer, et que son règne sera glorieux, comme le disent d'autres prophètes[101], tout cela ne peut être entendu matériellement d'un règne temporel ni d'un appareil de majesté sensible et extérieur, mais d'un nouveau règne spirituel qu'il établira dans une nouvelle Église qui s'étendra partout l'univers avec majesté, avec puissance et avec des richesses immenses de grâce et de vertu contre le démon. Et avec cette juste interprétation, toutes les Écritures, qu'on ne saurait concilier dans un autre sens, se trouvent uniformes. Que si le peuple de Dieu est soumis à l'empire des Romains, sans pouvoir recouvrer son indépendance,

97   Jr 11, 19.

98   Ps 21, 7-8.

99   Za 9, 9.

100   Ps 71, 8.

101   Is 52, 6, etc ; Jr 30, 9 ; Ex 37, 22, etc. ; Za 9, 10.

ce n'est pas une marque que le Messie ne soit pas encore venu ; au contraire, c'est un témoignage infaillible qu'il est déjà au monde. Car notre patriarche Jacob a laissé cette marque afin que ses descendants le connussent, voyant la tribu de Juda sans le sceptre et sans le gouvernement d'Israël[102]. Or vous avouez maintenant que ni cette tribu ni les autres ne l'ont et n'espèrent même de le recouvrer. Les semaines de Daniel[103], qui doivent être nécessairement accomplies, prouvent la même chose. Et ceux qui ont de la mémoire se souviendront de ce que j'ai entendu dire, savoir, qu'une grande splendeur a paru il y a quelques années dans Bethléem à minuit, et qu'il fut dit à de pauvres pasteurs que le Rédempteur était né[104] ; et qu'ensuite certains rois guidés par une étoile vinrent de l'Orient, cherchant le Roi des Juifs pour l'adorer[105]. Et le tout était ainsi prophétisé[106]. De sorte que le roi Hérode, père d'Archélaüs, frappé de ces signes infaillibles, fit mourir un très grand nombre d'enfants, seulement dans l'espoir d'atteindre le Roi qui venait de naître, et qu'il voulait empêcher de pouvoir succéder au royaume d'Israël[107]. »

766. L'Enfant Jésus joignit d'autres raisons à celles-là, et ce fut avec l'efficace de Celui qui, en proposant des doutes, enseignait avec un pouvoir divin. De sorte que les scribes et les docteurs qui l'entendirent restèrent dans le silence[108] ; et, convaincus par ses raisons, ils se regardaient les uns les autres, et se disaient avec une grande admiration : Quelle merveille est celle-ci ? Quel Enfant si prodigieux ! D'où est-il sorti ? À qui appartient-il ? Mais demeurant dans cet étonnement, ils ne découvrirent point quel était Celui qui les instruisait avec tant de lumière d'une vérité si importante. L'auguste Marie et son très chaste époux saint Joseph arrivèrent à temps pour ouïr la fin de son discours. Et après qu'il l'eut achevé, tous les docteurs de la loi se levèrent avec une surprise extrême. Alors notre divine Dame, ravie de joie d'avoir retrouvé son trésor, s'approcha de son bien-aimé Fils, et en présence de toute l'assemblée lui dit ce que rapporte saint Luc[109] : *Mon Fils, comment en avez-vous usé ainsi avec nous ? Voici que nous vous cherchions, votre père et moi, fort affligés.* La divine Mère lui fit cette amoureuse plainte avec autant de respect que d'affection, l'adorant comme son Dieu, et lui représentant sa douleur comme à son Fils. Sa Majesté lui répondit : *Pourquoi me cherchiez-vous ? ne saviez-vous pas qu'il fallait*

---

102   Gn 49, 10.

103   Dn 9, 25.

104   Lc 2, 9, etc.

105   Mt 2, 1, etc.

106   Mi 5, 2 ; Ps 71, 10 ; Is 60, 6.

107   Mt 2, 16.

108   Lc 4, 32.

109   Lc 2, 47.

que je m'occupasse des choses qui regardent le service de mon Père[110] ?

767. L'évangéliste dit[111] que la très pure Marie et saint Joseph n'entendirent point le mystère de ces paroles, parce qu'il leur fut alors caché. Et cela provint de deux causes : d'une part, moissonnant dans la joie après avoir semé dans les larmes, ils furent tout absorbés par le bonheur de revoir leur riche trésor qu'ils avaient retrouvé. D'autre part ils n'arrivèrent pas assez tôt pour se mettre au courant de la matière qu'on avait traitée dans cette conférence. Outre ces raisons, il y en eut une autre pour notre très prudente Reine ; c'est, que le voile qui lui cachait l'intérieur de son très saint Fils, où elle eût pu connaître tout ce qui s'était passé, ne fut écarté de ses yeux que quelque temps après qu'elle l'eut retrouvé. Les docteurs se retirèrent, repassant en leur esprit les merveilles qu'ils venaient d'ouïr de la Sagesse éternelle, quoiqu'ils ne la connussent pas. De sorte que la bienheureuse Mère se trouvant presque seule avec son très saint Fils, lui dit avec une tendresse maternelle : « Permettez, mon Fils, à mon cœur défaillant (et ce disant elle l'embrassa) de vous découvrir sa peine, afin qu'elle ne m'ôte pas la vie si elle est de quelque utilité à votre service. Ne m'éloignez point de votre présence, acceptez-moi pour votre servante, et si je vous ai perdu par ma faute, je vous en demande pardon, et je vous prie de me rendre digne de vous, et de ne me point châtier par votre absence. » L'Enfant-Dieu la reçut avec complaisance, et lui promit d'être son maître et son compagnon tout le temps qu'il serait convenable. Ces douces paroles calmèrent le cœur innocent et enflammé d'amour de notre grande Reine, et ils prirent le chemin de Nazareth.

768. Mais lorsqu'ils se furent un peu éloignés de Jérusalem, et qu'ils se trouvèrent seuls sur la route, la très prudente Dame se prosterna, adora son très saint Fils, et lui demanda sa bénédiction, parce qu'elle ne l'avait pas fait extérieurement au moment où elle le trouva dans le Temple au milieu de la foule ; tant elle était attentive à ne perdre aucune occasion d'agir avec la plénitude de sa sainteté. L'Enfant Jésus la releva de terre et lui parla avec un air fort agréable et avec la plus grande douceur. Ensuite il écarta le voile mystérieux et lui découvrit de nouveau son âme très sainte et ses opérations avec plus de clarté qu'auparavant. De sorte que la divine Mère apprit dans cette contemplation de l'intérieur de l'Enfant-Dieu toutes les œuvres sublimes qu'il avait faites pendant les trois jours de son absence. Elle y vit également tout ce qui s'était passé dans la conférence des docteurs, ce que l'Enfant Jésus leur dit, et les raisons qu'il eut pour ne pas se manifester avec plus d'éclat comme le véritable Messie ; et cet adorable Enfant révéla à sa Mère Vierge plusieurs autres mystères, comme à celle en qui tous les trésors du Verbe incarné devaient être mis en dépôt, afin qu'elle rendît pour tous et en tous le retour de gloire et de louanges qui étaient dues à l'auteur de tant de merveilles. Et cette très sainte Dame s'en acquitta selon le bon plaisir du Seigneur. Après quoi elle pria sa Majesté de reposer un peu dans la cam-

---

110   *Ibid.* 49.

111   *Ibid.* 50.

pagne, et de prendre quelque nourriture. Et le divin Enfant en accepta des mains de notre auguste Reine, qui prenait soin de tout comme Mère de la Sagesse[112].

769. La divine Mère s'entretenait chemin faisant, avec son très doux Fils, des mystères qu'il lui avait découverts dans son intérieur touchant la conférence des docteurs. Et le Maître céleste l'informa de nouveau verbalement de ce qu'il avait appris par révélation ; et lui déclara notamment que ces docteurs et ces scribes n'avaient point reconnu en lui le Messie, à cause de la présomption et de la vanité qu'ils tiraient de leur science, parce que leur entendement était obscurci par les ténèbres de l'orgueil, qui les avaient empêchés de recevoir la divine lumière que l'Enfant-Dieu avait si bien fait briller à leurs yeux ; car ses raisons auraient suffi pour les convaincre s'ils eussent eu leur volonté disposée par l'humilité et par le désir de la vérité. C'est à cause des obstacles qu'ils lui opposèrent qu'ils ne la reconnurent pas, malgré son évidence. Notre Rédempteur convertit un grand nombre d'âmes dans ce voyage. Et comme sa très sainte Mère était présente, il l'employait pour instrument de ces merveilles ; ainsi il éclairait les cœurs de tous ceux à qui elle parlait, au moyen des sages avis et des saintes instructions de notre auguste Princesse. Ils rendirent la santé à plusieurs malades, ils consolèrent les affligés, et ils ne perdirent aucune occasion convenable de répandre partout où ils allaient la grâce et les miséricordes. Et comme j'ai décrit, dans les autres voyages que j'ai racontés, des merveilles semblables à celles-ci, je ne m'y arrête pas plus longtemps, car le récit en exigerait plusieurs chapitres, et je suis forcée de passer à d'autres points de cette histoire qui sont plus importants.

770. Ils arrivèrent à Nazareth, où ils s'occupèrent comme je le dirai dans la suite. L'évangéliste saint Luc[113] renferme dans peu de paroles les mystères de leur vie, lorsqu'il dit que l'Enfant Jésus était soumis à ses parents (c'est-à-dire à sa très sainte Mère et à son époux Joseph), et que sa divine Mère repassait et conservait toutes ces choses dans son cœur, et que Jésus croissait en sagesse[114], en âge et en grave devant Dieu et devant les hommes, ce dont je parlerai plus tard, selon les lumières qui me seront données. Je dis seulement ici que l'humilité et l'obéissance de notre Seigneur Jésus-Christ envers ses parents furent pour les anges un nouveau sujet d'admiration, aussi bien que la dignité et l'excellence de sa très pure Mère, qui mérita que Dieu humanisé lui fût confié et assujetti, afin qu'elle en prît soin avec l'aide de saint Joseph, et qu'elle en disposât comme d'une chose qui lui appartenait. Et quoique cette soumission et cette obéissance fussent comme une conséquence de la maternité naturelle ; néanmoins, pour user envers son Fils de ses droits et de son autorité de Mère, comme supérieure en cette qualité, il lui fallut une grâce différente de celle qu'elle reçut pour le concevoir et pour l'enfanter. De sorte que l'auguste Marie eut avec plénitude les grâces convenables et proportionnées pour tous

---

112   Qo 24, 24.

113   Lc 2, 51.

114   *Ibid.* 52.

ces ministères et offices ; plénitude tellement surabondante qu'elle débordait sur l'âme du bienheureux époux saint Joseph, afin qu'il fût aussi le digne père putatif de Jésus-Christ et chef de cette très sainte famille.

771. Notre illustre Princesse répondait de son côté par des œuvres sublimes à l'obéissance et à la soumission que son bien-aimé Fils lui témoignait. Entre autres dons excellents elle eut alors une humilité quasi incompréhensible, et une ardente reconnaissance de ce que sa Majesté eût daigné retourner avec elle et demeurer en sa compagnie. Cette faveur, que notre divine Reine estimait des plus grandes et dont elle se croyait même indigne, accrut dans son très fidèle cœur son amour et son zèle à servir son adorable Fils. Et elle lui en témoignait sa gratitude avec tant de ferveur, elle ne cessait de le servir avec tant d'attention, de ponctualité et d'empressement, et cela toujours à genoux, qu'elle excitait l'admiration des plus hauts séraphins. En outre, elle était très soigneuse à l'imiter dans toutes ses actions, telles qu'elle les connaissait, et elle s'appliquait de toutes ses forces d'abord à étudier, puis à reproduire ses exemples. Elle blessait par cette plénitude de sainteté le cœur de notre Seigneur Jésus-Christ[115], et elle le tenait, pourrions-nous dire, captif dans les chaînes d'un amour invincible[116]. Et cet adorable Seigneur étant ainsi attiré, comme Dieu et comme Fils véritable, par les doux charmes de l'incomparable Princesse, il se trouvait entre le Fils et la Mère une correspondance mutuelle et un divin cercle d'amour et d'œuvres qui surpassaient tout ce que l'entendement créé peut concevoir. Car tous les fleuves des grâces et des faveurs du Verbe incarné entraient dans l'auguste Marie, comme dans l'océan des perfections, et cette mer ne regorgeait point, parce qu'elle était assez vaste pour les recevoir ; mais ces fleuves retournaient à leur source[117], où l'heureuse Mère de la Sagesse les renvoyait, afin qu'ils coulassent encore, comme si ces flux et ces reflux de la Divinité n'eussent été établis qu'entre l'Enfant-Dieu et sa Mère. C'est ici le mystère de ces humbles reconnaissances de l'Épouse, si souvent mentionnées dans les Cantiques : *Mon bien-aimé est tout à moi, et je suis toute à lui ; il se plaît infiniment parmi les lis, jusqu'à ce que le jour commence à paraître et que les ombres soient dissipées. Je suis à mon bien-aimé, et mon bien-aimé est à moi ; je suis à mon bien-aimé, et ses regards sont vers moi*[118].

772. Il était comme inévitable que le feu de l'amour divin dont brûlait le cœur de notre Rédempteur, qui est venu l'allumer sur la terre[119], trouvant à sa portée une matière disposée comme l'était le cœur très pur de sa Mère, causât par son activité extraordinaire des effets si sublimes, que le même Seigneur qui les avait opérés fût le seul qui pût aussi les connaître. On doit remarquer ici une chose qui m'a été ré-

---

115   Ct 2, 9.

116   Os 11, 4.

117   Qo 1, 7.

118   Ct 2, 16-17 ; 6, 2 ; 7, 10.

119   Lc 12, 49.

vélée : c'est que le Verbe incarné ne mesurait point les témoignages extérieurs de l'amour qu'il portait à sa très sainte Mère sur son inclination naturelle de fils, mais sur la capacité de mérites que présentait notre auguste Reine comme voyageuse, parce que cet adorable Seigneur savait que s'il l'eût favorisée dans ces démonstrations autant qu'il aurait été naturellement porté à le faire par affection filiale envers une telle Mère, elle eût été en quelque sorte empêchée, par la jouissance continuelle des délices qu'elle eût goûtée dans le commerce de son bien-aimé, de gagner tous les mérites qui lui étaient destinés. C'est pourquoi il réprima jusqu'à un certain point ce penchant naturel de son humanité, et voulut que sa divine Mère, quoiqu'elle fût parvenue à une sainteté si éminente, continuât à agir, à souffrir, à mériter, en étant quelquefois privée de la douce récompense qu'elle aurait pu recevoir par les faveurs sensibles de son très saint Fils. C'est pourquoi encore l'Enfant-Dieu montrait plus de réserve et de sévérité, même dans la conversation ordinaire. Et quoique notre diligente Dame le servit toujours avec un souverain respect, et lui fournit toujours avec le plus vif empressement tout ce dont il pouvait avoir besoin, notre aimable Sauveur ne manifestait pas toute la satisfaction que lui inspirait la sollicitude de sa Mère.

Instruction que la Reine du ciel me donna

773. Ma fille, toutes les œuvres de mon très saint Fils et les miennes sont pleines d'une mystérieuse doctrine et de salutaires leçons pour les mortels, s'ils les considèrent avec une attention respectueuse. Sa Majesté s'absenta de moi afin que, la cherchant avec douleur et avec larmes, je la retrouvasse avec beaucoup de joie[120] et de profit pour mon âme. Je veux que, m'imitant en ce mystère, vous cherchiez le Seigneur avec une angoisse telle, qu'elle vous maintienne dans une vigilance continuelle et ne vous laisse vous reposer nulle part pendant toute votre vie, jusqu'à ce que vous l'ayez trouvé et que vous ne puissiez plus le perdre[121]. Or, afin que vous pénétriez mieux le secret du Seigneur, il faut que vous remarquiez que sa sagesse infinie conduit de telle sorte les créatures capables de sa félicité éternelle, qu'elle les met dans le chemin de cette même félicité, mais à une grande distance et avec l'incertitude d'y jamais arriver, afin que, tant qu'elles n'y parviennent pas, elles ne cessent de vivre dans l'inquiétude et dans une sainte tristesse, afin que cette inquiétude fasse naître en elles une crainte et une horreur continuelles du péché, qui est la seule chose qui puisse la leur faire perdre[122] ; et que, dans le tumulte de la conversation humaine, elles ne se laissent point entraîner ni enlacer par les choses visibles et terrestres. Le Créateur seconde leurs précautions en soutenant la raison naturelle par les vertus de foi et d'espérance, qui servent d'aiguillon à l'amour, par lequel les créatures cherchent et atteignent leur dernière fin. Et, indépendamment

---

120   Ps 125, 5.

121   Ct 3, 4.

122   Qo 9, 2.

du secours de ces vertus et des autres dont il dépose le germe dans le baptême, il envoie à l'âme des inspirations qui l'excitent, dans l'absence du même Seigneur, à ne point l'oublier en s'oubliant elle-même pendant qu'elle est privée de son aimable présence, mais, au contraire, à poursuivre sa course jusqu'à ce qu'elle parvienne au but désiré, où elle verra tous ses goûts satisfaits et tous ses vœux accomplis[123].

774. Vous comprendrez par-là la crasse ignorance des mortels, dont si peu s'arrêtent à considérer l'ordre mystérieux de leur création et de leur justification, et les œuvres du Très-Haut tendant à une fin si sublime. Les plus grands maux que les créatures souffrent proviennent de cet oubli, qui leur fait prendre possession des biens terrestres et des plaisirs trompeurs comme s'ils devaient être leur félicité et leur dernière fin. C'est le plus grand désordre où ils puissent tomber contre l'ordre du Créateur, parce que les hommes veillent, durant leur vie si courte et si fugitive, à jouir des choses visibles comme si elles étaient leur dernière fin, tandis qu'ils ne devraient user des créatures que pour acquérir le souverain bien, et non point pour le perdre. Or, pesez, ma très chère fille, ce danger de la folie humaine, et regardez comme un écueil funeste tout ce que le monde offre d'agréable et de séduisant ; dites aux joies des sens qu'elles ne font que les tromper[124], engendrer la folie, enivrer le cœur, empêcher et détruire toute véritable sagesse. Soyez toujours dans une sainte crainte de perdre la vie éternelle, et, jusqu'à ce que vous l'ayez acquise, ne vous réjouissez que dans le Seigneur. Fuyez la conversation des mortels, redoutez ses dangers ; et si Dieu vous met par le moyen de l'obéissance dans quelque péril pour sa gloire, tout en comptant sur sa protection, ayez soin de ne pas vous négliger et de vous tenir sur vos gardes. Ne livrez pas votre naturel confiant à l'amitié ni au commerce des créatures ; c'est là que pour vous se trouve le plus grand danger ; car le Seigneur vous a donné une humeur douce et reconnaissante, afin qu'il vous soit plus facile de ne point résister à ses opérations, et que vous employiez à son amour, le bienfait que vous en avez reçu. Mais si, vous donnez l'entrée à l'amour des créatures, elles vous entraîneront sans doute et vous éloigneront du souverain Bien, de sorte que vous renverserez l'ordre et les œuvres de sa sagesse infinie ; car c'est une chose indigne de consacrer le plus riche don de la nature à un objet qui n'en soit pas le plus noble et le plus excellent. Élevez-vous au-dessus de tout ce qui est créé et au-dessus de vous-même[125]. Rehaussez les opérations de vos puissances, et montrez-leur comme le plus sublime de tous les objets l'être de Dieu, celui de mon Fils bien-aimé et votre Époux, qui surpasse en beauté tous les enfants des hommes[126] ; aimez-le de tout votre cœur, de toute votre âme et de tout votre entendement.

---

123   Ps 16, 17.

124   Qo 2.

125   Lm 3, 28.

126   Ps 44, 2.

Chapitre 6

Dans la douzième année de l'Enfant Jésus, l'auguste Marie eut une vision
pour continuer en elle l'image et la doctrine de la loi évangélique.

775. J'ai commencé à raconter dans les chapitres premier et second de ce livre ce que je dois continuer dans celui-ci et dans les autres qui suivent, mais non sans une juste crainte de l'obscurité et de la faiblesse de mes termes, et surtout de la tiédeur de mon cœur pour traiter des profonds mystères qui se passèrent entre le Verbe incarné et sa bienheureuse Mère pendant les dix-huit années qu'ils demeurèrent à Nazareth, et qui s'écoulèrent depuis leur retour de Jérusalem, après la conférence des docteurs, jusqu'à l'époque où notre Seigneur, âgé de trente ans, se mit à prêcher. Troublée et effrayée au bord de cette mer immense de mystères, je supplie du fond de l'âme le souverain Maître de charger un ange de prendre la plume, afin qu'un sujet si sublime ne soit point avili ; à moins qu'il ne veuille, dans sa puissance et dans sa sagesse, parler lui-même par mon organe, éclairer et diriger mes facultés, afin qu'étant guidées par sa divine lumière elles servent seulement d'instrument à sa volonté et à sa vérité, sans se ressentir de la fragilité humaine inhérente à la condition d'une femme ignorante.

776. J'ai dit dans les chapitres que je viens de citer que notre grande Dame fut la première disciple de son très saint Fils, l'unique et l'élue entre toutes les créatures pour être l'image choisie en qui la nouvelle loi de l'Évangile et de son auteur devait être imprimée, afin qu'elle servît dans sa nouvelle Église comme de seul modèle que tous les autres saints devraient reproduire, et qui renfermerait tous les effets de la rédemption humaine. Le Verbe incarné agit dans cette occasion comme un excellent peintre qui possède les secrets de son art dans toutes ses parties, et qui tâche, entre plusieurs de ses ouvrages, d'en achever un avec tant de perfection et de délicatesse, qu'il établisse sa réputation, qu'il atteste son rare talent, et qu'il reste comme le type de ses autres tableaux. Il est certain que toute la sainteté et la gloire des saints fut l'œuvre de l'amour de Jésus-Christ et de ses mérites[127] ; car ils furent tous les très parfaits ouvrages de ses mains mais, comparés avec la grandeur de l'auguste Marie, ils ne semblent que des ébauches, parce que tous les saints eurent quelques défauts qu'il fallut corriger[128]. Il n'y eut que cette seule image vivante de son adorable Fils qui en fut exempte ; et le premier coup de pinceau qu'il donna en la formant fut plus excellent et plus délicat que les retouches qu'exigèrent les plus sublimes esprits et les plus grands saints. Elle est le modèle de toute la sainteté et de toutes les vertus des autres ; le dernier terme que pût atteindre l'amour de Jésus chez une simple créature, car aucune créature ne reçut en grâce ou en gloire ce qui ne put être donné à l'incomparable Marie, et elle reçut tout ce qui put être donné aux autres ; de sorte que son très béni Fils lui donna tout ce qu'elle put recevoir et qu'il put lui communiquer.

777. La variété des saints, aussi bien que leurs différents degrés, exaltent dans le

---

127   Ep 1, 8 ; Jn 1, 16.

128   1 Jn 1, 8.

silence l'ouvrier de tant de sainteté[129] ; les petits augmentent la grandeur des grands, et ils honorent tous ensemble la très pure Marie, qui les surpasse glorieusement par son incomparable sainteté, et au bonheur de laquelle ils participent sous le rapport sous lequel ils l'ont imitée ; pour concourir à cet ordre, dont la perfection rejaillit sur tous. Et si l'auguste Marie est le couronnement qui a relevé tout l'ordre des justes, par là même elle a été l'instrument ou le motif de la gloire que tous les saints ont à un certain degré. Il suffit de considérer le temps que notre Seigneur Jésus-Christ mit à travailler en elle, et celui qu'il employa en tout le reste de l'Église, pour découvrir, quoique de loin, son excellence dans le mode qu'il suivit pour former cette image de sa sainteté. Car pour fonder l'Église et l'enrichir, pour appeler les apôtres, pour en-seigner le peuple et pour établir la nouvelle loi de l'Évangile, il ne fallut que trois ans de prédication, pendant lesquels il accomplit surabondamment cette œuvre que son Père éternel lui avait recommandée[130], et il justifia et sanctifia tous les fidèles ; mais pour imprimer en sa bienheureuse mère l'image de sa sainteté, il n'employa pas seule-ment trois ans, mais trente ans, pendant lesquels il opéra continuellement en elle par la force de son amour et de sa puissance divine, sans aucun intervalle où il ait cessé d'ajouter grâces sur grâces, dons sur dons, bienfaits sur bienfaits, sainteté sur sainteté. Et en outre il se réserva de la retoucher de nouveau, et ce fut par les faveurs qu'elle reçut après que Jésus-Christ son très saint Fils fut monté à son Père, comme je le dirai dans la troisième partie. La raison se trouble, les paroles manquent à la vue de cette grande Dame, parce qu'elle fut élue comme le soleil[131], et que les yeux de l'homme n'en sauraient supporter la splendeur, non plus que ceux de toute autre créature.

778. Notre Rédempteur Jésus-Christ commença à découvrir ce dessein envers sa Mère dès leur retour d'Égypte à Nazareth, comme nous l'avons dit, et il continua toujours à son égard l'office de maître en l'enseignant, et l'exercice de son pouvoir divin en l'éclairant par de nouvelles notions sur les mystères de l'incarnation et de la rédemption. Après qu'ils furent revenus de Jérusalem, dans la douzième année de l'Enfant-Dieu, notre grande Reine eut une vision de la Divinité qui ne fut point intuitive, mais imaginative ; elle fut pourtant fort relevée, et remplie de nouvelles influences de cette même Divinité et de sublimes communications des secrets du Très-Haut. Elle connut spécialement les décrets de l'entendement et de la volonté du Seigneur concernant la loi de grâce, que le Verbe incarné devait établir, et le pouvoir que le consistoire de la très sainte Trinité lui donnait à cet effet[132]. Elle vit aussi que le Père éternel remettait pour cette fin à son Fils fait homme ce livre scellé de sept sceaux dont saint Jean fait mention dans le chapitre 5 de l'Apocalypse, et que per-sonne ne pouvait ouvrir ni dans le ciel ni sur la terre, jusqu'à ce que l'Agneau l'ouvrît

---

129   Ps 18, 2.

130   Jn 6, 38.

131   Ct 6, 9.

132   Ph 2, 14-15 ; Mt 4, 17 ; Mt 28, 18.

par sa passion, par sa mort, par sa doctrine et par ses mérites ; de sorte qu'il déclara en même temps aux hommes le secret de ce livre, qui était toute la nouvelle loi de l'Évangile, et l'Église qui devait être fondée par le même Évangile dans le monde.

779. Ensuite notre auguste Princesse comprit que la très sainte Trinité décrétait qu'elle serait dans tout le genre humain la première qui lirait et qui entendrait ce livre ; que son Fils le lui ouvrirait et expliquerait entièrement, et qu'elle exécuterait tout ce qu'il contenait ; qu'elle serait aussi la première qui, fidèle compagne du Verbe à qui elle avait donné la chair, le suivrait et aurait sa légitime place immédiatement après lui dans les voies qu'il devait, en descendant du ciel, tracer dans ce livre, afin que les mortels y montent, et que ce Testament fût mis en dépôt en celle qui était sa véritable Mère. Elle vit que le Fils du Père éternel et le sien acceptait ce décret avec beaucoup de complaisance, et que sa très sainte humanité s'y soumettait avec une joie indicible par rapport à elle ; et le Père éternel, s'adressant à cette très pure Dame, lui disait :

780. « Mon Épouse et ma Colombe, préparez votre cœur, afin que, selon notre bon plaisir, nous vous fassions participante de la plénitude de notre science, et que le nouveau Testament et la loi sainte de mon Fils soient gravés dans votre âme. Redoublez l'ardeur de vos désirs, et appliquez-vous entièrement à l'étude et à l'exécution de notre doctrine et de nos préceptes. Recevez les dons de notre pouvoir libéral et de l'amour que nous vous portons. Et, afin que vous nous rendiez un retour convenable, sachez que nous déterminons, par une disposition de notre sagesse infinie, que mon Fils, quant à l'humanité qu'il a prise de vous, trouve en une si simple créature son image et sa ressemblance autant que cette ressemblance est possible, comme l'effet et le digne fruit de ses mérites, et que, dans la préoccupation de cet effet et de ce fruit, son saint nom soit glorifié et exalté par votre parfaite correspondance. Or, considérez, ma Fille et mon Élue, que ces desseins exigent de votre part de grandes dispositions. Préparez-vous donc pour les œuvres et le mystère de notre puissante droite. »

781. « Seigneur éternel, et Dieu immense, répondit la très humble Dame, me voici prosternée en votre divine présence, découvrant à la vue de votre être infini la petitesse du mien, qui n'est qu'un pur néant. Je reconnais, Seigneur, votre grandeur et ma bassesse. Je suis indigne du nom de votre servante ; je vous offre le fruit de mes entrailles et votre Fils, pour la bonté avec laquelle vous, avez daigné me regarder, et je supplie sa Majesté de répondre pour sa servante inutile. Mon cœur est préparé[133], et en reconnaissance de vos miséricordes il se change en affections, parce qu'il ne peut point réaliser ses plus ardents désirs[134]. Mais si j'ai trouvé grâce devant vos yeux[135], je parlerai, Seigneur, en votre présence, pour vous supplier seulement de faire en votre servante tout ce que vous lui demandez et ordonnez, puisqu'il n'y

---

133   Ps 56, 1.

134   Ps 72, 16.

135   Est 7, 3.

a que vous, mon divin Maître, qui puissiez l'opérer. Et si vous me demandez un
cœur disposé et soumis, je vous l'offre pour souffrir et obéir à votre volonté, fallût-
il mourir. » Alors notre auguste Princesse fut remplie de nouvelles effusions de la
Divinité ; elle fut illuminée, purifiée, spiritualisée, enrichie des dons du Saint-Esprit avec une plus grande abondance que dans le passé, car le bienfait que la Reine
du ciel reçut en ce jour fut tout spécial. Sans doute tous ceux dont elle était l'objet
étaient extraordinaires, exceptionnels, au-dessus de tous ceux que pussent recevoir
les autres créatures et par conséquent chacun de ces bienfaits semblait être le suprême, et marquer le *non plus ultra* ; néanmoins il n'y a en la participation des
perfections divines aucune borne de leur côté, et c'est la capacité de la créature qui
manque. Et comme celle de notre auguste Princesse était grande, et qu'elle croissait
en elle dans la proportion même des faveurs, elle ne faisait, en recevant de grandes
grâces, que se disposer à en recevoir d'autres plus grandes. De sorte que le pouvoir
divin ne trouvant en elle aucun obstacle qui l'empêchât, versait tous ses trésors
pour les confier à la très fidèle Marie, comme au plus sûr réservoir.

782. Elle sortit toute renouvelée de cette vision extatique, et s'alla prosterner devant son très saint Fils, en lui disant : « Mon Seigneur, ma lumière et mon Maître,
voici votre indigne Mère, toute prête à accomplir votre sainte volonté. Acceptez-moi
de nouveau pour disciple et pour servante, servez-vous de l'instrument de votre sagesse, et exécutez en moi le bon plaisir du Père éternel et le vôtre. » Le très saint
Enfant reçut sa Mère avec la majesté et l'autorité d'un maître, et il lui tint un discours très sublime. Il lui fit connaître par de puissantes raisons les trésors inestimables qui étaient renfermés dans les œuvres mystérieuses que le Père éternel lui avait
recommandées touchant l'affaire de la rédemption des hommes, et l'établissement de
la nouvelle Église et de la loi évangélique, qui avaient été décrétés dans l'entendement
divin. Il lui déclara de nouveau comment, recevant les prémices de la grâce, elle devait
être sa coadjutrice dans des mystères si profonds, et que pour ce sujet elle le devait
accompagner dans ses travaux, et même jusqu'à la mort de la croix, et le suivre avec
un ferme courage et avec un cœur magnanime, constant et invincible. Il lui communiqua une doctrine céleste, afin qu'elle se préparât par ce secours à recevoir toute
la loi évangélique, à l'entendre, à la pénétrer, et à exécuter tous ses préceptes et tous
ses conseils avec une très haute perfection. L'Enfant Jésus révéla dans cette occasion
d'autres sublimes mystères à la bienheureuse Mère relativement aux œuvres qu'il ferait
dans le monde. Et cette divine Dame s'offrit à tout avec beaucoup d'humilité, de soumission, de respect, de reconnaissance, et avec l'amour le plus ardent.

Instruction que notre auguste Maîtresse me donna

784. Suivez-moi donc, ma fille, venez après moi. Et afin que vous m'imitiez
comme je le veux, et que vous soyez éclairée en votre entendement, que vous ayez
l'esprit élevé, le cœur dispos et la volonté généreuse, établissez-vous dans une sainte

liberté, qui vous sépare de toutes les choses passagères, comme votre époux vous l'ordonne ; éloignez-vous de tout ce qui est terrestre et visible, quittez toutes les créatures, renoncez à vous-même[136], fermez vos sens aux tromperies du monde et du démon[137]. Et je vous avertis de ne pas beaucoup vous troubler ni affliger de ses tentations, parce que, s'il peut vous causer le moindre retardement dans le chemin de la vertu, il aura par-là remporté sur vous une grande victoire, et vous ne vous fortifierez point dans la perfection. Donnez donc toutes vos attentions au Seigneur, qui désire voir la beauté de votre âme[138], qui est libéral pour vous l'accorder, puissant pour vous enrichir des trésors de sa sagesse, et industrieux pour vous disposer à les recevoir. Laissez-lui graver dans votre cœur sa divine loi évangélique ; travaillez à en faire votre étude continuelle, votre méditation durant le jour et la nuit[139], tout le sujet de votre souvenir, votre nourriture, la vie de votre âme, et le nectar de votre goût spirituel ; car ainsi vous accomplirez ce que le Très-Haut demande de vous, ce que je souhaite et ce que vous désirez.

Chapitre 7
Où sont indiquées plus expressément les fins du Seigneur en la doctrine qu'il enseigna à la très pure Marie, et les manières avec lesquelles elle l'exécutait

785. Il faut qu'une cause, quelle qu'elle soit, qui opère avec liberté et connaissance de ses actions, ait en elles quelque fin et quelques motifs par la considération desquels elle se détermine et se meuve à les faire, et de la connaissance des fins s'ensuit le choix, ou l'élection des moyens pour y arriver. Cette règle est plus sûre dans les œuvres de Dieu, qui est la suprême et la première cause, douée d'une sagesse infinie, par laquelle il dispose, exécute toutes choses[140], et atteint depuis une extrémité jusqu'à l'autre avec force et avec douceur, comme dit le Sage[141], ne voulant jamais ni la destruction ni la mort, et faisant tout au contraire pour conserver aux créatures l'être et la vie. Plus les œuvres du Très-Haut sont admirables, plus particulières et plus élevées sont les fins auxquelles il les fait servir. Et quoique la dernière fin de toutes soit sa propre gloire[142] et sa manifestation, il n'y a pas moins entre elles une coordination fixée par sa science infinie, comme une chaîne à plusieurs anneaux, qui, étant attachés de rang les uns aux autres, arrivent de la plus basse créature jusqu'à la plus haute et la plus immédiate,

---

136 Mt 16, 24.

137 Ps 39, 5.

138 Ps 44, 11.

139 Ps 1, 2.

140 Ps 103, 24 ; Sg 8, 1.

141 Sg 1, 13-14.

142 Pr 16, 4.

à Dieu, qui est l'auteur et la fin universelle de toute chose[143].

786. Toute l'excellence de la sainteté de notre grande Dame est comprise en ce que Dieu l'a faite une image vivante de son propre Fils, et si semblable à lui en la grâce et en ses opérations, qu'elle paraissait un autre Christ par communication et par privilège. Ce fut entre le Fils et la Mère un divin et ineffable commerce ; car elle lui donna la forme et l'être de la nature humaine[144], et cet adorable Seigneur donna à sa très pure Mère un autre être spirituel et de grâce, afin qu'ils se ressemblassent mutuellement sous ce rapport comme sous celui de leur humanité. Les fins qu'eut le Très-Haut furent dignes d'une si rare merveille, qui était la plus grande de ses œuvres en une pure créature. Dans les chapitres précédents, savoir, le premier, le second et le sixième, j'ai dit quelque chose de ce qu'exigeaient à cet égard l'honneur de notre Rédempteur, et l'efficace de sa doctrine et de ses mérites ; en effet il était comme nécessaire, pour mieux assurer l'un et attester l'autre, que l'on vit éclater en cette divine Mère la sainteté et la pureté de la doctrine de notre Seigneur Jésus-Christ, qui en était l'auteur et le Maître, et en même temps l'efficace de la loi évangélique et de l'œuvre de la rédemption, et que le tout tournât à la suprême gloire que la rédemption devait faire rejaillir sur notre aimable Sauveur. Aussi sa divine Mère en recueillit-elle plus abondamment les fruits les plus exquis, à elle seule, que tous les autres enfants de la sainte Église et que tous les prédestinés.

787. La seconde fin qu'eut le Seigneur en cette œuvre concerne également le ministère de Rédempteur ; car les conditions de notre rédemption devaient répondre à celles de la création du monde, et le remède du péché à son introduction ; ainsi il convenait que, comme le premier Adam eut notre mère Ève pour compagne dans le péché ; comme elle l'aida et le poussa à le commettre, et que le genre humain se perdit en lui comme en son chef[145], de même il arrivât que, lors de la réparation d'une si grande perte, le second et le céleste Adam eût sa très pure Mère pour coadjutrice en la rédemption, et qu'elle concourut et coopérât au remède, quoique la vertu et la cause essentielle de la rédemption universelle fussent seulement en Jésus-Christ, qui est notre chef[146]. Et, afin que ce mystère fut réalisé avec la dignité et la plénitude convenables, il fallut que s'accomplit entre notre Seigneur Jésus-Christ et la sainte Vierge ce que le Très-Haut dit lors de la formation de nos premiers parents : *Il n'est pas bon que l'homme soit seul ; faisons-lui un aide semblable à lui*[147]. Et c'est ce que le Seigneur fit, comme il le put ; de sorte que, parlant dans cette occasion au nom du second Adam Jésus-Christ, il eut sujet de dire : Voici l'os de mes os, et la chair de ma chair ; elle s'appellera d'un nom qui marque l'homme, parce qu'elle a été prise de

---

143 Ap 22, 13.

144 Ga 4, 4.

145 1 Co 15, 47.

146 Col 1, 18 ; 1 Tm 2, 6.

147 Gn 2, 18.

l'homme[148]. Je ne m'arrête pas à faire un plus long exposé de ce mystère, puisqu'il se découvre de lui-même aux yeux de la raison, éclairée par la foi, et par la lumière divine, qui connaît la ressemblance de Jésus-Christ et de sa très sainte Mère.

788. Il y eut encore un autre motif qui concourut à ce mystère ; et, quoique je le mette ici le troisième dans l'exécution, il fut pourtant le premier dans l'intention, parce qu'il regarde la prédestination éternelle de notre Seigneur Jésus-Christ, conformément à ce que j'ai dit dans la première partie. Car le motif de l'incarnation du Verbe et de sa venue au monde pour y être l'exemplaire et le Maître des créatures, et réaliser ainsi son premier objet, devait répondre à la grandeur d'une telle œuvre, qui était la plus grande de toutes, et la fin immédiate à laquelle toutes devaient se rapporter. Or, afin que la divine Sagesse gardât cet ordre et cette proportion, il était convenable que parmi les simples créatures, il y en eût une qui remplît les conditions posées par la volonté du Seigneur, en sa détermination de venir être notre Maître et nous élever à la dignité d'enfants adoptifs par sa doctrine et par sa grâce[149]. Et si Dieu n'eût pas fait la très pure Marie en la prédestinant entre les créatures par un degré de sainteté en rapport avec l'humanité de son très saint Fils, le monde ne lui aurait pas offert ce motif par lequel (pourrions-nous dire dans notre grossier langage) il colorait et justifiait son dessein de s'humaniser, suivant l'ordre et le mode que nous a manifestés sa toute-puissance. Je fais réflexion ici sur ce qui arriva à Moïse portant les tables de la loi, écrites du doigt de Dieu[150] ; quand il eut vu que le peuple adorait le veau d'or, il les brisa, regardant ces infidèles comme indignes d'un tel bienfait[151]. Mais la loi fut écrite depuis sur d'autres tables faites par la main des hommes[152], et celles-ci furent conservées dans le monde. Les premières tables, formées par la main du Seigneur, où sa loi fut écrite, furent brisées par le premier péché ; et nous aurions été privés de la loi évangélique, si nous n'avions eu en Jésus-Christ et en Marie d'autres tables faites d'une autre manière ; Marie, de la manière commune et ordinaire, et Jésus-Christ par le concours de la volonté et de la substance de cette auguste Dame[153]. De sorte que si elle ne se fût point montrée digne de concourir et de coopérer à la détermination de cette loi, nous ne l'aurions point reçue.

789. La volonté de notre Seigneur Jésus-Christ embrassait toutes ces fins si relevées avec la plénitude de sa science et de sa grâce divine, enseignant les mystères de la loi évangélique à sa bienheureuse Mère. Et, afin qu'elle fût non seulement instruite de tous, mais aussi des différentes manières d'entendre cette même

---

148   *Ibid.* 93.

149   Ga 4, 5.

150   Ex 31, 18.

151   Ex 32, 19.

152   Ex 34, 4.

153   Lc 1, 88.

loi, et qu'elle devint une si savante disciple qu'elle pût elle-même être ensuite une maîtresse consommée et la Mère de la Sagesse[154], le Seigneur se servait de divers moyens pour l'éclairer. Quelquefois c'était par cette vision abstractive de la Divinité, qui lui fut dès lors plus fréquente ; et quand elle ne l'avait point, il lui restait comme une vision intellectuelle, plus habituelle et moins claire que l'autre. Et dans l'une et l'autre elle connaissait distinctement toute l'Église militante, suivant l'ordre des événements successifs qu'elle avait traversés depuis le commencement du monde jusqu'à l'incarnation, et suivant le développement qu'elle devait avoir jusqu'à la fin du monde, et ensuite dans la félicité éternelle. Cette connaissance était si claire et si distincte, quelle s'étendait sur tous les saints et les justes et sur tous ceux qui se distingueraient dans l'Église, comme les apôtres, les martyrs, les patriarches des religions, les docteurs, les confesseurs et les vierges. Notre Reine les connaissait tous individuellement aussi bien que leurs œuvres, leursmérites, la grâce qu'ils auraient, et la récompense qui devait y correspondre.

790. Elle connut aussi les sacrements que son très saint Fils voulait instituer en sa sainte Église, l'efficace qu'ils auraient, les effets qu'ils produiraient en ceux qui les recevraient, selon leurs différentes dispositions ; et comme le tout dépendait de la sainteté et des mérites de son adorable Fils et notre Restaurateur[155], elle eut de même une connaissance claire de toute la doctrine qu'il devait prêcher et enseigner ; des Écritures anciennes et de celles qui étaient à venir ; de tous les mystères qu'elles renferment dans les quatre sens, savoir, le littéral, le moral, l'allégorique et l'anagogique, et de tout ce que les interprètes en devaient écrire. En outre, cette divine disciple pénétrait beaucoup d'autres choses ; et elle comprit que cette science lui était communiquée afin qu'elle fût la Maîtresse de la sainte Église, comme elle la fut effectivement en l'absence de son très saint Fils après sa glorieuse Ascension, et afin que les nouveaux fidèles réengendrés en la grâce eussent en cette auguste Dame une Mère amoureuse qui prit soin de les nourrir au sein de sa doctrine comme avec un lait très doux, aliment propre des enfants[156]. De sorte que, pendant ces dix-huit ans qu'elle demeura avec son Fils, elle reçut et digéra, pour ainsi dire, la substance évangélique, qui est la doctrine de notre Sauveur Jésus-Christ, qu'elle recevait de ce même Seigneur. Et, après l'avoir goûtée[157] et en avoir apprécié la force, elle en tira le doux aliment nécessaire pour nourrir la primitive Église, dont les jeunes enfants n'étaient pas encore assez forts pour prendre la nourriture solide de la doctrine, des Écritures et de l'imitation parfaite de leur Maître et Rédempteur. Et comme je dois traiter de cette matière dans la troisième partie, où elle trouvera sa place, je ne m'y étends pas ici davantage.

791. Indépendamment de ces visions et de ces illuminations, notre grande Reine

154   Qo 24, 24.

155   Jn 1, 16.

156   1 P 2, 2.

157   Pr 31, 18.

recevait l'enseignement de son très saint Fils en deux manières, dont j'ai déjà fait mention ; d'abord, par la contemplation du miroir de son âme très sainte et de ses opérations intérieures, et en quelque façon de la science même qu'il avait de toutes les causes ; et c'était là un nouveau moyen par lequel elle apprenait les desseins du Rédempteur et Auteur de la sainteté, et les décrets relatifs à ce qu'il devait opérer par lui-même et par ses ministres dans l'Église. Ensuite par l'instruction extérieure et de vive voix ; car le Seigneur conférait avec sa divine Mère de toutes les choses qu'il lui avait manifestées en son humanité et en la Divinité. Il lui communiquait tout ce qui regardait l'Église jusque dans les moindres détails, et même les choses qui devaient correspondre aux temps et aux événements de la loi évangélique, du paganisme et des fausses sectes. Il informa de tout sa divine Disciple et notre auguste Maîtresse. De sorte qu'avant que le Seigneur eût commencé à prêcher, la sainte Vierge était versée en sa doctrine et l'avait déjà pratiquée avec une très haute perfection ; car la plénitude des œuvres de cette grande Reine répondait à celle de sa sagesse et de sa science ; et celle-ci fut si profonde, si pénétrante, si infaillible, que, comme elle n'ignorait rien, elle ne se trompa jamais ni dans ses idées ni dans ses paroles ; n'omettant rien de nécessaire, n'ajoutant rien de superflu, elle ne prit jamais un terme pour un autre, et n'avait pas besoin de réfléchir pour parler et pour expliquer les plus profonds mystères des Écritures, lorsqu'elle fut obligée de le faire dans la primitive Église.

Instruction que la divine Mère me donna

792. Ma fille, le Très-Haut, qui par lui-même a donné l'être et le donne à toutes les créatures, ne refusant à aucune sa grande providence, est, par un effet de sa bonté et de sa clémence, très fidèle à répandre sa lumière sur toutes les âmes, afin qu'elles puissent entrer dans le chemin de sa connaissance, et par là même dans celui de la vie éternelle[158], si elles n'y mettent aucun obstacle et n'obscurcissent cette même lumière par leurs péchés, qui leur font abandonner la conquête du royaume des cieux. Mais il se montre plus libéral envers ces âmes qu'il appelle par ses secrets jugements dans son Église[159] ; car il leur communique dans le baptême, avec la grâce de ce sacrement, des vertus qu'on appelle essentiellement infuses et, qu'elles ne sauraient acquérir par elles-mêmes ; et d'autres qui sont accidentellement infuses et qu'elles pourraient acquérir par leurs œuvres en coopérant à la grâce ; mais le Seigneur les leur donne par anticipation, afin qu'elles soient plus promptes et plus ferventes à observer la sainte loi. Outre cette lumière commune de la foi, il ajoute à d'autres âmes, par sa clémence, d'autres dons particuliers et surnaturels d'une plus grande connaissance et d'une vertu plus relevée, pour les avancer en la pratique des bonnes œuvres et leur faire connaître les mystères de la loi évangélique. Et en ce bienfait il s'est montré plus libéral envers vous qu'envers une foule de générations ; de sorte

---

158   Jn 1, 9.

159   Mt 11, 12.

qu'il vous a obligée par-là de vous distinguer en l'amour et en la correspondance que vous lui devez, et d'être toujours humiliée et abîmée dans votre propre néant.

793. Et, afin que vous soyez avertie de tout, je veux, par un soin et par un amour maternel, vous découvrir, comme Maîtresse, la ruse avec laquelle l'ennemi tâche de renverser les œuvres du Seigneur car aussitôt que la créature est arrivée à l'usage de la raison, elle est suivie par plusieurs démons vigilants et obstinés. Ainsi, au moment même où les âmes devraient élever leur entendement à la connaissance de Dieu et entreprendre les œuvres des vertus infuses dans le baptême, ces ennemis de leur salut font avec une fureur et une adresse incroyables leurs efforts pour leur arracher cette divine semence ; et, s'ils n'en peuvent venir à bout, ils tâchent au moins d'en empêcher le fruit en portant les hommes à des actions vicieuses, inutiles et puériles. Par cette méchanceté ils les détournent d'user de la foi, de l'espérance et des autres vertus ; de faire réflexion qu'ils sont chrétiens, et de s'attacher à la connaissance de leur Dieu et des mystères de la rédemption et de la vie éternelle. En outre, ils inspirent aux parents une nonchalance criminelle et un amour aveugle pour leurs enfants, et suggèrent aux précepteurs d'autres négligences, afin que les uns et les autres ne prennent point garde aux défauts qu'ils devraient corriger, et qu'ils laissent ces pauvres enfants contracter plusieurs mauvaises habitudes et perdre les vertus et leurs bonnes inclinations, de sorte qu'ils prennent le chemin de la damnation.

794. Mais le miséricordieux Seigneur ne manque pas de parer à ce danger en redoublant la lumière intérieure par de nouveau secours et par de saintes inspirations ; par la doctrine de la sainte Église, par ses prédicateurs et par ses ministres ; par l'usage et par le remède efficace des sacrements, et par d'autres moyens qu'il applique pour les remettre dans le chemin de la vie. Et si avec tant de remèdes il y a si peu d'hommes qui recouvrent la santé spirituelle, la cause la plus puissante qui les en prive se trouve dans l'empire fatal des vices et des passions désordonnées auxquels ils se sont livrés dès leur jeune âge. Car cette sentence du Deutéronome est véritable : *La vieillesse sera comme les jours de la jeunesse.* C'est ainsi que les démons s'enhardissent et prennent un empire plus tyrannique sur les âmes, convaincus que, comme ils se les sont assujetties lorsqu'elles avaient de moindres péchés, ils se les assujettiront plus facilement encore quand elles en commettront sans crainte beaucoup de plus énormes. De sorte qu'ils ne cessent de les y pousser et de leur inspirer une nouvelle témérité, parce que la créature diminue ses forces spirituelles à mesure qu'elle augmente le nombre de ses péchés, et elle se soumet de plus en plus au démon, c'est-à-dire à un ennemi acharné qui acquiert sur elle un pouvoir absolu, et l'enchaîne si cruellement à sa corruption et à sa misère, qu'elle succombe sous le poids de son iniquité et se laisse entraîner au gré de son vainqueur de précipice en précipice, d'abîme en abîme ; juste châtiment infligé à celle qui s'y est assujettie par le premier péché[160]. C'est par ces moyens que Lucifer a jeté un si grand nombre d'âmes dans les enfers, et

---

160   Ps 41, 7.

qu'il y en précipite chaque jour, s'élevant en son orgueil contre Dieu[161]. Il a introduit par-là dans le monde sa tyrannie et l'oubli des quatre fins de l'homme, la mort, le jugement, l'enfer, le paradis ; et il a roulé tant de nations d'abîme en abîme, jusqu'à les faire tomber dans des erreurs aussi brutales que le sont toutes les hérésies et toutes les fausses sectes des infidèles. Prenez donc bien garde, ma fille, à ce danger formidable, et faites en sorte de ne perdre jamais le souvenir de la loi de Dieu, de ses commandements[162], des vérités catholiques et de la doctrine évangélique. Ne laissez passer aucun jour sans en employer une bonne partie à les méditer ; conseillez à vos religieuses d'en faire de même, aussi bien qu'à tous ceux à qui vous parlerez ; car le démon, leur ennemi, travaille sans relâche à obscurcir leur entendement et à lui faire oublier la loi divine, afin qu'il ne conduise point la volonté, qui est une puissance aveugle, aux actes propres à assurer la justification que l'on acquiert par une foi vive, par une ferme espérance, par un amour fervent et par un cœur contrit et humilié.

Chapitre 8
Où il est déclaré comment notre grande Reine pratiquait la doctrine de l'Évangile, que son très saint Fils lui enseignait

795. Notre adorable Sauveur, commençant à sortir de l'enfance, croissait en âge et en œuvres, accomplissant en toutes et en chacune ce que le Père éternel lui avait recommandé pour le salut des hommes. Il ne parlait point en public, et il ne faisait pas non plus alors en Galilée des miracles aussi éclatants que ceux qu'il avait faits auparavant en Égypte, ou que ceux qu'il fit dans la suite. Mais il opérait toujours secrètement de grands effets dans les âmes et dans les corps de beaucoup de personnes. Il visitait les pauvres et les malades ; il consolait les affligés, et il conduisait ceux-là aussi bien que plusieurs autres au salut éternel, les éclairant par des conseils particuliers, et les excitant par des inspirations et des faveurs intérieures à se convertir à leur Créateur, et à s'éloigner du démon et de la mort. Ses bienfaits étaient continuels, et c'est pour les répandre qu'il sortait souvent de la maison de sa bienheureuse Mère. Et, quoique les hommes remarquassent qu'ils étaient émus et renouvelés par sa présence et par ses paroles, néanmoins, comme ils ignoraient le mystère, ils en étaient fort surpris, ne sachant à qui en attribuer la cause, sinon à Dieu même. L'auguste Maîtresse de l'univers connaissait, dans le miroir de l'âme très sainte de son Fils et par d'autres voies, toutes les merveilles qu'il faisait ; et, se trouvant seule avec lui, elle l'adorait toujours prosternée, et lui en rendait des actions de grâces.

796. Le très doux Jésus passait le reste du temps avec sa Mère, l'employant à faire oraison, à l'enseigner et à lui communiquer les soins qu'il prenait de son cher troupeau[163], les mérites qu'il voulait multiplier pour son remède, et les moyens qu'il avait

---

161 Ps 73, 23.

162 Ps 118, 92.

163 Jn 10, 14.

résolu d'appliquer à son salut. La très prudente Mère était attentive à tout, et y coopérait par sa haute sagesse et par son amour divin, en prenant sa part dans les offices de
père, de frère, d'ami, de maître, d'avocat, de protecteur et de restaurateur, qu'il commençait à remplir en faveur du genre humain. Ces communications avaient lieu ou
par paroles ou par les opérations intérieures, par le moyen desquelles le Fils et la Mère
se parlaient et s'entendaient aussi. Le divin Enfant lui disait : Ma Mère, le résultat de
mes œuvres, sur lequel je veux établir l'Église, doit être une doctrine et une science
dont l'adoption et la mise en pratique procureront la vie et le salut des hommes ; une
loi sainte, efficace et puissante pour enlever le mortel venin que Lucifer a jeté dans leur
cœur avec le premier péché. Je veux qu'ils se spiritualisent au moyen de mes préceptes
et de mes conseils ; qu'ils s'élèvent à ma participation et à ma ressemblance ; qu'ils
soient les dépositaires de mes trésors dans l'état de leur mortalité, et qu'ils arrivent ensuite à la participation de ma gloire éternelle. Je veux renouveler dans le monde la loi
que j'ai donnée à Moïse, et lui communiquer une plus grande perfection, une nouvelle
lumière et une efficace spéciale, afin qu'elle renferme des préceptes et des conseils. »

797. La divine Mère connaissait avec une très profonde science tous ces projets
du Maître de la vie, les recevait, les honorait, et en témoignait sa reconnaissance
avec un très grand amour au nom de tout le genre humain. Et comme le Seigneur
lui découvrait tous ces grands mystères en général, et chacun en particulier, elle
connaissait en même temps l'efficace qu'il donnerait à tous aussi bien qu'à la loi
de l'Évangile ; et, pénétrant les effets que cette même loi produirait dans les âmes
si elles l'observaient, et la récompense qu'elles acquerraient, elle fit dès lors toutes
ses actions comme si elle les eût faites pour chacun des hommes. Elle connut distinctement les quatre Évangiles, avec leur texte spécial et les mystères que chacun
des évangélistes écrirait. Elle comprit toute leur doctrine ; car sa science surpassait
celle des évangélistes mêmes et des autres écrivains sacrés ; de sorte qu'elle eût pu
être leur maîtresse, et leur exposer la première toutes ces choses sans avoir besoin
de leurs récits. Elle sut aussi que cette science était comme tirée de celle de Jésus-
Christ, et que par elle les Évangiles qu'on allait écrire étaient comme copiés en son
âme et s'y trouvaient en dépôt, comme les tables de la loi dans l'Arche du Testament[164], afin qu'ils tinssent lieu de légitimes et véritables originaux à tous les saints
et à tous les justes de la loi de grâce ; parce qu'ils devaient tous imiter la sainteté et
les vertus de l'auguste Marie, qui se trouvait dans les trésors de la grâce.

798. Son divin Maître lui fit aussi comprendre l'obligation qu'il lui imposait
d'opérer et d'exécuter toute cette doctrine avec une sublime perfection pour les très
hautes fins qu'il avait dans ce rare bienfait. Et s'il fallait raconter ici avec combien
d'excellence et d'exactitude notre grande Reine l'accomplit, il faudrait renfermer
dans ce chapitre toute sa vie, puisqu'elle fut un sommaire de l'Évangile tiré de son
Maître, son propre Fils. Qu'on tâche de voir ce que cette doctrine a opéré dans les

---

164   He 9, 1.

apôtres, dans les martyrs, dans les confesseurs, dans les vierges et dans les autres saints qui ont paru, et ce qu'elle doit opérer dans tous ceux qui paraîtront jusqu'à la fin du monde ; personne ne saurait le déclarer ni comprendre, excepté le Seigneur même. Or considérons que tous les saints et tous les justes ont été conçus dans le péché ; que tous ont mis quelque obstacle à la grâce ; que nonobstant cela ils ont pu croître en vertus, en sainteté et en perfection. Mais ils offraient toujours des vides où cette grâce ne se trouvait point, tandis que notre auguste Princesse n'eut aucun de ces défauts en la sainteté[165] ; elle seule fut une matière parfaitement disposée, sans aucune forme qui contrariât l'action du puissant bras du Seigneur et qui s'opposât à ses dons elle reçut sans embarras et sans résistance le torrent impétueux de la Divinité[166], qui lui était communiqué par son propre Fils, Dieu véritable. C'est assez dire que nous ne parviendrons que dans la claire vision du Seigneur, et dans cette félicité éternelle, à connaître d'une manière satisfaisante la sainteté et l'excellence de cette merveille de son pouvoir infini.

799. Or, j'ai beau vouloir déclarer maintenant quelque chose de ce qui m'en a été manifesté, même en m'en tenant à des généralités, je ne trouve point de termes pour m'exprimer ; car notre grande Reine gardait les préceptes et les conseils de l'Évangile selon la profonde intelligence qu'elle en avait reçue, et il n'est aucune créature qui puisse connaître la sublimité de la science de cette Mère de la sagesse en la doctrine de Jésus-Christ ; le peu que nous en concevons surpasse tout ce que nous en pouvons dire. Mais mettons ici pour exemple la doctrine de ce premier sermon que, comme le rapporte saint Matthieu[167] au chapitre cinquième, le Maître de la vie fit à ses disciples sur la montagne, en y comprenant l'abrégé de la perfection évangélique, sur laquelle il établissait son Église, et en déclarant bienheureux tous ceux qui suivraient cette doctrine.

800. *Bienheureux*, dit notre divin Maître, *sont les pauvres d'esprit, car le Royaume du ciel est* à eux[168]. Ce fut le premier et le solide fondement de toute la vie évangélique. Et bien que les apôtres, et après eux notre père saint François, en aient fait une très haute estime, l'auguste Marie néanmoins est la seule qui ait pénétré ce que la pauvreté d'esprit a de plus sublime, et qui l'ait observée avec toute la perfection possible, égalant cette pratique à l'idée qu'elle en avait. Les images des richesses temporelles n'entrèrent point dans son cœur, elle en ignora les désirs ; mais, aimant les choses comme ouvrages du Seigneur, elle abhorrait les richesses en ce qu'elles étaient un achoppement et un embarras qui détournait l'amour divin ; aussi n'en usa-t-elle qu'avec beaucoup de réserve, et qu'autant qu'elles la portaient ou l'aidaient à glorifier le Créateur. De sorte que la prérogative de Reine du ciel et la pos-

---

165   Rm 5, 12 ; 1 Jn 1, 8.

166   Ps 45, 5.

167   Mt 5, 2.

168   Mt 5, 3.

session de toutes les créatures étaient comme dues à cette très parfaite et admirable pauvreté. Tout cela est véritable ; mais tout cela est peu de chose, si nous considérons avec quelle sage vigilance et avec quelle estime cette grande Dame garda le trésor de la pauvreté d'esprit, qui est la première béatitude.

801. La seconde était celle-ci : *Bienheureux sont ceux qui ont l'esprit doux, car ils auront la terre pour héritage*[169]. En cette doctrine et en sa pratique la très pure Marie surpassa par son incomparable douceur, non seulement tous les mortels, comme Moïse tous ses contemporains[170], mais les anges et les séraphins eux-mêmes, parce que cette candide colombe fut en chair mortelle plus exempte de trouble et de colère en son intérieur et en ses puissances que les esprits qui ne sont point doués de notre sensibilité. Elle fut à ce degré inexplicable maîtresse de ses puissances et des opérations de son corps terrestre aussi bien que des cœurs de tous ceux qui l'abordaient, et elle possédait la terre en toutes les manières, l'assujettissant à sa douce et paisible obéissance. La troisième : *Bienheureux sont ceux qui pleurent, car ils seront consolés*[171]. L'auguste Marie connut l'excellence des larmes et leur valeur aussi bien que la folie et le danger de la vaine joie du monde[172] au-dessus de tout ce qu'on peut dire ; en effet, tandis que tous les enfants d'Adam, conçus dans la faute originelle et ensuite souillés par les péchés actuels, s'abandonnent à la joie et au plaisir, cette divine Mère, exempte qu'elle était de tout péché, comprit que la vie mortelle était pour pleurer l'absence du souverain Bien et les péchés qui ont été et qui sont commis contre lui ; elle les pleura amèrement pour tous, et ses très innocentes larmes méritèrent les consolations et les faveurs qu'elle reçut du Seigneur. Son cœur très pur fut toujours en proie à la douleur à la vue des offenses qu'on faisait à son bien-aimé et son Dieu éternel ; de sorte que ses yeux en donnaient des marques continuelles[173], et son pain ordinaire[174] était de pleurer jour et nuit les ingratitudes que les pécheurs commettaient contre leur Créateur et leur Rédempteur. La cause des gémissements et des larmes se trouve, à cause du péché, dans les créatures, et celle de la joie et de la consolation, en Marie par la grâce, et cependant toutes les créatures ensemble n'ont plus pleuré que la Reine des anges.

802. En la quatrième béatitude, qui rend *bienheureux ceux qui ont faim et soif de la justice*[175], nôtre divine Dame pénétra le mystère de cette faim et de cette soif, qui furent plus grandes en elle que le dégoût qu'en ont eu et qu'en auront tous les ennemis de Dieu. Car, parvenue au faite de la justice et de la sainteté, elle aspira toujours

---

169   *Ibid.* 4.

170   Nb 12, 8.

171   Mt 5, 8.

172   Ps 125, 8 ; Pr 14, 13.

173   Jr 9, 1.

174   Ps 41, 4.

175   Mt 5, 6.

à s'élever davantage; elle était toujours altérée de mérites, et à cette soif répondait la plénitude de grâce dont le Seigneur la rassasiait en lui versant le torrent de ses trésors et la douceur de la Divinité. En la cinquième béatitude, des *miséricordieux, parce qu'ils obtiendront miséricorde*[176] de Dieu, elle eut un degré si excellent et si noble, qu'il n'a pu se trouver qu'en elle ; c'est pourquoi on l'appelle la Mère de la miséricorde, comme Dieu est appelé le Père des miséricordes[177]. De sorte qu'étant très innocente et sans aucun péché pour lequel elle eût besoin de solliciter la miséricorde du Seigneur, elle eut pitié de tout le genre humain à un point incompréhensible, et par cette pitié elle le secourut. Et comme elle connut par la plus haute science toute l'excellence de cette vertu, elle n'a refusé et ne refusera jamais de l'exercer envers ceux qui l'imploreront[178], imitant très parfaitement Dieu en cela, comme aussi dans le zèle avec lequel elle allait au-devant de leurs nécessités pour leur offrir le remède.

803. La sixième béatitude, qui regarde *ceux qui ont le cœur pur, pour voir Dieu*[179], fut réalisée en la sainte Vierge d'une manière incomparable ; car elle était belle comme la lune[180], imitant à la fois le véritable Soleil de justice et l'astre matériel qui nous éclaire, et qui ne se souille point par les immondices de notre globe ; ni le cœur, ni les puissances de notre pudique Princesse ne reçurent jamais la moindre image des choses impures ; ces sortes d'impressions étaient comme impossibles en elle, à cause de la sainteté de ses très chastes pensées ; c'est cet état qui détermina, dès le premier instant, cette vision de la Divinité dont jouit son cœur, ainsi que les autres faveurs dont il est fait mention dans cette histoire, quoiqu'elles ne pussent être que passagères et intermittentes à cause de sa qualité de voyageuse. La septième béatitude, celle des *pacifiques, qui seront appelés les enfants de Dieu*[181], fut accordée à notre Reine avec une sagesse admirable, car elle en avait besoin pour conserver la paix de son cœur et de ses puissances dans les alarmes et les tribulations de la vie, de la passion et de la mort de son très saint Fils. Dans toutes ces occasions aussi bien que dans les autres elle montra, comme un portrait vivant, le calme de ce pacifique Seigneur. Jamais elle ne se troubla d'une manière désordonnée, et, restant toujours la Fille parfaite du Père céleste, elle sut supporter les plus grandes peines avec une paix inaltérable. C'est surtout par l'excellence de ce don qu'elle mérita le titre de Fille du Père éternel. La huitième béatitude, qui s'applique à ceux qui souffrent persécution pour la justice[182], se trouva en notre très sainte Dame dans le plus haut degré possible ; car lorsque les hommes ôtèrent l'honneur et la vie à son adorable Fils et Seigneur de l'univers

---

176   *Ibid.* 5, 7.

177   2 Co 1, 3.

178   Is 30, 18 ; Ps 58, 18.

179   Mt 5, 9.

180   Ct 6, 9.

181   Mt 5, 8.

182   Mt 5, 10.

pour leur avoir prêché et enseigné la justice, et cela dans les circonstances qui accompagnèrent cet attentat, il n'y eut que Dieu et la seule Marie qui le souffrirent avec quelque égalité, puisqu'elle était la véritable Mère de son très cher Fils, comme le Seigneur en était le Père. Cette grande Dame fut la seule qui imita sa Majesté dans la souffrance de cette persécution, persuadée qu'elle devait pratiquer jusque-là la doctrine que son divin Maître enseignerait dans l'Évangile.

804. Voilà comment je puis faire comprendre jusqu'à un certain point ce que j'ai appris de la science que notre grande Dame apportait dans la méditation et dans la pratique de la doctrine de l'Évangile. Et ce que je viens de dire des béatitudes pourrait aussi être appliqué aux préceptes, aux conseils, et aux paraboles de l'Évangile, tels que les préceptes d'aimer nos ennemis, de pardonner les injures, de faire les bonnes œuvres sans ostentation, de fuir l'hypocrisie[183], tous les conseils qui tendent à la perfection ; les paraboles du trésor, de la perle, des vierges, du semeur, des talents[184], et tous les mystères que les quatre Évangiles renferment. Car elle en pénétra toute la doctrine, aussi bien que les très hautes fins auxquelles notre divin Maître rapportait ces choses ; elle sut aussi tout ce qui était le plus saint et le plus conforme à sa divine volonté, et comment on le devait pratiquer ; et elle agit en conséquence sans en omettre un seul point[185]. De sorte que nous pouvons appliquer à cette auguste Dame ce que notre Seigneur Jésus-Christ a dit de lui-même, savoir qu'il n'était pas venu détruire la loi, mais l'accomplir[186].

Instruction que j'ai reçue de la Reine du ciel

805. Ma fille, il faut que le véritable maître de la vertu enseigne ce qu'il exerce, et qu'il exerce lui-même ce qu'il enseigne aux autres ; car l'instruction et l'action sont les deux parties de ses fonctions. Si les paroles enseignent l'auditeur, l'exemple l'excite et le convainc en même temps de l'objet de la leçon qu'il apprend à mettre en pratique. C'est ce que fit mon très saint Fils, et ce que je fis aussi à son imitation. Mais comme sa divine Majesté ni moi non plus ne devions pas toujours demeurer au monde, elle voulut laisser les saints Évangiles comme une copie de sa vie et de la mienne aussi, afin que les enfants de la lumière, croyant en cette même lumière et la suivant[187], conformassent leur vie à celle de leur Maître par l'observance de la doctrine évangélique qu'il leur laissait ; en effet, le Seigneur a reproduit dans sa propre vie toutes les leçons qu'il m'a enseignées et qu'il m'a ordonné de pratiquer à son imitation. Voilà l'importance des sacrés Évangiles, pour lesquels vous devez avoir une très grande estime et une très haute vénération. Car je veux que vous

---

183 Mt 5, 44 ; 6, 3, 15 ; Lc 17, 4.

184 Mt 13, 44 et 45 ; 25, 1, 15 ; Lc 19, 13.

185 Mt 5, 17, etc.

186 *Ibid.* 17.

187 Jn 12, 36.

sachiez que pour mon très saint Fils et pour moi, il est également doux et glorieux de voir ses divines paroles, et celles qui renferment l'histoire de sa vie, dignement estimées et révérées des hommes ; et qu'au contraire le Seigneur regarde comme une grande injure que les enfants de l'Église méprisent les Évangiles et sa doctrine, comme le font tant de chrétiens qui ne comprennent, ne considèrent et ne reconnaissent point ce bienfait, et qui n'en font non plus de cas que s'ils étaient païens, ou s'ils n'avaient point la lumière de la foi.

806. Vos obligations sont grandes à cet égard, parce que je vous ai avertie de l'estime que je faisais de la doctrine évangélique, et des soins que je prenais de la mettre en pratique, et si en cela vous n'avez pas pu connaître tout ce que j'opérais et pénétrais, car votre capacité ne saurait aller jusque-là, du moins je vous ai témoigné par mes communications plus de bonté qu'à aucune nation. Travaillez donc avec le plus grand zèle à y correspondre, et à ne point perdre l'amour que vous avez conçu par l'étude des sacrées Écritures, et surtout par celle des Évangiles, et de la très haute doctrine qu'ils contiennent. Elle doit être, cette doctrine, la lampe allumée dans votre cœur[188], et ma vie vous doit servir d'exemplaire, sur lequel vous réglerez la vôtre. Considérez combien il vous importe de le faire avec toute la diligence possible, et que si vous le faites, mon très saint Fils en recevra une grande satisfaction, et je m'engagerai de nouveau à exercer envers vous l'office de mère et de maîtresse. Craignez le danger auquel s'exposent ceux qui ne sont point attentifs aux inspirations divines, car une infinité d'âmes se perdent par cette inattention. Et les appels que vous fait la miséricorde libérale du Tout-Puissant sont si fréquents et si admirables, que si vous n'y répondiez pas, votre grossière et coupable indifférence serait horrible aux yeux du Seigneur, aux miens et à ceux de ses saints.

Chapitre 9
Où il est déclaré comment la très pure Marie connut les articles de foi que la sainte Église devait croire, et ce que cette auguste Dame fit à la suite de cette faveur.

807. Le fondement immuable de notre justification, et le principe de toute sainteté, c'est la foi aux vérités que Dieu a révélées à sa sainte Église ; c'est sur cette base solide qu'il les a établies, comme un très prudent architecte qui bâtit sa maison sur la pierre ferme, afin qu'en cas d'inondation, les torrents les plus impétueux ne puissent point l'ébranler[189]. Tel est le secret de la stabilité[190] de cette invincible Église évangélique, catholique et romaine, qui est une ; une, en l'unité de la foi, de l'espérance et de la charité qui y règnent[191] ; une, sans ces divisions et ces contradictions

---

188   118, 105.

189   Lc 6, 48.

190   1 Tm 3, 15.

191   Ep 4, 5 ; 1 Co 1, 18.

que l'on découvre dans toutes les synagogues de Satan[192], c'est-à-dire dans toutes les fausses sectes et dans toutes les hérésies, qui sont si pleines de ténèbres et d'obscurités, que non seulement elles se combattent les unes les autres et choquent toutes la raison, mais encore, que chacune se combat elle-même par ses propres erreurs, en affirmant et croyant des choses si opposées, que les unes détruisent les autres. Notre sainte foi ne cesse de triompher de toutes ces fausses sectes, sans que les portes de l'enfer prévalent un instant contre elle[193], quelques efforts que le démon ait faits et puisse faire pour l'attaquer, et pour en cribler les fidèles comme on crible le froment, ainsi que le Maître de la vie le dit à son vicaire saint Pierre[194], et en lui à tous ses successeurs.

808. Afin que notre Reine et Maîtresse reçût une parfaite connaissance de toute la doctrine évangélique et de la loi de grâce, il fallait faire entrer dans l'océan de ces merveilles et de ces grâces la connaissance de toutes les vérités catholiques qui devaient être crues des fidèles au temps de la prédication de l'Évangile, et notamment celle des articles auxquels ces mêmes vérités sont réduites comme à leurs principes. Car tout cela trouvait place dans la capacité de cette auguste Dame ; tout pouvait être confié à son incomparable sagesse, jusqu'aux articles et aux vérités catholiques qui la regardaient, et que l'on devait croire dans l'Église ; aussi connut-elle toutes ces choses, comme je le dirai plus tard, avec les circonstances des temps, des lieux, des moyens et des manières, au milieu desquelles elles se succéderaient dans les siècles futurs, au moment opportun où la manifestation en serait nécessaire. Or, pour en informer cette bienheureuse Mère, et particulièrement de ces articles, le Seigneur lui donna une vision de la Divinité sous cette forme abstractive dont j'ai parlé en d'autres endroits, et elle y découvrit les profonds mystères que cachent les jugements impénétrables du Très-Haut et de sa providence ; elle y sut aussi avec combien de douceur dans son infinie bonté avait dispensé le bienfait de la sainte foi infuse, afin que les hommes, privés de la vue de la Divinité, pussent tous indistinctement la connaître sans peine et en peu de temps, sans attendre ni chercher cette connaissance par la science naturelle, d'ailleurs si bornée, que fort peu de personnes acquièrent. Mais notre foi catholique, dès le premier usage de la raison, nous élève à la connaissance, non seulement de la Divinité en trois personnes, mais de l'humanité de notre Seigneur Jésus-Christ, et des moyens qu'il a établis pour nous faire arriver à la vie éternelle ; connaissance que ne sauraient acquérir les sciences humaines, toujours stériles et impuissantes, si elles ne sont fécondées et vivifiées par la vertu de la foi divine.

809. Dans cette vision notre grande Reine approfondit tous ces mystères et tout ce qu'ils contiennent ; elle apprit encore que la sainte Église recevrait dès sa naissance les quatorze articles de la foi catholique, et qu'elle définirait ensuite à divers époques plusieurs vérités, qui étaient renfermées dans ces mêmes articles et dans

---

192   Ap 2, 9.

193   Mt 16, 18.

194   Lc 22, 31.

les Saintes Écritures, comme en leurs racines, qui étant cultivées produisent leurs fruits. Après avoir connu tout cela dans le Seigneur, elle le vit en sortant de l'extase dont je viens de parler, par une autre vision ordinaire que j'ai aussi mentionnée ; savoir en l'âme, très sainte de Jésus-Christ ; et elle découvrit que toutes les parties de ce plan divin étaient tracées d'avance dans l'entendement du souverain Architecte. Puis elle en conféra avec sa Majesté, elle sut comment elles seraient exécutées, et qu'elle serait la première à les adopter par une croyance expresse et parfaite, et à l'instant elle fit une profession spéciale de chacun des articles de foi. Dans le premier des sept concernant la Divinité, elle comprit, par la foi, que *le véritable Dieu était unique*, indépendant, nécessaire, infini, immense en ses attributs et en ses perfections, immuable et éternel ; et combien il était juste et nécessaire que les hommes crussent et confessassent cette vérité. Elle rendit des actions de grâces pour la révélation de cet article, et pria son très saint Fils de continuer ; cette faveur envers le genre humain, et de donner des grâces aux hommes, afin qu'ils la reçussent et qu'ils connussent la véritable Divinité. Par cette lumière infaillible (quoique obscure)elle apprécia le péché de l'idolâtrie, qui ignore cette vérité, et elle le pleura avec une amertume et une douleur inexprimables ; et voulant le réparer, elle fit avec ardeur des actes de foi et de vénération qu'elle adressa au seul et véritable Dieu ; elle en fit aussi plusieurs autres de toutes les vertus qu'exigeait cette connaissance.

810. Le second article, qui est de *croire qu'il est Père*, elle le crut de même, et elle comprit qu'il était donné afin que les mortels passassent de la connaissance de la Divinité à celle de la Trinité des personnes divines, ainsi que des autres articles qui l'expliquent et la supposent, et que par-là ils parvinssent à connaître parfaitement leur dernière fin, comment ils en doivent jouir, et les moyens d'y arriver. Elle découvrit que la personne du Père ne pouvait point procéder d'une autre, qu'elle était comme l'origine de tout, et que pour ce sujet on lui attribue la création du ciel et de la terre, aussi bien que de toutes les autres créatures, comme à Celui qui, sans principe lui-même, est le principe de tout ce qui a l'être. Notre divine Dame rendit pour cet article des actions de grâces au nom de tout le genre humain, et fit tout ce que cette vérité demandait. Le troisième article, qui nous oblige de croire que le même Dieu est Fils, cette Mère de la grâce le crut avec une lumière et une connaissance très particulière des processions au-dedans ; dont la première dans l'ordre d'origine est la génération éternelle du Fils, qui est engendré par l'acte de l'entendement, et qui l'a été de toute éternité du seul Père, auquel il est non point inférieur, mais égal en la divinité, en l'éternité, en l'infinité et tous les attributs. Le quatrième article, qui est de *croire qu'il est Esprit-Saint*, elle le crut et le pénétra en sachant que la troisième personne du Saint-Esprit procède du Père et du Fils comme d'un principe par l'acte de la volonté, étant égal aux deux personnes, sans qu'il y ait entre les trois aucune autre différence que la distinction personnelle, qui résulte des émanations et des processions infinies de l'entendement et de la volon-

té. Et quoique la très pure Marie eût déjà puisé des notions spéciales sur ce mystère dans les visions dont j'ai parlé ailleurs, elles lui furent renouvelées cette fois avec l'indication des détails et des circonstances qui en devaient faire des articles de foi en la nouvelle Église ; et avec l'intelligence des hérésies que Lucifer dresserait contre ces articles, telles qu'il les avait forgées dès qu'il fut tombé du ciel, et qu'il eut appris que le Verbe allait s'incarner. Notre auguste Princesse offrit des actes sublimes contre toutes ces erreurs, en la manière que j'ai marquée plus haut (n° 123).

811. Le cinquième article, qui dit que le Seigneur est Créateur, la très pure Marie le crut, en concevant qu'encore que la création de toutes les choses soit attribuée au Père, elle est pourtant commune à toutes les trois personnes, en ce qu'elles sont un seul Dieu infini et Tout-Puissant ; que les créatures dépendent de lui seul en leur être et en leur conservation, et qu'aucune, fût-ce un ange, n'a le pouvoir d'en créer une autre, fût-ce un vermisseau, en la tirant du néant (c'est là proprement la création), parce que celui-là seul qui est indépendant en son être peut opérer sans aucune dépendance d'une autre cause quelconque. Elle prévit le besoin que l'Église aurait de cet article contre les tromperies de Lucifer, afin que Dieu fût honoré et reconnu pour l'auteur de toutes choses. Le sixième article le déclare Sauveur ; elle le pénétra de nouveau avec tous les mystères de la prédestination, de la vocation et de la justification finale qu'il renferme, et qui regardent aussi les réprouvés, qui, pour n'avoir pas profité des moyens salutaires que la miséricorde divine leur avait donnés et leur donnerait, perdraient la félicité éternelle. Cette très fidèle Dame comprit aussi que le titre de Sauveur appartenait aux trois personnes divines, mais surtout, à celle du Verbe en tant qu'homme, parce qu'il devait se livrer pour le prix de la rédemption ; et que Dieu accepterait son sacrifice comme une satisfaction suffisante pour les péchés originel et actuels. Cette grande Reine méditait tous les sacrements et tous les mystères que la sainte Église devait recevoir et croire ; et dans la connaissance qu'elle en avait, elle faisait des actes très relevés de plusieurs vertus. Dans le septième article, qui le proclame glorificateur, elle pénétra ce qu'il promettait aux mortels relativement à la félicité qui leur était préparée dans la jouissance et dans la vision béatifique et combien il leur importe de croire cette vérité ; pour se disposer à acquérir cette gloire, et de ne point se regarder comme habitants de la terre, mais comme pèlerins et citoyens du ciel[195], afin de se consoler par cette foi et par cette espérance au milieu des tristesses de leur exil.

812. Notre grande Reine eut une égale connaissance des sept articles qui regardent l'humanité ; mais ce fut avec de nouveaux effets en son très candide et très humble cœur. Car à propos du premier, qui dit que son très saint Fils *fut conçu en tant qu'homme par l'opération du Saint-Esprit* ; comme ce mystère s'était opéré dans son sein virginal, la très prudente Dame éprouva, en sachant que ce serait un article de foi en la sainte Église militante aussi bien que les autres points qui suivent, des sentiments inexplicables. Elle s'humilia au-dessous de toutes les créatures et jusqu'au centre de la

---

195   Ep 2, 19.

terre, elle descendit par la méditation dans le néant d'où elle avait été tirée, elle creusa de nouveaux fondements d'humilité pour le haut édifice que la droite du Tout-Puissant bâtissait dans sa très sainte Mère, je veux dire pour la plénitude de science infuse et de perfection excellente dont il la comblait. Elle loua le Très-Haut et lui rendit des actions de grâces pour elle- même et pour tout le genre humain, de ce qu'il avait choisi un moyen si admirable et si efficace, de s'attirer tous les cœurs, en obligeant les hommes, après avoir opéré ce bienfait, à l'avoir présent par la foi chrétienne. Elle en fit de même pour le second article, qui déclare que notre Seigneur Jésus-Christ *est né de Marie, vierge avant, pendant et après l'enfantement.* Elle considéra ce mystère de son inviolable virginité dont elle faisait une si grande estime, et du choix que le Seigneur avait fait d'elle pour sa Mère, dans ces conditions et entre toutes les créatures ; la dignité et la convenance de ce privilège, tant pour la gloire du Seigneur que pour son propre honneur, enfin la certitude de foi catholique avec laquelle la sainte Église enseignerait et professerait tous ces points ; mais on ne saurait élever le langage à la sublimité des actes et des œuvres qu'elle fit dans la créance et l'intelligence de toutes ces vérités et des autres, car elle traita chacun de ces mystères avec la plénitude de magnificence, de culte, de foi, de louange et de gratitude qu'il demandait, s'humiliant et s'abîmant toujours plus dans le néant à mesure qu'elle était plus glorifiée.

813. Le troisième article porte que notre Seigneur Jésus-Christ a souffert la mort et la passion. Le quatrième, qu'il est descendu aux enfers, et qu'il délivra les âmes des saints Pères qui étaient dans les limbes en attendant sa venue. Le cinquième, qu'il est ressuscité des morts. Le sixième, qu'il est monté aux cieux et qu'il est assis à la droite du Père éternel. Le septième, qu'il viendra de là juger les vivants et les morts au jugement universel, pour donner à chacun ce qu'il aura mérité par ses œuvres. L'auguste Marie crut et connut ces articles comme tous les autres ; elle en pénétra la substance, l'ordre, les convenances, et découvrit le besoin que les hommes avaient de cette foi. Elle seule en a rempli le vide et a suppléé aux manquements de tous ceux qui n'ont point cru et qui ne croiront point, aussi bien qu'à notre tiédeur à croire les divines vérités, en leur donnant l'estime, la vénération et les effets de reconnaissance qu'elles exigent. L'Église appelle cette grande Reine bienheureuse, non seulement parce qu'elle crut l'ambassadeur du ciel[196], mais aussi parce qu'elle crut ensuite les articles qui se formulèrent et se réalisèrent dans son sein virginal, et elle les crut pour elle-même et pour tous les enfants d'Adam. Elle fut la Maîtresse de la foi, et celle qui, à la vue des courtisans célestes, arbora l'étendard des fidèles dans le monde. Elle fut la première reine catholique de l'univers, et celle qui n'aura point de semblable. Mais les véritables catholiques trouveront en elle une Mère assurée, puisqu'ils sont par ce titre spécial ses enfants ; et ils en seront convaincus s'ils l'invoquent dans leurs besoins, car il est constant que cette miséricordieuse Mère, cette généralissime de la foi catholique, regarde avec un amour sin-

---

196   Lc 1, 45.

gulier ceux qui l'imitent en cette grande vertu, en sa propagation et en sa défense.

814. Ce discours serait fort long si je devais raconter tout ce qui m'a été déclaré de la foi denotre grande Dame, de ses caractères et de la science consommée avec laquelle elle pénétrait en général et en particulier les quatorze articles et les vérités catholiques qui s'y trouvent renfermées. Les entretiens qu'elle avait sur ces articles avec son divin maître Jésus, les humbles et discrètes questions qu'elle lui adressait sur le même sujet, les réponses qu'elle recevait de cet adorable Seigneur, les profonds secrets qu'il lui révélait avec la plus tendre complaisance, et tant d'autres communications ineffables et mystérieuses ; qui ne se passaient qu'entre le Fils et la Mère, sont autant de choses divines que je ne saurais exprimer. Il m'a été déclaré d'ailleurs qu'il n'est pas convenable de les découvrir toutes pendant cette vie mortelle. Mais tout ce nouveau et divin Testament fut mis en dépôt en la très pure Marie, et elle seule garda très fidèlement ce trésor, pourle dispenser à propos selon les nécessités de la sainte Église[197]. Heureuse et fortunée Mère ! si le fils qui est sage est la joie de son père[198], qui pourra dire celle que vous fit éprouver la gloire que procurait au Père éternel son Fils unique, de qui vous étiez Mère par les mystères de ses œuvres, que vous connûtes dans les vérités de la sainte foi de l'Église ?

Instruction que la très sainte Vierge me donna

815. Ma fille, on ne saurait connaître dans l'état de la vie mortelle ce que je sentis par la foi et par la connaissance infuse du Symbole que mon adorable Fils destinait à la sainte Église, ni ce que mes facultés opérèrent en cette créance. Il est inévitable que les termes vous manquent pour exposer ce que vous en avez appris, parce que tous ceux qui tombent sous le sens sont trop faibles pour donner une juste idée de ce mystère. Mais ce que je vous ordonne, et ce que vous pouvez faire avec le secours divin, c'est de garder avec la plus respectueuse sollicitude le trésor que vous avez trouvé en la doctrine et en la science de mystères si augustes[199]. Car comme Mère, je vous avertis des ruses homicides dont vos ennemis se servent pour tâcher de vous l'enlever. Faites donc en sorte qu'ils vous trouvent revêtue de force[200], et que vos domestiques, qui sont vos sens et vos puissances, aient un double vêtement, savoir : une bonne garde intérieure et extérieure, qui résiste aux attaques des tentations[201]. Les armes offensives avec lesquelles vous pourrez vaincre ceux qui vous font la guerre, doivent être les articles de la foi catholique. En effet, le continuel exercice que l'on en fait, la ferme créance, la méditation et l'attention que l'on y donne, éclairent les esprits, bannissent les erreurs, découvrent les embûches

---

197   Mt 13, 52.

198   Pr 1, 1.

199   Mt 13, 44.

200   Pr 31, 17 ; *ibid.*, 21.

201   1 P 5, 9.

de Satan, et les détruisent comme les rayons du soleil dissipent les plus légères vapeurs ; et en outre l'âme y puise un aliment solide et une nourriture spirituelle qui l'anime et la fortifie pour les combats du Seigneur[202].

816. Que si les fidèles ne ressentent point ces effets de la foi, et même plusieurs autres qui seraient et plus grands et plus admirables, il ne faut pas l'attribuer à son défaut d'efficace ; cela vient uniquement de ce que des fidèles eux-mêmes, les uns se laissent aller à une telle insouciance, et les autres se livrent si aveuglément à une vie toute charnelle et animale[203], qu'ils ne profitent point du don le plus précieux, et ne songent guère à en user plus que s'ils ne l'avaient pas reçu. De sorte qu'ils perdent peu à peu la foi, en vivant comme les infidèles, dont ils déplorent avec raison le malheur et l'ignorance, tandis qu'ils deviennent eux-mêmes beaucoup plus méchants par cette horrible ingratitude, et par le mépris qu'ils font d'un bienfait si grand et si inestimable. Pour vous, ma très chère fille, je veux que vous le reconnaissiez avec une profonde humilité et avec une ardente affection, que vous en usiez continuellement par des actes héroïques, et que vous méditiez sans cesse les mystères que la foi vous enseigne, afin que vous jouissiez sans aucun empêchement terrestre des très doux et divins effets qu'elle produit. Vous les éprouverez ces effets, d'autant plus efficaces et plus puissants, que la connaissance que la foi vous donnera sera plus vive et plus pénétrante. Et en apportant de votre côté ce zèle et cette docilité qui vous regardent, vous aurez une plus grande lumière des profonds et admirables mystères de l'être de Dieu trine et un ; de l'union hypostatique des deux natures divine et humaine, de la vie, de la mort et de la résurrection de mon très saint Fils ; aussi bien que de tous les autres mystères qu'il a opérés. Et par là vous goûterez leur douceur, et vous cueillerez une abondance de fruits, qui seront dignes du repos et de la félicité éternels[204].

Chapitre 10
La très pure Marie eut une nouvelle lumière des dix commandements. Comment elle profita de ce bienfait.

817. Comme les articles de la foi catholique appartiennent aux actes de l'entendement dont ils sont l'objet, de même les commandements regardent les actes de la volonté. Et quoique tous les actes libres dépendent de la volonté dans toutes les vertus infuses et acquises, ils n'en sortent néanmoins pas de la même manière ; car les actes de la foi libre naissent immédiatement de l'entendement qui les produit, et ne relèvent de la volonté qu'en ce qu'elle les ordonne par une affection pure, sainte, pieuse et respectueuse ; car les objets et les vérités obscurs n'entraînent point l'adhésion de l'entendement au point de les lui faire croire sans la participation de la volonté ; c'est pourquoi il attend sa décision. Mais dans les autres vertus la vo-

---

202   Rm 1, 17.

203   1 Co 2, 14.

204   Ps 33, 9.

lonté agit par elle-même, et n'exige autre chose de l'entendement, si ce n'est qu'il lui montre ce qu'elle doit faire, comme un guide précède avec son flambeau. Après quoi elle reste maîtresse, si absolue et si libre, que l'entendement ne saurait lui faire la loi, et, que personne ne saurait la violenter. Le Très-Haut l'a disposé de la sorte, afin qu'aucun homme ne le servît avec tristesse, ou par nécessité et par force, mais que tous le servissent librement, sans contrainte et avec joie, comme dit l'apôtre[205].

818. L'auguste Marie ayant été si divinement éclairée sur les articles et les vérités de la foi catholique, afin qu'elle fût aussi renouvelée en la science des dix commandements, elle eut une autre vision de la Divinité en la manière que j'ai marquée au chapitre précédent. Elle y découvrit avec une plus grande plénitude et avec plus de clarté tous les mystères des préceptes du Décalogue, comment ils étaient décrétés dans l'entendement divin, pour conduire les hommes à la vie éternelle, comment Moïse les avait reçus sur les deux tables[206] : savoir, sur la première les trois commandements qui concernent le culte dû à Dieu lui-même, et sur la seconde les sept commandements qui regardent le prochain. Elle vit ensuite que son très saint Fils, le Rédempteur du monde, les devait imprimer de nouveau dans les cœurs des hommes, en commençant à les faire observer dans toute leur étendue par cette grande Dame, qui connut aussi leur rang et leurs rapports, et la nécessité où sont les fidèles de se conformer à l'ordre qu'ils ont entre eux, pour arriver à la participation de la Divinité[207], Elle eut une merveilleuse intelligence de l'équité, de la sagesse et de la justice avec lesquelles les commandements étaient établis par la volonté divine[208], et comprit mieux que jamais que c'était une loi sainte, sans tache, douce, facile, pure, véritable et accommodée pour les créatures[209] ; parce qu'elle était si juste et si conforme à la nature capable de raison, qu'on la pouvait et devait embrasser avec estime et avec joie, et enfin que l'auteur de cette même loi avait destiné la grâce pour aider les hommes à l'observer[210]. Cette incomparable Reine connut dans cette vision plusieurs autres mystères très relevés qui regardaient l'état de la sainte Église, et ceux qui y observeraient les divins commandements, aussi bien que ceux qui les transgresseraient, qui les mépriseraient et qui chercheraient des prétextes pour ne pas les garder.

819. La très innocente colombe sortit de cette vision enflammée du zèle, et transformée par l'amour de la loi divine. Elle alla trouver aussitôt son très saint Fils, dans l'intérieur duquel elle la connut de nouveau, et vit comment il l'avait disposée dans les décrets de sa sagesse et de sa volonté, pour la renouveler en la loi de grâce[211]. Elle

---

205   1 Co 9, 7.
206   Ex 31, 18 ; Dt 5, 22.
207   2 P 1, 4.
208   Rm 7, 12.
209   Ps 18, 8 ; Mt 11, 80.
210   Ps 118, 142 ; Ps 18, 9 ; Jr 31, 33 ; Rm 7, 22.
211   Mt 5, 17.

discerna en outre par une vive illumination le bon plaisir du Seigneur, et le désir qu'il avait qu'elle fût l'image de tous les préceptes que cette même loicontenait. Il est vrai que notre grande Reine avait, comme je l'ai dit plusieurs fois, une science habituelle de tous ces mystères, afin qu'elle en usât continuellement ; mais c'était là un fonds qu'elle voyait se renouveler, s'agrandir et s'enrichir de jour en jour. Car comme l'extension et la profondeur des objets étaient presque immenses, il restait toujours comme un champ infini, où elle pouvait étendre la vue de son intérieur et découvrir de nouveaux secrets. Notre divin Maître lui en révéla plusieurs dans cette occasion, en lui exposant sa sainte loi, ses préceptes et le parfait enchaînement que l'Église militante donnerait à ses mystères. Il l'éclairait sur chacun par une foule de détails particuliers, et par une effusion de nouvelles lumières. Et quoique les bornes de notre capacité ne nous permettent pas d'embrasser des mystères si vastes et si relevés, il n'y en eut pourtant aucun qui ait échappé à notre auguste Princesse, aussi ne devons-nous pas mesurer sa très profonde science à l'étroitesse de notre entendement.

820. Elle se présenta avec beaucoup d'humilité devant son très saint Fils, et, d'un cœur prêt à lui obéir dans l'observation de ses commandements, elle le pria de l'enseigner et de la favoriser de son divin secours pour exécuter tout ce qu'il y ordonnait. Sa Majesté lui répondit : « Ma Mère, mon élue et ma prédestinée par ma volonté et par ma sagesse éternelle pour être le sujet des plus grandes complaisances de mon Père, à qui je suis égal quant à ma divinité ; notre amour éternel, qui nous a porté à communiquer notre divinité aux créatures en les élevant à la participation de notre gloire et de notre félicité, a établi cette loi sainte et pure comme la voie par où les hommes pourront parvenirà la fin pour laquelle les a créés notre clémence[212] ; et ce désir que nous avons, ma bien-aimée, reposera en vous et se réalisera pleinement dans votre cœur, où notre divine loi sera gravée avec tant de force et de netteté, qu'elle ne pourra jamais être obscurcie ni effacée, et que son efficace ne sera en rien ni empêchée ni affaiblie, comme chez les autres enfants d'Adam. Sachez, ma chère Sulamite, que cette loi est toute pure et sans tache[213], et que nous la voulons déposer en un sujet très pur en qui nos pensées et nos œuvres seront glorifiées. »

821. Ces paroles, qui eurent en la divine Mère l'efficace de ce qu'elles renfermaient, la renouvelèrent et la déifièrent par la connaissance et par la pratique des dix commandements, et en particulier de leurs mystères. De sorte que, donnant son attention à la lumière céleste et soumettant sa volonté à son divin Maître, elle approfondit le premier et le plus grand de tous les commandements : *Vous aimerez le Seigneur votre Dieu de tout votre cœur, de toute votre âme et de toutes vos forces*, comme ensuite l'écrivirent les évangélistes[214], et comme auparavant Moïse l'avait écrit dans

---

212 Ez 20, 11.

213 Ps 18, 8.

214 Mt 22, 37 ; Mc 12, 29 ; Lc 10, 27.

le Deutéronome[215] avec les conditions dont le Seigneur l'accompagna ; car il ordonna aux Hébreux d'en conserver les termes dans leur cœur, et aux pères de les
enseigner à leurs enfants ; de les méditer assis dans la maison et marchant dans le
chemin, en dormant et en veillant, et de les avoir toujours présentes devant les yeux
intérieurs de l'âme. Notre Reine, dis-je, connut ce commandement de l'amour de
Dieu, et l'accomplit avec les conditions et avec l'efficace que sa Majesté attendait
d'elle. Et si aucun des enfants des hommes n'est parvenu en cette vie à l'accomplir
dans toute sa perfection, la très pure Marie au moins, dans sa chair mortelle, a atteint un degré plus élevé que les plus hauts et les plus embrasés séraphins, et que
tous les bienheureux qui sont dans le ciel. Je ne m'étends pas ici davantage sur cette
matière, parce que j'ai déjà dit quelque chose de la charité de cette grande Dame
dans la première partie, en parlant de ses vertus. Mais ce fut particulièrement dans
cette occasion qu'elle pleura avec une extrême douleur les péchés que l'on commettrait dans le monde contre ce grand commandement, et qu'elle se chargea de réparer
par son amour toutes les fautes par lesquelles les hommes l'enfreindraient.

822. Après ce premier commandement viennent les deux autres, qui sont, le second, de ne point déshonorer le Seigneur en jurant son saint nom en vain, et le troisième, de l'honorer en gardant et sanctifiant ses fêtes. La Mère de la Sagesse pénétra
et comprit ces commandements, les grava avec beaucoup d'humilité et de piété dans
son cœur, et leur donna le suprême degré de vénération et de culte de la Divinité.
Elle pesa dignement l'injure que la créature faisait à l'être immuable de Dieu et à sa
bonté infinie en jurant par elle en vain ou à faux, ou en le blasphémant en lui-même
et en ses saints contre l'honneur qui est dû à sa divine Majesté. Et, dans la douleur
qu'elle ressentit à la vue de la témérité avec laquelle les hommes violaient et viole-
raient ce précepte, elle pria les saints anges qui l'assistaient de recommander de sa part
à tous les autres gardiens des enfants de la sainte Église de préserver les personnes que
chacun d'eux gardait de commettre cette offense contre Dieu, et de leur donner des
inspirations et des lumières pour les empêcher de tomber dans ce malheur ; ou de se
servir d'autres moyens, comme de les intimider par la crainte du Seigneur[216], afin qu'ils
ne blasphémassent point son saint nom. Elle leur recommanda en outre de prier le
Très-Haut de combler de ses plus douces et de ses plus abondantes bénédictions ceux
qui s'abstiennent de jurer en vain et qui honorent son Être immuable. Et cette très
miséricordieuse Dame faisait alors la même prière avec beaucoup de ferveur.

823. À l'égard de la sanctification des fêtes, qui est le troisième commandement, la
Reine des anges eut connaissance dans ces visions de toutes celles qu'on devait célébrer dans la sainte Église, et des cérémonies particulières par lesquelles on les solenni-
serait. Et quoiqu'elle eût commencé dès qu'elle fut arrivée en Égypte à célébrer celles
qui regardaient les mystères précédents (comme je l'ai dit en son lieu), elle en célébra

---

215   Dt 6, 5-8.

216   Ps 118, 120.

pourtant d'autres par suite de cette connaissance, comme celle de la très sainte Trinité, celles qui étaient également dédiées à son Fils et celles des anges ; alors elle les conviait à solenniser avec elle ces fêtes aussi bien que les autres que la sainte Église établirait, et pour chacune elle offrait au Seigneur des hymnes de louange et de reconnaissance. Ces jours qui étaient spécialement destinés pour le culte divin, elle les employait tout entiers en ce même culte. Ce n'est pas que ses actions corporelles empêchassent jamais les opérations et les attentions admirables de son esprit, mais elle s'appliquait à pratiquer ce qu'elle comprenait qu'on devait faire pour sanctifier les fêtes du Seigneur, et se plaçait d'avance au point de vue de la loi de grâce, car elle voulut avec une sainte émulation et une prompte obéissance se conformer par anticipation à tout ce qu'elle contiendrait, comme la première disciple du Rédempteur du monde.

824. L'auguste Marie eut la même intelligence des sept commandements qui regardent notre prochain. Elle connut dans le quatrième, qui nous oblige d'honorer nos parents, tout ce qu'il renfermait sous le nom de parents, et elle considéra qu'après l'honneur dû à Dieu vient immédiatement celui que les enfants leur doivent ; et qu'il leur est ordonné de les respecter et de les secourir, comme, les pères et mères sont obligés de soigner leurs enfants. Dans le cinquième commandement, qui défend le meurtre, cette Mère compatissante apprécia de même combien ce précepte était juste, parce que le Seigneur est auteur de la vie et de l'être de l'homme, et qu'il n'a entendu donner à personne aucun pouvoir sur sa propre vie et encore moins sur celle de son prochain, qu'on n'a nullement le droit ni de tuer ni même de blesser. Et, comme la vie est le premier bien de la nature et le fondement de la grâce, elle loua le Seigneur d'avoir promulgué ce commandement en faveur des mortels, voyant en eux les ouvrages de Dieu[217], des créatures capables de sa grâce et de sa gloire, et rachetées au prix du sang que son Fils verserait et offrirait pour elles[218], elle fit de ferventes prières pour obtenir l'observation de ce précepte dans l'Église. Notre très pure Dame saisit tous les caractères du sixième commandement, comme les bienheureux qui ne trouvent plus en eux-mêmes le danger de la faiblesse humaine, mais qui le remarquent chez les mortels, et qui le prévoient sans qu'il les touche. C'est des plus sublimes hauteurs de la grâce que cette très sainte Vierge le regardait et le connaissait à l'abri de cette concupiscence rebelle qu'elle ne put contracter, parce qu'elle en fut miraculeusement préservée. Les sentiments de pur amour que conçut cette grande partisane de la chasteté, en pleurant les péchés des hommes contre cette vertu, furent tels, qu'elle blessa de nouveau le cœur du Seigneur[219], et qu'elle consola, pour ainsi dire, son très saint fils des offenses que les mortels lui feraient par la violation de ce précepte. Mais, sachant que son observation s'étendrait en la loi de l'Évangile jusqu'à établir des communautés de vierges et de religieux qui promettraient de garder cette

---

217 Sg 2, 23 ; Qo 15, 14, etc.

218 1 P 1, 19.

219 Ct 4, 9.

vertu de chasteté, elle pria le Très-Haut de les enrichir du trésor de ses bénédictions. Et c'est ce que sa divine Majesté a fait par l'intercession de cette très pure Dame, en leur réservant la récompense particulière qui revient à la virginité, parce qu'ils ont suivi celle qui a été Vierge et Mère de l'Agneau[220]. Et comme elle prévoyait que sous la loi évangélique elle aurait dans le culte de cette vertu une foule d'imitateurs, elle en rendit avec une joie singulière de très grandes actions de grâces au Seigneur. Je ne m'arrête pas davantage à rapporter combien elle estimait cette vertu, parce que j'en ai dit quelque chose en la première partie et ailleurs.

825. Pour ce qui est des autres commandements, qui sont, le septième, de ne point dérober ; le huitième, de ne dire aucun faux témoignage ; le neuvième, de ne point désirer la femme de son prochain ; le dixième, de ne point désirer ses biens ni aucune chose qui lui appartienne ; l'auguste Marie en eut une intelligence aussi merveilleuse que des précédents. Elle faisait pour chacun des actes généreux de ce qu'en demandait l'accomplissement, louant et remerciant le Seigneur, au nom de tous les hommes, de ce qu'il les conduisait avec tant de sagesse et d'efficace à sa félicité éternelle par une loi si conforme à leurs besoins et si bienfaisante, qu'en l'observant ils ne s'assuraient pas seulement la récompense qui leur était promise pour toujours dans la gloire, mais qu'ils pouvaient aussi jouir pendant cette vie d'un calme et d'une tranquillité qui les rendraient en quelque façon bienheureux. En effet, si toutes les créatures raisonnables se conformaient à l'équité de la loi divine et se résolvaient à la garder, elles goûteraient ici-bas un bonheur et des délices ineffables dans le témoignage de la bonne conscience[221], car toutes les jouissances humaines ne sauraient être comparées à la consolation qu'éprouvent ceux qui sont fidèles à observer les petites et les grandes choses de la loi[222]. Nous sommes redevables à notre Rédempteur Jésus-Christ de ce bienfait, puisqu'il nous a mérité la grâce de faire le bien, la satisfaction intérieure, la paix, la consolation et plusieurs autres bonheurs dont nous pouvons jouir même dès cette vie. Et si tous ne les reçoivent pas, cela vient de ce qu'on ne garde pas ses commandements. Car toutes les disgrâces et toutes les calamités des hommes sont comme autant d'effets inséparables de leurs désordres ; et, pendant que chacun y contribue de son côté, nous sommes tellement aveugles, que si quelque affliction nous arrive, nous en cherchons ailleurs la cause, qui se trouve pourtant en nous-mêmes.

826. Serait-il possible de raconter les dommages que causent dans cette vie le larcin et la transgression du commandement qui le défend, et qui nous oblige en même temps de nous contenter tous de notre sort et d'y espérer le secours du Seigneur, qui n'abandonne pas les oiseaux[223] ni les plus misérables vermisseaux ? Com-

---

220   Ps 44, 15.

221   2 Co 1, 12.

222   Mt 14, 21.

223   Mt 6, 26.

bien de misères et d'afflictions ne souffrent pas les peuples chrétiens par l'ambition des princes, qui ne se contentent pas des royaumes que le souverain Roi de l'univers leur a donnés ! Mais ils prétendent encore étendre leur puissance et leurs couronnes au-delà ; ils bannissent du monde la paix et la tranquillité, appauvrissent les familles, dépeuplent les provinces et font périr une infinité d'âmes. Les faux témoignages et les mensonges, qui offensent la suprême vérité et enveniment les relations humaines, produisent tout autant de maux et de discordes qui troublent et ravagent les cœurs des mortels. Et tout cela les rend incapables de préparer à leur Créateur la demeure qu'il voudrait y établir comme dans son temple[224]. La convoitise de la femme d'autrui, l'odieux adultère, la violation de la sainte loi du mariage, confirmée et sanctifiée par notre Seigneur Jésus-Christ dans le sacrement[225], n'ont-ils pas causé et ne causent-ils pas encore tous les jours de très grands malheurs secrets et publics parmi les catholiques ? Et sans doute beaucoup de ces péchés sont cachés aux yeux du monde ; mais quand ils le seraient même davantage, ils ne le seront jamais aux yeux de Dieu, qui, étant un juge très équitable, ne laissera pas passer ces péchés sans les châtier en cette vie ; et s'il ne les châtie pas maintenant autant qu'ils le méritent, pour ne pas détruire la république chrétienne, il est certain que plus sa Majesté les aura dissimulés en ce monde, plus ses jugements seront rigoureux en l'autre[226].

827. Notre grande Reine voyait toutes ces vérités, les regardant dans le Seigneur. Et quoiqu'elle connût la lâcheté des hommes, qui manquent si imprudemment et pour des choses si viles à l'honneur et au respect qu'ils doivent à Dieu, et qu'elle considérât d'ailleurs que sa Majesté a pourvu avec tant de bonté à leurs besoins en leur imposant des lois si saintes et si importantes, cette très prudente Dame ne se scandalisa pourtant pas de la fragilité humaine ; elle n'était même pas surprise de nos ingratitudes ; toujours Mère tendre, elle portait au contraire compassion à tous les mortels et les aimait avec la plus ardente affection ; elle reconnaissait pour eux les œuvres du Très-Haut, réparait par avance les transgressions qu'ils commettraient contre la loi évangélique, intercédait en leur faveur, et demandait au Seigneur que cette même loi fût parfaitement observée de tous. Elle comprit admirablement que tout le Décalogue se résumait en ces deux commandements, savoir, d'aimer Dieu de tout son cœur et le prochain comme soi-même[227], et qu'étant bien entendus et bien pratiqués, on y trouve la véritable sagesse, puisque celui qui les accomplit n'est pas loin du Royaume de Dieu, comme l'a dit le Seigneur dans l'Évangile[228]. Elle connut aussi que l'observation de ces deux préceptes doit être préférée à tous les holocaustes et à tous les sacrifices. Et elle proportionna à cette science qu'elle eut la pratique de

---

224   1 Co 3, 17.

225   Mt 19, 4, etc.

226   Ps 7, 12 ; Rm 2, 5.

227   Mt 22, 40 ; Rm 13, 10.

228   Mc 12, 34, 33.

cette sainte loi, telle que la contiennent les Évangiles, sans en omettre ni les commandements, ni les conseils ; ni la plus petite chose. De sorte que cette divine Princesse accomplit à elle seule la doctrine du Rédempteur du monde son très saint Fils avec plus de perfection que tout le reste des saints et des fidèles de la sainte Église.

Instruction que la Reine du ciel m'a donnée

828. Ma fille, puisque le Verbe du Père éternel était descendu de son sein pour prendre dans le mien cette chair humaine par laquelle il allait racheter l'humanité, il fallait, pour éclairer ceux qui demeuraient dans les ténèbres et dans l'ombre de la mort[229], et pour les conduire à la félicité qu'ils avaient perdue, que sa Majesté fût leur lumière, leur voie, leur vérité et leur vie[230], et qu'elle leur donnât une loi si sainte, qu'elle les justifiât ; si claire, qu'elle les illuminât ; si assurée, qu'elle les fortifiât ; si puissante, qu'elle les excitât ; si efficace, qu'elle les aidât ; et si véritable, qu'elle communiquât à tous ceux qui la gardent une joie et une sagesse solide. La très pure loi de l'Évangile a en ses préceptes et en ses conseils une vertu singulière pour produire tous ces effets et plusieurs autres admirables ; et elle dirige de telle sorte les créatures raisonnables, que tout leur bonheur spirituel et corporel, temporel et éternel ne consiste qu'à la garder[231]. Vous découvrirez par-là cette ignorance aveugle des mortels dont leurs ennemis irréconciliables se servent pour les tromper[232] ; puisque les hommes aspirant avec tant d'ardeur à leur propre félicité, il en est cependant si peu qui l'acquièrent ; parce qu'ils ne la cherchent pas dans la loi divine, où seulement ils peuvent la trouver.

829. Préparez votre cœur par cette science, afin que le Seigneur y grave sa sainte loi[233], comme il l'a gravée dans le mien, et qu'il vous éloigne de telle sorte de tout ce qui est visible et terrestre, que toutes vos puissances se trouvent débarrassées d'images étrangères, et ne soient occupées que de celles que le doigt du Seigneur y aura imprimées, pour vous marquer sa doctrine et son bon plaisir, que les vérités de l'Évangile renferment. Priez continuellement le Seigneur de vous rendre digne de cette faveur et de la promesse de mon très saint Fils, afin que vos désirs ne soient point stériles. Mais faites aussi réflexion que si vous manquiez à vous y disposer, cet oubli serait en vous beaucoup plus blâmable qu'en tous les autres vivants ; puisqu'aucun n'a été attiré à son divin amour par d'aussi douces violences et par d'aussi grands bienfaits que vous. Aux jours d'abondance comme dans la nuit de la tentation et de la tribulation, songez à la dette que vous avez contractée, songez à la jalousie du Seigneur, afin que vous ne soyez point enflée par les faveurs ni abattue

---

229   Lc 1, 79.

230   Jn 14, 6.

231   Pr 29, 18.

232   Ga 3, 1.

233   Jr 31, 33.

par les peines et par les afflictions ; et vous jouirez de cette bienheureuse égalité, si dans ces deux états vous vous appliquez à la méditation de la divine loi écrite dans votre cœur, pour la garder inviolablement, et avec toute la perfection qu'il vous sera possible. En ce qui concerne l'amour du prochain, servez-vous toujours de cette première règle avec laquelle on le doit mesurer quand on le veut mettre en pratique ; c'est de vouloir qu'il lui soit fait ce que vous voudriez qu'on vous fît[234]. Si vous souhaitez vivement qu'on pense ou qu'on dise du bien de vous et qu'on vous en fasse, pratiquez la même chose envers les autres. Si vous n'êtes pas bien aise qu'on vous offense en la moindre chose, évitez de donner ce déplaisir à qui que ce soit. Et si vous n'approuvez pas qu'une personne en fâche une autre, ne tombez pas vous-même dans ce désordre ; puisque vous savez que l'on transgresse ainsi la règle et le commandement que le Très-Haut a établi. En outre, pleurez vos péchés et ceux de votre prochain, parce qu'ils sont contre Dieu et contre sa sainte loi ; car c'est là une bonne charité à l'égard de Dieu et des hommes. Ressentez les afflictions d'autrui comme les vôtres propres, m'imitant dans le fraternel amour.

Chapitre 11
La très pure Marie eut l'intelligence des sept sacrements que notre
Seigneur Jésus-Christ devait instituer, et des cinq commandements de l'Église

830. Pour achever la beauté et mettre le comble aux richesses de la sainte Église, il fallut que son auteur Jésus-Christ établît dans son sein les sept sacrements comme un dépôt commun où seraient versés les trésors infinis de ses mérites, et où l'auteur même de toutes ces merveilles se trouverait sous les voiles eucharistiques, par un mystérieux mais réel et véritable mode d'assistance, afin que les fidèles se nourrissent de ses biens, et se consolassent par sa présence, qui leur est un gage de la vision dont ils espèrent jouir éternellement face à face. Il fallait aussi, pour la plénitude de la science et de la grâce que l'auguste Marie devait recevoir, que tous ces mystères et tous ces trésors fussent comme enregistrés dans son cœur magnanime, afin qu'autant qu'il se pourrait, toute la loi de grâce y fût mise en dépôt et imprimée, comme elle l'était en son très saint Fils ; car c'est elle qui, en son absence, devait être la Maîtresse de l'Église, et enseigner à ses premiers enfants les dispositions scrupuleuses avec lesquelles on devait vénérer et recevoir tous ces sacrements.

831. Notre grande Dame découvrit tout cela par une nouvelle lumière dans l'intérieur de son très saint Fils, y pénétrant chaque mystère en particulier. En premier lieu, elle connut que la dure loi de la circoncision serait ensevelie avec honneur, et que le très doux et admirable sacrement du baptême prendrait sa place. Il lui fut manifesté que l'unique matière de ce sacrement serait l'eau élémentaire, et que sa forme consisterait dans les paroles par lesquelles il a été déterminé, avec la spécification des trois personnes divines sous les noms de Père, de Fils, et de Saint-Esprit,

---

234 Mt 22, 39.

afin que les fidèles professassent la foi explicite de la très sainte Trinité. Elle connut la vertu que notre Seigneur Jésus-Christ communiquerait au baptême, elle sut qu'il aurait une efficace singulière pour purifier entièrement les hommes de tous leurs péchés, et les délivrer des peines qu'ils auraient méritées en les commettant. Elle vit les effets admirables qu'il produirait en tous ceux qui le recevraient, en les régé-nérant, en les faisant renaître comme enfants adoptifs et héritiers du royaume du Père céleste, en leur donnant par infusion les vertus de foi, d'espérance, de charité et plusieurs autres ; en imprimant par sa vertu dans leurs âmes un caractère surna-turel et spirituel, qui servirait comme d'un sceau royal pour marquer les enfants de la sainte Église ; en un mot, la bienheureuse Marie connut tout ce qui regarde ce sacrement et ses effets. Et aussitôt elle le demanda à son très saint Fils, avec un très ardent désir de le recevoir au moment convenable ; sa Majesté le lui promit, et le lui donna plus tard, comme je le dirai en son lieu.

832. L'auguste Princesse eut la même connaissance du sacrement de confirma-tion, qui est le second ; elle sut qu'on le donnerait dans la sainte Église après le baptême ; parce que celui-ci engendre premièrement les enfants de la grâce, et ce-lui-là leur donne le courage et la force de confesser la sainte foi qu'ils ont reçue dans le baptême, leur augmente la première grâce, et leur en ajoute une particulière pour sa propre fin. Elle connut la matière, la forme, les ministres, les effets spiri-tuels de ce sacrement, et le caractère qu'il imprime dans l'âme ; elle comprit que le chrême composé d'huile et de baume qui en fait la matière, représente la lumière des bonnes œuvres, et la bonne odeur de Jésus-Christ[235], que les fidèles répandent par ces mêmes œuvres en le confessant ; et que c'est aussi ce que signifient les pa-roles qui en constituent la forme, chaque chose en sa manière. Dans la perception de toutes ces notions, notre grande Reine faisait des actes sublimes de louange et de gratitude, qu'elle accompagnait de ferventes prières qui partaient du fond de son cœur, afin que tous les hommes vinssent puiser de l'eau de ces fontaines du Sau-veur[236], et jouissent de tant de trésors incomparables, en le connaissant et le confes-sant pour leur Dieu véritable et pour leur Rédempteur. Elle pleurait amèrement la perte lamentable de tant de personnes qui, à la vue de l'Évangile, seraient privées par leurs péchés de tant de remèdes efficaces.

833. Quant au troisième sacrement, qui est la pénitence, notre divine Dame ap-précia la convenance et la nécessité de ce moyen pour rétablir les âmes en la grâce et en l'amitié de Dieu, attendu la fragilité humaine, par laquelle on perd si souvent ce trésor inestimable. Elle connut les parties et les ministres que ce sacrement aurait, la facilité avec laquelle les enfants de l'Église pourraient en user, et les effets admirables qu'il produirait. Et pour témoigner sa reconnaissance de ce qui lui avait été découvert de ce bienfait, elle rendit, comme Mère de miséricorde et des fidèles ses enfants, de

---

235 2 Co 2, 15.

236 Is 12, 3.

singulières actions de grâces au Seigneur, avec une joie incroyable de voir un remède si facile pour des maladies aussi fréquentes que les péchés ordinaires des hommes. Elle se prosterna, et au nom de l'Église elle reconnut et honora le saint tribunal de la confession, où le Seigneur avait résolu et ordonné dans sa clémence ineffable, que l'on terminerait une cause aussi importante pour les âmes, que le sont la justification et la vie, ou la condamnation et la mort éternelle, et laisse en conséquence aux prêtres le pouvoir d'accorder ou de refuser l'absolution des péchés[237].

834. Notre très prudente Reine fut ensuite initiée à une connaissance toute particulière du sublime mystère et auguste sacrement de l'Eucharistie ; et dans cette merveille, elle pénétra profondément plus de secrets que les plus hauts séraphins, car elle y sut la manière surnaturelle en laquelle l'humanité et la divinité de son très saint Fils seraient sous les espèces du pain et du vin ; la vertu des paroles, pour consacrer son corps et son sang par le changement d'une substance en une autre ; le maintien des accidents en l'absence du sujet ; la simultanéité de la présence de son adorable Fils en tant d'endroits différents ; l'institution de l'auguste mystère de la messe pour le consacrer et l'offrir en sacrifice au Père éternel jusqu'à la fin des siècles ; le culte d'adoration et les hommages que la sainte Église catholique lui rendait dans un très grand nombre de temples par tout le monde ; les favorables effets que cet adorable sacrement produirait en ceux qui, quoique plus ou moins bien disposés, le recevraient dignement, et combien ces effets seraient formidables pour ceux qui l'auraient reçu indignement. Elle connut aussi la foi avec laquelle les catholiques accueilleraient cet incomparable bienfait, et les erreurs que les hérétiques y opposeraient, et surtout l'amour immense avec lequel son très saint Fils avait résolu de se donner en aliment de vie éternelle à chacun des mortels.

835. Toutes ces révélations et plusieurs autres fort relevées que la Reine du ciel eut sur le plus auguste des sacrements, allumèrent dans son chaste cœur de nouveaux brasiers d'amour dont l'ardeur dépasse l'intelligence humaine, et quoiqu'elle fit de nouveaux cantiques pour chacun des articles de foi et des autres sacrements qui lui avaient été manifestés, elle épancha encore plus largement son cœur sur ce grand mystère de l'Eucharistie ; de sorte que, se prosternant, elle redoubla ses effusions d'amour, ses hymnes de louange, ses témoignages d'humble vénération pour mieux reconnaître un si haut bienfait, et en même temps ses gémissements et les marques de sa douleur, à cause de ceux qui n'en profiteraient pas et qui s'en serviraient pour leur propre damnation. Elle eut des désirs si véhéments de voir l'institution de cet adorable sacrement, que si la force du Très-Haut ne l'eût soutenue, l'ardeur de ses sentiments aurait consumé sa vie naturelle, quoique la présence de son très saint Fils la prolongeât et l'entretint jusqu'au temps marqué, en étanchant quelque peu sa soif brûlante. Mais dès lors elle commença à s'y préparer, et demanda d'avance à sa Majesté la communion de son corps eucharistique pour le mo-

---

237 Mt 18, 18.

ment où en aurait lieu la consécration ; et dans cette occasion elle lui dit : « Mon souverain Seigneur et vie véritable de mon âme, pourrai-je mériter de vous recevoir dans mon sein, moi qui ne suis qu'un petit vermisseau et que l'opprobre des hommes ? Serai-je assez heureuse que de vous recevoir de nouveau dans mon corps et dans mon âme ? Est-il possible que mon cœur vous serve encore de demeure et de tabernacle, où vous reposerez, et où nous jouirons, moi de vos doux embrassements, et vous, mon bien-aimé, de ceux de votre servante ? »

836. Notre divin Maître lui répondit : « Ma Mère et ma Colombe, vous me recevrez plusieurs fois sous les espèces sacramentelles, et vous goûterez cette consolation après ma mort et mon ascension ; car je ferai mon habitation continuelle dans l'asile de votre très chaste et très amoureux cœur, que j'ai choisi pour ma demeure privilégiée et pour lieu de mes complaisances. » À cette promesse du Seigneur, la grande Reine s'humilia de nouveau, et, baisant la poussière, elle en rendit des actions de grâces si ferventes, qu'elle causa de l'admiration à toute la cour céleste. Dès lors elle résolut de diriger toutes ses affections et toutes ses œuvres à cette fin de se préparer et de se disposer à recevoir à l'époque fixée la sainte communion de son Fils sous la forme sacramentelle ; de sorte qu'à partir de ce moment elle n'oublia ni n'interrompit jamais cette application des actes de sa volonté. Sa mémoire était (ainsi que je l'ai dit ailleurs) sûre et constante, comme aux esprits angéliques, et sa science était beaucoup plus sublime que la leur, et comme elle se souvenait toujours de ce mystère aussi bien que des autres, elle ne cessait d'agir d'après les pensées qui lui étaient toujours présentes. Elle supplia en outre instamment le Seigneur de donner la lumière aux mortels pour connaître et révérer cet auguste sacrement, et pour le recevoir dignement. Si nous parvenons quelquefois à le recevoir avec les dispositions convenables (veuille le Seigneur que ce soit toujours !), après l'obligation que nous en avons aux mérites de notre Rédempteur Jésus-Christ, qui est la source de toutes les grâces que nous recevons, nous devons cette faveur aux larmes et aux prières de sa très sainte Mère, qui nous l'ont procurée. Et si quelqu'un pousse la témérité et l'audace jusqu'à oser le recevoir en mauvais état, il doit savoir qu'outre l'injure sacrilège dont il se rend coupable contre son Dieu et son Sauveur, il offense aussi sa très pure Mère, parce qu'il méprise et qu'il perd en même temps les fruits de son amour, de ses désirs charitables, de ses prières, de ses larmes et de ses soupirs. Tâchons donc d'éviter un crime si horrible.

837. Dans le cinquième sacrement de l'extrême-onction, notre incomparable Reine eut connaissance de la fin merveilleuse pour laquelle le Seigneur l'instituait, de sa matière, de sa forme et de son ministre. Elle apprit que la matière serait l'huile d'olive bénite, comme étant le symbole de la miséricorde ; la forme, une prière accompagnant l'onction des sens par lesquels nous avons péché, et que le ministre serait le seul prêtre, à l'exclusion de tous autres. Elle connut les fins et les effets de ce sacrement, destiné à secourir les fidèles dangereusement malades et aux approches

de la mort, contre les embûches et les tentations du démon, qui sont terribles et multipliées dans ces derniers moments ; aussi l'extrême-onction communique-t-elle à celui qui la reçoit dignement la grâce pour recouvrer les forces spirituelles, affaiblies par les péchés qu'il a commis, et contribue-t-elle même à soulager ou à guérir les maux de son corps si la santé lui est avantageuse. Ce sacrement porte encore intérieurement le malade à une nouvelle dévotion et à des désirs ardents de voir Dieu, lui ménage le pardon des péchés véniels et de certains restes et effets des péchés mortels, et enfin marque son corps, non point d'un caractère ineffaçable, mais d'un signe apparent et comme d'un sceau, afin que le démon craigne de s'en approcher comme d'un tabernacle où le Seigneur a résidé par la grâce sacramentelle. Tel est le privilège en vertu duquel Lucifer est privé dans ce sacrement du pouvoir et du droit qu'il avait acquis sur nous par les péchés originels, et actuels ; afin que le corps du juste, marqué et embaumé par ce même sacrement, soit réuni un jour à son âme, ressuscite et jouisse de Dieu en cette même âme. Notre très charitable Mère et Maîtresse connut tout cela, et en rendit des actions de grâces au nom des fidèles.

838. Touchant le sacrement de l'ordre, qui est le sixième, elle vit comment la providence de son très saint Fils, l'habile Architecte de la grâce et de l'Église, établissait en cette même Église des ministres assez enrichis par les sacrements qu'il instituait, pour pouvoir sanctifier le corps mystique des fidèles et consacrer le corps et le sang de cet adorable Seigneur, et comment, afin de les élever à cette dignité, qui les mettrait au-dessus de tous les autres hommes et des anges mêmes, il établissait un autre nouveau sacrement de l'ordre et de consécration. Cette vue lui inspira un si grand respect pour les prêtres à cause de leur dignité, qu'elle commença dès lors à les honorer avec une profonde humilité, et à prier le Très-Haut de les rendre de dignes ministres et très capables de leur office, et de porter les autres fidèles à les révérer. Elle pleura les offenses que les uns et les autres commettraient contre Dieu ; mais comme j'ai parlé ailleurs de la grande vénération que notre auguste Reine avait pour les prêtres, et que j'en dois dire encore davantage dans la suite de cette histoire, je ne m'y arrête pas maintenant. La sainte Vierge eut une connaissance distincte de toutes les autres choses qui regardent ce sacrement, comme de ses effets et des ministres qu'il aurait.

839. À propos du sacrement de mariage, le septième et dernier, notre illustre Dame fut aussi informée des hautes fins que le Rédempteur du monde eut en instituant un sacrement par lequel serait bénie et sanctifiée, dans la loi évangélique, la propagation des fidèles, et serait symbolisé avec plus d'efficace qu'auparavant le mystère du mariage spirituel de ce même Seigneur avec la sainte Église[238]. Elle apprit comment ce sacrement devait être perpétué, sa forme, sa matière, et les grands biens qui en reviendraient aux enfants de l'Église ; aussi bien que tout le reste qui regarde ses effets, le besoin qu'on en avait, et la vertu qu'il renferme ; elle fit en conséquence des cantiques de louange et des actes de reconnaissance au nom des

---

238   Ep 5, 32.

catholiques qui recevraient ce bienfait. Ensuite elle connut les saintes cérémonies dont l'église se servirait dans les temps à venir pour le culte divin et pour l'ordre des bonnes mœurs. Elle connut aussi toutes les lois qu'elle établirait dans ce but, entre autres les cinq commandements : savoir, d'ouïr la messe les jours de fête, de confesser ses péchés au temps prescrit, de recevoir le très saint corps de Jésus-Christ dans l'eucharistie, de jeûner les jours qui sont marqués, de payer les dîmes et les prémices des fruits que le Seigneur fait croître sur la terre.

840. L'auguste Marie découvrit les hautes et mystérieuses raisons qui justifiaient ces préceptes ecclésiastiques, les effets qu'ils produiraient dans les fidèles, et le besoin que la nouvelle Église en aurait, afin que ses enfants observant le premier de tous ces commandements, eussent desjours destinés pour s'occuper de Dieu, et assister au très saint sacrifice de la messe, qui serait offert pour les vivants et pour les morts ; qu'ils renouvelassent en cet auguste mystère la profession de leur foi et la mémoire de la passion et de la mort de Jésus-Christ, par lesquelles nous avons été rachetés ; qu'ils coopérassent en la manière possible à la grandeur et à l'offrande de ce souverain sacrifice ; et qu'ils y participassent à tous les fruits que la sainte Église en reçoit. Elle comprit aussi combien il nous importait de ne pas négliger de recouvrer la grâce et l'amitié de Dieu par le moyen de la confession sacramentelle, et de nous confirmer dans cette amitié par la très sainte communion ; car outre le danger où l'on s'expose, et le dommage que l'on souffre en retardant l'usage de ces deux sacrements, on fait une autre injure à leur auteur, parce qu'on résiste à ses désirs et à l'amour avec lequel il les a institués pour notre salut ; et comme cette négligence suppose nécessairement un grand mépris tacite ou manifeste, les personnes qui y tombent offensent grièvement le Seigneur.

841. Elle eut une égale connaissance des deux derniers préceptes, qui ordonnent de jeûner et de payer les dîmes, sachant combien il était important que les enfants de la sainte Église travaillassent à vaincre les ennemis qui peuvent les empêcher de faire leur salut, comme il arrive à tant d'infortunés, à tant d'imprudents, parce qu'ils ne mortifient et ne domptent pas leurs passions, qui sont d'ordinaire excitées par le vice de la chair ; et celui-ci est mortifié par le jeûne, dont le Maître de la vie nous a donné particulièrement l'exemple, quoiqu'il n'eût pas à vaincre comme nous la concupiscence rebelle. Pour ce qui regarde les dîmes, elle découvrit que c'était un ordre spécial du Seigneur, que les enfants de l'Église lui payassent ce tribut des biens de la terre, qu'ils le reconnussent pour le suprême Seigneur et créateur de l'univers, et le remerciassent des fruits que sa providence leur donnait pour la conservation de leur vie ; enfin que ces dîmes ayant été offertes à sa divine Majesté, servissent à la subsistance et au profit des prêtres et des ministres de l'Église, afin qu'ils fussent plus reconnaissants au Seigneur, à la table duquel ils reçoivent une si abondante nourriture, et qu'ils connussent par-là l'obligation qu'ils ont de s'occuper continuellement du salut et des besoins spirituels des fidèles, puisqu'ils ne tirent leur entretien de la sueur du peuple que pour consacrer

toute leur vie au culte divin et à l'utilité de la sainte Église.

842. J'ai dû beaucoup me restreindre dans cette succincte exposition des profonds et sublimes mystères qui furent opérés dans le cœur magnanime de notre grande Reine, par la connaissance que le Très-Haut lui donna de la nouvelle loi et de l'Église évangélique. C'est la crainte qui m'a empêchée de m'étendre davantage, et exprimer ce qui m'en a été manifesté ; les lumières de la sainte croyance que nous professons, accompagnées de la prudence et de la piété chrétienne, dirigeront les âmes catholiques qui s'appliqueront attentivement à la respectueuse méditation de sacrements si augustes, et qui sauront considérer avec une vive foi l'accord merveilleux des lois, des sacrements, de la doctrine et de tant de mystères que l'Église catholique renferme, dont elle s'est servie admirablement pour sa conduite dès son origine, et dont elle se servira jusqu'à la fin du monde sans que rien puisse l'ébranler. Tout cela se trouva uni d'une manière ineffable dans l'intérieur de notre Princesse, et ce fut là que le Rédempteur du monde s'essaya pour ainsi dire à établir la sainte Église, en modelant par avance toutes les parties en sa très pure Mère, afin qu'elle fut la première à jouir de ses trésors avec surabondance, et que dans cette jouissance elle opérât, aimât, crût, espérât et rendit des actions de grâces au nom de tous les autres mortels, et qu'elle pleurât en même temps leurs péchés, pour que le genre humain ne fût point privé du torrent de tant de miséricordes. Ainsi cette incomparable Dame devait être comme le registre public où tout ce que Dieu opèrerait pour la rédemption des hommes serait écrit, et lui-même allait se trouver comme obligé de l'accomplir, en la prenant pour coadjutrice, et en gravant dans son cœur le mémorial des merveilles qu'il voulait opérer.

Instruction que j'ai reçue de la Reine du ciel

843. Ma fille, je vous ai représenté plusieurs fois combien est injurieux au Très-Haut, et funeste à tous les mortels, le mépris qu'ils font des œuvres mystérieuses et admirables que sa divine clémence a disposées pour leur salut. Mon amour maternel me porte à vous rappeler en quelques mots ce souvenir, et la douleur d'un oubli si déplorable. Où est le jugement des hommes qui méprisent si imprudemment leur salut éternel et la gloire de leur Créateur et Rédempteur ? Les portes de la grâce et de la gloire sont ouvertes ; et non seulement ils ne veulent point y entrer, mais la vie et la lumière sortant pour les prévenir, ils ferment les leurs, afin qu'elles n'entrent point dans leurs cœurs remplis des ténèbres de la mort. Ô pécheur, que ta cruauté envers toi-même est barbare, puisque ta maladie étant mortelle et la plus dangereuse de toutes, tu ne veux pas recevoir le remède que l'on t'offre si généreusement ! Quel serait le mort qui ne se crût pas fort obligé à celui qui lui aurait rendu la vie ? Où est le malade qui ne remerciât le médecin qui l'aurait tiré d'une grave maladie ? Or si les enfants des hommes sentent cela, et savent témoigner leur reconnaissance à un mortel qui leur rend une santé et une vie qu'ils doivent bien-

tôt perdre, et qui ne servent qu'à les remettre dans de nouveaux dangers et dans de nouvelles afflictions, comment sont-ils si insensés et si endurcis, que de ne montrer que de l'ingratitude à Dieu, qui leur donne le salut et la vie du repos éternel, et qui veut les délivrer des peines qui ne finiront jamais, et qu'on ne saurait dépeindre ?

844. Ô ma très chère fille, comment puis-je reconnaître pour enfants ceux qui méprisent de la sorte mon bien-aimé Fils et Seigneur, et qui font si peu de cas de sa bonté libérale ? Les anges et les saints la proclament dans le ciel, et sont surpris de la noire ingratitude et de l'effroyable témérité des vivants ; de sorte que l'équité de la divine justice se justifie en la présence de ces esprits bienheureux. Je vous ai découvert beaucoup de ces secrets dans cette histoire, et je vous en dis plus maintenant, afin que vous m'imitiez dans les larmes si amères que j'ai versées sur ce terrible malheur, par lequel Dieu a été et est encore grièvement offensé, et qu'en pleurant les injures qu'on lui fait, vous tâchiez autant qu'il vous sera possible de les empêcher et de les éviter. Je veux que vous ne laissiez passer aucun jour sans rendre d'humbles actions de grâces à sa divine Majesté de ce qu'elle a institué les sacrements, et de ce qu'elle souffre le mauvais usage que les méchants en font. Recevez-les avec un profond respect, et avec une foi et une espérance ferme ; et comme vous sentez un attrait particulier pour le sacrement de la pénitence, faites en sorte de vous en approcher avec les dispositions que la sainte Église et ses docteurs recommandent pour le recevoir avec fruit. Fréquentez-le tous les jours avec un cœur humble et reconnaissant, et toutes les fois que vous aurez quelque faute à vous reprocher, ne différez pas le remède de ce sacrement. Lavez et purifiez votre âme, car ce serait une négligence horrible de la voir souillée du péché, et de la laisser longtemps ou même un seul instant dans cette difformité.

845. Je veux surtout que vous sachiez l'indignation du Dieu Tout-Puissant (quoique vous ne puissiez pas vous en faire une juste idée) contre ceux qui dans leur folle témérité ont l'imprudence de recevoir indignement ces sacrements, et même le très auguste sacrement de l'autel. Ô âme ! combien est affreux ce péché devant Dieu et devant les saints ! Et ce ne sont pas seulement les communions indignes, mais encore les irrévérences que l'on commet dans les églises et en sa divine présence. Comment certains enfants de l'Église peuvent-ils dire qu'ils croient cette vérité et qu'ils la révèrent, si, Jésus-Christ se trouvant dans le saint sacrement en tant d'endroits, non seulement ils ne se mettent pas en peine de l'aller visiter et honorer ; mais qu'ils commettent en sa présence des sacrilèges tels que les païens ne les oseraient pas commettre dans les temples de leurs idoles ? C'est ici un sujet sur lequel il faudrait donner plusieurs avis et écrire plusieurs livres ; je vous avertis, ma fille, que les hommes irritent beaucoup la justice du Seigneur dans le siècle présent, et qu'ils empêchent par-là que je ne leur apprenne ce que ma pitié souhaiterait leur apprendre pour leur remède. Mais ce qu'ils doivent savoir maintenant, c'est que son jugement sera formidable et sans miséricorde, comme envers des serviteurs mé-

chants et infidèles condamnés par leur propre bouche[239]. C'est ce que vous pourrez dire à tous ceux qui voudront vous entendre, en leur conseillant d'aller au moins chaque jour dans une église pour y adorer Dieu dans le saint Sacrement, et d'assister autant que possible à la messe avec beaucoup de respect, car les hommes ne savent pas ce qu'ils perdent par leur négligence.

Chapitre 12
Notre Rédempteur Jésus-Christ continue ses prières pour nous.
Sa très sainte Mère prie aussi avec lui, et reçoit de nouvelles lumières.

846. Nous avons beau chercher à développer nos discours pour manifester et glorifier les œuvres mystérieuses de notre Rédempteur Jésus-Christ et de sa très sainte Mère, nous ne parviendrons jamais à les embrasser, ni à atteindre, même de loin, la grandeur de ces mystères, parce qu'ils sont, comme dit l'Ecclésiastique, au-dessus de toutes nos louanges[240] ; jamais nous ne les saisirons ni ne les comprendrons, et il nous échappera toujours des merveilles plus grandes que celles que nous aurons voulu raconter, car nous n'en découvrirons que fort peu, et celles-ci, même, nous ne méritons pas de les pénétrer ni de savoir exprimer ce que nous en concevons. Les plus hauts séraphins avec toute leur intelligence, ne sont pas capables de sonder et d'approfondir les secrets qui se passèrent entre Jésus et Marie pendant les années qu'ils demeurèrent ensemble, principalement en celles dont je parle, lorsque le Maître de la lumière informait sa très sainte Mère de tout ce qu'il ferait en la loi de grâce, et de tous les événements qui s'accompliraient dans ce sixième âge du monde, et lui apprenait en même temps que la loi de l'Évangile durerait jusqu'à la fin, ce qui est arrivé dans l'espace de plus de mille six cent et cinquante-sept ans, et le reste que nous ignorons, et qui doit arriver jusqu'au jour du jugement. Cette grande Dame apprit tout cela à l'école de son très saint Fils, car sa Majesté lui déclara toutes choses, en lui marquant les temps, les lieux, les royaumes, les provinces et tout ce qui s'y passerait tant que l'Église durerait ; et ce fut avec une si grande clarté, que si elle vivait encore sur la terre, elle connaîtrait tous ceux qui composent l'Église, individuellement et par leurs noms, comme on le vit avant sa mort, car quand quelqu'un l'abordait, elle ne faisait que le reconnaître par les sens et par une impression qui répondait à l'image intérieure du même objet.

847. Quand la très pure Mère de la Sagesse connaissait ces mystères dans l'intérieur de son très saint Fils et dans les actes de ses puissances, elle ne parvenait point à les pénétrer comme l'âme de cet adorable Seigneur, unie à la Divinité par l'union hypostatique et béatifique, parce que cette auguste Dame était une simple créature, non bienheureuse par une vision continuelle ; elle ne percevait d'ailleurs les notions et la lumière béatifique de cette âme très heureuse que lorsqu'elle jouissait de la claire

---

239   Lc 19, 22.

240   Qo 63, 33.

vision de la Divinité. Mais dans les autres visions où elle connaissait les mystères de l'Église militante, elle apercevait les espèces imaginaires des puissances intérieures de notre Seigneur Jésus-Christ ; elle comprenait encore que leur manifestation dépendait de sa très sainte volonté, et qu'il décrétait et disposait toutes ces œuvres pour de tels temps, de tels lieux et de telles occasions, et découvrait par un autre endroit que la volonté humaine du Sauveur se conformait à la volonté divine, et qu'elle en était gouvernée en toutes ses déterminations et en toutes ses mesures. Alors une harmonie divine s'établissait et allait jusqu'à mouvoir la volonté et les puissances de cette incomparable princesse, afin qu'elle agisse et coopère avec la propre volonté de son très saint Fils, et immédiatement avec la volonté divine. Il y avait ainsi une ressemblance ineffable entre notre Seigneur Jésus-Christ et sa bienheureuse Mère, et elle concourait, commecoadjutrice, à l'édification de la loi évangélique et de la sainte Église.

848. Toutes ces merveilles étaient opérées d'ordinaire dans l'humble oratoire de la Reine céleste, où le plus grand des mystères fut lors de l'incarnation du Verbe, célébré dans son sein virginal ; car quoiqu'il fût si pauvre et si petit, qu'il ne consistait qu'en une étroite enceinte de murs tout nus, il n'en a pas moins contenu la grandeur infinie de Celui qui est immense ; et il en est sorti tout ce qui a donné et qui donne la majesté divine qu'ont aujourd'hui tous les temples magnifiques de l'univers et leurs sanctuaires innombrables. C'est dans ce saint des saints[241] que le souverain Prêtre de la nouvelle loi, notre Seigneur Jésus-Christ, priait ordinairement ; et sa perpétuelle oraison se terminait par de ferventes prières pour les hommes, adressées au Père éternel, et par des entretiens avec sa très pure Mère sur toutes les œuvres de la Rédemption, et sur les riches trésors de grâces qu'il voulait laisser dans le Nouveau Testament et dans la sainte Église pour les enfants de lalumière et de cette même Église. Il ne cessait de demander au Père éternel que les péchés des hommes et leur très dure ingratitude ne fussent point un obstacle à leur rédemption ; et comme les crimes du genre humain et la damnation de tant d'âmes insensibles à ce bienfait, furent toujours également présents à la pensée de cet adorable Sauveur, à cause de sa prescience, la perspective de la mort qu'il allait subir pour eux, le tint dans une longue et douloureuse agonie, et le baigna maintes fois d'une sueur de sang. Et quoique les évangélistes ne fassent mention que de celle qui eut lieu avant la passion[242], parce qu'ils n'ont pas écrit tous les événements de sa très sainte vie, il est néanmoins certain que cette sueur lui survint fort souvent, et que sa divine Mère put s'en apercevoir. C'est ce qui m'a été déclaré en plusieurs rencontres.

849. Quant à la posture dans laquelle notre aimable Maître priait, il était quelquefois à genoux, d'autres fois prosterné en forme de croix, et quelquefois en l'air, et en cette même forme de croix qu'il aimait singulièrement. Même lorsqu'il priait en présence de sa Mère, il avait coutume de dire : « Oh ! bienheureuse croix, quand

---

241   Lv 16, 12.

242   Lc 21, 44.

est-ce que je me trouverai entre vos bras et que vous porterez les miens, afin que, cloués à votre bois, ils restent ouverts pour recevoir tous les pécheurs ! Puisque je suis descendu du ciel pour les appeler à mon imitation et à ma participation[243], comment ne serais-je pas toujours prêt à les embrasser et à les enrichir ? Venez donc à la lumière, vous tous qui êtes aveugles. Pauvres, venez puiser aux trésors de ma grâce. Venez, petits, venez recevoir les caresses de votre véritable Père. Venez à moi, vous tous qui travaillez et qui êtes affligés, et je vous soulagerai[244]. Venez, justes, venez à moi, car vous êtes ma possession et mon héritage. Venez, enfants d'Adam, je vous appelle tous[245]. Je suis la voie, la vérité et la vie[246], je ne la refuserai à personne si on veut la recevoir. Père éternel, ils sont les ouvrages de vos mains, ne les méprisez pas[247], car je m'offre pour eux à la mort de la croix, afin de les rendre justes et innocents (s'ils ne repoussent point mes faveurs), et afin de les remettre au nombre de vos élus et dans le Royaume céleste, où votre saint nom soit glorifié. »

850. La compatissante Mère se trouvait présente à tout cela, et la lumière de son adorable Fils rejaillissait en la pureté de son âme comme en un cristal sans tache ; et parce qu'elle était comme l'écho de ses voix intérieures et extérieures, elle les répétait, imitant en tout notre aimable Sauveur, se joignant à ses prières, et prenant la posture dans laquelle il les faisait. La première fois que cette grande Dame le vit suer du sang, elle en eut comme une amoureuse mère le cœur percé de douleur, et admirant l'effet que produisait en ce divin Seigneur la prévision des péchés et des ingratitudes des hommes (car cette très sainte Mère pénétrait toutes ses pensées), elle s'adressait aux mortels, et disait d'une voix gémissante : « Ô enfants des hommes, que vous comprenez peu combien le Créateur estime en vous son image et sa ressemblance, puisqu'il offre son propre sang pour le prix de votre rachat, et qu'il aime mieux le verser que de vous perdre ! Oh ! si je pouvais enchaîner votre volonté à la mienne, pour vous forcer à l'aimer et à lui obéir. Bénis soient de sa divine main les justes et les reconnaissants qui seront les fidèles enfants de leur Père céleste. Que ceux qui répondront aux désirs ardents que mon Fils a de leur donner le salut éternel, soient remplis de sa lumière et des trésors de sa grâce. Ah ! si je pouvais devenir l'humble servante des enfants d'Adam, pour les obliger par mes services à mettre fin à leurs péchés et à leur propre perte ! Mon divin Seigneur, vie et lumière de mon âme, qui peut être assez endurci de cœur et assez ennemi de lui-même pour ne pas se reconnaître vaincu par vos bienfaits ? Qui peut être assez insensible, assez ingrat pour oublier votre très ardent amour ? Comment pourrai-je souffrir sans mourir, que les hommes, si favorisée de votre main libérale,

---

243   Mt 9, 13.

244   Mt 11, 28.

245   1 Tm 2, 4.

246   Jn 14, 6.

247   Ps 137, 8.

vous soient si odieusement rebelles ? Ô enfants d'Adam, tournez contre moi votre cruelle impiété. Affligez-moi et méprisez-moi tant que vous voudrez, pourvu que vous rendiez à mon aimable Maître l'amour et le respect que vous lui devez pour tant de faveurs que vous en recevez. Mon très saint Fils et mon Seigneur, vous êtes la lumière de la lumière, le Fils du Père éternel, l'image de sa substance[248], éternel et infini comme lui, égal en l'essence et dans les attributs, en ce que vous êtes avec lui un seul Dieu et une même majesté souveraine[249]. Vous êtes choisi entre mille[250], vous surpassez en beauté les enfants des hommes, vous êtes saint, innocent et sans aucun défaut[251] ! Comment donc, ô Bien suprême, les mortels ignorent-ils le plus noble objet de leur amour ? Comment méconnaissent-ils le principe qui leur a donné l'être, et la fin en laquelle consiste leur véritable et éternelle félicité ? Oh ! si je pouvais au prixde ma propre vie les tirer tous de leur aveuglement ! »

851. Notre auguste Princesse ajoutait à ce que je viens de dire beaucoup d'autres choses que j'ai entendues ; mais le cœur et la parole me manquent également pour exprimer les affections si ardentes qui embrasaient cette chaste colombe ; et c'est avec cet amour incomparable et avec un souverain respect qu'elle essuyait le sang que son très doux Fils suait. D'autres fois elle le trouvait dans un état bien différent, revêtu de gloire et de splendeur, transfiguré comme il le fut depuis sur le Thabor[252], et accompagné d'une grande multitude d'anges en forme humaine, qui l'adoraient et lui chantaient dans un concert harmonieux de nouveaux cantiques de louange. Notre Dame écoutait cette musique céleste, elle en jouissait aussi en d'autres circonstances, où notre Seigneur Jésus-Christ n'était point transfiguré ; car la volonté divine ordonnait quelquefois que la partie sensitive de l'humanité du Verbe reçût ce soulagement, comme elle le recevait lorsque cet adorable Seigneur était transfiguré par l'écoulement de la gloire de l'âme qui se communiquait au corps, quoique cela arrivât rarement. Mais quand la divine Mère le voyait en cette forme glorieuse, ou qu'elle entendait la musique des anges, elle participait si largement aux transports de cette allégresse céleste, que si elle n'avait point eu l'âme aussi forte, et si le Seigneur son Fils ne l'avait assistée, elle aurait perdu toutes ses forces naturelles ; les saints anges la soutenaient aussi dans les défaillances du corps qu'elle ressentait ordinairement en ces sortes de rencontres.

852. Il arrivait souvent que son très saint Fils se trouvant en ces dispositions de tristesse ou de joie dans lesquelles il priait le Père éternel, et semblait s'entretenir avec lui des très hauts mystères de la rédemption, la même personne du Père lui répondait et accordait ce que le Fils demandait pour le salut des hommes, ou représentait

---

248   He 1, 3.

249   Jn 10, 30.

250   Ct 5, 10.

251   He 7, 26

252   Mt 17, 2.

à la très sainte humanité les décrets cachés de la prédestination ou de la réprobation de quelques-uns. Notre grande Reine entendait tout cela avec une humilité très profonde. Elle adorait avec une crainte respectueuse le Tout-Puissant, et se joignait à son adorable fils dans ses prières et dans les actions de grâces qu'il rendait au Père pour ses grandes œuvres et pour la clémence qu'il exerçait envers les hommes ; elle louait aussi ses jugements impénétrables. Cette très prudente Vierge repassait et gardait tous ces mystères dans le plus intime de son cœur, et s'en servait comme d'une nouvelle matière pour augmenter et entretenir le feu du sanctuaire qui brûlait dans son âme ; car elle ne recevait aucune de ces faveurs secrètes qu'elle n'en tirât quelque fruit. Elle correspondait à toutes selon le bon plaisir du Seigneur, avec la plénitude de sentiments et le retour convenables, pour que les fins du Très-Haut eussent leur accomplissement, et que toutes ses œuvres fussent connues et célébrées par de dignes actions de grâces, autant qu'il était possible en une simple créature :

Instruction que la très sainte Vierge m'a donnée

853. Ma fille une des raisons pour lesquelles les hommes doivent m'appeler Mère de miséricorde, c'est la tendre compassion qui me fait désirer si vivement que tous viennent se désaltérer au torrent de la grâce, et que tous goûtent la douceur du Seigneur[253], comme je le fis. Je les appelle et les convie tous à venir avec moi étancher leur soif aux eaux de la Divinité. Que les plus pauvres et les plus affligés s'approchent, car s'ils me répondent et me suivent, je leur promets ma puissante protection auprès de mon Fils, et je leur procurerai la manne cachée qui leur donnera la nourriture et la vie. Venez, ma bien-aimée, venez, approchez-vous, ma très chère, afin que vous me suiviez et receviez le nom nouveau, qui n'est connu que de celui qui le reçoit[254]. Levez-vous de la poussière, secouez et rejetez tout ce qui est terrestre et passager, et approchez-vous des choses célestes. Renoncez à vous-même et à toutes les œuvres de la fragilité humaine, marchant à l'éclatante lumière dont vous éclairent celles de mon très saint Fils, et, à son exemple, mes propres actions ; étudiez ce modèle et regardez-vous dans ce miroir, pour vous orner de la beauté que le souverain Roi désire trouver en vous[255].

854. Or, comme ce moyen est le plus puissant pour arriver à la perfection et à la plénitude de vos œuvres que vous souhaitez, je veux que, pour régler toutes vos actions, vous graviez cet avis dans votre cœur ; que quand l'occasion se présentera de faire quelque œuvre intérieure ou extérieure, vous vous demandiez à vous-même, avant d'agir, si mon très saint Fils et moi eussions fait ce que vous allez dire ou faire, et avec quelle droiture d'intention nous l'eussions rapporté à la gloire du Très-Haut et au bien de notre prochain. Et si vous reconnaissez que nous l'eussions

---

253   Ps 33, 9.

254   Ap 2, 17.

255   Ps 44, 11.

fait avec cette fin, exécutez-le pour suivre notre exemple ; mais si vous découvrez le contraire, abstenez-vous ; c'est la conduite que j'observai à l'égard de mon divin Maître, quoique je n'eusse point la répugnance que vous avez pour le bien, mais qu'au contraire je désirasse par inclination de l'imiter parfaitement ; et c'est en cette imitation que consiste la participation fructueuse de sa sainteté ; car cet adorable Seigneur enseigne aux créatures, et les oblige à pratiquer en toutes choses ce qui est le plus parfait et le plus agréable à Dieu. En outre, je vous avertis que vous devez commencer dès à présent à ne rien faire, ni dire, ni penser sans m'en avoir demandé la permission avant que de vous déterminer, me consultant en tout comme votre Mère et votre Maîtresse. Et si je vous réponds, vous en rendrez des actions de grâces au Seigneur ; et si je ne le fais pas et que vous restiez fidèle à cette salutaire habitude, je vous assure et vous promets de la part du Seigneur qu'il vous donnera lui- même la lumière pour vous résoudre à ce qui sera le plus conforme à sa très sainte volonté. Mais prenez garde à ne rien exécuter sans l'ordre de votre Père spirituel, et n'oubliez jamais cette pratique.

Chapitre 13
L'auguste Marie achève la trente-troisième année de son âge.
Son corps virginal se conserve dans sa même disposition.
Elle prend la résolution d'entretenir son adorable Fils et saint Joseph par son travail.

855. Notre grande Reine s'occupait aux exercices et dans les mystères divins que j'ai jusqu'à présent indiqués plutôt qu'exposés, surtout après que son très saint Fils eut passé sa douzième année. Le temps s'écoula ; de sorte que cet aimable Sauveur ayant accompli la dix-huitième année de son adolescence, selon la supputation de son incarnation et de sa naissance, que nous avons faite ailleurs, sa bienheureuse Mère acheva la trente-troisième année de son âge parfait ; et c'est ainsi que je l'appelle, parce que, selon les parties qui divisent communément la vie des hommes (soit six, soit sept), l'âge de trente-trois ans est celui de son plein développement et de sa perfection naturelle ; il marque la fin de la jeunesse, comme quelques-uns le tiennent, ou le commencement de la maturité, selon l'opinion des autres ; mais, quelque division des âges que l'on adopte, la trente-troisième année est généralement le terme de la perfection naturelle, et l'homme ne s'y maintient guère, car bientôt la nature corruptible, qui ne demeure jamais en un même état[256], commence à décliner, comme la lune quand elle est arrivée à la période de sa plénitude. À ce déclin du milieu de la vie, non seulement le corps ne croît et ne grandit plus, mais il grossit et augmente de volume, loin qu'il y ait là un accroissement de perfection, il y a souvent un défaut de la nature. C'est pour cette raison que notre Seigneur Jésus-Christ mourut à l'âge de trente-trois ans ; parce que son très ardent amour voulut attendre que son corps sacré fût parvenu au terme de sa perfection naturelle pour offrir pour nous

---
256   Jb 14, 2.

sa très sainte humanité avec tous les dons de la nature et de la grâce ; ce n'est pas que celle-ci eût aucun accroissement en lui, mais c'était afin que la nature y correspondît, et qu'il ne pût avoir rien de plus à sacrifier pour le genre humain. C'est pour cette raison que l'on dit que le Très-Haut créa nos premiers parents Adam et Ève en la perfection qu'ils auraient eue à l'âge de trente-trois ans. Il n'en est pas moins vrai pourtant que dans le premier et le second âges du monde, où la vie était plus longue et où l'on divisait l'existence humaine en six ou sept parties, plus ou moins, chacune de ces parties devait être composée de beaucoup plus d'années que dans ces derniers siècles, puisque David fait appartenir la soixante-dixième année à la vieillesse[257].

856. La Reine du ciel entra dans sa trente-troisième année, et lorsqu'elle fut révolue, son corps virginal se trouva dans sa perfection physique, si beau et si bien proportionné, qu'il faisait l'admiration non seulement de la nature humaine, mais encore des esprits angéliques. Ce corps sacré avait atteint sa juste grandeur, et présentait dans tous ses membres le plus harmonieux développement, de sorte qu'il réalisait l'idéal de la perfection dont est susceptible une créature humaine. C'est pourquoi l'auguste Marie ressembla dès lors merveilleusement à la très sainte humanité de son Fils tel qu'il apparut au même âge ; car ils avaient les mêmes traits et le même teint, quoique subsistât toujours cette différence que Jésus-Christ était le plus parfait des hommes, et que sa Mère, malgré son infériorité, était la plus parfaite des femmes. Il faut remarquer ensuite que chez les autres mortels la perfection naturelle commence ordinairement à déchoir dès cet âge, parce que l'humide radical et la chaleur intérieure diminuent insensiblement ; les humeurs perdent leur équilibre, et l'élément terrestre tend à prédominer ; peu à peu les cheveux blanchissent, les rides se forment, le sang se refroidit, les forces s'épuisent, et toutes les parties de l'humain assemblage commencent, sans qu'aucune industrie puisse les retenir, à se désorganiser, pour passer de la vieillesse à la corruption. Mais la très pure Marie fut exempte de tout cela, car elle conserva cette vigueur et cette admirable complexion qu'elle avait dans sa trente-troisième année, sans le moindre affaiblissement et sans la moindre altération ; et quand elle atteignit sa soixante-dixième année, qui fut la dernière de sa vie (comme je le dirai en son lieu), la constitution de son corps virginal présentait la même intégrité et lui laissait les mêmes forces qu'à l'âge de trente-trois ans.

857. Notre grande Dame connut ce privilège que le Très-Haut lui accordait, et lui en rendit des actions de grâces. Elle sut aussi qu'elle en jouissait afin que la ressemblance de l'humanité de son très saint Fils se conservât toujours en elle-même sous le rapport de cette perfection physique, malgré la différence de leurs vies. En effet le Seigneur devait sacrifier sa vie à cet âge, et la divine Reine devait prolonger la sienne ; mais toujours avec cette ressemblance. Saint Joseph n'était pas fort vieux lorsque cette divine Reine eut atteint sa trente-troisième année, mais ses forces ne laissaient pas d'être fort abattues, parce que les soucis, les voyages et les peines

257   Ps 89, 10.

continuelles qu'il avait prises pour entretenir son épouse et le Seigneur de l'univers l'avaient affaibli bien plus que son âge. Et comme ce même Seigneur voulait l'avancer dans l'exercice de la patience et des autres vertus, il permit qu'il eût quelques maladies (comme je le dirai dans le chapitre suivant) qui l'empêchaient beaucoup de s'appliquer au travail corporel. Sa très prudente épouse (qui l'avait toujours estimé, aimé et servi au-delà de tout ce que les autres femmes ont jamais su faire à l'égard de leurs maris), connaissant ses indispositions, lui dit : « Mon époux et mon seigneur, je me sens extrêmement obligée de votre fidélité, de vos soins et des fatigues que vous vous êtes toujours imposées, puisque vous avez entretenu jusqu'à présent votre servante et mon adorable Fils à la sueur de votre visage, et que dans ces travaux vous avez usé vos forces, votre santé et votre vie pourpourvoir à mes besoins ; vous recevrez de la main libérale du Très-Haut la récompense de vos peines et les douces bénédictions que vous méritez[258]. Je vous prie, cher maître, de vous reposer maintenant et de cesser votre travail ; puisque vos infirmités ne vous permettent plus de vous y livrer. Je veux à présent travailler pour vous et vous témoigner ma reconnaissance tant que le Seigneur nous laissera la vie. »

858. Le saint écouta les raisons de sa très douce épouse en versant d'abondantes larmes d'humble gratitude et de consolation ; et, tout en lui exprimant le désir de travailler toujours, il se rendit aux prières de la Reine de l'univers et se crut obligé de lui obéir. Dès lors il cessa le travail manuel, dont le produit servait à l'entretien de la sainte famille, et pour qu'il n'y eût rien d'inutile ni de superflu dans sa demeure, tous les outils propres au métier de charpentier furent donnés par aumône. Saint Joseph, se voyant ainsi débarrassé de ses occupations, s'appliqua tout entier à la contemplation des mystères qu'il conservait dans son cœur et aux exercices des vertus. Et comme dans cette vie spirituelle il fut si heureux que de jouir de la présence et de la conversation de la Sagesse incarnée et de celle qui en était la Mère, il arriva à un si haut degré de sainteté qu'après sa divine Épouse, qui fut toujours l'unique entre les simples créatures, il surpassa tous les hommes, et il ne sera jamais surpassé d'aucun. Cette auguste Reine et son très saint Fils l'assistaient, le servaient, le consolaient et le soulageaient dans ses maladies avec la plus grande sollicitude ; aussi n'est-il pas possible de décrire les effets d'humilité, de respect et d'amour que leurs charitables soins produisaient dans le cœur candide et reconnaissant de l'homme de Dieu. Ce fut sans doute un sujet d'admiration et de joie pour les esprits angéliques, et d'une haute satisfaction pour le Très-Haut.

859. Dès lors l'illustre Princesse se chargea d'entretenir son très saint Fils et son époux par son travail, la Sagesse éternelle mettant ce couronnement à toutes ses vertus et à tous ses mérites pour l'exemple et la confusion des enfants d'Adam. Le Seigneur nous a proposé pour modèle cette femme forte, revêtue de beauté et de

---

258 Ps 20, 3.

force[259] ; il l'avait ceinte à cet effet de beaucoup de vigueur dans cet âge, affermissant ses bras afin qu'elle les étendît vers les pauvres ; qu'elle achetât le champ, et qu'elle plantât la vigne du fruit de ses mains. Le cœur de son mari mit sa confiance en elle, et nonseulement celui de son époux Joseph, mais aussi celui de son Fils, Dieu et homme véritable, maître de la pauvreté et le pauvre des pauvres ; et ils ne furent point trompés dans leur attente. Notre grande Reine commença à travailler plus que jamais, filant du lin et de la laine, et pratiquant mystérieusement tout ce que Salomon en a dit dans le chapitre trente et unième des Proverbes ; et comme j'ai expliqué ce chapitre à la fin de la première partie, je ne crois pas qu'il soit nécessaire d'y revenir maintenant, quoiqu'il y ait plusieurs détails qui s'appliquent à la circonstance dont je parle, et dans laquelle notre incomparable Reine les accomplit d'une manière spéciale dans ses occupations extérieures et matérielles.

860. Il n'aurait pas manqué de moyens au Seigneur pour entretenir la vie temporelle de sa très sainte Mère et de saint Joseph, puisque l'homme ne vit pas seulement de pain, et que ce divin Seigneur pouvait les soutenir par sa parole, comme il le dit lui-même[260]. Il pouvait aussi leur fournir miraculeusement chaque jour le nécessaire ; mais s'il eût usé de sa puissance souveraine dans cette rencontre, le monde aurait été privé de cet exemplaire de voir travailler sa très sainte Mère, Reine de l'univers, pour gagner sa nourriture ; et si la plus généreuse des Vierges n'eût pas acquis cesmérites, elle aurait elle-même été privée d'une récompense considérable. Le Maître de notre salut disposa tout cela avec une merveilleuse providence pour la gloire de sa Mère et pour notre instruction. On ne saurait exprimer la diligence avec laquelle cette prudente Princesse pourvoyait à tout. Elle travaillait beaucoup ; et comme elle gardait toujours la solitude, cette heureuse femme sa voisine, dont nous avons parlé ailleurs, prenait soin de débiter ses ouvrages et de lui porter le nécessaire. Quand l'auguste Marie lui donnait quelque commission, ce n'était jamais en lui commandant ; elle ne faisait que la prier avec une profonde humilité, après avoir sondé ses dispositions ; et, afin de les découvrir, elle la prévenait et lui demandait si elle jugeait à propos de faire telle ou telle chose. Notre adorable sauveur et sa divine Mère ne mangeaient point de viande ; leur nourriture ne consistait qu'en des poissons, des fruits et des herbes, et c'était encore avec une sobriété admirable. Elle préparait néanmoins de la viande pour saint Joseph ; et quoique la pauvreté éclatât en tout, notre auguste Reine y suppléait par les soins qu'elle mettait à apprêter le mets le plus frugal, par son empressement et par les manières agréables avec lesquelles elle le lui présentait. Elle dormait fort peu, et passait quelquefois la plus grande partie de la nuit au travail ; et le Seigneur le permettait plus souvent que lorsqu'ils étaient en Égypte, comme je l'ai raconté. Il arrivait aussi de temps en temps que son travail ne suffisait pas pour lui fournir tout ce qui leur était néces-

---

259   Pr 21, 10. etc.

260   Mt 4, 4.

saire, parce que saint Joseph avait besoin de nourritures plus variées et de plus de vêtements que par le passé. Alors notre Seigneur Jésus-Christ usait de son pouvoir et multipliait les choses qui étaient dans la maison, ou il commandait aux anges de les apporter ; mais les merveilles qu'il opérait le plus souvent en faveur de sa très sainte Mère consistaient à faire qu'elle travaillât beaucoup en peu de temps, et que ses ouvrages se multipliassent entre ses mains.

Instruction de la Reine du ciel

861. Ma fille, vous avez découvert en ce qui est écrit de mon travail une très sublime doctrine dont vous pouvez vous servir pour votre conduite ; et, afin que vous n'en oubliiez rien, je vais vous la résumer dans ces leçons. Je veux que vous m'imitiez en trois vertus que ce que vous venez d'écrire vous a fait reconnaître en moi : ce sont la prudence, la charité et la justice, vertus sur lesquelles les mortels ne réfléchissent guère. Par la prudence, vous devez prévoir les nécessités de votre prochain et la manière d'y subvenir, autant que votre état vous le permettra. Par la charité, vous vous devez porter avec diligence et amour à lui rendre vos bons offices. La justice vous enseigne que c'est une obligation d'agir comme vous pourriez désirer qu'on agît à votre égard, et comme le nécessiteux le demande. Vous devez être l'œil de l'aveugle[261], la préceptrice du sourd, et le manchot doit pouvoir se servir de vos mains pour travailler. Et quoique dans votre état vous ayez toujours à pratiquer cette doctrine dans un sens spirituel, je veux pourtant que vous l'étendiez aussi sur ce qui concerne le temporel, et que vous soyez très fidèle à m'imiter en tout, puisque je prévins les besoins de mon époux, et que je résolus de le servir et de le nourrir, le reste de ses jours, dans la pensée que je le devais ; et c'est ce que je fis avec une ardente charité ; au moyen de mon travail. Sans doute le Seigneur me l'avait donné pour qu'il pourvût à mon entretien, comme il le fit avec une grande ponctualité tout le temps que ses forces le lui permirent ; mais quand il les eut perdues, cette obligation m'incombait, puisque le même Seigneur me conservait les miennes ; et c'eût été une grande faute de ne lui pas rendre le retour avec une généreuse fidélité.

862. Les enfants de l'Église ne considèrent pas cet exemple, et c'est pourquoi il s'est introduit parmi eux un impie dérèglement qui porte le Juge suprême à les châtier avec sévérité ; puisque tous les hommes étant destinés au travail[262] non seulement depuis le péché, qui le leur a mérité comme une juste peine, mais même depuis la création du premier homme[263], le travail n'est pas également réparti entre tous ; car les plus puissants, les plus opulents et ceux que le monde appelle seigneurs et nobles tâchent de s'exempter de cette loi commune, et en font retomber

---

261   Jb 29, 15.

262   Jb 5, 7.

263   Gn 2, 15.

toutes les charges sur les humbles et sur les pauvres, qui entretiennent par leurs propres sueurs le luxe et l'orgueil des riches ; de sorte que l'on peut dire que le faible sert le fort et le puissant. Ce dérèglement prend un tel empire sur certains superbes, qu'ils s'imaginent que tout leur est dû, et dans cette pensée ils foulent, abattent et méprisent les pauvres ; ils se flattent qu'ils ne doivent vivre que pour eux-mêmes et pour jouir du repos, des plaisirs et des richesses du monde ; et, ce qui est étrange, ils ne paient pas même le mince salaire de leur labeur. À propos de cette négligence à satisfaire les pauvres, les serviteurs et les artisans, et de tout ce que vous avez appris sur cette matière, vous pourriez attaquer les injustices énormes que l'on commet contre l'ordre et contre la volonté du Très-Haut ; mais il suffit de faire savoir aux coupables que, comme ils pervertissent la justice et la raison, et ne veulent point participer au travail des hommes, de même l'ordre de la miséricorde sera changé à leur égard[264] ; car elle sera accordée aux petits et aux misérables[265], et ceux que l'orgueil a retenus dans une heureuse oisiveté seront punis avec les démons qu'ils ont imités.

863. Vous devez, ma très chère fille, prendre garde à ces illusions ; et, pour les éviter, il faut que vous soyez toujours occupée à votre travail, selon l'exemple que je vous ai donné, et que vous vous éloigniez des enfants de Bélial[266], qui cherchent dans leur damnable oisiveté les applaudissements de la vanité, pour travailler en vain[267]. Ne vous regardez point comme supérieure, mais comme la servante de vos inférieures, et surtout des plus faibles et des plus humbles, et servez-les toutes avec beaucoup de diligence, sans aucune distinction. Vous devez pourvoir à leurs besoins, même par votre propre travail, si c'est nécessaire, croyant que cette obligation vous incombe non seulement en qualité de supérieure, mais encore parce que les religieuses sont vos sœurs, les filles de votre Père céleste et les ouvrages du Seigneur, qui est votre époux. Car, comme vous avez plus reçu de sa main libérale qu'elles toutes ensemble, vous êtes aussi tenue à travailler plus qu'aucune autre, puisque vous méritiez le moins ses faveurs. Exemptez les faibles et les malades du travail corporel, et prenez-le vous-même pour elles. Je ne veux pas que vous chargiez les autres des peines que vous pouvez prendre et qui vous regardent ; au contraire, vous devez vous charger de tout leur travail autant qu'il vous sera possible, comme leur servante et la moindre du couvent, car je veux que vous n'ayez qu'une pareille opinion de vous-même. Et comme vous ne pourrez pas vous employer à tout et que vous serez obligée de répartir les divers travaux corporels entre vos inférieures, il faut bien veiller à mettre dans votre conduite beaucoup d'ordre et d'impartialité, afin de ne pas surcharger celles qui résistent moins par humilité ou qui sont plus faibles ; au

264   Ps 7, 12.

265   Sg 6, 7.

266   2 Ch 13, 7.

267   Ps 4, 3.

contraire, je veux que vous cherchiez à humilier les plus hautaines et celles qui s'appliquent à leur besogne avec plus de répugnance, sans pourtant les irriter par une trop grande rigueur, mais en les amenant sous le joug de la sainte obéissance avec une humble fermeté et avec une douce sévérité. Vous leur rendrez ainsi le meilleur office possible, et vous satisferez en même temps à vos obligations et à votre conscience ; c'est ce que vous leur devez faire entendre. Vous viendrez à bout de tout, si vous ne faites aucune acception de personne, si, en donnant à chaque religieuse une tache en rapport avec ses forces, vous lui fournissez toutes les choses nécessaires ; si vous observez constamment les règles d'une stricte équité, et si par votre exemple vous leur inspirez de l'horreur pour l'oisiveté et pour la paresse, en vous appliquant la première à tout ce qui sera le plus difficile. Vous acquerrez par là une humble liberté de commander à vos sœurs ; mais souvenez-vous de ne vous décharger sur aucune de ce que vous pouvez faire, si vous voulez jouir à mon imitation du fruit et de la récompense de votre travail, suivre mes avis et obéir à mes ordres.

Chapitre 14
Des maux et des infirmités que saint Joseph souffrit dans les dernières années de sa vie, et des soins que lui donnait la Reine du ciel son épouse

864. C'est un défaut commun à presque tous ceux qui ont été appelés à la lumière et à la profession de la sainte foi, et aux disciples qui devraient suivre Jésus-Christ, de chercher en lui le Rédempteur qui nous délivre de nos péchés plutôt que le Maître qui nous enseigne par son exemple à souffrir les afflictions. Nous voulons tous jouir du fruit de la rédemption ; nous demandons tous que le Réparateur nous ouvre les portes de la grâce et du ciel, mais nous ne nous soucions pas autant de le suivre dans le chemin de la croix, par lequel il est entré dans sa gloire, et dans lequel il nous invite à marcher pour arriver à la nôtre[268]. Sans doute les catholiques ne tombent pas à cet égard dans les erreurs grossières des hérétiques, car tous avouent que sans les bonnes œuvres et sans les afflictions il n'y a ni récompense ni couronne[269], et que c'est un véritable blasphème et un sacrilège horrible de se prévaloir des mérites de notre Seigneur Jésus-Christ pour pécher sans retenue et sans crainte ; néanmoins, en la pratique des œuvres qui supposent la foi, certains catholiques enfants de la sainte Église ne cherchent guère à se distinguer de ceux qui sont dans les ténèbres, puisqu'ils évitent les œuvres pénibles et méritoires, comme s'ils croyaient pouvoir, en dehors d'elles, suivre leur adorable Maître et arriver à la participation de sa gloire.

865. Sortons de cette erreur manifeste, et soyons bien persuadés que la souffrance a été dévolue non seulement à notre Seigneur Jésus-Christ, mais à nous aussi ; et que s'il a enduré tant de peines et subi la mort comme Rédempteur du monde, il nous a en même temps enseignés et engagés comme Maître à porter sa croix. C'est

---

268   Mt 16, 24 ; Lc 24, 26.

269   2 Tm 2, 5.

à ses amis qu'il l'a communiquée, de sorte que ses plus grands favoris en ont reçu une plus grande part et ont pu la porter plus souvent. Personne n'est entré dans le ciel (étant en état de pouvoir le mériter pendant sa vie) qu'il ne l'ait mérité par ses œuvres. La Mère de Dieu, les apôtres, les martyrs, les confesseurs, les vierges, tous ont marché par les voies des afflictions, et ceux qui les ont embrassées avec plus de générosité reçoivent une plus grande récompense et une plus riche couronne. Que si cet adorable Seigneur est le plus vif et le plus admirable exemplaire de la souffrance, on ne doit pas pousser la témérité jusqu'à dire que s'il a souffert comme homme, il était à la fois Dieu Tout-Puissant, et que par conséquent il a offert à la faiblesse humaine plutôt un sujet d'admiration que d'imitation car le Sauveur de nos âmes renverse cette excuse par l'exemple de sa très chaste Mère et de saint Joseph, et par celui de tant d'hommes et de femmes aussi faibles et moins coupables que nous, qui l'ont imité et suivi par le chemin de la croix ; en effet, le Seigneur n'a pas souffert seulement pour exciter notre admiration, mais pour nous proposer un exemple admirable et imitable en même temps ; sa divinité ne l'a pas empêché de ressentir les peines ; au contraire, plus il était innocent, plus il était sensible à la douleur.

866. Il conduisit par ce chemin royal l'époux de sa très pure Mère, saint Joseph, que sa Majesté aimait sur tous les enfants des hommes ; et, afin d'accroître ses mérites et d'embellir sa couronne pendant le temps qui lui était accordé pour s'en rendre digne, ce divin Seigneur lui envoya dans les dernières années de sa vie diverses maladies, des fièvres, de violentes migraines, des rhumatismes aigus par tout le corps, qui le tourmentèrent et qui l'affaiblirent extrêmement ; outre ces infirmités, il passa par une autre souffrance, plus douce et à la fois plus vive, qui résultait de la force de l'amour dont il était embrasé ; car cet amour était si ardent, et il jetait maintes fois le saint patriarche dans des transports si véhéments, si irrésistibles, que son très pur esprit aurait rompu les chaînes du corps sans le secours spécial que le même Seigneur, qui les lui causait, se plaisait à lui ménager pour qu'il ne succombât point à cette douleur. Mais sa Majesté lui laissait souffrir cette douce violence jusqu'au temps qu'elle avait déterminé ; et, dans l'état d'excessive faiblesse auquel le saint était réduit par l'épuisement de la nature, cet héroïque exercice lui procurait d'inestimables mérites, non seulement en raison du supplice qu'il endurait, mais aussi à cause de l'amour qui le lui faisait endurer.

867. Notre grande Reine, son épouse, était témoin de tous ces mystères, et pénétrait, comme je l'ai dit ailleurs, l'intérieur du saint, afin qu'elle ne fût pas privée de la joie d'avoir un époux si saint et si aimé du Seigneur. Elle ne se lassait point de considérer la candeur et la pureté de cette âme, ses ardentes affections, ses hautes et divines pensées, sa patience et son inaltérable sérénité dans les maladies ; elle mesurait et pesait toutes les douleurs qu'elles apportaient au grand patriarche sans qu'on l'entendît jamais se plaindre, soupirer ni demander aucun soulagement soit dans ses souffrances, soit dans sa faiblesse, soit dans ses divers besoins ; car il supportait tout

avec une résignation et une magnanimité incomparables. Et comme sa très prudente épouse découvrait tout cela aussi bien que la valeur et le mérite de tant de vertus que le saint pratiquait, elle conçut une si grande vénération pour lui, qu'il n'est pas possible de l'exprimer. Elle travaillait avec une joie incroyable, afin de mieux le nourrir et de mieux le soulager, quoique pour lui le plus grand régal consistât en ce qu'elle-même lui apprêtait et lui servait à manger de ses mains virginales. Mais, de son côté, tout ce qu'elle faisait elle l'estimait fort peu, eu égard aux besoins de son époux, et surtout au grand amour qu'elle lui portait. C'est pourquoi elle usait assez souvent du pouvoir de Reine et Maîtresse de toutes les créatures ; et elle commandait quelquefois aux aliments qu'elle apprêtait pour son saint malade de lui donner des forces et de lui rendre l'appétit, puisque c'était pour conserver la vie du saint, du juste et de l'élu du Très-Haut.

868. Cela arrivait comme notre illustre Dame l'ordonnait, parce que toutes les créatures lui obéissaient ; et quand saint Joseph mangeait et ressentait les douces bénédictions et les merveilleux effets de ces aliments, il disait à la Reine du ciel : « Noble épouse, quels aliments de vie sont ceux-ci, qui me vivifient avec tant d'efficace, me réveillent l'appétit, rétablissent mes forces et me remplissent d'une nouvelle consolation ? » La Reine du ciel le servait à genoux ; lorsque ses douleurs augmentaient, elle le déchaussait en la même posture, et dans ses langueurs elle le soutenait et l'aidait avec une tendresse admirable. Et quoique l'humble saint fît tous ses efforts pour empêcher son épouse de prendre cette peine, c'était toujours en vain ; car la divine infirmière, connaissant toutes les infirmités de son malade et les moments où il fallait l'assister, accourait aussitôt près de lui et le soignait dans tous ses besoins. Elle lui disait souvent, comme Maîtresse de la sagesse et des vertus, des choses qui le consolaient extrêmement. Dans les trois dernières années de la vie du saint, qui furent la période de ses plus grandes douleurs, elle ne le quitta ni le jour ni la nuit ; et si quelquefois elle s'en écartait, ce n'était que pour servir son très saint Fils, qui se joignait à sa Mère pour assister le saint patriarche, excepté lorsqu'il était nécessaire qu'il s'employât à d'autres œuvres. De sorte que nous pouvons dire qu'il n'y a eu et qu'il n'y aura jamais de malade aussi bien servi, soigné et soulagé. Et par là l'on peut voir combien le bonheur et les mérites de saint Joseph furent grands ; car lui seul a mérité d'avoir pour épouse celle qui a été l'Épouse du Saint-Esprit.

869. Notre divine Dame ne satisfaisait point son affection pour saint Joseph par tous ces services dont nous venons de parler ; elle tâchait encore de le soulager et de le consoler par d'autres moyens. Quelquefois elle priait le Seigneur, avec la plus ardente charité, de délivrer son époux de ses douleurs et les lui envoyer à elle-même. Dans cette demande elle se croyait digne de toutes les peines des créatures, dont elle se regardait comme la dernière, et c'est ce qu'elle alléguait en la présence du Très-Haut ; elle lui représentait que sa dette était plus grande que celle de tous les vivants ensemble, et qu'elle ne lui rendait pas le retour qu'elle lui devait ; en expiation, elle lui offrait un cœur préparé à toutes sortes d'afflictions et de douleurs. Elle alléguait

aussi la sainteté, la pureté et la candeur de saint Joseph, et les délices que le Seigneur prenait dans ce cœur si conforme à celui de sa Majesté. Elle le priait de le combler de ses bénédictions, et lui rendait des actions de grâces d'avoir créé un homme si digne de ses faveurs et si rempli de sainteté et de droiture. Elle recommandait aux anges de l'en louer et glorifier, et, considérant la gloire et la sagesse du Très-Haut en ses œuvres, elle le bénissait par de nouveaux cantiques ; car d'un côté elle regardait les peines de son époux bien-aimé, et cette vue excitait sa compassion ; et d'un autre côté, connaissant ses mérites et les complaisances que son adorable Fils y mettait, elle se réjouissait de la patience du saint et en exaltait le Seigneur ; de sorte que notre auguste Reine pratiquait dans toutes ses œuvres, et dans l'intelligence qu'elle en avait, divers actes de vertus qui répondaient à chacune de ces mêmes œuvres ; mais ces actes étaient tous si sublimes et si éminents, que les esprits angéliques se pâmaient d'admiration. Avec leur ignorance, les mortels pourraient être plus ravis encore de voir qu'une créature humaine donnât la plénitude à tant de choses différentes, et que les soins de Marthe n'empêchassent point la contemplation de Marie[270], étant en cela semblable aux anges qui nous assistent et nous gardent sans perdre de vue le Très-Haut ; mais la très pure Épouse les surpassait en cette attention, car elle travaillait en même temps par les organes corporels, dont eux sont privés ; fille terrestre d'Adam et esprit céleste, elle se trouvait par la partie supérieure de l'âme élevée aux choses les plus divines et à l'extase du saint amour, tandis que par la partie inférieure de l'âme elle restait à exercer la charité envers son vénérable époux.

870. En d'autres occasions la pitoyable Reine savait combien les douleurs que souffrait saint Joseph étaient cuisantes, et, touchée d'une tendre compassion, elle commandait, après en avoir obtenu la permission de son adorable Fils, aux accidents douloureux et à leurs causes naturelles de suspendre leur activité, et de ne point tant affliger le juste et le bien-aimé du Seigneur. À ce commandement efficace (car toutes les créatures obéissaient à leur grande Maîtresse), le saint se trouvait délivré de ses maux, quelquefois pour un jour, d'autres fois pour un temps plus long, selon qu'il plaisait au Très-Haut. Elle priait aussi en d'autres rencontres les saints anges de consoler son époux et de le fortifier dans ses souffrances, comme la condition fragile de la chair le demandait. Et lorsqu'elle leur avait ainsi exprimé son désir, les esprits bienheureux se montraient au saint malade sous une forme humaine, tous resplendissants de beauté, et l'entretenaient de la Divinité et de ses perfections infinies. Quelquefois ils lui faisaient entendre les accords harmonieux d'une musique céleste, et lui chantaient en chœur des hymnes et des cantiques divins, par lesquels ils charmaient les douleurs de son corps et enflammaient de plus en plus son âme très pure du saint amour. En outre, l'homme de Dieu avait pour sa plus grande consolation une connaissance particulière, non seulement de toutes ces faveurs, mais aussi de la sainteté de sa très chaste Épouse, de l'amour qu'elle lui

---

270   Lc 10, 41-42 ; Mt 18, 10.

portait, de la charité intérieure avec laquelle elle le servait, et des autres excellences et prérogatives de cette puissante Reine de l'univers. Toutes ces choses réunies produisaient de tels effets en saint Joseph, et le comblaient de tant de mérites, que dans cette vie mortelle aucune langue humaine ne saurait les décrire, aucune intelligence humaine ne saurait même seulement les concevoir.

Instruction que l'auguste Reine du ciel m'a donnée

871. Ma fille, l'exercice de la charité envers les malades est une des œuvres vertueuses qui sont le plus agréables à Dieu, et le plus utiles aux âmes ; parce qu'on y accomplit une grande partie de la loi naturelle, qui ordonne à chacun de faire à l'égard de son prochain ce qu'il souhaiterait pour lui-même[271]. On trouve dans l'Évangile que c'est une des causes que le Seigneur allèguera pour décerner la récompense éternelle aux justes, et que l'inobservation de cette loi sera une des causes de la damnation des réprouvés. Et le même Évangile en donne la raison que voici : tous les hommes étant enfants d'un seul Père céleste, sa divine Majesté regarde le bien ou le mal, que l'on fait à ses enfants, qui la représentent, comme fait à elle-même, ainsi qu'il arrive entre les mortels. Indépendamment de la charité fraternelle, vous êtes encore unie par d'autres liens aux religieuses ; car vous êtes leur mère, et elles sont aussi bien que vous les épouses de Jésus-Christ mon très saint Fils et mon Seigneur, de qui elles ont reçu beaucoup moins de faveurs que vous. Ces titres vous obligent plus étroitement à les servir et à les soigner dans leurs maladies ; c'est pour cela que je vous ai prescrit dans une autre occasion de vous considérer comme leur infirmière, comme la moindre de toutes, et comme la plus strictement tenue à ce rôle ; je veux même que vous me soyez fort reconnaissante de ce commandement, parce que je vous donne par son moyen un office qui est très estimable et très grand dans la maison du Seigneur. Pour vous acquitter dûment de cet emploi, vous ne devez pas charger les autres de ce que vous pouvez faire par vous-même auprès des malades, et ce que vous ne pourrez pas faire à cause des autres occupations de votre office de supérieure, vous le devez recommander avec instance à celles que vous chargerez en vertu de l'obéissance d'en prendre soin. Et quoique l'on accomplisse en tout cela le devoir de la charité commune, il y a pourtant une autre raison pour laquelle on doit secourir les religieuses dans leurs maladies avec toute la sollicitude possible, c'est afin qu'elles ne regrettent pas d'avoir quitté le monde, et ne se souviennent point avec tristesse de la maison de leurs parents, en se voyant privées des choses nécessaires. Croyez que de grandes misères surviennent dans les maisons monastiques par suite de la négligence des infirmières ; car la nature humaine est si impatiente, que si dans la souffrance elle n'a point ce qu'elle réclame, elle se jette dans les plus grands précipices.

872. La charité que j'ai témoignée envers mon époux Joseph dans ses maladies

---

271　Mt 25, 34, etc.

vous servira de règle en cette matière, et vous excitera à pratiquer cette doctrine. La charité et même l'honnêteté sont bien languissantes, lorsqu'elles attendent que celui qui est dans le besoin demande ce qui lui manque. Certes, je n'attendais pas cela, moi, car j'assistais mon époux avant qu'il me demandât le nécessaire, mon affection et ma prévoyance prévenaient ses désirs ; ainsi je le consolais, non seulement par mon secours, mais par ma tendresse et par mes ingénieux empressements. Je ressentais ses douleurs et ses peines avec une compassion intime, mais en même temps je louais le Très-Haut et lui rendais des actions de grâces pour la faveur qu'il faisait à son serviteur. Si quelquefois je tâchais de le soulager, ce n'était pas pour lui ôter l'occasion de souffrir, mais afin qu'il s'animât par ce soulagement à endurer davantage, et qu'il eût un nouveau sujet de glorifier l'auteur de tout ce qui est bon et saint ; c'est à quoi je l'exhortais. On doit exercer cette noble vertu de charité avec une semblable perfection, en prévenant autant qu'il sera possible le besoin du malade et du nécessiteux en les encourageant par des paroles édifiantes, en les consolant par des marques d'intérêt, en leur souhaitant quelque adoucissement à leurs maux comme un bien, sans prétendre qu'ils perdent le bien plus grand qui se trouve dans les souffrances. Prenez garde que l'amour-propre et sensible ne vous trouble lorsque vos sœurs tombent malades, quand même ce seraient celles qui vous sont les plus utiles ou les plus chères ; car dans le monde et en religion, plusieurs personnes perdent par là le mérite des afflictions ; sous prétexte de compassion, la douleur qu'elles ont de voir leurs amis ou leurs parents malades, les déconcerte et les met dans l'impatience on dirait qu'elles ont à blâmer les œuvres du Seigneur, puisqu'elles ne se conforment point à sa sainte volonté. En toutes choses je leur ai donné l'exemple, et j'exige de vous que vous le suiviez parfaitement, en vous attachant à mes pas.

Chapitre 15
De la bienheureuse mort de saint Joseph, et de ce qui y arriva ; et comment notre Seigneur Jésus-Christ et sa très sainte Mère y assistèrent.

873. Il y avait déjà huit ans que les maladies et les douleurs exerçaient saint Joseph, et purifiaient de plus en plus son âme généreuse dans le creuset de la patience et de l'amour divin ; les accidents pénibles croissaient aussi avec les années ; ses forces diminuaient ; le terme inévitable de la vie s'approchait, auquel on paie le commun tribut de la mort, que doivent tous les enfants d'Adam[272] ; de son côté, sa divine épouse redoublait de soins et de sollicitude, et ne se lassait point de l'assister, de le servir avec une ponctualité scrupuleuse ; et cette très amoureuse Reine, sachant par sa rare sagesse que la dernière heure en laquelle son très chaste époux devait sortir de ce cruel bannissement était fort proche, alla trouver son adorable Fils, et lui parla en ces termes : « Mon Seigneur et mon Dieu, Fils du Père éternel, Sauveur du monde, le temps de la mort de votre serviteur Joseph, que vous avez déterminé par votre volonté éternelle,

---

272   He 9, 27.

s'approche, ainsi que je le prévois par votre divine lumière. Je vous supplie, Seigneur, par vos anciennes miséricordes et par votre bonté infinie, de l'assister en cette heure, afin que sa mort soit aussi précieuse à vos yeux[273] que la droiture de sa vie vous a été agréable, et qu'il sorte de cette vie en paix, et avec des espérances certaines de recevoir les récompenses éternelles, que vous distribuerez le jour où vous ouvrirez par votre clémence les portes du ciel à tous les fidèles. Souvenez-vous, mon Fils, de l'amour et de l'humilité de votre serviteur ; de la plénitude de ses mérites et de ses vertus, de la fidélité et de la sollicitude qu'il m'a montrée ; souvenez-vous enfin qu'il a nourri votre suprême Majesté et votre très humble servante à la sueur de son visage. »

874. Notre Sauveur lui répondit : « Ma Mère, vos demandes me sont fort agréables, et les mérites de Joseph me sont présents. Je l'assisterai maintenant, et lui assignerai au moment venu une place si éminente entre les princes de mon peuple[274], que ce sera un sujet d'admiration pour les anges, et pour eux comme pour les hommes un motif d'éternelle louange ; je ne ferai en faveur d'aucune nation ce que je prétends faire à l'égard de votre époux. » Notre auguste Dame rendit des actions de grâces à son très doux Fils pour cette promesse ; et durant les neuf jours qui précédèrent la mort de saint Joseph, le Fils et la Mère l'assistèrent jour et nuit, s'entendant pour qu'il ne fût jamais privé des soins de l'un des deux. Pendant le même laps de temps, les anges chantaient par l'ordre du Seigneur trois fois par jour une musique céleste au saint malade ; elle était composée de cantiques de louange au Très-Haut, et de bénédictions pour le saint lui-même. En outre, il se répandit dans toute cette pauvre mais inestimable maison, une douce et forte odeur de parfums si merveilleux, qu'elle fortifiait non seulement l'homme de Dieu, mais encore tous ceux qui furent à même de la sentir du dehors, où beaucoup de personnes expérimentèrent ses effets.

875. Un jour avant sa mort, étant tout enflammé du divin amour pour tant de bienfaits, il fut ravi en une très sublime extase, qui lui dura vingt-quatre heures, le Seigneur lui conservant les forces et la vie par un concours miraculeux ; et en ce haut ravissement il vit clairement l'essence divine et découvrit en elle sans voile ce qu'il avait cru par la foi, tant de la Divinité incompréhensible que des mystères de l'incarnation et de la rédemption, de l'Église militante et des sacrements dont elle est enrichie. La très sainte Trinité le choisit pour être le précurseur de notre Sauveur Jésus-Christ auprès des saints pères et des prophètes qui étaient dans les limbes, et le chargea de leur annoncer de nouveau leur rédemption, et de les préparer à la visite que le même Seigneur leur ferait pour les tirer de ce sein d'Abraham et les introduire au lieu du repos et du bonheur éternels. L'auguste Marie observa toutes ces merveilles en l'âme de son très saint Fils comme les autres mystères ; elle sut comment elles avaient été manifestées à son époux bien-aimé, et en rendit de dignes actions de grâces à cet adorable Seigneur.

---

273   Ps 104, 5.

274   Ps 112, 7.

876. Saint Joseph revint de cette extase, revêtu de splendeur et de beauté, et l'âme toute divinisée de la vue de l'être de Dieu ; et s'adressant à son épouse, il lui demanda sa bénédiction ; mas elle pria son très saint fils de lui donner la sienne, ce que sa divine Majesté fit avec beaucoup de complaisance. Alors notre grande Reine et Maîtresse de l'humilité s'étant mise à genoux, pria aussi saint Joseph de la bénir comme son époux et comme son chef ; et ce ne fut pas sans une impulsion divine que l'homme de Dieu, pour consoler sa très prudente épouse, lui donna sa bénédiction avant que de s'en séparer, elle lui baisa ensuite la main dont il l'avait bénie ; et lui recommanda de saluer de sa part les saints patriarches des limbes ; mais le très humble Joseph voulant fermer le testament de sa vie par le sceau de la vertu d'humilité, demanda pardon à sa divine épouse des fautes qu'il pouvait avoir commises à son service, comme homme faible et terrestre, et la supplia de l'assister en cette dernière heure, et de lui accorder l'intercession de ses prières. Il témoigna surtout sa reconnaissance à notre adorable Sauveur des bienfaits qu'il avait reçus de sa main très libérale pendant toute sa vie, et particulièrement en cette maladie ; puis, faisant un dernier adieu à sa très sainte épouse, il lui dit : « Vous êtes bénie entre toutes les femmes, et choisie entre toutes les créatures. Que les anges et les hommes vous louent, que toutes les nations connaissent, célèbrent et exaltent votre dignité ; que le nom du Très Haut soit par vous connu, adoré et glorifié dans tous les siècles futurs, qu'il soit éternellement loué de tous les esprits bienheureux de vous avoir créée si agréable à ses yeux. J'espère jouir de votre vue dans la patrie céleste. »

877. Après cela l'homme de Dieu se tourna vers notre Seigneur Jésus Christ, et voulant à cette heure solennelle parler à sa Majesté avec un profond respect, il fit tous ses efforts pour se mettre à genoux sur terre ; mais le très doux Jésus s'approcha de lui et le reçut dans ses bras ; alors le saint y appuya la tête et lui dit : « Mon Seigneur et mon Dieu, Fils du Père éternel, créateur et rédempteur du monde, donnez votre bénédiction éternelle à votre serviteur, qui est l'ouvrage de vos mains ; pardonnez, Roi très clément, les fautes que j'ai commises étant à votre service et en votre compagnie. Je vous confesse, je vous glorifie, et je vous rends avec un cœur contrit et humilié des actions de grâces éternelles d'avoir daigné, par votre bonté ineffable, me choisir entre les hommes pour être l'époux de votre véritable Mère ; faites, Seigneur, que votre propre gloire soit ma reconnaissance durant toute l'éternité. » Le Rédempteur du monde lui donna sa bénédiction, et lui dit : « Mon père, reposez en paix, en la grâce de mon Père céleste et en la mienne ; donnez de bonnes nouvelles à mes prophètes et à mes saints, qui vous attendent dans les limbes ; dites-leur que leur rédemption est fort proche. » Au moment où notre aimable Sauveur disait ces paroles, le bienheureux Joseph expira entre ses bras, et sa divine Majesté lui ferma les yeux. Incontinent les anges, qui étaient avec leur Roi et leur Reine, entonnèrent de doux cantiques de louanges. Ensuite ils conduisirent par ordre du souverain Roi, cette âme très sainte dans les limbes des saints patriarches, qui tous, aux splendeurs

de grâce incomparable dont elle brillait, reconnurent le père putatif du Rédempteur du monde, et en lui son grand favori digne d'une grande vénération ; et remplissant la mission qu'il avait reçue du Seigneur, il causa une nouvelle joie à l'innombrable assemblée des justes, par l'annonce de leur prochaine délivrance.

878. Il ne faut pas omettre que, quoique la précieuse mort de saint Joseph fût précédée d'une si longue maladie et de tant de douleurs, elles n'en furent pourtant pas la cause principale, car il aurait pu naturellement vivre plus longtemps malgré toutes ses infirmités, si elles n'avaient été aggravées par les effets et les accidents que produisait en lui le très ardent amour dont brûlait son très chaste cœur ; et afin que cette bienheureuse mort fût plutôt un triomphe de l'amour qu'une peine des péchés, le Seigneur suspendit le concours miraculeux par lequel il conservait les forces physiques de son serviteur, et empêchait que le divin incendie ne les consumât ; de sorte que ce concours manquant, la nature succomba, et les liens qui retenaient cette âme très sainte dans la prison du corps mortel, furent rompus ; or, c'est en cette séparation que consiste notre mort. Ainsi l'amour fut la dernière des maladies de Joseph que j'ai décrites ; ce fut aussi la plus grande, puisqu'elle amène le sommeil du corps, et la plus glorieuse, puisqu'elle contient le principe d'une vie assurée.

879. La grande Reine du ciel, voyant son époux mort, s'occupa des préparatifs de la sépulture, et ensevelit son corps selon la coutume, sans que d'autres mains que les siennes le touchassent, et celles des anges, qui l'assistèrent en forme humaine ; et pour satisfaire la modestie incomparable de la Mère Vierge, le Seigneur revêtit les membres de saint Joseph d'une splendeur céleste, qui l'enveloppait de façon qu'on n'en pouvait découvrir que le visage ; ainsi la très pure Épouse ne vit point le reste du corps, quoiqu'elle l'ensevelit pour l'enterrement. Il y eut quelques personnes qui vinrent dans la maison, attirées par la douce odeur que ce saint corps exhalait, et le trouvant aussi beau et aussi flexible que s'il eût été encore vivant, elles en eurent une grande admiration. Il fut porté à la sépulture commune, accompagné des parents, des amis et d'une foule nombreuse à la tête de laquelle marchaient le Rédempteur du monde, sa très sainte Mère, et une grande multitude d'anges. Mais en ces circonstances, notre très prudente Reine conserva dans toute sa conduite une dignité et une sérénité inaltérables ; sa physionomie ne trahit en rien la faiblesse de son sexe, et sa douleur ne l'empêcha point de prévoir toutes les choses nécessaires aux obsèques de son époux, et au service de son très saint Fils. De sorte qu'elle s'employait à tout avec une magnanimité royale. Bientôt elle rendit des actions de grâces à son adorable Fils des faveurs qu'il avait faites à saint Joseph ; et redoublant les démonstrations de son humilité, elle se prosterna devant sa Majesté, et lui dit : « Mon Fils et Seigneur de tout mon être, la sainteté de mon époux Joseph a pu vous arrêter jusqu'à présent et nous procurer l'honneur de votre douce compagnie ; mais par la mort de votre bien-aimé serviteur, j'ai sujet d'appréhender la perte du bien que je ne mérite pas ; faites, Seigneur, que votre propre bonté vous

sollicite de ne point m'abandonner, de me recevoir de nouveau pour votre servante, et d'agréer les humbles désirs d'un cœur qui vous aime. » Notre aimable Sauveur accueillit avec complaisance cette nouvelle offre de sa très pure Mère, et lui réitéra la promesse de ne point la laisser seule avant que fût arrivé le moment marqué par le Père éternel, où il devrait la quitter pour commencer sa prédication.

Instruction de notre auguste Princesse

880. Ma très chère fille, il n'est pas fort extraordinaire que votre cœur ait été ému de compassion à l'égard de ceux qui sont à l'article de la mort, et animé d'un désir particulier de les assister en cette dernière heure ; car il est vrai, comme vous l'avez compris, que les âmes souffrent alors des peines incroyables et courent les plus graves dangers, tant à cause des embûches du démon, qu'à cause des impressions des objets visibles et des sentiments de la nature elle-même. C'est en ce moment que le procès de la vie est vidé, et que la dernière sentence de mort ou de vie éternelle, de peine ou de gloire, est prononcée ; et comme le Très-Haut se plaît à seconder ce désir charitable qu'il vous a donné, je veux, pour vous aider à le réaliser, l'augmenter en vous, et je vous recommande de concourir de toutes vos forces à la grâce, et de faire tous vos efforts pour nous obéir. Sachez donc, ma fille, que lorsque Lucifer et ses ministres de ténèbres reconnaissent par les accidents et par les causes naturelles que les hommes sont atteints d'une maladie mortelle, ils s'arment aussitôt de toutes leurs ruses pour attaquer le pauvre malade rempli d'ignorance, et pour tâcher de l'abattre par diverses tentations ; et comme ces ennemis voient qu'il ne leur reste plus guère de temps pour persécuter son âme, ils y veulent suppléer en redoublant leurs efforts, leur rage et leur malice.

881. Ils s'unissent tous à cet effet comme des loups carnassiers, et cherchent à reconnaître de nouveau l'état du malade, par ses qualités naturelles et acquises ; ils étudient ses inclinations et ses habitudes, et par quel endroit ils le trouveront plus faible, afin de l'assaillir par là avec plus de violence. Ils persuadent à ceux qui ont un amour déréglé pour la vie, que le péril n'est pas si grand ; ils empêchent qu'on ne les détrompe, ils inspirent de nouvelles tiédeurs à ceux qui ont été négligents à fréquenter les sacrements, et leur suggèrent de plus grandes difficultés, afin qu'ils meurent sans les recevoir, ou qu'ils les reçoivent sans fruit et avec de mauvaises dispositions. Ils jettent les uns dans une honte funeste pour qu'ils ne découvrent point leurs péchés. Ils troublent et embarrassent les autres pour qu'ils ne satisfassent point à leurs obligations, et qu'ils ne se mettent pas en peine de décharger leur conscience. Ils excitent les orgueilleux à ordonner à leurs héritiers, même en cette dernière heure, de faire après leur mort une foule de choses remplies de vanité et d'ostentation. Ils portent les avares et les sensuels à se rappeler les objets de leurs passions aveugles. Enfin, ces cruels ennemis se servent de toutes les mauvaises habitudes des malades pour les attirer dans le précipice et pour leur rendre le retour

difficile ou impossible. De sorte que tous les actes qu'on a commis pendant la vie et par lesquels on a contracté des habitudes vicieuses, sont comme les trophées et les armes offensives dont l'ennemi commun se sert pour combattre les hommes en cette heure formidable de la mort; car tous les appétits désordonnés qu'on a satisfaits, sont alors comme autant de brèches par où il entre dans le château de l'âme, pour y répandre son mortel venin, et y amener des ténèbres épaisses, effet naturel de sa présence, afin qu'elle rejette les inspirations divines, qu'elle n'ait aucune véritable douleur de ses péchés, et qu'elle finisse une vie mauvaise dans l'impénitence.

882. Ces ennemis causent généralement de grands dommages en cette heure, par l'espérance trompeuse qu'ils donnent aux malades d'une plus longue vie, et en leur faisant accroire qu'ils pourront exécuter plus tard ce que Dieu leur inspire alors par l'organe de ses anges ; fatale illusion qui trop souvent les perd. Le danger de ceux qui ont négligé pendant leur vie le remède des sacrements, est aussi formidable à l'heure suprême, car la justice divine punit ordinairement ce mépris, qui est horrible au Seigneur et aux saints, en abandonnant ces âmes imprudentes entre les mains de leur mauvais conseil. En effet, puisque, loin de vouloir profiter du remède efficace au temps propice, elles n'ont fait que le dédaigner, elles méritent par un juste jugement d'être dédaignées à leur tour en cette dernière heure, jusqu'à laquelle elles ont différé par une folle assurance de s'occuper de leur salut éternel. Il y a fort peu de justes que l'antique serpent n'attaque avec une fureur incroyable quand ils sont dangereusement malades. Et s'il prétend alors vaincre les plus grands saints, que doivent espérer les négligents et les vicieux, qui ont employé toute leur vie à démériter la grâce et les faveurs divines, se trouvant dépourvus de bonnes œuvres dont ils pourraient se prévaloir contre leur ennemi ? Mon saint époux Joseph fut un de ceux qui jouirent du privilège de ne voir point le démon dans cette extrémité ; car ces esprits de ténèbres, voulant s'en approcher, sentirent une puissante force qui les arrêta, et les anges les précipitèrent ensuite dans les abîmes infernaux, où ils éprouvèrent un accablement si affreux (selon, votre manière de concevoir ces choses-là) qu'ils en furent tout troublés et tout stupéfaits. Ce prodige donna lieu à Lucifer de convoquer une assemblée ou un conciliabule pour en découvrir la cause, et pour ordonner à ses ministres de parcourir le monde et de rechercher si par hasard le Messie y était venu ; et il arriva dans cette rencontre ce que vous écrirez plus loin.

883. Vous comprendrez par là le danger imminent où l'on se trouve à l'heure de la mort, et combien d'âmes périssent en ce moment auquel les mérites et les péchés des hommes commencent à produire leur fruit. Je ne vous déclare point le grand nombre de ceux qui se perdent, parce que, le connaissant et ayant un véritable amour pour le Seigneur, vous en mourriez de douleur ; mais vous devez savoir qu'en règle générale une bonne mort suit une bonne vie, et que dans les autres cas elle est fort incertaine, fort rare et fort chanceuse. Le plus sûr moyen d'arriver au but, c'est de se mettre tôt à courir ; ainsi je vous avertis de regarder dé-

sormais chaque jour de votre vie comme s'il en devait être le dernier, puisque vous ne savez pas si vous arriverez au lendemain, et de préparer votre âme de façon que vous puissiez recevoir la mort avec joie si elle se présentait. Ne différez donc pas un instant de vous repentir de vos péchés, et de prendre le parti de vous en confesser aussitôt que vous vous en apercevrez ; corrigez en vous jusqu'à la moindre imper-fection, et faites en sorte de ne laisser subsister dans votre conscience aucune tâche qui puisse la souiller sans la laver de vos larmes, sans vous en purifier par le sang de Jésus-Christ mon très saint Fils, et sans vous mettre en état de pouvoir paraître devant le juste Juge qui doit vous examiner, et juger jusqu'à la plus petite de vos pensées et au moindre mouvement de vos puissances.

884. Si vous voulez aider, comme vous le souhaitez, ceux qui sont en cette dange-reuse extrémité, commencez par conseiller à tous ceux que vous pourrez ce que je viens de vous dire, et par leur faire entendre que pour obtenir une bonne mort ils doivent vivre soucieux de leurs âmes. En outre, vous prierez tous les jours à cette intention sans l'oublier jamais, et vous supplierez le Tout-Puissant de détruire les embûches et les batteries que les démons dressent contre les agonisants, et de les confondre tous par sa divine droite. Je faisais cette même prière pour les mortels, comme vous le savez, c'est pourquoi je veux que vous la fassiez aussi à mon imitation. Et, afin que vous leur don-niez un plus grand secours, je vous enjoins de commander aux démons de s'en éloigner et de ne point les inquiéter ; et vous pouvez user de ce pouvoir sans aucune difficulté, quoique vous ne soyez pas auprès des malades, puisque le Seigneur s'y trouve, lui, au nom duquel vous les devez chasser pour sa plus grande gloire.

885. Instruisez vos religieuses dans ces occasions, mais sans les troubler. Ayez un grand soin de leur faire recevoir incontinent les sacrements et de les porter à les fréquenter toujours. Tâchez de les encourager et de les consoler en les entrete-nant des choses de Dieu, de ses mystères et de ses Écritures, pour enflammer de plus en plus leurs bons désirs et leurs saintes affections, et pour les disposer à rece-voir les lumières et les influences célestes. Confirmez-les dans l'espérance ; fortifiez-les contre les tentations, et enseignez-leur comment elles y doivent résister et les moyens de les vaincre, cherchant à les deviner avant qu'elles vous les confient ; et si vos conjectures sont insuffisantes, le Très-Haut vous les découvrira et vous éclairera, afin que vous appliquiez à chacune le remède qui lui sera convenable, car les ma-ladies spirituelles sont difficiles à connaître et à guérir. Vous devez profiter, comme une fille bien-aimée, de tous les avis que je vous donne pour le service du Seigneur. Je vous obtiendrai de sa divine Majesté quelques privilèges pour vous et pour ceux que vous désirerez assister en cette heure formidable. Ne soyez pas avare dans cette charitable distribution, car en cela vous ne devez pas agir par ce que vous êtes, mais par ce que le Très-Haut veut opérer en vous par lui-même.

Chapitre 16
L'âge que la Reine du ciel avait lorsque saint Joseph mourut,
et quelques privilèges du saint époux.

886. Tout le temps de la vie du plus heureux des hommes, saint Joseph, fut de soixante années et quelques jours. En effet, il épousa la très pure Marie à trente-trois ans, et il en vécut un peu plus de vingt-sept en sa compagnie ; et quand le saint époux mourut, notre auguste Reine avait quarante et un ans six mois environ, puisque (comme je l'ai dit en la première partie, livre 2, chapitre 22) elle fut mariée à saint Joseph à l'âge de quatorze ans, lesquels, joints aux vingt-sept qu'ils vécurent ensemble, font quarante et un ans, plus le temps qui s'écoula depuis le 8 septembre jusqu'à l'heureuse mort du très saint époux. La Reine du ciel se trouva à cet âge avec la même constitution et perfection naturelle qu'elle avait en sa trente-troisième année ; car elle ne baissa, ni ne vieillit, ni ne déchut jamais de cet état très parfait, comme je l'ai marqué au chapitre 13 de ce livre. Elle ressentit une douleur naturelle de la mort de saint Joseph, parce qu'elle l'aimait comme son époux, comme un homme d'une sainteté éminente, comme son protecteur et son bienfaiteur. Et, quoique cette douleur fût en notre très prudente Dame fort bien réglée, elle n'en était pas pour cela moindre ; attendu que mieux elle connaissait le degré de sainteté que son époux avait entre les plus grands saints qui sont écrits dans le livre de vie et dans l'entendement du Très-Haut, plus son amour était grand. Et si l'on ne saurait perdre sans douleur ce que l'on aime avec tendresse, les regrets de Marie auraient-ils pu ne pas être proportionnés à la vivacité de son amour ?

887. Il n'entre pas dans le sujet de cette histoire de décrire expressément les excellences de la sainteté de saint Joseph ; aussi je n'ai reçu ordre de m'y arrêter qu'autant que certaines généralités peuvent servir à manifester davantage la dignité de son épouse, aux mérites de laquelle (après ceux de son très saint Fils) on doit attribuer les dons et les grâces dont le Très-Haut favorisa le glorieux patriarche. Et quand même notre divine Dame n'aurait pas été la cause méritoire ou l'instrument de la sainteté de son époux, au moins elle était la fin immédiate à laquelle cette sainteté se rapportait ; car toute la plénitude de vertus et de grâce que le Seigneur communiqua à son serviteur Joseph lui fut accordée afin de le rendre le digne époux de celle qu'il choisissait pour être sa Mère. C'est sur cette règle, et sur l'amour et l'estime que cet adorable Seigneur avait pour sa très pure Mère, que l'on doit mesurer la sainteté de saint Joseph ; et je crois que s'il se fût trouvé au monde un autre homme plus parfait et plus excellent que lui, sa Majesté l'aurait donné pour époux à sa propre Mère ; et que puisqu'elle lui a donné saint Joseph, il devait être sans contredit le plus grand saint que Dieu eût sur la terre. Et, l'ayant créé et prédestiné pour de si hautes fins, il est certain qu'il a voulu employer sa main puissante à le rendre capable de répondre à ces mêmes fins et proportionner l'instrument à l'œuvre ; or, cette espèce de rapport et de proportion, la lumière divine ne pouvait

la trouver que dans la sainteté, dans les vertus, dans les dons, dans les grâces, dans les bonnes inclinations naturelles et infuses dont Joseph offrait l'assemblage.

888. Je remarque une différence entre ce grand patriarche et les autres saints quant aux dons de grâce qu'ils reçurent ; car beaucoup de saints ont obtenu d'autres faveurs et privilèges qui ne regardaient pas tous leur propre sainteté, mais d'autres fins du service du Très-Haut en d'autres hommes ; ainsi c'étaient comme des dons gratuits ou indépendants de la sainteté ; mais en ce qui concerne notre saint patriarche, tous les dons qu'il reçut augmentaient en lui les vertus et la sainteté, parce que le ministère auquel ils se rapportaient était un effet de sa sainteté et de ses bonnes œuvres ; et plus il était saint, plus il se trouvait digne d'être l'époux de l'auguste Marie et le dépositaire du trésor et du mystère du ciel ; de sorte qu'il devait être un prodige de sainteté, comme il le fut véritablement. Cette merveille commença dès la formation de son corps dans le sein de sa mère, car le Seigneur y présida par une providence spéciale, sous l'influence de laquelle il fut composé des quatre humeurs mélangées dans une juste proportion et un admirable tempérament, avec une complexion et des qualités excellentes, afin qu'il fût aussitôt une terre bénie, et reçût en partage une bonne âme et la droiture des inclinations[275]. Il fut sanctifié dans le sein de sa mère au septième mois de sa conception, et dès ce moment la concupiscence rebelle resta en lui comme enchaînée pour toute sa vie, de sorte qu'il n'éprouva jamais un seul mouvement impur ni désordonné ; et quoiqu'il ne reçût point l'usage de la raison en cette première sanctification, en laquelle il fut seulement justifié du péché originel, néanmoins sa mère ressentit alors une nouvelle joie du Saint-Esprit, et, sans en pénétrer entièrement le mystère, elle fit de grands actes de vertu, et crut que l'enfant qu'elle portait serait considérable devant Dieu et devant les hommes.

889. Saint Joseph naquit très beau et très parfait selon la nature, et causa à ses parents une joie extraordinaire, semblable à celle qu'excita la naissance du petit Baptiste, quoique la raison n'en fût pas manifeste. Le Seigneur lui avança l'usage de l'intelligence en le lui donnant dans toute sa perfection en la troisième année de son âge ; il lui communiqua aussi une science infuse et une nouvelle augmentation de grâce et de vertus. Le saint enfant commença dès lors à connaître Dieu par la foi ; il le connut aussi par le raisonnement naturel comme première cause et auteur de toutes les créatures ; et il concevait d'une manière très sublime tout ce que l'on disait de Dieu et de ses œuvres. Il fut élevé dès la même époque à un haut degré d'oraison et de contemplation, et rendu admirablement apte aux vertus dont son jeune âge lui permettait l'exercice ; de sorte que saint Joseph était déjà alors un homme d'un jugement et d'une sainteté rares, tandis que la raison n'apparaît chez les autres enfants qu'à l'âge de sept ans ou même plus tard. Il était d'un naturel fort doux, charitable, honnête, sincère, et annonçait en tout des inclinations non seulement vertueuses, mais angéliques, et, croissant en sainteté et en perfection, il arriva

---

275　Sg 8, 19.

par une vie irréprehensible à l'âge auquel il épousa la très pure Marie.

890. Pour lui augmenter alors les dons de la grâce et le confirmer en ces mêmes dons, les prières de notre divine Dame eurent une efficace particulière ; car elle supplia instamment le Très-Haut, dans le cas où il lui plairait de la soumettre au joug du mariage, de sanctifier son époux Joseph, afin qu'il se conformât à ses très chastes désirs. Cette auguste Princesse comprit que Dieu exauçait sa demande, et qu'il opérait par la force de son puissant bras, en l'âme du saint patriarche, des effets si nombreux et si divins, qu'il n'est pas possible de les exprimer ; car il le combla par infusion des dons les plus riches, et l'empreignit des habitudes parfaites de toutes les vertus. Sa divine Majesté redressa de nouveau ses puissances, le remplit de grâce, et le confirma en cette même grâce d'une manière admirable. Quant à la vertu et aux prérogatives de la chasteté, le saint époux surpassa les plus hauts séraphins, car vivant en un corps terrestre et mortel, il fut doué de la pureté qu'ils ont étant affranchis de la matière, et jamais image ou impression impure de la nature animale et sensible n'entra dans ses puissances. C'est par cette supériorité sur les choses charnelles, par cette simplicité de colombe et par cette candeur d'ange qu'il fut préparé à devenir l'époux de la plus pure des créatures et à demeurer en sa compagnie ; car sans ce privilège il n'aurait pas été capable de porter une si sublime et si excellente dignité.

891. Il fut aussi admirable dans les autres vertus, et surtout en la charité, placé qu'il était à la source même de cette eau vive qui rejaillit jusqu'à la vie éternelle[276], et où il, pouvait puiser sans cesse, ou, si l'on veut, près de ce foyer ardent dont les flammes devaient l'embraser, comme une matière disposée sans aucune résistance. Du reste, en parlant des ardeurs du divin amour dans le saint époux, on ne saurait enchérir sur ce que j'ai dit au chapitre précédent, puisque cet amour de Dieu fut la cause de sa maladie et comme l'instrument de sa mort, qui par là même fut si privilégiée. Car les douces angoisses de l'amour surpassèrent celles de la nature, et celles-ci produisirent un effet moins décisif que les premières ; et comme l'objet de l'amour, notre Seigneur Jésus-Christ avec sa Mère, était présent, et que le saint les possédait tous deux plus pleinement qu'aucun des mortels n'a pu et ne peut en jouir, il était presque inévitable que ce cœur si pur et si fidèle ne s'exhalât en des affections, ne se fondît au feu d'une si prodigieuse charité. Béni soit l'auteur de si grandes merveilles, et béni soit le plus heureux des hommes, Joseph, en qui elles furent toutes dignement opérées ; il mérite que toutes les nations le connaissent et le bénissent, puisque le Seigneur n'a traité de la sorte aucun autre des vivants, et qu'à aucun il n'a manifesté le même amour qu'à lui.

892. J'ai dit dans tout le cours de cette histoire quelque chose des visions et des révélations dont notre saint fut favorisé, et elles furent trop nombreuses pour qu'on pût les raconter ; mais on en concevra la plus haute idée, si l'on considère qu'il a connu les mystères de notre Seigneur Jésus-Christ et de sa très sainte Mère,

---

276   Jn 4, 14.

qu'il a demeuré aussi longtemps en leur compagnie, et qu'il a été regardé comme le père de ce divin Seigneur, et le véritable époux de notre auguste Reine. En outre, j'ai découvert que le Très-Haut lui a accordé, à cause de sa grande sainteté, divers privilèges en faveur de ceux qui le prendraient pour leur intercesseur et qui l'invoqueraient avec dévotion. Le premier est pour obtenir la vertu de chasteté, vaincre les tentations, de la chair et des sens. Le second pour recevoir de puissants secours afin de sortir du péché et de recouvrer la grâce de Dieu. Le troisième pour acquérir par son moyen la dévotion à la très pure Marie et se disposer à recevoir ses faveurs. Le quatrième pour obtenir une bonne mort et une assistance particulière contre le démon en cette dernière heure. Le cinquième pour intimider les ennemis de notre salut par la prononciation du nom de saint Joseph. Le sixième pour obtenir la santé du corps et le soulagement dans les afflictions. Enfin le septième privilège est pour procurer des héritiers aux familles chrétiennes. — Dieu accorde toutes ces faveurs et beaucoup d'autres à ceux qui les lui demandent comme il faut, au nom de saint Joseph époux de la Reine du ciel ; et je prie tous les fidèles enfants de la sainte Église de lui être bien dévots, et d'être persuadés qu'ils ressentiront les favorables effetsde sa protection, s'ils se disposent dignement à les mériter et à les recevoir.

Instruction que j'ai reçue de la Reine du ciel

893. Ma fille, quoique vous ayez écrit que mon époux Joseph est un des plus grands saints et des plus nobles princes de la Jérusalem céleste, vous ne sauriez pourtant exprimer maintenant son éminente sainteté, et les mortels ne sauraient la connaître avant que de jouir de la vue de la Divinité, en laquelle ils découvriront avec admiration ce mystère pour en louer le Seigneur ; et au dernier jour, quand tous les hommes seront jugés, les damnés pleureront amèrement le malheur de n'avoir pas connu, à cause de leurs péchés, ce moyen de salut si puissant et si efficace, et de ne s'en être pas servis, comme ils le pouvaient, pour recouvrer la grâce du juste Juge. Le monde a trop ignoré la grandeur des prérogatives que le souverain roi a accordées à mon saint époux, et la puissance de son intercession auprès de sa divine Majesté et de moi ; car je vous assure, ma très chère fille, que c'est un des premiers favoris de Dieu, et un des plus capables de détourner des pécheurs les coups de sa justice.

894. Je veux que vous soyez fort reconnaissante de la bonté que le Seigneur vous a montrée, et de la faveur que je vous ai faite par la communication des lumières que vous avez reçues touchant ce mystère ; tâchez aussi de redoubler à l'avenir de dévotion envers mon saint époux, et de bénir le Seigneur tant de ce qu'il l'a favorisé avec tant de libéralité, que de ce qu'il m'a procuré le bonheur de le connaître de si près. Vous devez vous prévaloir de son intercession dans toutes vos nécessités, et faire en sorte d'accroître le nombre de ses dévots, et de recommander à vos religieuses de se distinguer en cette dévotion, puisque le Très-Haut accorde sur la terre ce que notre époux demande dans le ciel, et joint à ses demandes des faveurs extraordinaires pour les hommes, pour-

vu qu'ils ne se rendent pas indignes de les recevoir. Tous ces privilèges répondent à la perfection, à l'innocence et aux éminentes vertus de cet admirable saint ; car elles ont attiré les complaisances du Seigneur, qui veut déployer à son égard toute sa munificence, en comblant de ses miséricordes ceux qui auront recours à son intercession.

Chapitre 17
Des occupations de la très pure Marie après la mort de saint Joseph, et quelques-unes des choses qui se passèrent alors entre elle et ses anges

895. Toute la perfection de la vie chrétienne rentre dans l'une des deux vies que l'Église connaît, c'est-à-dire l'active et la contemplative. La première comprend les œuvres corporelles ou sensibles que l'on exerce envers le prochain dans les choses humaines, qui sont si nombreuses et si variées. Elles ressortissent des vertus morales, dont toutes les actions de la vie active reçoivent leur perfection propre. La seconde embrasse les opérations intérieures de l'entendement et de la volonté, dont l'objet spirituel est le plus noble et le plus digne de la créature intelligente et raisonnable ; c'est pourquoi cette vie contemplative est plus excellente que l'active et en elle-même plus aimable, comme plus tranquille, plus agréable, plus belle et plus proche de la dernière fin, qui est Dieu, en la connaissance et en l'amour duquel elle consiste, et par là elle participe davantage de la vie de l'éternité, qui est toute contemplative. Elles sont bien figurées par les deux sœurs Marthe et Marie[277], l'une dans le repos et les caresses, l'autre dans les soins et les agitations ; et aussi par les deux autres sœurs Lia et Rachel[278], l'une féconde, mais laide et chassieuse ; l'autre belle et charmante, mais stérile au commencement. En effet, la vie active est plus fructueuse, quoique coupée par une foule d'occupations diverses au milieu desquelles elle se trouble, et elle n'a pas les yeux assez clairvoyants pour les élever aux choses célestes et pénétrer les mystères divins. D'un autre côté, la vie contemplative est très belle, quoiqu'elle ne soit pas si féconde au commencement, parce qu'elle donne son fruit plus tard par le moyen de l'oraison et des mérites, qui présupposent une grande perfection, et un commerce avec Dieu assez étroit pour l'obliger d'étendre sa libéralité sur les autres âmes ; mais ces fruits sont ordinairement abondants en bénédictions, et toujours dignes d'une très grande estime.

896. L'accord de ces deux vies est le comble de la perfection chrétienne ; mais cet heureux assemblage est aussi difficile que nous l'avons remarqué dans l'histoire de Marthe et de Marie, de Lia et de Rachel, qui ne furent pas une seule personne, mais deux personnes différentes, pour représenter chacune la vie qu'elle signifiait, parce qu'aucune des deux n'a pu les figurer à la fois, à cause de la difficulté qu'il y a pour un sujet de les réunir et de les réaliser simultanément avec une égale perfection. Et malgré tous les efforts que les saints ont faits pour surmonter cette difficulté, quoique

---

277   Lc 10, 41 et 44.

278   Gn 29, 17.

la doctrine des maîtres spirituels aille au même but, malgré toutes les instructions des hommes apostoliques et des docteurs ; enfin, malgré les exemples des apôtres et des fondateurs des ordres religieux, qui ont tous tâché d'unir la contemplation à l'action autant qu'il leur était possible avec la grâce, ils ont toujours dû reconnaître que la vie active, pour la multitude de ses applications aux objets inférieurs, partage et trouble le cœur, comme l'a dit à Marthe le Sauveur de nos âmes ; de sorte que, quelque effort que l'on fasse pour rentrer dans le recueillement et le calme afin de s'élever aux objets très sublimes de la contemplation, on n'y saurait parvenir qu'à grand peine pendant cette vie, et encore seulement par courts intervalles, à moins d'un privilège tout spécial du Tout-Puissant. C'est pour cette raison que les saints qui se sont adonnés à la contemplation ont choisi les déserts et les solitudes propres à ce saint exercice, et que les autres qui se vouaient en même temps à la vie active et au salut des âmes par leurs prédications, se réservaient certains jours pour se retirer des occupations extérieures, et dans les autres ils partageaient les heures, destinant celles-ci à la contemplation, celles-là aux œuvres du dehors ; et faisant ainsi toutes choses dans la perfection requise, ils ont acquis le mérite et la récompense de ces deux vies, lesquels ne résultent que de l'amour et de la grâce comme principale cause.

897. L'auguste Marie fut la seule qui concilia ces deux vies au suprême degré de perfection, sans que sa très haute et très ardente contemplation fût empêchée par les œuvres extérieures de la vie active. Empressée comme Marthe quoique sans aucun trouble, elle fut calme et sereine comme Marie, sans se livrer à un mol repos ; elle eut la beauté de Rachel, et la fécondité de Lia ; elle seule accomplit dans la réalité ce que ces différentes sœurs représentèrent dans la figure. Cette très prudente Reine servait son époux malade et le nourrissait par son travail, aussi bien que son très saint Fils, comme je l'ai marqué ; mais sa sublime contemplation n'en était ni interrompue ni embarrassée ; car notre grande Dame n'avait pas besoin de chercher la solitude pour rasséréner son cœur pacifique, et s'élever librement au-dessus des plus hauts séraphins. Néanmoins, quand elle se vit privée de la compagnie de son époux, elle régla ses exercices de manière à ne s'occuper plus qu'au mystère de l'amour intérieur. Elle lut alors dans l'âme de son très saint Fils que c'était sa volonté qu'elle modérât le travail corporel auquel elle avait consacré les jours et les nuits pour assister son saint malade, et qu'au lieu de s'y livrer comme par le passé, elle se joignit aux prières et aux œuvres ineffables de l'adorable Sauveur.

898. Notre divin Seigneur lui découvrit aussi qu'il suffisait qu'elle travaillât seulement quelques heures de la journée pour se procurer le peu de nourriture qui leur était nécessaire ; parce qu'ils ne mangeraient plus à l'avenir qu'une seule fois par jour, et cela vers le soir ; car s'ils avaient gardé jusqu'alors un autre régime, ce n'était qu'à cause de l'amour qu'ils portaient à saint Joseph, et pour ne le point priver de la consolation de leur compagnie pendant les heures de ses repas. De sorte qu'à partir de cette époque, l'Homme-Dieu et sa très sainte Mère ne man-

gèrent qu'une seule fois, vers six heures du soir ; et bien souvent leur nourriture ne consistait qu'en du pain sec ; d'autres fois notre divine Dame y ajoutait des fruits, des herbes ou du poisson ; et c'était là le plus grand régal du Roi et de la Reine de l'univers. Et quoique leur tempérance fût toujours extrême, et leur abstinence admirable, depuis qu'ils se trouvèrent seuls ils les poussèrent encore plus loin, et ne s'accordèrent que le choix de leurs simples aliments et la régularité de l'heure à laquelle ils les prenaient. Quand ils étaient conviés à un festin, ils mangeaient un peu de tout ce qui leur était présenté, sans vouloir s'en excuser, commençant dès lors à pratiquer le conseil que le Seigneur lui-même devait donner ensuite à ses disciples pour le temps de leur prédication[279]. Notre auguste Princesse servait à genoux cette pauvre nourriture à son très saint Fils, après lui avoir demandé la permission de la lui présenter ; quelquefois elle la lui demandait aussi avec le même respect avant de l'apprêter, parce qu'elle était destinée à son Fils, qui était Dieu véritable.

899. La présence de saint Joseph n'avait pas empêché la très prudente Mère de traiter son adorable Fils avec toute la révérence possible, sans omettre aucune des démonstrations extérieures qui convenaient alors ; mais après la mort du saint elle rendit ses génuflexions ordinaires plus fréquentes, parce qu'elle avait à cet égard une plus grande liberté en la présence des anges seuls qu'en celle de son époux, qui était homme. Souvent elle restait prosternée jusqu'à ce que le Seigneur lui ordonnât de se relever ; elle lui baisait les pieds ou la main, et presque toujours avec les larmes de la plus profonde humilité et de la plus fervente dévotion. Elle ne se trouvait jamais près de sa divine Majesté sans lui donner des marques d'un très ardent amour et d'une religieuse adoration, n'aspirant qu'à connaître son bon plaisir et attentive à observer ses opérations intérieures pour les imiter. Et quoiqu'elle ne fût pas capable de commettre la moindre imperfection au service et en l'amour de son très saint Fils, elle avait néanmoins, bien mieux que le prophète ne le dit[280], les yeux toujours attachés comme ceux du serviteur et de la servante fidèle sur les mains de son adorable Maître, pour en recevoir la grâce qu'elle désirait. On ne saurait concevoir la science divine dont fut douée cette auguste Dame pour pratiquer avec la plus sublime intelligence toutes les choses qu'elle fit en la compagnie du Verbe incarné pendant le temps qu'ils demeurèrent ensemble, sans autres témoins que les anges qui les servaient. Eux seuls assistèrent à cet admirable spectacle, et bénissaient Dieu en se reconnaissant de beaucoup inférieurs en sagesse et en pureté à une simple créature, qui mérita d'être élevée à une si haute sainteté, parce que seule elle accomplit les œuvres de la grâce avec une perfection absolue.

900. La Reine du ciel eut en ce temps-là de très doux débats avec les saints anges touchant les humbles et vulgaires offices qu'exigeaient le service du Verbe incarné, et le bon ordre de sa pauvre maison ; car il ne s'y trouvait personne qui pût les

---

279   Lc 10, 8.

280   Ps 122, 2.

remplir au lieu de notre divine Dame, si ce n'est ces très nobles et très fidèles ministres qui l'assistaient sous une forme humaine, toujours prêts à s'employer à tout. L'illustre Vierge voulait faire elle-même les choses les plus viles, comme balayer, ranger le peu de meubles qu'elle avait, laver la vaisselle et préparer tout ce qui pouvait être nécessaire ; mais les courtisans du Très-Haut, comme véritablement courtois et plus prompts dans les opérations, quoiqu'ils ne fussent pas plus humbles, avaient accoutumé de prévenir leur Reine en tous ces emplois, et quelquefois, souvent même, elle les trouvait occupés à ce qu'elle désirait faire, parce qu'ils l'avaient devancée ; mais aussitôt qu'elle leur manifestait ses intentions, ils lui obéissaient et lui laissaient satisfaire son humilité et son amour. Et afin qu'ils ne s'y opposassent pas, elle leur disait : « Ministres du Très-Haut, qui êtes des esprits très purs, en lui rejaillissent les lumières par lesquelles sa Divinité m'éclaire, ces basses occupations ne sont pas convenables à votre état et à votre nature, mais à la mienne ; car outre que je sors de la poussière, je suis aussi la moindre de tous les mortels et la plus obligée servante de mon Seigneur et mon Fils ; laissez-moi, mes amis, exercer les offices qui me sont propres, puisqu'en m'en acquittant au service du Très-Haut, je puis me procurer des mérites que vous ne sauriez acquérir à cause de votre dignité et de votre condition. Je connais le prix des œuvres serviles que le monde méprise, et notre souverain Seigneur m'a donné cette connaissance, non pour que je m'en décharge sur d'autres, mais afin que je les pratique moi-même. »

901. « Reine et Maîtresse de l'univers, répondaient les anges, il est vrai qu'à vos yeux et dans l'estime du Très-Haut, ces œuvres ont la valeur que vous leur attribuez ; mais si elles vous font recueillir le précieux fruit de votre humilité incomparable, remarquez, s'il vous plait, que nous manquerons à l'obéissance que nous devons au Seigneur, si nous ne vous servons comme sa divine Majesté nous l'a ordonné ; et étant comme vous êtes notre légitime Maîtresse, nous manquerions à la justice si nous négligions quoi que ce soit au service que, en égard à cette qualité, le Seigneur nous permettra de vous rendre ; vous suppléerez facilement, ô notre Reine, au mérite que vous ne gagnerez point en vous abstenant de ces œuvres serviles, par la mortification que vous aurez de ne les point accomplir, et par le très ardent désir avec lequel vous les recherchez. » La très prudente Mère répliquait à ces raisons en leur disant : « Non, non, esprits célestes, cela ne doit pas être ainsi ; car si vous vous regardez comme grandement obligés à me servir en qualité de Mère de votre souverain Seigneur, de qui vous êtes les ouvrages, rappelez-vous qu'il m'a tirée de la poussière pour m'élever à cette dignité, et que, par suite d'un tel bienfait, ma dette est bien plus grande que la vôtre ; de sorte que mon obligation étant si au-dessus de la vôtre, il faut aussi que mon retour y soit proportionné; que si vous voulez servir mon Fils comme ses créatures, je le dois servir au même titre, et de plus j'ai l'honneur d'être sa Mère pour le servir comme mon Fils ; ainsi vous trouverez toujours que j'ai plus de droit que vous à ne jamais renoncer à la pratique de l'humilité, pour mieux témoigner ma reconnaissance. »

902. Telles étaient à peu près les douces et admirables contestations qui se passaient entre la très pure Marie et ses anges, et dans lesquelles la palme de l'humilité restait toujours entre les mains de celle qui en était la Reine et la Maîtresse. Que le monde ignore avec justice des mystères si cachés, dont la vanité et l'orgueil le rendent indigne ; que dans sa stupide arrogance il dénigre et méprise ces humbles offices, ces occupations serviles, soit ; mais les courtisans célestes qui en ont connu la valeur, les estiment, et la Reine de l'univers, qui a su leur donner le juste prix, les recherche. Laissons donc maintenant le monde dans son ignorance ou dans ses excuses frivoles ; car l'humilité n'est pas pour les personnes superbes ; les basses fonctions et les vils emplois qu'elle préfère, comme de balayer et de laver la vaisselle, ne comportent guère l'usage de la pourpre et de la toile de Hollande, du brocard et des pierreries ; aussi les perles inestimables de certaines vertus ne sont pas indifféremment destinées à tous. Mais si la contagion de l'orgueil mondain se répandait jusque dans les écoles de l'humilité et de l'abnégation, c'est-à-dire dans les maisons religieuses, et qu'on vînt à y regarder avec dédain et comme un déshonneur ces exercices humiliants, on ne saurait désavouer qu'en pareil lieu l'orgueil ne fût quelque chose de honteux ou d'odieux. En effet, si ceux qui ont embrassé l'état religieux méprisent ces occupations serviles, et rougissent, à l'exemple du monde, de s'y livrer, de quel front oseront-ils se présenter aux anges et à leur Reine, qui a réputé comme fort honorables les œuvres qu'ils croient basses et dignes de mépris ?

903. Ô mes sœurs, filles de cette grande Reine, c'est à vous que je m'adresse, à vous qui êtes appelées à suivre ses traces, et à entrer dans le palais du Roi avec une véritable joie et allégresse[281] ; prenez garde de déchoir du titre glorieux de filles d'une telle Mère ! Que si elle, qui était la Reine des anges et des hommes, s'abaissait aux œuvres les plus serviles, si elle balayait et se complaisait dans les emplois les plus humiliants, comment une esclave osera-t-elle, pleine de fierté, de hauteur et de vanité, paraître devant ses yeux et devant ceux de la divine Majesté, avec son dédain pour ces sortes d'occupations ? Bannissons ce désordre de notre communauté, laissons-le aux habitants de la Babylone, faisons-nous un honneur des choses pour lesquelles notre auguste Princesse a eu une si grande estime ; rougissons de n'avoir pas les saintes contestations qu'elle eut avec les anges touchant la pratique de l'humilité. Avançons-nous à l'envi dans cette vertu, et causons à nos saints anges et fidèles compagnons cette émulation si agréable à notre grande Reine, et à son très saint Fils notre Époux.

904. Pour nous convaincre que sans une humilité solide c'est une témérité de se complaire, sans s'éprouver, aux consolations et aux douceurs spirituelles ou sensibles, et qu'il y aurait folle présomption à les désirer, nous n'avons qu'à considérer notre divine Maîtresse, qui est l'exemplaire consommé de la vie sainte et parfaite. Toutes les œuvres serviles que cette auguste princesse faisait, étaient accompagnées de faveurs et de délices célestes ; car il arrivait souvent que lorsqu'elle était en orai-

---

281   Ps 44, 16.

son avec son très saint fils, les anges leur chantaient avec une ravissante harmonie les hymnes et les cantiques que la très pure Mère avait elle-même composés à la louange de l'être infini de Dieu, et du mystère de l'union hypostatique de la nature humaine en la personne divine du Verbe. Afin de leur faire répéter ces cantiques à l'honneur de leur Créateur, elle les engageait à chanter alternativement les versets et à composer de nouveaux hymnes avec elle ; et ces bienheureux esprits lui obéissaient, en admirant la profonde sagesse qui éclatait dans les nouvelles strophes qu'ajoutait leur grande Reine. Et lorsque son très saint Fils se retirait pour prendre son repos ou aux heures de son repas, elle leur prescrivait, comme Mère de leur Créateur, de lui donner en son nom un concert (car dans sa tendresse elle se plaisait à le récréer), et le Seigneur l'acceptait quand la très prudente Mère l'ordonnait, pour seconder l'ardente charité et la vénération avec lesquelles elle le servait dans ces dernières années. Il faudrait beaucoup étendre ce discours, et avoir plus de capacité que je n'en ai pour rapporter ce que j'ai appris à cet égard. On pourra se faire une idée de ces mystères sublimes par ce que je viens d'en dire, et y trouver un motif suffisant pour glorifier et bénir cette grande Dame, que toutes les nations doivent connaître, et pour proclamer qu'elle est bénie entre toutes les créatures[282], et quelle est la très digne Mère du Créateur et Rédempteur du monde.

Instruction que la Reine du ciel m'a donnée

905. Ma fille, avant que de déclarer d'autres mystères, je veux que vous compreniez bien celui qui était renfermé dans toutes les choses que le Très-Haut ordonna envers moi par rapport à mon saint époux Joseph. Quand je l'eus épousé, sa divine Majesté me prescrivit de changer l'ordre de mes repas et de mes autres actions extérieures pour me conformer à son genre de vie, parce qu'il était chef, et qu'en ce qui regarde la loi commune, je lui étais inférieure. Mon très saint Fils en fit de même, quoiqu'il fût Dieu véritable, pour s'assujettir selon l'extérieur à celui que le monde croyait être son Père (lorsque nous demeurâmes seuls après la mort de mon époux, et que nous n'eûmes plus sujet de suivre cette règle de conduite, nous en adoptâmes une autre pour nos repas et nos occupations) ; car cet adorable Seigneur voulut, non point que saint Joseph s'accommodât à nous, mais que nous nous accommodassions à lui, comme l'ordre commun de mon état le demandait ; et il ne fit non plus aucun miracle pour le délivrer de la nécessité de travailler et de manger pour vivre, parce qu'il agissait en tout comme Maître des vertus, pour enseigner à tous ce qui était le plus parfait, aux pères et aux enfants, aux supérieurs et aux inférieurs. Aux pères comment ils doivent aimer leurs enfants, les aider, les entretenir, les instruire, les corriger, et les conduire au salut sans aucune négligence. Aux enfants comment ils doivent, de leur côté, aimer, estimer et honorer leurs parents, comme les auteurs immédiats de leur vie et de leur être ; leur obéir avec promp-

---

282   Lc 1, 48.

titude, de sorte que les uns et les autres observent la loi naturelle et la loi divine qui leur dictent ces obligations réciproques, dont la violation constitue un horrible désordre. Les supérieurs doivent aimer et gouverner leurs inférieurs comme leurs enfants ; et ceux-ci leur doivent obéir sans résistance, bien qu'ils fussent d'une plus haute naissance et qu'ils eussent de plus grandes qualités que leurs supérieurs, parce que le supérieur est toujours plus grand sous le rapport de la dignité par laquelle il représente Dieu ; mais la véritable charité doit rendre *tous les hommes un*[283].

906. Et afin que vous acquériez cette grande vertu, je veux que vous vous accommodiez à vos cœurs et à vos inférieures sans affectation, sans imperfection dans les manières, et que vous les traitiez toujours avec la sincérité et la simplicité de la colombe ; priez quand elles prient, mangez et travaillez quand elles le font, et prenez part à leurs récréations, puisque la plus haute perfection des religieux et des religieuses est de suivre en toutes choses la vie commune ; et si vous la suivez, vous serez gouvernée par le Saint-Esprit, qui dirige les communautés bien réglées. Tout en restant fidèle à ces principes, vous pouvez faire des progrès dans l'abstinence en mangeant moins que les autres, quoiqu'on vous présente autant qu'à elles, et cela d'une manière secrète, sans vous singulariser, en vous privant, pour l'amour de votre Époux et le mien, de ce que vous préférez. Ne manquez jamais aux exercices de communauté, si vous n'en êtes empêchée par quelque maladie grave, ou si vous n'êtes employée ailleurs par l'ordre de vos supérieurs ; assistez-y avec une révérence particulière, avec une sainte crainte, avec beaucoup d'attention et de dévotion ; car vous y serez plusieurs fois visitée du Seigneur.

907. Je veux aussi que vous remarquiez dans ce chapitre les précautions minutieuses que vous devez prendre pour cacher les bonnes œuvres que vous pourrez faire en secret à mon exemple ; car bien que je pusse les faire toutes en la présence de mon saint époux Joseph, sans inconvénient ni danger, je leur donnais néanmoins ce degré de perfection et de prudence qui les rend plus louables. Mais il ne faut pas que vous preniez ce soin à l'égard des actions communes et des choses obligatoires par lesquelles vous devez donner bon exemple, sans en cacher la lumière ; car on pourrait, en y manquant, mériter de justes reproches et ne faire que scandaliser. En ce qui concerne les autres bonnes œuvres que l'on peut pratiquer en secret et dérober à la vue des créatures, on ne les doit pas légèrement exposer au danger de la publicité et de l'ostentation. Ainsi vous pourrez vous prosterner souvent dans votre solitude à mon imitation ; vous humilier et adorer la suprême Majesté du Très-Haut, afin que le corps mortel, qui appesantit l'âme[284], soit offert comme un sacrifice agréable pour expier les rébellions dont il s'est rendu coupable contre la raison et la justice, afin qu'il n'y ait rien en vous qui ne soit consacré au service de votre Créateur et divin Époux, et que ce même corps répare en quelque sorte par-là les grandes pertes qu'il a fait su-

---

283   Jn 17, 21.

284   Sg 9, 15.

bir à l'âme, en la privant de tant de biens par ses passions et par ses défauts terrestres.

908. Tâchez dans ce dessein de dompter ce rebelle, et faites en sorte que les avantages qu'on lui procure ne servent qu'à mieux le tenir sous l'empire de l'âme, sans satisfaire ses penchants et ses convoitises. Travaillez à le réduire en servitude et à le faire mourir à tout ce qui flatte les sens, jusqu'à ce que les choses nécessaires à la vie lui soient plutôt une peine salutaire qu'un dangereux plaisir. Et quoique je vous aie parlé ailleurs du prix de la mortification et des humiliations, vous serez maintenant mieux persuadée par mon exemple de l'estime que vous devez faire du moindre acte d'humilité et de renoncement. Je vous ordonne ici de n'en dédaigner aucun comme insignifiant, et de regarder le moindre comme un trésor inappréciable que vous devez acquérir. Il faut que vous en fassiez l'objet de vos plus ardents désirs, vous employant avec zèle à balayer, à laver la vaisselle, à faire les choses les plus basses du monastère et à servir les malades, comme je vous l'ai prescrit en d'autres occasions. Vous me prendrez pour modèle en toutes ces actions, afin que mon exemple vous anime à pratiquer gaiement l'humilité, et vous cause de la honte si vous y manquez. Car si cette vertu fondamentale m'a été si nécessaire pour me faire trouver grâce devant le Seigneur (quoique je ne l'eusse jamais offensé), et s'il a fallu que je m'humiliasse afin que sa divine droite m'élevât, combien plus de raison n'avez-vous pas de vous abîmer dans votre propre néant, vous qui avez été conçue dans le péché[285], et qui l'avez si souvent offensé ? Humiliez-vous jusqu'au centre de la terre, et reconnaissez que vous avez mal employé l'être que le Très-Haut vous a donné ; de sorte que l'être même que vous en avez reçu vous doit servir à vous humilier davantage si vous voulez trouver le trésor de la grâce.

Chapitre 18

On y raconte de nouveaux mystères, et les différentes occupations de notre grande Reine et de son très saint Fils, pendant le temps qu'ils vécurent seuls, avant qu'il commençât à prêcher.

909. La plupart des mystères qui se passèrent entre Jésus et Marie sont réservés pour être aux bienheureux dans le ciel le sujet d'une joie accidentelle, comme je l'ai marqué ailleurs. Les plus ineffables s'accomplirent dans le cours des quatre années qu'ils demeurèrent seuls dans leur maison après l'heureuse mort de saint Joseph, jusqu'à ce que cet adorable Seigneur commençât à prêcher. Il est impossible qu'aucune créature mortelle puisse dignement pénétrer des secrets si profonds ; dès lors combien moins me sera-t-il possible, avec mon ignorance de rapporter ce que j'en ai appris ? On en découvrira la cause par ce que je dirai. L'âme de notre Seigneur Jésus-Christ était un miroir très clair et sans tache, où sa très sainte Mère (ainsi qu'on l'a vu plus haut) regardait et connaissait tous les mystères que ce divin Seigneur préparait, comme chef et fondateur de la sainte Église, Rédempteur de tout le genre humain, maître du salut éternel, et comme Ange du grand conseil, exécutant le dessein que la

---

285 Sg 9, 15.

très sainte Trinité avait conçu et décrété de toute éternité dans son sacré consistoire.

910. Notre divin Sauveur consacra toute sa vie à l'agencement de cette grande œuvre que son Père éternel lui avait recommandé d'accomplir avec la suprême perfection qu'il pouvait lui donner comme homme et Dieu tout ensemble ; et à mesure que cet adorable Seigneur s'approchait du terme et de la dispensation d'un si haut mystère, la force de sa sagesse et l'efficace de son pouvoir augmentaient aussi et rehaussaient tous ses actes. Le cœur de notre auguste Reine était le témoin et le dépositaire très fidèle de toutes ces merveilles, et elle coopérait en tout avec son très saint Fils, comme sa coadjutrice, dans les œuvres de la rédemption du genre humain. Cela étant, il est sûr que pour connaître entièrement la sagesse avec laquelle cette divine Mère agissait en la dispensation des mystères de cette même rédemption, il faudrait aussi pénétrer ce que renfermaient la science de notre Sauveur Jésus-Christ, les œuvres de son amour, et la prudence avec laquelle il disposait les moyens convenables aux fins très sublimes qu'il s'était proposées. Ainsi, dans le peu que je dirai des œuvres de l'incomparable Marie, je présupposerai toujours celles de son très saint Fils, auxquelles elle coopérait en l'imitant comme son exemplaire.

911. Le Sauveur du monde était alors dans sa vingt-sixième année ; et comme sa très sainte humanité tendait à atteindre par son développement naturel le terme de la perfection, ce divin Seigneur gardait une admirable correspondance en la manifestation de ses œuvres chaque jour plus grandes, comme plus proches de notre rédemption. L'évangéliste saint Luc a renfermé tout ce mystère en ce peu de paroles, par lesquelles il a terminé son chapitre second[286] ; Jésus croissait en sagesse, en âge et en grâce devant Dieu et devant les hommes. La bienheureuse Mère connaissait ces progrès de son adorable Fils, y participait et y coopérait, sans que rien lui ait été caché de ce que pouvait lui communiquer, à elle simple créature, le Seigneur Dieu et homme. Dans la pénétration de ces divins et mystérieux secrets, notre grande Dame comprit, ces années-là, comment son Fils, du trône de sa sagesse, étendait non seulement la vue de sa Divinité incréée, mais aussi celle de son âme très sainte sur tous les mortels à qui devait s'appliquer la rédemption ; du moins d'une manière suffisante ; comment il considérait en lui-même le prix de la rédemption et la valeur infinie que le Père éternel donnerait aux mérites du Rédempteur, descendu du ciel pour fermer aux hommes les portes de l'enfer et les conduire à la vie éternelle, en souffrant les douleurs de la passion et de la mort la plus cruelle ; comment enfin il prévoyait que ceux mêmes qui naîtraient après qu'il aurait été attaché à la croix pour leur salut feraient encore tous leurs efforts, dans leur stupide endurcissement, pouragrandir les portes de la mort ; pauvres aveugles qui ignorent combien sont horribles et épouvantables les tourments de l'enfer.

912. Ces réflexions et ces prévisions plongèrent l'humanité de notre Seigneur Jésus-Christ dans une telle désolation, dans de telles angoisses, qu'elle en sua du sang

---

286   Lc 2, 52.

(comme ce lui était arrivé en d'autres occasions) ; mais, au milieu de ces peines intérieures, l'adorable Sauveur continuait toujours les prières qu'il faisait pour tous ceux
qui devaient être rachetés, et, afin de témoigner son obéissance au Père éternel, il
soupirait avec un très ardent amour après le moment où il pourrait s'offrir comme
une victime agréable pour la rédemption des hommes, sachant que si tous n'allaient
pas profiter de l'efficace de ses mérites et de son sang, du moins la justice divine serait satisfaite, l'offense à la Divinité réparée, et l'équité de cette même justice manifestée au temps de la punition, qui était destinée de toute éternité pour les incrédules
et pour les ingrats. Notre auguste Princesse, pénétrant tous ces mystères, s'associait
à son très saint Fils par les peines qu'elle ressentait et par les réflexions qu'elle faisait
dans sa rare sagesse ; et elle éprouvait en outre une tendre compassion comme mère,
en voyant le fruit de son sein virginal en proie à une si cruelle affliction. Le cœur percé d'une douleur indicible, cette très douce colombe versa maintes fois des larmes de
sang, lorsqu'une sueur de sang ruisselait sur les membres du Sauveur ; car il n'y eut
que son adorable Fils et elle qui pussent dignement estimer toutes ces choses et les
peser au poids du sanctuaire, mettant dans l'un des bassins la valeur de la mort d'un
Dieu crucifié pour fermer les portes de l'enfer, et dans l'autre la dureté et l'aveuglement des mortels, qui s'obstinent à se précipiter dans les abîmes de la mort éternelle.

913. Ces angoisses de la très amoureuse Mère allaient jusqu'à la faire tomber dans
des défaillances presque mortelles, et elles l'eussent été sans doute si la vertu divine
ne l'eût fortifiée pour lui conserver la vie. Notre aimable Sauveur, voulant récompenser l'extrême fidélité de son amour et sa compassion, ordonnait aux saints anges de
la consoler et de la soutenir lorsqu'elle se trouvait en cet état ; ou bien de lui chanter
une musique céleste, composée de cantiques de louange qu'elle-même avait faits à
la gloire de la divinité et de l'humanité de cet adorable Seigneur. Quelquefois il la
soutenait lui-même entre ses bras, et lui faisait alors connaître de nouveau que cette
funeste loi du péché et de ses effets ne s'étendait pas sur elle. D'autres fois, pendant
qu'elle était ainsi appuyée, les mêmes anges, dans un saint transport, la charmaient
par un doux concert, et elle était ravie en de divines extases dans lesquelles elle recevait de grandes et nouvelles influences de la Divinité; c'était alors que l'élue, l'unique
et la parfaite se trouvait appuyée sur la main gauche de l'humanité[287], pendant qu'elle
était caressée et embrassée par la droite de la Divinité[288] ; c'était alors que son très
amoureux Fils et divin Époux conjurait les filles de Jérusalem, et leur ordonnait en
même temps de ne point éveiller sa bien-aimée[289] jusqu'à ce qu'elle s'éveillât d'elle-
même de ce sommeil qui la guérissait des maux de l'amour ; c'était aussi alors que les
esprits célestes la contemplaient avec admiration s'élevant au-dessus de tous, appuyée

---

287   Ct 2, 6.

288   Ct 2, 7.

289   Ct 8, 4.

sur son bien-aimé Fils ; et, la voyant à sa droite[290] ornée de tant de diverses perfections, ils la bénissaient et l'exaltaient entre toutes les créatures.

914. Notre grande Reine apprenait en d'autres occasions des secrets très profonds sur la prédestination des élus par les mérites de la rédemption ; comme ils étaient écrits dans le souvenir éternel de son très saint Fils ; la manière dont sa divine Majesté leur appliquait ses mérites et priait pour eux, afin que le prix de leur rachat fût efficace, et comment l'amour et la grâce, dont les réprouvés se rendaient indignes, se tournaient vers les prédestinés selon leur disposition. Elle discernait comment, parmi eux le Seigneur appliquait sa sagesse et ses soins à ceux qu'il devait appeler à l'apostolat et à le suivre, et comment il les enrôlait en son entendement et en sa science impénétrable sous l'étendard de la croix, afin qu'ils le portassent ensuite par le monde ; car, ainsi qu'un bon général combine et prévoit toutes choses dans son esprit avant que d'entreprendre une conquête ou de livrer une bataille décisive, distribue les emplois et assigne les postes, d'après un plan bien conçu, aux plus vaillants soldats et aux plus habiles officiers de son armée, employant chacun selon ses qualités ; de même notre Rédempteur Jésus-Christ, voulant commencer la conquête du monde et dépouiller le démon de sa possession tyrannique, rangeait d'avance, des hauteurs de la personne du Verbe, la nouvelle milice qu'il allait lever, et distribuait dans sa pensée les emplois, les grades et les postes qu'il destinait à ses braves capitaines ; de sorte que tous les préparatifs de cette guerre étaient déterminés en sa sagesse et en sa volonté suivant le plan qu'il devait exécuter.

915. La très prudente Mère découvrait tout cela, et elle reçut par infusion la connaissance d'un grand nombre de prédestinés, spécialement des apôtres, des disciples, et de la plupart de ceux qui furent appelés en la primitive Église, et ensuite dans le cours de son développement. Quand elle vit les apôtres et les autres fidèles, elle les connaissait déjà avant que de les avoir fréquentés, par les notions surnaturelles qu'elle avait puisées en Dieu ; et comme notre divin Maître avait prié pour eux et demandé leur vocation avant de les appeler, notre auguste Princesse fit aussi les mêmes prières dans ce but. De sorte que cette Mère de la grâce contribua en sa manière à tous les secours et à toutes les faveurs que les apôtres obtinrent avant que d'ouïr et de connaître leur Maître, pour se trouver ensuite disposés à recevoir la vocation qu'il en devait faire à l'apostolat. Et comme alors le temps de la prédication de cet adorable Sauveur s'approchait, il priait pour eux avec plus d'instance, et leur envoya de plus grandes et plus fortes inspirations. Les prières de notre divine Dame furent aussi alors et plus ferventes et plus efficaces, et quand plus tard les disciples et les autres fidèles venaient en sa présence, et se mettaient à suivre son Fils, elle lui disait : « Voici, mon Fils et mon Seigneur, le fruit de vos ardentes prières et de votre sainte volonté. » Et elle faisait des cantiques de louange et de reconnaissance, parce qu'elle voyait le désir du Seigneur accompli, et que ceux que sa divine Majesté avait

---

290   Ps 44, 10

choisis et tirés du monde[291], venaient se rendre dans son école.

916. L'auguste Reine restait souvent absorbée dans la respectueuse considération de ces merveilles, qu'elle admirait avec des actions de grâces et avec une joie inexprimable, faisant dans son âme des actes sublimes d'amour, et adorant les profonds jugements du Très-Haut ; toute embrasée de ce feu qui sortait de la Divinité pour se répandre sur la terre et enflammer le monde, elle disait parfois au fond de son cœur très ardent ; et parfois à haute et intelligible voix : « Ô amourinfini ! Ô volonté d'une bonté ineffable et immense ! Comment est-ce que les mortels ne vous connaissent point ? Comment peuvent-ils vous mépriser et vous oublier ? Pourquoi vos bienfaits doivent-ils être si mal payés ? Ô afflictions ! ô soupirs ! ô gémissements ! peines, désirs, prières de mon bien-aimé, plus précieux que les perles, que l'or et que tous les trésors du monde ! Qui sera si ingrat et si malheureux que de vouloir vous mépriser ? Ô enfants d'Adam ! que ne puis-je mourir plusieurs fois pour chacun de vous, pour vous tirer de votre ignorance, pour amollir votre dureté, et pour empêcher votre perte ! » Après des affections et des prières si ardentes, l'heureuse Mère s'entretenait de tous ces mystères avec son Fils, qui la consolait en lui renouvelant le souvenir de l'estime qu'elle s'était acquise devant le Très-Haut, de la grâce et de la gloire des prédestinés, et de leurs grands mérites en comparaison de l'ingratitude et de la dureté des réprouvés. Il lui représentait surtout l'amour qu'elle-même savait que sa Majesté et la très sainte Trinité lui portaient, et la satisfaction que donnaient aux personnes divines sa correspondance et sa pureté immaculée.

917. Quelquefois ce même Seigneur la prévenait de ce qu'elle devrait faire lorsqu'il commencerait à prêcher, comment elle devrait coopérer avec sa Majesté, et l'aider en toutes les œuvres et au gouvernement de la nouvelle Église, et comment elle devrait supporter les fautes des apôtres, le renoncement de saint Pierre, l'incrédulité de saint Thomas, la trahison de Judas, et plusieurs autres choses qu'elle prévoyait. Dès lors notre charitable Dame résolut de faire tous ses efforts pour ramener ce traître disciple, et c'est ce qu'elle exécuta comme je le dirai en son lieu. Le principe de la perdition de Judas vint d'avoir méprisé les faveurs de la Mère de la grâce, et d'avoir conçu une certaine indévotion à son égard. Cette auguste Princesse fut instruite de tous ces mystères par son très saint Fils. Et il renferma en elle tant de grandeur, de sagesse et de science divine, qu'il n'est pas possible d'en apprécier les richesses ; car cette science ne pouvait être surpassée que par celle du Seigneur lui-même, et elle surpassait tous les séraphins et tous les chérubins. Mais si notre Sauveur et sa très pure Mère employèrent tous ces dons de science et de grâce en faveur des mortels ; si un seul soupir de notre Seigneur Jésus-Christ était d'un prix inestimable pour toutes les créatures, et si les soupirs de sa digne Mère, sans être d'une aussi grande valeur, parce qu'ils étaient d'une simple créature et d'une moindre excellence, valaient néanmoins en l'acceptation du Seigneur plus que tout ce que pourrait offrir le reste de la nature

---

291   Jn 15, 19.

créée, quel retour ne devons-nous pas à tant de bienfaits ! Maintenant qu'on y ajoute et qu'on récapitule tout ce que le Fils et la Mère ont encore fait pour nous, non seulement la mort de notre aimable Sauveur sur une croix après tant de tourments inouïs, mais ses prières, ses larmes et ses sueurs de sang si fréquentes, et en même temps la coopération constante et universelle de la Mère de miséricorde, la coadjutrice en tout cela, et en tant d'autres choses que nous ignorons, et toujours pour notre bien. Ô ingratitude des hommes ! Ô dureté des cœurs de chair, plus impénétrable que celle du diamant ! Avons-nous perdu le sens ? Avons-nous perdu la raison ? D'où vient que notre nature infectée du péché se laisse attendrir par les objets sensibles, et estime ce qui la précipite dans la mort éternelle, et qu'elle oublie l'incomparable faveur de la rédemption, insensible à la passion du Seigneur, qui lui offre par elle la vie et le repos, dont la durée doit être éternelle.

Instruction que la Reine du ciel m'a donnée

918. Ma fille, il est sûr que, quand vous et tous les hommes ensemble vous emprunteriez le langage des anges, vous ne sauriez rapporter les bienfaits dont m'a comblée la droite du Très-Haut pendant les dernières années que mon très saint Fils demeura avec moi. Ces œuvres du Seigneur ont une espèce d'incompréhensibilité qui les rend ineffables pour vous et pour tous les mortels ; mais je veux qu'à cause de la connaissance particulière que vous avez reçue de mystères si profonds, vous exaltiez et bénissiez le Tout-Puissant pour ce qu'il a fait à mon égard, et de ce qu'il m'a ainsi tirée de la poussière pour m'élever à une si haute dignité et à des prérogatives si sublimes. Et quoique votre amour envers mon Fils et mon Seigneur doive être libre, comme celui d'une fille très fidèle et d'une épouse très amoureuse, et non point d'une esclave mercenaire et contrainte[292], je veux néanmoins, pour animer votre faiblesse et votre espérance, que vous vous souveniez de la suavité de l'amour divin, et combien le Seigneur est doux pour ceux qui le craignent avec une affection filiale. Ah ! ma très chère fille, que de délices, que de faveurs découleraient sur les hommes de sa main libérale, s'ils ne contrariaient par leurs péchés l'inclination de son infinie bonté ! Dans votre manière de vous représenter les choses, vous devez le regarder comme violenté et affligé par la résistance que les mortels opposent à ce désir si extraordinairement impérieux ; et ils poussent l'ingratitude si loin, que non seulement ils s'accoutument à se rendre indignes de goûter la douceur du Seigneur, mais ils ne veulent pas même croire que d'autres reçoivent les faveurs qu'il voudrait communiquer à tous.

919. Faites aussi en sorte d'être bien reconnaissante des travaux continuels que mon très saint Fils s'est imposés pour les hommes, et de la part que j'ai prise à ses souffrances. Les catholiques pensent assez souvent à sa passion et à sa mort, parce que la sainte Église ne cesse de les leur rappeler, quoiqu'il y en ait fort peu qui songent à en témoigner leur reconnaissance ; mais il y en a encore moins qui consi-

292   1 P 2, 3.

dèrent les autres choses que mon Fils et moi avons faites, et que sa divine Majesté n'a pas perdu un seul moment où elle n'ait employé sa grâce et ses dons en faveur des hommes, qu'elle voulait racheter de la damnation éternelle et rendre participants de sa gloire. Ces œuvres de mon Seigneur et Dieu incarné déposeront de l'ingratitude et de la dureté des fidèles, surtout au jour du jugement. Si, étant éclairée comme vous l'êtes de cette lumière du Très-Haut et de mes instructions, vous manquez à la reconnaissance, votre confusion sera d'autant plus grande que votre faute aura été plus lourde. Vous avez à correspondre non seulement à tant de bienfaits généraux, mais aussi aux particuliers que vous découvrez chaque jour. Tâchez dès maintenant d'éviter ce danger de l'ingratitude ; correspondez aux grâces, comme ma fille et la disciple de mon école, et ne différez pas un instant à pratiquer le bien, et ce qui sera le plus parfait, s'il est en votre pouvoir de le faire. Profitez de la lumière intérieure, et prenez en tout, les avis de vos supérieurs et des ministres du Seigneur, et soyez assurée que si vous usez des faveurs du Très-Haut, sa divine Majesté vous en accordera d'autres plus grandes, et vous comblera de ses richesses et de ses trésors.

Chapitre 19

Notre seigneur Jésus-Christ dispose les esprits à sa prédication, et donne quelque connaissance de la venue du Messie.

Sa très sainte mère contribue à cette préparation, et l'enfer commence à se troubler.

920. Le feu de la divine charité, qui brûlait dans le cœur de Jésus-Christ, était comme enfermé et contraint avec une espèce de violence jusqu'au temps marqué et opportun où il devait éclater en rompant le vase sacré de sa très sainte humanité, et en ouvrant ce même cœur par le moyen de la prédication et des miracles dont les hommes devaient être les témoins. Et comme on ne saurait cacher le feu dans son sein, comme dit Salomon[293], sans voir ses vêtements se consumer ; de même notre Sauveur découvrit toujours plus ou moins celui qu'il avait, dans son cœur, parce qu'il s'en échappait certaines étincelles qui brillèrent dans toutes les œuvres qu'il fit dès l'instant de son incarnation ; mais il était toujours comme couvert et comprimé en comparaison de l'incendie qu'il devait allumer, et des flammes immenses qu'il cachait. Cet adorable Seigneur était déjà arrivé à la parfaite adolescence, et, se trouvant dans sa vingt-septième année, il semble, selon notre manière de concevoir, qu'il ne pouvait plus tant résister à l'impétuosité de son amour, et au désir qu'il avait d'obéir promptement à son Père éternel et de sanctifier les hommes. Il fatiguait beaucoup, il priait, il jeûnait, il se montrait plus souvent en public, et conversait davantage avec les mortels ; il passait beaucoup de nuits entières en oraison dans les montagnes, et quelquefois il restait deux ou trois jours hors de sa maison sans rentrer auprès de sa très sainte Mère.

921. Notre très prudente Dame, qui s'apercevait, aux fréquentes sorties que fai-

---

293   Pr 6, 27.

sait son très saint Fils, que le moment de ses peines et de ses travaux approchait, avait l'âme transpercée d'un glaive de douleur à la pensée des souffrances que sa pieuse affection prévoyait ; et dans cet état elle était toute pénétrée des divines flammes et embrasée de tendresse et d'amour pour son bien-aimé. Durant ces absences, les courtisans du ciel l'assistaient sous une forme visible, et, leur exprimant les afflictions de son cœur, elle les priait d'aller trouver son Fils, et de lui rapporter ensuite des nouvelles de ses occupations. Les saints anges obéissaient à leur Reine, et elle profitait souvent des détails qu'ils lui donnaient pour imiter notre Rédempteur en ses prières et en ses exercices, sans pourtant sortir de sa retraite. Quand ce divin Seigneur revenait, elle le recevait à genoux, l'adorait et lui rendait des actions de grâces pour les faveurs qu'il avait faites aux pécheurs. Elle le servait et l'entourait des soins les plus délicats, comme une amoureuse mère, et lui préparait un frugal repas, dont la très sainte humanité avait besoin à cause de sa réalité et de sa passibilité, car il lui arrivait quelquefois de passer deux ou trois jours sans manger ni dormir. La bienheureuse Mère connaissait alors les peines et les fatigues de notre Sauveur par les voies que j'ai indiquées ailleurs, et l'adorable Seigneur lui en faisait aussi le récit et l'entretenait des choses qu'il ménageait, et des grâces secrètes qu'il avait communiquées à plusieurs âmes en les éclairant des lumières particulières sur la divinité et sur la rédemption des hommes.

922. Étant instruite de la sorte, elle dit à son très saint Fils : « Mon Seigneur, souverain bien des âmes, lumière de mes yeux, je vois que le très ardent amour que vous avez pour les hommes ne vous permet point de cesser un seul moment de travailler à leur salut éternel ; c'est l'occupation propre de votre charité, c'est l'œuvre que votre Père éternel vous a recommandée. Il faut que vos paroles et vos actions, qui sont d'un prix inestimable, attirent les cœurs d'une foule de personnes ; mais, ô mon très doux amour, je voudrais bien que tous les mortels suivissent vos attraits et répondissent à vos charitables soins. Voici, Seigneur, votre servante toute prête à s'employer à ce qui vous sera le plus agréable, et à donner sa vie, s'il est nécessaire, afin que les désirs de votre cœur embrasé d'amour soient accomplis en tous les hommes, et que tout serve à les faire entrer en votre grâce et en votre amitié. » La Mère de miséricorde fit cette offre à son très saint Fils, mue par la force de son ardente charité, qui la portait à procurer et à désirer le fruit des œuvres et de la doctrine de notre Rédempteur et véritable Maître ; et comme cette très sage Dame en faisait une juste appréciation et en connaissait la valeur, elle aurait voulu que toutes les âmes en eussent fait leur profit, en y correspondant avec la reconnaissance qu'elles méritaient. Elle aspirait, par cette charité ineffable, à aider le Seigneur, ou, pour mieux dire, les hommes qui devaient ouïr ses divines paroles et être témoins de ses œuvres, afin qu'ils répondissent à ce bienfait, et qu'ils ne perdissent point l'occasion d'user de ce divin remède. Elle aspirait aussi à rendre de dignes actions de grâces au Seigneur (comme elle le faisait effectivement) pour les œuvres merveilleuses qu'il opérait en

faveur des âmes, afin que toutes ses grâces fussent reconnues, tant celles qui étaient efficaces que celles qui ne l'étaient pas par la faute des hommes. Notre auguste Reine acquit par-là des mérites ineffables ; car elle eut une espèce de participation très sublime en toutes les œuvres de notre Seigneur Jésus Christ, non seulement du côté de la cause par laquelle elle y concourait, c'est-à-dire par la coopération de sa charité, mais aussi du côté des effets, attendu que cette grande Dame opérait avec chacune des âmes, comme si elle-même avait en quelque sorte reçu le bienfait qui lui était accordé. Je m'étendrai davantage sur cette matière dans la troisième partie.

923. Le Sauveur répondant à l'offre de son amoureuse Mère, lui dit : « Ma Mère, le temps s'approche auquel il faut, selon la volonté de mon père éternel, que je commence à disposer quelques cœurs afin qu'ils reçoivent la lumière de ma doctrine, et qu'ils sachent que le temps déterminé et propice pour le salut du genre humain est arrivé. Je veux qu'à mon exemple vous contribuiez à cette œuvre. Priez mon Père d'éclairer et d'exciter les cœurs des mortels par sa divine lumière, afin qu'ils reçoivent avec une intention droite la connaissance que je leur donnerai maintenant de la venue de leur Rédempteur et de leur Maître. » Par cet avertissement de notre Seigneur Jésus-Christ, sa bienheureuse Mère se prépara à le suivre dans ses voyages comme elle le souhaitait. Et dès ce jour-là elle l'accompagna presque toutes les fois qu'il sortait de Nazareth.

924. Le Seigneur s'appliqua plus fréquemment à cette mission trois ans avant de commencer à prêcher, et avant de recevoir et d'établir le baptême, et accompagné de notre grande Reine, il parcourut à différentes reprises les villages circonvoisins de Nazareth et les terres de la tribu de Nephthali, comme l'a prédit Isaïe[294], et divers autres endroits. Il se mit dès lors à annoncer aux hommes la venue du Messie, les assurant qu'il était déjà au monde et qu'il se trouvait dans le royaume d'Israël. Il communiquait cette nouvelle lumière aux mortels sans leur découvrir qu'il fût Celui qu'on attendait ; car le premier témoignage qui le déclara Fils du Père éternel fût celui que le même Père donna en public, quand il dit sur le Jourdain : *Celui-ci est mon Fils bien-aimé, en qui je me plais uniquement*[295]. Mais cet adorable Sauveur, sans révéler expressément sa dignité, commença à en parler en général, comme racontant une chose qu'il savait de science certaine ; et sans faire de miracles publics ni d'autres démonstrations éclatantes, il accompagnait cet enseignement et ces témoignages de secrètes inspirations et de secours intérieurs, qu'il répandait dans les cœurs de ceux avec qui il conversait ; c'est ainsi qu'il les préparait par cette foi commune à la recevoir après, en particulier, avec plus de facilité.

925. Il s'insinuait près des hommes qu'il connaissait par sa divine sagesse être disposés à recevoir la semence de la vérité. Il représentait aux plus ignorants les signes de la venue du Messie, que tous avaient pu observer dans l'arrivée des rois mages, dans

---

294   Is 9, 1.

295   Mt 3, 17.

la mort des innocents[296], et en d'autres faits semblables. Il alléguait aux plus savants les témoignages des prophéties qui étaient déjà accomplies, en leur déclarant cette vérité comme leur unique Maître ; de sorte qu'il prouvait par toutes ces choses que le Messie était en Israël, et leur découvrait en même temps le Royaume de Dieu et le chemin pour y arriver. Et comme on remarquait en sa divine personne une beauté, une grâce, une mansuétude sans égales, et dans ses paroles une douceur admirable, une secrète vertu et une merveilleuse efficace, comme d'ailleurs une mystérieuse influence fortifiait ces impressions, les résultats que produisait cet enseignement étaient vraiment prodigieux ; car beaucoup d'âmes sortaient du péché, d'autres amendaient leur conduite, et toutes en grand nombre étaient initiées aux plus hauts mystères, et apprenaient notamment que le Messie qu'on attendait était déjà parmi les israélites.

926. Notre divin Maître ajoutait plusieurs autres œuvres d'une grande miséricorde à celles dont nous venons de parler, car il consolait les affligés, soulageait les misérables, visitait les malades, animait les lâches, donnait des conseils salutaires aux ignorants, assistait ceux qui étaient à l'agonie ; il rendait secrètement la santé du corps à plusieurs, remédiait à de grandes nécessités, et conduisait tous ceux avec qui il conversait par les voies de la vie et de la paix véritable. Tous ceux qui l'abordaient ou l'écoutaient avec une pieuse intention et sans préjugés, étaient remplis de lumière et de dons de la puissante droite de sa divinité ; et il n'est pas possible de raconter les œuvres admirables qu'il fit pendant ces trois années qui précédèrent son baptême et à sa prédication publique ; il faisait toutes ces œuvres d'une manière très secrète, de sorte que, sans découvrir qu'il fût l'auteur du salut, il le communiquait à un très grand nombre d'âmes. L'auguste Vierge était présente à presque toutes ces merveilles, comme témoin et coadjutrice très fidèle du Maître de la vie ; et comme tout lui était découvert, elle coopérait à tout et en rendait de justes actions de grâces au nom de ces mêmes personnes favorisées de la divine miséricorde. Elle adressait des cantiques de louange au Tout-Puissant, elle priait pour les âmes, comme en connaissant l'intérieur et les besoins, et par ses prières elle leur procurait une foule de bienfaits. Elle-même en exhortait aussi plusieurs, elle les conseillait, les attirait à la doctrine de son Fils et leur annonçait la venue du Messie ; toutefois elle instruisait plus souvent les femmes que les hommes, exerçant à leur égard les mêmes œuvres de miséricorde que son très saint Fils pratiquait envers ces derniers.

927. Peu de gens, dans ces dernières années, accompagnaient le Sauveur et sa très sainte Mère, parce qu'il n'était pas encore temps de les appeler à sa suite, et de leur exposer sa doctrine ; ainsi le Seigneur les laissait en leurs maisons, instruits et perfectionnés par sa divine lumière. Mais les saints anges formaient leur cortège ordinaire, et les servaient comme de très fidèles sujets et des ministres très diligents ; et quoique Jésus et Marie rentrassent souvent dans leur humble demeure durant ces excursions, néanmoins les jours qu'ils sortaient de Nazareth, ils avaient un plus grand besoin

---

296   Mt 2, 1 et 16.

du ministère des courtisans du ciel, car ils passaient plus d'une nuit en plein air, aux champs, dans une oraison continuelle, et alors les anges leur servaient comme d'abri pour les garantir jusqu'à un certain point des inclémences de la saison, et quelquefois ils leur apportaient leur frugale nourriture, quelquefois encore le même Seigneur et sa très sainte Mère la demandaient par aumône, et ils ne l'acceptaient qu'en nature, sans vouloir recevoir de l'argent ni aucun autre présent. Quand ils se séparaient pour quelque peu de temps, ce qui arrivait lorsque le Seigneur allait visiter les hôpitaux, et que la sainte Vierge se rendait auprès de femmes malades, alors elle était toujours accompagnée d'un très grand nombre d'anges en forme visible, et par leur intermédiaire elle faisait diverses œuvres de charité, et était informée de celles que son très saint Fils faisait de son côté. Je ne m'arrête pas à particulariser ici les merveilles qu'ils opéraient, ni les peines et les incommodités qu'ils souffrirent dans les chemins, dans les hôtelleries et dans mille circonstances où l'ennemi commun déployait tous ses efforts pour empêcher leurs bonnes œuvres ; il suffit de savoir que le Maître de la vie et sa très sainte Mère étaient pauvres et pèlerins, et qu'ils choisirent le chemin des souffrances, sans en refuser aucune, pour notre salut.

928. Notre divin Maître communiquait en la manière secrète que j'ai dite cette connaissance de sa venue au monde à toutes sortes de personnes, et c'est ce que sa très sainte Mère faisait aussi de son côté ; mais les pauvres furent les privilégiés dans la dispensation de ce bienfait[297], parce qu'ils sont d'ordinaire mieux disposés, comme ayant moins de péchés, et par conséquent de plus grandes lumières, et cela parce que leur âme est débarrassée des soucis et des troubles qui empêchent de recevoir ces mêmes lumières et de profiter de la doctrine évangélique. Ils sont aussi plus humbles, plus dociles et plus enclins aux actions vertueuses ; et comme notre Seigneur Jésus-Christ n'usait point publiquement de son autorité de Maître pendant ces trois années, et qu'il n'enseignait pas alors sa doctrine en manifestant sa puissance et en la confirmant par des miracles, il se communiquait davantage aux humbles et aux pauvres, qui se rendent plus facilement à la vérité. Néanmoins l'ancien serpent observait avec une attention inquiète la plupart des œuvres de Jésus et de Marie, car elles ne lui furent pas toutes cachées, quoiqu'il ne découvrît point le pouvoir en vertu duquel ils les faisaient. Il reconnut que par leurs exhortations beaucoup de pécheurs embrassaient la pénitence, amendaient leur vie et secouaient son joug tyrannique, que d'autres faisaient de rapides progrès dans la vertu, et ainsi cet ennemi commun remarquait un grand changement en tous ceux qui écoutaient le Maître de la vie.

929. Ce qui le troubla davantage fut ce qui arrivait à plusieurs personnes qu'il tâchait d'abattre à l'heure de la mort sans pouvoir en venir à bout ; car comme ce cruel et rusé dragon attaque les âmes en cette dernière heure avec un redoublement de rage, il arrivait souvent que s'il avait abordé le malade, et qu'ensuite notre Seigneur Jésus-Christ ou sa très sainte Mère entrassent dans sa chambre, il se sentait

---

297   Lc 7, 22.

précipité avec tous ses ministres, par une force irrésistible, au fond des abîmes éternels ; que si Jésus et Marie étaient entrés auparavant dans l'appartement du malade,
alors les démons ne pouvaient s'en approcher, et n'avaient sur lui aucune prise. Et
comme cet ennemi de nos âmes subissait la vertu divine et en ignorait la cause, il
entra dans une très violente fureur et résolut de se venger de cette défaite. Je dirai
au prochain chapitre ce qui s'ensuivit.

Instruction que j'ai reçue de notre auguste Maîtresse

930. Ma fille, je vois que la connaissance que je vous donne des œuvres mystérieuses de mon très saint Fils et des miennes, vous fait vous étonner de ce qu'étant
si propres à toucher les cœurs des mortels, il y en ait beaucoup qui sont restées cachées jusqu'à présent. Au lieu d'être surprise de ce que les hommes ignorent de ces
mystères, vous devez plutôt l'être de ce qu'ayant connu tant de choses de la vie et
des œuvres du Sauveur, ils s'en souviennent si peu et les méprisent avec tant d'ingratitude. S'ils n'étaient point si endurcis, s'ils considéraient avec attention et avec
goût les vérités divines, ils trouveraient de puissants motifs de reconnaissance en ce
qu'ils ont appris de la vie de mon Fils et de la mienne. On pourrait convertir des
mondes entiers par les articles de la foi catholique et par tant de vérités divines que
la sainte Église leur enseigne, puisque les hommes savent, grâce à cet enseignement,
que le Fils unique du Père éternel a pris la nature de l'esclave en se revêtant d'une
chair mortelle[298], pour les racheter par la mort de la croix, et qu'il leur a acquis la vie
éternelle en sacrifiant sa vie temporelle, pour les retirer de la mort de l'enfer. Si les
hommes faisaient de sérieuses réflexions sur ce bienfait, s'ils n'étaient pas si ingrats
envers leur Dieu, leur Rédempteur, et si cruels envers eux-mêmes, personne ne per-
drait l'occasion de faire son salut, et ne s'exposerait aux supplices éternels. Soyez
donc surprise, après cela, ma très chère fille, de la dureté des hommes, et pleurez la
perte lamentable de tant d'insensés et de tant d'ingrats, qui ne se souviennent ni de
Dieu, ni de ce qu'ils lui doivent, ni de leurs propres intérêts.

931. Je vous ai dit en d'autres endroits que le nombre de ces malheureux réprouvés est si grand, et le nombre de ceux qui, se sauvent si petit, qu'il n'est pas convenable de le spécifier davantage ; car si vous approfondissiez ce terrible secret, étant,
comme vous l'êtes, véritable fille de l'Église et épouse fidèle de Jésus-Christ, mon
Fils et mon Seigneur, vous en mourriez de douleur. Ce que vous pouvez savoir, est
que cette perte de tant d'âmes, les maux que souffre le peuple chrétien de la part des
gouvernements, et les autres choses qui l'affligent, tant les chefs que les membres de
ce corps mystique, qui comprend les ecclésiastiques et les séculiers, tout cela vient
de ce que l'on oublie et méprise la vie de Jésus-Christ et les œuvres de la rédemption
du genre humain. Si les uns et les autres prenaient à cet égard quelques moyen pour
réveiller leur souvenir et leur gratitude, et qu'ils agissent comme des enfants fidèles

---

298   Ph 2, 7.

et reconnaissants à leur Créateur et Rédempteur, et à moi qui suis leur avocate, ils apaiseraient l'indignation du juste Juge, ils trouveraient quelque remède à ces grands fléaux qui pèsent sur les catholiques, et ils adouciraient le courroux du Père éternel, qui défend avec justice l'honneur de son Fils, et qui punit plus rigoureusement les serviteurs qui, sachant la volonté de leur Seigneur, ne l'accomplissent pas.

932. Les fidèles aggravent fort dans la sainte Église le crime que les Juifs incrédules ont commis en faisant mourir leur Dieu et leur Maître. Assurément il fut énorme, et il devait leur attirer le châtiment auquel ils ont été condamnés ; mais les catholiques ne remarquent pas que leurs péchés sont accompagnés de circonstances particulières qui les rendent plus odieux que les attentats dont se sont rendus coupables les Juifs. En effet, leur ignorance, quoique criminelle, leur dérobait en définitive la vérité, et c'est alors que le Seigneur les abandonna et les livra à la puissance des ténèbres[299], à laquelle les Juifs étaient assujettis à cause de leurs infidélités. Les catholiques n'ont point aujourd'hui cette ignorance ; au contraire ils se trouvent au milieu de la lumière, par laquelle ils connaissent et pénètrent les mystères divins de l'incarnation et de la rédemption ; la sainte Église est fondée, répandue, illuminée par les merveilles du Seigneur, par les saints, par les Écritures ; elle connaît et confesse les vérités que les Juifs incrédules n'ont pas aperçues. Nonobstant cette plénitude de faveurs, de science et de lumière, beaucoup d'enfants de l'Église vivent comme des infidèles, ou comme s'ils n'avaient point sous les yeux tant de motifs capables de les émouvoir et de les pousser au bien, et tant de châtiments propres à les intimider et à les détourner du mal. Comment donc dans ces conditions, les catholiques peuvent-ils s'imaginer qu'il y ait eu d'autres péchés plus grands que les leurs ? Comment ne craignent-ils point que leur punition ne soit plus terrible ? Ô ma fille ! faites-y de sérieuses réflexions, soyez dans une sainte crainte, humiliez-vous profondément, et reconnaissez-vous pour la plus petite des créatures devant le Très-Haut. Considérez les œuvres de votre Rédempteur et de votre Maître. Appliquez-les à votre justification avec douleur et pénitence de vos péchés. Imitez-moi et suivez mes traces, comme vous les connaissez en la divine lumière. Je veux que vous travailliez non seulement pour vous, mais aussi pour vos frères, et ce doit être en priant et en souffrant pour eux, en instruisant avec charité ceux que vous pourrez instruire, et en suppléant par cette même charité à l'impossibilité où vous pourrez être de rendre ce bon office à votre prochain. Tâchez de témoigner plus d'ardeur à procurer le bien à ceux qui vous auront offensée, supportez leurs défauts avec douceur, humiliez-vous au-dessous de toutes les créatures, prenez un grand soin d'assister comme il vous a été ordonné ceux qui ont besoin de secours à l'heure de la mort, et faites-le avec une charité fervente et avec une ferme confiance.

---

299   Lc 22, 53.

Chapitre 20
*Lucifer assemble un conciliabule dans l'enfer pour y proposer de traverser
les œuvres de notre Rédempteur Jésus-Christ et de sa très sainte Mère*

933. L'empire tyrannique de Lucifer n'était pas si paisible dans le monde après l'incarnation du Verbe, qu'il l'avait été dans les siècles précédents ; car dès lors que le Fils du Père éternel fut descendu du ciel, et eut pris chair humaine dans le sein virginal de la très pure Marie, ce fort armé[300] sentit tout à coup l'action nouvelle, inconnue, énergique, d'une puissance supérieure, qui le dominait et le terrassait, comme on l'a vu plus haut, il éprouva depuis la même chose lorsque l'Enfant Jésus et sa Mère entrèrent dans l'Égypte, comme je l'ai aussi marqué ; et cette même vertu divine vainquit ce dragon dans plusieurs autres occasions par l'organe de notre grande Reine. Le souvenir de ces événements accrut l'étrange impression qu'il ressentit à la vue des œuvres que notre Sauveur commença à opérer, et que nous avons racontées dans le chapitre précédent, et tout cela joint ensemble inspira des frayeurs extraordinaires à cet ancien serpent, et lui fit soupçonner la présence dans le monde d'une nouvelle et redoutable puissance. Mais comme ce mystère de la rédemption du genre humain lui était si caché, il se démenait dans sa fureur et dans ses doutes, sans pouvoir découvrir la vérité, quoique depuis sa chute du ciel, il n'eût cessé de chercher dans des alarmes continuelles, à connaître quand et comment le Verbe éternel descendrait pour prendre chair humaine ; car c'était ce que l'orgueil du rebelle craignait le plus. Et ce fut cette inquiétude qui le força à convoquer toutes les assemblées que j'ai indiquées dans cette histoire, et que j'indiquerai dans la suite.

934. Or, cet ennemi se trouvant rempli de confusion pour ce qui arrivait et à lui et à ses ministres par Jésus et Marie, se mit à se demander par quelle vertu ils le repoussaient, lorsqu'il tâchait de séduire les malades et les agonisants, et à réfléchir aussi sur les autres choses qui arrivaient par le secours de la Reine du ciel ; et comme il ne parvenait point à en découvrir le secret, il résolut de conseiller ses principaux ministres des ténèbres qui, étaient les plus consommés en ruse et en malice. Il poussa un hurlement horrible dans l'enfer, tel que les démons emploient pour se faire entendre entre eux, et par ce cri il les convoqua tous, comme lui étant subordonnés; et quand ils furent tous assemblés, il leur dit : « Mes ministres et mes compagnons, qui avez toujours suivi ma juste rébellion, vous savez que dans le premier état où le Créateur de toutes choses nous avait placés, nous le reconnûmes pour la cause universelle de tout notre être, et que, comme tel, nous l'honorâmes ; mais lorsqu'il nous ordonna, au préjudice de notre beauté et de notre grandeur, qui a un si grand rapport avec sa Divinité, d'adorer et de servir la personne du Verbe en la nature humaine qu'il voulait prendre, nous résistâmes à sa volonté ; car quoique j'avouasse que je lui devais cet honneur comme Dieu, comme homme, d'une nature vile et si inférieure à la mienne, je ne pus souffrir de lui être soumis, et je me plaignis de voir que le Très-Haut ne fit

---

300 Lc 11, 21.

pas pour moi ce qu'il déterminait de faire pour cet homme. Il ne nous commanda pas seulement de l'adorer, mais il nous ordonna aussi de reconnaître pour notre supérieure une femme qui devait être une simple créature terrestre, et qu'il devait choisir pour être sa mère. Je ressentis ces injures aussi bien que vous ; nous nous y opposâmes et résolûmes de résister à cet ordre, et c'est pour cela que nous fûmes punis par le malheureux état où nous nous trouvons, et par les peines que nous souffrons. Quoique nous connaissions ces vérités, et que nous les confessions ici avec terreur entre nous, il ne faut pas pourtant le faire devant les hommes ; et c'est ce que je vous prescris, afin qu'ils ne puissent pas connaître notre ignorance, non plus que notre faiblesse.

935. « Mais si cet Homme-Dieu qu'on attend, et sa mère doivent causer notre ruine, il est certain que leur venue au monde sera notre plus cruel tourment et le sujet de notre plus grande rage ; c'est pour cela que je dois faire tous mes efforts pour l'empêcher et pour les détruire, quand même il me faudrait bouleverser tout l'univers. Vous savez combien jusqu'à présent j'ai été invincible, puisqu'une si grande partie du monde est soumise à mon empire et à ma volonté, et trompée par mes ruses. Je vous ai pourtant vus depuis quelques années repoussés et domptés en plusieurs occasions ; je vois que vos forces s'amoindrissent, et moi-même je subis l'influence d'une puissance supérieure, qui m'intimide et en quelque sorte m'enchaîne. J'ai parcouru plus d'une fois avec vous tous les recoins de la terre, pour tâcher d'y découvrir le fait nouveau auquel on pourrait attribuer cet affaiblissement et cette oppression que nous sentons. Je ne crois pas que ce Messie promis au peuple choisi de Dieu ait paru, car non seulement nous ne le trouvons en aucun endroit du monde, mais aucun indice certain ne semble annoncer sa venue ; nous ne voyons nulle part ce bruit, cet éclat, cette pompe, qui marquerait sa présence parmi les hommes. Néanmoins je crains que le temps de sa descente du ciel n'approche ; ainsi il faut que nous déployions toute notre activité et toute notre fureur pour le détruire et pour perdre la femme qu'il choisira pour être sa mère. Si quelqu'un de vous se distingue par son zèle, je lui témoignerai une plus grande reconnaissance. Je trouve jusqu'à présent des péchés, et les effets de ces mêmes péchés, en tous les hommes ; je ne découvre en aucun la majesté et la grandeur dont se revêtira le Verbe incarné quand il se manifestera à eux, et qu'il les obligera tous à l'adorer et à lui offrir des sacrifices. Ce sera là la marque infaillible de son avènement au monde ; et le caractère distinctif de sa personne auquel nous pourrons le reconnaître, ce sera d'être exempt du péché et des effets que produit le péché chez les enfants d'Adam.

936. « C'est pour ces raisons, poursuivit Lucifer, que ma confusion est plus grande ; car si le Verbe éternel n'est pas descendu sur la terre, je ne puis découvrir la cause des choses insolites que nous sentons, ni deviner de qui cette force qui nous abat peut sortir. Qui nous a chassés de toute l'Égypte ? Qui a renversé les temples et ruiné les idoles de ce pays, dont tous les habitants nous adoraient ? Qui nous

traverse maintenant dans le pays de Galilée et dans les lieux circonvoisins, et nous empêche d'aborder une foule de gens à l'heure de leur mort pour les pervertir ? Qui tire du péché tant d'hommes qui sortent de notre juridiction, et fait que d'autres améliorent leur vie et se plaisent à s'entretenir du Royaume de Dieu ? Si le mal continue, nous sommes menacés d'une grande perte, et de nouveaux tourments peuvent résulter pour nous de cette cause que nous ne parvenons pas à connaître. Il faut donc y remédier, et chercher encore s'il se trouve dans le monde quelque grand prophète ou saint qui commence à nous persécuter ; pour moi, je n'en ai découvert aucun à qui je puisse attribuer une si grande vertu ni tant de pouvoir. C'est seulement contre cette femme, notre ennemie, que j'ai une haine mortelle, surtout depuis que nous l'avons persécutée dans le Temple, et ensuite depuis qu'elle est partie de sa maison de Nazareth ; car nous avons été toujours vaincus et renversés par la vertu qui l'environne ; elle nous a résisté par cette même vertu avec une force invincible, et a toujours triomphé de notre malice ; je n'ai jamais pu sonder son intérieur ni la toucher en sa personne. Cette femme a un fils ; elle assista avec lui à la mort de son père, et il nous fut à tous impossible d'approcher de l'endroit où ils se trouvaient. Ce sont des gens pauvres et méprisés ; c'est une femmelette tout à fait vulgaire et qui mène une vie cachée ; je crois pourtant que le fils et la mère sont justes, car j'ai toujours tâché de les incliner aux vices qui sont communs aux hommes, et il ne m'a jamais été possible d'exciter en eux le moindre des désordres et des mouvements vicieux qui sont si ordinaires et si naturels en tous les autres. Je vois que le Dieu Tout-Puissant me cache l'état de ces deux âmes ; et puisqu'il m'empêche de découvrir si elles sont justes ou pécheresses, il y a là sans doute quelque mystère caché contre nous ; et quoique l'état de quelques autres âmes nous ait aussi été caché en d'autres occasions, il l'a été rarement, et moins que dans le cas actuel. Que si cet homme n'est pas le Messie promis, du moins le Fils et la Mère seront justes, et par conséquent nos ennemis ; et il n'en faut pas davantage pour que nous les persécutions, et que nous travaillions à les abattre et à découvrir qui ils sont. Suivez-moi tous dans cette entreprise avec une grande confiance, car je serai le premier à les attaquer.

937. Lucifer acheva par cette exhortation son long discours, dans lequel il proposa aux démons plusieurs autres raisons et plusieurs desseins remplis de méchanceté qu'il n'est pas nécessaire de raconter ici, puisque je dois traiter encore de ces secrets dans la suite de cette histoire, pour mieux faire connaître les ruses de ces esprits rebelles. Ce prince des ténèbres sortit incontinent de l'enfer, suivi de légions innombrables de démons qui, se répandant par tout le monde, le parcoururent plusieurs fois pour observer, avec toute la finesse de leur malice, les justes qui y vivaient, tentant ceux qu'ils purent découvrir, et les provoquant, aussi bien que plusieurs autres personnes, à des iniquités conçues par ces méchants ennemis ; mais la sagesse de notre Seigneur Jésus-Christ cacha à l'orgueil de Lucifer et de ses compagnons sa personne et celle de sa très sainte Mère durant plusieurs jours ; de

sorte qu'il ne permit point qu'ils les vissent et les connussent jusqu'àce que sa Majesté se rendit au désert, où il allait consentir à être tenté après y avoir gardé un fort long jeûne ; et alors Lucifer le tenta, comme je le dirai en son lieu.

938. Quand ce conciliabule fut assemblé dans l'enfer, notre divin Maître Jésus-Christ, à qui rien n'était caché, fit une prière particulière au Père éternel contre la malice du Dragon, et dans cette circonstance, entre plusieurs autres prières, il dit : « Dieu éternel, mon Père, je vous adore et j'exalte votre être infini et immuable ; je vous confesse pour l'immense et souverain bien ; je m'offre à votre volonté en sacrifice pour vaincre les forces infernales, et pour renverser les desseins pervers que ces esprits rebelles forment contre mes créatures ; je combattrai pour elles contre mes ennemis et les leurs ; je leur laisserai, par les œuvres que je ferai et par les victoires que je remporterai sur le Dragon, des armes pour le vaincre, et je leur apprendrai par mon exemple comment elles doivent lutter contre lui, et par là j'affaiblirai sa malice et le rendrai moins capable de blesser ceux qui me serviront avec sincérité. Défendez les âmes, ô mon Père, des tromperies et de la cruauté de l'ancien serpent et de ses sectateurs, et accordez aux justes, par mon intercession et par ma mort, la puissante vertu de votre droite, afin qu'ils triomphent de tous les dangers et de toutes les tentations. Notre grande Reine eut en même temps connaissance de la méchanceté et des conseils de Lucifer, car elle vit en son très saint Fils tout ce qui se passait, aussi bien que la prière qu'il faisait ; et, s'unissant à lui comme coadjutrice de ses triomphes, elle fit la même prière au Père éternel. Le Très-Haut l'exauça, et dans cette occasion Jésus et Marie obtinrent de grands secours et de magnifiques promesses pour ceux qui combattraient contre le démon en invoquant les noms de Jésus et de Marie ; de sorte que ceux qui les prononceront avec respect et avec foi terrasseront les ennemis infernaux et les chasseront bien loin par le mérite des prières que notre Sauveur Jésus-Christ et sa très sainte Mère firent, et par celui des victoires qu'ils remportèrent. Après la protection qu'ils nous ont offerte et qu'ils nous donnent contre ce superbe géant ; après ce remède et tant d'autres dont ce divin Seigneur a enrichi sa sainte Église, nous ne saurions trouver aucune excuse si nous ne combattions courageusement pour vaincre le démon, comme l'ennemi de Dieu et le nôtre, profitant, autant qu'il nous sera possible, de l'exemple de notre Sauveur pour remporter cette victoire.

Instruction que notre auguste Maîtresse m'a donnée

939. Ma fille, pleurez amèrement, et ayez une douleur continuelle de voir la dureté, l'obstination et l'aveuglement des mortels, qui ne veulent pas apprécier la protection amoureuse qu'ils trouvent en mon très doux Fils et en moi dans toutes leurs nécessités. Cet aimable Seigneur n'a épargné aucun soin ni perdu aucune occasion pour leur acquérir des trésors inestimables. Il a déposé pour eux dans son Église le prix infini de ses mérites et le fruit essentiel de ses douleurs et de sa mort ; il leur a

laissé des gages assurés de son amour et de sa gloire ; il leur a donné des moyens très faciles et très efficaces pour jouir et profiter de tous ces biens, et les appliquer à leur salut éternel. Il leur offre en outre sa protection et la mienne ; il les aime comme ses enfants, les caresse comme ses favoris, les appelle par de douces inspirations, les excite par des bienfaits et par des richesses solides. Père plein d'indulgence, il les attend ; bon pasteur, il les cherche ; ami puissant, il les assiste ; rémunérateur généreux, il les comble de dons infinis ; Roi des rois, il les gouverne. Et quoique la foi leur découvre toutes ces faveurs et mille autres, que l'Église leur en rafraîchisse le souvenir, et qu'ils les aient devant les yeux, ils ne laissent pourtant pas de les oublier et de les mépriser. Ils aiment les ténèbres comme des aveugles qu'ils sont, et se livrent à la rage de leurs ennemis jurés, dont vous connaissez les excès. Ils prêtent l'oreille aux flatteries empoisonnées de ces esprits malins, cèdent à leurs conseils pervers, ajoutent foi à leurs tromperies et se prêtent stupidement à la haine implacable avec laquelle le cruel dragon ne cesse de travailler à leur mort éternelle, parce qu'ils sont les ouvrages du Très-Haut, qui l'a vaincu et terrassé.

940. Considérez avec attention, ma très chère fille, cette lamentable erreur des enfants des hommes, et débarrassez vos puissances, afin que vous pénétriez la différence qu'il y a entre Jésus-Christ et Bélial. Car la distance de l'un à l'autre est infiniment plus grande que celle du ciel à la terre. Jésus-Christ est la véritable lumière, le chemin assuré et la vie éternelle[301] ; il aime constamment ceux qui le suivent, il leur promet la jouissance de sa vue et de sa compagnie ; et en cette jouissance le repos éternel, que l'œil n'a point vu, que l'oreille n'a point ouï et que les hommes n'ont point conçu[302]. Lucifer n'est que ténèbres, qu'erreur, tromperie, malheur et mort ; il abhorre ses sectateurs, il entraîne de toutes ses forces à tout ce qui est mal, et finira par les faire tomber dans les feux éternels et condamner à des supplices effroyables. Les mortels peuvent-ils maintenant dire qu'ils ignorent ces vérités dans la sainte Église, qui les leur enseigne et représente tous les jours ? Et s'ils les croient et les confessent, où est leur jugement ? Qui les en a privés ? Qui leur a fait perdre le souvenir de l'amour qu'ils ont pour tout ce qui les regarde ? Qui les rend si cruels à eux-mêmes ? Ô folie des enfants d'Adam, qu'on ne saurait jamais assez approfondir ni assez déplorer ! Est-il possible qu'ils emploient toute leur vie à s'embarrasser dans leurs propres passions et à suivre la vanité, pour se jeter dans des flammes inextinguibles, courir à leur perte et se livrer à une mort éternelle, comme si tout cela n'était que bagatelle, et que mon très saint Fils ne fût pas venu du ciel pour mourir sur une croix et pour leur mériter la délivrance de tant de maux ! Qu'ils considèrent le prix de leur rédemption, et ils sauront quelle estime ils doivent faire de ce qui a tant coûté à Dieu, à celui qui le connaît sans exagération.

941. Le péché des idolâtres et des païens n'est pas aussi grand en cette funeste

---

301   Jn 14, 6.

302   Is 64, 4.

erreur, et le Très-Haut est moins irrité contre eux que contre les enfants de l'Église qui ont connu la lumière de cette vérité ; et s'ils en sont si peu pénétrés dans le siècle présent, il faut qu'ils sachent que c'est par leur propre faute, et pour avoir donné un si facile accès à leur infatigable ennemi Lucifer, qui déploie plus de malice dans les efforts qu'il fait pour obscurcir en eux cette lumière que dans toutes ses autres attaques, et qui ne cesse d'exciter les hommes à rompre tout frein, afin qu'après avoir perdu le souvenir de leur dernière fin et des peines éternelles dont ils sont menacés, ils s'abandonnent comme les brutes aux plaisirs sensibles, qu'ils s'oublient eux-mêmes, qu'ils usent leur vie à la poursuite des biens apparents, et qu'ils descendent en un moment dans l'enfer, comme dit Job[303], et comme il arrive effectivement à une infinité d'insensés qui rejettent et abhorrent ces vérités. Pour vous, ma fille, suivez ma doctrine ; ne vous laissez point aller à ces illusions pernicieuses et à cet oubli commun des gens du siècle. Faites souvent retentir à vos oreilles ces tristes plaintes des damnés, qui commenceront dès la fin de leur vie, c'est-à-dire dès leur entrée dans la mort éternelle. Ô insensés que nous étions, la vie des justes nous paraissait une folie ! Et cependant les voilà élevés au rang des enfants de Dieu, et leur partage est avec les saints ! Nous nous sommes donc égarés de la voie de la vérité et de la justice. Le soleil ne s'est point levé pour nous. Nous nous sommes lassés dans la voie de l'iniquité et de la perdition ; nous avons marché dans des chemins après, et nous avons ignoré par notre faute la voie du Seigneur. De quoi nous a servi notre orgueil ? Qu'avons-nous tiré de la vaine ostentation des richesses ? Toutes ces choses sont passées pour nous comme l'ombre. Oh ! si nous ne fussions jamais nés[304] ! Voilà, ma fille, ce que vous devez craindre et repasser souvent dans votre esprit, en considérant, avant que vous alliez sans espérance d'aucun retour, comme dit Job[305], en cette terre ténébreuse des cavernes éternelles, le mal que vous devez fuir et le bien que vous devez pratiquer. Appliquez-vous à vous-même dans l'état de voyageuse, et par amour, ce que les damnés disent par désespoir et à force de tourments.

Chapitre 21
Saint Jean reçoit de grandes faveurs de la très pure Marie.
Le Saint-Esprit lui ordonne d'aller prêcher.
Il envoie une croix qu'il avait à la divine Reine, avant que d'exécuter cet ordre.

942. J'ai raconté dans cette seconde partie quelques-unes des faveurs que l'auguste Marie fit à sa cousine sainte Élisabeth, et à saint Jean, étant en Égypte à l'époque où Hérode résolut de faire mourir les Innocents ; j'ai dit aussi que ce précurseur de Jésus-Christ demeura dans le désert après la mort de sa mère, sans le quitter jusqu'au temps déterminé par la divine sagesse, menant une vie plus angélique qu'humaine, et

---

303   Jb 21, 13.

304   Sg 5, 4, etc.

305   Jb 10, 21.

ressemblant plus à un séraphin qu'à un homme terrestre. Sa conversation était avec les anges et avec le Seigneur de l'univers ; et dans ce saint commerce, qui occupait tous ses moments, loin d'être jamais oisif, il continuait incessamment l'exercice du divin amour et des vertus sublimes qu'il avait commencé dans le sein de sa mère, sans que la grâce fût en lui oisive un seul instant, et sans qu'il néglige de donner à ses œuvres cette plénitude de perfection qu'il put leur communiquer par le secours de cette même grâce. Il ne fut non plus jamais distrait par les sens, qu'il avait détournés des objets terrestres, et qui sont ordinairement les fenêtres par où la mort, déguisée sous les images de la beauté trompeuse des créatures, entre dans l'âme. Et comme ce saint précurseur fut si heureux que d'être prévenu de la divine lumière avant que de jouir de celle du soleil matériel, il renonça par le secours de la première à tout ce que la seconde lui présentait ; de sorte que sa vue intérieure resta immobilement fixée sur le plus noble objet, sur l'être de Dieu et ses perfections infinies.

943. Les faveurs que saint Jean obtint de la divine droite dans sa solitude sont au-dessus de tout ce que l'entendement humain peut concevoir ; et nous ne connaîtrons sa grande sainteté et ses très excellents mérites que lorsque nous jouirons clairement de la vue du Seigneur, et que nous verrons la récompense qu'il en a reçue. Et comme il n'est pas du sujet de cette histoire de m'étendre sur ce que j'ai connu de ces mystères, et que les saints docteurs ont fait mention dans leurs écrits des hautes prérogatives du divin précurseur, je ne dirai ici que ce qui regardera directement notre auguste Maîtresse, de qui notre saint solitaire reçut les bienfaits les plus considérables. Ce n'en fut pas un petit que de lui envoyer sa nourriture par le ministère des anges, comme je l'ai dit ailleurs, jusqu'à ce qu'il eût atteint sa septième année. Dès cet âge jusqu'à celui de neuf ans, elle ne lui envoya que du pain, et à cette dernière époque ce bienfait de notre divine Dame cessa, parce qu'elle sut que, conformément aux désirs du saint lui-même, la volonté du Seigneur était qu'il vécût de racines, de sauterelles et de miel sauvage[306]. Telle fut la nourriture du Précurseur jusqu'à ce qu'il commençât à prêcher ; mais quoique l'auguste Vierge ne lui fournisse plus de provisions, elle n'en continua pas moins à lui envoyer ses anges pour le visiter de sa part, pour le consoler, et pour lui donner connaissance soit de ses occupations, soit des merveilles que le Verbe incarné opérait. Toutefois, il ne recevait jamais qu'une visite semblable par semaine.

944. Entre plusieurs autres fins que cette grande faveur pouvait avoir, elle fut nécessaire à saint Jean pour qu'il pût supporter la solitude. Ce n'est pas que l'horreur du désert et l'austérité de sa vie lui inspirassent du dégoût, car son admirable sainteté et la grâce qu'il avait, suffisaient pour les lui rendre fort agréables ; mais il était convenable qu'il jouit de cette faveur, afin que le très ardent amour qu'il portait à notre Seigneur Jésus-Christ et à sa très sainte Mère ne lui fit pas trouver tant d'amertume dans la privation de leur conversation et de leur présence, après

---

306   Mt 3, 4.

lesquelles il soupirait à cause de sa sainteté et à cause de sa reconnaissance. Il est certain que cette privation lui eût été plus rude que de souffrir les inclémences du temps, les jeûnes, les pénitences et toutes les horreurs du désert, si notre auguste Princesse et sa très amoureuse tante ne la lui eût adoucie par les fréquentes visites des anges qu'elle lui envoyait afin qu'ils lui donnassent des nouvelles de son bien-aimé. Notre saint solitaire leur en demandait souvent du Fils et de la Mère avec les amoureux empressements de l'épouse[307]. Il leur adressait des affections et des soupirs qui partaient d'un cœur blessé de leur amour et de leur absence, et priait la Reine du ciel par l'organe de ses ambassadeurs d'adorer le Sauveur en son nom, et de le supplier de lui envoyer sa bénédiction. Cependant il l'adorait lui-même en esprit et en vérité dans le désert où il était. Il faisait aussi la même prière aux anges qui le visitaient et aux autres qui l'assistaient. C'est au milieu de ces occupations habituelles que le grand Précurseur entra dans sa trentième année, le pouvoir divin le préparant au ministère pour lequel il l'avait choisi.

945. Le temps que la Sagesse éternelle avait déterminé arriva auquel la voix du Verbe incarné, qui était Jean, se devait faire entendre dans le désert, comme dit Isaïe[308], et selon que les évangélistes le racontent[309]. La quinzième année du règne de Tibère César, Anne et Caïphe étant pontifes, le Seigneur mit sa parole dans la bouche de Jean, fils de Zacharie, dans le désert. Et il alla sur les bords du Jourdain, prêchant le baptême de pénitence nécessaire à la rémission des péchés, afin de préparer les cœurs à recevoir le Messie promis et attendu depuis tant de siècles, et afin de le montrer du doigt pour que tous pussent le reconnaître. Saint Jean entendit cette parole et ce commandement du Seigneur en une extase dans laquelle il fut éclairé par une influence spéciale du pouvoir divin, et prévenu avec abondance par le Saint-Esprit de nouveaux dons de lumière, de grâce et de science. Il connut dans ce ravissement, avec une plus grande plénitude de sagesse, les mystères de la rédemption, et il eut une vision abstractive de la Divinité ; mais cette vision fut si admirable, qu'elle le transforma en un nouvel être de sainteté et de grâce. Le Seigneur lui ordonna dans cette même vision de sortir du désert pour préparer les hommes par sa prédication à celle du Verbe incarné, d'exercer l'office de précurseur, et de s'employer à tout ce qui regardait son accomplissement, car il fut instruit de tout et reçut une très abondante grâce pour tout.

946. Le nouveau prédicateur, sortit du désert ayant un habit de peau de chameau et une ceinture de cuir sur les reins, sans aucune chaussure. Il avait le visage exténué, un air majestueux, une modestie admirable, une humble gravité, un courage invincible, un cœur enflammé de charité pour Dieu et pour les hommes. Ses paroles étaient vives, sévères et ardentes comme des étincelles d'un foudre parti du puissant bras de Dieu et de son être immuable et divin ; il était doux aux humbles, ter-

---

307   Ct 1, 6.

308   Is 40, 3.

309   Mt 3, 3; Lc 3, 1, etc.

rible aux superbes, admirable aux anges et aux hommes, formidable aux pécheurs, horrible aux démons, et si éminent en son ministère, qu'il était comme l'organe du Verbe incarné, et tel qu'il fallait à ce peuple hébreu, endurci, ingrat et obstiné, gouverné par des magistrats idolâtres et conduit par des prêtres avares et orgueilleux, sans lumière, sans prophètes, sans piété, sans crainte de Dieu, après tant de châtiments et de calamités que ses péchés lui avaient attirés, pour lui ouvrir les yeux et le cœur dans ce misérable état, afin qu'il reconnût et reçût son Rédempteur et son Maître.

947. Le saint anachorète Jean avait depuis plusieurs années une grande croix, qu'il avait placée au chevet de son pauvre lit ; il s'en servait dans divers exercices de pénitence, et s'y étendait ordinairement pour prier dans la position d'un homme crucifié. Il ne voulut point laisser ce trésor dans le désert, et avant de le quitter il l'envoya à la Reine du ciel par les mêmes anges qui le visitaient de sa part ; et il les pria de lui dire que cette croix avait été la plus douce et la plus agréable compagne qu'il eût eue dans sa longue solitude, et qu'il la lui offrait comme un riche présent, à cause de ce qui y devait être opéré ; que c'était là le motif pour lequel elle avait été fabriquée ; et que les mêmes anges lui avaient dit aussi que son très saint Fils et le Sauveur du monde priait souvent sur une croix semblable, qu'il gardait à cet effet dans son oratoire. Les anges avaient été les artisans de celle de saint Jean ; ils la formèrent à sa demande d'un arbre de ce désert, car le saint n'avait point les forces qu'exigeait un pareil ouvrage, non plus que les outils, dont les anges n'avaient pas besoin à cause du pouvoir qu'ils ont sur les choses corporelles. Les princes célestes apportèrent ce présent à leur Reine, et elle le reçut avec une douleur très douce et une douceur très amère, qu'elle ressentait dans le plus profond de son très chaste cœur, repassant en son esprit les mystères qui devaient être opérés en si peu de temps sur ce bois impitoyable ; et lui adressant quelques paroles remplies de tendresse, elle le mit dans le lieu qui lui servait d'oratoire, où elle le garda toute sa vie avec l'autre croix du Sauveur ; et dans la suite la très prudente Dame laissa ces précieux gages avec d'autres reliques aux apôtres comme un héritage inestimable ; et ils les portèrent en diverses provinces, où ils prêchèrent l'Évangile.

948. J'eus un doute sur cet événement mystérieux, et je l'exposai à la Mère de la Sagesse, en lui disant : « Reine du ciel, très sainte entre les saints, et choisie entre toutes les créatures pour être la Mère de Dieu, j'ai une difficulté, femme ignorante et grossière que je suis, à propos de ce que je viens d'écrire ; et si vous me le permettez ; je vous la proposerai, mon auguste Princesse, qui êtes la Maîtresse de la Sagesse, et qui avez bien voulu par votre bonté exercer cet office envers moi, en dissipant mes ténèbres, et en m'enseignant la doctrine de la vie éternelle et du salut. Mon doute vient de ce que j'ai appris, que non seulement saint Jean, mais vous-même aussi aviez la croix en vénération, avant que votre très saint Fils y mourût ; et cependant j'ai toujours cru qu'elle servait de potence pour punir les malfaiteurs, jusqu'à ce que notre rédemption eût été opérée sur le sacré bois, et que pour ce sujet elle était

regardée comme ignominieuse et digne de mépris ; et d'ailleurs la sainte Église nous enseigne que la croix doit toute sa gloire à la mort que notre Seigneur Jésus- Christ y a soufferte, et au mystère de la rédemption du genre humain qu'il y a opéré. »

Réponse et instruction que j'ai reçues de la Reine du ciel

949. Ma fille, je répondrai avec plaisir à votre doute. Il est vrai que la croix était, comme vous dites, ignominieuse[310] avant que mon Fils et mon Seigneur l'eût honorée et sanctifiée par sa passion et par sa mort, et c'est pour cela qu'on lui doit maintenant l'adoration que la sainte Église lui rend ; et si quelque personne, ignorant les mystères et les raisons que j'eus aussi bien que saint Jean, eût prétendu adorer la croix avant la rédemption du genre humain, elle serait tombée dans l'erreur, et aurait commis une idolâtrie, parce qu'elle aurait adoré ce qu'elle savait n'être pas digne d'une véritable adoration. Mais nous eûmes, nous, différentes raisons : l'une, c'est que nous envisagions avec une certitude infaillible ce que notre Rédempteur devait opérer sur la croix ; l'autre, c'est qu'avant d'achever ce grand œuvre de la rédemption, il avait commencé à sanctifier ce sacré signe par son attachement, lorsqu'il y priait et s'y offrait volontairement à la mort ; car le Père éternel avait accepté les œuvres et la mort future de mon très saint Fils par un décret et une approbation immuable ; et il est certain que la moindre action, le moindre contact du Verbe incarné étaient d'un prix infini ; or, c'est par ce contact qu'il sanctifia ce sacré bois, et qu'il le rendit digne d'honneur ; ainsi, quand je le révérais aussi bien que saint Jean, c'était en vue de ce mystère et de cette vérité, de sorte que nous n'adorions pas la croix pour elle-même ni dans le bois qui en faisait la matière, attendu qu'on ne lui devait point l'adoration de latrie, jusqu'à ce que la rédemption y eût été accomplie, mais nous considérions et honorions la représentation formelle de ce que le Verbe incarné y devait faire ; c'est lui qui était le terme où aboutissait le culte que nous rendions à la croix, et c'est aussi ce qui arrive maintenant pour le culte que lui rend la sainte Église.

950. Vous avez maintenant à considérer d'après cette vérité votre obligation et celle des mortels touchant le respect et l'estime que vous devez avoir pour la sainte croix ; car si avant que mon très saint Fils y fût mort, je l'imitai aussi bien que son précurseur, tant en l'amour et en la vénération que nous avions pour elle, que dans les mortifications que nous pratiquions sur ce sacré signe, que ne doivent pas faire les fidèles enfants de l'Eglise, après y avoir vu par les yeux de la foi leur Créateur et Rédempteur crucifié, et contemplé si souvent des yeux du corps son image sanglante ? Je veux donc, ma fille, que vous embrassiez la croix avec une estime incomparable, que vous vous l'appliquiez comme un gage très précieux de votre époux, et que vous persévériez dans les exercices que vous avez appris à y faire en l'étudiant, sans jamais les discontinuer de votre propre mouvement, si l'ordre de vos supérieurs ne vous appelle ailleurs. Quand vous vous mettrez à des œuvres si saintes, que ce soit toujours

---

310   Dt 21, 23.

avec le plus profond respect, et avec une tendre considération de la mort et passion de votre Seigneur et de votre bien-aimé. Tâchez d'introduire cette louable coutume parmi vos religieuses, et de les exciter à y persévérer ; car on n'en saurait trouver aucune qui soit plus propre aux épouses de Jésus-Christ, et si elles s'en acquittent avec la dévotion requise, elle lui sera très agréable. Je veux aussi qu'à l'exemple de Baptiste vous prépariez votre cœur pour ce que le Saint-Esprit voudra opérer en vous pour sa gloire et pour le bien de votre prochain, que vous aimiez la solitude, et retiriez vos puissances du tumulte des créatures autant qu'il dépendra de vous, et que quand le Seigneur vous obligera de communiquer avec elles, vous travailliez toujours à votre propre avancement, et à l'édification des personnes que vous fréquenterez ; de sorte que le zèle et l'esprit qui animent votre cœur éclatent dans toutes vos conversations. Faites que les vertus éminentes que vous avez connues vous servent d'exemple ; puisez-y comme dans celles que vous découvrirez en d'autres saints, ainsi qu'une diligente abeille butine sur les fleurs, le miel délicieux de la sainteté et de la pureté que mon très Fils exige de vous. Gardez la différence qu'il y a entre l'abeille et l'araignée ; car l'une change sa nourriture en doux rayons utiles aux vivants et aux morts ; et l'autre change sa propre substance en un mortel poison. Tirez tout le profit qu'il vous sera possible avec le secours de la grâce, des fleurs et des vertus des saints, qui parfument le jardin de la sainte Église ; faites que ce progrès serve à l'utilité des vivants et des morts, et fuyez le péché, qui, comme le poison, est nuisible à tous.

Chapitre 22
La très pure Marie offre son Fils au Père éternel pour la rédemption du genre humain.
Sa Majesté la favorise d'une claire vision de la Divinité, en récompense de ce sacrifice,
et elle se sépare du Sauveur, qui s'en va au désert.

951. L'amour que notre grande Reine portait à son très saint Fils était la règle sur laquelle on pouvait mesurer plusieurs autres affections et opérations de cette divine Mère, aussi bien que les émotions et les impressions de joie et de tristesse qu'elle ressentait selon les circonstances qui se présentaient. Mais notre entendement ne découvre aucune règle pour mesurer cet immense amour, et les anges mêmes n'en sauraient trouver une autre que celle que leur fait connaître la claire vision de l'Être divin, et tout ce que nous pouvons en dire par nos circonlocutions, nos images et nos amplifications, ne signifie rien pour exprimer les ardeurs de ce divin foyer d'amour; car l'auguste Marie aimait l'adorable Sauveur comme le Fils du Père éternel, égal à lui en l'être de Dieu en ses perfections infinies et en ses attributs. Elle l'aimait comme son propre Fils, qui n'appartenait qu'à elle seule en l'être humain, formé de son propre sang. Elle l'aimait parce qu'il était en cet être humain le Saint des saints[311], et la cause méritoire de toute sainteté. Il surpassait en beauté

---

311   Dn 9, 24.

les enfants des hommes[312]. Il était le Fils le plus obéissant[313], et celui qui était le plus étroitement lié à sa Mère, qui l'honorait avec le plus de gloire, et qui était son plus grand bienfaiteur ; puisque étant son Fils, il l'éleva entre les créatures à la suprême dignité, et l'avantagea entre toutes et au-dessus de toutes par les trésors de la Divinité, par l'empire qu'il lui donna sur tout ce qui est créé, par les faveurs, les bienfaits et les grâces qui ne pouvaient être dignement accordées à aucune autre.

952. Ces motifs d'amour étaient en dépôt et comme renfermés dans la sagesse de notre auguste Reine, aussi bien que plusieurs autres raisons qui ne pouvaient être pénétrées que par sa très haute science. Il ne se trouvait aucun obstacle dans son cœur ; car il était très candide et très pur ; elle n'était point ingrate ; car elle avait une très profonde humilité, et qu'elle répondait à tout avec une fidélité admirable ; elle n'avait aucune tiédeur ; car elle était fort ardente à opérer avec la grâce toute l'efficacité de cette même grâce ; elle n'était point négligente, mais très prompte et très soigneuse ; elle n'était point sujette au défaut de mémoire ; car elle conservait un continuel souvenir des bienfaits, des raisons et des lois de l'amour. Elle se trouvait en la sphère du feu sacré, en la présence du divin objet, en l'école du véritable Dieu d'amour, en la compagnie de son très saint Fils, à la vue des œuvres et des opérations du vivant exemplaire qu'elle imitait ; cette très fidèle amante avait tout ce qu'il fallait pour arriver au terme de l'amour, qui est d'aimer sans borne et sans mesure. Or cette très belle lune étant dans sa plénitude, regardant attentivement le Soleil de justice durant presque trente années, s'étant élevée comme une divine aurore, au plus haut degré de la lumière, et aux plus amoureuses ardeurs du jour resplendissant de la grâce, dégagée de toutes les choses terrestres, et transformée en son fils bien-aimé, qui partageait ses transports et lui prodiguait ses caresses réciproques, était ainsi parvenue au point culminant, où l'attendait la plus solennelle épreuve, et à une certaine heure elle entendit une voix du Père éternel qui l'appelait, comme il avait, pour la figurer, appelé le patriarche Abraham[314], afin qu'elle lui offrit en sacrifice le dépositaire de son amour et de ses espérances, son bien-aimé Isaac, notre adorable Sauveur.

953. La très prudente Mère voyait que le temps s'écoulait, que son très doux Fils était déjà entré dans sa trentième année, et qu'ainsi le terme auquel il devait payer la dette des hommes approchait rapidement ; toutefois, si fortement en possession du bien qui la rendait la plus heureuse des créatures, elle n'en envisageait encore que de loin la privation inaccoutumée. Mais l'heure arrivait, et un jour qu'elle était ravie dans une sublime extase, elle sentit qu'elle était appelée et transportée devant le trône de la très sainte Trinité, duquel sortit une voix qui lui disait avec une admirable force : Marie, ma Fille, mon Épouse, offrez-moi votre Fils en sacrifice. Par la force de cette voix la volonté du Très-Haut se manifesta, et la bienheureuse Mère y lut le décret de la ré-

---

312 Ps 44, 3.

313 Lc 2, 51.

314 Gn 22, 1.

demption du genre humain par le moyen de la passion et de la mort de son adorable Fils, et elle en découvrit dès lors tous les avant-coureurs qui devaient commencer par la prédication de ce divin Seigneur. Au moment où cette connaissance se renouvelait en la très amoureuse Mère, elle éprouva en son âme divers effets de soumission, d'humilité, de charité envers Dieu et envers les hommes, de compassion, de tendresse et d'une douleur naturelle de ce que son très saint Fils devait souffrir.

954. Mais répondant au Très-Haut sans trouble et avec un cœur magnanime, elle lui dit : « Roi éternel, Dieu Tout-Puissant, dont la sagesse et la bénignité sont infinies, tout ce qui a l'être l'a reçu et le tient de votre libérale miséricorde et de votre grandeur immense ; vous êtes le Maître et le Souverain indépendant de toutes choses. Comment donc m'ordonnez-vous, à moi qui ne suis qu'un vil vermisseau de terre, de sacrifier et de livrer à votre disposition divine le Fils que j'ai reçu de votre bonté ineffable ? Il est à vous, Père éternel ; puisque vous l'avez engendré dans votre éternité avant l'étoile du jour[315], et que vous l'engendrez toujours et l'engendrerez éternellement[316]. Si je l'ai revêtu de la forme de serviteur[317] dans mon sein, de mon propre sang, si je l'ai nourri de mon lait, et si j'en ai pris soin comme mère, cette très sainte humanité n'en est pas moins toute à vous, et je le suis aussi, puisque j'ai reçu de vous tout ce que je suis, et tout ce que j'ai pu lui donner. Qu'ai-je donc à vous offrir qui ne soit plus à vous qu'à moi ? J'avoue, mon adorable Seigneur, que vous enrichissez vos créatures de vos trésors infinis avec tant de magnificence et de générosité, que vous leur demandez comme une offrande volontaire, même votre Fils unique, qui est engendré de votre substance, et la lumière de votre propre Divinité, afin de vous forcer vous-même d'avance à l'accepter. Tous les biens me sont venus avec lui, et j'ai reçu de ses mains des richesses innombrables[318]. Il est la vertu de ma vertu, la vie de mon âme, l'âme de ma vie par laquelle il m'entretient, et la joie par laquelle je vis ; ce serait une douce offrande si je ne le remettais qu'à vous seul, qui en connaissez le prix ; mais il s'agit de le livrer à votre justice, pour qu'elle s'exécute par les mains de ses cruels ennemis aux dépens de sa vie, qui est de toutes les choses créées la plus estimable[319] ! La tendresse maternelle me fait trouver, Seigneur, l'offrande que vous me demandez fort grande ; toutefois, que votre volonté se fasse, et non pas la mienne. Que le genre humain soit mis en liberté ; que votre justice se satisfasse ; que votre amour infini se manifeste, et que votre saint nom soit connu et glorifié de toutes les créatures. Je livre mon bien-aimé Isaac, afin qu'il soit effectivement sacrifié ; j'offre le fils de mes entrailles, afin qu'il paie, selon le décret immuable de votre volonté, la dette contractée, non par lui, mais par les enfants d'Adam, et afin que tout ce que

---

315   Ps 109, 4.

316   Ps 2, 7.

317   Ph 2, 7.

318   Sg 7, 11.

319   Jn 15, 13.

vos prophètes ont écrit et annoncé par votre inspiration, soit accompli en lui. »

955. Ce sacrifice de la très pure Marie fut pour le Père éternel, par les circonstances où il eut lieu, le plus grand et le plus agréable de tous ceux que l'on avait faits depuis le commencement du monde et que l'on fera jusqu'à la fin, excepté celui que fit son Fils notre Sauveur, et auquel celui de la divine Mère fut semblable en la manière possible. Et si l'on montre ce que la charité a de plus sublime, lorsqu'on donne sa vie pour ceux que l'on aime[320], il est sûr que l'auguste Marie passa cette borne de l'amour envers les hommes, attendu qu'elle aimait beaucoup plus la vie de son très saint Fils que la sienne propre, et que cet amour n'avait point de mesure, car elle aurait donné une infinité de vies, si elle les eût eues, pour conserver celle de son Fils. Nous n'avons point d'autre règle pour mesurer l'amour de cette charitable Dame envers les hommes que celle du Père éternel ; et comme notre Seigneur Jésus-Christ disait à Nicodème que Dieu a tant aimé le monde qu'il a donné son Fils unique , afin que tous ceux qui croiraient en lui ne périssent point ; ainsi fit, semble-t-il, en sa manière et réciproquement notre Mère de miséricorde ; et, dans une certaine proportion relative, nous lui devons notre rachat, puisqu'elle nous a tant aimés qu'elle a donné son Fils pour notre remède ; car, si elle ne l'eût pas donné quand le Père éternel le lui demanda dans cette occasion, la rédemption du genre humain n'aurait pu être opérée par ce décret, dont l'exécution était subordonnée au consentement de la Mère uni à la volonté du Père éternel. Ce sont là les obligations que les enfants d'Adam ont à l'auguste Marie.

956. La très sainte Trinité ayant reçu l'offrande de la Reine du ciel, il était convenable qu'elle la récompensât à l'instant même par quelque faveur qui la fortifiât en sa peine, qui la disposât pour celle, qu'elle attendait, et qui lui fit connaître avec une plus grande clarté la volonté du Père et les raisons de ce qu'il lui avait commandé. Notre divine Princesse, fut donc dans cette même extase élevée à un plus haut état, puis préparée, par les illuminations et les dispositions que j'ai décrites ailleurs, à la manifestation de la Divinité dans une vision intuitive, où, à la lumière pure et éclatante de l'être de Dieu lui-même, elle connut de nouveau l'inclination que le souverain Bien avait de communiquer ses trésors infinis aux créatures raisonnables par le moyen de la rédemption que le Verbe incarné opérerait ; elle y eut aussi connaissance de la gloire qui résulterait de cette merveille pour le nom du Très-Haut parmi ces mêmes créatures. Dans cette nouvelle science qu'elle eut des mystères cachés, la divine Mère offrit encore au Père le sacrifice de son Fils avec un redoublement de joie ; et alors le pouvoir infini du Seigneur la fortifia par ce véritable pain de vie et d'intelligence, afin qu'elle se joignit avec un courage invincible au Verbe incarné dans les œuvres de la rédemption, et qu'elle fût coadjutrice et coopératrice en cette même rédemption en la manière réglée par la sagesse infinie ; et c'est ce que fit notre grande Reine, comme on le verra en tout ce que je dirai dans la suite.

---

320   Jn 3, 16.

957. La sainte Vierge sortit de ce ravissement. Je ne m'arrête point à en rapporter les détails, parce qu'ils seraient semblables à ceux que j'ai fait connaître à propos des autres visions intuitives ; mais, par la force et les effets divins qu'elle ressentit en celle-ci, elle fut assez préparée pour se séparer de son très saint Fils, qui résolut aussitôt d'aller recevoir le baptême et accomplir son jeûne dans le désert. Sa Majesté l'appela et lui dit, en lui parlant comme le Fils le plus tendre, et avec les témoignages de la plus douce compassion : « Ma Mère, cet être d'homme véritable que j'ai, je ne l'ai reçu que de votre substance, de laquelle j'ai pris la forme de serviteur dans votre sein virginal[321] ; ensuite vous m'avez nourri de votre lait et entretenu par votre travail ; c'est pour cela que je me reconnais plus étroitement votre Fils que jamais enfant ne l'a été et ne le sera de sa Mère. Permettez-moi d'aller accomplir la volonté de mon Père éternel. Il est déjà temps que je me prive de vo caresses et de votre douce compagnie, et que j'entreprenne l'œuvre de la rédemption du genre humain. Les années du repos sont passées, et l'heure s'approche à laquelle je dois commencer à souffrir pour le rachat de mes frères les enfants d'Adam. Mais je veux que vous m'assistiez en cette œuvre que mon Père m'a recommandée, que vous y soyez ma compagne et ma coadjutrice, et que vous ayez part à ma passion et à ma croix ; et, quoi qu'il faille que je vous laisse maintenant seule, soyez sûre que ma bénédiction restera éternellement sur vous, et autour de vous ma vigilante, amoureuse et puissante protection. Je retournerai plus tard afin que vous m'accompagniez et assistiez en mes peines, puisque je les dois souffrir en la forme humaine que vous m'avez donnée. »

958. Le Seigneur embrassa sa très douce Mère après avoir achevé ce discours, et alors tous deux versèrent des larmes abondantes, sans perdre cette majesté et cette sérénité admirables qu'ils avaient comme maîtres en la science des souffrances. Notre auguste Princesse se mit à genoux, et dit à son très saint Fils, avec la plus vive douleur et avec le respect le plus profond : « Mon Seigneur et mon Dieu éternel, vous êtes mon véritable Fils, et vous n'ignorez pas que toute la tendresse et que toutes les forces que vous m'avez données vous sont consacrées ; votre sagesse divine pénètre le fond de mon âme ; ainsi vous savez que j'estimerais fort peu ma vie s'il fallait la sacrifier pour conserver la vôtre, et que je mourrais mille fois pour cela si ma mort était convenable ; mais il faut que la volonté du Père et la vôtre soient accomplies ; c'est pourquoi je sacrifie la mienne ; recevez-là, mon Fils et Seigneur de tout mon être, comme une offrande agréable, et ne me laissez point sans votre divine protection. Ce me serait un bien plus grand tourment de vous voir souffrir sans que je participasse à vos travaux et à votre passion. Faites, mon Fils, que je mérite cette faveur, que je vous demande comme véritable Mère, en récompense de la forme humaine que je vous ai donnée, et en laquelle vous allez souffrir. » La très amoureuse Mère le pria aussi d'emporter quelques provisions de leur maison, ou de permettre qu'elle lui en envoyât où il serait. Mais le Sauveur ne prit rien alors, faisant connaître à

sa Mère les raisons qu'il avait de refuser ses offres. Ils allèrent ensemble jusqu'à la porte de leur pauvre maison, où notre grande Reine, se mettant une seconde fois à genoux, lui demanda sa bénédiction et lui baisa les pieds ; et, après que notre divin Maître la lui eut donnée, il s'achemina vers le Jourdain, allant comme un bon pasteur chercher la brebis égarée, pour la rapporter sur ses épaules[322] dans les sentiers de la vie éternelle, dont elle s'est écartée en errant au hasard[323].

959. Lorsque notre Rédempteur alla trouver saint Jean pour en être baptisé[324], il était entré dans sa trentième année ; car il se rendit directement sur les bords du Jourdain, où son précurseur baptisait, et il en reçut le baptême treize jours après avoir accompli sa vingt-neuvième année, le même jour que l'Église le célèbre. Je ne saurais dignement exprimer la douleur que la très pure Marie ressentit au moment de cette séparation, non plus que la compassion du Sauveur. Toutes nos expressions sont trop faibles pour faire comprendre ce qui se passa alors dans le cœur du Fils et de la Mère. Comme cette séparation devait être une de leurs plus pénibles afflictions, il ne fut pas convenable de modérer les effets de leur amour naturel et réciproque. Ainsi le Très-Haut permit qu'ils éprouvassent tout ce qui était possible et compatible avec leur souveraine sainteté, et cela avec la proportion que l'on doit toujours présupposer entre Jésus-Christ et sa très sainte Mère, qui est une simple créature. Cette douleur ne fut point adoucie par la diligence avec laquelle notre divin Maître marchait, pressé qu'il était, par la forte impulsion de son immense charité, d'aller travailler à notre salut ; elle ne fut point non plus modérée chez la plus tendre des mères par la connaissance qu'elle avait de cette charité ; car tout cela n'était qu'une plus grande certitude des tourments qui l'attendaient, et augmentait sans cesse la douleur que la seule pensée en faisait naître. Ô mon très doux amour ! comment nos cœurs sont-ils si endurcis et si ingrats qu'ils n'aillent point à votre rencontre ? Comment les hommes, qui vous sont inutiles, ne vous arrêtent-ils point par le peu de reconnaissance qu'ils témoignent pour vos bienfaits ? Ô bien éternel ! Ô ma vie ! vous seriez sans nous aussi heureux qu'avec nous aussi infini en perfections, en sainteté et en gloire ; nous ne pouvons rien ajouter à la gloire que vous avez en vous-même, indépendamment des créatures ! Pourquoi donc, mon divin amour, les cherchez-vous avec tant de sollicitude ? Pourquoi prenez-vous donc tant de peine pour travailler au bien d'autrui ? C'est sans doute que votre bonté incompréhensible vous le fait réputer comme propre, pendant que nous le considérons comme une chose qui vous est indifférente et qui ne nous regarde point nous-mêmes !

Instruction que notre auguste Maîtresse m'a donnée

960. Je veux, ma fille que vous considériez plus fortement les mystères que

---

322   Lc 15, 6.

323   Ps 118, 176.

324   Mt 3, 13.

vous venez d'écrire, et que vous en conceviez une plus haute idée pour le bien de votre âme, et afin que vous m'imitiez en quelques-unes de mes actions. Remarquez donc qu'en la vision de la Divinité, que j'eus au moment que vous avez indiqué, je connus dans le Seigneur le cas qu'il faisait des souffrances et de la mort de mon Fils, et de tous ceux qui devaient le suivre dans le chemin de la croix. Dans cette connaissance, je ne l'offris pas seulement volontiers pour le livrer à la passion et à la mort, mais je suppliai le Très-Haut de me faire la grâce de pouvoir m'associer à toutes ses peines et participer à toutes les amertumes de sa passion ; et le Père éternel me l'accorda. Ensuite je priai mon adorable Fils de me priver dès lors de ses caresses intérieures, afin de commencer à le suivre dans ses afflictions ; et lui-même m'inspira dette demande parce qu'il le voulait ainsi, et la charité me pressa de la lui faire. La passion que j'avais de souffrir, et l'amour que sa Majesté, comme Fils et comme Dieu, avait pour moi, me faisaient souhaiter les afflictions et les peines ; et ce divin Seigneur me les accorda, parce qu'il m'aimait tendrement, car il afflige ceux qu'il aime[325] ; c'est pourquoi, étant sa Mère, il voulut me faire cette grande faveur de me rendre semblable à lui en ce qu'il estimait le plus en la vie humaine. Or cette volonté du Très-Haut s'accomplit en moi ; mes désirs furent exaucés, je fus privée des consolations que je recevais ordinairement ; dès lors mon très saint Fils ne me traita plus avec autant d'affection extérieure, et ce fut une des raisons pour lesquelles il ne m'appela pas du nom de mère, mais de celui de femme, aux noces de Cana, au pied de la croix[326] et, en d'autres circonstances auxquelles, il m'exerça par cette sévérité, en me refusant les paroles qui pouvaient marquer quelque tendresse ; et, bien loin qu'il y eût en ce procédé la moindre rigueur, c'était le plus grand témoignage de son amour, puisqu'il me rendait semblable à lui en me faisant part des peines qu'il choisissait pour lui-même comme le plus riche héritage.

961. Vous comprendrez par-là l'ignorance des mortels, et combien dans leur aveuglement ils s'écartent de la bonne route ; car ils travaillent généralement et même presque tous pour ne point travailler, ils souffrent pour ne point souffrir ; et se détournent avec horreur du chemin royal et sûr de la croix et de la mortification. Livrés à leurs illusions funestes, non seulement ils abhorrent la ressemblance de leur exemplaire Jésus Christ et la mienne, et se privent de cette même ressemblance, qui est le véritable et souverain bien de la vie humaine ; mais ils se mettent en outre dans l'impossibilité de recevoir leur remède, puisqu'ils sont tous malades, affligés d'une foule de fautes auxquelles il n'y a point d'autre remède que la souffrance. On commet les péchés avec une honteuse satisfaction ; par contre, l'on s'en purge par une salutaire douleur, et c'est dans la tribulation que le juste Juge les pardonne. Par les afflictions on parvient à réprimer, à dompter la concupiscence rebelle ; on amortit les élans désordonnés de la nature ; on règle les appétits concupiscible et iras-

---

325   Pr 3, 12.

326   Jn 2, 4 ; 19, 26.

cible ; on abat l'orgueil et la présomption ; on assujettit la chair ; on perd le goût de ce que les choses sensibles et terrestres ont de mauvais ; on détrompe le jugement, on redresse la volonté ; toutes les puissances de l'homme se rangent à leur devoir ; les passions cessent leurs soubresauts et modèrent leurs mouvements ; enfin et surtout l'amour divin est sollicité d'avoir compassion de celui qui est affligé et qui endure les souffrances avec patience, ou qui les cherche avec le désir d'imiter mon très saint Fils. C'est là où tout le bonheur de l'homme se trouve renfermé ; ainsi ceux qui fuient cette vérité sont insensés aussi bien que ceux qui ignorent cette science.

962. Tâchez donc, ma très chère fille, de vous y avancer ; soyez diligente à aller à la rencontre des souffrances, et résolvez-vous à ne recevoir jamais aucune consolation humaine. Et, afin que vous évitiez le danger caché dans les consolations spirituelles, je vous avertis que le démon y tend aussi aux âmes pieuses un piège que vous ne devez pas ignorer ; car, comme la contemplation des grandeurs du Seigneur est si douce et que ses caresses sont si attrayantes, les puissances de l'âme et quelquefois la partie sensitive y trouvent tant de jouissances, que certaines personnes s'y attachent au point de devenir presque incapables des autres occupations nécessaires à la vie humaine, quand même elles seraient imposées par la charité et par les lois du commerce raisonnable avec les créatures ; et, lorsqu'il faut qu'elles s'y appliquent, elles se désolent à l'excès et tombent dans le trouble, dans l'impatience et dans la tristesse ; elles perdent la paix et la joie intérieure ; elles sont intraitables et rudes envers les autres, sans humilité et sans charité. Et, lorsqu'elles sentent leur propre inquiétude et leur malaise moral, elles en attribuent incontinent la cause aux occupations extérieures, dans lesquelles le Seigneur les a mises par l'obéissance et par la charité, et ne veulent ni avouer ni reconnaître que cette cause se trouve dans leur immortification, dans leur défaut de soumission aux ordres de Dieu, dans leur trop vif attachement à leur propre satisfaction. Le démon leur cache ce piège sous le prétexte qu'elles prennent du bon désir du calme, du recueillement, et de s'entretenir avec le Seigneur dans la solitude ; parce qu'il leur semble qu'il n'y a rien à craindre en cela, que tout y est bon et saint, et que le mal vient de ce qu'on les empêche de faire les choses comme elles le souhaitent.

963. Vous êtes tombée quelquefois dans cette faute, et je veux que dès maintenant vous y preniez garde, puisque toutes choses ont leur temps, comme dit Salomon[327], et qu'il y a un temps de jouir des embrassements et un temps de s'en priver ; car c'est une ignorance des imparfaits et de ceux qui commencent à pratiquer la vertu, que de vouloir déterminer le temps de l'entretien intime avec le Seigneur, et de trop ressentir la privation des divines caresses. Je ne prétends pas par-là que vous cherchiez volontairement les distractions et les occupations, ni que vous vous y plaisiez, car ce serait une chose dangereuse ; mais je veux que vous obéissiez avec tranquillité à vos supérieurs quand ils vous les ordonneront, et que vous laissiez le Sei-

---

327   Qo 3, 5.

gneur dans votre douce retraite, pour le trouver dans le travail utile et dans les bons offices que vous rendrez à votre prochain ; c'est ce que vous devez préférer à votre solitude et aux consolations secrètes que vous y recevez ; et je ne veux pas que vous y soyez trop attachée pour ces seules consolations, afin que, dans les soins convenables auxquels vous obligent vos fonctions de supérieure, vous puissiez croire, espérer et aimer avec fidélité et avec perfection. Par ce moyen vous trouverez le Seigneur en tout temps, en tout lieu et en quelque occupation que ce soit, comme vous l'avez déjà expérimenté ; car vous ne devez jamais vous imaginer par une ignorance puérile d'être hors de sa douce présence, et de ne le pouvoir trouver ni jouir des charmes de sa conversation hors de votre retraite, parce que tout est plein de sa gloire sans qu'elle laisse aucun vide[328] ; c'est en lui que vous vivez, que vous vous mouvez et que vous avez l'être[329] ; et lorsque sa Majesté ne vous imposera point ces occupations, vous pourrez jouir des charmes de la solitude après laquelle vous soupirez.

964. Vous connaîtrez mieux toutes ces choses par la générosité de l'amour que je demande de vous, afin que vous suiviez l'exemple de mon très saint Fils et le mien, puisque par cet amour vous devez vous plaire tantôt aux choses de son enfance, tantôt à travailler au salut éternel des hommes à son imitation ; quelquefois à l'accompagner en la retraite de sa solitude, d'autres fois à vous transfigurer avec lui en une nouvelle créature, d'autres fois encore à embrasser la croix des tribulations et à suivre ses traces, et la doctrine qu'il a enseignée sur cette croix comme divin Maître. En un mot, je veux que vous sachiez que j'eus la plus sublime intention de l'imiter toujours en toutes ses œuvres, et que je renfermai dans cette intention la plus grande perfection et la plus haute sainteté ; et je veux que vous m'imitiez en cela autant que vos forces, assistées de la grâce, vous le permettront. Si vous voulez en venir à bout, vous devez premièrement mourir à tous les effets de votre filiation d'Adam, sans vous réserver un seul je veux ou je ne veux pas, j'accepte ou je rejette pour ce sujet ou pour cette raison ; car vous ignorez ce qui vous convient, et votre Seigneur et votre époux, qui le sait et qui vous aime plus que vous ne vous aimez vous-même, veut prendre soin de ce qui vous regarde si vous vous abandonnez entièrement à sa volonté ; et je ne vous donne que la permission de l'aimer et de vouloir l'imiter dans les souffrances, parce qu'en tout le reste vous courez risque de vous éloigner de son bon plaisir et du mien ; et vous tomberez dans ce malheur en suivant votre volonté, vos inclinations et vos appétits. Sacrifiez-les tous ; élevez-vous au-dessus de vous-même ; tâchez d'arriver à la haute demeure de votre divin Maître ; soyez attentive à la lumière de ses inspirations et à la vérité de ses paroles de vie éternelle[330] ; et afin d'y arriver, prenez votre croix[331], suivez ses traces, courez après l'odeur de ses par-

---

328   Qo 42, 16.

329   Ac 17, 28.

330   Jn 6, 69.

331   Mt16, 24.

fums[332], ne cessez point vos empressements jusqu'à ce que vous l'ayez rencontré, et quand vous l'aurez trouvé, gardez-vous bien de le laisser s'éloigner[333].

Chapitre 23
Des occupations de la Mère Vierge pendant l'absence de son très sain Fils, et de ses entretiens avec ses saints anges.

965. Le Rédempteur du monde s'étant éloigné de la présence corporelle de sa très amoureuse Mère, les yeux de cette auguste Dame restèrent comme éclipsés, par l'absence du Soleil de justice, qui les éclairait et les récréait ; mais la vue intérieure de son âme très sainte ne perdit pas un seul degré de la divine lumière, qui la pénétrait tout entière et l'élevait au-dessus du plus sublime amour des plus enflammés séraphins. Et comme le principal emploi de ses puissances, en l'absence de l'humanité très sainte, devait être le seul objet incomparable de la Divinité, elle régla toutes ses occupations de telle sorte, qu'elle pût, dans sa retraite et hors du commerce des créatures, s'appliquer entièrement à la contemplation, aux louanges du Seigneur et à la prière, afin que la doctrine et la semence de la parole que le Maître de la vie devait jeter dans les cœurs des hommes ne se perdissent point par leur dureté et leur ingratitude, mais qu'elles produisissent le fruit abondant de la vie éternelle et le salut de leurs âmes. Et, par la connaissance qu'elle avait des intentions du Verbe incarné, elle s'abstint de parler alors à aucune créature humaine, pour l'imiter dans les austérités qu'il devait pratiquer dans le désert, comme je le dirai ailleurs ; car elle fut en tout une image vivante de ses œuvres aussi bien en son absence qu'en sa présence.

966. La divine Reine s'attacha à ces exercices, dans sa solitude, durant tout le temps que son très saint fils passa hors de la maison. Ses prières étaient si ferventes, qu'elle versait des larmes de sang pour les péchés des hommes. Elle se prosternait plus de deux cents fois chaque jour ; elle aima toute sa vie cet exercice, et le renouvela très souvent, comme un témoignage de son humilité, de sa charité et de son culte, dont je ferai plusieurs fois mention dans la suite de cette histoire. Elle coopérait ainsi, avec son très saint Fils notre libérateur, à l'œuvre de la rédemption, tout absent qu'il était ; et les prières de cette très pieuse Mère furent si puissantes et si efficaces auprès du Père éternel, que ce fut à cause de ses mérites et de sa présence sur la terre que le Seigneur oublia, pour ainsi dire, les péchés de tous les mortels, qui étaient alors indignes de la prédication et de la doctrine de son adorable Fils ; car ce fut la très pure Marie qui écarta cet obstacle à force de ferventes supplications et de charité. Elle fut la médiatrice qui nous procura et mérita le bonheur d'être enseignés de notre Sauveur et divin Maître, et de recevoir la loi de l'Évangile de sa bouche sacrée.

967. Quand notre grande Reine était descendue de ce degré suréminent de contemplation et de ces sublimes hauteurs de la prière, elle s'entretenait avec ses

---

332   Ct 1, 3.

333   Ct 3, 4.

saints anges, à qui le Sauveur avait enjoint de nouveau de prendre une forme corporelle pour l'assister, servir son tabernacle, et garder la sainte Cité de sa demeure tant qu'il en serait éloigné. Ces très diligents ministres du Seigneur obéissaient en tout, et servaient leur Reine avec un respect admirable. Mais comme l'amour est essentiellement actif, et souffre avec impatience l'absence et la privation de l'objet qui l'attire, son plus grand soulagement est de parler de sa douleur et de ses justes causes ; de renouveler le souvenir du bien-aimé, et de s'entretenir souvent de ses qualités et de ses excellences ; car par ses entretiens il charme ses peines, il trompe ou divertit sa douleur, en substituant à la vue de l'original les images chéries qu'il a laissées dans l'âme. C'est ce qui arrivait à la très amoureuse Mère du véritable et souverain Bien ; car, pendant que ses puissances étaient heureusement abîmées dans l'océan immense de la Divinité, elle ne sentait point l'absence corporelle de son Fils ; mais quand elle reprenait l'usage de ses sens, accoutumés à jouir de la présence d'un objet si aimable dont ils se trouvaient privés, alors elle sentait la force impatiente de l'amour le plus intime, le plus sincère et le plus chaste qu'on puisse imaginer ; et il est certain qu'elle n'aurait pu vivre dans une si grande douleur sans un secours divin.

968. Pour donner quelque adoucissement à la douleur naturelle de son cœur, elle s'adressait aux saints anges et leur disait : « Ministres diligents du Très-Haut, ouvrage des mains de mon bien-aimé, mes amis et mes compagnons, donnez-moi des nouvelles de mon très cher Fils et mon divin Maître ; dites-moi où il se trouve, et dites-lui aussi que je meurs par l'absence de ma propre vie. Ô mon doux bien ! Ô amour de mon âme ! où est votre beauté, qui surpasse celle de tous les enfants des hommes[334] ? Où pourrez-vous appuyer la tête ? Où est-ce que votre très délicate et très sainte humanité se reposera de ses fatigues ? Qui vous servira maintenant, lumière de mes yeux ? Et comment pourront-ils, ces yeux, arrêter leurs larmes en l'absence du Soleil qui les éclairait ? Où pourrez-vous, mon adorable Fils, trouver quelque repos ? Et cette pauvre brebis solitaire, où pourra-t-elle trouver le sien ? Quel port trouvera cette petite nacelle, battue dans la solitude par les vagues de l'amour ? Où trouverai-je quelque tranquillité ? Ô le bien-aimé de mes désirs, il n'est pas possible d'oublier votre aimable présence ! comment donc le sera-t-il de vivre dans ce souvenir sans en jouir ? Que ferai-je ? Qui me consolera et me fera compagnie dans mon amère solitude ? Mais que cherché-je, et que puis-je trouver parmi les créatures, si vous me manquez, vous qui êtes mon tout et le seul objet de mon amour ? Esprits célestes, dites-moi, que fait mon Seigneur et mon bien-aimé ? Informez-moi de ses occupations extérieures, et ne me cachez rien de ce que vous découvrirez de ses opérations intérieures dans le miroir de son auguste face et de son être divin. Apprenez-moi toutes ses voies, afin que je les suive. »

969. Les saints anges obéirent à leur Reine, et la consolèrent dans ses amoureuses plaintes, en s'entretenant avec elle du Très-Haut, et en lui disant de grandes

334   Ps 44, 3.

louanges de l'humanité sainte de son Fils et de ses perfections. Ensuite ils l'informaient de toutes ses occupations et des lieux où il était ; et cela se faisait en illuminant son entendement en la manière qu'un ange supérieur illumine celui qui lui est inférieur ; car elle gardait cet ordre spirituel, quand elle conférait intérieurement avec ces esprits bienheureux, sans se servir des organes corporels. Ils lui apprenaient encore en la même manière quand le Verbe incarné priait retiré du commerce des hommes, quand il les instruisait, quand il visitait les pauvres et les hôpitaux, et plusieurs autres de ses actions qu'elle imitait autant qu'il lui était possible ; de sorte qu'elle faisait de magnifiques et excellentes œuvres, comme je le dirai dans la suite ; et par là elle adoucissait en quelque façon sa douleur.

970. Elle envoyait aussi quelquefois les mêmes anges vers son très doux Fils, afin qu'ils le visitassent de sa part ; et alors elle les chargeait, avec la plus sage discrétion, de lui dire des choses que lui inspiraient son respect et son amour ; dans ces occasions, elle leur remettait d'ordinaire un morceau d'étoffe ou de linge qu'elle-même avait travaillé, afin qu'ils en essuyassent le visage sacré du Sauveur quand ils le verraient dans l'oraison fatigué et baigné d'une sueur de sang ; car la divine Mère savait qu'il éprouverait ces angoisses de l'agonie, et de plus en plus à mesure qu'il s'appliquerait davantage aux œuvres de la rédemption. Les saints anges obéissaient en cela à leur Reine avec une respectueuse crainte, parce qu'ils comprenaient que le Seigneur lui-même voulait qu'ils le fissent pour satisfaire les désirs amoureux de sa très sainte Mère. D'autres fois elle savait, par les avis que les mêmes anges lui donnaient, ou par une révélation particulière du Seigneur, que sa Majesté priait dans les montagnes pour les hommes ; et cette très miséricordieuse Dame, sans sortir de sa maison, l'imitait en tout, et faisait les mêmes prières en la même posture que notre adorable Sauveur. En certains cas, elle lui envoyait aussi quelque nourriture par le ministère des anges, et c'était lorsqu'elle savait qu'il n'y avait personne qui en donnerait au Maître de la nature. Toutefois cela arriva fort rarement, parce que le Seigneur n'avait pas voulu permettre, comme je l'ai marqué dans le chapitre précédent, que sa très sainte Mère le fit toujours, comme elle le souhaitait ; et elle s'en abstint pendant les quarante jours qu'il jeûna, parce que telle était la volonté de ce divin Seigneur.

971. Parfois notre grande Dame s'occupait à faire des cantiques de louange au Très-Haut, et elle les faisait étant seule en oraison, ou en la compagnie des saints anges, avec lesquels elle les chantait alternativement. Tous ces cantiques étaient aussi sublimes par le style que profond par le sens. Parfois encore elle s'employait à soulager le prochain dans ses nécessités, à l'exemple de son Fils. Elle visitait les malades, consolait les affligés, instruisait les ignorants, et elle les perfectionnait tous et leur procurait une abondance de grâces et de biens célestes. Pendant le temps du jeûne du Seigneur, elle demeura toute seule dans sa maison sans fréquenter personne, comme je le dirai dans la suite. Dans cette solitude les extases lui furent plus fréquentes, et elle y reçut de la Divinité des dons et des faveurs incomparables ; car la main du Seigneur traçait en elle, comme

sur une toile bien préparée, les dessins et les traits les plus admirables de ses infinies perfections. Elle se servait de tous ces dons pour travailler avec un nouveau zèle au salut des mortels, et elle les appliquait à une imitation plus parfaite de son très saint Fils, avec intention de l'aider, comme sa coadjutrice dans les œuvres de la rédemption. Et quoique ces bienfaits et ces entretiens intimes du Seigneur fussent toujours accompagnés d'une nouvelle joie et d'une grande consolation du Saint-Esprit, elle souffrait néanmoins en la partie sensitive, ainsi qu'elle l'avait désiré et demandé pour imiter notre Seigneur Jésus-Christ, comme je l'ai marqué ailleurs. Chez elle, ce désir de partager ses souffrances, était insatiable, et elle ne cessait de demander avec un très ardent amour au Père éternel de souffrir, renouvelant le sacrifice si agréable de la vie de son Fils et de la sienne, qu'elle avait déjà offert par la volonté du même Seigneur ; car ce désir était aussi continuel qu'insatiable, elle en était jour et nuit consumée, et elle souffrait surtout de ne point pouvoir souffrir davantage pour son bien-aimé.

Instruction que j'ai reçue de la Reine du ciel

972. Ma très chère fille, la sagesse de la chair a rendu les hommes ignorants, insensés et ennemis de Dieu[335], parce qu'elle est diabolique, trompeuse, terrestre et rebelle à la loi divine ; et plus les enfants d'Adam s'efforcent d'atteindre les mauvaises fins de leurs passions charnelles et animales, et cherchent les moyens d'y parvenir, plus ils ignorent les choses divines, qui sont les voies par lesquelles ils doivent arriver à leur véritable et dernière fin. Cette ignorance et cette prudence de la chair sont surtout déplorables et odieuses aux yeux du Seigneur chez les enfants de l'Église. À quel titre les enfants de ce siècle prétendent-ils s'appeler enfants de Dieu, frères de Jésus-Christ et héritiers de ses biens ? Le fils adoptif doit être autant qu'il est possible semblable au fils naturel. Un frère n'est ni d'une race ni d'une condition autres que son autre frère. Un enfant ne s'appelle point héritier, si, au lieu de recueillir la masse des biens de son père, il n'a touché qu'une mince portion de l'héritage. Or comment seront héritiers avec Jésus-Christ ceux qui n'aiment, qui ne désirent et qui ne cherchent que les biens terrestres, et y mettent toutes leurs complaisances ? Comment seront-ils ses frères, ceux qui dégénèrent si fort de ses qualités, de sa doctrine et de sa sainte loi ? Comment lui seront-ils semblables, ceux qui si souvent effacent son image, et laissent empreindre leur âme de celle de la bête infernale[336] ?

973. Vous connaissez, ma fille, ces vérités en la divine lumière, aussi bien que les peines que j'ai prises pour me rendre semblable à l'image du Très-Haut, qui est mon Fils et mon Seigneur. Ne vous imaginez pas que je vous aie donné en vain cette si haute connaissance de mes œuvres ; car mon intention est que vous graviez ces leçons dans votre cœur, que vous les ayez toujours devant vos yeux, et que vous en profitiez pour régler votre vie et vos actions tout le temps qu'il vous reste àpasser

---

335   Rm 8, 7.

336   Ap 26, 2.

sur la terre, et qui ne peut pas être fort long. Ne vous embarrassez point avec les créatures, et ne vous laissez point retarder par leurs pièges pour marcher à ma suite ; évitez-les, méprisez-les, abandonnez-les, du moment où elles vous deviennent un obstacle. Si vous voulez faire des progrès à mon école, il faut que vous soyez pauvre, humble, méprisée et soumise, et que vous conserviez dans tous les événements un visage gai, un cœur joyeux. Ne vous arrêtez point aux applaudissements et aux affections de qui que ce soit, et prenez garde de vous laisser entraîner par les inclinations humaines ; car le Seigneur ne veut point que vous vous laissiez absorber par des attentions si inutiles, par des occupations si basses et si incompatibles avec l'état auquel il vous appelle. Faites humblement réflexion sur les témoignages d'amour que vous en avez reçus, et considérez que pour vous enrichir il a tiré de ses trésors les dons les plus magnifiques. Lucifer et ses ministres n'ignorent point ces faveurs, c'est pourquoi ils déploient contre vous toute leur colère et toutes leurs ruses. Il n'est point de baliste qu'ils ne doivent faire jouer pour démolir les murs de la place ; mais ils dirigeront surtout leurs attaques contre votre intérieur, c'est là qu'ils pointeront leurs principales batteries. Tenez-vous sur vos gardes et veillez ; fermez les portes de vos sens, consignez votre volonté, et ne permettez pas qu'elle sorte à la rencontre d'aucune chose humaine pour bonne et honnête qu'elle vous paraisse ; car la moindre brèche que vous laisserez pratiquer à l'amour que Dieu exige de vous, suffira pour faire entrer vos ennemis. Tout le Royaume de Dieu est au dedans de vous[337] ; c'est là que vous trouverez le bien que vous désirez. N'oubliez point le bienfait de mes instructions, et conservez-les dans votre cœur ; sachez que le danger et le dommage dont je cherche à vous éloigner sont très considérables, et que de suivre mon exemple, de participer à ma ressemblance, c'est le plus grand bonheur auquel vous puissiez aspirer, et soyez persuadée que je suis portée par toute ma tendresse à vous l'accorder, si vous vous y disposez par de hautes pensées et par des paroles saintes, qui vous élèvent à l'état auquel le Tout-Puissant et moi vous destinons.

Chapitre 24
Notre Sauveur Jésus-Christ arrive au bord du Jourdain, où saint Jean le baptise et le prie de le baptiser lui-même

974. Après que notre Rédempteur eut laissé sa très amoureuse Mère à Nazareth, sans aucune créature humaine pour compagnie, mais occupée dans sa pauvre demeure aux exercices de son ardente charité dont j'ai parlé ci-dessus, il continua son chemin vers le Jourdain, où son précurseur prêchait et baptisait[338] près de Béthanie, bourg situé de l'autre côté du fleuve, et autrement nommé Bethabara. Dès les premiers pas qu'il fit hors de sa maison, notre adorable Seigneur éleva les yeux au Père éternel, et lui offrit de nouveau avec la plus ardente charité tout ce qu'il

---

337 Lc 17, 21.

338 Mt 3, 1, etc.

allait opérer pour les hommes, les fatigues, les douleurs, la passion et la mort de la croix, qu'il voulait souffrir pour eux, obéissant à la volonté éternelle du même Père, à qui il offrit aussi la douleur naturelle qu'il éprouvait d'avoir quitté sa Mère, et de s'être privé de sa douce compagnie, dont il avait joui l'espace de vingt-neuf ans. Le Seigneur de l'univers marchait tout seul, sans ostentation, sans cortège, sans éclat ; le souverain Roi des rois, le Seigneur des seigneurs[339] s'avançait inconnu et méconnu de ses propres sujets, qui pourtant dépendaient si étroitement de lui, qu'ils ne tenaient et ne conservaient l'être que par sa seule volonté[340]. Son royal équipage consistait en une extrême pauvreté, en un dénuement absolu.

975. Comme les écrivains sacrés ont passé sous silence ces œuvres du Sauveur, et leurs circonstances si dignes de notre attention, quoiqu'elles aient été effectivement accomplies ; comme, en outre, nous sommes accoutumés par un grossier oubli à ne pas le remercier même de celles dont les Évangiles contiennent le récit, il arrive que nous ne réfléchissons pas à l'immensité des bienfaits que nous avons reçus, ni à cet amour infini qui nous a enrichis avec tant de munificence, et qui a bien voulu nous attirer à lui par tant de liens d'une charité toute gratuite[341]. Ô amour éternel du Fils unique du Père ! Ô mon souverain bien et vie de mon âme ! Combien peu votre excessive charité est reconnue ! Pourquoi, mon doux amour, tant de tendresses, tant de soins et tant de peines, pour ceux dont non seulement vous n'avez pas besoin, mais qui ne répondront pas même à vos faveurs, et ne s'en soucieront non plus que si c'était une chimère ? Ô cœur humain ! plus insensible et plus féroce que celui d'un tigre ou d'un lion ! Qui t'endurcit de la sorte ? Qui te retient ? Qui t'opprime et qui t'appesantit au point de t'empêcher de te diriger vers un tel bienfaiteur dans les voies de la reconnaissance ? Ô hommes, d'où vient un pareil ensorcellement ? Quel objet vous fascine d'une manière si étrange ? Dans quelle léthargie mortelle vous êtes tombés ! Qui a effacé de votre souvenir des vérités si infaillibles et des bienfaits si mémorables, et en même temps les conditions de votre propre et véritable félicité ? Si nous sommes de chair et naturellement si sensibles, qui nous a rendus plus insensibles et plus durs que les rochers ? Comment ne nous réveillons-nous pas de notre assoupissement au bruit éclatant des bienfaits de notre rédemption ? Des os desséchés s'animent et se meuvent à la voix d'un prophète[342], et nous résistons aux paroles et aux œuvres de Celui qui donne à tout la vie et l'être. Voilà de quoi est capable l'amour terrestre, et ce que notre funeste oubli peut produire.

976. Recueillez donc maintenant, mon divin Maître et lumière de mon âme ! ce vil vermisseau, qui se traînant par terre va à la rencontre des soins amoureux que vous prenez pour le chercher. Ce sont ces soins qui me donnent l'assurance certaine

---

339   Ap 19, 16.

340   Ap 4, 11.

341   Os 11, 4.

342   Ez 27, 10.

de trouver en vous la vérité, la voie, la perfection et la vie éternelle. Je n'ai rien à vous offrir, mon bien-aimé, pour ce que je vous dois, si ce n'est votre bonté et votre amour, et l'être que j'en ai reçu. Rien au-dessous de vous ne saurait payer les choses infinies que vous avez faites pour moi. Je vais au-devant de votre adorable grandeur, toute brûlante de la soif de votre charité ; ne veuillez point, Seigneur, détourner l'œil de votre divine clémence de cette pauvre créature, que vous cherchez avec des empressements si amoureux. Vie de mon âme, âme de ma vie ! puisque je n'ai pas été assez heureuse pour mériter de jouir de votre vue corporelle dans le siècle fortuné qui vous a vu naître, je suis du moins fille de votre sainte Église, membre de ce corps mystique et de cette sainte assemblée des fidèles. Je vis dans une vie dangereuse, dans une chair fragile, dans un temps triste et calamiteux ; mais je crie et je soupire du plus profond de mon cœur pour avoir part à vos mérites infinis ; et vous m'exaucerez, Seigneur, parce que la foi m'enseigne la destination de ces mérites, que l'espérance me les assure, et que la charité me donne le droit d'y prétendre. Regardez donc votre pauvre servante, rendez-la reconnaissante de tant de bienfaits, humble de cœur, constante en votre saint amour, et toute souple entre les mains de votre bon plaisir.

977. Notre Sauveur poursuivit son chemin vers le Jourdain, répandant en divers endroits ses anciennes miséricordes et des bienfaits admirables soit en faveur des corps, soit en faveur des âmes d'une foule de personnes qui avaient besoin de son secours ; ce fut pourtant toujours d'une manière secrète, car il ne donna aucun témoignage public de son pouvoir divin et de ses grandes excellences jusqu'au temps qu'il fut baptisé. Avant que d'arriver près de son saint précurseur, il lui communiqua une nouvelle lumière et une joie extraordinaire qui élevèrent et changèrent son esprit, et le saint, émerveillé en remarquant ces nouveaux effets en lui-même, s'écria : « Quel mystère est celui-ci ? Quel favorable présage de mon bonheur ? Car, depuis qu'étant dans le sein de ma mère je reconnus la présence de mon Seigneur, je n'ai pas ressenti des effets semblables à ceux que j'éprouve maintenant. Le Sauveur du monde viendrait-il par bonheur ici, ou serait-il proche de moi ? » Après cette illustration spéciale, le saint précurseur eut une vision intellectuelle, où il connut avec une plus grande clarté le mystère de l'union hypostatique en la personne du Verbe, et plusieurs autres mystères de la rédemption du genre humain. Et ce fut à cause de cette nouvelle lumière qu'il rendit les témoignages que raconte l'évangéliste saint Jean, pendant que notre Seigneur Jésus-Christ était au désert, et après qu'il en fut sorti pour retourner au Jourdain ; l'un, quand il fut interrogé par les Juifs, et l'autre quand il dit : *Je suis l'Agneau de Dieu*, etc.[343], comme je le dirai dans la suite. Quoique Jean-Baptiste eût auparavant appris de grands mystères, lorsque le Seigneur lui ordonna d'aller prêcher et baptiser, ils lui furent néanmoins annoncés de nouveau et découverts avec une plus grande clarté dans cette vision ; et alors il sut que le Sauveur du monde venait recevoir le baptême.

---

343   Jn 1, 36.

978. Sa Majesté se joignit donc à la foule, et pria saint Jean de le baptiser avec les autres ; mais le Précurseur le reconnut, et, se prosternant à ses pieds, il lui dit pour s'en dispenser : C'est vous, Seigneur, qui me devez baptiser, et vous venez me demander le baptême ? comme le raconte l'évangéliste saint Matthieu[344]. Le Sauveur lui répondit : Laissez-moi faire pour cette heure ce que je souhaite ; car nous devons accomplir ainsi toute justice[345]. Par cette espèce de refus que le saint opposa au baptême de notre Seigneur Jésus-Christ, et par la demande qu'il lui adressa lui-même, il fit entendre qu'il le reconnaissait pour le véritable Messie. Et ceci n'est point contradictoire avec ce que l'évangéliste saint Jean nous rapporte que le saint Précurseur dit aux Juifs : Pour moi, je ne le connaissais point ; mais Celui qui m'a envoyé baptiser dans l'eau m'a dit : Celui sur qui vous verrez l'Esprit descendre et se reposer, c'est celui-là qui baptise dans le Saint-Esprit : *Je l'ai vu, et j'ai rendu le témoignage qu'il est le Fils de Dieu*[346]. La raison que j'allègue pour prouver qu'il n'y a point de contradiction entre ce passage de saint Jean et ce que dit saint Matthieu, est que le témoignage du ciel et la voix du Père, qui se firent entendre sur notre Seigneur Jésus-Christ près du Jourdain, coïncidèrent avec le moment où saint Jean-Baptiste eut la vision et l'illumination dont je viens de parler, et jusque-là il n'avait pas encore vu Jésus-Christ de ses yeux corporels. Il put donc déclarer qu'il ne l'avait pas connu comme il le connut alors ; mais il le vit non seulement des yeux du corps, mais aussi et au même moment par la lumière de la révélation ; c'est pour cela qu'il se prosterna à ses pieds et qu'il lui demanda le baptême.

979. Aussitôt que saint Jean eut achevé de baptiser notre Seigneur Jésus-Christ, le ciel s'ouvrit, le Saint-Esprit descendit sur sa tête sous la forme visible d'une colombe, et l'on entendit la voix du Père qui dit Celui-ci est mon Fils bien-aimé, en qui je me plais uniquement[347]. Plusieurs de ceux qui se trouvaient présents, et qui ne s'étaient pas rendus indignes d'une faveur si admirable, entendirent cette voix du ciel, et virent aussi le Saint-Esprit en la forme sous laquelle il se reposa sur le Sauveur. Ce témoignage fut le plus grand qui se pût donner de la divinité de notre Rédempteur, tant du côté du Père, qui l'avouait pour Fils, que de celui du Saint-Esprit, qui en fournissait la preuve, puisque tout cela manifestait que Jésus-Christ était Dieu véritable, égal à son Père éternel quant à la substance et quant à ses perfections infinies. Le Père voulut être le premier à attester du ciel la divinité de Jésus-Christ, afin d'autoriser par cette attestation toutes celles que l'on en devait donner ensuite dans le monde. Ces paroles du Père renfermaient encore un mystère ; c'était une manière de dégager, pour ainsi dire, l'honneur de son Fils, et de récompenser l'acte d'humilité qu'il pratiquait en se soumettant au baptême, qui servait de remède aux

---

344   Mt 3, 14.

345   Mt 3, 15.

346   Jn 1, 33-34.

347   Mt 3, 17.

péchés, dont le Verbe incarné était exempt, puisqu'il était impeccable[348].

980. Notre Seigneur Jésus-Christ offrit avec soumission au Père cet acte d'humilité qu'il faisait en paraissant sous la forme de pécheur et en recevant le baptême avec ceux qui l'étaient, pour se reconnaître, par cette obéissance, inférieur quant à la nature humaine, qui lui était commune avec tous les enfants d'Adam, et pour instituer par là le sacrement du baptême, qui devait laver les péchés du monde par la vertu de ses mérites ; et ce divin, Seigneur, s'humiliant le premier jusqu'à recevoir le baptême des péchés, demanda au Père éternel, et en obtint en même temps un pardon général pour tous ceux qui le recevraient, afin qu'ils sortissent de l'empire du démon et du mal, et fussent régénérés en l'être nouveau, spirituel et surnaturel des enfants adoptifs du Très-Haut et des frères du même Rédempteur[349]. Et comme les péchés des hommes, tant les passés que les actuels et les futurs que le Père éternel avait présents en la prescience de sa sagesse, auraient empêché ce remède si doux et si facile, notre Seigneur Jésus-Christ le mérita par justice, afin que l'équité du Père pût l'accepter, l'approuver et s'en déclarer satisfaite ; il savait pourtant combien de mortels, dans les siècles présents et futurs, ne profiteraient pas du baptême, et combien d'autres ne le recevraient point. Notre Seigneur Jésus-Christ ôta tous ces obstacles et suppléa au peu de mérite des hommes par ses propres mérites, et en s'humiliant jusqu'à paraître sous la ressemblance de pécheur[350] et à recevoir le baptême, tout innocent qu'il était. Tous ces mystères sont renfermés dans la réponse qu'il fit à son saint précurseur : *Laissez-moi faire pour cette heure, car nous devons accomplir ainsi toute justice*[351]. La voix du Père et la personne du Saint-Esprit descendirent[352] pour accréditer le Verbe incarné, récompenser son humilité, et approuver le baptême et les effets qu'il devait opérer ; cet adorable Sauveur fut ainsi reconnu et proclamé comme véritable Fils de Dieu, en même temps qu'était révélée l'existence des trois personnes divines, au nom desquelles on devait donner le baptême.

981. Le grand Baptiste fut celui qui pénétra le plus ces merveilles et leurs effets, et qui en eu la meilleure part ; car non seulement il baptisa son Rédempteur et son Maître, vit le Saint-Esprit et le globe lumineux qui descendirent du ciel sur le Seigneur ; découvrit la multitude innombrable d'anges qui assistaient au baptême, entendit la voix du Père et connut d'autres mystères en la vision que j'ai décrite ; mais il fut en outre baptisé par le Rédempteur lui-même. Et quoique l'Évangile dise seulement qu'il a demandé le baptême[353], il ne nie pourtant pas qu'il l'ait reçu, parce que sans doute notre Seigneur Jésus-Christ, après avoir été baptisé, aura donné à son pré-

---

348 He 7, 26.

349 1 P 1, 23.

350 Rm 8, 3.

351 Mt 3, 15.

352 Mt 3, 16-17.

353 Mt 3, 14

curseur le baptême, que celui-ci lui demandait, et que sa divine Majesté institua dès lors, quoique la promulgation et l'application générale de cette loi n'aient eu lieu que plus tard, quand le Sauveur, après sa résurrection, prescrivit aux apôtres de conférer ce sacrement[354]. Et, comme je le dirai plus loin, le Seigneur baptisa aussi sa très sainte Mère avant cette promulgation, en laquelle il détermina la forme du baptême, qu'il avait ordonné. Voilà ce qui m'a été déclaré. J'ai également appris que saint Jean fut le premier né du baptême de notre Seigneur Jésus-Christ et de la nouvelle Église qu'il établissait à l'ombre de ce grand sacrement, et que ce saint précurseur reçut ainsi le caractère de chrétien et une grande plénitude de grâces, quoique, ayant été justifié par le Rédempteur avant de naître, comme je l'ai marqué ailleurs, il n'eût pas besoin d'être purgé du péché originel. Et on ne doit pas conclure que le Seigneur lui ait refusé le baptême des paroles qu'il lui répondit : *Laissez-moi faire pour cette heure, car nous devons accomplir toute justice* ; cela veut seulement dire qu'il le lui différa jusqu'à ce qu'il ait été lui-même baptisé le premier, et qu'il eût accompli la justice de la manière que j'ai expliquée ; après quoi sa divine Majesté le baptisa, lui donna sa bénédiction et se retira dans le désert.

982. Revenons maintenant à mon sujet et aux œuvres de notre grande Reine. Aussitôt que son très saint Fils fut baptisé, quoiqu'elle connût par la lumière divine les actions de sa Majesté, les saints anges qui assistaient cet adorable Seigneur ne laissèrent pas de l'informer de tout ce qui s'était passé au Jourdain ; et ces anges furent de ceux qui portaient, comme je l'ai dit dans la première partie, les devises de la passion du Sauveur. La très prudente Mère, voulant témoigner sa reconnaissance pour tous les mystères qui se trouvaient renfermés dans le baptême, qu'il avait reçu et ordonné, et pour le témoignage rendu à sa divinité, fit de nouveaux cantiques de louange au Très-Haut et au Verbe incarné, et elle imita notre divin Maître en tous ses actes d'humilité et en toutes ses prières. Elle intercéda avec une très ardente charité pour les hommes, afin qu'ils profitassent du baptême, et que ce sacrement s'étendît par tout le monde. Après avoir fait ces prières et ces cantiques, elle convia les courtisans célestes à exalter avec elle son très saint Fils, pour s'être humilié jusqu'à recevoir le baptême.

Instruction que la Reine du ciel m'a donnée

983. Ma fille, par les différentes lumières que je vous ai communiquées des œuvres que mon très saint fils a faites pour les hommes, aussi bien que de l'estime et de la reconnaissance que j'en ai témoignées, vous comprendrez combien ce fidèle retour auquel je vous exhorte est agréable au Très-Haut, et vous découvrirez les grands biens qu'une semblable correspondance renferme. Vous êtes, dans la maison du Seigneur, une pauvre pécheresse, une petite créature inconsistante comme la poussière ; mais je veux néanmoins que vous vous chargiez de rendre de continuelles actions de grâces au Verbe incarné pour l'amour qu'il a porté aux enfants d'Adam ; pour la loi sainte,

---

354   Mt 28, 19.

pure, efficace et parfaite qu'il leur a donnée pour leur remède, et spécialement pour l'institution du saint baptême, par l'efficace duquel ils sont délivrés de la tyrannie du démon et régénérés en enfants du Seigneur lui-même[355] par la grâce, qui les justifie et les aide à éviter le péché. Cette obligation est commune à tous, mais, comme les hommes semblent presque l'oublier, je vous la rappelle afin que vous tachiez, à mon imitation, d'être reconnaissante pour tous, comme si vous étiez la seule redevable, puisque vous l'êtes du moins pour d'autres faveurs singulières que vous avez reçues du Seigneur ; car il vous a distinguée par ses libéralités au milieu de nombreuses générations ; vous étiez présente à sa mémoire lors de l'établissement de sa loi évangélique et des sacrements, et l'objet de son amour quand il vous a appelée et choisie pour être fille de son Église, et pour vous y nourrir du fruit de son précieux sang.

984. Que si l'auteur de la grâce, mon très saint Fils, pour fonder, comme un habile architecte, sa nouvelle Église et établir le sacrement du baptême comme la première base de cet édifice, s'humilia, pria et accomplit toute justice en reconnaissant l'infériorité de son humanité très sainte ; si, étant Dieu par la divinité, il ne dédaigna point de s'abaisser en tant qu'homme jusqu'au néant, dont son âme très pure fut créée et l'être humain fut formé, combien ne devez-vous pas vous humilier, vous qui avez commis des péchés, et qui êtes plus méprisable que la poussière et que la cendre ! Avouez que de justice vous ne méritez que le châtiment, que le rebut et l'aversion de toutes les créatures, et qu'aucun des hommes qui ont offensé leur Créateur et leur Rédempteur ne peut dire avec vérité qu'on lui fait tort, quand même il souffrirait successivement toutes les peines et toutes les afflictions possibles depuis le commencement jusqu'à la fin du monde ; et puisque tous ont péché en Adam[356], avec quelle humilité ne doivent-ils pas souffrir, lorsque la main du Seigneur les touche par quelque tribulation[357] ! Et si vous enduriez toutes les peines des mortels avec une humble résignation ; et qu'en outre vous exécutassiez parfaitement tout ce que je vous enseigne et vous ordonne, vous devriez toujours vous regarder comme une servante inutile[358]. Or, combien vous faut-il vous humilier de tout votre cœur lorsque vous manquez à accomplir votre devoir, et que vous vous voyez si éloignée de rendre ce retour ! Que si je veux que vous le rendiez et pour vous et pour les autres, considérez bien votre obligation, et préparez votre cœur en vous humiliant jusqu'au néant, sans aucune résistance et sans même être satisfaite, jusqu'à ce que le Très-Haut vous reçoive pour sa fille et vous déclare pour telle en sa divine présence, et en sa jouissance éternelle dans la céleste et triomphante Jérusalem.

---

355 Jn 3, 5.

356 1 Co 15, 22.

357 Job 19, 21.

358 Lc 17, 10.

Chapitre 25

Notre Rédempteur, après avoir été baptisé, s'en va au désert, où il s'exerce
à de grandes victoires et à toutes sortes de vertus contre les vices.
Sa très sainte Mère en a connaissance et l'imite parfaitement en tout.

985. Par le témoignage que la vérité souveraine rendit près du Jourdain à la divinité de notre Sauveur Jésus-Christ, sa personne et la doctrine qu'il devait prêcher furent en une si haute réputation, qu'il pouvait dès lors commencer à l'enseigner et à se faire connaître par elle, par ses miracles, par ses œuvres et par la sainteté de sa vie, qui devaient confirmer cette même doctrine, afin que tous reconnussent en lui le Fils naturel du Père éternel, le Messie d'Israël et le Sauveur du monde. Néanmoins le divin Maître de la sainteté ne voulut point commencer à prêcher ni se manifester comme notre Restaurateur qu'il n'eût auparavant triomphé de nos ennemis, le monde, le diable et la chair, afin de triompher ensuite de leurs continuelles séductions, de nous donner par les œuvres de ses héroïques vertus les premières leçons de la vie chrétienne et spirituelle, et de nous enseigner à combattre et à vaincre au moyen de ses victoires. En effet, c'est lui qui le premier a terrassé ces ennemis communs, et a tellement affaibli leurs forces que notre fragilité n'a point à les craindre, à moins que nous ne nous livrions nous-mêmes entre leurs mains, et que nous ne leur rendions volontairement leur puissance. Et quoique sa Majesté fût, comme Dieu, infiniment supérieure au démon, et qu'exempte, comme l'homme, de tout défaut et de tout péché[359], elle possédât une suprême sainteté et un pouvoir absolu sur toutes les créatures, elle voulut pourtant, comme homme saint et juste, vaincre les vices et celui qui en était l'auteur, en offrant son humanité très sainte au combat de la tentation, et en dissimulant dans la lutte la supériorité qu'elle avait sur les ennemis invisibles.

986. C'est par la retraite que notre Seigneur Jésus-Christ vainquit et nous apprit à vaincre ; car bien que le monde laisse ordinairement ceux dont il n'a pas besoin pour ses fins terrestres, et qu'il ne coure pas après ceux qui ne le cherchent point, néanmoins ceux qui le méprisent véritablement doivent en détourner leurs affections, et témoigner leur mépris par leurs œuvres en s'en éloignant autant qu'il leur sera possible. Sa Majesté vainquit aussi la chair, et nous enseigna à la vaincre par la pénitence d'un si long jeûne, par lequel elle affligea son corps très innocent, quoiqu'elle n'eût point de répugnance pour le bien, ni de passions qui la portassent au mal. Elle vainquit aussi le démon par la doctrine et par la vérité, comme je le dirai dans la suite, parce que toutes les tentations de ce père du mensonge se présentent d'ordinaire déguisées et revêtues de charmes trompeurs. Que si notre Rédempteur ne voulut point prêcher ni se faire connaître au monde avant que d'avoir remporté ces victoires, ce fut pour nous prémunir contre le danger auquel nous exposons notre fragilité lorsque nous recevons les honneurs du monde, fût-ce pour des faveurs que nous avons reçues du ciel, sans être morts à nos passions et sans avoir vaincu nos ennemis communs ;

---

359 1 P 2, 22.

car si les applaudissements des hommes nous trouvent immortifiés, ardents et avec des ennemis domestiques au dedans de nous-mêmes, les dons du Seigneur ne seront pas en une grande sûreté, puisque ce vent de la vaine gloire du monde renverse quelquefois les plus hautes colonnes. Ce qui nous importe le plus, c'est de savoir que nous portons le trésor de nos âmes dans des vases fragiles[360], et que, quand Dieu voudra glorifier la vertu de son nom en notre faiblesse, il saura bien trouver le moyen de l'affermir et de faire éclater ses œuvres. Pour nous, nous n'avons qu'à nous tenir sur nos gardes et à prendre de prudentes précautions.

987. Notre divin Sauveur étant parti du Jourdain après avoir pris congé de son saint Précurseur, poursuivit son chemin sans se reposer jusqu'à ce qu'il fût arrivé au désert. Il n'était assisté et accompagné que des anges, qui le servaient comme leur roi et l'honoraient par des cantiques de louange, pour les œuvres qu'il faisait en faveur de la nature humaine. Il arriva enfin au lieu qu'il avait volontairement choisi[361], et qui était situé entre quelques rochers arides où se trouvait une grotte fort retirée, en laquelle il s'arrêta, la destinant pour sa demeure pendant tout le temps de son saint jeûne. Il se prosterna le visage contre terre avec une très profonde humilité, et c'était ce que sa Majesté et sa bienheureuse Mère faisaient toujours avant de commencer leurs prières. Il glorifia le Père éternel et lui rendit des actions de grâces pour les œuvres de sa divine droite, et de ce qu'il avait daigné lui ménager, suivant son bon plaisir, dans cette solitude, un endroit si propre à sa retraite ; il remercia aussi en quelque sorte le désert même, par l'acceptation qu'il en fit, de ce qu'il l'avait accueilli pour le cacher aux yeux du monde tout le temps qu'il serait convenable. Sa Majesté continua son oraison les bras étendus en croix, et ce fut la plus ordinaire occupation qu'elle eut dans le désert ; elle sollicitait du Père éternel le salut du genre humain, et en priant ainsi, elle suait parfois du sang, pour la raison que je dirai lorsque je parlerai de la prière du jardin.

988. Plusieurs bêtes sauvages qui étaient dans ce désert vinrent, par un instinct admirable, reconnaître leur Créateur, qui sortait quelquefois de sa grotte, et elles le lui témoignèrent par certains cris qu'elles jetaient et certains mouvements qu'elles faisaient autour de son adorable personne ; mais les oiseaux s'acquittèrent de ce devoir d'une manière plus particulière, car il en vint une grande multitude auprès du Seigneur, et ils le fêtaient à leur façon, faisant éclater leur joie par divers chants harmonieux, et exprimant leur reconnaissance de la faveur qu'il leur accordait en demeurant au milieu d'eux dans ces lieux arides, qu'il sanctifierait par sa divine présence. Le Seigneur commença son jeûne, et ne prit aucune nourriture pendant les quarante jours qu'il dura ; il l'offrit au Père éternel en réparation des désordres que les hommes commettraient par leur gourmandise, qui est un vice très bas, et qui ne laisse pourtant pas d'être commun et même hautement honoré dans le monde ; et

---

360   2 Co 4, 7.

361   Mt 4, 1.

comme notre Seigneur Jésus-Christ vainquit ce vice, il vainquit aussi tous les autres et répara les injures que le suprême Législateur et Juge souverain des hommes en recevait. Les lumières qui m'ont été communiquées m'apprennent que notre Sauveur voulant faire l'office de Prédicateur, de Maître, de Médiateur et de Rédempteur des hommes auprès du Père éternel, vainquit auparavant tous leurs vices et répara leurs péchés par la pratique des vertus si contraires au monde ; et quoique ce fût l'occupation ordinaire de toute sa très sainte vie, et l'exercice continuel de son ardente charité, néanmoins il appliqua spécialement à cette fin les œuvres d'un prix infini qu'il ferait durant son jeûne dans le désert.

989. Comme un tendre Père dont les nombreux enfants ont tous commis de grands crimes, par lesquels ils méritent des punitions rigoureuses, offre tous les biens qu'il peut avoir afin de satisfaire pour eux, et de les soustraire au châtiment qu'ils devaient subir ; de même notre amoureux père et charitable frère Jésus-Christ payait nos dettes, acquittait nos obligations, et plus spécialement il offrit pour notre orgueil sa très profonde humilité, pour notre avarice sa pauvreté volontaire et le dénuement de tout ce qui lui appartenait, pour nos plaisirs criminels sa pénitence et ses austérités, pour nos colères et nos vengeances sa mansuétude et sa charité envers ses ennemis, pour notre paresse et notre lâcheté son active sollicitude, enfin pour nos faussetés et notre envie il offrit son admirable candeur, sa sincérité, sa véracité, la douceur de son amour et de sa conversation. C'est ainsi qu'il apaisait le juste Juge et sollicitait la grâce d'enfants que leur désobéissance avait exclus de la famille ; et non seulement il obtint leur pardon, mais il leur mérita de nouvelles faveurs, des dons et des secours extraordinaires, afin qu'ils pussent se rendre dignes de jouir éternellement de la vue de son Père et de la sienne, en la participation et en l'héritage de sa gloire. Et quoiqu'il eût pu obtenir tout cela par la moindre de ses actions, il ne se contenta point de ce que nous eussions fait, mais au contraire son surabondant amour nous prodigua ses bienfaits à un point tel, que si nous n'y répondions pas, notre ingratitude et notre dureté seraient sans excuse.

990. Pour donner connaissance de tout ce que le Sauveur opérait à l'égard de sa bienheureuse Mère, il faudrait avoir la divine lumière et les révélations continuelles qu'elle avait ; mais elle y ajoutait dans sa tendre sollicitude les fréquents messages qu'elle chargeait les saints anges de porter à son très saint Fils. Ce même Seigneur le disposait de la sorte, afin que lui et sa Mère connussent réciproquement et d'une manière sensible, par l'intermédiaire de ces fidèles ambassadeurs, les sentiments qu'ils formaient dans leur cœur, car ces esprits célestes les rapportaient à Marie avec les mêmes paroles qui sortaient de la bouche de Jésus pour elle, et à Jésus avec celles qui sortaient de la bouche de Marie pour lui, quoique le Fils et la Mère eussent déjà pénétré leurs sentiments mutuels par une autre voie. Aussitôt que notre grande Dame sut que le Rédempteur du monde avait pris le chemin du désert, et qu'elle eut été informée de ses intentions, elle ferma les portes de sa maison, de sorte que

personne ne put s'apercevoir qu'elle s'y trouvât, et tel fut le secret de cette retraite, que ses voisins crurent qu'elle s'était absentée comme son très saint Fils. Elle s'enferma dans son oratoire, où elle demeura quarante jours et quarante nuits sans en sortir et sans prendre aucune nourriture, voulant imiter ce qu'elle savait que son adorable Fils faisait ; ainsi ils gardèrent tous deux la même rigueur de jeûne. Elle l'imita aussi en ses autres exercices, en ses prosternations, en ses prières, en ses génuflexions sans en omettre aucune, et ce qui est plus remarquable, c'est qu'elle pratiquait tout cela au même moment que le Seigneur, car pour être libre elle renonça à toutes les occupations extérieures ; et indépendamment des avis que les anges lui donnaient, elle savait ce que faisait son très saint Fils, comme je l'ai marqué ailleurs, au moyen du privilège qui lui permettait de découvrir toutes les opérations de son âme ; elle jouissait de ce privilège tant en son absence qu'en sa présence, et dans le premier cas elle connaissait par une vision intellectuelle ou par la révélation des anges les actions corporelles dont elle était témoin oculaire quand ils étaient réunis.

991. Pendant tout le temps qu'il passa dans le désert, notre Sauveur faisait par jour trois cents génuflexions et prosternations, et sa très sainte Mère en faisait autant dans son oratoire, et elle employait ordinairement le temps qui lui restait à faire des cantiques avec les anges, comme je l'ai dit dans le chapitre précédent. Dans cette constante imitation de Jésus-Christ notre Seigneur, la divine Reine coopéra à toutes ses prières, à toutes ses impétrations ; elle remporta les mêmes victoires sur tous les vices, et les répara de son côté par la pratique et les fruits des vertus les plus héroïques ; de sorte que si Jésus-Christ comme Rédempteur nous mérita tant de biens, et paya nos dettes avec une dignité si absolue, la très pure Marie, comme sa coadjutrice et notre Mère, employa sa miséricordieuse intercession auprès de cet adorable Seigneur, et fut notre médiatrice autant qu'une simple créature pouvait l'être.

Instruction que j'ai reçue de notre Dame la Reine du ciel

992. Ma fille, les œuvres pénibles du corps sont si propres et si conformes à la nature des mortels, que l'ignorance de cette vérité et de cette dette, l'oubli et le mépris de l'obligation qu'ils ont d'embrasser la croix, causent la perte d'un grand nombre d'âmes et en mettent beaucoup d'autres dans le même danger. La première raison pour laquelle les hommes doivent affliger et mortifier leur chair, c'est qu'ils ont été conçus dans le péché[362], et que par le péché toute la nature humaine a été corrompue ; ses passions se sont révoltées contre la raison, elles ont été portées au mal et sont devenues hostiles à l'esprit, et quand on leur laisse suivre ce funeste penchant, elles entraînent l'âme d'un vice dans un autre, et bientôt la précipitent dans un abîme de malheurs. Mais du moment où l'on dompte ce monstre, c'est-à-dire le péché, où on lui met le frein de la mortification et de la souffrance, il perd ses forces ; la raison et la lumière de la vérité conservent leur empire. La seconde

---

362   Ps 50, 6 ; Rm 7, 13.

raison, c'est que parmi les mortels il n'y en a pas un seul qui n'ait offensé Dieu ; que la peine doit indispensablement suivre le péché en cette vie ou en l'autre, et que l'âme et le corps ayant péché ensemble, doivent, suivant toutes les règles de la justice, être châtiés tous les deux ; ainsi la douleur intérieure ne suffit pas, si par délicatesse on exempte le corps de la peine qui lui est due. En outre la dette des coupables est si énorme, la satisfaction qu'ils peuvent offrir est si bornée et si faible, sans qu'ils sachent jamais d'une manière certaine si elle est agréée par le souverain Juge, eussent-ils consacré leur vie entière à rendre cette satisfaction de plus en plus ample, qu'il y a bien lieu de travailler à l'augmenter jusqu'au dernier soupir.

993. Le Seigneur est si libéral et si clément envers les hommes, que s'ils veulent satisfaire pour leurs péchés par la pénitence, au moins le plus qu'ils peuvent, non seulement sa divine Majesté se déclare satisfaite des offenses qu'elle en a reçues, mais elle a bien voulu encore s'obliger par sa parole à leur accorder de nouvelles grâces et des récompenses éternelles. Toutefois cette bonté ne dispense pas les serviteurs fidèles et prudents qui aiment véritablement leur Seigneur, de tâcher d'y ajouter d'autres œuvres volontaires ; car le débiteur qui ne projette que de payer ses dettes et de ne faire que ce qu'il doit, ne s'en trouvera pas moins pauvre et dénué de ressources, si après qu'il s'est libéré il ne lui reste rien. Or que doivent attendre ceux qui ne paient ni ne songent à payer leurs dettes ? La troisième raison, qui doit le plus obliger les âmes, c'est l'exemple que leur a laissé le divin Maître ; puisque cet adorable Seigneur et moi, tout exempts que nous étions du péché et des passions, nous nous sommes néanmoins sacrifiés au travail, sans cesser un seul instant de notre vie d'affliger et de mortifier notre chair ; car il fallait que le Seigneur lui-même entrât par cette voie dans la gloire de son corps et de son nom[363], et que je le suivisse en tout. Or, si nous avons agi de la sorte, parce qu'il était convenable que nous le fissions, quel sujet ont les hommes de chercher une autre voie, de mener une vie douce, agréable, molle et voluptueuse, et de fuir avec horreur les peines, les affronts, les ignominies, les jeûnes et les mortifications ? Croient-ils que les souffrances ne soient que pour Jésus-Christ mon très saint Fils et pour moi, et que les coupables, les débiteurs et ceux qui méritent les peines doivent demeurer sans rien faire, se livrer aux honteux désordres de la chair, et consacrer à la poursuite des plaisirs et au commerce du démon qui les procure, les facultés qu'ils ont reçues pour les employer au service de Jésus-Christ mon Seigneur et pour suivre son exemple ? Cette absurdité si commune parmi les enfants d'Adam provoque au plus haut point la colère du juste Juge.

994. Il est constant, ma fille, que les peines et les afflictions de mon très saint Fils ont suppléé à l'insuffisance des mérites des hommes, et afin que je coopérasse avec lui, simple créature que j'étais, mais tenant la place de toutes les autres, il ordonna que je m'associasse par une imitation parfaite à ses peines et à ses exercices. Ce ne

---

363   Lc 24, 25.

fut pas néanmoins pour exempter les hommes de la pénitence, mais plutôt pour les animer à l'embrasser, puisque, s'il n'eût cherché qu'à satisfaire pour eux, il n'était pas nécessaire qu'il souffrit tout ce qu'il a souffert. Il voulut aussi, dans son amour à la fois paternel et fraternel, communiquer le prix de ses mérites aux œuvres et aux pénitences de ceux qui le suivraient ; car toutes les actions des mortels ne peuvent avoir une certaine valeur aux yeux de Dieu que par leur participation, leur assimilation à celles que mon très saint Fils a faites. Et si cela est vrai pour les œuvres entièrement vertueuses et parfaites, que sera-ce de celles que pratiquent d'ordinaire les enfants d'Adam, et qui, quoique servant de matière aux différentes vertus, sont si défectueuses, puisque les âmes les plus justes et les plus avancées dans la spiritualité trouvent elles-mêmes beaucoup de choses à corriger en leurs œuvres ? Jésus-Christ mon Seigneur a par les siennes suppléé à tous ces manquements et rempli tous ces vides, afin de rendre celles des hommes acceptables au Père éternel ; mais ceux qui, loin de faire quelques œuvres, restent les bras croisés dans une lâche oisiveté, ne sauraient s'appliquer celles de leur Rédempteur ; puisqu'il ne trouve rien à suppléer ni à perfectionner en eux, mais mille choses à condamner. Je ne vous dis rien maintenant, ma fille, de l'erreur détestable de quelques fidèles qui ont introduit la vanité et l'ostentation jusque dans les pratiques de pénitence, de sorte qu'ils méritent un plus grand châtiment par leur pénitence même que par leurs autres péchés, puisqu'ils joignent des fins terrestres, vaines et imparfaites aux œuvres pénibles, oubliant les fins surnaturelles, qui sont celles qui donnent le mérite à la pénitence et la vie de la grâce à l'âme. Je vous parlerai de cela dans une autre occasion s'il est nécessaire ; en attendant songez à déplorer cet aveuglement, et préparez-vous à travailler et à souffrir ; car quand il vous faudrait endurer toutes les souffrances des apôtres, des martyrs et des confesseurs, vous ne devriez pas hésiter. Apprenez par cette instruction à châtier toujours votre corps, et à croire que vous n'aurez jamais assez fait, et qu'il vous restera toujours quelque chose à payer, d'autant plus que la vie est si courte et que vous êtes naturellement si insolvable.

Chapitre 26
Notre Sauveur Jésus-Christ, à la fin de son jeûne, permet à Lucifer de le tenter.
Sa Majesté sort victorieuse de la tentation.
Sa très sainte Mère est informée de tout ce qui se passe.

995. J'ai dit au chapitre vingtième de ce livre que Lucifer sortit des antres infernaux pour chercher notre divin Maître avec l'intention de le tenter, et que sa Majesté se déroba à ses regards jusqu'à ce qu'elle fût arrivée au désert, où, après un jeûne de près de quarante jours, elle permit au tentateur de s'en approcher, comme le rapporte l'Évangile[364]. Il entra dans le désert, et, ayant trouvé tout seul celui qu'il cherchait, il se félicita vivement de ne point voir à ses côtés sa très sainte Mère, que

---

364   Mt 4, 2.

ce prince des ténèbres et ses ministres appelaient leur ennemie, à cause des victoires qu'elle remportait sur eux ; et comme ils n'avaient point encore lutté contre notre Sauveur, ils présumaient, dans leur orgueil, qu'en l'absence de la Mère ils triomphe-raient infailliblement du Fils. Toutefois, ayant observé de près leur adversaire, ils se sentirent tous saisis d'une grande crainte ; non qu'ils le reconnussent pour Dieu véritable ; l'aspect de sa bassesse suffisait pour détourner tous leurs soupçons à cet égard, et, s'ils avaient essayé leurs forces contre notre divine Dame, ils ne s'étaient point encore mesurés avec lui ; mais ils remarquèrent chez le Sauveur une si grande sérénité, un air si majestueux, des œuvres si parfaites et si sublimes, qu'ils en prirent l'épouvante ; car ses actions et ses qualités n'avaient rien de commun avec celles des autres hommes, qu'ils tentaient et vainquaient sans peine. Lucifer s'entretenant sur ce sujet avec ses ministres, leur dit : « Quel homme est-ce que celui qui se montre si supérieur aux vices que nous faisons prévaloir chez les autres ? S'il a un si grand mépris pour le monde, et s'il mortifie et dompte son corps avec tant de rigueur, comment pourrons-nous le tenter ? Ou comment en serons-nous victorieux, s'il nous a ôté les armes avec lesquelles nous faisons la guerre aux hommes ? Je doute fort du succès de ce combat. » On peut voir par-là combien la mortification de la chair et le mépris des choses terrestres sont importants, puisqu'ils causent de la ter-reur à tout l'enfer ; et il est certain que les ennemis du genre humain rabattraient singulièrement de leur orgueil s'ils ne trouvaient les hommes soumis à l'empire ty-rannique de leurs passions, lorsqu'ils s'en approchent pour les tenter.

996. Notre Sauveur Jésus-Christ laissa Lucifer dans l'erreur qui le lui faisait considérer comme un simple homme, quoique fort juste et fort saint, afin qu'il re-doublât ses efforts et sa rage dans le combat, comme quand il se sent quelques avan-tages sur ceux qu'il veut tenter. Le Dragon s'étant armé de toute sa présomption et ayant ramassé toutes ses forces, le désert vit commencer ce grand combat, si rude et si acharné, qu'on n'en a vu et qu'on n'en verra jamais un semblable dans le monde entre les hommes et les démons ; car Lucifer et ses satellites, excités par leur propre fureur, épuisèrent toutes leurs ruses et déployèrent toute leur puissance contre la vertu supérieure qu'ils reconnaissaient en notre Seigneur Jésus-Christ, quoique sa Majesté suprême modérât ses actions avec une sagesse et avec une bonté incompa-rables, et cachât suivant une juste mesure la cause première de son pouvoir infini, n'empruntant qu'à sa sainteté en tant qu'homme les forces nécessaires pour rempor-ter la victoire sur ses ennemis. Il s'avança en cette qualité au combat, et fit d'abord une prière au Père éternel en la partie supérieure de l'esprit, où ne porte point la vue des démons, s'adressant en ces termes à sa Majesté : « Mon Père, Dieu éternel, je vais combattre contre mon ennemi pour détruire ses forces et pour abattre son orgueil, qu'il élève contre vous et contre les aimes qui me sont si chères ; je veux, pour votre gloire et pour leur propre bien, souffrir la témérité de Lucifer et lui briser la tête, afin que, quand les mortels en seront tentés, ils le trouvent vaincu d'avance,

s'ils ne se livrent volontairement à lui. Je vous supplie, mon Père, de vous souvenir de mon combat et de ma victoire, quand les hommes seront attaqués par l'ennemi commun, et de les secourir dans leur faiblesse, afin qu'ils obtiennent à leur tour le triomphe que je leur procure par le mien ; qu'ils s'animent par mon exemple, et qu'ils apprennent la manière de résister à leurs ennemis et de les vaincre. »

997. Les saints anges assistaient à ce combat, témoins rendus invisibles à Lucifer par la volonté divine, pour que leur présence ne lui fît point soupçonner le pouvoir divin de notre Seigneur Jésus-Christ ; et ils offraient tous ensemble des hymnes de gloire et de louange au Père et au Saint-Esprit, qui se complaisaient aux œuvres admirables du Verbe incarné ; et l'auguste Marie, dans son oratoire, contemplait aussi ce spectacle, comme je le dirai bientôt. La tentation commença le trente-cinquième jour du jeûne et de la solitude de notre Sauveur, et dura jusqu'à ce que les quarante jours que l'Évangile marque fussent accomplis. Lucifer se présenta sous une forme humaine ; comme si Jésus-Christ ne l'eût ni vu ni connu auparavant ; et pour réussir en son dessein, il se transforma et prit les dehors resplendissants d'un ange de lumière, et, ne doutant pas que le Seigneur n'eût faim après un si long jeûne, il lui dit en le regardant : *Si vous êtes le Fils de Dieu, ordonnez que ces pierres se changent en pain*[365]. Il supposa la qualité de Fils de Dieu, parce que la crainte qu'il pût l'être était ce qui causait son plus grand souci, et qu'il cherchait des indices propres à le lui faire reconnaître. Mais le Sauveur du monde ne lui répondit que par ces mots : *L'homme ne vit pas seulement de pain, mais de toute parole qui sort de la bouche de Dieu*[366]. Le Sauveur prit cette réponse du chapitre huitième du Deutéronome[367]. Mais le démon n'en pénétra pas le sens ; car cet esprit des ténèbres entendit que Dieu pouvait sans aucun aliment corporel entretenir la vie de l'homme. Cela était vrai, et les paroles de notre divin Maître avaient bien cette signification ; toutefois elles renfermaient encore un autre sens plus relevé, et elles voulaient dire : Cet homme avec qui tu parles vit en la parole de Dieu ; qui est le Verbe divin, auquel il est uni hypostatiquement ; et quoique ce fût précisément ce que le démon désirait savoir, il ne mérita pas de le comprendre, parce qu'il avait d'avance refusé d'adorer le Dieu-Homme.

998. Lucifer fut confondu par la force de cette réponse et par la vertu secrète qu'elle renfermait ; mais il ne voulut point témoigner de faiblesse ni quitter le combat. Et le Seigneur permit qu'il le continuât et qu'il le transportât lui-même à Jérusalem, et qu'il le mît sur le pinacle du Temple, d'où l'on découvrait un grand nombre de personnes sans que cet adorable Seigneur fût aperçu d'aucune. Le démon chercha à flatter son imagination de la pensée que si on le voyait tomber de si haut sans recevoir aucun mal, on l'acclamerait comme un grand, prodigieux et saint personnage, et, recourant aussi à l'Écriture, il lui dit : *Si vous êtes le Fils de*

365   Mt 4, 3.

366   Mt 4, 4.

367   Dt 8, 3.

Dieu, jetez-vous en bas ; car *il est écrit que Dieu a commandé à ses anges de prendre soin de vous, et qu'ils vous porteront dans leurs mains, de peur que vous ne heurtiez le pied contre quelque pierre*[368]. Les esprits célestes escortaient leur Roi, et s'étonnaient de la permission qu'il donnait à Lucifer de le porter corporellement pour le seul profit qui en devait résulter aux hommes. Le prince des ténèbres fut suivi en cette occasion d'une multitude innombrable de démons ; car ce jour-là ils sortirent presque tous de l'enfer pour assister à cette entreprise. L'Auteur de la sagesse répondit : *Il est écrit aussi : Vous ne tenterez point le Seigneur votre Dieu*[369]. Notre aimable Rédempteur prononça ces paroles avec une douceur incomparable, avec la plus profonde humilité, et en même temps avec une noble fermeté et une majesté si accablante pour l'indomptable orgueil de Lucifer, que cet esprit rebelle fut tout troublé de ce calme inaltérable, et y trouva le motif de nouveaux tourments.

999. Il essaya d'un autre artifice pour attaquer le Seigneur de l'univers, et ne désespéra point d'exciter son ambition en lui promettant une partie de son domaine ; à cet effet il le transporta sur une haute montagne, d'où l'on découvrait une immense étendue de pays, et il lui dit avec autant de témérité que de perfidie : *Je vous donnerai tout ce que vous voyez, si vous vous prosternez devant moi pour m'adorer*[370]. Excessive arrogance, odieuse hypocrisie d'un stupide menteur ! qui lui faisaient promettre ce qu'il n'avait point, ce qu'il ne pouvait point donner, puisque les cieux, la terre, les royaumes et les trésors, tout appartient au Seigneur, qui distribue et ôte les empires et les richesses à qui il lui plait, et selon qu'il le juge convenable. Lucifer n'a jamais pu offrir aucun bien qui lui appartint, même parmi les biens terrestres, et c'est pour cela que toutes ses promesses sont fausses. Le souverain Roi répondit d'un ton impérieux à celle qu'il venait de lui faire : *Retire-toi, Satan ; car il est* écrit : *Vous adorerez le Seigneur votre Dieu, et vous ne servirez que lui seul*[371]. Par ces paroles, Retire-toi, Satan, que Jésus-Christ proféra, il ôta au démon la permission qu'il lui avait donnée de le tenter, et, se servant de son irrésistible empire, il le précipita avec tous ses ministres d'iniquité au fond des gouffres infernaux, où ils demeurèrent comme enchaînés l'espace de trois jours sans pouvoir remuer. Et quand il leur fut permis de se relever, ils se sentirent tellement affaiblis, tellement brisés, qu'ils commencèrent à soupçonner que celui qui les avait terrassés et vaincus était peut-être le Verbe incarné. Ils continuèrent à être ballottés par des doutes contraires, sans parvenir à discerner la vérité, jusqu'à la mort du Sauveur. Mais Lucifer, désespéré de la mauvaise issue de son entreprise, se consumait de sa propre fureur.

1000. Notre divin vainqueur Jésus-Christ loua et glorifia le Père éternel de la victoire qu'il lui avait donnée sur l'ennemi commun du genre humain ; et il fut re-

---

368 Mt 4, 5 ; Ps 96, 11.

369 Mt 4, 7 ; Dt 6, 16.

370 Mt 4, 9.

371 *Ibid.,* 10 ; Dt 6, 13.

placé dans le désert par une grande multitude d'esprits célestes, qui célébraient son triomphe par de doux cantiques. Ils le portaient alors dans leurs mains, quoiqu'il n'en eût pas besoin, pouvant user de sa propre vertu ; mais ce service des saints anges lui était dû, comme en réparation de la téméraire audace que Lucifer avait eue de transporter sur le pinacle du Temple et sur la montagne cette très sainte humanité, en laquelle la Divinité se trouvait substantiellement. On n'aurait jamais pu croire que notre Seigneur Jésus-Christ eût donné une telle permission au démon, si l'Évangile ne l'eût dit. Mais que faut-il admirer le plus, ou de ce qu'il ait permis à Lucifer, qui ne le connaissait point, de le porter en ces divers endroits, ou de ce qu'il se soit laissé vendre par Judas, et laissé recevoir dans l'adorable sacrement de l'Eucharistie par ce disciple infidèle et par tant de pécheurs qui, le connaissant pour leur Dieu, le reçoivent si indignement ? Assurément, l'un et l'autre doivent nous surprendre, d'autant plus qu'il le permet encore pour notre bien et pour nous attirer à lui par la bénignité et la patience de son amour. Ô mon divin Maître, que vous êtes doux, clément et miséricordieux envers les âmes[372] ! Votre amour vous a fait descendre du ciel sur la terre pour elles ; vous avez souffert et avez donné votre vie pour leur salut. Vous les attendez et les supportez avec miséricorde ; vous les appelez, vous les cherchez, vous les accueillez, vous entrez dans leur sein avec une bonté ineffable ; vous êtes tout à elles, et vous voulez qu'elles soient entièrement à vous. Ce qui me brise le cœur, c'est que, nous attirant par tant de liens amoureux, nous vous fuyions, c'est que nous répondions par des ingratitudes à de si grandes tendresses. Ô amour immense de mon doux Seigneur, que vous êtes méconnu et mal payé de retour ! Donnez, Seigneur, des larmes à mes yeux pour pleurer un malheur si lamentable, et faites que tous les justes de la terre le pleurent avec moi. Notre aimable Sauveur ayant été remis dans le désert, l'Évangile dit que les anges le servaient[373]. En effet, à la fin de ces tentations et de son jeûne, ils lui présentèrent à manger un aliment céleste qu'il prit ; et, par cette divine nourriture, son corps sacré recouvra de nouvelles forces naturelles; et non seulement les saints anges l'assistèrent et le félicitèrent de ses victoires, mais les oiseaux de ce désert vinrent aussi récréer leur Créateur incarné par la grâce de leur chant et de leur vol, et les bêtes sauvages, perdant toute leur férocité, s'empressèrent à leur tour de venir reconnaître leur Seigneur.

1001. Revenons à Nazareth, où la Reine des anges considérait de son oratoire les combats de son très saint Fils, qu'elle voyait par la lumière divine, comme je l'ai expliqué ; elle ne cessait d'ailleurs de recevoir les messages des anges de sa garde, qui allaient de sa part visiter le Sauveur du monde. La divine Dame fit les mêmes prières que son Fils au moment où la tentation commença, et elle combattit avec lui contre le Dragon, quoique d'une manière invisible et seulement en esprit ; de sorte qu'elle vainquit Lucifer et ses ministres sans sortir de sa retraite, coopérant en

---

372   Jl 2, 13.

373   Mt 4, 11.

notre faveur à toutes les actions de notre Seigneur Jésus-Christ. Quand elle sut que le démon transportait le Seigneur d'un lieu à un autre, elle pleura amèrement de ce que le Roi des rois et le Seigneur des seigneurs fût réduit par la malice du péché à lui laisser prendre une pareille liberté ; et à chaque victoire que le Sauveur remportait sur le démon, elle offrit à la Divinité et à la très sainte humanité de nouveaux cantiques de louange que les anges répétaient pour exalter le Seigneur. Ce fut encore par l'entremise des ambassadeurs célestes qu'elle le félicita de ses triomphes et des bienfaits qui en résulteraient pour tout le genre humain, et que, de son côté, le Seigneur la consola et la félicita de ce qu'elle avait fait contre Lucifer en se conformant et en s'associant aux actes de sa divine Majesté.

1002. Compagne fidèle des peines et du jeûne, il était juste que notre auguste Princesse participât aux consolations ; c'est pour cela que son très amoureux Fils chargea les anges de lui porter et de lui servir des mêmes mets qu'ils lui avaient offerts. Et, chose merveilleuse ! cette grande multitude d'oiseaux qui entouraient le Seigneur suivit à tire-d'aile les anges à Nazareth, quoique d'un vol moins rapide ; elle entra dans la maison de la puissante Reine du ciel et de la terre, et, pendant qu'elle prenait la nourriture que son très saint Fils lui avait envoyée par les anges, tous ces oiseaux se présentèrent à elle et la réjouirent par les mêmes ramages qu'ils avaient fait entendre en la présence du Sauveur. Elle mangea de cet aliment céleste, d'autant plus salutaire qu'il venait bénit des mains de Jésus-Christ, et elle se sentit à l'instant toute réconfortée et remise des effets d'un jeûne si long et si rigoureux. Elle rendit des actions de grâces au Tout-Puissant avec la plus profonde humilité ; et les actes héroïques des vertus qu'elle pratiqua pendant le jeûne et les combats de Jésus-Christ furent si sublimes et si nombreux, qu'il n'est pas possible de les raconter ni même de les concevoir ; nous les connaîtrons en Dieu quand nous le verrons, et alors nous lui rendrons honneur et gloire pour tant de grâces ineffables qu'il a daigné faire à tout le genre humain.

Doute que j'exposai à la Reine du ciel

1003. Reine et Maîtresse de l'univers, votre bonté incomparable m'enhardit à vous exposer, comme à la Mère de la Sagesse, un doute qui me vient à propos de ce que vous m'avez découvert en ce chapitre et en quelques autres, sur la qualité de cette nourriture céleste que les saints anges offrirent à notre Sauveur dans le désert ; je m'imagine que celle-ci n'était pas différente des autres, qu'ils servirent à sa Majesté et à vous en certaines occasions où, par une disposition spéciale du même Seigneur, vous manquiez de l'aliment commun des mortels, comme je l'ai rapporté, selon les lumières dont vous m'avez éclairée. J'ai appelé ce manger un aliment céleste, parce que je n'ai pas trouvé d'autres termes pour m'expliquer, et je ne sais s'ils sont propres, car j'ignore d'où venait cette nourriture et quelle en était la qualité ; je ne crois pas d'ailleurs qu'il y en ait dans le ciel pour nourrir les corps, puisqu'ils n'auront besoin d'aucun aliment terrestre pour y vivre. Et quoique les organes physiques des bienheureux aient quelque objet délectable et sensible, et que le goût participe à cette satisfaction comme les autres sens, je suppose que cela doit se faire, non par le moyen d'aucune nourriture, mais par un certain rejaillissement de la gloire de l'âme, à laquelle le corps et les sens participeront d'une manière admirable, chacun selon ses fonctions et ses aptitudes naturelles, sans cette imperfection et sans cette sensibilité obtuse, qui dans la vie mortelle paralysent les organes, gênent leurs opérations et altèrent les impressions des objets. Pauvre ignorante que je suis, je désire vivement que votre bonté maternelle m'éclaircisse là-dessus.

Réponse et instruction de notre auguste Maîtresse

1004. Ma fille, votre doute est fondé, parce qu'il est certain que, comme vous l'avez déclaré, il n'y a aucun aliment matériel dans le ciel ; mais cela n'empêche pas que la nourriture que les anges présentèrent à mon très saint Fils et à moi dans la circonstance que vous avez indiquée, soit appelée fort à propos un aliment céleste, et je vous ai inspiré ce terme pour que vous l'employassiez, parce que la vertu de cet aliment venait du ciel et non point de la terre, où tout est grossier, matériel et fort inefficace. Et afin que vous en connaissiez la nature, et la manière dont la divine Providence le forme, vous devez savoir que quand le Très-Haut daignait dans sa bonté nous nourrir lui-même, et suppléer aux autres aliments ordinaires par celui qu'il nous envoyait miraculeusement par les saints anges, il se servait de quelque chose de matériel, et le plus souvent d'eau, à cause de la clarté et de la simplicité de cet élément, car pour ces sortes de miracles le Seigneur ne se sert point d'ingrédients multiples. D'autres fois il nous envoyait du pain et quelques fruits ; mais il donnait, par sa puissance divine, à la moindre de ces choses, une vertu toute particulière et une faveur si délicieuse, qu'elle surpassait infiniment tout ce que la terre offre de plus exquis et de plus délicat ; on n'y saurait même rien trouver qui ne fût insipide en comparaison de cette nourriture céleste ; les exemples suivants vous en donneront une plus juste idée. Le premier c'est le pain cuit sous la cendre que le Seigneur procura à Élie, et qui avait une telle vertu, qu'il lui donna des forces pour marcher jusqu'à la montagne d'Oreb[374]. Le second c'est la manne, qui s'appelle le pain des anges[375], parce qu'ils la préparaient en coagulant la vapeur de la terre, et ainsi condensée, puis séparée en forme de grains, ils la répandaient sur le sol ; elle avait différentes saveurs, ainsi que l'Écriture le rapporte, et en outre des qualités merveilleuses pour nourrir et fortifier le corps[376]. Le troisième exemple c'est le miracle que fit aux noces de Cana mon très saint Fils, changeant l'eau en vin, et donnant à ce vin un goût si excellent et si relevé, que tous ceux qui en burent le remarquèrent avec admiration[377].

---

374 3 R 19, 6.

375 Ps 77, 29.

376 Ex 16, 14 ; Nb 11, 7 ; Sg 16, 20-21.

377 Jn 2, 10.

1005. C'est ainsi que la puissance divine donnait une vertu et une saveur surnaturelles à l'eau, ou bien la changeait en une autre liqueur très douce et très délicate ; elle communiquait la même vertu au pain et au fruit, et semblait jusqu'à un certain point les spiritualiser ; cet aliment céleste nourrissait le corps, satisfaisait le sens, et réparait les forces d'une manière admirable, de sorte que la faiblesse humaine s'en trouvait toute fortifiée, toute allégée, et savait se porter aux œuvres pénibles avec une nouvelle promptitude, sans aucun dégoût ni aucune pesanteur physique. Telles étaient les qualités que réunissait la nourriture que les anges nous servirent à mon très saint Fils et à moi après notre long et pénible jeûne ; aussi bien que celle que nous reçûmes en d'autres occasions avec mon époux Joseph (car il participait à cette faveur), et le Très-Haut a exercé la même libéralité envers plusieurs de ses amis et serviteurs ; mais moins fréquemment et avec moins de circonstances miraculeuses qu'envers nous. Voilà, ma fille, la réponse à votre doute. Soyez maintenant attentive à l'instruction qui ressort de ce chapitre.

1006. Afin que vous pénétriez mieux ce que vous y avez écrit, je veux que vous considériez les trois motifs qu'a eus mon très saint Fils, entre plusieurs autres, pour combattre contre Lucifer et ses ministres infernaux, car cette connaissance vous donnera une plus grande lumière et augmentera vos forces pour leur résister. Or le premier motif fut de détruire le péché et l'ivraie qu'en faisant tomber Adam, cet ennemi sema en la nature humaine par les sept péchés capitaux, l'orgueil, l'avarice, la luxure et les autres, qui sont les sept têtes de ce dragon. Et comme Lucifer destina à chacun de ces péchés un démon qui fût comme le chef de ses compagnons d'iniquité dans la guerre qu'ils feraient aux hommes, avec des armes propres à leur légion, qui les leur distribuât, qui en réglât l'emploi au moment de la tentation, et qui fit mettre par ces ennemis, dans les combats qu'ils livreraient aux mortels, cet ordre confus que vous avez signalé dans la première partie de cette histoire divine ; ainsi mon très saint Fils combattit contre tous ces princes des ténèbres, les vainquit et brisa toutes leurs forces par le pouvoir de ses vertus. L'Évangile ne fait mention que de trois tentations, parce qu'elles furent les plus manifestes ; mais les combats et les victoires de mon adorable Fils s'étendirent plus loin. Car il vainquit tous ces démons aussi bien que tous les péchés dont ils étaient les chefs ; l'orgueil par son humilité, la colère par sa douceur, l'avarice par le mépris des richesses, et de même tous les autres. Ces esprits rebelles se sentirent surtout abattus et découragés, lorsqu'au pied de la croix ils reconnurent avec certitude que Celui qui les avait vaincus était le Verbe incarné. Dès lors ils appréhendèrent beaucoup (comme vous le direz dans la suite) d'attaquer les hommes, qui pourraient assurément remporter de grands avantages sur les ennemis de leur salut, s'ils profitaient des victoires de mon très saint Fils.

1007. Le second motif de son combat fut d'obéir au Père éternel, qui lui ordonna non seulement de mourir pour les hommes et de les racheter par sa passion et par sa mort, mais aussi de soutenir cette lutte contre les démons, et de les vaincre par la force spirituelle de ses vertus incomparables. Le troisième, qui est comme une conséquence des deux autres, fut de donner aux hommes l'exemple, et de leur enseigner le secret de triompher de leurs ennemis, afin qu'aucun mortel ne soit surpris d'en être tenté et persécuté, et que tous aient cette consolation dans leurs tentations, de voir que leur Rédempteur les a essuyées le premier[378]. Sans doute, les siennes furent sous certains rapports différentes, mais au fond elles furent les mêmes, et avec plus de violence et de malice du côté de Satan. Jésus-Christ, mon Seigneur, permit que Lucifer et ses partisans déployassent toute leur fureur et toutes leurs forces contre sa Majesté, afin de les abattre par sa divine puissance et de les rendre plus faibles quand ils attaqueraient les hommes, et que ces mêmes hommes les vainquissent avec plus de facilité s'ils profitaient du bienfait de leur Rédempteur.

1008. Tous les mortels ont besoin de ces leçons s'ils veulent vaincre le démon ; mais vous, ma fille, vous en avez plus besoin qu'une foule de générations entières, parce que ce dragon est fort irrité contre vous, et que vous êtes naturellement incapable de lui résister si vous ne vous prévalez de mes instructions et de l'exemple de mon très saint Fils. Il faut avant tout vaincre le monde et la chair, celle-ci en la mortifiant avec une prudente rigueur, celui-là en le fuyant et en vous retirant dans le secret de votre intérieur ; vous surmonterez ces deux ennemis si vous ne sortez point de cette sage retraite, si vous ne négligez point les faveurs et les lumières que vous y recevez, et, si vous n'aimez aucune chose visible qu'autant que la charité bien ordonnée vous le permettra. Je vous en renouvelle le souvenir et le commandement que je vous ai fait plusieurs fois, car le Seigneur vous a donné un naturel qui ne se contente pas d'aimer médiocrement ; et nous voulons que cette faculté d'aimer soit toute consacrée à notre amour, et afin de n'y trouver aucun obstacle, vous devez ne pas consentir au moindre mouvement de vos appétits, ni permettre à vos sens le moindre exercice, si ce n'est pour la gloire du Très-Haut et pour faire ou souffrir quelque chose en vue de son amour et du bien de votre prochain. Si vous m'obéissez en tout, je veillerai à ce que vous soyez fortifiée comme une citadelle, afin que vous combattiez généreusement pour le Seigneur[379] contre ce cruel dragon ; et vous serez environnée de mille boucliers[380], à l'abri desquels vous pourrez repousser et poursuivre votre adversaire. Mais vous vous souviendrez de vous prévaloir toujours contre lui des paroles sacrées et de l'Écriture Sainte, sans vous amuser à de longs raisonnements avec un ennemi si rusé, car de faibles créatures ne doivent point entamer de conférences ni entrer en pourparlers avec leur mortel ennemi, avec le maître des mensonges, puisque mon très saint Fils, qui avait une puissance et une sagesse infinies, ne l'a pas fait, afin que les âmes apprissent par son exemple à user de circonspection vis-à-vis du démon. Armez-vous d'une foi vive, d'une ferme es-

---

378   He 4, 15

379   1 R 24, 28.

380   Ct 4, 4.

pérance, d'une charité ardente accompagnée d'une profonde humilité ; ce sont ces vertus-là qui renversent le dragon ; loin d'oser leur tenir tête, il prend devant elles la fuite, parce qu'elles valent de puissantes armées pour abattre sa superbe arrogance.

Chapitre 27
Notre Rédempteur Jésus-Christ sort du désert, s'en retourne auprès de saint Jean, et s'occupe dans la Judée à disposer le peuple jusqu'à la vocation des premiers disciples. L'auguste Marie connaissait et imitait les œuvres de son très saint Fils.

1009. Notre Sauveur Jésus-Christ ayant atteint les fins sublimes et mystérieuses de son jeûne et de sa solitude dans le désert par les victoires qu'il remporta sur le démon et sur tous les vices, résolut d'en sortir pour continuer les œuvres de la rédemption des hommes que son Père éternel lui avait recommandées. Mais avant d'exécuter son dessein, il se prosterna et glorifia son Père, lui rendant des actions de grâces pour tout ce qu'il avait opéré par l'humanité sainte pour la gloire de la Divinité et pour le bien du genre humain. Il fit ensuite une très fervente prière pour ceux qui à son imitation se retireraient, soit pour toute leur vie, soit pour quelque temps, dans des lieux solitaires, pour suivre ses traces et s'appliquer à la contemplation et aux saints exercices loin du monde et de ses embarras. Le Très-Haut lui promit de les favoriser, de leur dire au cœur des paroles de vie éternelle[381], et de les prévenir de grâces singulières et de douces bénédictions[382], s'ils se disposaient de leur côté à les recevoir et à y correspondre. Après cela, il demanda comme homme véritable, au Père éternel, la permission de sortir du désert, et assisté de saints anges, il en sortit.

1010. Notre divin Maître prit le chemin du Jourdain, où son grand précurseur continuait de baptiser et de prêcher, afin qu'en le voyant le saint rendît un nouveau témoignage de sa divinité et de son ministère de Rédempteur. Le Seigneur eut aussi égard à l'affection du fils d'Élisabeth, qui souhaitait de jouir encore de sa présence et de ses entretiens. Car du moment où le saint précurseur avait vu pour la première fois le Sauveur, lors de son baptême, son cœur était resté tout enflammé et subjugué par cette secrète et divine force qui attirait toute chose au Christ ; seulement elle excitait un plus vif amour dans les cœurs qui se trouvaient mieux disposés, comme l'était celui de saint Jean. Le Sauveur arriva en présence du Baptiste (ce fut la seconde fois qu'ils se virent), et à l'instant où le Seigneur s'en approchait, les premières paroles que prononça le précurseur furent celles que rapporte l'évangéliste : *Voilà l'Agneau de Dieu, voilà celui qui ôte les péchés du monde*[383]. Saint Jean rendit ce témoignage en montrant notre Seigneur Jésus-Christ, et s'adressant aux personnes qui étaient près de lui pour recevoir le baptême et pour ouïr sa prédication, il ajouta : C'est celui dont j'ai dit : *Il vient un homme après moi qui a* été élevé

---

381 Os 2, 14.

382 Ps 20, 6.

383 Jn 1, 39.

au-dessus de moi, parce qu'il était avant moi, et je ne le connaissais point ; mais c'est afin qu'il fût connu que je suis venu baptiser dans l'eau[384].

1011. Le saint Précurseur dit ces paroles, parce qu'avant que notre Seigneur Jésus-Christ vint à lui pour recevoir le baptême il ne l'avait pas vu, et il n'avait pas encore eu non plus la révélation de son arrivée, telle qu'il l'eut alors, comme je l'ai marqué au chapitre 24e de ce livre. Ensuite le saint ajouta qu'il avait vu le Saint-Esprit descendre sur le Sauveur pendant qu'il le baptisait[385], et qu'il avait rendu témoignage à la vérité en disant que le Christ était le Fils de Dieu. Car pendant que le Seigneur se trouvait au désert, les Juifs envoyèrent de Jérusalem quelques lévites au saint Précurseur, comme le raconte saint Jean[386], pour savoir de lui qui il était, et le reste, que cet évangéliste rapporte. Alors Baptiste répondit qu'il baptisait dans l'eau, mais qu'il y en avait au milieu d'eux un qu'ils ne connaissaient point (en effet, le Seigneur s'était mêlé à la foule sur les bords du Jourdain) ; que celui-là venait après lui, et qu'il n'était pas digne de délier les courroies de sa chaussure. De sorte que quand notre Sauveur sortant du désert alla voir une seconde fois son Précurseur, le saint l'appela Agneau de Dieu, et rendit le même témoignage qu'il avait rendu aux pharisiens peu de temps auparavant ; il dit en outre qu'il avait vu le Saint-Esprit sur sa tête, comme il lui avait été révélé qu'il le verrait. Saint Matthieu et saint Luc ajoutent[387] qu'on entendit la voix du Père, quoique saint Jean ne mentionne que l'apparition du Saint-Esprit sous la forme d'une colombe, parce que le Précurseur n'en déclara pas davantage aux Juifs.

1012. Du fond de sa retraite, la Reine du ciel connut la fidélité qu'eut le Précurseur de confesser qu'il n'était point le Christ, et d'attester la divinité du Sauveur lui-même, par les témoignages que j'ai rapportés ; et en reconnaissance elle pria le Seigneur de récompenser son très fidèle serviteur. C'est ce que le Tout-Puissant fit avec munificence ; car il l'éleva au-dessus de tous ceux qui sont nés de la femme ; et comme Baptiste ne voulut point accepter le titre de Messie qu'on lui offrait, le Seigneur résolut de lui décerner l'honneur qu'il pouvait, sans être le Messie, recevoir entre les hommes. Dans cette entrevue de notre Rédempteur Jésus-Christ avec saint Jean, le glorieux Précurseur fut rempli de nouveaux dons du Saint-Esprit. Quelques-unes des personnes présentes qui lui avaient entendu dire : *Ecce Agnus Dei*, frappées de ses discours, lui demandèrent quel était celui dont il parlait. Alors le Sauveur, laissant le Baptiste instruire, comme je l'ai dit, les auditeurs de la vérité, quitta ce lieu pour prendre le chemin de Jérusalem, après n'avoir passé que fort peu de temps avec son Précurseur. Il ne se rendit pourtant pas directement à la sainte cité ; car il employa plusieurs jours à visiter auparavant divers villages, où il

---

384   Jn 1, 30.

385   *Ibid.* 32.

386   *Ibid.* 19, etc.

387   Mt 3, 17 ; Lc 3, 22.

enseignait les hommes d'une manière secrète, les avertissait que le Messie était au monde, les faisait entrer par sa doctrine dans le chemin de la vie éternelle, et en envoyait la plupart recevoir le baptême de saint Jean, afin qu'ils se préparassent par la pénitence à profiter de la rédemption.

1013. Les évangélistes ne disent point où demeura notre Sauveur dans cette conjoncture, ni quelles œuvres il fit, ni le temps qu'il y employa. Mais il m'a été déclaré que sa Majesté resta près de dix mois en Judée, sans retourner à Nazareth pour voir sa très sainte Mère, et sans entrer en Galilée, jusqu'à ce qu'allant trouver son Précurseur dans une autre occasion, le même saint dit une seconde fois : *Ecce Agnus Dei*[388]; et alors saint André et les premiers disciples ayant ouï dire ces paroles à Baptiste, suivirent le Seigneur, qui appela ensuite saint Philippe, comme le raconte l'évangéliste saint Jean[389]. Le Sauveur employa ces dix mois à instruire les âmes et à les préparer par ses grâces, par sa doctrine et par des bienfaits admirables, afin qu'elles sortissent de ce mortel aveuglement dans lequel elles étaient, et qu'ensuite lorsqu'il commencerait à prêcher et à faire des miracles publics, elles fussent plus promptes à embrasser la foi au Rédempteur et à le suivre ; comme il arriva à plusieurs de ceux qu'il avait instruits. Il est vrai qu'il ne s'entretint point pendant ce temps avec les pharisiens et les docteurs de la loi ; parce qu'ils n'étaient pas fort disposés à croire que le Messie fût venu, eux qui ne voulurent pas même admettre cette vérité lorsqu'elle fut confirmée par la prédication, les miracles et les témoignages si éclatants de notre Seigneur Jésus- Christ[390]. Mais cet adorable Sauveur parla pendant ces dix mois aux humbles et aux pauvres[391], qui méritèrent ainsi d'être les premiers à recevoir les lumières de sa doctrine, et il fit en leur faveur d'insignes miséricordes dans le royaume de Judée, non seulement par ses instructions particulières et ses grâces secrètes, mais aussi par quelques miracles cachés ; de sorte qu'on le regardait déjà comme un grand prophète et un saint personnage. Par ce premier enseignement, il porta une foule de personnes à sortir du péché, et à chercher le Royaume de Dieu qui commençait à s'approcher, et qui allait se manifester par la prédication évangélique et par la rédemption que le Seigneur voulait bientôt opérer dans le monde.

1014. Notre grande Reine était toujours à Nazareth, où elle connaissait toutes les œuvres de son très saint Fils, tant par la lumière divine, comme je l'ai expliqué, que par les détails que lui donnaient les mille anges qui l'assistaient toujours sous une forme visible en l'absence du Rédempteur. Et pour l'imiter en tout avec la plénitude possible, elle sortit de sa retraite en même temps que cet adorable Seigneur quitta le désert, et comme sa divine Majesté, quoiqu'elle ne pût point augmenter sa charité, la témoigna néanmoins avec une plus vive ferveur après avoir vaincu

---

388   Jn 1, 36.

389   *Ibid.*, 43.

390   Mt 11, 5.

391   Lc 4, 18.

le démon par le jeûne et par la pratique de toutes les vertus, de même l'auguste Vierge, enrichie des grâces nouvelles qu'elle avait acquises, et animée d'un zèle plus ardent que jamais, sortit pour imiter les œuvres de son très saint Fils en faveur des mortels, et pour recommencer son office de Précurseur. Notre céleste Maîtresse sortit de sa maison de Nazareth, et parcourut les villages circonvoisins, accompagnée de ses anges, et par la plénitude de sa sagesse et sa puissance de Reine de l'univers, elle y fit de grandes merveilles, mais toujours d'une manière secrète, imitant la conduite du Verbe incarné dans la Judée. Elle annonça la venue du Messie sans découvrir qui il était, et montra à beaucoup de personnes le chemin de la vie ; elle les retirait du péché, elle chassait les démons, elle dissipait les ténèbres de l'erreur et de l'ignorance, et préparait les esprits à recevoir la rédemption et à croire en Celui qui en était l'auteur. Outre ces bienfaits qu'elle répandait sur les âmes, elle accordait souvent des grâces temporelles, guérissant les malades, consolant les affligés, visitant les pauvres. Et quoiqu'elle pratiquât plus fréquemment ces œuvres envers les femmes, elle en fit aussi plusieurs en faveur des hommes, qui participaient surtout à ces secours et au bonheur d'être visités par la Reine des anges et de toutes les créatures, lorsqu'ils étaient pauvres et méprisés.

1015. Notre auguste Princesse continua ces charitables visites tout le temps que son très saint Fils employa en Judée pour instruire le peuple, et elle l'imita constamment en toutes ses œuvres, jusqu'à aller à pied comme sa divine Majesté ; et si elle retournait quelquefois à Nazareth, elle reprenait bientôt ses pérégrinations. Pendant ces dix mois elle mangea fort peu, parce qu'elle se trouva si fortifiée par cet aliment céleste que son adorable Fils lui envoya du désert, comme je l'ai dit au chapitre précédent, qu'elle eut assez de forces non seulement pour faire tous ses voyages à pied, mais encore pour pouvoir se passer bien souvent de la nourriture commune. La bienheureuse Dame eut aussi connaissance de ce que faisait saint Jean, qui prêchait et baptisait sur le bord du Jourdain, comme on l'a vu plus haut. Elle lui envoya en diverses occasions plusieurs de ses anges, pour le consoler et le récompenser en quelque sorte de la fidélité qu'il montrait à son Dieu. Au milieu de ces occupations, cette tendre Mère éprouvait de pénibles langueurs, que lui causait l'amour saint et naturel qu'elle portait à son très saint Fils ; elle ne cessait de l'appeler par ses soupirs et ses gémissements, et ils pénétraient d'une amoureuse compassion le cœur du divin Maître. Toutefois, avant qu'il retournât à Nazareth pour lui procurer la consolation de sa présence, et qu'il commençât à opérer des merveilles et à prêcher en public, il arriva ce que je dirai dans le chapitre qui suit.

Instruction que la Reine du ciel m'a donnée

1016. Ma fille, je réduis pour vous la doctrine de ce chapitre à deux avis fort importants. Le premier, c'est que vous aimiez la solitude, et tâchiez de la garder avec un soin particulier, afin que vous obteniez les bénédictions que mon très saint Fils a méritées, et les promesses qu'il a faites à ceux qui l'imiteraient en ce point. Tâchez d'être toujours seule quand, par l'obéissance, vous ne serez pas obligée de converser avec les créatures ; et si vous quittez alors votre retraite, portez-la avec vous dans le secret de votre cœur, de sorte que vos sens extérieurs et l'usage que vous en ferez ne soient pas capables de vous en priver. Vous ne devez faire que passer à travers les occupations sensibles, pour vous réfugier aussitôt et vous retrancher dans l'ermitage de votre intérieur ; et, afin que vous y restiez seule, ne donnez aucune entrée aux images des créatures, qui bien souvent attachent plus fortement que les réalités mêmes, ou du moins embarrassent toujours le cœur et lui ôtent sa liberté. Ce serait une chose indigne que vous arrêtassiez le vôtre au moindre objet passager ; mon très saint fils veut que vous le lui donniez tout entier, et c'est ce que j'exige aussi. Le second avis, c'est que vous ayez une grande estime de votre âme, pour la conserver en toute pureté. Et, quoique ce soit ma volonté que vous travailliez au salut de tous vos frères, je veux surtout que vous imitiez mon adorable Fils et votre Maîtresse en ce que nous avons fait en faveur des plus pauvres et des plus méprisés du monde. Ces petites gens demandent bien souvent le pain du conseil et de la doctrine, et elles ne trouvent personne qui le leur distribue[392], comme aux puissants et aux riches du monde, qui sont entourés de nombreux conseillers. Beaucoup de ces pauvres et de ces infortunés viennent à vous ; accueillez-les avec la compassion qu'ils vous inspirent ; prodiguez-leur les, consolations et les marques d'une tendre affection, afin qu'ils reçoivent avec leur sincérité naturelle la lumière et le conseil, sauf à agir différemment avec les autres, qui passent pour plus capables. Cherchez à gagner ces âmes qui, au milieu des misères temporelles, sont si précieuses devant Dieu ; et, afin que celles-ci aussi bien que les autres ne perdent point le fruit de la rédemption, je veux que vous travailliez sans cesse à leur salut, fallût-il, pour y réussir, sacrifier votre propre vie.

Chapitre 28
Notre Rédempteur Jésus-Christ commence à appeler et à recevoir ses disciples en présence de son précurseur. — Il se met à prêcher publiquement. — Le Très-Haut ordonne à l'auguste Marie de suivre son très saint Fils.

1017. Notre Sauveur ayant employé les dix mois qui suivirent son jeûne à visiter les villages de la Judée, opérant comme à l'ombre de grandes merveilles, résolut de se manifester au monde ; non qu'il se fût auparavant caché pour parler de la vérité qu'il enseignait, mais parce qu'il ne s'était point encore annoncé comme le Messie et le Maître de la vie, et que le moment de se faire connaître approchait, selon qu'il avait été déterminé par la sagesse infinie. C'est pour cela que le divin Messie retourna vers son précurseur, afin que, par le témoignage qu'il lui appartenait, à raison de son office, de donner à la face du monde, la lumière commençât de luire dans les ténèbres[393]. Le

---

392   Lm 4, 4.

393   Jn 1, 5

saint fut informé par une révélation divine de la venue du Sauveur, et que le temps était arrivé où il se ferait connaître pour le Rédempteur du monde et le véritable Fils du Père éternel. Déjà prévenu par cette révélation, il vit le Sauveur qui venait vers lui, et soudain il s'écria, transporté d'une joie ineffable en présence de ses disciples : *Voilà l'Agneau de Dieu*[394], le voilà. Ce témoignage rappelait et supposait non seulement celui qu'il avait rendu autrefois à Jésus-Christ par les mêmes paroles, mais aussi la doctrine qu'il avait plus particulièrement enseignée à ses disciples les plus assidus, et ce fut comme s'il leur eût dit : Voilà l'Agneau de Dieu, dont je vous ai parlé, qui est venu pour racheter le monde et ouvrir le chemin du ciel. Ce fut la dernière fois que Baptiste vit notre Sauveur selon les voies naturelles, car il jouit encore de sa vue et de sa présence par un autre moyen à l'heure de sa mort, comme je le dirai en son lieu.

1018. Deux des premiers disciples qui se trouvaient avec saint Jean ouïrent ce qu'il venait de dire, et, touchés de son témoignage et de la grâce qu'ils reçurent intérieurement de notre Seigneur Jésus-Christ, ils le suivirent ; et lui, se retournant amoureusement vers eux, leur demanda ce qu'ils cherchaient[395]. Et ils lui répondirent qu'ils souhaitaient savoir où il logeait ; alors il leur permit de le suivre, et ils restèrent avec lui ce jour-là, comme le raconte l'évangéliste saint Jean[396], qui dit que l'un des deux disciples était saint André, frère de saint Pierre, sans indiquer le nom de l'autre. Mais, selon ce que j'ai appris, c'était l'évangéliste lui-même, qui ne voulut point se désigner à cause de sa grande modestie. Ainsi ils furent, lui et saint André, les prémices de l'apostolat en cette première vocation ; car les premiers ils suivirent le Sauveur, sur le seul témoignage extérieur de Baptiste, dont ils étaient disciples, sans aucune autre vocation sensible du Seigneur lui-même. Aussitôt saint André chercha son frère Simon, et lui dit comment il avait trouvé le Messie, qui s'appelait Christ[397], et il le mena à Jésus, qui, l'ayant considéré, lui dit : Vous êtes Simon, fils de Jonas ; vous serez appelé Céphas, ce qui signifie Pierre. Tout cela eut lieu dans les confins de la Judée, et le Seigneur résolut d'entrer le jour suivant en Galilée ; et ayant rencontré Philippe, il lui dit de le suivre. Ensuite Philippe appela Nathanaël, et lui raconta ce qui lui était arrivé, et comme ils avaient trouvé le Messie, qui était Jésus de Nazareth, et il le mena vers lui. Après les entretiens qui se passèrent avec Nathanaël, et que saint Jean rapporte à la fin du chapitre premier de son Évangile, ce digne Israélite eut la cinquième place, parmi les disciples de notre Seigneur Jésus-Christ.

1019. Notre Sauveur, accompagné de ces cinq disciples, qui étaient les premiers fondements de la nouvelle Église, entra dans la province de Galilée, prêchant et baptisant publiquement. Telle fut la première vocation de ces apôtres, qui ne se trouvèrent pas plutôt avec leur véritable Maître, qu'ils furent éclairés d'une nou-

---

394   Jn 1, 29 et 36.

395   *Ibid.*, 38.

396   *Ibid.*, 39.

397   Jn 1, 41.

velle lumière et enflammés d'un nouveau feu de l'amour divin, cet aimable Seigneur les ayant prévenus de ses plus douces bénédictions[398]. Il n'est pas possible d'exprimer combien coûtèrent à notre divin Maître la vocation et l'éducation de ces premiers disciples, aussi bien que des autres sur lesquels il voulait fonder son Église. Il les chercha avec un zèle et une sollicitude extraordinaires, les encouragea par de puissants, fréquents et efficaces appels de sa grâce, éclaira leur intelligence des plus hautes lumières, et enrichit leur cœur des dons les plus précieux, les reçut avec une bonté admirable, les nourrit du très doux lait de sa doctrine, les supporta avec une patience invincible, et les caressa comme le père le plus tendre caresse de tout petits enfants bien-aimés. Nous sommes naturellement si lourds et si grossiers quand il s'agit de nous élever aux matières sublimes, spirituelles et délicates de la vie intérieure, dans lesquelles ils devaient être non seulement des disciples parfaits, mais aussi des maîtres consommés du monde et de l'Église ! Quelle tâche n'était-ce pas que de les former et de les faire passer de leur condition terrestre à l'état céleste et divin auquel le Seigneur les appelait par sa doctrine et par son exemple ! Sa Majesté a donné par sa conduite à leur égard une grande leçon de patience, de douceur et de charité aux prélats, aux princes et aux supérieurs, en leur montrant comment ils doivent gouverner les personnes qui leur sont soumises. L'assurance qu'elle nous a laissée, à nous autres pécheurs, de sa clémence paternelle, n'a pas été moindre ; car si elle l'a porté à souffrir les défauts, les manquements, les inclinations et les passions naturelles des apôtres et des disciples, cette clémencene s'est point épuisée en eux ; au contraire, elle n'a répandu sur eux ses trésors avec une abondance si merveilleuse, que pour nous empêcher de perdre courage parmi les misères et les imperfections innombrables auxquelles nous expose sur la terre la fragilité de la nature.

1020. La Reine du ciel avait connaissance par les voies dont j'ai parlé ailleurs de toutes les merveilles que notre Sauveur opérait en la vocation des apôtres et des disciples et en sa prédication. Elle en rendait des actions de grâces au Père éternel au nom des premiers disciples ; elle les reconnaissait et les adoptait intérieurement pour ses enfants spirituels, comme ils l'étaient de notre Seigneur Jésus-Christ ; et elle les offrait à sa divine Majesté avec de nouveaux cantiques de louange et avec une joie indicible. À l'occasion de la vocation des premiers disciples, elle eut une vision particulière en laquelle le Très-Haut lui manifesta derechef ce que sa sainte et éternelle volonté avait déterminé touchant l'économie de la rédemption des hommes et la manière dont elle devait commencer à s'accomplir par la prédication de son très saint Fils ; et là-dessus le Seigneur lui dit : « Ma Fille, ma Colombe, mon Élue entre mille, il faut que vous vous associez à mon Fils unique et au vôtre dans les peines qu'il doit souffrir en l'œuvre de la rédemption du genre humain. Le temps de son épreuve approche, et voici venir le moment ou, apaisé par son sacrifice, j'ouvrirai les trésors de ma sagesse et de ma bonté pour enrichir les hommes. Je veux, par l'entre-

---

398   Ps 20, 3.

mise de leur Restaurateur, les tirer de la servitude du péché et du démon, et combler de mes grâces et, de mes dons les cœurs de tous les mortels qui se disposeront à reconnaître mon Fils incarné, et à le suivre comme leur chef, et leur guide dans les voies que je leur ai tracées pour les faire parvenir au bonheur éternel. Je veux enrichir les pauvres, abaisser les superbes, élever les humbles et éclairer ceux qui sont plongés dans les ténèbres de la mort[399]. Je veux exalter mes amis et mes élus, et faire éclater la gloire de mon saint nom. Je veux ; ma chère Colombe, qu'en cet accomplissement de ma volonté éternelle, vous coopériez avec Mon Fils bien-aimé, et que vous le suiviez et l'imitiez, car je serai avec vous en tout ce que vous ferez.

1021. « Suprême Roi de l'univers (répondit la très pure Marie), de qui toutes les créatures reçoivent l'être et la conservation, quoique je ne sois que cendre et que poussière, je parlerai, si votre bonté me le permet, en votre divine présence[400]. Agréez donc, ô Dieu éternel, le cœur de votre servante ; elle vous l'offre tout prêt à exécuter ce qui sera de votre bon plaisir. Agréez, Seigneur, le sacrifice et l'holocauste que je vous fais, non seulement du bout des lèvres, mais du plus intime de mon âme pour obéir à l'ordre de votre sagesse éternelle que vous intimez à votre servante. Me voici prosternée aux pieds de votre Majesté souveraine ; que votre volonté s'accomplisse pleinement en moi. Mais s'il était possible, ô puissance infinie, que je mourusse avec votre Fils et le mien, ou que je souffrisse pour l'empêcher de mourir, ce serait le comble de tous mes désirs et la plénitude de ma joie ; le glaive de votre justice devrait faire en moi la blessure, puisque j'ai été plus voisine du péché. Cet adorable Sauveur est impeccable par nature et par les dons de sa divinité. Je sais, ô très juste Roi qu'ayant été offensé par le péché de l'homme, votre équité exige que la satisfaction vous soit offerte par une personne égale à votre Majesté. Toutes les simples créatures sont infiniment éloignées de cette dignité ; mais, aussi il est vrai que la moindre des œuvres de votre Fils incarné est plus que suffisante pour la rédemption du monde, et combien ce charitable Seigneur n'en a-t-il pas faites pour les hommes ! Si donc il est possible que je meure pour conserver sa vie, qui est d'un prix inestimable, j'y suis toute disposée. Et si votre décret est immuable, permettez au moins, s'il vous plaît, Père souverain de toutes les créatures, que je vous sacrifie ma vie avec la sienne. Je me soumettrai en cela à tout ce que vous voudrez, comme je me soumets à l'ordre que vous me donnez de suivre votre Fils et le mien dans ses afflictions et dans ses peines. Soutenez-moi de votre main puissante, afin que je réussisse à l'imiter, et à me conformer comme je le souhaite à votre bon plaisir. »

1022. Mes paroles ne sauraient exprimer davantage ce qui m'a été découvert des actes héroïques et admirables de notre grande Reine, quand elle reçut ce commandement du Très-Haut, ni mieux dépeindre l'ardeur incompréhensible avec laquelle elle désirait souffrir pour empêcher la passion et la mort de son adorable Fils, ou mourir

---

399   Is 9, 2.

400   Gn 18, 27.

avec lui. Que si les vifs sentiments d'un saint amour, même lorsqu'il aspire à des choses impossibles, touchent tellement Dieu, qu'il s'en contente, qu'il s'y complaît, pourvu qu'ils partent d'un cœur sincère et droit, et qu'il les récompense comme s'ils avaient abouti à des œuvres, qui pourra pénétrer ce que mérita la Mère de la grâce et de la belle dilection par l'amour avec lequel elle fit ce sacrifice de sa vie ? Les hommes ni les Anges ne sauraient comprendre un si haut mystère d'amour ; car les souffrances et la mort lui auraient été fort douces, et elle ressentit une douleur beaucoup plus grande de ne point mourir avec son Fils que de vivre en le voyant souffrir et mourir. Du reste j'aurai lieu d'en parler plus longuement. On peut découvrir par cette vérité la ressemblance qu'a la gloire de la très pure Marie avec celle de Jésus-Christ, et celle que la grâce et la sainteté de cette noble Dame eurent avec leur exemplaire, puisque la gloire, la grâce, la sainteté répondirent à cet amour, qui s'éleva au plus haut degré qu'on puisse imaginer en une simple créature. Notre auguste Reine sortit dans ces dispositions de la vision que je viens de rapporter ; et le Très-Haut ordonna de nouveau aux Anges qui l'assistaient, de l'accompagner et de la servir en tout ce qu'elle devait faire ; ils obéirent comme de très fidèles ministres du Seigneur ; et ils l'assistaient d'ordinaire sous une forme visible, l'accompagnant et la servant partout.

Instruction que j'ai reçue de la très sainte Vierge

1023. Ma fille, toutes les œuvres de mon très saint Fils manifestent l'amour de Dieu pour les créatures, et prouvent combien il est différent de celui qu'elles ont entre elles ; car comme elles sonti faibles et si intéressées, elles ne se décident ordinairement à aimer qu'excitées par l'espoir de quelque bien qu'elles supposent en ce qu'elles aiment ; ainsi l'amour d'une créature naît du bien qu'elle trouve en l'objet qu'elle se propose d'aimer. Mais l'amour divin a son principe en lui-même, et il est assez puissant pour faire ce qu'il veut ; c'est pourquoi il ne recherche point la créature parce qu'il la croit digne ; au contraire, il l'aime pour la rendre digne en l'aimant. Il n'est donc point d'âme qui doive se méfier de la bonté de Dieu. Toutefois la certitude de cette vérité ne doit pas non plus inspirer une confiance vaine et téméraire, et faire espérer à l'homme que l'amour divin opèrera en lui les effets de la grâce, dont il se rend indigne ; car le Très-Haut observe en cet amour et en ses dons un ordre d'équité très mystérieux ; il aime toutes les créatures, et il veut que toutes soient sauvées[401] ; néanmoins en la distribution de ses dons et des effets de son amour, qu'il ne refuse à personne, il y a un certain poids du sanctuaire, avec lequel ils sont partagés. Et comme les mortels ne peuvent point pénétrer ce secret, ils doivent tâcher de ne pas perdre la première grâce et de répondre à leur première vocation ; parce qu'ils ne savent pas si l'ingratitude qu'ils commettent en y manquant ne les privera point de la seconde ; tout ce qu'ils peuvent savoir, c'est qu'elle ne leur sera point refusée s'ils ne s'en rendent pas indignes. Ces effets de l'amour divin commencent dans les âmes par une illustration intérieure,

---

401   1 Tm 2, 4.

afin qu'à la faveur de cette lumière les hommes soient avertis et convaincus de leurs péchés, de leur mauvais état et du péril de la mort éternelle auquel ils s'exposent. Mais leur orgueil les rend si stupides et si pesants, que beaucoup ferment les yeux à la lumière[402] ; d'autres sont si languissants, qu'ils ne se meuvent qu'avec peine, et ne se résolvent jamais à répondre à leurs obligations, et c'est pour cela qu'ils ne profitent point de la première efficace de l'amour de Dieu, et qu'ils se mettent dans l'impossibilité d'en recevoir d'autres effets. Et comme ils ne peuvent ni éviter le mal ni faire le bien[403], ni même le connaître sans le secours de la grâce, il arrive qu'ils se précipitent d'un abîme dans plusieurs autres[404] ; parce que ne profitant point de la grâce qu'ils rejettent, et se rendant indignes de nouveaux secours, ils tombent inévitablement, par une pente de plus en plus rapide, dans les péchés les plus abominables.

1024. Soyez donc attentive, ma très chère fille, aux lumières que l'amour du souverain Seigneur a produites en votre âme, puisque quand vous n'auriez reçu que celle qui vous découvre les mystères de ma vie, vous vous trouveriez dans de si grandes obligations, que si vous ne les remplissiez pas, vous seriez devant Dieu et devant moi, devant les anges et devant les hommes, plus répréhensible qu'aucun autre de vos semblables. Que la conduite des premiers disciples de mon très saint Fils, et la promptitude avec laquelle ils l'ont suivi et imité vous servent d'exemple. Car si la Majesté suprême leur a fait une grâce très particulière en les supportant et en se chargeant elle-même de leur éducation, ils y ont répondu de leur côté, et ont mis en pratique la doctrine de leur Maître ; et quoiqu'ils fussent naturellement fragiles, ils ne se mettaient point dans l'impossibilité de recevoir d'autres plus grands bienfaits de la divine droite, et ils étendaient leurs désirs au-delà de leurs forces. Pourquoi vous ai-je révélé aujourd'hui quelque chose de mes œuvres, sinon pour que vous m'imitiez dans ces élans, dans ces épanchements d'un amour aussi sincère qu'ingénieux, et dans ces désirs que j'eus de mourir pour mon très saint Fils et avec lui, s'il m'eût été permis ? Préparez votre cœur à se pénétrer de ce que dans la suite je vous apprendrai de la mort de l'adorable Rédempteur, et de l'histoire du reste de ma vie ; par-là vous pratiquerez ce qui sera le plus parfait et le plus saint. Je veux aussi, ma fille, vous communiquer un sujet de plainte que j'ai contre les mortels, et qui s'applique presque à tous, comme je vous l'ai témoigné ailleurs ; c'est touchant le peu de soin qu'ils prennent de savoir ce que mon Fils et moi avons fait pour eux. On les voit se consoler en y croyant à peine[405], et les ingrats ne considèrent point le bien que leur procure chacune de nos œuvres, ni le retour qu'elles méritent. Ne me donnez point ce déplaisir, puisque je vous rends capable et vous fais part de tant d'augustes mystères, dans lesquels vous trouverez la lumière, la doctrine et la pratique de la perfection la plus sublime. Éle-

---

402 Ps 4, 3.

403 Jn 15, 5.

404 Ps 41, 8.

405 Lm 3, 18.

vez-vous au-dessus de vous-même, soyez diligente à faire le bien, afin que vous receviez une augmentation de grâce, et qu'en y coopérant, vous amassiez chaque jour de
nouveaux mérites et vous vous assuriez les récompenses éternelles.

Chapitre 29

Notre Sauveur Jésus-Christ retourne à Nazareth avec les cinq premiers disciples,
et baptise sa très sainte Mère. — Ce qui arriva dans cette circonstance.

1025. L'édifice mystique de l'Église militante, qui élève son faîte jusqu'aux hauteurs les plus cachées de la Divinité elle-même, est fondé tout entier sur le roc inébranlable de la sainte foi catholique, base sur laquelle notre Rédempteur, comme un
habile architecte, a voulu le construire. Mais il fallait d'abord bien asseoir et affermir les premières pierres fondamentales de l'édifice, c'est-à-dire les premiers disciples
appelés par le Sauveur. C'est pourquoi il commença dès lors à les initier aux vérités
et aux mystères qui regardaient sa divinité et son humanité. Et comme il se faisait
connaître pour le véritable Messie et le Rédempteur du monde, descendu du sein
du Père éternel afin de sauver les hommes en se revêtant de leur chair, il était en
quelque façon nécessaire et convenable qu'il leur expliquât le mode de son incarnation dans le sein virginal de sa très sainte Mère ; il fallait aussi qu'ils la connussent et
l'honorassent pour véritable mère et vierge. Il leur découvrit donc ce divin mystère
avec les autres qui concernaient l'union hypostatique et la rédemption du genre humain ; doctrine céleste et vivifiante, dont furent nourris ces nouveaux et premiers
enfants du Sauveur. Elle leur fit comprendre les hautes excellences de notre grande
Reine, quoiqu'ils ne l'eussent point encore vue, et leur apprit qu'elle était vierge
avant, pendant et après l'enfantement. Notre Seigneur Jésus-Christ se plut d'ailleurs
à leur inspirer un très profond respect et un amour filial pour elle, de sorte qu'ils
désiraient voir et connaître le plus tôt possible une créature si divine. Le Seigneur
leur donnait ces idées et ces sentiments afin de satisfaire le grand zèle qu'il avait
pour l'honneur de sa Mère, et parce qu'il importait aux disciples eux-mêmes de s'en
former la plus haute opinion, et de concevoir pour elle une pieuse vénération. Et
quoiqu'ils fussent tous éclairés de ces divines lumières, saint Jean se signala pourtant
le plus en cet amour respectueux ; car à mesure que le divin Maître parlait de la dignité et de l'excellence de sa très pure Mère, le saint redoublait l'estime qu'il avait
pour sa sainteté, comme étant destiné et préparé à obtenir de plus rares privilèges au
service de sa Reine, ainsi que son Évangile le prouve, et que je le dirai dans la suite.

1026. Les cinq premiers disciples prièrent le Seigneur de leur donner la consolation
de voir sa Mère et de lui témoigner leurs respects ; et, voulant satisfaire leurs
désirs, il se dirigea vers Nazareth, après qu'il fut entré en Galilée, sans néanmoins
discontinuer de prêcher publiquement, en s'annonçant alors comme le Maître de
la vérité et de la vie éternelle. Beaucoup de personnes se mirent à l'écouter et à l'accompagner, attirées par la force de sa doctrine, par la lumière et par la grâce qu'il

répandait dans les cœurs dociles, quoiqu'il n'appelât personne à sa suite dans cette occasion, en sus des cinq disciples qu'il menait avec lui. Et c'est une chose digne de remarque que ceux-ci, ayant une si grande dévotion pour notre auguste Reine, et une connaissance si claire de la dignité qu'elle avait entre les créatures, cachèrent tous néanmoins les sentiments qui les animaient ; et afin qu'ils ne publiassent point ce qu'ils en savaient, la Sagesse divine les rendit comme muets sur cette matière, et leur fit, pour ainsi parler, perdre le souvenir des sublimes mystères qui la regardaient ; parce qu'il n'était pas convenable que ces vérités de la foi fussent vulgarisées dans le commencement de la prédication de Jésus-Christ. Le Soleil de justice ne faisait alors que de naître dans les âmes, et il fallait qu'il répandît ses lumières sur toutes les nations[406] ; et bien que la Lune mystique, sa très sainte Mère, fût déjà dans la plénitude de toute sainteté, il convenait qu'elle restât cachée, pour luire dans la nuit qu'amènerait sur l'Église l'absence de ce divin Soleil quand il monterait à son Père. Et c'est ce qui arriva ; car notre grande Dame resplendit alors, comme je le dirai dans la troisième partie ; jusque-là sa sainteté et son excellence ne furent manifestées qu'aux apôtres, afin qu'ils la reconnussent et la consultassent comme la digne Mère du Rédempteur du monde et la Maîtresse de toutes les vertus.

1027. Notre Sauveur poursuivit son chemin vers Nazareth, instruisant ses nouveaux enfants et premiers disciples, non seulement en ce qui regardait les mystères de la foi, mais en toutes les vertus, qu'il leur enseignait par sa doctrine et par son exemple, comme il continua pendant tout le temps de sa prédication évangélique. Dans ce dessein, il visitait les pauvres, consolait les affligés dans les hôpitaux et dans les prisons, et pratiquait envers tous des œuvres admirables de miséricorde pour le corps et pour l'âme ; sans pourtant se déclarer pour auteur d'aucun miracle jusqu'aux noces de Cana (comme je le dirai au chapitre suivant). Dans le même temps que le Seigneur faisait ce voyage, sa très sainte Mère se préparait à le recevoir avec les disciples qu'il menait avec lui, car elle fut informée de tout ; ainsi elle disposa le logement pour tous, arrangea sa pauvre maison, et se pourvut des vivres nécessaires, toujours également soigneuse, active et prévoyante.

1028. Le Sauveur du monde arriva à sa maison, où la bienheureuse Mère l'attendait à la porte, et au moment où sa Majesté y entrait, elle se prosterna, l'adora et lui baisa les pieds et ensuite les mains, en lui demandant sa bénédiction. Puis elle glorifia dans les termes les plus sublimes la très sainte Trinité et l'Humanité sainte, et cela en présence des nouveaux disciples. Ce ne fut point sans un très grand mystère, à la hauteur duquel s'éleva la prudence de notre auguste Reine ; car, outre qu'elle rendait à son très saint Fils le culte et l'adoration qui lui étaient dus comme Dieu et homme tout ensemble, elle lui rendait aussi le retour des magnifiques louanges qu'il lui avait données devant ses apôtres ou disciples. Et comme cet adorable Seigneur leur avait, le long de la route, parlé de la dignité de sa Mère et du respect avec lequel

---

406 Ml 4, 2.

ils la devaient traiter, de même cette sage et fidèle Mère le voulut, en présence de son Fils, enseigner à ses disciples la vénération qu'ils devaient avoir pour leur divin Maître, qui était aussi leur Dieu et leur Rédempteur. Et c'est ce qu'elle fit ; car les marques de sa très profonde humilité, et le culte avec lequel elle reçut Jésus-Christ comme Sauveur, causèrent aux disciples une nouvelle admiration, une plus grande dévotion et une crainte respectueuse pour leur adorable Maître. De sorte qu'elle leur servit dans la suite de modèle de religion ; commençant même dès lors à être leur Maîtresse et leur Mère spirituelle en la matière la plus importante, puisqu'elle leur enseignait comment ils devaient se comporter dans le commerce familier avec leur Dieu et leur Rédempteur. Cet exemple redoubla la dévotion des nouveaux disciples envers leur Reine, et se mettant à genoux devant elle ils la prièrent de vouloir bien les recevoir pour ses enfants et pour ses serviteurs. Mais saint Jean fut le premier qui fit cette consécration, de sorte qu'il commença à se distinguer entre tous les apôtres en la dévotion de la très pure Marie, et cette auguste Princesse le traita avec une charité particulière ; parce qu'il était doux et humble, et surtout à cause du don de virginité qu'il avait en un degré éminent.

1029. Notre grande Dame, toujours prévoyante en toutes choses, logea tous ses saints hôtes, et leur servit à manger avec un soin maternel, et avec une modestie et une majesté vraiment royales ; car sa sagesse incomparable savait tout concilier avec une perfection que les anges eux-mêmes ne se lassaient point d'admirer. Elle servait son très saint Fils à genoux, et en s'acquittant de ce pieux office elle témoignait encore sa vénération par des considérations sublimes qu'elle adressait aux apôtres, sur les grandes excellences de leur Maître et Rédempteur, pour les instruire en la doctrine véritablement chrétienne. Cette même nuit, après que les nouveaux hôtes se furent retirés dans leur appartement, le Sauveur se rendit, selon sa coutume, à l'oratoire de sa très pure Mère. Aussitôt la très humble entre les humbles se prosterna à ses pieds, comme elle l'avait fait auparavant en pareil cas, et quoiqu'elle n'eût jamais commis aucune faute dont elle dût s'accuser, elle pria sa Majesté de lui pardonner celles qu'elle croyait lui être échappées à son service, et le peu de retour dont elle avait payé ses bienfaits immenses ; car dans sa profonde humilité, elle s'imaginait que tout ce qu'elle faisait était très peu de chose, et fort au-dessous de ce qu'elle devait à son amour infini, et aux dons qu'elle en avait reçus, et c'est pourquoi elle se regardait comme une créature aussi inutile que la poussière. Le Seigneur la releva, et lui dit des paroles de vie éternelle, mais avec beaucoup de majesté ; parce qu'alors il la traitait avec un plus grand sérieux, pour donner lieu aux souffrances, ainsi que je l'ai fait remarquer quand il la quitta pour aller recevoir le baptême et se retirer dans le désert.

1030. Elle pria aussi son très saint Fils de lui donner le sacrement du baptême, qu'il avait institué, et qu'il lui avait déjà promis, comme je l'ai dit plus haut. Pour le célébrer avec la solennité digne d'un tel Fils et d'une telle Mère, une multitude innombrable d'anges descendirent du ciel par la volonté divine sous une forme visible. Et en leur présence Jésus-Christ baptisa sa très pure Mère. Alors on entendit une voix du Père éternel qui dit : « Voici ma Fille bien-aimée, en qui je trouve mes complaisances. Le Verbe incarné ajouta : *Voici ma Mère, que je me suis choisie, et que j'aime tendrement ; elle m'accompagnera en toutes mes* œuvres. Une autre voix, celle du Saint-Esprit, dit : *Voici mon* Épouse *et mon* Élue *entre mille*. Marie ressentit en même temps des effets si divins, et son âme reçut tant de faveurs et tant de lumières, qu'il n'est pas possible de l'exprimer ; car elle fut plus élevée en la grâce, la beauté de son âme très sainte eut un nouvel éclat, toutes ses excellences furent rehaussées, et le divin caractère dont ce sacrement marque les enfants de Jésus-Christ en son Église, brilla en elle de toute sa céleste splendeur. Indépendamment des autres avantages que le sacrement communique par lui-même et quelle recueillit, à l'exception de la rémission du péché qu'elle ne contracta jamais, elle mérita de très hauts degrés de grâce, par l'humilité avec laquelle elle reçut le sacrement qui fut établi pour la purification des âmes ; de sorte qu'il lui arriva à peu près, relativement au mérite, ce que j'ai dit ailleurs de son très saint Fils, quoiqu'elle ait seule reçu l'augmentation de grâce, dont Jésus-Christ n'était point susceptible. Elle fit ensuite un cantique de louanges avec les saints anges pour le baptême qu'elle avait reçu, et, prosternée devant son adorable Fils, elle lui en rendit de très humbles actions de grâces.

Instruction que la Reine du ciel m'a donnée

1031. Ma fille, je vois la sainte jalousie et l'émulation que vous inspire l'inestimable bonheur des disciples de mon très saint Fils, et particulièrement de saint Jean mon serviteur et mon favori. Il est sûr que je l'aimais d'une manière spéciale, parce qu'il était pur, candide et simple comme une colombe ; c'est aussi pour cela et pour l'amour filial qu'il me portait, qu'il était fort agréable aux yeux du Seigneur. Je veux que cet exemple vous anime à faire ce que je désire que vous fassiez pour le même Seigneur et pour moi. Vous savez, ma fille, que je suis une Mère indulgente, et que j'adopte avec une tendresse maternelle tous ceux qui souhaitent avec ferveur devenir mes enfants et les serviteurs de mon Seigneur ; je les recevrai toujours à bras ouverts, et je serai leur avocate et plaiderai leur cause avec toute la chaleur de la charité, que sa divine Majesté m'a communiquée. Vous, qui êtes la plus inutile, la plus pauvre et la plus faible des créatures, vous me fournirez un motif plus grand de manifester davantage ma munificence et mon affection ; c'est pourquoi je vous appelle et vous convie à être ma fille chérie, et je veux que vous vous distinguiez dans la sainte Église par votre dévotion envers moi.

1032. Vous aurez ce bonheur, je vous le promets à une condition que j'exige de vous, c'est que si vous êtes véritablement animée d'une sainte émulation à la pensée de l'amour que j'eus pour mon fils Jean, et du retour qu'il m'en donna, vous l'imitiez avec toute la perfection possible ; voilà ce que vous devez me promettre à votre tour, en accomplissant sans faute ce que je vous ordonne. Je veux donc que vous travailliez jusqu'à ce que vous ayez anéanti en vous l'amour-propre, et tous les effets du premier péché, aussi bien que les inclinations terrestres qu'engendre la concupiscence, et que vous ayez recouvré cette simplicité de la colombe, qui exclut toute sorte de malice et de duplicité. Vous devez être un ange en toutes vos opérations, puisque la bonté du Très-Haut a été si libérale à votre égard, qu'elle vous a communiqué des lumières plus propres à la condition d'un esprit angélique qu'à celle d'une créature humaine. C'est moi qui vous procure ces grandes faveurs, ainsi il est juste que vos œuvres répondent à vos connaissances, et que vous preniez un soin continuel de me plaire et de me servir, étant toujours attentive à mes conseils, et ne me perdant jamais de vue, pour savoir ce que je vous ordonne, et pour l'exécuter aussitôt. Par ce moyen vous deviendrez véritablement ma très chère fille, et je serai votre protectrice et votre plus tendre Mère.

Livre sixième

Où l'on voit ce qui se passa aux noces de Cana en Galilée. — Comment la très pure Marie accompagna le rédempteur du monde prêchant son évangile. — L'humilité que cette auguste reine témoignait dans les miracles qu'opérait son très saint fils. — La Transfiguration de cet adorable Seigneur. — Son entrée dans Jérusalem. — Sa passion et sa mort. — La victoire qu'il remporta en la croix sur Lucifer et sur ses ministres. — Sa glorieuse résurrection et son admirable ascension.

Chapitre 1
Notre Sauveur Jésus-Christ commence à se faire connaître par le premier miracle qu'il fit aux noces de Cana à la prière de sa très sainte Mère.

1033. L'évangéliste saint Jean, qui raconte à la fin du chapitre premier la vocation de Nathanaël (ce fut le cinquième disciple de Jésus-Christ), commence le second chapitre de l'histoire évangélique en ces termes : *Le troisième jour, on célébrait des noces à Cana en Galilée, et la Mère de Jésus y était. Jésus fut aussi invité à ces noces avec ses disciples*[407]. D'où l'on peut inférer que cette grande Dame était à Cana avant que son très saint Fils fût invité aux noces qu'on y faisait.

Pour concilier ceci avec ce que j'ai dit dans le chapitre précédent, et pour savoir quel jour fut celui-ci, je fis par ordre de mes supérieurs quelques questions, auxquelles il me fut répondu que, nonobstant les différentes opinions des interprètes, l'histoire de notre Reine s'accorde avec celle de l'Évangile, et que la chose arriva en

---
407 Jn 2.

cette manière : Notre Seigneur Jésus-Christ, entré en Galilée avec ses cinq apôtres ou disciples, alla droit à Nazareth, prêchant et instruisant le peuple. Mais il fit le voyage en plusieurs jours, sinon en une semaine, au moins en plus de trois jours. Étant arrivé à Nazareth, il baptisa sa bienheureuse Mère, comme je l'ai rapporté ; ensuite il alla prêcher accompagné de ses disciples dans quelques villages voisins. Sur ces entrefaites, notre auguste Princesse se rendit à Cana, comme conviée aux noces dont l'évangéliste fait mention, car ceux qui les faisaient étaient ses parents au quatrième degré du côté de sainte Anne. De sorte, que cette grande Dame se trouvant à Cana, les nouveaux mariés apprirent la venue du Sauveur du monde, et qu'il commençait à avoir des disciples ; et par le conseil de sa très sainte Mère et l'inspiration du Seigneur lui-même, qui disposait secrètement les choses pour ses hautes fins, il fut invité aux noces avec ses disciples.

1034. Ce troisième jour, auquel l'évangéliste dit que ces noces eurent lieu, fut le troisième de la semaine des Hébreux ; et quoiqu'il ne s'exprime pas clairement, il ne dit pas que ce fut le troisième jour après la vocation des disciples ou après l'entrée du Seigneur en Galilée s'il l'eût entendu de la sorte, il l'aurait dit. Mais il était naturellement impossible que ces noces arrivassent le troisième jour après la vocation des disciples ou après qu'ils furent entrés avec leur divin Maître dans la Galilée, car Cana est situé aux frontières de la tribu de Zabulon, du côté de la Phénicie, au nord par rapport à la Judée, dans la partie où se trouvait la tribu d'Aser, et ce pays est assez éloigné des confins de la Judée et de la Galilée, par où le Sauveur du genre humain entra. Que si les noces eussent été célébrées le troisième jour, il n'aurait eu que deux journées pour aller de la Judée à Cana, et cependant il en faut trois ; en outre, le Seigneur devait se trouver dans les environs de Cana avant qu'on pût l'inviter, et tout cela demandait plus de temps. D'ailleurs, il fallait passer par Nazareth pour se rendre de la Judée à Cana en Galilée, car Cana est plus éloigné vers la mer Méditerranée et proche de la tribu d'Aser, comme je viens de le dire ; et il est sûr que le Sauveur du monde avait dessein de visiter auparavant sa très sainte Mère, qui, n'ignorant pas sa venue, l'attendait dans sa maison sans en sortir, parce qu'elle savait qu'il devait bientôt y arriver. Que si l'Évangéliste n'a pas fait mention de cette venue ni du baptême de la sainte Vierge, on ne doit pas en conclure que cela ne soit arrivé ; mais c'est parce que lui et les autres évangélistes n'ont rapporté que ce qui regardait leur sujet. C'est aussi pour cette raison que le même saint Jean déclare qu'on a passés sous silence plusieurs miracles que notre divin Maître a opérés[408], parce qu'il n'était pas nécessaire de les écrire tous. Ces explications font comprendre l'Évangile, en même temps que l'Évangile confirme cette histoire par le texte que j'ai cité.

1035. La Reine de l'univers étant à Cana, son très saint Fils fut invité aux noces avec les disciples qu'il avait, et sa divine bonté, qui disposait toutes choses, accepta l'invitation. Il se rendit donc aussitôt chez ses parents pour sanctifier et autoriser

---

408   Jn 20, 30.

le mariage, et pour commencer à confirmer sa doctrine par le miracle qu'il y fit et dont il se déclara l'auteur ; car, voulant se faire reconnaître pour Maître, qui avait déjà des disciples, il fallait qu'il les confirmât dans leur vocation, et qu'il autorisât sa doctrine afin qu'ils la reçussent. C'est pour cette raison que sa divine Majesté ayant fait secrètement d'autres merveilles, ne s'en déclara pas l'auteur en public comme dans cette rencontre, et c'est pour cela aussi que l'Évangéliste dit que *Jésus fit à Cana en Galilée le premier de ses miracles*[409]. Ce même Seigneur dit aussi pour ce sujet à sa très sainte Mère, que son heure n'était pas encore venue[410]. Cette merveille arriva le même jour que fut accomplie l'année qui suivit le baptême de notre Sauveur Jésus-Christ ; et ce jour correspondait à celui de l'adoration des rois, comme le tient la sainte Église romaine, qui célèbre ces trois mystères en un même jour, qui est le 6 janvier. Notre Seigneur Jésus-Christ avait alors trente ans révolus, et avait passé de sa trente et unième année les treize jours qui se comptent depuis sa très sainte Nativité jusqu'à l'Épiphanie.

1036. Le Maître de la vie entra dans la maison où l'on célébrait les noces, et saluant ceux qui y étaient réunis, leur dit : « La paix et la lumière du Seigneur soient avec vous, » comme véritablement elles y étaient, puisque sa divine Majesté s'y trouvait. Il fit ensuite une exhortation de vie éternelle au nouveau marié, lui enseignant ce qu'il devait faire dans son état pour se sanctifier. La Reine du ciel exerça le même acte de charité envers la nouvelle épouse, qu'elle instruisit de ses obligations par de très doux et efficaces avis. De sorte qu'ils vécurent tous deux avec beaucoup de sainteté dans l'état qu'ils avaient heureusement embrassé en présence du Roi et de la Reine de l'univers. Je ne dois point m'arrêter à prouver que ce nouveau marié n'était pas saint Jean l'évangéliste. Il suffit qu'on sache qu'il suivait déjà le Sauveur au nombre de ses disciples, comme je l'ai dit au chapitre précédent. Car dans cette circonstance le Seigneur ne prétendit point dissoudre le mariage, il vint à Cana pour l'autoriser et pour en faire un sacrement ; ainsi on ne doit pas croire qu'il eut voulu le rompre aussitôt ; d'ailleurs l'évangéliste n'eut jamais l'intention de se marier. Mais bien loin de dissoudre cette union, notre Sauveur ayant instruit les nouveaux mariés, pria instamment le Père éternel de bénir d'une manière spéciale, sous la loi de grâce, la propagation de la race humaine, de donner dès lors au mariage la vertu de sanctifier ceux qui le recevraient dans la sainte Église, et de l'élever au rang de ses sacrements.

1037. La bienheureuse Vierge connaissait les desseins et la prière de son très saint Fils, et elle s'y associait par le même concours qu'elle donnait aux autres œuvres qu'il opérait en faveur du genre humain ; et comme elle se chargeait du retour que les hommes ne rendaient point pour ces bienfaits, elle fit un cantique de louanges au Seigneur, assistée des saints anges qu'elle avait invités à lui témoigner cette reconnaissance avec elle. Toutefois cet exercice fut secret et découvert seulement de

---

409   Jn 2, 11.

410   Ibid. 4.

notre Sauveur, qui prenait ses complaisances dans les œuvres de sa très pure Mère, comme elle prenait les siennes dans celles de son adorable Fils. Au surplus, ils conversaient avec ceux qui se trouvaient aux noces ; mais c'était avec une sagesse admirable et avec des paroles dignes de telles personnes, qui ne parlaient que pour éclairer les cœurs de tous ceux qui les entouraient. La très prudente Dame parlait fort peu, et ce n'était que lorsqu'on l'interrogeait, ou quand elle y était obligée par honnêteté ; car elle appliquait toute son attention aux discours et aux actions du Seigneur, pour les conserver et les repasser dans son très chaste cœur. De sorte que les actions, les paroles et toutes les manières de cette grande Reine furent pendant toute sa vie un rare exemple de prudence et de modestie, non seulement pour les religieuses, mais aussi pour les femmes du siècle, surtout dans cette circonstance. Si elles se le représentaient lorsqu'elles se trouvent en de semblables rencontres, elles apprendraient à se taire, à régler leur intérieur et leur extérieur, et à éviter toute sorte de légèreté et de dissolution, car plus le péril est grand, plus la circonspection est nécessaire ; et il est sûr que le silence, la retenue et la pudeur sont toujours les plus beaux et les plus riches ornements des femmes ; ce sont les seules qui ferment la porte à une foule de vices, et qui forment le couronnement des vertus de la femme chaste et honnête.

1038. Étant à table, le Seigneur et sa très sainte Mère mangèrent de ce qu'on y servit, mais avec une très grande sobriété, que ne remarquèrent pourtant point les convives. Et quoiqu'ils n'usassent point de tant de mets lorsqu'ils étaient seuls, ainsi que je l'ai marqué, les Maîtres de la perfection, qui ne voulaient point condamner la vie commune des hommes, mais la perfectionner par leurs exemples, s'accommodaient à tous avec modération et sans aucune singularité extérieure, en tout ce qui n'était point incompatible avec la perfection. Et ce que le Seigneur avait pratiqué dans sa conduite, il l'enseigna par sa doctrine à ses apôtres et à ses disciples, leur ordonnant de manger, quand ils iraient prêcher, de ce qu'on leur présenterait[411], et de ne point se rendre singuliers comme imparfaits et peu savants dans le chemin de la vertu, attendu que ceux qui sont véritablement pauvres et humbles ne doivent point choisir leur nourriture. Or, le vin étant venu à manquer au repas par une disposition de la Providence, pour donner occasion au miracle que le Sauveur y fit ; la charitable Reine lui dit : *Seigneur, ils n'ont point de vin*. Sa Majesté lui répondit : *Femme, qu'y a-t-il de commun entre vous et moi ? Mon heure n'est pas encore venue*[412]. Cette réponse de Jésus-Christ ne fut pas une réprimande, mais un mystère, car la très prudente Mère ne demanda pas fortuitement le miracle, puisqu'elle savait par la lumière d'en haut qu'il était temps que la puissance divine de son très saint Fils se manifestât ; elle ne pouvait pas l'ignorer, car elle avait une connaissance claire des œuvres de la rédemption, de l'ordre que notre Sauveur y devait garder, des moments et des circonstances où il les devait faire. Il faut aussi remarquer que

---

411   Lc 10, 8.

412   Jn 2, 3-4.

le Verbe divin prononça ces paroles, non d'un ton de reproche, mais avec beau-coup de calme, de douceur et de dignité. Que s'il n'appela point la sainte vierge mère, mais femme, c'est parce que depuis quelque temps il ne la traitait plus avec la même tendresse extérieure, comme je l'ai dit ailleurs (n° 960).

1039. Le but mystérieux de la réponse de notre Seigneur Jésus-Christ fut de confirmer les disciples en la foi à sa divinité, et de commencer à la manifester à tous en se montrant Dieu véritable et indépendant de sa Mère quant à l'être divin et à la puissance de faire des miracles. C'est pour cette raison que, ne l'appelant point mère, il lui dit : Femme, qu'y a-t-il ici de commun entre vous et moi ? Ce fut comme s'il lui eût dit : Je n'ai pas reçu de vous le pouvoir de faire des miracles, bien que vous m'ayez donné la nature humaine en laquelle je dois les opérer ; car il ne dépend que de ma divinité de les faire, et comme Dieu mon heure n'est pas encore venue. Il fit aussi connaître par cette réponse que la détermination de toutes ses merveilles n'appartenait point à sa sainte Mère, et dépendait uniquement de la volonté de Dieu, bien que pourtant elle fût trop prudente pour en demander la réalisation en temps inopportun. Enfin, le Seigneur voulut faire comprendre qu'il y avait en lui une autre volonté que la volonté humaine, et que celle-là était divine, supérieure à celle de sa Mère, qu'elle ne lui était point subordonnée, mais que la vo-lonté de cette même Mère dépendait de celle qu'il avait comme Dieu. Pour l'éclair-cissement de cette vérité, notre adorable Sauveur répandit en même temps dans l'intérieur de ses disciples une nouvelle lumière, par laquelle ils connurent l'union hypostatique en sa personne des deux natures qu'il avait reçues, la nature humaine, de sa Mère, et la nature divine, de son Père, par la génération éternelle.

1040. Notre auguste Princesse pénétra tout ce mystère, et dit avec une douce dignité aux serviteurs : *Faites ce que mon Fils vous dira*[413]. En ces paroles (outre la connaissance de la volonté de Jésus-Christ, qu'elles supposent chez la très prudente mère), elle s'exprima comme Maîtresse de tout le genre humain, enseignant aux mortels que pour remédier à toutes leurs nécessités, à toutes leurs misères, il est à la fois nécessaire et suffisant qu'ils fassent de leur côté tout ce que le Seigneur com-mande, et ce que prescrivent ceux qui tiennent sa place. Une telle doctrine ne pou-vait sortir que de la bouche d'une pareille Mère et avocate, qui, désireuse de notre bien et connaissant la cause qui empêche la puissance divine de faire beaucoup de grandes merveilles, voulut nous proposer et nous enseigner le remède propre à nous guérir de tous nos maux, en nous disposant à l'accomplissement de la volonté du Très-Haut, d'où dépend tout notre bonheur. Le Rédempteur du monde ordonna à ceux qui servaient à table de remplir d'eau les urnes[414] en usage chez les Hébreux en de semblables occasions. Et, après qu'ils les eurent toutes remplies, le même Sei-

413   Jn 2, 5.

414   *Ibid.*, 7.

gneur leur dit de puiser de ce qui était dedans et d'en porter à l'intendant[415], qui occupait la place la plus honorable, et qui était un des prêtres de la loi. Et lorsque l'intendant eut goûté de ce vin miraculeux, il ne put s'empêcher d'appeler l'époux et de lui témoigner son étonnement. « Il n'y a point d'homme, lui dit-il, qui ne serve d'abord aux conviés le meilleur vin qu'il ait, et le moindre après qu'on a beaucoup bu ; mais au contraire, vous avez gardé votre meilleur vin pour la fin du repas[416]. »

1041. Quand l'intendant goûta le vin, il ne savait point le miracle, parce qu'il était au plus haut de la table, et notre divin Maître Jésus-Christ occupait les dernières places avec sa très sainte Mère et les disciples, enseignant par son exemple ce qu'il devait enseigner après par sa doctrine, savoir, de choisir la dernière place quand on serait invité à quelque festin[417]. Bientôt la merveille que notre Sauveur avait faite de changer l'eau en vin fut publiée ; sa gloire se répandit, et ses disciples crurent en lui, comme dit l'évangéliste[418], parce qu'ils furent confirmés davantage en la foi. Parmi les témoins du prodige, il y en eut encore beaucoup d'autres qui crurent qu'il était le véritable Messie, et qui le suivirent jusqu'à la ville de Capharnaüm, où l'évangéliste rapporte qu'il se rendit avec sa Mère et ses disciples en quittant Cana[419] ; ce fut là, dit saint Matthieu, qu'il commença à prêcher et à se faire connaître pour le Maître des hommes. En disant que le Seigneur a manifesté sa gloire par ce miracle, saint Jean, loin de nier qu'il en eût fait auparavant d'autres d'une manière secrète, le suppose au contraire, et fait entendre que Jésus-Christ en cette circonstance manifesta sa gloire, qu'il n'avait point encore fait éclater par d'autres prodiges, parce qu'il ne voulut pas en être reconnu comme l'auteur avant le moment opportun, déterminé par la sagesse divine. Il est certain qu'il en opéra un grand nombre d'admirables en Égypte, tels que la chute des temples et des idoles, dont j'ai fait mention ailleurs. L'auguste Vierge, au milieu de toutes ces merveilles, pratiquait, pour louer le Très-Haut, des actes de vertu sublime, et lui rendait des actions de grâces de ce que la gloire de son saint nom se répandait. Elle se préoccupait des besoins des nouveaux fidèles, et s'employait au service de son très saint Fils, prévoyant toutes choses avec une sagesse incomparable et une vigilante charité. C'est cette charité qui excitait la ferveur avec laquelle elle priait le Père éternel de disposer les hommes à recevoir les paroles et la lumière du Verbe incarné, et de dissiper les ténèbres de leur ignorance.

Instruction que me donna la puissante Reine du ciel

1042. Ma fille, les enfants de l'Église ne sauraient se disculper du peu de soin que la plupart prennent de publier la gloire de Dieu, et de faire connaître son saint

---

415   *Ibid.*, 8.

416   Jn 2, 10.

417   Lc 14, 8 et 10.

418   Jn 2, 11.

419   Mt 4, 18.

nom à toutes les nations. Cette négligence est plus criminelle depuis que le Verbe s'est incarné dans mon sein, et depuis qu'il a instruit et racheté le monde précisément dans ce but. C'est aussi dans ce but qu'il a établi la sainte Église et qu'il l'a enrichie de trésors spirituels, de ministres et d'autres biens temporels. Or, tout cela ne doit pas seulement servir à conserver cette même Église et les enfants qu'elle a, mais encore à l'agrandir, à gagner d'autres nouveaux enfants à la régénération de la foi catholique. Tous sont appelés à concourir à ce grand œuvre, afin que le fruit de la mort de leur Restaurateur s'étende de plus en plus. Les uns peuvent le faire par des prières et par de fervents désirs de propager la gloire du saint nom de Dieu ; les autres par des aumônes ; ceux-ci par les diligences de leur zèle et leurs exhortations ; ceux-là par leur travail et leurs peines. Mais si les pauvres et les ignorants ne laissent pas que d'être coupables de cette négligence, les riches et les puissants sont bien plus répréhensibles, surtout les ministres et les prélats de l'Église, que cette obligation regarde de plus près, et dont un si grand nombre, sans songer au compte terrible qu'ils auront à rendre, changent en une vaine gloire personnelle la gloire qui revient à Jésus-Christ. Ils emploient le patrimoine du sang du Rédempteur en des choses qui sont indignes d'être nommées ; ils répondront de la perte d'une infinité d'âmes qu'ils pourraient, au prix de quelques efforts, faire entrer dans la sainte Église ; ou du moins ils auraient, eux, le mérite d'avoir accompli leur devoir, et le Seigneur la gloire de posséder dans son Église des ministres fidèles. Le même compte sera exigé des princes et des puissants du monde, qui ont reçu de la main libérale de Dieu les honneurs et les biens temporels pour les employer à la gloire de sa divine Majesté, et cependant ne pensent à rien moins qu'à cette obligation.

1043. Je veux que vous déploriez tous ces malheurs, que vous travailliez autant qu'il vous sera possible à propager la connaissance et la gloire du Très-Haut parmi toutes les nations, et que des pierres vous le priez de susciter des enfants d'Abraham[420] ; car rien n'est au-dessus de sa puissance. Et afin que les âmes se soumettent au joug léger de l'Évangile[421], priez-le aussi d'envoyer à son Église des ministres capables ; car la moisson est grande, elle est abondante, et il y a peu d'ouvriers fidèles et zélés pour la récolter[422]. Que la sollicitude et l'affection maternelles avec lesquelles je travaillais avec mon Fils et mon Seigneur pour lui gagner les âmes et les maintenir dans sa doctrine, vous servent de modèle. Entretenez toujours au fond de votre cœur le feu de cette ardente charité. Je veux aussi que le silence et la modestie que, comme vous l'avez vu, je gardai aux noces, soient pour vous et pour vos religieuses une règle inviolable qui vous apprenne à mesurer vos actions et vos paroles, et à conserver partout une grande retenue, surtout quand vous vous trouverez en présence des hommes ; car ces vertus sont les ornements qui embellissent

---

420   Mt 3, 9.

421   Mt 11, 30.

422   Lc 10, 2.

les épouses de Jésus-Christ et qui les lui rendent agréables.

Chapitre 2

La très pure Marie accompagne notre Sauveur dans ses prédications. — Elle y déploie un grand zèle et s'occupe avec un soin particulier des femmes qui suivent le Seigneur. — Elle agit en tout avec une sublime perfection.

1044. Je ne m'écarterais pas du sujet de cette histoire, si j'entreprenais d'y rapporter les miracles et les actions héroïques de notre Rédempteur Jésus-Christ, attendu que sa très sainte Mère a concouru et participé à presque tout ce qu'il a fait. Mais je ne puis assumer une tache si ardue, si au-dessus des forces et de la capacité humaines ; car l'évangéliste saint Jean, après avoir écrit un si grand nombre de merveilles de son divin Maître ; dit à la fin de son Évangile[423] que Jésus en a opéré tant d'autres, que si elles étaient rapportées en détail, le monde ne pourrait pas contenir les livres où elles seraient écrites. Ce qui a paru si impossible à l'évangéliste, comment une fille ignorante et plus inutile que la poussière oserait-elle le tenter ? Les quatre évangélistes ont écrit même au-delà de ce qui était convenable, nécessaire et suffisant pour établir et conserver l'Église ; ainsi il serait superflu de le redire dans cette histoire. Toutefois, pour en enchaîner les différentes parties, et pour ne point passer sous silence tant d'œuvres admirables de notre grande Reine que les évangélistes n'ont pas racontées, il faudra bien en toucher quelques-unes ; car je sens qu'il me sera à la fois bien doux et bien utile pour mon avancement d'en fixer le souvenir par écrit. Quant au reste de ce qu'ils n'ont pas marqué dans leurs évangiles, et que je n'ai pas ordre de rapporter, ce sont des choses réservées pour le séjour de la gloire, où les bienheureux les connaîtront en Dieu avec une joie singulière, et où ils loueront éternellement le Seigneur pour de si hautes merveilles.

1045. Notre Rédempteur Jésus-Christ étant parti de Cana de Galilée, prit le chemin de Capharnaüm, ville près de la mer de Tibériade assez grande et assez peuplée, où il demeura peu de jours, comme le dit l'évangéliste saint Jean[424] ; parce que, la Pâque étant proche, il résolut d'aller à Jérusalem pour y célébrer cette fête, le quatorzième jour de la lune de mars. Sa très sainte Mère, ayant quitté sa maison de Nazareth, le suivit dès lors partout où il allait prêcher, et même jusqu'à la croix ; excepté en certaines occasions dans lesquelles elle s'en séparait, comme quand le Seigneur se rendit sur le mont Thabor[425], ou allait opérer des conversions particulières, telles que celle de la Samaritaine, ou bien quand notre divine Dame elle-même s'arrêtait pour achever d'instruire quelques personnes. Mais elle ne tardait pas à rejoindre son Fils et son Maître, et elle suivit le Soleilde justice jusqu'au couchant de sa mort. La Reine du ciel faisait tous ces voyages à pied, à l'exemple de son très saint Fils. Que si

---

423   Jn. 21, 25.

424   Jn 2, 12.

425   Mt 17, 1.

cet adorable Seigneur lui-même succombait parfois à la lassitude, comme l'Évangile le marque[426], que n'aura point dû souffrir sa très pure Mère ! Combien de fatigues n'aura-t-elle pas endurées dans tant de courses faites à travers tous les temps ! La Mère de miséricorde traitait son corps délicat avec tant de rigueur, les peines auxquelles en pareils cas seulement elle se soumit pour nous furent si grandes, que tous les mortels ensemble ne pourront jamais satisfaire pour cette obligation. Le Seigneur permettait quelquefois qu'elle ressentit des douleurs, des brisements tels, qu'il était nécessaire qu'elle fût soutenue par les secours miraculeux qu'il lui accordait ; tantôt il lui ordonnait de se reposer quelques jours dans une localité ; tantôt il lui rendait le corps si léger, qu'elle pouvait se mouvoir, sans peine comme avec des ailes.

1046. Toute la loi évangélique était écrite dans le cœur de notre incomparable Maîtresse, comme je l'ai marqué en son lieu ; néanmoins elle ne laissait pas d'être aussi assidue aux prédications de son très saint Fils que si elle eût été une nouvelle disciple ; et à cet effet elle avait prié ses saints anges de l'assister d'une manière spéciale et même de l'avertir s'il était besoin, afin qu'elle n'en manquât jamais aucune, lorsqu'elle ne se trouverait pas trop éloignée du divin Maître. Quand il prêchait ou enseignait, elle l'écoutait toujours à genoux, et seule lui offrait les hommages et le culte dus à sa personne et à sa doctrine, du moins autant qu'elle le pouvait. Et comme elle connaissait toujours, (ainsi que je l'ai dit en d'autres endroits) les opérations de l'âme très sainte de son Fils, découvrant qu'au même moment où il prêchait il priait intérieurement le Père éternel de disposer les cœurs à recevoir la semence de sa sainte doctrine, afin qu'elle y produisit des fruits de vie éternelle, la très miséricordieuse Mère faisait la même prière pour les auditeurs de notre divin Maître, et appelait sur eux les mêmes bénédictions avec une très ardente charité que trahissaient ses larmes. Elle leur enseignait en même temps l'estime qu'ils devaient faire des paroles du Sauveur du monde par le respect religieux et l'attention profonde avec lesquels ils la voyaient les recueillir. Elle pénétra aussi l'intérieur de tous ceux qui assistaient aux prédications de son adorable Fils, c'est-à-dire l'état de grâce ou de péché ; de voies ou de vertus dans lequel ils se trouvaient. Et la diversité deces objets, naturellement cachés à l'entendement humain, produisait en la divine Mère des effets différents et admirables, tous caractérisés par une sublime charité et par d'autres vertus ; car elle s'enflammait du zèle de l'honneur du Seigneur, et du désir ardent qu'elle avait que les filles ne perdissent point le fruit de leur rédemption ; et le péril qu'elles couraient lorsqu'elles vivaient dans le péché l'excitait à demander leur remède avec une ferveur incomparable. Elle sentait une intime et amère douleur de ce que Dieu ne fût point connu, adoré et servi de toutes ses créatures, et cette douleur égalait la connaissance qu'elle avait des raisons qui la portaient à en gémir, et qu'elle pénétrait au-delà de tout ce que les hommes peuvent concevoir. Et lorsque les âmes repoussaient la grâce et les inspirations divines, elle en était si

426   Jn 4, 6.

profondément désolée, qu'elle en versait quelquefois des larmes de sang. De sorte que nous pouvons dire que ce que cette grande Reine souffrit dans ces occasions surpassa infiniment les peines de tous les martyrs ensemble.

1047. Elle montrait une discrétion et une sagesse extraordinaires dans ses rapports avec les disciples qui suivaient le Sauveur, et que sa Majesté recevait pour ce ministère, témoignant un respect et des égards particuliers à ceux qui étaient destinés à l'apostolat ; mais elle les soignait tous comme une mère, elle pourvoyait à tout comme une puissante Dame, et leur fournissait en cette double qualité la nourriture et les autres choses nécessaires. Quand elle ne pouvait pas se les procurer par les voies ordinaires, elle priait les anges de les leur porter, aussi bien qu'à quelques femmes qui s'étaient mises sous sa conduite. Mais elle ne leur donnait connaissance de ces merveilles qu'autant qu'il leur en fallait donner pour les confirmer en la piété et en la foi du Seigneur. Elle prit des peines inconcevables pour leur avancement spirituel, non seulement par les prières continuelles et ferventes qu'elle faisait pour eux, mais aussi par son exemple, par ses conseils et par ses instructions, de sorte qu'elle leur tenait lieu en toutes manières de maîtresse très prudente et de mère très charitable. Quand les apôtres et les disciples se trouvaient dans quelque doute, car ils en eurent plusieurs au commencement, ou lorsqu'ils sentaient quelque tentation, ils recouraient incontinent à notre grande Dame pour être éclaircis et aidés par cette lumière, par cette charité incomparables qui éclataient en elle ; et ils étaient pleinement consolés par la douceur de ses paroles. Elle les instruisait par sa sagesse, les assouplissait par son humilité, et leur inspirait une grande retenue par sa modestie ; de sorte qu'ils trouvèrent tous les biens imaginables dans ce divin laboratoire du Saint-Esprit. Elle rendait à Dieu des actions de grâces pour toutes les faveurs qu'ils recevaient, pour la vocation des disciples, pour la conversion des âmes, pour la persévérance des justes, pour tous les actes du vertu qui étaient pratiqués ; la connaissance qu'elle en avait la remplissait d'une joie singulière, et la portait à faire de nouveaux cantiques de louange au Seigneur.

1048. Il y avait aussi plusieurs femmes qui suivaient notre Rédempteur Jésus-Christ depuis la Galilée et le commencement de ses prédications, comme le marquent les évangélistes, Saint Matthieu, saint Marc et saint Luc disent[427] que quelques-unes qu'il avait délivrées des démons et guéries des maladies dont elles étaient affligées, l'accompagnaient et le servaient ; car le Maître de la vie n'a exclu aucun sexe de sa suite, de son imitation et de sa doctrine ; c'est pourquoi plusieurs femmes le suivirent et l'assistèrent de leurs biens dès qu'il se mit à prêcher. Sa divine sagesse le disposait de la sorte, entre autres fins pour qu'elles accompagnassent sa très sainte Mère pour une plus grande bienséance. Notre auguste Reine prenait un soin particulier de ces saintes femmes ; elle les réunissait, les instruisait et les menait aux sermons de son très saint Fils. Et, quoiqu'elle fût si savante en

---

427   Mt 27, 55 ; Mc 15, 40 ; Lc 8, 2.

la doctrine de l'Évangile pour leur enseigner le chemin de la vie éternelle, elle cachait pourtant toujours en partie ses trésors de science, et se prévalait de ce qu'on avait ouï dire à son adorable Fils ; c'était le texte sur lequel elle établissait les exhortations qu'elle adressait à ces femmes et à plusieurs autres qui l'allaient trouver en divers endroits, avant ou après avoir entendu le Sauveur du monde. Quant à celles qui ne le suivaient pas, la divine Mère les initiait, autant qu'il était nécessaire, aux mystères de la foi. Elle amena un très grand nombre de femmes à la connaissance de Jésus-Christ, et leur ouvrit le chemin du salut éternel et de la perfection évangélique ; que si les évangélistes n'en ont fait mention, se bornant à dire que quelques femmes suivaient le Sauveur, ç'a été parce qu'il n'était pas de leur sujet d'écrire ces particularités. Notre puissante Dame fit des choses admirables parmi ces femmes ; elle ne les formait pas seulement à la foi et aux vertus par ses discours, mais elle leur enseignait encore par son exemple à les pratiquer età exercer les œuvres de charité, visitant elle-même les malades, les pauvres et les affligés ; pansant de ses propres mains leurs plaies, les consolant dans leurs afflictions et les assistant dans leurs nécessités. Au reste, s'il fallait rapporter toutes ses œuvres en ces circonstances, le récit en exigerait une et une partie notable de cette histoire.

1049. Les miracles éclatants et innombrables que la Reine du ciel opéra dans le temps que notre Seigneur Jésus-Christ prêchait ne sont pas écrits non plus dans l'histoire de l'Évangile ni dans les autres histoires ecclésiastiques, qui n'ont mentionné que ceux que fit le Seigneur lui-même, et cela autant qu'il était convenable à la foi de l'Église ; car il était nécessaire qu'elle fût établie et confirmée en cette même foi avant que de manifester les grandeurs particulières de l'auguste Vierge Mère. Il est certain, selon ce qui m'a été découvert, que non seulement elle opéra beaucoup de conversions miraculeuses, mais encore qu'elle ressuscita des morts, donna la vue à des aveugles et guérit plusieurs personnes de leurs maladies. Cela convenait pour plusieurs raisons : premièrement, parce qu'elle était comme coadjutrice de la plus grande œuvre que le Verbe du Père éternel vint exécuter dans le monde en y prenant chair humaine, c'est à dire de la prédication de son Évangile et de la rédemption des hommes ; le même Père éternel ouvrit dans ce dessein les trésors de sa toute-puissance et de sa bonté infinie, qu'il manifestait par le Verbe incarné et par sa digne Mère ; en second lieu, parce qu'il était de la gloire de l'un et de l'autre que la Mère fût semblable au Fils, et qu'elle arrivât au plus haut degré de toutes les grâces et de tous les mérites qui répondaient à sa dignité et à la récompense qu'elle en devait recevoir, afin qu'elle accréditât par ces merveilles et son très saint Fils et la doctrine qu'il enseignait, et que par ce moyen elle l'assistât dans son ministère avec plus d'efficace et d'excellence. Si ces miracles de la très pure Marie ont été cachés, ç'a été par une disposition spéciale du Seigneur lui-même et à la demande de la Mère de la prudence. Ainsi elle les enveloppait sagement des ombres du mystère, afin que toute la gloire en revînt au Rédempteur, au nom et en la vertu duquel elle les opérait. Elle gardait aussi la même conduite lorsqu'elle instruisait les âmes, car elle ne parlait point en public ni dans les lieux destinés à ceux qui étaient chargés de la prédication comme ministres de la divine parole, sachant très bien que telle n'était point la mission des femmes[428] ; mais elle remplissait la sienne dans des conférences et des conversations particulières, avec une sagesse, une discrétion et une efficacité toutes célestes. En se bornant à ce rôle et à force de prières, elle fit de plus grandes conversions que tous les prédicateurs du monde n'en ont fait.

1050. On comprendra mieux cela si l'on considère qu'outre la vertu divine qui animait ses paroles, elle connaissait le naturel, les qualités, les inclinations, les habitudes de toutes sortes de personnes, les moments, les dispositions et les occasions les plus propres pour les ramener au chemin de la lumière ; et elle joignait à cela ses prières, la douceur et la force de ses prudentes paroles. Usant de tous ses dons sous les inspirations de l'ardente charité avec laquelle elle désirait faire entrer toutes les âmes dans le chemin du salut et les porter à Dieu, il fallait bien que les œuvres qu'elle faisait par de tels moyens fussent admirables et qu'elle affranchit du péché, qu'elle éclairât et qu'elle poussât au bien une infinité d'âmes ; car elle ne demandait rien au Seigneur qui ne lui fût accordé ; elle donnait à toutes ses œuvres la plénitude de la sainteté qui leur était applicable ; et, regardant l'œuvre de la rédemption comme la principale de celles du Seigneur, il est sûr qu'elle y coopéra au-delà de ce que l'on peut concevoir en cette vie mortelle. Cette incomparable Dame s'employait à toutes ces choses avec une rare mansuétude, comme une très innocente colombe, et avec une patience extrême, supportant les imperfections et la grossièreté des nouveaux fidèles, et les éclairant dans leur ignorance ; car un très grand nombre de personnes l'allaient consulter après avoir embrassé la foi du Rédempteur. Elle conservait toujours cette majesté de Reine de l'univers ; mais elle était avec cela si douce et si humble, qu'elle seule a pu, à l'imitation du Seigneur lui-même, unir ces perfections au suprême degré. Le Fils et la Mère traitaient avec tant de bienveillance et de charité toutes sortes de personnes, qu'il n'en est aucune qui ait pu s'excuser de n'avoir pas profité de leurs instructions. Ils conversaient et mangeaient avec les disciples et avec les femmes qui les suivaient, mais avec une retenue et une sobriété remarquables ; le Sauveur agit ainsi pour faire voir à tous qu'il était véritablement homme et fils naturel de la très pure Marie ; et ce fut pour ce sujet que sa divine Majesté daigna assister à divers autres festins, comme le racontent les saints évangélistes[429].

Instruction que j'ai reçue de l'auguste Marie, Reine du ciel

1051. Ma fille, il est constant que les peines que j'ai prises en accompagnant mon très saint Fils jusqu'à la croix ont été plus grandes que les mortels ne sauraient se l'imaginer ; et je ne travaillai pas moins après sa mort, comme vous le comprendrez

---

428   1 Co 14, 34.

429   Mt 9, 10 ; Jn 12, 2 ; Lc 5, 29 ; 7, 36.

quand vous écrirez la troisième partie de cette histoire. J'éprouvais pourtant une joie incomparable au milieu des fatigues et des soins que je prenais de voir que le Verbe incarné avançait le grand ouvrage du salut des hommes, et allait ouvrir le livre des mystères cachés de sa divinité et de son humanité très sainte, scellé de sept sceaux[430] ; et les hommes ne m'ont pas moins d'obligation de ce que je me réjouissais de leur bien que de la sollicitude avec laquelle je le leur procurais, puisque cette joie et cette sollicitude naissaient d'un même amour. Je veux que vous m'imitiez en cela, comme je vous l'ai dit très souvent. Et, quoique vous n'entendiez point la voix et la doctrine de mon très saint Fils par le sens extérieur, vous pouvez néanmoins m'imiter en la vénération avec laquelle je l'écoutais, puisque c'est lui-même qui vous parle au cœur et qui vous enseigne la même vérité ; ainsi je vous ordonne, quand vous reconnaîtrez cette lumière et cette voix de votre époux et de votre pasteur, de vous jeter à genoux pour lui donner toutes vos attentions avec tout le respect possible, de l'adorer avec de très humbles actions de grâces, et de graver ses paroles dans votre cœur. Que si vous vous trouvez en quelque endroit public où vous ne puissiez pratiquer cette humilité extérieure, vous vous contenterez d'en faire des actes intérieurs ; mais ne manquez pas de lui obéir en tout avec autant de ponctualité que si vous assistiez réellement à sa prédication car, de même que vous n'auriez pas pu vous estimer heureuse d'occuper alors une place parmi ses auditeurs si vous aviez négligé de mettre en pratique sa doctrine, ainsi vous pouvez l'être maintenant, si vous exécutez ce qu'il vous inspire, quoique vous n'entendiez pas sa voix par l'organe corporel. Votre obligation est grande, ma fille, parce que les miséricordes du Très-Haut et mes bontés sont grandes à votre égard. Ne laissez donc point s'appesantir votre cœur, et ne tombez point dans la pauvreté au milieu de tant de richesses de la divine lumière.

1052. Vous devez écouter avec respect non seulement la voix intérieure du Seigneur, mais aussi ses ministres, ses prêtres et ses prédicateurs, dont les voix sont les échos de celle du Très-Haut, et les canaux par où se répand la saine doctrine de vie, qui sort de la source éternelle de la vérité divine. C'est en eux que Dieu parle et qu'il fait retentir la voix de sa divine loi ; écoutez-les avec tant de respect, que vous ne trouviez jamais rien à blâmer dans leurs discours. Pour vous, tous doivent être savants et éloquents, et vous devez en chacun d'eux ouïr mon Fils et mon Seigneur Jésus-Christ. En vous comportant de la sorte, vous éviterez de tomber dans la folle présomption des gens du monde, qui, pleins d'une vanité répréhensible et d'un orgueil odieux aux yeux de Dieu, méprisent ses ministres et ses prédicateurs, parce qu'ils ne leur parlent pas selon leur goût dépravé. Et comme ils ne cherchent point la vérité divine, ils ne s'attachent qu'aux termes et au style, comme si la parole de Dieu n'était point d'elle-même pure et efficace[431], et qu'elle eût besoin d'ornements pour se rendre accessible à l'infirme intelligence de ses auditeurs. Souvenez-vous

---

430   Ap 6, 8.

431   He 4, 12.

de cet avis salutaire, faites-en un cas particulier, et soyez attentive à tous ceux que je vous donnerai dans cette histoire ; car je veux, comme Maîtresse, vous informer des choses petites aussi bien que des grandes ; et il est toujours important d'agir en tout avec perfection. Je vous avertis aussi d'être égale envers tous ceux qui vous parleront, soit qu'ils soient pauvres, soit qu'ils soient riches sans avoir aucune partialité pour personne ; car c'est là une autre faute qui est commune entre les enfants d'Adam, et que mon très saint Fils et moi avons condamnée en nous montrant également affables à tous, et particulièrement à l'égard de ceux qui étaient les plus pauvres, les plus affligés et les plus méprisés. La sagesse humaine regarde l'extérieur des personnes, et non pas les âmes ni les vertus ; mais la prudence du ciel considère en tous l'image de Dieu. Vous ne devez pas non plus vous troubler si l'on découvre en vous quelques infirmités naturelles, qui sont des peines du premier péché, comme les maladies, la lassitude, la faim et les autres incommodités. On cache bien souvent ces choses-là par hypocrisie ou par orgueil ; mais les amis de Dieu ne doivent craindre que le péché, souhaitant plutôt de mourir que de le commettre ; tous les autres défauts ne souillent point la conscience, il n'est donc pas nécessaire de les dissimuler.

Chapitre 3
De l'humilité de la très pure Marie dans les miracles que notre Sauveur Jésus-Christ faisait ; et de celle qu'elle enseigna aux apôtres à pratiquer dans ceux qu'ils devaient opérer par la vertu divine, et de plusieurs autres choses remarquables.

1053. La principale matière de toute l'histoire de la sainte Vierge est (si l'on y fait quelque réflexion) une démonstration très claire de l'humilité de cette grande Reine et Maîtresse des humbles ; cette vertu est si ineffable en elle, qu'on ne saurait dignement la louer ni en exprimer toute laperfection, parce que ni les hommes ni les anges n'en ont jamais pu bien sonder l'impénétrable profondeur. Mais comme le sucre entre dans toutes les confections et dans toutes les potions salutaires, pour les assaisonner à point et leur communiquer sa douceur, quoiqu'elles soient fort différentes, de même l'humilité entre dans toutes les vertus et dans toutes les actions de la très pure Marie, et les accommode au goût du Très-Haut et à celui des hommes ; de sorte que sa divine Majesté l'a regardée et choisie à cause de son humilité, et c'est par elle que toutes les nations l'appellent bienheureuse[432]. Dans tout le cours de sa vie, la très prudente Dame ne laissa passer aucun moment ni aucune occasion sans pratiquer les vertus qu'elle pouvait ; mais le plus merveilleux, c'est qu'elle n'en pratiquait aucune sans le concours de sa rare humilité. Cette vertu l'éleva au-dessus de tout ce qui n'était pas Dieu ; et, comme elle vainquit toutes les créatures, en humilité, elle vainquit aussi par elle, pour ainsi dire, Dieu lui-même, en trouvant tellement grâce à ses yeux, qu'elle ne lui demanda aucune faveur pour

---

432   Lc 1, 48.

elle ni pour les autres, qu'elle ne l'obtint. La victoire que cette très humble Reine remporta par son humilité fut générale, car elle vainquit dans sa maison (comme je l'ai raconté dans la première partie) sa mère sainte Anne et ses domestiques, afin qu'on lui laissât remplir les plus bas offices ; dans le Temple, elle vainquit toutes ses compagnes ; dans le mariage, saint Joseph ; dans les occupations les plus viles, les anges ; dans les louanges, les apôtres et les évangélistes, afin qu'ils ne publiassent pas celles qu'elle méritait ; elle vainquit le père et le Saint-Esprit, afin qu'ils ne fissent point éclater les grâces qu'elle en avait reçues ; et son très saint Fils aussi, afin qu'il agît à son égard d'une manière qui ne donnât aucun motif aux hommes de la louer pour les miracles qu'il faisait et pour la doctrine qu'il enseignait.

1054. Cette sorte d'humilité si généreuse, dont je traite maintenant, fut le partage exclusif de la plus humble entre les humbles ; car les autres enfants d'Adam et même les anges n'y sauraient arriver, à raison de l'état des personnes, quand même pour d'autres causes nous ne serions pas aussi loin de cette vertu que nous le sommes. Nous découvrirons cette vérité, si nous considérons que les autres mortels ont été, par la morsure de l'ancien serpent, si profondément infectés du venin de l'orgueil, que, pour l'éliminer, la Sagesse divine a ordonné que l'effet même du péché servirait de remède ; car à la vue de tant de fautes personnelles auxquelles chacun de nous se laisse aller, comment ne reconnaîtrions-nous pas notre bassesse, que nous n'avons pas connue au moment où nous avons reçu l'être ? Il est évident que, quoique nous ayons une âme spirituelle, elle n'occupe que le dernier degré en cet ordre des êtres spirituels, Dieu ayant le plus haut, et la nature angélique se trouvant au milieu ; pour ce qui regarde le corps, nous n'avons pas seulement été tirés de l'élément le plus vil, qui est la terre, mais de ce qu'elle a de plus abject, qui est la boue[433]. Dieu ne fit point tout cela par hasard, mais il l'a fait avec une grande sagesse, afin que la boue prît sa place, qu'elle se crût digne du lieu le plus bas, et qu'elle y demeurât toujours, se vit-elle ornée et enrichie de plusieurs grâces, parce qu'elles se trouvent dans un vase fragile[434]. Nous avons tous perdu le jugement ; nous nous sommes écartés de cette vérité et de cette humilité si propre à l'être de l'homme, et, pour nous y remettre par un autre sujet d'humilité, il faut que la concupiscence rebelle, les passions que le péché produit en nous et le dérèglement de nos actions nous fassent expérimenter que nous sommes vils et méprisables. Et, bien que nous en ayons une expérience continuelle, elle ne suffit pas pour nous ouvrir les yeux et nous faire avouer que c'est une chose intolérable et inique de souhaiter les honneurs et les applaudissements des hommes, n'étant, comme nous sommes, que cendre et que poussière, et même indignes par nos péchés d'un être si bas et si terrestre.

1055. La seule Marie, sans avoir été atteinte du péché d'Adam ni de ses effets déplorables, pratiqua l'humilité dans sa plus haute perfection ; et la simple

433   Gn 2, 7.

434   2 Co 4, 7.

connaissance de l'être de la créature lui suffit pour qu'elle s'humiliât plus que tous les enfants d'Adam, qui, outre la connaissance qu'ils ont de leur être terrestre, connaissent leurs propres péchés. Si d'autres ont été humbles, ils ont été auparavant humiliés, et se sont trouvés, par cette humiliation, comme forcés d'entrer dans l'humilité, et de dire avec David : *Avant que j'eusse été humilié, j'ai péché*[435]. Et dans un autre verset : *Il est bon, Seigneur, que vous m'ayez humilié ; afin que j'apprenne vos ordonnances pleines de justice*[436]. Mais la Mère de l'humilité n'entra point dans cette vertu par l'humiliation ; elle fut humble avant que d'être humiliée, et elle ne fut jamais humiliée par le péché ni par les passions, mais toujours humble d'une manière généreuse. Que si les anges ne doivent point être confondus avec les hommes, parce qu'ils sont d'une nature supérieure et qu'ils n'ont ni passions ni péchés, il n'en a pas été moins impossible à ces esprits célestes de parvenir à l'humilité de la très pure Marie, quoiqu'ils se soient humiliés devant leur Créateur en se reconnaissant les ouvrages de ses mains. Mais ce que l'auguste Vierge eut de l'être terrestre et humain lui servit précisément à surpasser les mêmes anges en cette vertu, car leur être spirituel ne pouvait pas les porter à s'humilier autant que cette auguste Dame. On peut ajouter à cela la dignité de Mère de Dieu et de Reine de l'univers, puisqu'aucun des anges n'a pu s'attribuer une excellence qui ait élevé la vertu de l'humilité autant que cette dignité l'élevait en notre incomparable Maîtresse.

1056. L'excellence de cette vertu fut chez elle exceptionnelle et unique, puisque, étant Mère de Dieu et Reine de tout ce qui est créé, n'ignorant pas cette vérité ni les grâces qu'elle avait reçues pour être digne de cette maternité, ni les merveilles qu'elle opérait par leur moyen, et sachant que le Seigneur mettait entre ses mains et à sa disposition tous les trésors du ciel, elle n'éleva néanmoins jamais son cœur au-dessus du rang infime qu'elle avait choisi entre toutes les créatures ; elle n'en voulut point sortir, elle, Mère du Seigneur ! elle si innocente et si puissante ! elle si favorisée de sa divine Majesté ! elle qui aurait pu se prévaloir des prodiges qu'elle opérait comme de ceux de son très saint Fils ! Ô rare humilité ! Ô fidélité inconnue des mortels ! Ô sagesse qui surpasse celle des anges mêmes ! Quel est celui qui, étant connu de tous pour le plus grand, se méconnaît lui seul et se regarde comme le plus petit ? Quel est celui qui a su se cacher à lui-même ce que tous publient sur son compte ? Quel est celui qui s'est cru digne de mépris, étant pour tous un sujet d'admiration ? Quel est celui enfin qui, étant dans le plus haut degré d'honneur, a toujours regardé les abaissements avec complaisance, et qui, pouvant avec justice occuper le lieu le plus honorable, a choisi le plus bas[437], et cela non par nécessité ni avec tristesse et impatience, mais spontanément et avec une joie sincère ? Ô enfants d'Adam, combien sommes-nous ignorants en cette science divine ! Comme il est

---

435   Ps 118, 67.

436   *Ibid.*, 71.

437   Lc 14, 6.

nécessaire que le Seigneur nous cache bien souvent nos propres avantages, ou les balance par quelque contrepoids, par un lest qui nous empêche d'aller en dérive avec tous ses bienfaits, et de former secrètement le dessein de lui ravir la gloire qui lui est due comme à l'auteur de toute chose ! Comprenons donc combien notre humilité est peu solide, si tant est que nous ayons parfois cette vertu, puisque le Seigneur a besoin, pour ainsi dire, quand il veut nous favoriser de quelques-uns de ses dons, de prendre tant de précautions, à cause de la faiblesse de notre humilité, et parce que nous n'en recevons presque jamais aucun sans le rogner nous-mêmes par nos ingratitudes, ou du moins par quelque vaine complaisance.

1057. Les anges étaient ravis de l'humilité que la sainte Vierge pratiquait dans les miracles de notre Seigneur Jésus-Christ, parce qu'ils n'étaient pas accoutumés de voir chez les enfants d'Adam, ni même chez eux, cette manière de s'humilier parmi tant d'excellences et tant de merveilles. Ces esprits célestes admiraient moins les miracles du Sauveur (parce qu'ils y avaient déjà découvert sa toute-puissance) que la fidélité incomparable avec laquelle l'auguste Marie rapportait toutes ces choses à la gloire de Dieu ; et elle se croyait si indigne, qu'elle regardait comme une faveur singulière que son très saint Fils ne cessât point de les faire tandis qu'elle se trouvait au monde. Elle pratiquait cette sorte d'humilité sans prendre garde qu'elle était celle qui portait actuellement par ses prières le Sauveur à opérer presque toutes ses merveilles ; outre que si les hommes n'eussent point eu, comme je l'ai dit ailleurs, cette grande Reine pour médiatrice auprès de Jésus-Christ, l'univers aurait été privé de la doctrine évangélique, et n'aurait pas mérité de la recevoir.

1058. Les miracles et les œuvres de notre Seigneur Jésus-Christ étaient si surprenants, si inouïs, qu'il n'était pas possible qu'il n'en rejaillît une grande gloire sur sa très pure Mère ; en effet, non seulement elle était connue des disciples et des apôtres, mais les nouveaux fidèles allaient presque tous vers elle pour la consulter, la reconnaissaient pour Mère du véritable Messie, et la félicitaient des prodiges que son très saint Fils faisait. Tout cela servait de nouvelle épreuve à son humilité, car elle s'abîmait dans le néant, et se méprisait elle-même au-delà de toutes nos imaginations. Elle ne laissait pourtant pas s'abattre son cœur dans ce mépris d'elle-même ; elle y témoignait toute la reconnaissance possible, parce que, dans le temps qu'elle s'humiliait pour toutes les merveilles de Jésus-Christ, elle rendait pour chacune, des actions de grâces au Père éternel, et suppléait ainsi à l'ingratitude des mortels. Par le commerce secret que son âme virginale entretenait avec celle du Sauveur, elle l'engageait à détourner la gloire que les auditeurs de sa divine parole lui attribuaient à elle, comme il arriva en quelques occasions que l'on remarque dans les Évangiles. L'une quand il chassa du corps d'un homme un démon qui était muet ; et comme les Juifs attribuaient ce miracle à Belzébul, prince des démons, le Seigneur suscita cette femme fidèle qui, élevant la voix, lui dit : *Bienheureux est le ventre qui vous a porté, et bienheureuses sont les mamelles qui vous ont allaité*[438]. La très humble et très prudente Mère, entendant ces paroles, pria intérieurement notre Rédempteur d'empêcher que cette louange ne s'applique à elle ; et il exauça sa prière, mais en enchérissant sur tous les éloges en des termes encore mystérieux. Car le Seigneur dit, pour répondre à cette femme : *Plutôt bienheureux sont ceux qui écoutent la parole de Dieu et qui la gardent*[439]. Par cette réponse il détourna l'honneur qu'on donnait à l'auguste Marie en qualité de Mère, et le lui décerna lui-même en qualité de sainte, tout en enseignant à ceux qui l'écoutaient l'essentiel de la vertu commune à tous, en laquelle sa Mère se distinguait d'une manière si admirable, quoiqu'ils ne comprissent pas alors son langage.

1059. L'autre occasion nous est signalée par saint Luc, lorsqu'il raconte que l'on dit à notre Sauveur, occupé à prêcher, que sa mère et ses frères désiraient le voir, sans pouvoir l'aborder à cause de la multitude des gens qui l'environnaient. Et la très prudente Vierge, craignant de recevoir quelques louanges de ceux qui la connaissaient pour Mère du Sauveur ; pria cet adorable Seigneur de ne point le permettre, comme il le fit en répondant : Ce sont ceux qui écoutent la parole de Dieu, et qui l'accomplissent, qui sont ma mère et mes frères[440]. Dans cette réponse, le Seigneur n'avait pas intention d'exclure sa Mère de l'honneur qu'elle méritait par sa sainteté ; au contraire, il entendait la distinguer plus que personne. Mais il s'exprima de façon à ce qu'elle ne fût point louée de ceux qui se trouvaient présents à sa prédication, et que par là même fût satisfait le désir qu'elle avait que le Seigneur seul fût connu et loué pour ses œuvres. On doit remarquer ici que je rapporte ces deux cas comme différents, parce que j'ai appris qu'ils n'arrivèrent pas en un même lieu ni en une même circonstance, ainsi qu'on le peut voir par ce que saint Luc en dit dans les chapitres huitième et onzième. Et, comme saint Matthieu rapporte au chapitre douzième[441] le même miracle de la guérison du possédé muet, et qu'il ajoute aussitôt que l'on avertit le Seigneur que sa mère et ses frères étaient dehors qui le demandaient, et les autres détails qui suivent, quelques interprètes sacrés en ont conclu que tout ce qui précède était arrivé dans une seule et même occasion. Mais lorsque, par ordre de mes supérieurs, je demandai de nouvelles explications, il me fut déclaré que les deux faits rapportés par saint Luc ne sont point identiques et arrivèrent en deux circonstances différentes ; c'est, du reste, ce que l'on peut inférer du surplus que contiennent les deux chapitres du même évangéliste avant les paroles que j'ai citées ; car après le miracle dont fut l'objet celui qui était possédé du démon, saint Luc fait mention de cette femme qui dit *Beatus venter*, etc. Et il raconte l'autre fait au chapitre huitième, après que le Seigneur eut prêché la parabole du semeur, et il est certain que l'un et l'autre eurent lieu immédiatement à la suite de ce qui précède dans son récit.

438   Lc 11, 27.

439   *Ibid.*, 28.

440   Lc 8, 21.

441   Mt. 12, 45-46.

1060. Pour mieux comprendre que les évangélistes ne se contredisent point, et la raison pour laquelle notre grande Reine alla chercher son très saint Fils dans les occasions qu'ils indiquent, il faut savoir que la divine Mère se rendait ordinairement aux endroits où prêchait notre Sauveur et Maître Jésus-Christ pour deux fins : l'une, pour entendre sa doctrine céleste, comme je l'ai dit ailleurs ; l'autre, parce qu'elle voulait lui demander diverses faveurs pour son prochain, comme la conversion de quelques âmes, la guérison des malades, quelques secours pour les nécessiteux ; car cette très miséricordieuse Dame se chargeait de veiller et de pourvoir à ces choses-là, ainsi qu'elle le prouva aux noces de Cana. Elle allait pour ces fins, et pour plusieurs autres également saintes et charitables, chercher le Sauveur, soit quand les saints anges l'avertissaient, soit lorsqu'elle y était portée par la lumière intérieure ; ce fut la raison pour laquelle elle l'alla trouver dans les occasions que les évangélistes marquent. Et comme cela arriva non pas une seule, mais maintes fois, et que le nombre des personnes qui assistaient à la prédication du Sauveur était considérable, on eut soin, dans les deux occasions dont les évangélistes font mention et en bien d'autres qu'ils n'ont pas signalées, de l'avertir que sa mère et ses frères le demandaient, et alors il répondit ce que disent saint Matthieu et saint Luc. On ne doit pas être surpris que le Seigneur ait répété les mêmes choses en des lieux différents, comme cette sentence : *Quiconque s'élève sera abaissé, et quiconque s'abaisse sera élevé* ; qu'il dit une fois dans la parabole du publicain et du pharisien, et une autre fois dans celle de ceux qui sont invités à des noces, ainsi que le racontent saint Luc[442] aux chapitres quatorzième et dix-huitième, et saint Matthieu dans une autre circonstance[443].

1061. L'auguste Marie ne se contenta pas seulement d'être humble, mais elle voulut aussi enseigner la vertu de l'humilité aux apôtres et aux disciples, parce qu'il fallait qu'ils y fussent établis pour les dons qu'ils devaient recevoir, et pour les merveilles qu'ils devaient opérer par ces mêmes dons, non seulement plus tard, lorsque l'Église serait fondée, mais aussi dès ce temps-là auquel ils allaient commencer à prêcher. Les saints évangélistes disent[444] que notre divin Maître envoya premièrement les apôtres, et ensuite les soixante-douze disciples, et qu'il leur donna le pouvoir de guérir les maladies et de chasser les démons. La grande Maîtresse des humbles leur apprit, par son exemple et par ses paroles de vie, comment ils devaient se comporter en opérant ces merveilles. De sorte qu'ils puisèrent dans ses instructions, et obtinrent par ses prières un nouvel esprit d'humilité profonde et de très haute sagesse pour reconnaître plus clairement qu'ils faisaient ces miracles par la vertu du Seigneur, et qu'ils devaient rapporter toute la gloire de ces œuvres à son seul pouvoir et à sa seule bonté, n'en étant eux-mêmes que les simples instruments ; et comme on n'attribue point le mérite d'une belle peinture au pinceau, ni celui de

---

442   Lc 14, 11 ; 18, 14.

443   Mt 23, 12.

444   Mc 3, 14 ; Lc 9, 2 ; 10, 2, etc.

la victoire à l'épée, mais uniquement au peintre etau capitaine ou au soldat qui s'en servent, de même ils devaient rapporter à leur adorable Maître tout l'honneur et toute la gloire des merveilles qu'ils feraient, puisqu'il est le principe de toutes sortes de biens. Il faut remarquer qu'on ne trouve point dans les Évangiles que le Seigneur ait donné aux apôtres aucune instruction sur l'humilité ; avant qu'ils allassent prêcher, parce que notre Maîtresse le fit. Néanmoins, quand les disciples revinrent avec joie, disant au divin Sauveur qu'ils avaient en son nom assujetti les démons[445], alors il leur rappela qu'il leur avait donné ce pouvoir, et qu'ils ne devaient point se réjouir de ces merveilles, mais de ce que leurs noms étaient écrits dans le ciel[446]. On peut voir par-là combien notre humilité est faible, puisque les disciples du Seigneur eux-mêmes ont eu besoin de tant d'avis et de tant de préservatifs pour la conserver.

1062. Cette science de l'humilité, que notre Seigneur Jésus-Christ et sa très sainte Mère enseignèrent aux apôtres, fut surtout importante pour fonder ensuite l'Église, à raison même des merveilles qu'ils opérèrent par la vertu de leur Maître, en confirmation de la foi et de la prédication de l'Évangile ; car les païens, accoutumés à attribuer aveuglément la divinité à tout ce qui leur paraissait grand et nouveau, voulurent, à la vue des miracles que les apôtres faisaient, les adorer et les reconnaître pour des dieux, comme il arriva en Lycaonie à saint Paul et à saint Barnabé, qui, pour avoir guéri un paralytique, étaient appelés, saint Paul : Mercure, et saint Barnabé : Jupiter[447]. Et depuis, dans l'île de Malte, parce que saint Paul ne mourut point de la morsure d'une vipère (comme tous ceux qui en étaient mordus), ils dirent que c'était un Dieu. La très pure Marie prévoyait tous ces mystères et toutes ces raisons par la plénitude de sa science ; et, comme coadjutrice de son très saint Fils, elle coopérait au grand œuvre de sa majesté et à la fondation de la loi de grâce. Pendant le temps que le Sauveur prêcha, c'est-à-dire dans les trois dernières années de sa vie, il se rendit trois fois à Jérusalem pour y célébrer la Pâque, et sa bienheureuse Mère l'accompagna toujours et se trouva présente quand il chassa la première fois du Temple avec un fou et ceux qui vendaient des bœufs, des brebis et des colombes dans cette maison de Dieu[448]. Elle suivit notre Sauveur dans toutes ces occasions ; et, lorsqu'il s'offrait au Père éternel en passant par les lieux où il devait souffrir, elle se joignait à lui par les sentiments d'un séraphique amour et par des actes de vertu divine, sans négliger aucun de ceux qui pouvaient la concerner, et en donnant à tous la plénitude de la perfection qui leur était propre. Elle exerçait d'une manière spéciale la très ardente charité qu'elle avait reçue de l'être de Dieu ; car, demeurant en Dieu et Dieu en elle[449], il est sûr que la charité qui enflammait

---

445   Lc 10, 17.

446   *Ibid.*, 20.

447   Ac 14, 9, etc. ; 28, 6.

448   Jn 2, 15.

449   1 Jn 4, 16.

le cœur de cette auguste Dame était celle de Dieu même, et elle l'employait à solliciter, avec toute la ferveur dont elle était capable, le bien de son prochain.

Instruction que la Reine du ciel m'a donnée

1063. Ma fille, l'ancien serpent a usé de toute sa malice et de toutes ses ruses pour extirper du cœur humain la science de l'humilité, que la bonté du Créateur y a semée comme une semence sainte, et en sa place cet ennemi y a répandu la mortelle ivraie de l'orgueil[450]. Or, si l'âme veut arracher ce mauvais grain et recouvrer le trésor de l'humilité qu'elle a perdu, il faut qu'elle veuille être humiliée par les autres créatures, et qu'elle demande au Seigneur avec un cœur sincère cette vertu et les moyens de l'acquérir. Ceux qui s'appliquent à cette science et qui acquièrent une parfaite humilité sont fort rares ; car cela demande une entière victoire sur soi-même, à laquelle très peu de personnes arrivent, même parmi celles qui font profession de vertu, parce que ce virus de l'orgueil a si fort pénétré les puissances humaines, qu'il s'insinue dans presque toutes leurs opérations ; de sorte qu'on trouverait à peine une seule action humaine exempte d'une dose de vanité, comme la rose vient avec les épines et le grain avec la paille. C'est pour cela que le Très-Haut fait une si grande estime de ceux qui sont véritablement humbles et qui triomphent entièrement de l'orgueil ; qu'il les élève ; qu'il les place entre les princes de son peuple[451] ; qu'il les caresse comme ses enfants, et qu'il les affranchit jusqu'à un certain point de la juridiction des démons. C'est aussi pour cette même raison que ces ennemis ne les attaquent qu'avec difficulté, parce qu'ils craignent les humbles, et que les victoires que ceux-ci remportent sur eux les tourmentent beaucoup plus que les peines qu'ils souffrent dans l'enfer.

1064. Je souhaite, ma très chère fille, que vous possédiez avec plénitude le trésor inestimable de cette vertu, et que vous abandonniez entièrement au Très-Haut votre cœur docile et soumis, afin qu'il y imprime sans aucune résistance, comme sur une cire molle, l'image de mes humbles actions. Vous découvrirez en ce que je vous ai manifesté des secrets si cachés de ce mystère, combien est grande l'obligation que vous avez de correspondre à ma volonté, et de ne laisser passer aucune circonstance en laquelle vous puissiez vous humilier et vous avancer en cette vertu sans en profiter, comme vous savez que je l'ai fait, quoique je fusse Mère de Dieu, et absolument pleine de pureté et de grâce ; car plus je recevais de faveurs plus je m'humiliais, parce que je croyais qu'elles surpassaient toujours plus mes mérites et qu'elles m'imposaient de nouvelles obligations. Tous les autres enfants d'Adam sont conçus dans le péché[452], et il ne s'en trouve aucun qui ne pèche par lui-même. Que si personne ne peut nier cette vérité, quelle raison pourra-t-on avoir de ne pas s'humilier devant Dieu et devant les hommes ? Ce n'est pas une grande humilité, pour des gens qui ont péché, que de s'abaisser au-dessous de la poussière, puisqu'ils reçoivent toujours plus

---

450   Mt 13, 25.

451   Ps 112, 8.

452   Ps 50, 7.

d'honneur qu'ils ne méritent dans leurs propres abaissements. Celui qui est véritablement humble doit choisir une place qui soit au-dessous de celle qui lui est due. Si
toutes les créatures le méprisent et l'insultent, s'il se croit digne de l'enfer, tout cela
est plutôt justice qu'humilité, car c'est ce qu'il mérite. Mais une profonde humilité
va jusqu'à désirer une plus grande humiliation que celle qui est due en justice à celui
qui est humble. Ainsi il est certain qu'aucun des mortels ne saurait arriver à cette
sorte d'humilité que j'eus, comme vous l'avez entendu et écrit ; mais le Très-Haut est
satisfait lorsque l'on s'humilie en ce que l'on peut et en ce que l'on doit avec justice.

1065. Que les pécheurs superbes considèrent maintenant leur difformité ; qu'ils
sachent qu'ils deviennent des monstres de l'enfer en imitant Lucifer dans son orgueil.
Ce vice le trouva avec une grande beauté et avec des dons singuliers de la grâce aussi
bien que de la nature ; et quoiqu'il ait abusé des biens qu'il avait reçus, il les possédait
réellement et pouvait en disposer comme de choses propres ; mais l'homme, qui n'est
que boue, qui a en outre péché, qui s'est souillé par mille abominations, n'est plus
qu'un monstre s'il cherche à s'enfler, à se bouffer, et en cette présomption il est pire
qu'un démon, parce qu'il n'a pas une nature aussi noble qu'avait Lucifer ; il n'en a
ni les charmes ni la beauté. Cet ennemi et ses ministres se moquent des hommes qui
s'enorgueillissent dans des conditions si basses, parce qu'ils apprécient leur folle et
méprisable vanité. Prenez donc bien garde, ma fille, à ces écueils, humiliez-vous plus
bas que la terre, sans vous montrer plus sensible qu'elle quand le Seigneur vous hu-
miliera, ou par lui-même ou par les créatures. Il ne faut pas seulement que vous pen-
siez que personne vous offense ; et si vous avez de l'aversion pour tout ce qui est fictif
et mensonger, sachez que rien ne l'est autant que de souhaiter les applaudissements
et les honneurs. Vous ne devez pas non plus attribuer aux créatures ce que Dieu fait
pour vous humilier et pour retirer aussi les autres de leur orgueil par des tribulations,
car ce serait se plaindre des instruments dont il se sert ; et c'est une conduite de la
divine miséricorde d'affliger les hommes par des châtiments pour les amener à l'humiliation. Tel est le secret des fléaux dont sa divine Majesté frappe aujourd'hui divers
royaumes sans que les peuples veuillent y réfléchir. Humiliez-vous devant le Seigneur
pour vous et pour tous vos frères, afin d'apaiser sa colère, comme si vous étiez la seule
coupable et incertaine de l'avoir satisfait ; car en cette vie personne ne peut savoir s'il
s'est acquitté de ce devoir. Tâchez donc de l'apaiser comme si vous seule l'eussiez
offensé ; témoignez-lui vos reconnaissances des faveurs que vous en avez reçues et de
celles que vous en recevrez, comme si vous en étiez la plus indigne et en même temps
la plus chargée d'obligations.

Humiliez-vous plus que personne dans cette considération, et travaillez continuellement à satisfaire en partie la divine miséricorde, qui a été si libérale envers vous.

Chapitre 4
Lucifer se trouble des miracles de notre Seigneur Jésus-Christ, de ses œuvres et de celles

de saint Jean-Baptiste. — Hérode fait mettre le Précurseur en prison.
Il lui fait trancher la tête. — Particularités qui accompagnent la mort du saint.

1066. Le Rédempteur du monde, continuant toujours à instruire le peuple et à faire des miracles, sortit de Jérusalem pour aller en Judée, où il demeura quelque temps, baptisant, comme le dit saint Jean dans son Évangile, au chapitre troisième, en ajoutant au quatrième qu'il baptisait par la main de ses disciples[453]. En ce même temps le Précurseur baptisait aussi à Ennon, sur les bords du Jourdain, près de la ville de Salim. Son baptême n'était pas, néanmoins, le même que celui de Jésus-Christ, parce que le saint Précurseur ne baptisait que du baptême d'eau et de celui de pénitence ; mais notre Sauveur donnait son propre baptême, qui opérait la justification et le pardon efficace des péchés qu'opère aujourd'hui le même baptême, en infusant dans les âmes la grâce et les vertus. Outre cette efficace secrète et les effets de ce sacrement, le Seigneur y ajoutait l'efficace de ses paroles et de sa doctrine, et la grandeur de ses miracles, qui confirmaient son baptême. C'est pour cela que sa Majesté faisait plus de disciples que Jean, s'accomplissant alors ce que le saint lui-même avait annoncé, qu'il fallait qu'il se rapetissât et que le Seigneur grandit. L'auguste Marie était ordinairement témoin du baptême qu'administrait Jésus-Christ ; elle pénétrait les divins effets que produisait dans les âmes cette nouvelle régénération, et elle en témoignait sa reconnaissance à Celui qui en était l'auteur par des cantiques de louange et par de grands actes de vertu, comme si elle-même eût reçu toutes les faveurs que les hommes obtenaient par le moyen de ce sacrement ; de sorte que dans toutes ces merveilles elle acquérait de nouveaux et incomparables mérites.

1067. Quand Dieu eut permis, selon ses adorables dispositions, à Lucifer et à ses ministres de se relever de l'abattement dans lequel ils étaient tombés à la suite de la victoire que notre Rédempteur Jésus-Christ avait remportée sur eux dans le désert, ce Dragon revint pour épier les œuvres de l'humanité très sainte, et la divine Providence permit que cet ennemi, à qui le principal mystère était toujours caché, remarquât une partie de ce qu'il devait savoir pour être entièrement confondu dans sa propre malice. Il reconnut le grand fruit de la doctrine, des miracles et du baptême de Jésus-Christ, et que par ce moyen une infinité d'âmes sortiraient de sa juridiction et du péché, et réformeraient leur vie. Il reconnut aussi en sa manière la même chose de la doctrine et du baptême de saint Jean, quoiqu'il ignorât toujours la différence secrète qui se trouvait entre ces divers maîtres et leurs baptêmes ; mais il prévit la perte de son empire si les nouveaux prédicateurs, notre Seigneur Jésus-Christ et saint Jean, continuaient leurs œuvres. Cette ruine imminente jeta Lucifer dans une extrême confusion ; car il s'avouait trop faible pour résister à la puissance du ciel, qu'il rencontrait dans ces hommes nouveaux et dans leur doctrine. Ainsi troublé par la crainte, en dépit de tout son orgueil, il rassembla un nouveau conciliabule auquel les autres princes des ténèbres assistèrent, et leur dit : « Nous

---

453   Jn 3, 22 ; 4, 3.

avons découvert ces dernières années de grands changements dans le monde ; chaque jour ils augmentent, et par là même mes craintes redoublent dans le doute où je suis si le Verbe divin y est venu, comme il l'a promis ; et, bien que j'aie parcouru toute la terre, je ne suis point parvenu à m'assurer du fait. Mais ces deux hommes étranges, qui prêchent et qui m'enlèvent chaque jour un si grand nombre d'âmes, me sont fort suspects et me mettent dans des embarras incroyables ; il en est un que je n'ai jamais pu vaincre dans le désert, et l'autre nous y a si complètement vaincus et tellement affaiblis, que nous avons presque perdu courage ; si ces hommes continuent comme ils ont commencé, tous nos triomphes passés tourneront à notre propre confusion. Ils ne peuvent pas être tous deux Messies ; et je ne sais pas si l'un d'eux le serait ; mais la conversion des âmes est une entreprise très difficile, et je n'ai trouvé personne jusqu'à présent qui en ait tant converti ; cela suppose une vertu nouvelle dont il nous importe beaucoup de rechercher et de reconnaître le principe, car il faut que nous en finissions avec ces deux hommes. Suivez-moi donc à l'instant, et employez avec moi toutes vos forces, tout votre pouvoir et toutes vos ruses ; sinon tous nos desseins seront renversés. »

1068. Après avoir raisonné de la sorte, ces ministres d'iniquité résolurent de persécuter de nouveau notre Seigneur Jésus-Christ et son saint Précurseur ; mais, comme ils ne pénétraient point les mystères cachés dans la Sagesse incréée, il n'y avait que contradiction et incertitude dans les divers renseignements qu'ils se transmettaient et dans les grandes conséquences qu'ils en tiraient ; car ils ne savaient à quoi s'arrêter en voyant d'un côté tant de merveilles, et de l'autre tant de choses contraires aux marques par lesquelles ils s'imaginaient que le Verbe incarné annoncerait sa venue. Or, Lucifer voulant communiquer sa malice à ses satellites et les faire entrer dans son dessein, qui était de découvrir la cause inconnue de l'abattement qu'il sentait, assemblait les démons afin qu'ils l'informassent de ce qu'ils avaient vu et entendu, et il leur promettait de grandes récompenses et des charges considérables dans sa république maudite. Et, afin que la malice de ces ministres infernaux s'embrouillât de plus en plus dans leur confuse rage, le Maître de la vie permit qu'ils eussent une plus grande connaissance de la sainteté de Baptiste. Quoiqu'il ne fît point des miracles comme le Sauveur, les marques de sa sainteté étaient pourtant insignes, et il était admirable en ses vertus extérieures. Sa Majesté cacha aussi au Dragon quelques-unes de ses merveilles les plus extraordinaires, et, dans ce qu'il parvenait à savoir, il trouvait une grande ressemblance entre Jésus-Christ et saint Jean ; de sorte qu'il hésitait continuellement auquel des deux il attribuerait la dignité et l'office de Messie. Ce sont tous deux, disait-il, de grands saints et de grands prophètes ; la vie de l'un, sans être éclatante, est fort extraordinaire, et l'autre opère beaucoup de miracles ; leur doctrine est presque la même ; ils ne peuvent être tous deux Messies, mais, quels qu'ils soient, je reconnais en eux de mortels ennemis et des saints d'une vertu éminente ; il faut par conséquent que je les persécute jusqu'à ce que j'en sois venu à bout.

1069. Le démon commença à concevoir ces craintes dès qu'il eut vu saint Jean mener dans le désert une vie si nouvelle et si prodigieuse depuis son enfance, et il crut que ce genre de vie surpassait les forces d'un simple mortel. D'autre part, il connut aussi quelques-unes des œuvres et des vertus de la vie de notre Seigneur Jésus-Christ qui ne lui paraissaient pas moins admirables, et il les comparait avec celles du saint Précurseur. Mais, comme le Seigneur vivait parmi les hommes d'une manière plus commune, Lucifer s'attachait autant que possible à découvrir ce qu'était saint Jean. Et dans ce désir, il porta les Juifs et les pharisiens de Jérusalem à envoyer au saint des prêtres et des lévites pour savoir de lui qui il était[454], s'il était le Christ, comme ils le croyaient par l'inspiration de l'ennemi. Et il fallait que cette impulsion fût, bien forte, puisqu'ils pouvaient observer que saint Jean-Baptiste appartenant, comme il était notoire, à la tribu de Lévi, ne pouvait pas être le Messie, car il devait être, selon les Écritures[455], de celle de Juda ; et ces pharisiens étaient savants en la loi et n'ignoraient point ces vérités. Mais le démon les troubla, et les porta à faire cette demande, avec une double malice du côté du même démon ; car son intention était que le saint répondît s'il était le Christ ; et que s'il ne l'était pas, il s'enorgueillît de l'estime qu'il s'était acquise parmi le peuple, qui le croyait tel, et qu'il en tirât quelque vanité ou s'attribuât en tout ou en partie l'honneur qu'on lui faisait. Dans cette malicieuse intention, Lucifer fut très attentif à la réponse de saint Jean.

1070. Mais le saint Précurseur répondit avec une sagesse admirable, confessant la vérité d'une telle manière, que l'ennemi en fut plus abattu et plus confus qu'auparavant. Il répondit qu'il n'était pas le Christ. On lui demanda ensuite s'il était Élie, car les Juifs étaient si grossiers, qu'ils ne savaient pas discerner le premier avènement du Messie d'avec le second ; et comme ils trouvaient dans les Écritures qu'Élie devait venir auparavant, ils lui demandèrent s'il était Élie. Il répondit qu'il ne l'était point, mais qu'il était la voix qui, comme Isaïe l'avait prédit, criait dans le désert : « Aplanissez le chemin du Seigneur[456]. » Les personnes qu'on lui envoya firent toutes ces demandes à la suggestion de l'ennemi, parce qu'il croyait que si saint Jean était juste il dirait la vérité, et que s'il n'était pas le Messie, il découvrirait clairement qui il était. Mais quand il entendit qu'il était la voix, il en fut fort troublé, ne sachant pas si le saint voulait dire par là qu'il était le Verbe éternel. Le doute de Lucifer s'accrut, lorsqu'il eut réfléchi que saint Jean n'avait pas voulu découvrir aux Juifs d'une manière claire qui il était. Il s'imagina qu'il avait voulu éluder cette déclaration en disant qu'il était la voix ; car s'il eût dit qu'il était la parole de Dieu, il eût par là même déclaré qu'il était le Verbe. Ainsi cet esprit de confusion crut que, pour le cacher, le saint Précurseur n'avait pas dit qu'il était la parole, mais la

---

454   Jn 1, 19.

455   Ps 131, 14.

456   Jn 1, 20-21 ; Is 40, 3.

voix. Toutes ces méprises font voir le grand aveuglement de Lucifer dans le mystère de l'incarnation. Et au moment où il regardait les Juifs comme abusés et séduits, il l'était lui-même beaucoup plus, nonobstant toute sa perverse théologie.

1071. Cette déception redoubla sa fureur contre Baptiste. Mais, considérant combien il lui avait mal réussi d'attaquer le Seigneur, et qu'il ne lui avait pas été moins impossible de faire tomber saint Jean dans aucun péché considérable, il résolut de chercher quelque autre moyen pour le persécuter. Il en trouva un fort à propos, et voici comment : Le saint Précurseur reprochait à Hérode l'adultère public et scandaleux qu'il commettait avec Hérodiade, femme de Philippe son frère, à qui il l'avait enlevée, comme le disent les évangélistes[457]. Hérode savait que Jean était un homme juste et saint ; il le craignait et le respectait, et il était même bien aise de l'entendre parler. Mais les impressions salutaires que la raison et la vérité pouvaient produire sur l'esprit de ce méchant prince étaient bientôt détruites par la haine implacable et satanique de cette Hérodiade et par les intrigues de sa fille, digne émule de son abominable mère. Emportée par sa passion criminelle, cette femme était parfaitement disposée à servir d'instrument au démon pour toutes les iniquités. Elle porta le roi à faire trancher la tête à Baptiste, après avoir été, elle-même poussée par l'ennemi, à assurer par divers moyens le succès de ses desseins. Or, lorsque déjà Hérode avait fait enchaîner et mettre en prison[458] celui qui était la voix de Dieu lui-même et le plus grand entre les enfants des femmes, le jour arriva auquel il célébrait l'anniversaire de sa fatale naissance par un festin et un bal qu'il donna aux grands de sa cour et aux principaux de la Galilée, dont il était roi[459]. Et l'impudique Hérodiade ayant introduit sa fille dans cette assemblée afin qu'elle y dansât, celle-ci sut tellement charmer le roi adultère, qu'il lui dit de demander tout ce qu'elle voudrait, et jura de le lui accorder, quand ce serait même la moitié de son royaume. Alors, à l'instigation de sa mère, remplie comme sa fille de la malice du serpent, elle demanda une chose bien plus précieuse que ce royaume et que plusieurs autres ; ce fut la tête de Jean-Baptiste qu'elle exigeait qu'on lui apportât à l'instant même dans un bassin, et le roi ordonna qu'on lui obéît à cause de son serment, et pour s'être assujetti à une femme impudique qui s'était rendue maîtresse de toutes ses actions. Un homme rougirait d'être appelé femme, et regarderait ce nom comme un sanglant affront, parce qu'il le priverait du pouvoir et de la noblesse que renferme la qualité d'homme ; mais c'est bien un plus grand déshonneur d'être moins qu'une femme, et de se conduire selon ses caprices ; car celui qui obéit est inférieur à celui qui lui commande. Cependant il y en a beaucoup qui se dégradent à ce point, sans comprendre que leur avilissement est d'autant plus honteux qu'une femme corrompue est un être plus abject et plus odieux ; en effet, quand la femme a perdu cette vertu de la pudeur, il ne lui reste rien

---

457   Mt 14, 3 ; Mc 4, 17 ; Lc 3, 19.

458   Mc 6, 17.

459   *Ibid.*, 21.

qui ne soit fort méprisable devant Dieu et devant les hommes.

1072. Lorsque Baptiste fut pris sur les instances d'Hérodiade, il reçut dans sa prison des faveurs singulières de notre Sauveur, et de sa très sainte Mère par l'intermédiaire des anges, qui le visitaient très souvent, par ordre de cette grande Dame, et lui portaient quelquefois à manger des mets qu'ils préparaient eux-mêmes. De son côté, le Seigneur, le consolait intérieurement par des grâces extraordinaires. Mais le démon, qui voulait venir à bout du saint Précurseur, ne laissa point Hérodiade en repos qu'elle ne lui eût procuré la mort, et se servit à cet effet de l'occasion du bal. Il inspira au roi Hérode la promesse inconsidérée qu'il fit à la fille d'Hérodiade, et il acheva de l'aveugler en faisant croire à cet impie que son nom serait déshonoré s'il manquait d'accomplir l'inique serment par lequel il avait garanti sa promesse ; c'est ainsi qu'il ordonna qu'on tranchât la tête à saint Jean, comme il est rapporté dans l'Évangile[460]. Au même moment la Reine de l'univers connut dans l'intérieur de son très saint Fils, suivant le mode qui lui était ordinaire, que l'heure de la mort de Baptiste approchait. Elle se prosterna aux pieds de Jésus-Christ, et le pria avec beaucoup de larmes d'assister son serviteur dans cette dernière heure, de le protéger et de le consoler, afin que la mort qu'il allait souffrir pour sa gloire et pour la défense de la vérité fut plus précieuse à ses yeux.

1073. Le. Sauveur témoigna à sa très sainte Mère que sa prière lui était agréable, il lui dit qu'il voulait l'exaucer en tout point, et lui dit de le suivre. Aussitôt notre Rédempteur et l'auguste Marie, transportés par la vertu divine d'une manière invisible, entrèrent dans la prison, où l'illustre Précurseur était chargé de chaînes et tout couvert de plaies ; car Hérodiade, qui voulait s'en défaire, avait prescrit à six de ses domestiques de le flageller sans miséricorde ; et pour plaire à leur impudique maîtresse, ils exécutèrent ponctuellement ses ordres impies à trois différentes reprises. Cette femme cruelle espérait par ces mauvais traitements ôter la vie à Baptiste avant qu'arrivât la fête en laquelle Hérode commanda cette injuste exécution. Le démon excita ces barbares satellites à le maltraiter sans pitié, à vomir contre sa personne et contre la doctrine qu'il prêchait toute sorte d'outrages et de blasphèmes ; c'étaient d'ailleurs des gens pervers, dignes serviteurs d'une misérable adultère. La prison du Précurseur fut remplie de lumière, et sanctifiée par la présence de Jésus-Christ, de sa très sainte Mère et d'une grande multitude d'anges, pendant que les palais d'Hérode servaient de retraite à d'impurs démons, et de demeure à des ministres beaucoup plus criminels que tous ceux qu'ils avaient fait jeter dans les prisons.

1074. Le saint Précurseur vit le Rédempteur du monde et sa très sainte Mère environnés d'une grande splendeur, et accompagnés d'anges innombrables ; les chaînes dont il était chargé se brisèrent à l'instant, et ses plaies se trouvèrent entièrement guéries ; et ressentant une joie ineffable, il se prosterna avec une profonde humilité et une merveilleuse dévotion aux pieds du Verbe incarné et de l'auguste Marie, et leur

---

460   Mc 6, 27.

demanda leur bénédiction ; ils eurent ensuite avec lui plusieurs divins entretiens ; je ne m'arrête point à les écrire, mais je dirai seulement ce qui m'a le plus touchée dans ma tiédeur. Le Seigneur dit à Baptiste avec une douceur incomparable : « Jean, mon serviteur bien-aimé, comment donc devancez-vous votre Maître ? comment êtes-vous le premier lié, flagellé et affligé, offrez-vous votre vie et souffrez-vous la mort pour la gloire de mon Père, avant que moi-même j'aie souffert ? Vos désirs vont bien vite, puisque vous jouissez sitôt du prix des souffrances et des afflictions que j'ai destinées pour mon humanité ; mais c'est que mon Père éternel récompense le zèle avec lequel vous avez rempli l'office de mon Précurseur. Que vos ardents souhaits soient accomplis, tendez le cou au glaive, car je l'ordonne de la sorte, afin que vous ayez avec ma bénédiction le bonheur de souffrir et de mourir pour mon nom. J'offre à mon Père votre précieuse mort en attendant que bientôt l'heure de la mienne arrive. »

1075. Baptiste eut le cœur pénétré de la vertu et de la douceur de ces paroles, inondé des délices de l'amour divin, et il resta quelque temps sans pouvoir parler. Mais, fortifié par la grâce céleste, il se trouva en état de répondre à son Seigneur, et de le remercier de ce bienfait ineffable, un des plus grands qu'il eût reçus de sa main libérale, et il dit avec beaucoup de larmes et de soupirs qui partaient du plus intime de son âme : « Je n'étais pas digne, mon divin Seigneur, de souffrir des peines et des tribulations qui méritassent d'être consolées par une faveur telle que celle de jouir de votre adorable présence, et de la présence de votre sainte Mère, mon auguste Reine, et je suis toujours indigne de ce nouveau bienfait. Permettez néanmoins, Seigneur, que je meure avant vous, afin que je puisse par-là glorifier davantage votre infinie miséricorde, et faire mieux connaître votre saint nom ; agréez en même temps le désir que je vous offre de subir pour ce saint nom une mort plus pénible à la suite de plus longs tourments. Qu'Hérode, que les méchants, que l'enfer même triomphent de ma vie ; car je la leur abandonne avec beaucoup de joie pour vous, mon divin Maître. Acceptez-la, mon Dieu, comme un sacrifice agréable. Et vous, Mère de mon Sauveur, jetez les yeux de votre très douce miséricorde sur votre serviteur, et conservez-moi en votre grâce comme Mère de notre Bien éternel. J'ai pendant toute ma vie méprisé la vanité, aimé la croix que mon Rédempteur doit sanctifier, et souhaité de semer dans les larmes[461] ; mais je n'ai jamais pu mériter cette joie, qui me rend mes souffrances si douces, ma prison si agréable, et la mort même plus désirable et plus chère que la vie. »

1076. Pendant que Baptiste s'exprimait en ces termes, trois serviteurs d'Hérode entrèrent dans la prison suivis d'un bourreau, car la haine implacable de cette femme aussi cruelle qu'impudique avait pris avec célérité toutes ses mesures. Se soumettant aux ordres impies d'Hérode, le très saint Précurseur tendit le cou ; et le bourreau lui trancha aussitôt la tête. Au moment même où le coup fut porté, le souverain Prêtre Jésus-Christ, qui assistait au sacrifice, reçut entre ses bras le corps du plus grand

---

461   Ps 125, 5.

d'entre les enfants des hommes, et la très pure Mère en reçut la tête entre ses mains, offrant tous deux au Père éternel la nouvelle hostie sur l'autel sacré de leurs mains divines. Cela put avoir lieu, non seulement parce que Jésus et Marie se trouvaient dans la prison d'une manière invisible pour les témoins du crime, mais aussi à cause d'une dispute qui s'élevait entre les serviteurs d'Hérode, pour savoir qui d'entre eux porterait à l'infâme danseuse et à sa mère impie la tête du saint Précurseur. Ils perdirent tellement leur présence d'esprit dans cette contestation, que l'un des trois prit la tête des mains de la Reine du ciel sans remarquer où il la trouvait, et les autres le suivirent pour la présenter dans un bassin à la fille d'Hérodiade. Notre Rédempteur fit accompagner dans les limbes l'âme de Baptiste par une grande multitude d'anges, et son arrivée causa aux saints patriarches une joie extraordinaire. Quant au Roi et à la Reine de l'univers, ils retournèrent à l'endroit où ils étaient avant de visiter saint Jean. La sainte Église compte beaucoup d'auteurs qui ont écrit sur la sainteté et sur les excellences de ce grand Précurseur, mais il y a encore beaucoup de choses à en dire, et j'en ai appris quelques-unes. Toutefois je ne les rapporterai pas, pour ne pas m'écarter de mon sujet, et pour ne pas trop allonger cette divine histoire. Je me borne à dire que le bienheureux Précurseur reçut dans tout le cours de sa vie de très grandes faveurs de notre Seigneur Jésus-Christ et de sa très sainte Mère ; soit en sa naissance, soit dans le désert, soit durant sa prédication, soit à l'heure de sa mort ; de sorte que la divine Droite n'en a accordé de semblables à aucune nation.

Instruction que notre auguste Maîtresse m'a donnée

1077. Ma fille, vous avez passé fort rapidement sur les mystères de ce chapitre, mais le peu que vous en avez dit renferme de grands enseignements pour vous et pour tous les enfants de la lumière, ainsi que vous l'avez compris. Gravez ces enseignements dans votre cœur, et considérez sérieusement le contraste que présentent la sainteté et la pureté de Baptiste pauvre, affligé, persécuté, enchaîné, et le caractère odieux du roi Hérode, puissant, riche, adulé, entouré de serviteurs plongés dans les délices de la volupté. Ils étaient tous deux d'une même nature, mais leurs qualités étaient bien différentes ; car l'un faisait un bon usage de son libre arbitre et des choses visibles, et l'autre en usait très mal. Les austérités, la pauvreté, l'humilité, le mépris, les afflictions et le zèle de la gloire du Seigneur firent obtenir à notre serviteur Jean la consolation de mourir entre les bras de mon très saint Fils et entre les miens ; bienfait singulier, au-dessus de toute appréciation humaine. Le faste, la vanité, l'orgueil, la tyrannie et la luxure conduisirent au contraire Hérode à une mort malheureuse que lui fit subir un agent du Très-Haut, et le précipitèrent dans les peines éternelles. Vous devez être persuadée que c'est ce qui arrive maintenant ; et ce qui arrivera toujours dans le monde, quoique les hommes n'aient l'air ni de le penser ni de le craindre. Ainsi les uns aiment, et les autres redoutent la vanité et la puissance de la gloire du monde, sans en considérer le terme, et sans songer qu'elles sont plus fugitives que l'ombre et plus corruptibles que l'herbe.

1078. Les hommes ne considèrent pas non plus la fin principale, et ne sondent point la profondeur de l'abîme dans lequel les entraînent les vices, même pendant leur vie présente ; car quoique le démon ne puisse leur ôter leur liberté ni avoir aucune juridiction immédiate sur leur volonté ; néanmoins, comme ils la lui livrent si souvent par des péchés énormes, il acquiert un si grand pouvoir sur elle, qu'il s'en sert comme d'un instrument dont il a la disposition pour leur faire commettre toutes les iniquités qu'il leur suggère. Les hommes ont sous les yeux mille exemples aussi lamentables les uns que les autres, et pourtant ils ne parviennent point à connaître le danger formidable qu'ils courent, et ne se demandent point où leurs péchés peuvent les faire aboutir, par un juste jugement du Seigneur, comme le criminel Hérode, et comme la complice de son adultère. Pour amener les âmes sur le bord du précipice, Lucifer conduit les mortels par les sentiers de la vanité, de l'orgueil, de la gloire du monde, de la volupté ; et il leur représente qu'il n'y a rien de plus grand et de plus désirable. De sorte que les enfants de perdition renoncent dans leur ignorance à la raison pour suivre leurs inclinations dépravées, et s'abandonner aux plaisirs charnels, esclaves volontaires de leur mortel ennemi. Ma fille, le chemin de l'humilité, de l'humiliation, des afflictions, voilà celui que nous avons montré, mon très saint Fils et moi. C'est là le grand chemin de la vie, nous y avons marché les premiers, et nous nous sommes en même temps constitués les maîtres et les protecteurs des affligés. Et lorsqu'ils nous appellent dans leurs besoins, nous les assistons d'une manière merveilleuse, et par les faveurs les plus insignes. Les partisans du monde qui recherchent des vaines jouissances et qui fuient le chemin de la croix, se privent de cette protection et de ces bienfaits.

Vous avez été appelée dans ce chemin, et vous y êtes attirée par la douceur de mon amour et de ma doctrine. Suivez-moi donc, et faites tous vos efforts pour m'imiter ; sachez que vous avez trouvé le trésor caché et la perle précieuse[462] pour lesquels vous devez renoncer à tout ce qui est terrestre et à votre propre volonté, en tant qu'elle pourrait être contraire à celle du Très-Haut.

Chapitre 5

Les faveurs que les apôtres reçurent de notre Rédempteur Jésus-Christ, à cause de la dévotion qu'ils avaient à sa très sainte Mère. — Judas se perdit pour ne l'avoir pas eue.

1079. La conduite de la très prudente Marie à l'égard du sacré collège des apôtres et des disciples de notre Seigneur Jésus-Christ, était le miracle des miracles, et la merveille des merveilles de la toute-puissance divine. Elle y déployait une sagesse vraiment inexprimable ; mais si j'entreprenais de rapporter seulement ce que j'en ai pu comprendre, il faudrait que de ce seul article je fisse un gros volume. J'en dirai quelque chose dans ce chapitre et dans toute la suite de cette histoire quand l'occasion

---

462   Mt 13, 44.

s'en présentera ; tout ce que j'en pourrai écrire sera fort au-dessous du sujet ; toutefois ce peu sera suffisant pour notre instruction. Le Seigneur inspirait à tous ses disciples, en même temps qu'il les recevait dans son école, les sentiments d'une dévotion singulière et d'un profond respect pour sa très sainte Mère, tels qu'ils convenaient à des personnes appelées à avoir avec elle des rapports si fréquents et si familiers. Mais bien que les célestes rayons de la divine lumière tombassent sur tous, elle n'était pas égale pour tous, parce que le Seigneur distribuait ses dons selon les qualités de ses ministres, et selon les offices auxquels il les destinait. Les doux et admirables entretiens de leur grande Reine et Maîtresse ne firent ensuite qu'accroître leur vénération et leur respectueux amour ; car elle parlait à tous, elle les aimait, les consolait, les instruisait et les secourait dans tous leurs besoins ; de sorte qu'ils ne sortaient jamais de sa présence et de sa conversation sans éprouver une joie et une consolation intérieure telles, qu'elles surpassaient même leurs désirs. Mais le fruit plus ou moins salutaire de ces faveurs répondait à la disposition du cœur de ceux qui recevaient cette semence céleste.

1080. Ils ne la quittaient jamais que ravis d'admiration, et concevaient de très hautes idées de la prudence, de la sagesse, de la pureté de cette grande Dame et de sa majestueuse dignité, jointe à une douceur si tranquille et si humble, qu'aucun disciple ne trouvait de termes pour les dépeindre. Le Très-Haut lui-même le disposait ainsi, parce que, comme je l'ai dit au chapitre 28 du livre 5, le temps de dévoiler au monde cette Arche mystique du nouveau Testament n'était pas encore venu. Et semblables à celui qui, désirant vivement parler sans néanmoins et pouvoir découvrir ses pensées, les concentrerait de plus en plus avant dans son cœur, les apôtres, réduits à garder le silence, puisaient dans les faveurs qu'ils obtenaient un plus puissant motif d'aimer et de révérer la très pure Marie, et de louer intérieurement Celui qui l'avait élevée à un si haut degré de perfection. Comme notre auguste Princesse connaissait, par la science incomparable dont elle était dépositaire, le naturel de chacun, sa grâce, son état et le ministère auquel il était destiné, elle réglait sur cette connaissance les prières qu'elle adressait au Seigneur pour eux, et les instructions, les paroles et les faveurs qui leur étaient convenables, selon leur vocation. Cette manière d'agir, si agréable au Seigneur de la part d'une simple créature, fut pour les saints anges un nouveau sujet d'admiration ; et le Tout-Puissant faisait, par sa providence secrète, que les mêmes apôtres répondaient de leur côté aux bienfaits qu'ils recevaient par sa très sainte Mère. Tout cela composait une divine harmonie quine frappait que les esprits célestes.

1081. Saint Pierre et saint Jean furent distingués en ces faveurs et en ces mystères ; le premier, parce qu'il devait être le vicaire de Jésus-Christ et le chef de l'Église militante ; et c'est à cause de cette dignité à laquelle le Seigneur le destinait que la bienheureuse Vierge aimait et révérait singulièrement saint Pierre ; le second, parce qu'il devait tenir la place du même Seigneur en recevant la qualité de fils de cette illustre Reine, et en lui faisant compagnie sur la terre. Ces deux apôtres, sous la garde desquels devaient être partagées l'Église mystique, l'auguste Marie, et l'Église militante des fidèles, furent particulièrement favorisés de cette grande Reine de l'univers. Mais, comme saint Jean était choisi pour la servir et pour avoir l'Honneur d'être spécialement son fils adoptif, il reçut des dons particuliers en rapport avec les services qu'il lui devait rendre, et commença dès lors à se distinguer par son zèle. Et, quoique tous les apôtres portassent cette dévotion à un degré si haut qu'il dépasse notre intelligence, l'évangéliste saint Jean pénétra néanmoins plus avant dans les mystères cachés de cette Cité mystique du Seigneur ; c'est là qu'il fut éclairé d'une si vive lumière de la Divinité, qu'à cet égard il surpassa tous les apôtres, comme le témoigne son Évangile ; car toutes ces connaissances lui furent accordées par le moyen de la Reine du ciel, et il obtint, par l'amour filial qu'il lui avait voué, le privilège d'être appelé entre tous les apôtres le *bien-aimé de Jésus*[463] ; c'est pour cette même raison qu'il reçut aussi de grands bienfaits de notre auguste Dame, car il fut par excellence le disciple bien-aimé de Jésus et de Marie.

1082. Le saint évangéliste avait, outre la vertu de chasteté virginale, entre autres vertus qui ne plaisaient pas moins à la Maîtresse de la perfection, cette simplicité de colombe qui règne dans ses écrits, et une mansuétude sereine qui le rendaient extrêmement affable et pacifique ; aussi la divine Mère appelait-elle tous ceux qui étaient doux et humbles de cœur, les portraits de son très saint Fils. C'est à cause de ces qualités qui distinguaient saint Jean que la bienheureuse Vierge lui portait une plus tendre affection, comme lui-même fut mieux disposé à concevoir pour elle l'amour le plus respectueux et le dévouement le plus sincère. De sorte qu'il commença dès sa première vocation, comme je l'ai dit ailleurs, à se signaler entre tous par sa dévotion à la très pure Marie, et à lui obéir avec une humilité incomparable. Il s'attachait à elle avec plus d'assiduité que les autres, et autant que possible ne s'éloignait point de sa présence ; il l'assistait même dans quelques occupations manuelles auxquelles se livrait la Reine de l'univers, et il eut quelquefois le bonheur de se charger d'humbles travaux, à propos desquels il entrait dans de saintes émulations avec les anges de cette même Reine ; mais c'était elle qui triomphait toujours en cette sublime vertu d'humilité, sans que ni les hommes ni les anges aient pu jamais l'égaler en la moindre action. Le disciple bien-aimé était aussi fort ponctuel à informer sa divine Maîtresse de toutes les merveilles que le Sauveur avait opérées lorsqu'elle était absente, et du nombre des nouveaux disciples qui avaient reçu sa doctrine. Il s'étudiait toujours à connaître ce qui pourrait lui être le plus agréable, et faisait toutes ses actions en conséquence.

1083. Saint Jean se distinguait aussi par le ton respectueux avec lequel il parlait à l'auguste Marie ; il l'appelait toujours Madame lorsqu'elle était présente, et en son absence il la désignait sous le nom de Mère de notre maître Jésus-Christ. Et après l'ascension du même Seigneur, il fut le premier qui l'appela Mère de Dieu et du Rédempteur du monde, et en sa présence il lui disait Mère ou Madame. Il lui

---

463 Jn 21, 20.

donnait aussi d'autres titres, tels que ceux de Réparatrice du péché, de Maîtresse des nations. Il fut encore le premier qui l'appela Marie de Jésus, et après lui les premiers fidèles se servirent souvent de ce nom ; et le saint évangéliste le lui donna, parce qu'il sut qu'elle l'entendait répéter avec une complaisance infinie. Quant à moi, je désire exprimer toute mon allégresse et toute ma gratitude au Seigneur de ce qu'il a daigné m'appeler sous ce même nom, malgré mon indignité, à la lumière de la sainte Église et de la foi, et à la religion que je professe. Les autres apôtres et les disciples connaissaient la faveur dont saint Jean jouissait auprès de la bienheureuse Vierge, et ils le sollicitaient maintes fois d'être leur intercesseur pour certaines choses qu'ils voulaient demander ou proposer à la puissante Reine ; et le saint apôtre lui offrait ses prières avec sa charité ordinaire, sachant mieux que personne combien cette bonne mère était compatissante et miséricordieuse. Je dirai d'autres choses sur ce sujet dans la suite de cette histoire, surtout dans la troisième partie ; et il est sûr, que l'on pourrait faire un long ouvrage à ne rapporter que les bienfaits dont ce saint évangéliste fut comblé par la Reine de l'univers.

1084. Après les deux apôtres saint Pierre et saint Jean, l'apôtre saint Jacques, frère du second, fut particulièrement aimé de l'auguste Vierge, et il en obtint des faveurs admirables ; j'en raconterai quelques-unes dans la troisième partie. Saint André fut aussi du nombre de ceux qui étaient des plus chers à notre grande Reine, parce qu'elle savait que cet apôtre aurait une dévotion particulière pour la passion et, pour la croix de son divin Maître, et qu'il y mourrait à son exemple. Je ne m'arrête point à énumérer les bienfaits que les autres apôtres en reçurent ; je dirai seulement qu'elle les aimait et les vénérait avec la plus juste mesure, avec autant de charité que d'humilité, les uns pour une vertu, les autres pour une autre, et tous pour son très saint Fils. La Madeleine vint sur le même rang après sa conversion ; car notre divine Princesse la regardait avec une tendre affection à cause de l'amour qu'elle portait à son adorable Fils, et parce qu'elle comprenait que le cœur de cette illustre pénitente était propre à faire éclater les plus glorieuses merveilles de la droite du Tout-Puissant. La bienheureuse Marie la traitait avec beaucoup de familiarité entre les autres femmes, et lui découvrait de très hauts mystères qui augmentaient de plus en plus son amour envers son divin Maître et envers son auguste Mère. La sainte communiqua à notre Reine les désirs qu'elle avait de se retirer dans quelque solitude pour y servir le Seigneur dans une pénitence et dans une contemplation continuelle ; et notre très douce Maîtresse lui donna de sublimes instructions dont elle se servit ensuite dans le désert ; et quand elle y alla, ce fut avec son agrément et sa bénédiction ; la Mère du Sauveur la visita une fois elle-même dans le désert et lui envoya très souvent des anges pour la fortifier et la consoler dans cette affreuse solitude. Les autres femmes qui suivaient le Maître de la vie reçurent aussi de très grandes faveurs de sa très sainte Mère ; comme tous les disciples, elles obtinrent des bienfaits incomparables, qui inspirèrent aux uns et aux autres la dévotion la plus

fervente et la plus tendre pour la Mère de la grâce ; car les uns et les autres puisèrent cette grâce avec abondance en elle et par elle, comme en Celle en qui Dieu
l'avait mise en dépôt pour tout le genre humain. Je ne m'étends pas davantage sur
cette matière, qui exigerait de très longs développements ; ils ne sont d'ailleurs pas
nécessaires, puisqu'on peut s'instruire à cet égard dans la sainte Église.

1085. Je dirai seulement quelque chose de ce que j'ai appris sur le perfide apôtre
Judas, parce que cette histoire demande ici quelques détails peu connus. Ce que je
rapporterai servira de leçon aux pécheurs, d'exemple aux obstinés, et d'avis à ceux
qui sont peu dévots à la très pure Marie, s'il se trouve un homme qui ne le soit pas
assez envers une créature si sainte et si aimable, que Dieu a aimée d'un amour infini ; les anges, de toutes leurs forces spirituelles ; les apôtres et les saints, du fond
de leur âme, et que toutes les créatures doivent aimer avec une pieuse jalousie, sans
pouvoir jamais lui donner les affections qui lui sont dues. Ce malheureux apôtre
commença, par son indévotion envers cette très sainte Dame, à s'éloigner du vrai
chemin qui conduit à l'amour de Dieu et à la possession de ses dons. Les choses
qui m'en ont été découvertes, afin que je les écrivisse avec le reste, sont conformes à
celles que je vais dire.

1086. Judas vint à l'école de notre adorable Maître Jésus-Christ, attiré extérieurement par la force de sa doctrine, et intérieurement par celle du Saint-Esprit, qui
y poussait les autres. Prévenu de ce divin secours, il pria le Sauveur de l'admettre
au nombre de ses disciples, et le Seigneur le reçut avec des entrailles de père miséricordieux, qui ne rejette aucun de ceux qui le cherchent avec sincérité. Judas obtint
dans le principe d'autres faveurs spéciales de la divine droite, au moyen desquelles
il surpassa quelques-uns des autres disciples, et fut appelé au nombre des douze
apôtres ; car le Seigneur l'aimait selon le bon état présent dans lequel il se trouvait,
et les œuvres saintes qu'il faisait comme les autres disciples. La Mère de la grâce le
regarda aussi alors avec miséricorde ; quoiqu'elle prévît déjà par sa science infuse
la trahison qu'il commettrait à la fin de son apostolat, elle ne lui refusa pas son
intercession ni sa charité maternelle ; elle fit au contraire tous les efforts possibles
pour justifier la cause de son très saint Fils vis-à-vis de ce malheureux apôtre, afin
qu'il ne pût alléguer, quand il voudrait se disculper de sa méchanceté, aucune espèce
d'excuse valable, même aux yeux des hommes. Et comme elle savait que le caractère de Judas ne se laisserait point vaincre par la rigueur, mais qu'il s'endurcirait
plutôt dans son obstination, cette très prudente Dame veillait à ce qu'il ne manquât jamais soit du nécessaire, soit de l'utile ; elle le prévenait par des témoignages
particuliers d'amitié, l'accueillait et l'entretenait avec une douce bonté, et le distinguait parmi les autres. De sorte que, si parfois une certaine rivalité s'élevait entre
les disciples pour savoir lequel d'entre eux avait le plus part à la bienveillance de
notre grande Reine (comme il leur arriva aussi à l'égard de Jésus-Christ, ainsi qu'il

est marqué dans l'Évangile)[464], Judas n'eut jamais sujet d'avoir cette jalousie dans le commencement ; car cette auguste Dame le favorisa toujours d'une manière singulière, et lui-même se montra plus d'une fois reconnaissant de ses bienfaits.

1087. Mais, comme Judas n'était pas fort aidé de ses inclinations naturelles, et que l'on remarquait chez les disciples et les apôtres certains défauts habituels à des hommes qui n'étaient pas absolument affermis en la perfection ni encore confirmés dans la grâce, cet imprudent disciple commença à se considérer avec quelque complaisance et à se troubler des fautes de ses frères, auxquelles il s'arrêtait plus qu'aux siennes propres[465]. Dès qu'il se fut une fois livré sans défiance à cette funeste illusion, sans chercher à en prévenir les suites, la poutre grossit d'autant plus dans ses propres yeux, qu'il examinait avec une présomption plus indiscrète les moindres fétus de paille dans ceux de son prochain ; il murmurait des plus petites fautes de ses frères, et prétendait les corriger avec plus d'orgueil que de zèle, pendant qu'il en commettait lui-même de beaucoup plus grandes. Se trouvant parmi les autres apôtres, il représenta saint Jean comme voulant faire l'intrigant auprès de leur divin Maître et de sa bienheureuse Mère, ne comptant pour rien tant de faveurs qu'il recevait de l'un et de l'autre. Néanmoins les désordres de Judas n'étaient jusque-là que des péchés véniels qui ne lui firent point perdre la grâce justifiante. Mais ils étaient aggravés par de très mauvaises circonstances, et d'ailleurs très volontaires, car il donna une entrée tout à fait libre au premier, qui fut une vaine complaisance ; celui-ci appela incontinent le second, qui fut une espèce d'envie, et de là s'ensuivit le troisième, qui fut de blâmer intérieurement ses frères, et de juger avec peu de charité leurs actions. Ces péchés ouvrirent la porte à d'autres plus grands, car il laissa aussitôt s'attiédir dans son cœur la ferveur de la dévotion, puis se refroidir la charité envers Dieu et envers son prochain ; alors le jour commença à baisser et la lumière intérieure s'éteignit en lui, de sorte qu'il regardait déjà les apôtres et même l'auguste Marie avec une espèce de répugnance, s'ennuyant dans leur conversation, et trouvant à redire à leurs actions les plus saintes.

1088. Notre très prudente Dame connaissait le dérèglement intérieur de Judas, et tachait d'y apporter tout le remède possible pour l'empêcher de tomber dans la mort du péché ; elle l'avertissait avec la douceur la plus touchante, comme un fils bien-aimé, du danger auquel il s'exposait, et employait les raisons les plus fortes pour calmer son esprit. Et quoiqu'elle réussît parfois à calmer l'orage qui commençait à gronder dans le cœur de l'inquiet apôtre, il ne se maintenait pas longtemps dans cette tranquillité ; et il était bientôt tourmenté par de nouveaux troubles. Puis, donnant un plus facile accès au démon, il en vint jusqu'à s'irriter contre la plus indulgente des mères, et jusqu'à vouloir cacher, ou nier, ou excuser ses propres fautes, comme s'il eût pu tromper ses divins maîtres par son hypocrisie, ou leur dérober le secret de son cœur. Il perdit alors le respect intérieur qu'il avait pour la Mère de

---

464   Lc 22, 24.

465   Lc 6, 41.

miséricorde, méprisant ses plus charitables avis, et lui reprochant la douceur même de ses leçons et de ses paroles. Par cette audacieuse ingratitude, il perdit la grâce, et encouruttoute l'indignation du Seigneur, qui, pour le punir de ses irrévérences sacrilèges, le laissa dans la main de son conseil[466] ; car en rejetant lui-même la grâce et l'intercession de la bienheureuse Vierge, il ferma les portes de la miséricorde et de son salut. Cette aversion qu'il conçut pour la plus tendre mère, le porta bientôt à haïr son adorable Maître, à blâmer et critiquer sa doctrine, à trouver trop fatigante la vie, et trop ennuyeux les entretiens des apôtres.

1089. Le Seigneur ne l'abandonna pourtant pas dès lors ; il lui envoyait toujours des secours intérieurs ; et quoiqu'ils fussent moins extraordinaires que ceux qu'il recevait auparavant, ils ne laissaient pas d'être suffisants s'il eût voulu y coopérer. Notre très charitable Dame y joignait ses douces exhortations et le pressait de se convertir, de s'humilier et de solliciter son pardon de son divin Maître ; elle le lui promit de la part du Seigneur lui-même, et s'offrit de prier pour lui et de faire pénitence pour ses péchés, parce qu'elle demandait seulement qu'il s'en repentit et qu'il s'en corrigeât. La Mère de la grâce lui proposa toutes ces choses, pour le tirer du précipice dans lequel il glissait, sachant très bien que le plus grand mal n'est pas de tomber, mais de ne point se relever et de persévérer dans le péché. Le superbe disciple ne pouvait point repousser les témoignages que sa conscience lui rendait de son mauvais état ; mais commençant à s'endurcir, il craignit la confusion qui aurait pu lui acquérir de la gloire, et tomba dans celle qui aggrava son péché. Il rejeta par cet orgueil les salutaires conseils de la Mère du Sauveur, et, comme pour lui cacher sa malice, il protesta faussement qu'il aimait toujours son adorable Maître, et ses frères, et qu'à cet égard il n'avait pas besoin de s'améliorer.

1090. Notre Seigneur Jésus-Christ et sa très sainte Mère nous ont laissé un exemple admirable de charité et de patience dans la conduite qu'ils tinrent envers Judas après sa chute dans le péché ; car ils le souffrirent en leur compagnie avec une indulgence telle, qu'ils ne lui témoignèrent jamais le moindre changement, et continuèrent à le traiter avec la même bonté que les autres. C'est pour cela que le désordre intérieur de Judas resta si caché aux apôtres. Toutefois on découvrait dans sa conversation ordinaire et dans son attitude des signes non équivoques de ses mauvaises dispositions, parce qu'il ne nous est pas facile, ni presque possible, de violenter toujours nos inclinations assez pour les dissimuler dans les choses que nous faisons avec peu de réflexion, nous agissons nécessairement selon notre naturel, et alors nous le trahissons, du moins près de ceux qui nous fréquentent le plus. C'est ce qui arrivait à Judas. Mais comme les apôtres connaissaient l'affabilité et l'affection avec lesquelles notre Rédempteur et sa très sainte Mère le traitaient, sans pouvoir remarquer aucun changement dans leur conduite, les soupçons qu'ils avaient formés se dissipaient, et ils ne s'arrêtaient point aux apparences qui leur faisaient craindre la chute. C'est pour

---

466 Qo 15, 14.

cette même raison qu'ils furent tous surpris quand le Seigneur leur annonça en la dernière Cène légale qu'un d'entre eux le trahirait ; et que chacun lui dit : Est-ce moi, Seigneur[467] ? Quant à saint Jean, comme il eut quelque connaissance des infidélités de Judas, à cause de la grande familiarité qu'il avait avec le Sauveur et la bienheureuse Vierge, et qu'en conséquence il mettait plus de réserve dans ses rapports avec le traître, le Seigneur lui-même lui découvrit ses sentiments, mais seulement par l'indication de certaines marques, ainsi que le rapporte l'Évangile[468]. Car jusqu'alors l'adorable Sauveur n'avait jamais manifesté ce qui se passait en Judas. Cette patience est plus admirable en notre auguste Reine, parce qu'elle était mère, une simple créature, et qu'elle regardait comme fort proche la trahison que le perfide disciple méditait contre son très saint Fils, qu'elle aimait comme mère et non comme servante.

1091. Ô ignorance ! ô folie des mortels ! combien différente est notre conduite, lorsque nous recevons quelque légère injure, nous qui en avons mérité de si grandes ! Avec quelle impatience nous supportons les faiblesses de notre prochain, voulant cependant qu'on supporte les nôtres ! Quelle peine n'avons-nous pas quand il nous faut pardonner une offense, quoique nous priions tous les jours le Seigneur de pardonner les nôtres[469] ! Comme nous sommes prompts à divulguer sans pitié les fautes de nos frères, et prompts à nous fâcher lorsqu'on parle de nos défauts ! Nous ne voulons mesurer personne avec la même mesure dont nous serions bien aises que l'on nous mesurât, et nous ne prétendons pas que l'on nous juge aussi rigoureusement que nous jugeons notre prochain[470]. Tout cela n'est que perversité, que ténèbres suscitées par le souffle du dragon infernal, qui veut s'opposer à la suréminente vertu de charité, et troubler l'ordre de la justice divine et de la raison humaine ; car Dieu est charité, et celui qui l'exerce parfaitement demeure en Dieu, et Dieu demeure en lui[471]. Lucifer n'est que rage et que vengeance, et ceux qui l'imitent demeurent en Lucifer, qui les pousse dans tous les vices qui s'opposent au bien des autres. J'avoue que la beauté de la charité m'a toujours ravie, et que j'ai un très grand désir de l'avoir pour amie ; mais aussi je vois dans le clair miroir de la merveilleuse charité que Jésus et Marie ont déployée envers l'ingrat apôtre, que je ne suis jamais arrivée au commencement de la plus excellente des vertus.

1092. Mais de peur que le Seigneur ne me reproche mon silence, j'ajouterai une autre cause de la chute de Judas. Le nombre des apôtres et des disciples s'étant accru, le divin Sauveur résolut de confier à quelqu'un d'entre eux le soin de recevoir les aumônes, de les distribuer en qualité de syndic ou économe pour les nécessités communes, et de payer les tributs impériaux ; Jésus leur proposa ces fonctions sans

---

467   Mt 26, 41 ; Mc 14, 18.

468   Lc 22, 21 ; Jn 13, 18, 26.

469   Mt 6, 12.

470   Mt 7, 1-2.

471   1 Jn 4, 16.

choisir personne. Judas les envia aussitôt, tandis que tous les autres les redoutaient et désiraient les décliner. Et pour obtenir l'office qu'il convoitait, il ne rougit pas de prier saint Jean d'en parler à notre auguste Reine, afin qu'elle le demandât pour lui à son très saint Fils.

Saint Jean s'acquitta de cette commission ; Mais comme la très prudente Mère savait que la prétention de Judas n'était ni juste ni convenable, et qu'elle partait d'un cœur ambitieux et avide des biens de la terre, elle ne voulut point transmettre sa demande à notre divin Maître. Judas fit de nouvelles tentatives par l'intermédiaire de saint Pierre et de quelques autres apôtres, mais toujours en vain ; parce que le Très-Haut voulait empêcher par un effet de sa bonté qu'il n'entrât dans cet emploi, ou justifier sa cause après le lui avoir donné. Judas, dont le cœur était déjà tyrannisé par l'avarice, loin de se ralentir pour toutes ces difficultés, redoubla ses funestes empressements, à l'instigation de Satan, qui lui inspirait des pensées d'ambition indignes même de toute personne se trouvant dans un état ordinaire. Que s'il eût été pour les autres honteux et criminel d'y consentir, ce devait l'être beaucoup plus pour Judas, qui était formé à l'école de la plus grande perfection, et éclairé du Soleil de justice, notre Seigneur Jésus-Christ, et de la Lune sans tache, l'auguste Marie. Au jour de l'abondance et de la grâce, tandis que ce divin Soleil l'éclairait, il ne pouvait ignorer qu'il ne fût coupable en obéissant à de pareilles suggestions ; et non plus dans la nuit de la tentation, puisqu'alors notre charitable Dame, que nous avons figurée par la lune, influait sur lui ce qu'il fallait pour le garantir des morsures du serpent. Mais comme il fuyait la lumière et qu'il cherchait les ténèbres, il courait au précipice, et surmontant ses répugnances et sa honte, colorant même sa cupidité d'un vernis de vertu, il ne craignit pas de demander lui-même à la bienheureuse Vierge l'office auquel il aspirait. Il l'aborda, et lui dit que la demande que Pierre et Jean lui avaient faite de sa part procédait du désir qu'il avait de la mieux servir, et de veiller à ce que rien ne manquât à son Fils parce que les autres, ajouta-t-il, ne s'en acquittaient pas comme il fallait ; ainsi il la suppliait d'obtenir de son Maître cet emploi pour lui.

1093. La grande Reine de l'univers lui répondit avec beaucoup de mansuétude : « Pesez bien, mon très cher, ce que vous demandez ; examinez si l'intention avec laquelle vous le désirez est droite, et réfléchissez s'il vous est avantageux de souhaiter ce que tous vos frères craignent, et ce qu'ils n'accepteront point, s'ils n'y sont obligés par un commandement exprès de leur Maître. Il vous aime plus que vous ne vous aimez vous-même ; et il sait ce qui vous est convenable ; abandonnez-vous à sa très sainte volonté ; changez de dessein, tâchez d'acquérir l'humilité et l'amour de la pauvreté. Sortez de l'abîme où vous êtes tombé, et soyez convaincu que mon Fils usera envers vous de son amoureuse miséricorde, et que je vous assisterai de ma protection. » Qui n'aurait pas été touché de ces douces et persuasives paroles, sorties de la bouche de la plus aimable et plus divine créature ? Mais ce cœur de bronze ne fléchit point, il ne fit au contraire que se roidir et s'irriter intérieurement, comme s'il avait été blessé par notre compatissante Dame, qui lui offrait le remède de sa maladie mortelle ; car un violent accès d'ambition et d'avarice dans l'appétit concupiscible excite aussitôt l'appétit irascible contre ceux qui s'y opposent, et quiconque en est pris regarde comme des injures les conseils les plus salutaires. Notre très prudente et très douce Princesse ne s'expliqua pas davantage là-dessus, et cessa dès lors de parler à Judas à cause de son obstination.

1094. Judas quitta l'auguste Vierge toujours agité par les mêmes pensées sordides, et abjurant tout sentiment de pudeur et même de foi, il résolut de s'adresser lui-même à notre Seigneur Jésus-Christ. Or s'étant couvert de l'habit de brebis, comme un solliciteur adroit, il se présenta à sa divine Majesté, et lui dit : « Maître, je souhaite d'accomplir votre volonté, et de vous servir sous le titre d'économe et de dépositaire des aumônes que nous recevons ; j'en ferai part aux pauvres conformément à votre doctrine qui nous enseigne de faire à notre prochain ce que nous voudrions qu'il nous fît ; je les distribuerai à propos et selon votre intention, et mieux que l'on n'a fait jusqu'à présent. » Voilà ce que cet hypocrite dit à son Dieu et à son Maître, commettant à la fois plusieurs péchés énormes. Car, outre qu'il mentait en cachant des dispositions contraires à celles qu'il montrait, ambitieux de l'honneur qu'il ne méritait point, il feignait d'être ce qu'il n'était pas, ne voulant, ni paraître ce qu'il était, ni être ce qu'il désirait paraître. Il murmura aussi contre ses frères, et s'étendit sur ses propres louanges ; c'est le sentier battu des ambitieux. Mais ce qu'il y a de plus remarquable, c'est qu'il perdit la foi infuse qu'il avait, prétendant tromper son divin Maître par son hypocrisie. En effet, s'il eût cru alors fermement que Jésus-Christ était véritablement Dieu et homme, il ne se serait pas imaginé de le pouvoir tromper, puisque comme Dieu il scrutait les choses les plus secrètes de son cœur[472], et qu'il pénétrait jusqu'au fond de son âme, non seulement comme Dieu par sa science infinie, mais encore comme homme par sa science infuse et béatifique ; ainsi, si Judas en eût été bien convaincu, il aurait compris que le Sauveur pouvait connaître sa pensée, comme il la connaissait réellement, et il n'aurait pas poursuivi son inique dessein. Mais il ne crut rien de tout cela, et il ajouta l'hérésie à ses autres péchés.

1095. Il arriva à ce disciple infidèle ce que l'apôtre a dit quelque temps après : *Ceux, dit-il, qui veulent devenir riches, tombent dans la tentation et dans le piège de Satan, et en beaucoup de désirs vains et nuisibles, qui précipitent les hommes dans la perte et dans la damnation ; car le désir des richesses est la racine de tous les maux, et plusieurs de ceux qui en ont été emportés se sont égarés du chemin de la foi, et se sont engagés eux-mêmes dans de grandes afflictions[473].* C'est le malheur que s'attira ce perfide apôtre par son avarice, qui fut d'autant plus honteuse et d'autant plus répréhensible, qu'il avait un plus grand sujet d'être touché de l'exemple admirable de notre Seigneur Jésus-Christ, de sa très sainte Mère et du sacré collège des apôtres, dont la,

---

472   Sg 1, 6.

473   1 Tm 6, 9.

communauté ne recueillait que quelques aumônes fort modiques. Mais le mauvais disciple se flatta qu'elles augmenteraient, tant par les miracles de son Maître, que par le grand nombre des personnes qui le suivaient, et qu'alors il pourrait mettre la main sur des sommes plus considérables. Et comme les choses n'arrivaient pas selon ses désirs, il se fâchait contre ces mêmes personnes c'est ainsi qu'il témoigna son mécontentement lorsque la Madeleine répandit un parfum de grand prix sur le Sauveur, et son avarice le portant à faire l'estimation de cette précieuse essence, il dit qu'elle valait plus de trois cents deniers, qui pouvaient être distribués aux pauvres[474]. Le chagrin qu'il avait d'en avoir été privé lui faisait tenir ce langage, car il ne se mettait pas fort en peine des pauvres[475]. Au contraire, il se plaignait vivement de ce que la Mère de miséricorde fît tant d'aumônes, et même de ce que le Seigneur n'en reçût pas davantage, comme aussi de ce que les apôtres et les disciples ne lui en procurassent pas, de sorte que, toujours chagrin contre tous, il semblait qu'il en eût été offensé. Quelques mois avant la mort du Sauveur, il commença à quitter souvent les apôtres et à s'éloigner du Seigneur, parce que leur compagnie le vexait, et il ne les allait trouver que pour ramasser les aumônes. Alors le démon le poussa à abandonner entièrement son Maître, et à le livrer aux Juifs comme il fit.

1096. Mais revenons à la réponse qu'il reçut du Maître de la vie, lorsqu'il lui demanda la charge d'économe, afin qu'on y découvre combien les jugements du Très-Haut sont terribles et impénétrables. Le Sauveur du monde, voyant que le cupide apôtre ne travaillait qu'à sa perdition finale, voulait le soustraire au danger que renfermait sa demande. Et afin qu'il ne trouvât dans son malheur aucune excuse, sa Majesté lui dit : « Savez-vous, ô Judas ! ce que vous demandez ? Ne soyez pas si cruel envers vous-même, que de chercher les armes et de solliciter le poison dont vous pourriez vous servir pour vous donner la mort. » Judas répartit : « Moi, Seigneur, je ne désire que de vous servir, et que de m'employer à ce qui sera le plus utile à vos disciples, et je le ferai bien mieux dans cet office que dans tout autre, comme je vous le promets. » Par cette opiniâtreté de Judas à chercher et aimer le péril, Dieu justifia sa cause en permettant qu'il s'y engageât et qu'il y pérît malheureusement ; car cet ambitieux résista à la grâce et s'endurcit de plus en plus. Lorsque le Seigneur lui mettait devant les yeux l'eau et le feu, la vie et la mort, il étendit la main et choisit lui- même sa perte[476] ; et ainsi fut justifiée la justice et glorifiée la miséricorde du Très-Haut, qui l'avait si souvent pressé de lui ouvrir la porte de son cœur, d'où l'ingrat le chassa pour y faire entrer le démon. Je donnerai dans la suite de cette histoire, sur la malheureuse conduite de Judas, quelques autres détails utiles à l'expérience des mortels, pour ne pas allonger ce chapitre, et parce qu'ils se rattachent à d'autres événements. Quel est celui d'entre les hommes si sujets à pécher, qui ne

---

474   Mt 26, 6 ; Mc 14, 6 ; Jn 12, 3.

475   *Ibid.*, 6.

476   Qo 15,17.

sera saisi d'une vive frayeur, en voyant un de ses semblables, élevé dans l'école de notre Seigneur Jésus-Christ et de sa très sainte Mère, nourri de leur doctrine, témoin de leurs miracles, opérant les mêmes merveilles que les autres apôtres, passer en si peu de temps de l'apostolat au rôle de démon, et d'innocente brebis qu'il était, devenir un loup ravisseur ? Judas commença par des péchés véniels, et de ceux-ci il passa aux crimes les plus horribles. Il se livra au démon, qui déjà soupçonnait que notre Seigneur Jésus-Christ était Dieu, et qui déchargea la rage qu'il avait contre le Maître, sur ce malheureux disciple séparé du petit troupeau. Mais si Lucifer n'a fait que redoubler de fureur depuis qu'il a forcément reconnu que Jésus-Christ était véritablement Dieu et le Rédempteur du monde, que peut espérer une âme qui se livre maintenant à un ennemi si cruel, si implacable et si acharné à notre perte ?

Instruction que la Reine du ciel m'a donnée

1097. Ma fille, tout ce que vous avez écrit dans ce chapitre est un avis des plus importants pour tous ceux qui vivent en la chair mortelle, et dans le danger de perdre le bien éternel ; car le moyen efficace d'arriver au salut et d'augmenter les degrés de la récompense, se réduit à craindre avec discrétion les jugements du Très-Haut[477], et à s'attirer mon intercession et ma clémence. Je veux que vous sachiez aussi qu'un des divins secrets que mon très saint Fils découvrit dans la nuit de la Cène à Jean, son bien-aimé et le mien, fut de lui faire connaître qu'il s'était acquis cet amour par celui qu'il me portait, et que Judas était tombé dans le péché pour avoir méprisé la compassion que je lui témoignais. Alors l'évangéliste connut quelques-uns des grands mystères que le Tout-Puissant me communiqua et opéra en moi ; il eut aussi connaissance de ce que je devais souffrir en la passion ; et le Seigneur lui ordonna de prendre un soin particulier de moi. La pureté d'âme que je demande de vous doit être plus qu'angélique, et si vous vous disposez à l'acquérir, vous participerez aux faveurs que nous fîmes à Jean, et vous serez ma très chère fille et l'épouse bien-aimée de mon Fils et mon Seigneur. L'exemple que vous offre cet évangéliste, et la perte de Judas vous exciteront sans cesse à solliciter mes bonnes grâces et à correspondre par la plus vive reconnaissance à l'amour que je vous témoigne sans que vous l'ayez mérité.

1098. Je veux aussi que vous pénétriez un autre secret qui est fort ignoré du monde, c'est que l'un des péchés que le Seigneur a le plus en horreur, est le peu d'estime que l'on accorde aux justes et aux amis de l'Église, et surtout à moi, qui ai été choisie pour être sa Mère et la protectrice universelle de tous. Et si les injures que l'on fait à des ennemis sont si odieuses au Seigneur[478] et aux saints qui se trouvent dans le ciel, comment souffrira-t-il qu'on en fasse à ses plus chers amis sur lesquels il tient ouverts les yeux de son amour[479] ? Cet avis est beaucoup plus

---

477   Ps 118, 120.

478   Mt 17, 35.

479   Ps 33, 16.

important que vous ne sauriez le concevoir pendant la vie mortelle, et c'est une des marques de réprobation que de mépriser les justes. Évitez ce danger, ne jugez personne[480], et moins encore ceux qui vous reprennent et vous enseignent. Ne vous laissez point incliner vers les choses terrestres, et gardez-vous surtout d'aspirer aux charges qui séduisent l'âme, quand elle ne regarde que ce qu'elles ont de sensible et d'humain, qui troublent le jugement et obscurcissent la raison. Ne désirez point les honneurs, ne portez pas envie à ceux qui les reçoivent, et ne demandez au Seigneur que son saint amour ; car la créature est pleine des plus mauvaises inclinations, et si elle ne les réprime pas, elle recherche trop souvent ce qui doit être le sujet de sa damnation. Et quelquefois le Seigneur le lui accorde par ses secrets jugements, pour punir son ambition et plusieurs autres péchés qu'elle a commis, ainsi qu'il arriva à Judas. Les hommes reçoivent en ces biens temporels qu'ils souhaitent avec tant d'ardeur, la récompense de quelque bonne œuvre qu'ils ont pu faire. Vous comprendrez par-là combien est grande l'illusion de beaucoup de partisans du monde qui se croient fort heureux quand tout leur réussit au gré de leurs désirs terrestres. Et cependant c'est le plus grand de tous leurs malheurs, parce qu'ils perdent la récompense éternelle qu'obtiennent les justes qui ont méprisé le monde, et qui y ont été éprouvés par toute sorte d'adversités, le Seigneur refusant quelquefois à ceux-ci les choses temporelles qu'ils souhaitent, pour les soustraire à un péril caché. Afin que vous n'y tombiez pas, je vous avertis et vous recommande de ne jamais convoiter aucune chose périssable. Détournez votre volonté de tout ce qui est passager, maintenez-la libre et maîtresse, affranchissez-la de la servitude des passions ; et ne demandez que ce qui sera conforme à la volonté du Très-Haut ; car sa Majesté prend un soin particulier de ceux qui s'abandonnent à sa divine Providence[481].

Chapitre 6

Notre Seigneur Jésus-Christ se transfigure sur le Thabor devant sa très sainte Mère. — Il se dirige avec elle de la Galilée vers Jérusalem, pour se rapprocher du lieu de la passion. — Ce qui arriva à Béthanie lorsque la Madeleine répandit des parfums sur le Sauveur.

1099. Il y avait déjà plus de deux ans et demi que notre Rédempteur Jésus-Christ prêchait et faisait des miracles en public ; de sorte que le temps marqué par la Sagesse éternelle s'approchait auquel il devait retourner à son Père par le moyen de sa passion et de sa mort, après avoir, en mourant, satisfait à la divine justice et racheté le genre humain. Et comme toutes ses œuvres tendaient à notre salut et à notre instruction, et qu'elles étaient pleines de sagesse divine, cet adorable Sauveur résolut de préparer quelques-uns de ses apôtres au scandale qu'ils recevraient par sa mort[482], en leur manifestant la gloire de son corps passible, qu'ils devaient voir bientôt flagellé

---

480   Mt 7, 1.

481   Mt 6, 30.

482   Mt 26, 31.

et crucifié ; car il voulait qu'ils le vissent transfiguré par la gloire avant qu'il fût dé-figuré par les bourreaux. Le Seigneur avait fait cette promesse devant tous peu de temps auparavant, quoiqu'elle ne fût pas pour tous, mais pour quelques-uns seule-ment, comme le rapporte l'Évangéliste saint Matthieu[483]. Il choisit pour cela le Tha-bor, haute montagne de la Galilée, à deux lieues de Nazareth, du côté de l'orient ; et étant arrivé au sommet de cette montagne avec les trois apôtres Pierre, Jacques et Jean son frère, il se transfigura devant eux, comme le racontent les trois Évangélistes saint Matthieu, saint Marc et saint Luc[484], qui ajoutent qu'outre les trois apôtres s'y trouvèrent les deux prophètes Moïse et Élie, s'entretenant avec Jésus de sa passion. Pendant la transfiguration il vint une voix du ciel de la part du Père éternel, qui dit : *Celui-ci est mon Fils bien-aimé, en qui je me plais uniquement ; écoutez-le.*

1100. Les Évangélistes ne disent point que la très pure Marie assistât à la trans-figuration, mais ils ne le nient pas non plus ; et s'ils ne se sont pas expliqués là-des-sus, c'est parce que cela ne regardait pas leur sujet, et qu'il n'était pas convenable de rapporter dans les Évangiles le miracle caché qui eut lieu. La lumière que j'ai reçue pour écrire cette histoire me découvre qu'au même moment où quelques anges al-lèrent prendre Moïse et Élie où ils étaient, la bienheureuse Vierge fut transportée par le ministère de ses saints anges sur la montagne du Thabor, afin qu'elle y vît son très saint Fils transfiguré, comme effectivement elle le vit, bien qu'elle n'eût pas be-soin comme les apôtres d'être affermie dans la foi, qu'elle avait toujours constante et inébranlable. Mais notre Rédempteur Jésus-Christ eut plusieurs fins en cette merveille de la transfiguration ; et il avait d'autres raisons particulières pour ne pas célébrer un si grand mystère sans que sa très sainte Mère y fût présente. Car ce qui était une grâce à l'égard des apôtres, était comme dû à notre grande Reine, en sa qualité de coadjutrice dans les œuvres de la rédemption, à laquelle elle devait concourir jusqu'au pied de la croix ; il fallait aussi qu'elle fût fortifiée par cette fa-veur contre les douleurs que son âme très sainte devait souffrir ; et destinée à être bientôt la Maîtresse de la sainte Église, il était convenable qu'elle fût témoin de ce mystère, et que son adorable Fils ne lui cachât point ce qu'il pouvait si facilement lui découvrir ; puisqu'il lui manifestait toutes les opérations de son âme divine. L'amour du Seigneur pour sa bienheureuse Mère était tel, qu'il ne lui permettait pas de lui refuser cette faveur, dans le temps qu'il ne lui en refusait aucune de celles qui pouvaient lui prouver la tendresse de son affection ; celle-ci appartenait d'ail-leurs à notre auguste Princesse, à raison de son excellence et de sa dignité. C'est pour ces raisons, et pour plusieurs autres qu'il n'est pas nécessaire d'énumérer ici, qu'il m'a été déclaré que la bienheureuse Marie assista à la transfiguration de son très saint Fils notre Rédempteur.

1101. Elle ne vit pas seulement l'humanité de notre Seigneur Jésus-Christ trans-

---

483   Mt 16, 38.

484   Mt 17, 1 ; Mc 9 ; Lc 9, 28.

figurée et glorieuse, mais de plus elle vit clairement la Divinité pendant tout le temps que ce mystère dura ; car elle ne devait pas recevoir cette faveur de la manière dont les apôtres la reçurent, mais avec plus d'abondance et de plénitude. Et en la vision même de la gloire du corps, qui fut commune à tous, il y eut une grande différence entre notre auguste Reine et les apôtres, non seulement parce qu'ils succombèrent de sommeil lorsque le Sauveur se retira au commencement pour prier, comme le rapporte saint Luc[485], mais aussi parce qu'ayant ouï cette voix du ciel, ils furent saisis de frayeur, et tombèrent le visage contre terre, demeurant en cet état jusqu'à ce que le Seigneur leur eût dit de se lever et de ne point craindre, comme le raconte saint Matthieu[486] ; quant à la divine Mère, elle resta toujours immobile, parce que, outre qu'elle était accoutumée à d'aussi grands bienfaits, elle se trouvait alors comblée de nouveaux dons de lumière et de force pour voir la Divinité ; ainsi elle pouvait regarder fixement la gloire du corps transfiguré sans ressentir la crainte et la faiblesse qu'éprouvèrent les apôtres en la partie sensitive. La bienheureuse Marie avait vu autrefois le corps de son adorable Fils transfiguré, comme je l'ai dit ailleurs ; mais dans cette occasion elle le vit avec des circonstances particulières, avec une plus vive admiration, et avec des lumières et des faveurs plus extraordinaires ; les effets que cette vision produisit en son âme très pure furent aussi spéciaux ; car elle en sortit toute renouvelée, toute enflammée d'amour, et toute divinisée. Tant qu'elle vécut dans sa chair mortelle, elle conserva l'image de cette vision, qui s'appliquait à l'humanité glorieuse de notre Seigneur Jésus-Christ. Et quoique ce souvenir lui apportât une grande consolation en l'absence de son Fils, lorsque la même image ne lui était point représentée au milieu d'autres bienfaits, que nous rapporterons dans la troisième partie, il ne laissa pas que de lui rendre plus sensibles les affronts de la passion de Celui qu'elle avait contemplé dans les splendeurs de la gloire, dont il lui retraçait le tableau.

1102. On ne saurait trouver dans les langues humaines des termes pour expliquer les effets que produisit en son âme très sainte cette vision de l'être entier de Jésus-Christ glorieux ; non seulement parce qu'elle vit briller d'un éclat si divin cette substance que le Verbe avait prise de son propre sang, et qu'elle avait portée dans son sein et nourrie de son propre lait ; mais parce qu'elle ouit la voix du Père éternel qui reconnaissait pour Fils celui qui était aussi le sien, et qui le donnait en même temps aux hommes pour maître. Elle pénétrait tous ces mystères, les considérait avec reconnaissance, et en louait dignement le Tout-Puissant. Elle fit de nouveaux cantiques avec ses anges, et célébra ce jour si solennel pour son âme et pour l'humanité de son très saint Fils. Je ne m'arrête point à d'autres détails relatifs à ce mystère, ni à dire en quoi consista la transfiguration ducorps sacré de Jésus-Christ. Il suffit qu'on sache que son visage devint resplendissant comme le soleil, et ses

485　Lc 9, 32

486　Mt 17, 16.

vêtements plus blancs que la neige[487] ; et que cette gloire qui rejaillit sur le corps venait de celle que le Sauveur avait toujours en son âme divine et glorieuse. Car le miracle en vertu duquel, au moment de l'incarnation, furent suspendus les effets glorieux que le corps en devait recevoir d'une manière permanente, cessa pour quelque temps en la transfiguration, où le corps très pur de Jésus-Christ participa à cette gloire de son âme. Ce fut là cette splendeur qui en frappa les témoins. Mais bientôt le même miracle continua à suspendre comme auparavant les effets de l'âme glorieuse de ce divin Sauveur. Et comme elle était toujours bienheureuse, ce fut encore une chose merveilleuse que le corps ait joui momentanément d'un privilège qui lui était naturellement perpétuel aussi bien qu'à l'âme.

1103. Après le mystère de la transfiguration, l'auguste Marie fut ramenée en sa maison de Nazareth ; son très saint Fils descendit de la montagne, et aussitôt il l'alla trouver pour revoir une dernière fois sa patrie et prendre ensuite le chemin de Jérusalem, où il devait souffrir à la Pâque prochaine, qui devait être la dernière pour sa Majesté. Après qu'il eut passé quelques jours à Nazareth, il en sortit accompagné de sa très sainte Mère, des apôtres, des disciples qu'il avait et de plusieurs saintes femmes ; traversant la Galilée et la Samarie jusqu'à ce qu'ils fussent arrivés en Judée et à Jérusalem. L'évangéliste saint Luc[488], écrivant ce voyage, dit que le Sauveur affermit son visage pour se rendre à Jérusalem ; parce qu'en partant il avait une physionomie joyeuse, il brûlait du désir de parvenir à sa passion, il allait spontanément et librement se sacrifier, avec une volonté efficace, pour le salut du genre humain ; ainsi il ne devait plus retourner en Galilée, où il avait opéré tant de prodiges. Dans cette résolution de quitter Nazareth, il glorifia comme homme le Père éternel, et lui rendit des actions de grâces de ce qu'il avait reçu en ce lieu l'être humain, qu'il livrait pour le remède des hommes à la passion et à la mort qu'il allait subir. Entre autres choses que dit notre Rédempteur Jésus-Christ dans cette oraison, que je ne saurais bien traduire par mes paroles, j'entendis ce qui suit :

1104. « Mon Père éternel, je vais avec bonne volonté et avec joie accomplir votre commandement, satisfaire votre justice et souffrir jusqu'à la mort ; réconcilier avec vous tous les enfants d'Adam[489], payer la dette de leurs péchés et leur ouvrir les portes du ciel, qu'ils se sont fermés par ces mêmes péchés. Je vais chercher ceux qui se sont égarés[490] en se détournant de moi, et je les ramènerai par la force de mon amour. Je vais rassembler les dispersés de la maison de Jacob[491], relever ceux qui sont tombés, enrichir les pauvres, rafraîchir ceux qui ont soif, abattre les superbes et élever les humbles. Je veux vaincre l'enfer, et rehausser le triomphe de votre gloire

---

487   Mt 17, 2.

488   Lc 9, 51.

489   Rm 5, 10.

490   Lc 19, 10.

491   Is 56, 8.

contre Lucifer et contre les vices qu'il a semés dans le monde[492]. Je veux arborer
l'étendard de la croix[493], sous lequel toutes les vertus et tous ceux qui les pratique-
ront doivent combattre. Je veux rassasier mon cœur des opprobres et des affronts
dont il est affamé[494], et qui sont si estimables à vos yeux. Je veux m'humilier jusqu'à
recevoir la mort des mains de mes ennemis[495], afin que nos amis et nos élus soient
honorés et consolés dans leurs tribulations, et soient élevés à de hautes récompenses
lorsqu'ils s'humilieront à les souffrir à mon exemple. Ô Croix désirée ! quand est-
ce que tu me recevras entre tes bras ? Ô doux opprobres ! ô affronts ! ô douleurs !
quand est-ce que vous me conduirez à la mort, pour la vaincre en ma chair innocente[496] ? Peines, affronts, ignominies, verges, épines, passion, mort, venez, venez à
moi, qui vous cherche ; laissez-vous bientôt trouver par celui qui vous aime et qui
connaît votre valeur. Si le monde vous abhorre, moi je vous convoite. S'il vous méprise dans son ignorance, moi qui suis la vérité et la sagesse, je vous appelle, parce
que je vous aime. Venez donc à moi, car si je vous accepte comme homme, je vous
rendrai comme Dieu l'honneur que le péché et ceux qui l'ont commis vous ont
ôté. Venez à moi, ne tardez point de satisfaire mes désirs ; que si vous appréhendez
de m'aborder parce que je suis Tout-Puissant, je vous permets de déployer toutes
vos forces et toutes vos rigueurs contre mon humanité. Je ne vous rejetterai point
comme font les mortels. Je veux bannir l'erreur et les illusions des enfants d'Adam,
qui aiment la vanité, qui cherchent le mensonge, et qui croient malheureux les
pauvres, les affligés et les méprisés du monde ; quand ils verront Celui qui est véritablement leur Dieu, leur Créateur, leur Maître et leur Père souffrir les opprobres, les
affronts, les ignominies, les tourments, la nudité et la mort de la croix, ils abjureront
l'erreur et se feront gloire de suivre leur Dieu crucifié. »

1105. Ce sont là quelques-uns des sentiments que le Maître de la vie notre Sauveur forma dans son cœur, selon l'intelligence qui m'en a été donnée. Et les faits ont
manifesté, par l'amour avec lequel il a cherché et enduré les supplices de la passion,
de la croix et de la mort, ce que je ne saurais exprimer par mes paroles, de l'estime
que l'on doit faire des souffrances. Mais les enfants de la terre ont encore le cœur
appesanti, et ne cessent de s'attacher à la vanité[497]. Ayant devant les yeux la vie et la
vérité, ils se laissent toujours entraîner à l'orgueil ; l'humilité leur déplait, les plaisirs
les enchantent, et ils fuient tout ce qui leur parait pénible. Ô erreur déplorable !
Travailler et se fatiguer beaucoup pour éviter une petite gène ! Se résoudre follement
à souffrir une confusion éternelle pour ne pas essuyer le plus léger affront, et même

---

492   1 Jn 3, 8.

493   Mt 16, 24.

494   Lm 3, 30.

495   Ph 2, 8.

496   He 2, 14.

497   Qo 1, 15.

pour ne pas se priver d'un honneur vain et apparent ! Dira-t-on après cela (si on n'a perdu le jugement) que c'est s'aimer soi-même, puisque notre plus mortel ennemi, avec toute sa haine, ne peut nous causer un plus grand préjudice que celui que nous nous causons nous-mêmes lorsque nous faisons quelque chose contre le bon plaisir de Dieu ? Certes, nous ne croirions pas notre ami celui qui ne nous flatterait que pour mieux dissimuler sa trahison, et nous tiendrions pour fou celui qui, voyant le piège, s'y jetterait tête baissée pour un misérable cadeau. Si cela est vrai, comme ce l'est en effet, que dirons-nous de la conduite des mortels qui se laissent tromper par le monde ? Qui est-ce qui leur a ôté le jugement ? Qui est-ce qui les prive de l'usage de la raison ? Oh ! que le nombre des insensés est grand !

1106. La très pure Marie fut la seule entre les enfants d'Adam qui, comme l'image vivante de son très saint Fils, se conforma entièrement à sa volonté, à sa vie, à toutes ses œuvres et à sa doctrine. Elle fut celle qui suppléa par sa prudence et par la plénitude de sa sagesse aux fautes que notre ignorance et notre folie nous font commettre, et qui nous acquit la lumière de la vérité au milieu de nos plus épaisses ténèbres. Il arriva, dans la circonstance dont je parle, que cette auguste Reine vit dans l'âme très sainte de son Fils, comme dans un miroir, tous les actes d'amour qu'il faisait ; et, comme elle le prenait pour le modèle de ses actions, elle pria conjointement avec lui le Père éternel, et dit intérieurement : « Dieu Tout-Puissant, Père de miséricorde, je glorifie votre être infini et immuable ; je vous bénis et vous bénirai à jamais de ce qu'après m'avoir créée, vous avez daigné déployer en ce lieu la puissance de votre bras en m'élevant à la dignité de Mère de votre Fils unique, et en m'enrichissant de la plénitude de votre esprit et de vos anciennes miséricordes, que vous avez répandues si abondamment sur notre très humble servante ; et de ce que ensuite, sans que je l'eusse mérité, votre Fils unique et le mien, en l'humanité qu'il a reçue de ma substance, a bien voulu me souffrir en sa compagnie si désirable, et m'éclairer par les influences de sa grâce et de sa doctrine pendant le cours de trente-trois années. Je quitte Seigneur, aujourd'hui ma patrie, j'accompagne mon Fils et mon Maître, selon votre bon plaisir, pour assister au sacrifice de sa vie et de son être humain qu'il doit offrir pour tous les hommes. Il n'est point de douleur qui soit égale à la mienne[498], puisque je dois voir l'Agneau qui ôte les péchés du monde[499] en proie aux loups ravisseurs ; Celui qui est la splendeur de votre gloire et l'image de votre substance[500] ; Celui qui est engendré de toute éternité en égalité de cette même substance et qui le sera éternellement ; Celui à qui j'ai donné l'être humain dans mon sein virginal livré aux opprobres et à la mort de la croix, et la beauté de son visage, qui est la lumière de mes yeux et la joie des anges, défigurée

---

498   Lm 1, 12.

499   Jr 11, 19.

500   Sg 7, 26 ; He 1, 3.

par les tourments[501]. Oh ! s'il était possible que je subisse moi seule les peines et les douleurs qui l'attendent, et que je me livrasse à la mort pour lui conserver la vie ! Agréez, Père éternel, le sacrifice que je vous offre avec mon bien aimé pour accomplir votre très sainte volonté. Oh ! que les jours et les heures qui doivent amener la triste nuit de mes douleurs accourent avec vitesse ! Ce sera un jour heureux pour le genre humain, mais une nuit affreuse pour mon cœur consterné de l'absence du Soleil qui l'éclairait. Ô enfants d'Adam, ennemis de vous-mêmes et plongés dans un funeste sommeil ! sortez de votre léthargie, et reconnaissez l'énormité de vos fautes par les peines qu'elles font souffrir à votre divin Rédempteur. Reconnaissez-la par mes défaillances, mes angoisses et les amertumes de ma douleur ; commencez enfin à apprécier les ravages du péché. »

1107. Je ne saurais dignement raconter toutes les œuvres que fit la bienheureuse Vierge lors de ce dernier départ de Nazareth, les pensées qu'elle conçut, les prières qu'elle adressa au Père éternel, les entretiens à la fois si pleins de charmes et si douloureux qu'elle eut avec son très saint Fils, la grandeur de son affliction, les mérites incomparables qu'elle acquit ; parce que le pur amour avec lequel elle souhaitait comme mère la vie de Jésus-Christ et l'exemption des tourments qu'il devait endurer, se trouvant uni à la conformité qu'elle avait à la volonté de cet adorable Sauveur et du Père éternel, son âme en était transpercée du glaive de douleur que Siméon lui avait montré de loin[502]. Dans cette désolation, elle tenait à son Fils des discours dictés par la prudence et la sagesse ; mais elle y mêlait les plaintes les plus douces et les plus tendres, de ce qu'elle ne pouvait ni empêcher sa passion, ni mourir avec lui. Elle surpassa en ces peines tous les martyrs qui ont paru et qui paraîtront dans le monde. C'est dans ces dispositions et ces sentiments cachés aux hommes que le Roi et la Reine de l'univers sortirent de Nazareth pour aller à Jérusalem en traversant la Galilée, où le Sauveur du monde ne retourna plus pendant sa vie mortelle. Et, comme il voyait que le temps de souffrir et de mourir pour le salut des hommes s'approchait, il fit de plus grandes merveilles pendant les derniers mois qui précédèrent sa passion et sa mort, ainsi que le rapportent les écrivains sacrés, parlant de ce qui arriva depuis qu'il fut sorti de Galilée jusqu'au jour de son entrée triomphale dans Jérusalem, dont je ferai mention ci-après. Et jusqu'à cette époque le Seigneur, se mit, lorsque la fête des Tabernacles fut passée, à parcourir et à évangéliser la Judée, en attendant l'heure déterminée où il se devait offrir au sacrifice en la manière et au moment qu'il avait résolu.

1108. Sa très sainte Mère l'accompagna continuellement dans ce voyage, excepté quand parfois ils se séparèrent pour travailler tous deux à des œuvres différentes qui regardaient le salut des âmes, et ce n'était que pour fort peu de temps. Saint Jean restait près d'elle dans ces occasions pour lui tenir compagnie et pour la servir ; et dès

---

501   Is 53, 2.

502   Lc 2, 35.

lors l'écrivain sacré découvrit de grands mystères cachés en la très pure Vierge Mère, et il fut éclairé d'une très sublime lumière pour les pénétrer. Quand cette puissante Reine s'employait à instruire les âmes et à prier pour leur justification, les merveilles qu'elle opérait étaient plus éclatantes et manifestaient plus hautement sa charité ; car elle accorda, comme son très saint Fils, de plus insignes bienfaits aux hommes dans ces derniers jours qui précédèrent la passion, convertissant plusieurs personnes, guérissant les malades, consolant les affligés, secourant les pauvres, assistant les agonisants, servant tous les malheureux de ses propres mains, et de préférence ceux qui étaient plus délaissés ou atteints de maux plus cruels. Le bien-aimé disciple, qui s'était déjà chargé de la servir, était témoin de tout cela. Mais, comme elle brûlait d'un si ardent amour pour son Fils et son Dieu éternel, et qu'elle le voyait sur le point de passer de ce monde à son Père, et de la priver ainsi de son aimable présence, elle ressentait une si grande peine lorsqu'il était absent, elle éprouvait un désir si véhément de le voir, qu'elle tombait en des défaillances amoureuses quand il tardait un peu plus qu'à l'ordinaire à venir la rejoindre. Et le Seigneur, qui comme Dieu et comme fils observait ce qui se passait en sa très amoureuse Mère, lui témoignait sa complaisance par une fidélité réciproque, et lui répandait au plus intime de son âme ces paroles qui furent ici vérifiées à la lettre : Vous avez blessé mon cœur, ma sœur, vous avez blessé mon cœur par un seul de vos regards[503]. Car blessant ainsi, vainquant le cœur de son Fils par son amour, elle l'attirait incontinent en sa présence. Et, selon ce que j'ai appris à cet égard, notre Seigneur Jésus-Christ, en tant qu'homme, ne savait pas rester longtemps éloigné de la très pure Marie, quand il laissait agir dans toute sa force l'amour qu'il portait à une Mère si tendre ; de sorte qu'il était naturellement consolé de la voir ; et la beauté de l'âme immaculée de sa Mère adoucissait ses peines et ses fatigues, parce qu'il la regardait comme son fruit unique, exquis entre tous ; ainsi la très douce présence de cette auguste Dame était d'un grand soulagement pour sa Majesté au milieu de ses travaux et de ses peines sensibles.

1109. En ce temps-là, il arriva que le Sauveur, continuant ses merveilles en Judée, ressuscita Lazare, à Béthanie, où il avait été appelé par les deux sœurs Marthe et Marie[504]. Et comme ce lieu était fort proche de Jérusalem, le miracle y fut aussitôt divulgué. Alors les princes des prêtres et les pharisiens, jaloux de cette merveille, assemblèrent le conseil, où ils résolurent la mort du Sauveur[505], ordonnant à leurs satellites de leur transmettre les nouvelles qu'ils en apprendraient ; car, après avoir ressuscité Lazare, le divin Maître se retira dans une ville nommée Éphrem[506], jusqu'à ce que la fête de Pâque, qui approchait, fût arrivée. Quand il fut temps que notre Rédempteur l'allât célébrer par sa mort, il s'ouvrit davantage aux douze disciples, qui

---

503   Ct 4, 9.

504   Jn 11, 17.

505   Ibid. 47.

506   Ibid. 54.

étaient ses apôtres ; et, leur parlant en particulier, il les avertit que dans cette ville de Jérusalem, où ils se rendaient, le Fils de l'homme, qui n'était autre que lui-même, serait livré aux princes des pharisiens, et qu'il serait, pris, flagellé et outragé jusqu'à mourir sur une croix[507]. Cependant les prêtres épiaient toutes ses démarches, pour savoir s'il viendrait célébrer la Pâque. Six jours avant cette fête il revint à Béthanie, où il avait ressuscité Lazare, et où les deux sœurs le reçurent dans leur maison et préparèrent un copieux souper au divin Sauveur, à sa très sainte Mère et à tous ceux qui les accompagnaient pour la célébration de la Pâque ; Lazare, que le Seigneur avait ressuscité peu de jours auparavant, se trouvait au nombre des convives[508].

1110. Le divin Maître était, pendant le repas, appuyé sur le côté, selon la coutume des Juifs, lorsque Marie-Madeleine entra pénétrée d'une céleste lumière, de très hautes pensées, et de l'amour très ardent qu'elle avait pour le Sauveur du monde ; elle lui versa sur la tête et sur les pieds une précieuse liqueur de nard et d'autres essences aromatiques[509], qu'elle portait dans un vase d'albâtre, et elle lui essuya les pieds avec ses cheveux, comme elle l'avait déjà fait dans la maison du pharisien au temps de sa conversion, ainsi que le marque saint Luc[510]. Et quoique les trois autres évangélistes racontent cette seconde onction de la Madeleine d'une manière un peu différente, je n'ai pas appris qu'il s'agisse dans leur récit de deux onctions ni de deux femmes ; ils n'ont parlé que d'une seule Madeleine, que du divin Esprit et du fervent amour qu'elle avait voué à notre Sauveur Jésus-Christ. La maison fut remplie de la délicieuse odeur de ces parfums, parce qu'il y en avait une assez grande quantité, et la généreuse amante rompit le vase pour mieux l'épuiser en l'honneur de son adorable Maître. L'avare apôtre qui aurait voulu qu'on le lui remit pour le vendre et en toucher le prix, commença à murmurer de cette onction mystérieuse, et à provoquer quelques-uns des autres apôtres à en faire autant, sous prétexte de pauvreté et de charité envers les pauvres, disant qu'on les privait d'une aumône en prodiguant ainsi inutilement une chose d'une si grande valeur, tandis que cette onction n'avait été faite que par une disposition divine, et que lui-même n'était qu'un hypocrite effronté et cupide.

1111. Le Maître de la vérité et de la vie justifia Madeleine, que Judas voulait faire passer pour imprudente et pour prodigue[511]. Il lui recommanda à lui et aux autres en même temps de ne la point inquiéter, parce qu'elle avait fait une bonne œuvre, qu'il y aurait toujours parmi eux des pauvres à qui ils pourraient faire l'aumône, mais qu'ils n'auraient pas toujours le moyen de rendre cet honneur à sa personne ; et que cette libérale amante, poussée par l'Esprit du ciel, avait répandu ce baume sur son

---

507   Mt 20, 18.

508   Jn 12, 1.

509   Jn 12, 3.

510   Lc 7, 38.

511   Mt 26, 10.

corps pour honorer par avance sa sépulture ; car elle annonçait par cette mystérieuse onction que le Seigneur souffrirait bientôt pour le genre humain, et que sa mort et ses funérailles étaient fort proches. Mais le perfide disciple ne faisait nulle attention à tout cela ; au contraire, il fut extrêmement indigné contre son Maître de ce qu'il avait justifié l'action de Madeleine. Or Lucifer voyant les dispositions de ce cœur endurci, lui lança de nouveaux traits, et lui inspira avec une nouvelle avarice une haine mortelle contre l'Auteur de la vie. Dès lors Judas résolut de machiner sa perte, de faire son rapport aux pharisiens en arrivant à Jérusalem, et de l'accuser auprès d'eux avec l'impudence qu'il montra en effet. Car il les alla trouver secrètement, et leur dit que son Maître enseignait des nouveautés contraires aux lois de Moïse et à celles des empereurs ; qu'il aimait la bonne chère et les gens de mauvaise vie, qu'il en admettait beaucoup dans sa compagnie, soit des hommes, soit des femmes, et qu'il les entraînait à sa suite ; enfin, qu'ils devaient songer à y remédier s'ils voulaient prévenir leur irréparable ruine. Et comme les pharisiens partageaient déjà ces sentiments, conduits qu'ils étaient aussi bien que Judas par le prince des ténèbres, ils reçurent cet avis avec plaisir, et convinrent ensuite de la vente de notre Sauveur Jésus-Christ.

1112. Toutes les pensées et les démarches de Judas étaient connues non seulement de notre divin Maître, mais aussi de sa très sainte Mère. Néanmoins le Seigneur n'en dit pas un mot à Judas, et ne laissa pas de lui parler comme un père plein de tendresse, et de lui envoyer de saintes inspirations. La Mère de la Sagesse y ajoutait de nouvelles exhortations et des soins particuliers pour arrêter ce disciple sur les bords du précipice. Elle l'appela dans la nuit même du festin (c'était le samedi avant notre dimanche des Rameaux), lui parla en particulier dans les termes les plus pathétiques, et lui représenta, en versant des larmes abondantes, le danger formidable qu'il courait ; elle le supplia de changer de dessein, et s'il était fâché contre son Maître, de tourner sa vengeance contre elle, pour se rendre moins coupable, attendu qu'elle était une simple créature, tandis que Jésus-Christ était son Seigneur et son Dieu. Et pour satisfaire l'avarice insatiable de Judas, elle lui offrit divers cadeaux qu'elle avait reçus de Madeleine à cette intention. Mais rien ne fut capable de toucher ce cœur obstiné plus dur que le diamant, il résistait à tous les coups. Au contraire, comme la force des raisons de la bienheureuse Vierge le mettait dans la confusion, il s'en irrita davantage, ne témoignant sa sourde colère que par un sombre silence. Il eut pourtant l'effronterie de prendre ce qu'elle lui donnait, parce qu'il était aussi cupide que perfide. Alors notre très prudente Reine le quitta pour aller trouver son Fils ; et fondant en larmes, elle se prosterna à ses pieds, et lui parla avecune sagesse admirable ; mais ses paroles exprimaient tant de douleur, de tendresse et de compassion, qu'elles procurèrent quelque consolation sensible à son Fils bien-aimé, qu'elle voyait affligé en son humanité sainte pour les mêmes raisons qui lui firent dire depuis à ses disciples que son âme était saisie d'une tristesse mortelle[512]. Toutes ses peines étaient causées par les péchés des hommes qui ne profite-raient pas de sa passion et de sa mort, comme je le dirai dans la suite.

Instruction que notre auguste Maîtresse m'a donnée

1113. Ma fille, puisque, plus vous avancez en ce que vous écrivez de mon his-toire, plus vous connaissez et déclarez l'amour si ardent avec lequel mon Seigneur votre époux et moi aussi embrassâmes la carrière de la souffrance et de la croix, et mieux vous comprenez que ce fut la seule chose que nous choisîmes en la vie mor-telle ; il est juste qu'éclairée de ces lumières et initiée par votre maîtresse aux secrets de la doctrine de mon Fils, vous fassiez tous vos efforts pour la mettre en pratique. Cette obligation s'accroît pour vous depuis le jour qu'il vous a choisie pour épouse ; elle augmente sans cesse, et vous ne sauriez-vous en acquitter si vous n'embrassez les afflictions, et si vous ne les aimez d'un amour tel, que pour vous la plus grande de toutes les peines soit de n'en point avoir. Renouvelez chaque jour ce désir dans votre cœur, car je veux que vous soyez fort savante en cette science, que le monde ignore et déteste. Mais remarquez en même temps que Dieu ne veut pas affliger la créature seulement pour l'affliger, mais pour la rendre par ce moyen digne des faveurs et des trésors qu'il lui a préparés au-delà de tout ce que les hommes peuvent concevoir[513].

En preuve de cette vérité, et comme pour gage de cette promesse, le Sauveur a voulu se transfigurer sur le Thabor en ma présence et en celle de quelques-uns de ses disciples. Et dans la prière qu'il y adressa au Père éternel ; et qui ne fut connue que de moi seule, après que sa très sainte humanité se fut humiliée, comme elle le faisait toutes les fois qu'elle commençait une prière, et l'eut glorifié et reconnu pour Dieu véritable et infini en ses perfections et en ses attributs, il lui demanda que les corps de tous les mortels qui s'affligeraient pour son amour, et qui souffriraient à son imi-tation dans la nouvelle loi de grâce, participassent ensuite à la gloire de son propre corps, et qu'ils ressuscitassent au jour du jugement universel, unis de nouveau aux mêmes âmes, afin de jouir de cette gloire, chacun au degré qu'il aurait mérité. Le Père éternel exauça cette prière ; c'est pourquoi il voulut confirmer ce privilège comme un contrat entre Dieu et les hommes, par la gloire que reçut le corps de leur Rédempteur, en lui donnant pour arrhes la possession de ce qu'il demandait pour tous ceux qui l'imiteraient. C'est le poids que produisent les afflictions si courtes et si légères que souffrent les mortels en se privant des vains et vils plaisirs de la terre[514], et en mortifiant leur chair pour Jésus-Christ, mon Fils et mon Seigneur.

1114. Par les mérites infinis qui accompagnèrent cette demande, cette gloire que les hommes doivent recevoir en qualité de membres de Jésus-Christ, leur divin chef

---

512   Mt 26, 38.

513   1 Co 2, 9.

514   2 Co 4, 17

qui la leur a acquise, les ceindra comme une couronne de justice[515]. Mais l'union des membres au chef ne peut se réaliser que par la grâce et par l'imitation dans la souffrance, à laquelle correspond la récompense. Que si le moindre travail corporel doit obtenir la couronne, combien belle sera celle de ceux qui souffrent de grandes peines, qui pardonnent les injures, et qui ne s'en vengent que par des bienfaits, comme nous le fîmes à l'égard de Judas ? Car non seulement le Seigneur ne le priva point de l'apostolat, et ne lui témoigna aucune aigreur, mais il l'attendit jusqu'à la fin et jusqu'à ce qu'il se fût mis par sa malice dans l'impossibilité de revenir au bien, en se livrant lui-même au démon. Pendant la vie mortelle le Seigneur est fort lent à punir ; mais dans la suite la grandeur de la punition suppléera à ce retardement. Et si Dieu montre tant d'indulgence et de longanimité, à combien plus forte raison, un abject vermisseau ne doit-il pas supporter un autre vermisseau semblable à lui ! Vous devez régler votre patience, vos souffrances, et le soin du salut des âmes sur cette vérité et sur le zèle de la charité de votre Seigneur et votre époux. Je ne veux pas dire pour cela que vous tolériez ce que l'on fera contre l'honneur de Dieu, car ce ne serait pas aimer véritablement le bien de votre prochain ; mais il faut que vous aimiez l'ouvrage du Seigneur, et que vous n'ayez en horreur que le péché ; que vous souffriez et dissimuliez les injures qui vous seront personnelles, que vous priiez pour tous, et que vous travailliez suivant vos forces au salut de tous. Ne perdez pas courage si vous ne voyez pas aussitôt le fruit de vos efforts ; continuez au contraire à présenter au Père éternel les mérites de mon très saint Fils, par mon intercession et celle des anges et des saints ; car Dieu est amour[516], et les bienheureux qui demeurent en Dieu, ne cessent d'exercer la charité en faveur de ceux qui sont dans l'état de voyageurs.

Chapitre 7
Du mystère caché qui précéda le triomphe de Jésus-Christ dans Jérusalem.
— De l'entrée qu'il y fit, et comment il y fut reçu des habitants.

1115. Entre les œuvres de Dieu que l'on appelle du dehors parce qu'il les a faites au dehors de lui-même, la plus grande a été celle de prendre chair humaine, pour souffrir et mourir pour le salut des hommes. La sagesse humaine n'aurait su pénétrer ce mystère[517] ; si Celui qui en était l'auteur ne le lui eût révélé par tant de témoignages. Malgré cela, il s'est trouvé beaucoup de sages selon la chair qui ont peine à croire ce mystère, qui était leur véritable bonheur et leur remède efficace.

D'autres l'ont cru, mais sans admettre les conditions réelles avec lesquelles il est arrivé. Les autres, qui sont les catholiques, croient, confessent et connaissent ce mystère dans le degré de lumière qu'en a la sainte Église. Et dans cette foi explicite des mystères révélés, nous confessons implicitement ceux qui s'y trouvent renfer-

---

515   2 Tm 4, 8.

516   1 Jn 4, 16.

517   Mt 16, 17.

més et qui n'ont pas été manifestés au monde, parce qu'ils n'étaient pas précisément nécessaires au salut ; car Dieu réserve les uns pour le temps qu'il juge convenable, les autres pour le dernier jour auquel le secret de tous les cœurs sera révélé devant le juste Juge[518]. Le dessein que le Seigneur a eu lorsqu'il m'a prescrit d'écrire cette histoire, comme je l'ai déjà dit et comme je l'ai souvent appris, a été de manifester quelques-uns de ces mystères cachés, sans opinions et sans conjectures humaines ; c'est pourquoi j'en ai écrit plusieurs qui m'ont été déclarés, tout en sachant que j'en laisse plusieurs autres qui sont dignes d'une grande admiration et d'une vénération singulière. Je veux, à l'égard de ceux que je manifeste, prévenir la piété et la foi catholique des fidèles ; car ceux-ci ne feront pas difficulté de croire l'accessoire, attendu qu'ils confessent déjà par cette même foi le principal des vérités chrétiennes, sur lesquelles est fondé tout ce que j'ai écrit, et tout ce que j'écrirai dans la suite, notamment de la passion de notre Rédempteur.

1116. Le samedi auquel Madeleine versa le baume sur le Seigneur à Béthanie, comme je l'air apporté au chapitre précédent, notre divin Maître se retira après le souper dans son oratoire, et la très sainte Mère ayant laissé Judas dans son obstination, suivit bientôt son très aimable Fils, et l'imita selon sa coutume, en ses prières et en ses exercices. Le Sauveur allait engager le plus grand combat de sa carrière, lui qui, selon l'expression de David[519], s'était élancé du plus haut du ciel pour y retourner, après avoir vaincu le démon, le péché et la mort. Et comme cet adorable et très obéissant Fils allait volontairement à la passion et à la croix, au moment où il s'en approchait il s'offrit de nouveau au Père éternel, et s'étant prosterné, il le glorifia et fit du fond de son âme une prière pleine de la plus sublime résignation, par laquelle il accepta les affronts de sa passion, les peines, les ignominies et la mort de la croix pour la gloire de son Père, et pour le rachat de tout le genre humain. Sa bienheureuse Mère était retirée dans un coin de cet oratoire, s'associant à son bien-aimé Fils et Seigneur, de sorte que le Fils et la Mère priaient ensemble avec des larmes et des gémissements.

1117. En cette circonstance, le Père éternel apparut avant minuit sous une forme humaine, avec le Saint-Esprit et une multitude innombrable d'anges. Le Père accepta le sacrifice de Jésus-Christ son très saint Fils, et consentit, pour pardonner au monde, à ce que la rigueur de sa justice fût exercée sur lui. Le même Père, s'adressant ensuite à la bienheureuse Mère, lui dit : « Marie, notre Fille et notre Épouse, je veux que vous livriez de nouveau votre Fils, afin qu'il me soit sacrifié, puisque je le livre pour la rédemption du genre humain. » L'humble et innocente colombe répondit : « Je ne suis, Seigneur, que cendre et poussière, mille fois indigne d'être Mère de votre Fils unique et Rédempteur du monde. Mais étant soumise à votre bonté ineffable, qui lui a donné la forme humaine dans mon sein, je l'offre et moi avec lui à votre divine volonté. Je vous supplie, Seigneur, de me recevoir, afin que

---

518   1 Co 4, 5.

519   Ps 18, 5.

je souffre conjointement avec votre Fils et le mien. » Le Père éternel agréa aussi l'of-frande que la très pure Marie lui faisait comme un sacrifice agréable. Et relevant le Fils et la Mère de l'humble posture où ils étaient, il dit : *Voici le fruit béni de la terre que je désire.* Alors il éleva le Verbe incarné au trône sur lequel il siégeait, et le mit à sa droite en partageant avec lui son autorité et sa prééminence.

1118. L'auguste Marie resta à l'endroit où elle se trouvait, mais transportée d'une sainte joie, revêtue d'une splendeur céleste et comme toute transformée. Et, voyant son Fils assis à la droite de son Père éternel, elle dit ces premières paroles du psaume cent neuvième, dans lequel David avait prophétisé ce mystère : *Le Seigneur a dit* à *mon Seigneur ; Asseyez-vous* à *ma droite*[520]. Notre divine Reine fit sur ces paroles (comme en les paraphrasant) un cantique mystérieux à la louange du Père éternel et du Verbe incarné. Et, après qu'elle eut achevé de parler, le Père continua tout le reste du psaume jusqu'au dernier verset inclusivement, comme accomplissant par son décret immuable tout ce que contiennent ces profondes paroles. Il m'est très difficile d'exprimer en termes propres les notions qui m'ont été données sur un si haut mystère ; mais j'en dirai quelque chose, avec l'aide du Seigneur, afin que l'on pénètre en partie cette merveille, si cachée, du Tout-Puissant, et ce que le Père éternel en découvrit à la très pure Marie et aux esprits célestes qui y assistaient.

1119. Or, poursuivant ce que la bienheureuse Vierge avait commencé, il dit : *Jusqu'à ce que je réduise vos ennemis* à *vous servir de marchepied*[521]. Car, vous étant humiliée suivant ma volonté éternelle, vous avez mérité l'élévation que je vous donne au-dessus de toutes les créatures[522], et de régner à ma droite en la nature humaine que vous avez prise, pendant toute la durée des siècles qui ne doivent pas finir ; c'est pourquoi je mettrai pendant toute cette éternité vos ennemis sous vos pieds et sous la puissance de votre empire, comme étant leur Dieu et le Restaurateur des hommes, afin que ces mêmes ennemis, qui ne vous ont pas obéi ni reçu, voient votre humanité, c'est-à-dire vos pieds, dans les splendeurs de la plus haute gloire. Et, quoique je n'exécute pas encore cette promesse (afin que le décret de la rédemption du genre humain soit accompli), je veux néanmoins que mes courtisans voient dès à présent ce que les démons et les hommes connaîtront dans la suite ; savoir, que je vous établis à ma droite, au moment même où vous vous humiliez jusqu'à la mort ignominieuse de la croix ; et que si je vous livre à toutes ses rigueurs et à leur malice, c'est pour ma propre gloire, c'est afin qu'ils éprouvent une plus grande confusion lorsque je les mettrai sous vos pieds.

Le Seigneur fera sortir de Sion le sceptre de votre puissance, pour vous faire régner au milieu de vos ennemis[523]. Car moi qui suis le Dieu Tout-Puissant, et Celui qui suis, je

---

520   Ps 109, 1.

521   Ps 109, 1.

522   Ph 2, 8-9.

523   Ps 109, 2.

ferai sortir et soutiendrai véritablement le sceptre de votre puissance invincible ; de sorte que non seulement les hommes vous reconnaîtront pour leur Restaurateur, leur guide, leur chef, et pour le Seigneur de l'univers, après que vous aurez triomphé de la mort en consommant leur rédemption ; mais je veux que, dès aujourd'hui, et même avant de subir la mort, vous remportiez le triomphe le plus magnifique, quand ces mêmes hommes méditent votre ruine et vous accablent de leur mépris. Je veux que vous triomphiez de leur malice comme de la mort, et que, cédant à la force de votre puissance, ils en viennent librement jusqu'à vous honorer, vous glorifier et vous adorer en vous rendant un culte respectueux ; je veux aussi que les démons soient vaincus et abattus par le sceptre de votre autorité, et que les prophètes et les justes qui vous attendent dans les limbes reconnaissent aussi bien que les anges cette élévation merveilleuse, que vous avez méritée en mon acceptation et en mon bon plaisir.

Le principe est avec vous au jour de votre force, au milieu de la splendeur de vos saints ; je vous ai engendré de mon sein avant l'aurore. Au jour de cette force invincible que vous avez pour triompher de vos ennemis, je suis en vous et avec vous comme principe dont vous procédez par la génération éternelle de mon entendement fécond avant que l'aurore de la grâce, par laquelle nous avons résolu de nous manifester aux créatures, fût formée, et dans les splendeurs dont jouiront les saints lorsqu'ils seront béatifiés par notre gloire. Comme homme, votre principe est aussi avec vous, et vous avez été engendré au jour de votre puissance, parce que, dès l'instant où vous avez reçu l'être humain par la génération temporelle, de votre Mère, vous avez été enrichi du mérite que vous donnent maintenant les œuvres par lesquelles vous vous rendez digne de l'honneur et de la gloire qui doivent couronner votre puissance en ce jour et en celui de mon éternité.

Le Seigneur a juré, et son serment demeurera irrévocable, que vous êtes le Prêtre éternel selon l'ordre de Melchisédech[524]. Moi, qui suis le Seigneur et qui suis Tout-Puissant pour accomplir ce que je promets, j'ai décidé, avec un serment irrévocable, que vous seriez le souverain Prêtre de la nouvelle Église et de la loi de l'Évangile selon l'ancien ordre du prêtre Melchisédech ; car vous serez le véritable Prêtre qui offrirez le pain et le vin que l'oblation de Melchisédech a figurés[525]. Je ne me repentirai point de ce décret, parce que cette oblation que vous ferez sera pure et agréable, et je l'accepterai comme un sacrifice de louanges.

Le Seigneur est votre droite ; il écrasera les rois au jour de sa colère[526]. Par les œuvres de votre humanité, dont la droite est la divinité qui lui est unie, et par la vertu de laquelle vous les devez faire, et par le moyen de cette même humanité, je briserai, moi qui suis un Dieu avec vous[527], le pouvoir tyrannique que les princes des ténèbres

---

524   *Ibid.*, 4.

525   Gn 14, 18.

526   Ps 109, 5.

527   Jn 10, 30 ;

et du monde, soit les anges apostats, soit les hommes, ont montré en ce qu'ils ne vous ont pas adoré, ni reconnu, ni servi comme leur Dieu et leur chef. Ma justice a déjà frappé un coup quand Lucifer et ses sectateurs ont refusé de vous reconnaître ; ce fut pour eux le jour de ma colère ; le jour viendra plus tard où elle en frappera un second sur les hommes qui ne vous auront pas reçu, et qui ne se seront pas soumis à votre sainte loi. Je les humilierai et les écraserai tous sous le poids de ma juste indignation.

Il exercera son jugement au milieu des nations, il remplira les ruines ; il écrasera sur la terre les têtes d'un grand nombre d'hommes[528]. Votre cause étant justifiée contre tous les enfants d'Adam qui ne profiteront pas de la miséricorde dont vous usez envers eux en les rachetant gratuitement du péché et de la mort éternelle, le même Seigneur, qui n'est autre que moi, jugera avec équité toutes les nations, séparera les justes et les élus d'avec les pécheurs et d'avec les réprouvés, et remplira le vide des ruines qu'ont laissées les anges apostats, qui ne conservèrent ni leur grâce ni leur propre demeure. C'est ainsi qu'il brisera sur la terre la tête des superbes, qui seront en fort grand nombre à cause de la dépravation et de l'obstination de leur volonté. Il boira de l'eau du torrent dans le chemin, et c'est pour cela qu'il lèvera la tête[529]. Le même Seigneur et le Dieu des vengeances la mettra au comble de la gloire ; et, pour juger la terre et rendre aux superbes ce qu'ils auront mérité, il s'élèvera, et, comme s'il buvait le torrent de son indignation, il enivrera ses flèches du sang de ses ennemis[530], et par l'épée de sa vengeance il les renversera dans le chemin par où ils devaient arriver à leur félicité. C'est ainsi qu'il vous fera lever la tête et dominer sur les rebelles indociles à votre loi, infidèles à votre vérité et à votre doctrine. Cette conduite sera fondée en justice sur ce que vous aurez bu le torrent des opprobres et des affronts jusqu'à la mort de la croix, dans le temps que vous aurez opéré leur rédemption.

1120. Telle fut, et plus complète, plus profonde et plus inexplicable encore, l'intelligence qu'eut l'auguste Marie des paroles mystérieuses de ce psaume que le Père éternel prononça. Et quoique plusieurs soient dites à la troisième personne, elles ne peuvent s'appliquer néanmoins qu'à la propre personne du Père et au Verbe incarné. Tous ces mystères se réduisent principalement à deux points : l'un qui regarde les menaces contre les pécheurs, les infidèles et les mauvais chrétiens, parce que, ou ils ne reconnaissent point le Rédempteur du monde, ou ils n'ont pas gardé sa divine loi ; l'autre qui renferme les promesses que le Père éternel fit à son Fils incarné de glorifier son saint nom contre et sur ses ennemis. Et comme pour gage et figure de cette exaltation universelle de Jésus-Christ après son ascension et surtout au dernier jugement, le Père voulut qu'il reçût, en son entrée dans Jérusalem, ces applaudissements et cette gloire que les habitants de cette ville lui donnèrent le jour qui suivit celui auquel eut lieu cette vision si mystérieuse, après laquelle le Père et le

528 Ps 109, 6.

529 Ps 109, 7.

530 Dt 27, 42.

Saint-Esprit disparurent aussi bien que les anges qui avaient assisté avec admiration à cette scène ineffable. Notre Rédempteur Jésus-Christ et sa bienheureuse Mère passèrent le reste de cette nuit fortunée en divers entretiens.

1121. Lorsque fut arrivé le jour qui répond au dimanche des Rameaux, le Sauveur s'approcha de Jérusalem avec ses disciples, accompagné d'une grande multitude d'anges qui bénissaient la charité si tendre qu'il manifestait envers les hommes, et son zèle si ardent pour leur salut éternel. Et ayan marché environ deux lieues, il ne fut pas plutôt arrivé à Bethphagé, qu'il envoya, deux de ses disciples chez un homme de considération dont la maison n'était pas éloignée[531], et avec son agrément ils amenèrent à leur Maître une ânesse et son poulain, que personne n'avait encore monté. Et, après que les disciples les eurent couverts de leurs manteaux, le Sauveur prit le chemin de Jérusalem, et se servit dans ce triomphe de l'ânesse et de l'ânon, ainsi que l'avaient prédit les prophètes Isaïe et Zacharie plusieurs siècles auparavant[532], afin que les prêtres et les docteurs de la loi ne pussent prétexter leur ignorance. Les quatre évangélistes ont aussi décrit ce triomphe merveilleux de Jésus-Christ, et racontent ce que virent ceux qui y assistèrent[533]. Pendant que le Rédempteur s'avançait, les disciples et tout le peuple avec eux le reconnaissaient par leurs acclamations pour le Messie, pour le fils de David, le Sauveur du monde et le véritable Roi. Les uns disaient : la paix soit dans le ciel et la gloire dans les lieux les plus hauts ; béni soit le Roi qui vient au nom du Seigneur ; les autres disaient : Hosanna, Fils de David ! Sauvez-nous, Fils de David ; béni soit le règne de notre père David, qui est déjà arrivé. Tous coupaient des palmes et des branches d'arbres en signe de triomphe et d'allégresse, et les répandaient en étendant leurs manteaux sur le chemin par où devait passer le nouveau triomphateur des armées, notre Seigneur Jésus-Christ.

1122. Toutes ces marques de culte et d'admiration, toutes ces acclamations que les hommes donnaient au Verbe incarné prouvaient le pouvoir de sa Divinité, d'autant plus que c'était le moment auquel les prêtres et les pharisiens l'attendaient dans cette même ville pour le faire mourir. Car s'ils n'eussent été mus et excités intérieurement par la vertu divine qui éclatait dans les miracles qu'il avait faits, il n'eût pas été possible que tant de gens réunis, dont beaucoup étaient idolâtres et les autres ses ennemis déclarés, l'eussent publiquement reconnu pour le véritable Roi, pour le Sauveur et le Messie, et se fussent soumis à un homme pauvre, humble et persécuté, qui venait sans pompe guerrière, sans armes, sans escorte, sans richesses, sans chars de triomphe ni chevaux superbes. En apparence, tout lui manquait ; il entrait sur un petit ânon ; il paraissait n'avoir rien que de méprisable dans l'opinion d'un monde plein de vanité ; son air, toujours grave, serein, majestueux, répondait seul à sa dignité cachée, mais tout le reste était contraire à ce que le monde estime et applaudit.

---

531   Mt 21,1.

532   Is 62, 11 ; Za 9, 9.

533   Mt 21, 1 ; Mc 11, 8 ; Lc 19, 36 ; Jn 12, 18.

Ainsi l'on découvrait par ses effets la puissance divine, qui mouvait par sa force les cœurs des hommes et les contraignait à se soumettre à leur Créateur et Restaurateur.

1123. Mais, outre le mouvement universel que l'on remarqua dans Jérusalem à cause de la divine lumière dont le Seigneur éclaira l'esprit de tous ses habitants, afin qu'ils reconnussent notre Sauveur, ce triomphe s'étendit sur toutes les créatures, ou sur plusieurs plus capables de raison, pour accomplir ce que le Père éternel avait promis à son Fils, comme on l'a vu plus haut. Car, tandis que notre Sauveur Jésus-Christ faisait son entrée dans Jérusalem, l'ange saint Michel fut envoyé aux limbes pour donner connaissance de ce mystère aux saints, aux patriarches et aux prophètes qui s'y trouvaient ; ils eurent tous en même temps une vision particulière de cette entrée et de ses circonstances, de sorte que du fond de leur retraite ils adorèrent notre divin maître, le reconnurent pour le véritable Dieu et le Rédempteur du monde, et lui firent de nouveaux cantiques de gloire et de louanges pour son triomphe admirable sur la mort, sur le péché et sur l'enfer. Le pouvoir divin s'étendit aussi sur les cœurs de beaucoup d'autres personnes qu'il toucha dans l'univers entier. Ainsi ceux qui avaient quelque connaissance de Jésus-Christ, non seulement dans la Palestine et dans les lieux circonvoisins, mais en Égypte et en d'autres royaumes, se sentirent poussés à adorer en esprit le Rédempteur en cette heure solennelle, comme ils le firent avec une joie singulière que leur causa l'influence de la divine lumière qu'ils reçurent à cet effet, quoiqu'ils ne comprissent bien ni le principe ni le but de l'impulsion à laquelle ils obéissaient. Elle ne leur fut pourtant pas inutile, car elle les fit singulièrement avancer dans la foi et dans la pratique des bonnes œuvres. Et, afin que le triomphe que notre Sauveur remportait dans cette occasion sur la mort fût plus glorieux, le Très-Haut ne permit pas qu'elle eût en ce jour le moindre droit sur la vie d'aucun des mortels ; il ne mourut donc personne dans le monde ce jour-là, quoique bien des gens fussent naturellement morts, si le Tout-Puissant ne l'eût empêché, afin que le triomphe de Jésus-Christ fût tout à fait prodigieux.

1124. Cette victoire que le Sauveur remporta sur la mort fut suivie de celle qu'il remporta sur l'enfer ; et celle-ci fut beaucoup plus glorieuse, quoiqu'elle fût plus cachée. Car dans le même temps que les hommes commencèrent à invoquer notre divin Maître et à le reconnaître pour le Sauveur et pour le Roi qui venait au nom du Seigneur, les démons sentirent le pouvoir de sa droite qui les chassa du monde tous tant qu'ils étaient, et les précipita dans les profonds cachots de l'enfer, de sorte que durant le peu de temps que Jésus-Christ continua encore sa marche, il ne resta aucun esprit malin sur la terre ; tous roulèrent dans les abîmes, aussi pleins de terreur que de rage. Dès lors ils craignirent plus qu'ils n'avaient encore fait, que le Messie ne se trouvât dans le monde, et se communiquèrent le sujet de cette crainte, comme je le dirai dans le chapitre suivant. Le triomphe du Sauveur dura jusqu'à ce qu'il fût entré dans Jérusalem, et les saints anges qui l'accompagnaient adressèrent à sa divinité, dans un concert d'harmonie ineffable, de nouvelles hymnes de louanges.

En entrant dans la ville au milieu des applaudissements de tous ses habitants, il descendit de l'ânon, et dirigea ses pas du côté du Temple, où il opéra les merveilles que les évangélistes racontent, et qui excitèrent une admiration universelle. Il renversa les tables de ceux qui vendaient et achetaient dans le Temple, témoignant le zèle qu'il avait pour l'honneur de la maison de son Père, et en chassa ceux qui en faisaient une maison de négoce et une caverne de voleurs[534]. Mais aussitôt que le triomphe fut achevé, la droite du Seigneur suspendit l'influence qu'elle avait fait sentir aux cœurs des habitants de cette ville. Les justes en profitèrent en restant justifiés ou en devenant meilleurs ; les autres reprirent leurs vices et leurs mauvaises habitudes, parce qu'ils n'usèrent pas de la lumière et des inspirations que la bonté divine leur envoya. Et parmi tant de personnes qui avaient reconnu publiquement notre Seigneur Jésus-Christ pour le roi de Jérusalem, il n'y en eut pas une seule qui s'offrît à le loger, et qui le reçût dans sa maison[535].

1125. Le Sauveur demeura dans le Temple, où il instruisit le peuple jusqu'au soir. Et pour attester le respect que l'on devait avoir pour ce saint lieu, pour cette maison de prière, il ne voulut pas permettre qu'on lui apportât même un vase d'eau pour boire ; et sans avoir pris ce rafraîchissement ni aucune nourriture, il s'en retourna ce même soir à Béthanie, d'où il était parti, et continua ensuite de se rendre les jours suivants à Jérusalem jusqu'à sa Passion[536]. La bienheureuse Vierge passa ce jour-là à Béthanie retirée dans sa solitude, d'où elle voyait par une vision particulière tout ce qui arrivait dans le triomphe admirable de son Fils et de son Maître. Elle vit ce que les anges faisaient dans le ciel, ce que les hommes faisaient sur la terre, ce qu'éprouvaient les démons dans l'enfer, et comment en toutes ces merveilles le Père éternel accomplissait les promesses qu'il avait faites à son Fils incarné et lui donnait l'empire sur tous ses ennemis. Elle vit aussi tout ce que notre Sauveur fit dans ce triomphe et dans le Temple. Elle entendit cette voix du Père qui vint du ciel d'une manière intelligible pour tous les assistants, et qui, répondant à notre Seigneur Jésus-Christ, lui dit : *Je vous ai glorifié, et je vous glorifierai de nouveau*[537]. Ces paroles faisaient connaître qu'outre la gloire et le triomphe que le Père avait donnés ce même jour au Verbe incarné, il le glorifierait de nouveau et l'exalterait après sa mort ; car les paroles du Père éternel renferment tout cela ; et c'est ce que l'auguste Marie entendit et pénétra avec une joie inexprimable.

Instruction que j'ai reçue de notre grande Reine

1126. Ma fille, vous avez moins écrit que vous n'avez connu des mystères cachés du triomphe que mon très saint Fils reçut le jour qu'il entra dans Jérusalem, et de ce

---

534   Mt 21, 12 ; Lc 19, 45.

535   Mc 11, 11

536   Mt 21, 17-18.

537   Jn 12, 28.

qui le précéda ; mais vous en connaîtrez beaucoup plus dans le Seigneur, parce qu'on ne saurait tout pénétrer dans l'état de voyageur. Les mortels sont néanmoins assez instruits et détrompés par ce qui leur en a été découvert, pour comprendre combien les jugements du Seigneur sont différents de leurs jugements, et combien ses pensées sont au-dessus de leurs pensées[538]. Le Très-Haut regarde le cœur et l'intérieur des créatures[539], où se trouve la beauté de la fille du Roi[540], et les hommes ne regardent que ce qui est apparent et sensible. C'est pour cela qu'aux yeux de la divine sagesse les justes et les élus sont estimés et élevés quand ils s'abaissent et s'humilient ; et que les superbes sont humiliés et regardés avec horreur quand ils s'élèvent. Cette science, ma fille, est ignorée de presque tous les hommes ; c'est pourquoi les enfants des ténèbres ne savent désirer et rechercher d'autre honneur, d'autre élévation que ceux que leur donne le monde. Et quoique les enfants de la sainte Église sachent et confessent que cette gloire est vaine et inconsistante, qu'elle se flétrit comme la fleur et l'herbe des champs, ils ne laissent pas, dans la pratique, que d'oublier cette vérité. Et comme leur conscience, privée de la lumière de la grâce, ne leur rend pas le témoignage fidèle des vertus, ils sollicitent auprès des hommes l'estime et les applaudissements qu'ils peuvent accorder, quoique tout cela ne soit que fausseté et que mensonge ; car Dieu est le seul qui honore et qui élève sans se tromper ceux qui le méritent. Le monde change ordinairement les lots, et décerne ses honneurs à ceux qui en sont le moins dignes, ou aux intrigants qui savent les capter avec le plus d'adresse.

1127. Fuyez cet écueil, ma fille ; ne vous attachez point au plaisir que procurent les louanges des hommes ; rejetez leurs avances et leurs flatteries. Donnez à chaque chose le nom et l'estime qu'elle mérite, car les enfants de ce siècle se conduisent en cela avec trop peu de réflexion. Jamais aucun des mortels n'a pu mériter d'être honoré des créatures comme mon très saint Fils ; et pourtant il ne fit que dédaigner et accepter un instant les honneurs qu'on lui rendit à son entrée dans Jérusalem ; il ne permit ce triomphe que pour manifester sa puissance divine, et pour rendre ensuite sa passion plus ignominieuse, ainsi que pour enseigner aux hommes qu'on ne doit pas recevoir les honneurs du monde pour eux-mêmes, si l'intérêt de la gloire, du Très-Haut ne présente pas une autre fin plus relevée, à laquelle on puisse les rapporter ; car sans cela ils sont vains et inutiles, puisqu'ils ne sauraient faire la véritable félicité des créatures capables d'un bonheur éternel. Et comme je vois que vous souhaitez savoir la raison pour laquelle je ne me trouvai point près de mon très saint Fils dans ce triomphe, je veux satisfaire votre désir, en vous rappelant ce que vous avez écrit souvent dans cette histoire de la vision que j'avais des œuvres intérieures de mon Fils bien-aimé dans le très pur miroir de son âme. Cette vision me faisait connaître quand et pourquoi

---

538   Is 60, 9.

539   1 R 16, 7.

540   Ps 44, 13.

il voulait s'éloigner de moi. Alors je me prosternais à ses pieds, et le suppliais de me déclarer sa volonté sur ce que je devais faire ; et quelquefois cet adorable Seigneur me le déclarait et me le commandait expressément ; d'autres fois il le laissait à mon choix, afin que je le fisse avec le secours de la lumière divine, et avec la prudence dont il m'avait douée. C'est ce qui eut lieu lorsqu'il résolut d'entrer dans Jérusalem triomphant de ses ennemis. Ainsi il me laissa libre de L'accompagner ou de rester à Béthanie ; alors je le priai de me permettre de ne pas assister à cette manifestation mystérieuse, le suppliant néanmoins de me mener avec lui quand il retournerait à Jérusalem pour y souffrir et pour y mourir ; parce que je crus qu'il lui serait plus agréable que je m'offrisse à participer aux ignominies et aux douleurs de sa Passion, qu'aux honneurs que les hommes lui rendaient ; et il m'en serait revenu une part en qualité de mère, si j'eusse assisté à son triomphe, étant connue pour telle de ceux qui le bénissaient et le louaient ; mais je ne recherchais point les applaudissements, et je savais d'ailleurs que le Seigneur les ordonnait pour découvrir sa divinité et sa puissance infinie, auxquelles je n'avais aucune part ; et que par l'honneur qu'on me rendrait alors, je n'augmenterais pas celui qu'on lui devait comme à l'unique Sauveur du genre humain. Ainsi, pour jouir dans ma solitude de ce mystère et glorifier le Très-Haut en ses merveilles, j'eus dans ma retraite la connaissance de tout ce que vous avez écrit. Il y a là pour vous une leçon qui vous excitera à imiter mon humilité, à détacher votre affection de tout ce qui est terrestre, et à vous élever aux choses célestes, qui vous inspireront un profond dégoût pour les honneurs du monde, connaissant par la divine lumière qu'ils ne sont que vanité des vanités et affliction d'esprit[541].

Chapitre 8
Les démons s'assemblent dans l'enfer pour délibérer sur le triomphe que notre Sauveur Jésus-Christ reçoit dans Jérusalem. — Ce qui résulte de cette assemblée. — Les princes des prêtres et les pharisiens se réunissent de leur côté.

1128. Tous les mystères que renfermait le triomphe de notre Sauveur furent grands et admirables, comme nous l'avons remarqué ; mais ce qui se passa dans l'enfer accablé par le pouvoir divin, lorsque les démons y furent précipités au moment de l'entrée triomphale de Jésus dans la ville sainte, ne nous fournit pas en son genre un moindre sujet d'admiration. Depuis le dimanche auquel ils essuyèrent cette défaite jusqu'au mardi suivant, ils restèrent deux jours entiers sous le poids de la droite du Très-Haut, éperdus à la fois de honte et de fureur, et ils exhalaient leur rage devant tous les damnés par des hurlements effroyables ; une nouvelle épouvante se répandit à travers ces sombres régions, dont les infortunés habitants virent s'accroître leurs tourments. Le prince des ténèbres Lucifer, plus troublé que tous les autres, convoqua tous les démons, et se plaçant, comme leur chef, dans un lieu plus élevé, il leur dit :

1129. « Il n'est pas possible que cet homme, qui nous persécute de la sorte, qui

---

541   Qo 1, 14.

ruine notre empire et qui brise mes forces, ne soit pas plus que prophète. Car Moïse, Élie et Élisée, et nos autres anciens ennemis ne nous ont jamais vaincus avec une pareille violence, quoiqu'ils aient opéré d'autres merveilles ; et je remarque même qu'il ne m'a pas été caché autant d'œuvres de ceux-là que de celui-ci, surtout quant à ce qui se passe dans son intérieur, où je ne sais presque rien découvrir. Or comment un simple homme pourrait-il faire cela, et exercer sur toutes choses un pouvoir aussi absolu que celui que tout le monde lui reconnaît ? Il reçoit sans émotion et sans aucune complaisance les louanges que les hommes lui donnent pour les merveilles qu'il a faites. Il a montré en cette entrée triomphante qu'il vient de faire dans Jérusalem un nouveau pouvoir sur nous et sur le monde, puisque je ne me trouve pas assez fort pour accomplir mon dessein, qui est de le détruire et d'effacer son nom de la terre des vivants[542]. À l'occasion de ce triomphe, non seulement les siens l'ont proclamé publiquement bienheureux, mais beaucoup de gens soumis à ma domination se sont joints à eux et l'ont même reconnu pour le Messie, pour Celui qui est promis dans la loi des Juifs ; de sorte qu'ils ont tous été portés à le révérer et à l'adorer. C'est beaucoup pour un simple mortel, et si celui-ci n'est rien de plus, il est sûr qu'aucun autre n'a joui auprès de Dieu d'une aussi haute faveur, et qu'il s'en sert et s'en servira encore pour nous causer de grandes pertes ; car depuis que nous avons été chassés du ciel, il ne nous est pas arrivé d'essuyer des défaites comparables à celles auxquelles nous accoutume cet homme depuis sa naissance, ni de rencontrer une pareille vertu. Et s'il est par malheur le Verbe incarné (comme nous avons sujet de le craindre), nous ne devons rien négliger, c'est une affaire qui demande toute notre attention ; parce que si nous le laissons vivre, il attirera tous les hommes après lui par son exemple et par sa doctrine. J'ai tâché quelquefois, pour assouvir ma haine, de lui ôter la vie, mais ç'a été toujours en vain ; car dans son pays j'avais disposé quelques personnes à le précipiter du haut d'une montagne, et il eut la puissance d'échapper à ses ennemis[543]. Une autre fois, étant à Jérusalem, je fis prendre à plusieurs pharisiens la résolution de le lapider, et il se déroba tout à coup à leurs regards[544].

1130. J'ai maintenant pris des mesures plus sûres avec son disciple et notre ami Judas ; je lui ai inspiré le dessein de vendre et de livrer son maître aux pharisiens, que j'ai aussi animés d'une furieuse envie par laquelle ils le feront sans doute mourir d'une mort fort cruelle, comme ils le désirent. Ils n'attendent qu'une occasion favorable, et je la leur prépare avec tout le zèle et toute l'adresse dont je suis capable ; car Judas, les scribes et les princes des prêtres feront tout ce que je leur proposerai. Je trouve néanmoins en cette entreprise une grande difficulté que nous devons redouter et qui demande de sérieuses réflexions : c'est, que si cet homme est le Messie qu'attendent ceux de sa nation, il offrira ses peines et sa mort pour

---

542   Jr 11, 19.

543   Lc 4, 30.

544   Jn 8, 59.

la résurrection des hommes, et il satisfera et méritera infiniment pour tous. Il ouvrira le ciel, et les mortels y jouiront des récompenses dont Dieu nous a privés, et
ce sera pour nous un nouveau et insupportable tourment si nous ne faisons tous
nos efforts pour l'empêcher. En outre, cet homme souffrant et méritant laissera au
monde un nouvel exemple de patience pour les autres ; car il est très doux et très
humble de cœur, nous ne l'avons jamais vu impatient ni troublé ; il enseignera
à tous la pratique de ces vertus, que j'abhorre le plus et qui déplaisent au même
point à tous ceux qui me suivent. Ainsi il faut pour nos propres intérêts quenous
délibérions sur ce que nous devons faire pour persécuter ce nouvel homme, et que
vous me disiez ce que vous pensez de cette grave affaire. »

1131. Ces esprits de ténèbres entrèrent en de longues conférences sur cette proposition de Lucifer, se livrant à tous les transports de leur rage contre notre Sauveur, mais aussi regrettant l'erreur que déjà ils croyaient avoir commise, en travaillant à sa perte avec tant d'astuce et de malice ; par un surcroît de cette même
malice, ils prétendirent dès lors revenir sur leurs pas et empêcher sa mort, parce
qu'ils étaient confirmés dans le doute qu'ils avaient que Jésus pût être le Messie,
tout en ne parvenant pas à s'en assurer d'une manière certaine. Cette crainte jeta
Lucifer dans un si grand et si pénible trouble, qu'ayant approuvé la nouvelle résolution qu'ils prirent de s'opposer à la mort du Sauveur, il rompit l'assemblée et leur
dit : « Soyez sûrs, mes amis, que si cet homme est véritablement Dieu, il sauvera
tous les hommes par ses souffrances et par sa mort ; il détruira par ce moyen notre
empire, et les mortels seront élevés à une nouvelle félicité et revêtus contre nous
d'une nouvelle puissance. Quelle énorme bévue nous avons faite en machinant sa
perte ! Allons donc détourner notre propre malheur. »

1132. Après cette décision, Lucifer et tous ses ministres se rendirent dans la ville
et dans les environs de Jérusalem, où ils firent quelques tentatives auprès de Pilate et de sa femme pour empêcher la mort du Seigneur, ainsi que le racontent
les évangélistes[545] ; ils en firent aussi plusieurs autres qui ne sont pas mentionnées
dans l'histoire évangélique, et qui ne laissent pourtant pas d'être véritables. Ainsi ils
s'adressèrent en premier lieu à Judas, et par de nouvelles suggestions ils tâchèrent
de le dissuader de la vente de son divin Maître, qu'il avait déjà conclue. Et comme
il ne se décidait point à renoncer à son entreprise, le démon lui apparut sous une
forme sensible, et fit tous ses efforts pour le persuader de ne plus songer à ôter la
vie à Jésus-Christ par la main des pharisiens. Connaissant l'avarice insatiable du
perfide disciple, il lui offrit beaucoup d'argent, afin qu'il ne le livrât pas à ses ennemis. De sorte que Lucifer se donna plus de peine en cette circonstance que lorsqu'il
l'avait auparavant porté à vendre son doux et divin Maître.

1133. Mais, hélas ! que la misère humaine est grande ! Le démon, qui avait déterminé Judas à lui obéir pour le mal, fut impuissant lorsqu'il voulut le faire reculer.

---

545   Mt 17, 19 ; Lc 23, 4 ; Jn 18, 38.

C'est que la force de la grâce que ce malheureux avait perdue ne secondait pas l'intention de l'ennemi, et sans ce divin secours, tous les raisonnements, toutes les impulsions du dehors ne sauraient amener une âme à quitter le péché et à suivre le véritable bien. Il n'était pas impossible à Dieu de porter à la vertu le cœur de ce disciple infidèle, mais la sollicitation du démon qui lui avait fait perdre la grâce, n'était pas un moyen convenable pour la lui faire recouvrer. Et le Seigneur avait de quoi justifier la cause de son équité ineffable s'il ne lui donnait pas d'autres secours, puisque Judas était arrivé à une si grande obstination même dans l'école de notre divin Maître, en résistant si souvent à sa doctrine, à ses inspirations et à ses faveurs, en méprisant avec une effroyable témérité ses conseils paternels, ceux de sa très douce Mère, l'exemple de leur sainte vie, leur conversation, et les vertus de tous les autres apôtres. L'impie disciple avait tout repoussé avec une opiniâtreté plus grande que celle d'un démon, et que celle d'un homme qui est libre de faire le bien ; il se précipita comme un forcené dans la carrière du mal ; et il alla si loin, que la haine qu'il avait conçue contre son Sauveur et contre la Mère de miséricorde le rendit incapable de chercher cette même miséricorde, indigne de la lumière nécessaire pour distinguer la même lumière, et comme insensible même à la raison et à la loi naturelle, qui auraient suffi pour le détourner de persécuter l'innocent dont les mains libérales l'avaient comblé de bienfaits. Grande leçon pour la fragilité et la folie des hommes, qui sont exposés à tomber et à périr dans de semblables périls, parce qu'ils ne les craignent pas, et à donner à leur tour l'exemple d'une chute si malheureuse et si déplorable.

1134. Les démons ayant perdu l'espoir de changer les dispositions de Judas, s'en éloignèrent, et entreprirent les pharisiens, auxquels ils firent les mêmes propositions et tâchèrent de les persuader, de ne point persécuter notre Seigneur Jésus Christ ; Mais par les mêmes raisons ils ne réussirent pas mieux auprès d'eux qu'auprès de Judas, car il ne leur fut pas possible de leur faire quitter le mauvais dessein qu'ils avaient formé. Il y eut bien quelques scribes qui par des motifs humains se demandèrent si ce qu'ils avaient résolu leur serait profitable ; mais comme ils n'étaient pas assistés de la grâce, la haine et l'envie qu'ils avaient conçues contre le Sauveur reprenaient bientôt le dessus dans leur âme. Les malins songèrent ensuite à travailler la femme de Pilate et Pilate lui-même ; et se servant de la pitié naturelle aux femmes, ils la portèrent, comme il est rapporté dans l'Évangile[546], à lui envoyer dire de ne point condamner cet homme juste. Par cet avis et par plusieurs considérations qu'ils présentèrent à Pilate ils le déterminèrent à toutes les tentatives qu'il fit pour soustraire l'innocent Seigneur à une sentence de mort, comme je le raconterai avec les détails nécessaires. Lucifer et ses ministres n'aboutirent malgré tous leurs efforts à aucun résultat.

Lorsqu'ils en reconnurent l'inutilité, ils changèrent de plan, et entrant dans une nouvelle fureur, ils excitèrent les pharisiens, leurs satellites et les bourreaux à faire mourir le Sauveur de la mort la plus prompte ; mais après l'avoir tourmenté avec

---

546   Mt 27, 19.

la cruauté impie qu'ils déployèrent pour altérer sa patience invincible. Le Seigneur permît qu'on lui fît subir tous les tourments imaginables, pour les hautes fins de la rédemption du genre humain, quoiqu'il empêchât que les bourreaux n'exerçassent quelques cruautés indécentes auxquelles les démons les provoquaient contre son adorable personne, comme je le dirai plus loin.

1135. Le mercredi qui suivit l'entrée de notre Seigneur Jésus-Christ dans Jérusalem (ce fut le jour qu'il passa tout entier à Béthanie sans aller au Temple[547], les scribes et les pharisiens s'assemblèrent de nouveau dans la maison du chef des prêtres, qui s'appelait Caïphe, pour délibérer sur les moyens de se saisir par la ruse du Rédempteur du monde et de le faire mourir[548], parce que les honneurs que tout le peuple lui avait rendus dans cette conjoncture avaient augmenté leur haine et leur envie contre sa Majesté. Cette envie venait de ce que notre Seigneur Jésus-Christ avait ressuscité Lazare, et des autres merveilles qu'il avait faites dans le Temple. Ils décidèrent dans cette assemblée qu'il fallait lui ôter la vie[549], tout en couvrant leur horrible dessein du prétexte du bien commun, comme le dit Caïphe prophétisant le contraire de ce qu'il prétendait. Le démon voyant leur résolution, inspira à quelques-uns la précaution de ne point exécuter leur projet, au jour de la fête de Pâque, de peur que le peuple, qui révérait Jésus-Christ comme le Messie ou comme un grand prophète ; n'excitât quelque tumulte[550]. Lucifer fit cela pour voir si, en retardant la mort du Sauveur, il pourrait l'empêcher. Mais comme Judas était déjà tyrannisé par sa propre avarice et par sa propre méchanceté, et privé de la grâce dont il aurait eu besoin pour en secouer le joug, il se rendit fort troublé et inquiet à l'assemblée des princes des prêtres, et leur proposa de leur livrer son maître ; la vente en fut conclue pour trente pièces d'argent, le traître se contentant de cette somme pour le prix de Celui qui renferme en lui-même tous les trésors du ciel et de la terre ; et afin de ne point perdre cette occasion, les princes des prêtres bâclèrent leur odieux marché malgré l'inconvénient de l'approche de la Pâque, la sagesse et la providence de Dieu le disposant de la sorte.

1136. C'est alors que notre Rédempteur dit à ses disciples ce que saint Matthieu rapporte : *Sachez que dans deux jours le Fils de l'homme sera livré pour être crucifié[551]*. Judas était absent lorsqu'il leur adressa ces paroles ; mais bridant de consommer sa trahison, il revint bientôt auprès des apôtres, et le perfide tâchait de découvrir par les questions qu'il faisait à ses compagnons, au Seigneur lui-même et à sa très sainte Mère, par quel lieu ils passeraient en partant de Béthanie, et ce que son divin Maître avait résolu de faire durant ces jours de fête. Le disciple infidèle s'informait adroitement de tout cela pour livrer avec plus de facilité le Sauveur entre les mains

---

547   Mt 21, 17.

548   Mt 26, 3.

549   Jn 11, 49 ; Mt 26, 5 ; Mc 14, 2.

550   Mt 26, 15.

551   Mt 26, 2.

des princes des prêtres, selon l'accord qu'il avait fait avec eux, et prétendait par cette conduite hypocrite cacher sa trahison. Cependant ses intentions criminelles étaient connues non seulement du Sauveur, mais encore de sa très prudente Mère ; car les saints anges l'informèrent incontinent de la promesse par laquelle il s'était engagé à le livrer aux princes des prêtres pour trente deniers. Ce même jour le traître eut la hardiesse de demander à notre grande Reine par quel endroit son très saint Fils avait résolu de passer pour aller célébrer la Pâque ; et elle lui répondit avec une douceur incroyable : Qui peut, ô Judas, pénétrer les secrets jugements du Très-Haut ? Dès lors elle cessa de l'exhorter à renoncer à ses mauvais desseins ; néanmoins notre adorable Sauveur et sa miséricordieuse Mère le souffrirent toujours jusqu'à ce qu'il désespérât lui-même de son salut éternel. Mais la très douce colombe prévoyant la perte irréparable de Judas, et que son très saint Fils serait bientôt livré à ses ennemis, exhala de tendres plaintes en la compagnie des anges, car elle ne pouvait s'entretenir avec d'autres du sujet de sa douleur ; ainsi elle communiquait toutes ses peines à ces esprits célestes, et leur parlait avec tant de sagesse et de merveilleuse raison, qu'ils ne se lassaient point d'admirer une créature humaine qui au milieu d'une si amère affliction savait agir avec une sublime perfection jusqu'alors inouïe.

Instruction que la Reine du ciel m'a donnée

1137. Ma fille, tout ce que vous avez appris et rapporté dans ce chapitre renferme de grands enseignements et de profonds mystères, dont les mortels peuvent tirer les fruits les plus salutaires, s'ils les étudient avec attention. Vous devez en premier lieu remarquer, sans une imprudente curiosité, que, comme mon très saint Fils est venu détruire les œuvres du démon[552] et le vaincre lui-même, afin d'affaiblir son empire sur les hommes, il fallait, selon cette intention, qu'en le maintenant dans sa nature angélique, et dans la science habituelle qui répond à cette même nature, il lui cachât néanmoins, ainsi que vous l'avez indiqué ailleurs, beaucoup de choses dont l'ignorance devait servir à réprimer la malice de ce dragon de la manière la plus convenable à la douce et forte providence du Très-Haut[553]. C'est pour cela que l'union hypostatique des deux natures divine et humaine lui fut cachée ; et il se méprit tellement sur ce mystère, qu'il se perdit dans ses recherches, et ne cessa de changer d'opinion et de résolution jusqu'à ce que mon très saint Fils permît au moment opportun qu'elle connût et qu'il sût que son âme divinisée avait été glorieuse dès l'instant de sa conception. Il lui cacha aussi quelques miracles de sa très sainte vie, et lui en laissa connaître d'autres. La même chose arrive maintenant à l'égard de certaines âmes, et mon adorable Fils ne permet pas que l'ennemi connaisse toutes leurs œuvres, quoiqu'il pût naturellement les connaître ; parce que sa Majesté les lui cache pour arriver à ses hautes fins en faveur des âmes. Mais plus

---

552   1 Jn 3, 8.

553   Sg 8, 1.

tard elle permet ordinairement que le démon les connaisse pour sa plus grande confusion, comme il arriva dans les œuvres de la rédemption, lorsque, pour accroître son dépit et son humiliation, le Seigneur permit qu'il les connût. C'est pour cette raison que le dragon infernal épie avec tant de soin les âmes, pour découvrir non seulement leurs œuvres intérieures, mais même les extérieures. Vous comprendrez par-là, ma fille, combien grand est l'amour que mon très saint Fils a pour les âmes, depuis qu'il est né et qu'il est mort pour elles.

1138. Ce bienfait serait plus général et plus continuel envers beaucoup d'âmes, si elles-mêmes ne l'empêchaient, en se rendant indignes de le recevoir et en se livrant à leur ennemi, dont elles écoutent les conseils pleins de malice et de perfidie. Et comme les justes, comme les grands saints, sont des instruments souples entre les mains du Seigneur, qui les gouverne lui-même, sans permettre qu'aucun autre les meuve, parce qu'ils s'abandonnent entièrement à sa divine Providence ; il arrive au contraire à beaucoup de réprouvés qui oublient leur Créateur et leur Restaurateur, que, lorsqu'ils se sont livrés par le moyen de leurs péchés réitérés entre les mains du démon, il les porte à commettre toute sorte de crimes et les emploie à tout ce que sa malice dépravée désire, témoin le perfide disciple et les pharisiens homicides de leur propre Rédempteur. Les mortels ne sauraient trouver aucune excuse dans cet horrible désordre ; car comme Judas et les princes des prêtres usèrent de leur libre arbitre pour rejeter la proposition que le démon leur fit de cesser de persécuter notre Seigneur Jésus Christ, ils auraient pu à plus forte raison en user pour ne point consentir à la pensée que cet esprit rebelle leur donna de le persécuter, puisque pour résister à cette tentation ils furent assistés du secours de la grâce s'ils eussent voulu y coopérer ; et pour s'obstiner dans leurs desseins sacrilèges, ils ne se servirent que de leur libre arbitre, et que de leurs mauvaises inclinations. Que si la grâce leur manqua alors, ce fut parce qu'elle leur devait être refusée avec justice, à eux qui s'étaient assujettis au démon, pour lui obéir dans tout le mal imaginable, et pour ne se laisser gouverner que par sa volonté perverse, en dépit de la bonté et de la puissance de leur Créateur.

1139. Vous comprendrez par-là que ce dragon infernal n'a aucun pouvoir pour porter les âmes au bien, et qu'il en a un grand pour les pousser au mal, si elles oublient le dangereux état où elles se trouvent. Et je vous dis en vérité, ma fille, que si les mortels y faisaient de sérieuses réflexions, ils seraient dans de continuelles et salutaires frayeurs ; car dès qu'une âme est une fois tombée dans le péché, il n'est point de puissance créée qui puisse la relever ni empêcher qu'elle se précipite d'abîme en abîme, parce que le poids de la nature humaine, depuis le péché d'Adam, tend au mal comme la pierre à son centre, par l'effet des passions qui naissent des appétits concupiscible et irascible.

Joignez à cela l'entraînement des mauvaises habitudes, l'empire que le démon acquiert sur celui qui pèche, la tyrannie avec laquelle il l'exerce, et alors, qui sera assez ennemi de lui-même pour ne pas craindre ce péril ? La seule puissance infinie de Dieu peut délivrer le pécheur, sa main seule peut le guérir. Et cela étant incontestable, les mortels ne laissent pas que de vivre aussi tranquilles et aussi insouciants dans un état de perdition que s'il ne dépendait que d'eux d'en sortir par une véritable conversion quand ils le voudront. Beaucoup de gens savent et avouent qu'ils sont incapables de se retirer sans le secours du Seigneur de l'abîme où ils sont ; et cependant avec cette connaissance habituelle et stérile, au lieu de le prier de les secourir, ils l'offensent et l'irritent de plus en plus, et prétendent que Dieu les attende avec sa grâce, jusqu'à ce qu'ils soient las de pécher ou qu'ils aient atteint le dernier terme de leur malice et de leur folle ingratitude.

1140. Tremblez, ma très chère fille, devant ce danger formidable, et gardez-vous d'une première faute ; car si vous y tombez, vous en éviterez plus difficilement une seconde, et votre ennemi acquerra de nouvelles forces contre vous. Sachez que votre trésor est précieux, que vous le portez dans un vase fragile[554], et qu'un seul faux pas peut vous le faire perdre. Les ruses dont le démon se sert contre vous sont grandes, et vous êtes moins adroite et moins expérimentée que lui. C'est pourquoi vous devez mortifier vos sens, les fermer à tout ce qui est visible, et mettre votre cœur à l'abri, sous la protection du Très-Haut, comme dans une forte citadelle, d'où vous résisterez aux attaques et aux persécutions de l'ennemi. Que la connaissance que vous avez eue du malheur de Judas, suffise pour vous faire redouter les périls de la vie passagère. Quant à la nécessité de m'imiter en pardonnant à ceux qui vous haïssent et vous persécutent, en les aimant, en les supportant avec une patience charitable, en invoquant pour eux le Seigneur avec un véritable zèle de leur salut, comme je le fis à l'égard du perfide Judas, je vous ai maintes fois donné les avis les plus pressants ; je veux que vous vous signaliez dans la pratique de cette vertu, et que vous l'enseigniez à vos religieuses et à tous ceux que vous fréquenterez ; car la patience et la douceur que mon très saint Fils et moi avons exercées en toute sorte de rencontres, couvriront d'une confusion insupportable tous les mortels qui n'auront pas voulu se pardonner les uns aux autres avec une charité fraternelle. Les péchés de haine et de vengeance seront punis au jugement avec une plus grande indignation, et ce sont ceux qui, en la vie présente, éloignent davantage les hommes de la miséricorde infinie de Dieu, et qui les approchent de plus en plus de la damnation éternelle, s'ils ne s'en corrigent avec un profond repentir. Ceux qui sont doux envers leurs persécuteurs et qui oublient les injures, ressemblent particulièrement au Verbe incarné, qui ne cessait jamais de chercher les pécheurs, de leur pardonner et de leur faire du bien. L'âme qui l'imite en cela, puise à la source même de la charité et de l'amour de Dieu et du prochain, des dispositions et des qualités spéciales, qui la rendent merveilleusement apte et propre à recevoir les influences de la grâce et les faveurs de la divine droite.

---

554 2 C 4, 7.

Chapitre 9

Notre Sauveur Jésus-Christ étant à Béthanie, prend congé de sa très sainte Mère le jeudi de la Cène pour aller souffrir. — Notre grande Reine le prie de lui accorder la communion quand il en serait temps. — Elle le suit à Jérusalem avec la Madeleine et quelques autres saintes femmes.

1141. Pour continuer le cours de cette histoire, nous avons laissé le Sauveur du monde accompagné de ses apôtres retourner à Béthanie, après son entrée triomphante dans Jérusalem. J'ai dit au chapitre précédent ce que firent les démons avant que Jésus-Christ fût livré aux princes des prêtres, et les autres choses qui résultèrent de leur assemblée, de la trahison de Judas et du conciliabule des pharisiens. Revenons maintenant à ce qui se passa à Béthanie, où notre auguste Reine resta avec son très saint Fils, et le servit durant les trois jours qui s'écoulèrent depuis le dimanche des Rameaux jusqu'au jeudi. L'auteur de la vie se trouva pendant tout ce temps avec sa bienheureuse Mère, excepté celui qu'il prit pour aller à Jérusalem instruire le peuple dans le Temple, le lundi et le mardi ; car il ne se rendit point à Jérusalem le mercredi, comme je l'ai déjà marqué. Dans ces derniers voyages il informa ses disciples des mystères de sa passion et de la rédemption du genre humain avec plus de clarté. Et quoiqu'ils entendissent tous la doctrine de leur Dieu et de leur Maître, chacun y répondait néanmoins selon la disposition avec laquelle il l'écoutait, selon les effets qu'elle produisait et selon les sentiments qu'elle excitait dans son cœur ; ils étaient toujours un peu froids et si faibles qu'ils n'accomplirent point dans le cours de la passion ce qu'ils avaient promis, comme l'événement le fit voir, et comme je le raconterai en son lieu.

1142. Notre Sauveur communiqua à sa divine Mère, durant ces derniers jours qui précédèrent sa passion, de si hauts mystères de la rédemption du genre humain et de la nouvelle loi de grâce, qu'il y en a plusieurs qui seront cachés jusqu'à ce que l'on jouisse de la vue du Seigneur dans la patrie céleste. Je ne puis déclarer que fort peu de chose de ceux que j'ai connus ; mais notre adorable Sauveur mit en dépôt dans le cœur de notre très prudente Reine tout ce que David appelle secrets et mystères de sa sagesse[555]. Ils concernaient principalement les œuvres du dehors, dont Dieu même avait bien voulu se charger ; savoir : notre rédemption, la glorification des prédestinés, et, comme but suprême, l'exaltation de son saint Nom. Notre divin Maître prescrivit à sa très prudente Mère tout ce qu'elle devait faire durant le temps de la passion et de la mort qu'il allait souffrir pour nous, et la prévint d'une nouvelle lumière. Dans tous ces entretiens, il lui parla avec un air plus sérieux qu'à l'ordinaire, dans l'attitude d'un roi plein de majesté, selon que l'importance du sujet le demandait ; car alors toutes les tendresses de fils et d'époux cessèrent entièrement. Mais comme l'amour naturel de la très douce Mère et l'ardente charité de son âme très pure dépassaient toutes les conceptions des intelligences créées, comme d'un autre côté elle prévoyait la fin prochaine des rapports ineffables qu'elle avait eus avec

---

555   Ps 50, 8.

son Dieu et son Fils, il n'est aucune langue qui puisse exprimer les tendres et douloureuses affections du cœur de cette incomparable Mère ni les amoureuses plaintes qu'elle exhalait ; tourterelle mystérieuse qui commençait à sentir les ennuis d'une solitude que toutes les autres créatures du ciel et de la terre ne pouvaient embellir.

1143. Le jeudi qui fut la veille de la passion, et de la mort du Sauveur étant arrivé, le Seigneur avant le lever du soleil appela sa très amoureuse Mère, qui s'étant prosternée à ses pieds selon sa coutume, lui répondit : « Parlez, mon divin Maître, car votre servante vous écoute. » Son très saint Fils la releva, et lui dit avec une douceur toute céleste : « Ma Mère, voici le temps fixé par la sagesse éternelle de mon Père, où je dois opérer la rédemption du genre humain, que sa sainte volonté mille fois bénie m'a recommandée ; il faut donc que nous exécutions le sacrifice de la nôtre, que nous lui avons si souvent offert. Permettez-moi d'aller souffrir et mourir pour les hommes, et consentez en qualité de mère véritable à ce que je me livre à mes ennemis pour obéir à mon Père éternel ; concourez avec moi par cette obéissance à l'œuvre du salut éternel, puisque j'ai reçu de votre sein virginal mon être d'homme passible et mortel, dans lequel je dois racheter le monde et satisfaire à la justice divine. Et comme vous avez volontairement donné votre *Fiat* pour mon incarnation[556], je veux que vous le donniez maintenant pour ma passion et pour ma mort sur la croix ; par ce sacrifice que vous ferez à mon Père éternel, vous reconnaîtrez la faveur qu'il vous a faite en vous choisissant pour ma Mère ; puisqu'il m'a envoyé afin que par le moyen de la passibilité de ma chair je recouvrasse les brebis perdues de sa maison, qui sont les enfants d'Adam[557]. »

1144. Ces paroles de notre Sauveur transpercèrent le cœur si tendre de la Mère de la vie ; elle le sentit se briser en elle-même comme sous un nouveau pressoir par la douleur la plus forte qu'elle eût encore soufferte. C'est que l'heure arrivait, l'heure de la désolation et des larmes, l'heure dont elle ne pouvait appeler ni au temps ni à un autre tribunal supérieur, pour faire révoquer le décret efficace du Père éternel, qui avait marqué le moment de la mort de son Fils. La très prudente Mère voyait en lui un Dieu infini dans ses attributs et dans ses perfections, et un homme véritable ; son humanité unie à la personne du Verbe, sanctifiée par cette union et élevée à la dignité la plus ineffable ; elle repassait en son esprit l'obéissance qu'il lui avait montrée quand elle lui prodiguait ses soins maternels, les faveurs qu'elle en avait reçues pendant un si long temps qu'elle avait demeuré en son aimable compagnie, et elle se disait que bientôt elle serait privée de ces faveurs, de la beauté de son visage, de la douceur vivifiante de ses paroles ; et que non seulement tout cela lui manquerait à la fois, mais qu'elle-même le livrait aux tourments, aux ignominies de sa passion, et au sacrifice sanglant de la mort de la croix ; et qu'elle le remettait entre les mains des ennemis les plus impitoyables. Toutes ces considérations, toutes ces images, qui frappaient

556   Lc 1, 88.

557   Mt 18, 11.

alors plus vivement que jamais la prévoyante Mère, pénétrèrent son cœur amoureux d'une douleur vraiment indicible ; mais la magnanimité de notre Reine surmontant sa peine insurmontable, elle se prosterna de nouveau aux pieds de son adorable Fils, et les baisant avec un très profond respect, elle lui répondit en ces termes :

1145. « Seigneur, Dieu Très-Haut, et auteur de tout ce qui a l'être, je suis votre servante, quoique vous soyez le fils de mes entrailles, parce que votre bonté ineffable a daigné m'élever de la Poussière à la dignité de votre Mère ; il est juste que ce vermisseau reconnaisse votre libérale clémence, et obéisse à la volonté du Père éternel et à la vôtre. Je m'offre avec résignation à son bon plaisir, afin que sa volonté éternelle et toujours aimable s'accomplisse en moi comme en vous. Le plus grand sacrifice que je puisse offrir sera de ne point mourir avec-vous, et de me voir dans l'impuissance d'empêcher votre mort en mourant moi-même à votre place ; car si je souffre à votre exemple et en votre compagnie, ce sera un grand soulagement à mes peines, qui seront toutes douces en comparaison des vôtres. Mon supplice à moi, ce sera de ne pouvoir pas vous perdre un instant de vue au milieu des tourments que vous endurerez pour le salut des hommes. Recevez, ô mon unique bien ! le sacrifice de mes désirs, et la douleur que j'aurai de vous voir mourir, vous qui êtes l'Agneau très innocent, et la figure de la substance de votre Père éternel[558], tandis que je serai condamnée à vivre encore. Agréez aussi la douleur dont je serai pénétrée en voyant l'effroyable châtiment du péché du genre humain retomber sur votre personne adorable par la main de vos cruels ennemis. Ô cieux ! ô éléments ! ô créatures qui y êtes renfermées ! esprits célestes, saints patriarches et prophètes, aidez-moi tous à pleurer la mort de mon bien-aimé, qui vous a donné l'être ; et pleurez avec moi le malheur des hommes, qui, après avoir causé cette mort, perdront la vie éternelle qu'il leur doit mériter, sans qu'ils profitent d'un si grand bienfait. Oh ! malheureux réprouvés, mais bienheureux prédestinés, car vos robes ont été lavées dans le sang de l'Agneau[559] Louez le Tout-Puissant, vous autres qui avez su profiter de ce bienfait. Ô mon Fils et le bien infini de mon âme, fortifiez votre Mère affligée, et recevez-la pour votre disciple et votre compagne, afin que je participe à votre passion et à votre croix, et que le Père éternel, recevant votre sacrifice, reçoive aussi le mien, comme celui de votre Mère. »

1146. C'est en ces termes et en d'autres que je ne saurais traduire, que la Reine du ciel répondit à son très saint Fils, et elle s'offrit à différentes reprises à participer à sa passion et à l'imiter en toutes ses souffrances, comme coopératrice et coadjutrice de notre rédemption. Ensuite elle le pria de permettre qu'elle lui fit une autre demande à laquelle elle avait songé depuis longtemps, par la connaissance qu'elle avait de tous les mystères que le Maître de la vie devait opérer à la fin de la sienne ; et la divine Majesté le lui ayant permis, la bienheureuse Mère lui dit :

« Bien-aimé de mon âme et lumière de mes yeux, je ne suis pas digne, mon Fils,

---

558   He 1, 3.

559   Ap 7, 14.

de ce que mon cœur souhaite ; mais vous êtes, Seigneur, l'appui de mon espérance et en cette foi, je vous supplie de me faire participante, et si cela vous agrée, du sacrement ineffable de votre sacré corps et de votre précieux sang, que vous avez résolu d'instituer pour gage de votre gloire ; afin que vous recevant encore dans mon sein, vous me communiquiez les effets d'un mystère si nouveau et si admirable. Je sais bien, Seigneur, qu'aucune créature ne peut dignement mériter un bienfait si excessif, que vous avez destiné entre vos œuvres par votre seule munificence ; et pour solliciter maintenant cette même munificence, je ne puis que vous offrir à vous-même vos seuls mérites infinis. Que si j'ai quelque droit à faire valoir, parce que vous avez pris dans mes entrailles l'humanité très sainte dans laquelle vous les renfermez, je n'entends point en user tant pour vous rendre mien en ce sacrement, que pour être à vous par cette nouvelle possession, en laquelle je puis recouvrer votre douce compagnie. J'ai appliqué mes œuvres et mes désirs à cette divine communion, dès le moment où vous avez daigné m'en révéler le secret et me découvrir la volonté que vous aviez de demeurer dans votre sainte Église sous les espèces du pain et du vin consacrés. Revenez donc, Seigneur, à la première habitation de votre Mère, de votre amie et de votre servante, que vous avez exemptée du commun péché afin qu'elle vous reçût la première fois dans son sein. J'y recevrai maintenant l'humanité que je vous ai communiquée de mon propre sang, et nous y resterons étroitement unis dans un nouvel embrassement, qui fortifiera mon cœur, enflammera mes affections, et vous retiendra à jamais auprès de moi, vous qui êtes mon bien infini et l'amour de mon âme. »

1147. Notre auguste Reine exprima dans cette occasion beaucoup de sentiments de respect et d'un incomparable amour ; car elle parla à son très saint Fils avec toute l'ardeur et toute la tendresse dont elle était capable, pour obtenir la participation de son sacré corps et de son précieux sang. Le Seigneur lui répondit aussi avec une douce affection, et lui accordant sa demande, il lui promit qu'elle jouirait de la faveur qu'elle sollicitait, lorsqu'il célébrerait l'institution de cet adorable Sacrement. Dès lors la très pure Mère fit de nouveaux actes d'humilité, de reconnaissance, de vénération et de foi pour se préparer à la communion eucharistique, après laquelle elle soupirait ; et il arriva dans cette rencontre ce que je dirai en son lieu.

1148. Notre Sauveur Jésus-Christ ordonna ensuite aux saints anges de sa bienheureuse Mère de l'assister dès lors sous une forme visible pour elle, et de la servir et consoler dans son affliction et dans sa solitude, comme effectivement ils le firent. Il ordonna encore à notre grande Dame qu'aussitôt qu'il serait parti avec ses disciples pour Jérusalem, elle le suivit à peu de distance avec les saintes femmes qui étaient venues de Galilée en leur compagnie, et lui recommanda de les instruire et de les encourager, de peur que leur foi ne faiblit par le scandale qu'elles recevraient en le voyant souffrir et mourir, au milieu de tant d'ignominies, sur une croix infâme. En terminant cet entretien, le Fils du Père éternel donna sa bénédiction à sa très amoureuse Mère, et lui fit ses adieux avant ce dernier voyage, qu'il n'entreprenait que pour souffrir et mourir. La douleur dont les cœurs du Fils et de la Mère furent pénétrés dans cette séparation surpasse tout ce qu'on en peut humainement concevoir ; car elle répondit à leur amour réciproque, et cet amour était proportionné à la qualité et à la dignité de leurs personnes. Et, quoique nous ne puissions-nous en faire une juste idée, cela ne nous dispense pas d'y réfléchir sérieusement, et de partager avec toute la compassion dont nous sommes capables, la tristesse de notre divin Maître et de sa très sainte Mère, si nous ne voulons encourir le reproche d'ingratitude et d'insensibilité.

1149. Notre Sauveur ayant pris congé de sa tendre Mère et son Épouse désolée, quitta Béthanie le jeudi, qui fut celui de la Cène, un peu avant midi, accompagné des apôtres qui se trouvaient près de lui, pour aller à Jérusalem pour la dernière fois. À peine avait-il fait quelques pas sur cette route qu'il ne devait plus parcourir, qu'il leva ses yeux vers le Père éternel, et, le glorifiant par des louanges et des actions de grâces, il s'offrit de nouveau, avec le plus ardent amour et l'obéissance la plus absolue, à souffrir et à mourir pour tout le genre humain. Notre divin Maître fit cette prière et cette offrande de lui-même avec un zèle et une générosité si admirables, que, comme il est impossible de les dépeindre, il me semble que tout ce que j'en dirais me ferait trahir la vérité et mes désirs. Père éternel et mon Dieu, s'écriait notre Seigneur Jésus Christ, je vais par votre volonté et pour votre amour souffrir et mourir pour l'affranchissement des hommes, qui sont mes frères et les ouvrages de vos mains. Je vais me livrer pour leur salut, et pour rassembler et ramener à l'unité ceux qui sont dispersés par le péché d'Adam[560]. Je vais préparer les trésors par lesquels les âmes créées à votre image et à votre ressemblance doivent être ornées et enrichies, afin qu'elles recouvrent le privilège de votre amitié et acquièrent le bonheur éternel, et afin que votre saint Nom soit connu et exalté de toutes les créatures. Pour ce qui est de votre côté et du mien, toutes les âmes trouveront dans votre miséricorde un remède efficace ; ainsi votre équité inviolable sera justifiée à l'égard de ceux qui mépriseront cette rédemption surabondante. »

1150. La bienheureuse Vierge partit sur-le-champ de Béthanie pour suivre l'Auteur de la vie, accompagnée de Madeleine et des autres saintes femmes qui étaient venues de Galilée avec notre Seigneur Jésus-Christ. Et comme le divin Maître instruisait ses apôtres chemin faisant, et les disposait par les enseignements de la foi au spectacle de sa passion, afin qu'ils ne se laissassent ébranler ni par la vue des outrages qui l'attendaient, ni par les tentations de Satan, de même la Maîtresse des vertus consolait et prémunissait de ses avis ses pieuses disciples, afin qu'elles ne se trompassent point quand elles assisteraient à la flagellation et au crucifiement de leur adorable Maître. Et, quoique ces saintes femmes fussent naturellement plus timides et plus fragiles que les apôtres, elles se montrèrent néanmoins plus fortes que plusieurs d'entre eux dans la fidélité avec laquelle elles gardèrent la doctrine et les instructions de leur grande Maîtresse. Celle qui se distingua le plus en tout fut

---

560   Jn 11, 52.

sainte Marie-Madeleine, ainsi que les évangélistes le rapportent[561] ; car elle avait un caractère magnanime, franc, énergique, et son âme était embrasée de tous les feux de l'amour divin. Aussi se chargea-t-elle, entre tous les premiers serviteurs de Jésus, d'accompagner et d'assister constamment sa Mère, sans la quitter un instant dans tout le cours de la passion ; et c'est ce qu'elle fit comme une amante très fidèle.

1151. La bienheureuse Mère s'associa à la prière et à l'offrande que le Sauveur fit dans cette occasion ; car elle voyait toutes les œuvres de son très saint Fils dans le clair miroir de cette lumière divine par laquelle elle les connaissait, pour les imiter, comme je l'ai dit si souvent. Notre grande Dame était servie et escortée par les anges qui la gardaient, et ils se manifestaient à elle sous une forme humaine, ainsi que le Seigneur lui-même le leur avait ordonné. Elle s'entretenait avec ces esprits célestes du grand sacrement de son adorable Fils, que ni ses compagnes ni toutes les créatures humaines ensemble ne pouvaient pénétrer. Ils connaissaient et appréciaient dignement l'amour immense qui consumait, comme un violent incendie, le cœur très pur et très innocent de la Mère, ainsi que la force irrésistible avec laquelle les délicieux parfums de l'amour réciproque de Jésus-Christ son Fils, son Époux, son Rédempteur, l'attiraient après lui[562]. Ils présentaient au Père éternel le sacrifice de louange et d'expiation que lui offrait pour les pécheurs l'unique bien-aimée, choisie entre toutes les créatures. Et, comme tous les mortels ignoraient la grandeur de ce bienfait et de l'obligation dans laquelle les mettait l'amour de notre Seigneur Jésus-Christ et de sa très sainte Mère, cette divine Reine commandait aux saints anges d'en rendre honneur, gloire et bénédiction auPère, au Fils, et au Saint-Esprit ; et ils accomplissaient tout cela conformément à la volonté de leur puissante Princesse.

1152. Les paroles me manquent, aussi bien que l'intelligence et la sensibilité, pour exprimer dignement ce que j'ai connu en cette circonstance de l'admiration des saints anges, qui, d'un côté, contemplaient le Verbe incarné et sa très sainte Mère acheminant l'œuvre de la rédemption avec tout le zèle que leur inspirait leur ardent amour pour les hommes, et d'un autre côté considéraient la noire ingratitude et l'endurcissement de ces mêmes hommes[563], qui méconnaissaient un bienfait dont la grandeur aurait forcé la reconnaissance des démons eux-mêmes, s'ils eussent été capables de le recevoir. Cette admiration des anges ne supposait nullement l'ignorance ; elle n'accusait que notre odieuse insensibilité. Je suis une pauvre femme pleine de faiblesses et moins qu'un vermisseau de terre ; mais je voudrais, sachant ce que j'ai appris, élever ma voix si haut qu'elle fut entendue par tout l'univers, afin de réveiller les enfants de la vanité et les amateurs du mensonge, et de leur rappeler ce qu'ils doivent à notre Seigneur Jésus-Christ et à sa très sainte Mère ; je voudrais, prosternée à leurs pieds, les conjurer de n'être pas si ennemis d'eux-

---

561 Mt 27, 56 ; Mc 15, 40 ; Lc 24, 10 ; Jn 19, 25.

562 Ct 1, 3.

563 Ps 4, 3.

mêmes et si lents à sortir de cette funeste léthargie, qui les expose à la damnation éternelle et à la perte de la vie bienheureuse que notre Rédempteur Jésus-Christ nous a méritée par la mort cruelle de la croix.

Instruction que notre auguste Maîtresse m'a donnée

1153. Ma fille, je vous appelle de nouveau, afin que votre âme étant éclairée par les dons singuliers de la divine lumière, vous vous plongiez dans le profond océan des mystères de la passion et de la mort de mon très saint Fils. Préparez vos puissances, et employez toutes les forces de votre cœur et de votre âme, pour vous rendre jusqu'à un certain point digne de connaître, de peser et de ressentir les ignominies et les douleurs que le fils du Père éternel lui-même a bien voulu souffrir, en s'humiliant jusqu'à mourir sur une croix pour racheter les hommes, et pour vous pénétrerde tout ce que j'ai fait et souffert, en l'accompagnant dans sa très cruelle passion. Je veux, ma fille, que vous vous appliquiez à cette science si négligée des mortels, et que vous appreniez à suivre votre Époux et à m'imiter, moi qui suis votre Mère et votre Maîtresse. En écrivant et en approfondissant en même temps ce que je vous enseignerai de ces mystères, je veux que vous vous dépouilliez entièrement de toutes les affections humaines et terrestres, et de vous-même, afin que, loin des choses visibles, vous marchiez sur nos traces dans un parfait dénuement des créatures. Et puisque je vous appelle maintenant à part pour l'accomplissement de la volonté de mon très saint Fils et de la mienne, et qu'en vous enseignant nous voulons enseigner les autres, il faut que vous regardiez et que vous reconnaissiez le bienfait de cette rédemption abondante, comme s'il vous eût été personnellement et exclusivement accordé, et comme s'il suffisait que vous seule n'en profitiez pas, pour que tout le fruit en fût perdu[564]. Vous comprendrez par-là quelle estime vous en devez faire ; car effectivement dans l'amour avec lequel mon très saint Fils a souffert et est mort pour vous, il vous a regardée avec les mêmes sentiments que si vous seule eussiez eu besoin de sa passion et de sa mort pour votre remède.

1154. Vous devez mesurer sur cette règle votre obligation et votre gratitude. Et puisque vous connaissez la fatale insouciance que les hommes opposent à l'amour extrême que leur Dieu et leur Créateur fait homme leur a témoigné en mourant pour eux, travaillez à réparer cette injure, en l'aimant pour tous les autres, comme si vous seule étiez chargée de payer la dette commune par votre reconnaissance et votre fidélité. Gémissez aussi sur la folie des hommes qui se jouent avec un si grand aveuglement de leur bonheur éternel, et qui amassent sur leur tête les trésors de la colère du Seigneur, en le frustrant des principaux effets de l'amour infini qu'il a fait éclater en faveur du monde. C'est pour cela que je vous découvre tant de secrets, et en même temps la douleur incomparable que je ressentis aussitôt que mon très saint Fils m'eut quittée pour aller au sacrifice de sa passion et de sa mort. Rien ne saurait exprimer

---

564   Ga 2, 21.

l'affliction de mon âme en cette circonstance ; mais si vous y pensez, toutes les peines vous paraîtront douces, les plaisirs terrestres insipides, et vous ne souhaiterez que de souffrir et que de mourir avec Jésus-Christ. Unissez votre compassion à la mienne, vous devez cette fidèle correspondance et ce retour aux faveurs que je vous accorde.

1155. Je veux aussi que vous considériez combien est en horreur aux yeux du Seigneur, aux miens et à ceux des bienheureux le peu de soin que les hommes prennent de fréquenter la sainte communion, et de s'en approcher avec les dispositions convenables et avec une dévotion fervente. C'est pour que vous compreniez bien et transmettiez cet avis important que je vous ai découvert ce que je fis, me préparant des années entières pour le jour auquel je devais recevoir mon très saint Fis dans l'adorable sacrement, ainsi que ce que je vous dicterai dans la suite pour l'instruction et la confusion des mortels ; car si étant innocente, exempte de tout péché, et comblée de toutes les grâces, je n'ai pas laissé de faire tous mes efforts pour y ajouter de nouvelles dispositions par mon humilité, par ma reconnaissance et par une vive ferveur, que ne devez-vous pas faire, et vous et les autres enfants de l'Église, qui chaque jour, à chaque heure, commettent de nouvelles fautes et contractent de nouvelles souillures, avant que de s'approcher de la beauté de la divinité et de l'humanité de mon très saint Fils et Seigneur ? Quelle excuse trouveront les hommes au jour du jugement, d'avoir eu Dieu lui-même parmi eux sous les espèces sacramentelles dans l'église, où il attend qu'ils viennent le recevoir pour les remplir de la plénitude de ses dons, et d'avoir cependant méprisé cet amour et ce bienfait ineffable, pour se livrer aux joies mondaines, et pour s'attacher à la vanité et au mensonge ? Soyez étonnée, ma fille, comme les anges et les saints le sont, d'une telle folie, et gardez-vous bien d'y tomber.

Chapitre 10
Notre Sauveur Jésus-Christ célèbre la dernière cène légale avec ses disciples.
— Il leur lave les pieds. — Sa très sainte Mère connaît tous ces mystères.

1156. Le jeudi qui précéda le jour de sa passion et de sa mort, notre Sauveur poursuivait vers le soir, comme je l'ai dit, son chemin vers Jérusalem, s'entretenant avec ses disciples des profonds mystères qu'il leur annonçait. Ils lui proposèrent quelques doutes sur ce qu'ils n'entendaient pas ; et il les résolut tous par des explications dignes du Maître de la sagesse et du Père le plus tendre, en faisant pénétrer dans leurs cœurs une douce lumière. Il avait toujours aimé les apôtres ; mais dans ces derniers jours de sa vie, il voulut, semblable à un cygne divin, donner un charme nouveau aux accents de sa voix et aux expressions de son amour. Non seulement les approches de sa passion et la prévision de tant de tourments qu'il devait souffrir, n'arrêtaient point ses épanchements, mais comme le calorique concentré par l'opposition du froid se répand de nouveau avec toute son efficace, de même le feu de l'amour divin qui brûlait sans cesse dans le cœur de notre amoureux Jésus, s'en échappait plus ardent et plus actif que jamais, pour envelopper dans l'incendie ceux-là même qui voulaient l'éteindre, après avoir d'abord enflammé ceux qui lui étaient le plus proches. Il arrive ordinairement aux enfants d'Adam, excepté Jésus-Christ et sa très sainte Mère, de se mettre en colère dans les persécutions, de s'irriter des injures, de s'impatienter dans les peines, de se troubler de tout ce qui leur est contraire, de montrer de la mauvaise humeur à ceux qui les offensent, et de regarder comme une action héroïque de ne pas s'en venger sur-le-champ ; mais l'amour de notre divin Maître ne fut point diminué par les injures qu'il devait recevoir en sa passion ; il ne se rebuta ni pour l'ignorance de ses disciples, ni pour leur infidélité prochaine.

1157. Ils lui demandèrent où il voulait célébrer la Pâque de l'agneau[565] ; car cette nuit les Juifs célébraient leur souper comme une fête fort solennelle, et c'était en leur loi la plus claire figure de Jésus-Christ et des mystères qu'il devait opérer pour ce même peuple ; mais les apôtres n'étaient pas encore capables de les comprendre. Notre divin Maître leur répondit en chargeant saint Pierre et saint Jean de le devancer à Jérusalem, et d'y préparer la cène de l'agneau pascal dans une maison où ils verraient entrer un serviteur portant une cruche d'eau, et de dire de sa part au maître de la maison de lui disposer un lieu pour souper avec ses disciples. Cet homme était un habitant de Jérusalem fort riche, fort considérable, dévoué au Sauveur, et du nombre de ceux qui avaient cru à sa doctrine et à ses miracles ; de sorte qu'il mérita par sa piété que l'Auteur de la vie choisit sa maison pour la sanctifier par les mystères qu'il y opéra, la consacrant alors en un saint Temple pour les autres mystères qui y seraient opérés ensuite. Les deux apôtres s'empressèrent d'obéir, et selon les marques que le Seigneur leur avait annoncées, ils entrèrent dans cette maison, et prièrent le maître d'y recevoir notre Rédempteur pour y célébrer la grande fête des Azymes, car c'était le nom que l'on donnait à cette Pâque.

1158. Le cœur de ce père de famille fut éclairé d'une grâce singulière, et il leur offrit libéralement sa maison et tout ce qui était nécessaire pour la cène légale ; il indiqua aussitôt une grande salle[566] tapissée et ornée avec la magnificence convenable aux augustes mystères que notre Sauveur y voulait opérer, quoiqu'il les ignorât aussi bien que les deux apôtres. Lorsque les préparatifs furent terminés, le Seigneur arriva au logis avec les autres disciples, et sa bienheureuse Mère ne tarda pas d'y venir aussi avec les saintes femmes qui l'accompagnaient. Aussitôt qu'elle y fut arrivée, elle se prosterna humblement et adora son très saint Fils selon sa coutume, puis elle lui demanda sa bénédiction, et le pria de lui prescrire ce qu'elle devait faire. Sa Majesté lui ordonna de se retirer dans une chambre de la maison, car elle était grande et commode, et d'y observer ce que la divine Providence avait déterminé de faire dans cette nuit, de fortifier les femmes qui étaient en sa compagnie, et de leur donner les instructions nécessaires. Notre puissante Reine obéit, et se retira avec ces saintes

565   Mt 26, 17 ; 14, 12 ; Lc 22, 9.

566   Lc 22, 12.

femmes. Elle leur dit de persévérer dans la foi et dans la prière, se préparant elle-même par des actes fervents à la communion qu'elle savait devoir bientôt recevoir, et toujours intérieurement attentive à tout ce que son très saint Fils faisait.

1159. Lorsque sa très pure Mère se fut retirée, notre Sauveur Jésus entra avec les douze apôtres et les autres disciples dans la salle qu'on lui avait destinée, et il y célébra avec eux la cène de l'agneau, observant toutes les cérémonies de la loi, sans rien omettre des rites qu'il avait lui-même établis par l'intermédiaire de Moïse[567]. Dans cette dernière cène, il instruisit les apôtres du sens de toutes les cérémonies de cette loi figurative ; il leur fit connaître qu'il les avait prescrites aux anciens patriarches et prophètes pour symboliser ce qu'il devait lui-même accomplir en réalité comme Réparateur du monde ; que l'ancienne loi de Moïse et ses figures disparaîtraient devant la vérité qu'elles représentaient, que les ombres ne pouvaient que se dissiper, puisqu'il apportait la lumière et le principe de la nouvelle loi de grâce, sous laquelle subsisteraient seulement les préceptes de la loi naturelle, qui devait durer toujours, mais que ces préceptes seraient perfectionnés par d'autres préceptes divins, et par les conseils qu'il enseignait ; que par l'efficace qu'il donnerait aux nouveaux sacrements de sa nouvelle loi, tous les sacrements de la loi de Moïse cesseraient comme insuffisants et purement figuratifs, et que c'était pour cela qu'il célébrait avec eux cette cène, par laquelle il mettait un terme aux cérémonies et à la force obligatoire de la loi ancienne, puisqu'elle ne tendait qu'à prédire et qu'à signifier ce que le Rédempteur faisait ; et que, le but atteint, on n'avait plus besoin des moyens.

1160. Les apôtres découvrirent par ce nouvel enseignement quelques-uns des grands secrets renfermés dans les profonds mystères que leur divin Maître opérait ; mais les autres disciples qui se trouvaient avec eux n'eurent pas la même intelligence des œuvres de cet adorable Seigneur. Judas fut celui qui y fit le moins d'attention ; il y comprit peu de chose, ou même rien du tout, parce qu'il était absorbé par son avarice, et qu'il ne songeait qu'à la trahison qu'il venait d'ourdir, et aux moyens de la consommer secrètement. Le Sauveur dissimulait aussi, parce que cette conduite convenait à son équité et à l'exécution de ses très hauts jugements. Il ne voulut pas l'exclure de la cène ni des autres mystères, jusqu'à ce que lui-même s'en éloignât par sa mauvaise volonté ; au contraire, il le traita toujours comme son disciple, son apôtre et son ministre, et respecta son honneur, enseignant par cet exemple aux enfants de l'Église combien ils doivent vénérer ses ministres et ses prêtres, et conserver leur honneur sans divulguer les fautes et les faiblesses que la fragilité de la nature humaine ne leur permettra point de cacher. On n'en saurait trouver aucun plus méchant que Judas, et nous en devons être persuadés. Il n'est personne non plus qui puisse jamais s'égaler à notre Seigneur Jésus-Christ, ni avoir autant d'autorité que lui ; c'est ce que la foi nous enseigne. Or il n'est pas juste que ceux qui sont infiniment inférieurs au divin Maître fassent à l'égard de ses ministres meilleurs

---

567   Ex 12, 3 etc.

que Judas, quelque méchants qu'ils soient, ce que le Seigneur lui-même n'a pas fait à l'égard de cet abominable apôtre, et les prélats ne sont pas exempts de cette obligation ; car notre Seigneur Jésus-Christ était véritablement le Pontife souverain, et pourtant il a supporté Judas et lui a conservé son honneur.

1161. Notre Rédempteur fit dans cette occasion un cantique mystérieux à la louange du Père éternel, le bénissant de ce que les figures de l'ancienne loi s'étaient accomplies en lui, et pour la gloire qui en revenait à son saint nom ; et après qu'il se fut prosterné et humilié quant à son humanité sainte, il adora et magnifia la Divinité comme infiniment supérieure à cette même humanité ; et s'adressant au Père éternel, il lui fit intérieurement avec beaucoup de ferveur cette sublime prière :

1162. « Mon Père éternel, Dieu immense, votre divine volonté a déterminé de créer mon humanité, pour que je fusse comme homme le chef de toutes les créatures prédestinées à votre gloire et à une félicité éternelle, et pour qu'elles se disposassent par le moyen de mes œuvres à acquérir leur véritable béatitude[568]. C'est pour cela, et pour racheter les enfants d'Adam de leurs péchés que j'ai vécu trente-trois ans parmi eux. Maintenant, Seigneur, le temps propice est arrivé, l'heure agréable à votre volonté éternelle est venue, où votre saint nom doit être manifesté aux hommes, connu de toutes les nations et exalté par la connaissance de la sainte foi qui doit révéler à tous votre Divinité incompréhensible. Voici le moment d'ouvrir le livre scellé de sept sceaux[569] que votre sagesse m'a donné, et de mettre une heureuse fin aux anciennes figures et aux sacrifices des animaux[570], qui ont représenté celui de moi-même que je veux offrir maintenant pour mes frères les enfants d'Adam, les membres de ce corps dont je suis chef, et les brebis de votre troupeau que je vous supplie de regarder avec miséricorde. Que si les anciens sacrifices et les figures que je réalise maintenant, apaisaient votre colère par les choses qu'ils représentaient, il est juste, mon Père, que cette colère cesse, puisque je m'offre volontairement en sacrifice afin de mourir sur la croix pour les hommes, et que je me sacrifie comme un holocauste dans le feu de mon amour[571]. Modérez donc, Seigneur, la rigueur de votre justice, et regardez le genre humain avec clémence. Donnons aux mortels une loi salutaire, par laquelle ils puissent s'ouvrir les portes du ciel qui ont été fermées jusqu'à cette heure par leur désobéissance. Qu'ils trouvent enfin un chemin assuré, et un libre accès pour entrer avec moi en présence de votre Divinité, s'ils veulent m'imiter, observer mes préceptes et suivre mes traces. »

1163. Le Père éternel agréa cette prière de notre Sauveur ; et aussitôt il envoya du ciel des légions innombrables d'Anges, pour assister dans le cénacle aux œuvres admirables que le Verbe incarné y devait opérer. Pendant que tout cela se passait

---

568   Rm 8, 29.

569   Ap 5, 29.

570   He 1, 1, etc.

571   Qo 5, 2.

dans le cénacle, l'auguste Marie était dans son oratoire élevée à une très haute contemplation dans laquelle elle voyait ces merveilles aussi clairement et aussi distinctement que si elle y eût été présente ; et elle coopérait et répondait à toutes les œuvres de son très saint Fils comme coadjutrice de toutes, de la manière que son incomparable sagesse lui enseignait. Elle faisait des actes héroïques de toutes les vertus, par lesquelles elle devait répondre à celles de notre Seigneur Jésus-Christ ; car elles résonnaient toutes par un écho mystérieux et divin dans le cœur de la très pure Mère, et alors notre bien-aimée Reine répétait à son tour les mêmes prières. Elle y ajoutait de nouveaux et divins cantiques de louanges pour ce que la très sainte humanité opérait en la personne du Verbe afin d'accomplir la volonté divine, et les anciennes figures de la loi écrite.

1164. De quelle admiration nous serions ravis comme le furent les anges et comme le seront tous les bienheureux dans le ciel, si nous connaissions maintenant cette ineffable harmonie des vertus et des œuvres qui se trouvaient coordonnées dans l'âme de notre puissante Dame comme dans un cœur savamment organisé, sans se confondre ni s'empêcher les unes les autres, lorsque toutes en général et chacune en particulier opéraient dans cette occasion avec la plus grande force ! L'auguste Princesse était remplie des divines lumières que j'ai marquées ; et par là même elle savait que les cérémonies et les figures légales étaient accomplies en son très saint Fils, et qu'il les terminait en instituant la nouvelle loi et des sacrements plus nobles et plus efficaces. Elle considérait le fruit si abondant de la rédemption dans les prédestinés, la perte des réprouvés, l'exaltation du saint nom de Dieu, et de l'humanité sainte de son Fils Jésus, la connaissance et la foi universelle de la Divinité qui se propageraient dans l'univers entier ; elle voyait le ciel fermé depuis tant de siècles s'ouvrir, afin que dès lors les enfants d'Adam y entrassent par l'établissement et le progrès de la nouvelle Église évangélique et de tous ses mystères, et reconnaissait que toutes ces grandes choses étaient le magnifique ouvrage de son très saint Fils, qui s'attirait l'admiration et les louanges de tous les courtisans célestes. Elle bénissait le Père éternel, et lui rendait des actions de grâces spéciales pour ces œuvres inénarrables, sans en omettre aucune, et elle puisait dans tous ces saints exercices une joie et une consolation indicibles.

1165. Mais elle considérait aussi que toutes ces œuvres merveilleuses devaient coûter à son propre Fils les douleurs, les ignominies, les affronts et les tourments de sa passion, et enfin la cruelle mort de la croix, qu'il devait subir tout cela en l'humanité qu'il avait reçue d'elle, et qu'un si grand nombre d'entre les enfants d'Adam, pour qui il allait souffrir, le paieraient d'ingratitude et perdraient le fruit abondant de la rédemption. Cette prévision remplissait d'amertume le cœur compatissant de la plus tendre des Mères. Mais comme elle était la vivante image de son très saint Fils, tous ces divers mouvements de joie et de tristesse se trouvaient en même temps dans son cœur magnanime. Ils n'étaient point capables de la troubler, et elle ne laissait point d'instruire et de consoler les saintes femmes qui étaient avec elle ; au contraire, tout en se maintenant elle-même à la hauteur des lumières divines qu'elle recevait, elle savait, dans ses rapports extérieurs, descendre jusqu'à elles pour les éclairer et les fortifier par des conseils salutaires et par des paroles de vie éternelle. Ô admirable Maîtresse ! ô exemplaire plus qu'humain ! que nous devons tâcher d'imiter. Il est vrai que notre fonds de piété est imperceptible en comparaison de cet Océan de grâce et de lumière. Mais il est sûr aussi que nos peines ne sont presque qu'apparentes en comparaison de celles qu'elle a endurées, puisqu'elle seule a plus souffert que tous les enfants d'Adam ensemble. Et cependant, ni son exemple, ni son amour, ni notre intérêt éternel ne suffisent pour nous faire souffrir avec patience la moindre adversité qui nous survient. La moindre persécution nous trouble et nous met de mauvaise humeur ; aussitôt nous nous laissons emporter par nos passions et abattre par la tristesse, nous y résistons avec colère, nous perdons la raison, nous devenons indociles ; tout est en nous dans le désordre, et chacun de nos mouvements nous rapproche du précipice. D'un autre côté, la prospérité nous séduit et nous entraîne aussi à notre perte, de sorte que nous ne pouvons en aucun cas nous fier à notre nature corrompue et affaiblie par le péché. Dans toute espèce d'occasions, souvenons-nous donc de notre auguste Maîtresse pour régler nos sentiments désordonnés.

1166. La cène légale étant achevée et les apôtres bien instruits, notre Seigneur Jésus-Christ se leva de table, comme le rapporte saint Jean[572], pour leur laver les pieds. Et il fit auparavant une autre prière mentale au Père, se prosternant en sa présence comme nous avons vu qu'il l'avait fait aumoment de la cène ; et il dit : « Mon Père éternel, Créateur de tout l'univers, je suis votre image engendrée par votre entendement, et la figure de votre substance[573] ; et m'étant offert par la disposition de votre sainte volonté à racheter le monde par ma passion et par ma mort, je veux, Seigneur, selon votre bon plaisir, entrer dans ces mystères en m'humiliant jusqu'à la poussière, quoique je sois votre Fils unique, afin de confondre l'orgueil de Lucifer par mon humilité. Pour donner l'exemple de cette vertu à mes apôtres et à mon Église, qui doit être établie sur ce fondement solide de l'humilité, je veux, mon Père, laver les pieds à mes disciples, et même à Judas, le dernier de tous par sa méchanceté ; et me prosternant devant lui avec une humilité profonde et véritable, je lui offrirai mon amitié et son remède. Et quoiqu'il soit le plus grand ennemi que j'aie entre les mortels, je ne lui refuserai point ma miséricorde ni le pardon de sa trahison, afin que, s'il ne le reçoit pas, le ciel et la terre sachent que je lui ai ouvert les bras de ma clémence, et qu'il l'a méprisée lui-même par une volonté obstinée. »

1167. Notre Sauveur fit cette prière avant que de laver les pieds à ses disciples. Et pour dépeindre jusqu'à un certain point les transports et la sainte ardeur avec lesquels son divin amour disposait et exécutait ces œuvres, on ne saurait trouver dans le langage des termes assez propres, ni dans toute la création des comparaisons

---

572   Jn 13, 4.

573   He 1, 3.

assez justes ; car l'activité du feu, l'impétuosité des flots de la mer, le mouvement de la pierre vers son centre, et tous ceux que l'on peut s'imaginer dans les éléments au dedans et au dehors de leur sphère ; tout cela est quasi inerte. Mais nous ne pouvons pas ignorer que ce ne soit son seul amour et sa seule sagesse qui aient pu inventer un tel genre d'abaissement, par lequel le Verbe incarné lui-même a humilié son front jusqu'aux pieds de l'homme, et jusqu'à ceux du plus pervers des mortels, qui fut Judas ; c'est par cette humilité que Celui qui est la Parole du Père éternel, le Saint des saints, et essentiellement la bonté même, le Seigneur des seigneurs, et le Roi des rois a bien voulu appliquer ses lèvres sacrées sur la partie du corps la plus vile et la plus sale, et se prosterner devant le plus méchant des hommes pour le justifier, s'il eût reconnu et reçu ce bienfait qu'on ne saurait jamais assez estimer ni assez célébrer.

1168. Après que notre divin Maître eut achevé sa prière, il se leva avec un visage très serein ; et se tenant debout, il ordonna à ses disciples de se ranger et de s'asseoir, comme pour se constituer leur serviteur. Ensuite il quitta le manteau qu'il portait sur la tunique qui était tissée et sans couture, et qui tombait jusqu'aux pieds, sans pourtant les couvrir. Il avait dans cette occasion ses sandales, qu'il ôtait parfois quand il allait prêcher, et que parfois il gardait. Il s'en servait depuis que sa bienheureuse Mère les lui avait faites en Égypte, et elles s'étaient agrandies dans la même proportion que ses pieds avec l'âge, ainsi que je l'ai fait remarquer plus haut. Ayant quitté le manteau, dont l'Évangéliste fait mention sous le terme d'habits, il prit un linge, et s'en ceignit d'un bout, laissant l'autre extrémité libre[574]. Ensuite il mit de l'eau dans un bassin pour laver les pieds des apôtres[575], qui considéraient avec admiration tout ce que faisait leur adorable Maître.

1169. Il s'adressa au prince des apôtres pour les lui laver, et lorsque le fervent apôtre vit prosterné à ses pieds le même Seigneur qu'il avait reconnu pour le Fils du Dieu vivant, réitérant dans son intérieur cette profession de foi par la nouvelle lumière qui l'éclairait, et reconnaissant avec une humilité profonde sa propre bassesse, il s'écria, dans son trouble et dans sa surprise : *Quoi ! Seigneur, vous me laveriez les pieds*[576] ! Mais notre Rédempteur lui répondit avec une douceur incomparable : *Vous ne savez pas maintenant ce que je fais ; mais vous le saurez à l'avenir*[577]. C'était lui dire : Obéissez d'abord à ma volonté, et ne préférez pas votre sentiment au mien, car vous renverseriez l'ordre des vertus, et vous les sépareriez. Vous devez soumettre votre entendement et croire que ce que je fais est convenable, et après que vous aurez cru et obéi, vous découvrirez les mystères de mes œuvres, à l'intelligence desquelles vous devez arriver par la porte de l'obéissance ; car sans l'obéissance elle ne saurait être véritablement humble, mais elle serait présomptueuse.

---

574   Jn, 13, 4.

575   Jn 3, 5.

576   Jn 13, 6.

577   *Ibid.*, 7.

Votre humilité ne doit pas non plus être préférée à la mienne ; je me suis humilié jusqu'à la mort[578], et pour pratiquer une si grande humilité j'ai obéi ; et tout en étant mon disciple, vous ne suivez pas ma doctrine, puisque sous prétexte de vous humilier, vous voulez désobéir, et renversant l'ordre des vertus, vous vous privez de l'humilité et de l'obéissance, en suivant la présomption de votre propre jugement.

1170. Saint Pierre ne comprit pas la doctrine renfermée dans la première réponse de son divin Maître ; car quoiqu'il fût à son école, il n'avait pas expérimenté les divins effets de ce mystérieux lavement des pieds que le Sauveur allait faire ; et embarrassé par son humilité indiscrète, il répliqua au Seigneur Vous ne me laverez jamais les pieds[579] ! L'Auteur de la vie lui répondit plus sévèrement : Si je ne vous lave pas, vous n'aurez point de part avec moi. Par cette menace notre adorable Maître établissait la sûreté de l'obéissance. Car il semble, au point de vue naturel, que saint Pierre eut quelque excuse de résister à une action si extraordinaire, et que l'esprit humain ne saurait approuver qu'un homme terrestre et pécheur permit que le même Dieu qu'il reconnaissait et qu'il adorait, se prosternât à ses pieds. Mais cette excuse n'était pas ici recevable, parce que notre divin Maître ne pouvait pas errer en ce qu'il faisait ; et lorsqu'on ne découvre point évidemment que celui qui commande se trompe, l'obéissance doit être aveugle, et il ne faut point chercher des raisons pour s'en défendre. Notre Sauveur voulait en ce mystère arrêter le cours de la désobéissance de nos premiers parents, Adam et Ève, par laquelle le péché était entré dans le monde[580] et à cause du rapport que la désobéissance de saint Pierre avait avec la leur, notre Seigneur Jésus-Christ le menaça d'un autre châtiment semblable à celui dont ils avaient été menacés, disant que, s'il n'obéissait, il n'aurait point de part avec lui ; c'était l'exclure de ses mérites et du fruit de la rédemption, par laquelle nous sommes rendus dignes de son amitié et de participer à sa gloire. Il le menaçait aussi de lui refuser la participation de son corps et de son sang, qu'il devait bientôt consacrer sous les espèces du pain et du vin ; et tandis que le Seigneur voulait se donner, non en partie, mais tout entier dans cet adorable sacrement, et qu'il souhaitait avec la plus grande ardeur de se communiquer aux siens de cette manière mystérieuse, la désobéissance de l'apôtre eût pu le priver de cet amoureux bienfait, s'il y eût persisté.

1171. La menace que notre Rédempteur fit à saint Pierre, l'instruisit si bien et le mit dans une si sainte crainte, qu'il reprit aussitôt avec une parfaite soumission : Seigneur, non seulement les pieds, mais les mains et la tête[581], afin que vous me laviez entièrement. Et ce fut comme s'il lui eut dit : J'offre mes pieds pour courir après tout ce qui vous sera agréable, mes mains pour l'exécuter, et ma tête pour ne

---

578   Ph 2, 8.

579   Jn 13, 8.

580   Rm 5, 19.

581   Jn 13, 9.

suivre point mon propre jugement, quand il faudra vous obéir. Le Sauveur agréa cette soumission de saint Pierre, et lui dit : *Pour vous autres, vous êtes purs, mais non pas tous* (car l'infâme Judas se trouvait parmi eux), *et celui qui est lavé, n'a besoin que de se laver les pieds*[582]. Notre Seigneur Jésus-Christ s'exprima ainsi, parce que les disciples (excepté Judas) étaient purifiés de leurs péchés et justifiés par sa doctrine ; et ils avaient seulement besoin de laver leurs imperfections et leurs fautes légères pour s'approcher de la communion avec de meilleures dispositions, telles qu'elles sont requises pour recevoir la plénitude de ses divins effets, et obtenir une grâce plus abondante et plus efficace ; car les péchés véniels, les distractions et la tiédeur sont de grands obstacles à cette plénitude. Ainsi saint Pierre fut lavé, et les autres obéirent, aussi émerveillés qu'attendris ; car ils recevaient tous par ce mystérieux lavement des pieds une nouvelle effusion de lumières et de grâces.

1172. Notre divin Maître vint pour laver les pieds à Judas, dont la noire trahison ne fut pas capable d'éteindre la charité de cet adorable Seigneur, ni d'empêcher qu'il ne lui donnât en quelque sorte de plus grands témoignages d'affection qu'aux autres apôtres. Et sans les leur faire remarquer, il les rendit sensibles pour Judas de deux manières. Extérieurement, il s'avança vers lui d'un air aimable et caressant, se prosterna à ses pieds, les lava, les baisa, et les mit contre sa poitrine avec une tendresse singulière. Intérieurement, il le favorisa de vives inspirations qu'il lui envoya selon le besoin de sa conscience dépravée ; car ces secours furent en eux-mêmes plus grands à l'égard de Judas, qu'à l'égard d'aucun autre des apôtres. Mais comme il se trouvait dans de très mauvaises dispositions, tyrannisé par de vieilles habitudes vicieuses, et endurci dans son obstination partant des successives résolutions criminelles, comme son intelligence s'était obscurcie et ses puissances affaiblies, et qu'il s'était entièrement éloigné de Dieu, et livré au démon, qu'il avait placé dans son cœur comme sur le trône de sa malice, il résista à toutes les grâces et à toutes les inspirations qu'il recevait pendant que le Sauveur lui lavait les pieds. Il se fortifia dans cette résistance par la crainte de déplaire aux scribes et aux pharisiens, s'il manquait à l'accord qu'il avait fait avec eux. Et comme la présence de Jésus-Christ et la force de ses grâces tendaient à dissiper les ténèbres de son entendement, il s'éleva des abîmes de sa conscience une violente tempête qui le remplit de confusion, d'amertume, de colère, d'aigreur, et l'éloigna de son divin Maître et médecin au moment où il lui présentait une dernière fois le remède salutaire, que le malheureux changea lui-même en un poison mortel par cette méchanceté dont il était rempli.

1173. La malice de Judas résista à la vertu de ces divines mains, dans lesquelles le Père éternel avait mis tous ses trésors[583], et le pouvoir de faire des prodiges et d'enrichir toutes les créatures. Et quand même l'obstiné Judas n'aurait reçu que les grâces ordinaires, que la présence de l'Auteur de la vie opérait dans les âmes, et celles que

---

582   Jn 13, 10.

583   Jn 13, 2.

sa très sainte personne y pouvait naturellement répandre, l'iniquité de ce misérable disciple n'en dépasserait pas moins toutes nos pensées. Notre Seigneur Jésus-Christ était merveilleusement bien fait de sa personne ; il avait un air imposant et serein, une beauté pleine d'une douceur attrayante ; les cheveux longs, à la manière des Nazaréens, lisses, d'une couleur entre le blond doré et le châtain ; les yeux grands et bien fendus ; le regard accompagné d'une grâce et d'une majesté admirables ; la bouche, le nez, et toutes les parties du visage parfaitement proportionnés ; et il se montrait en tout si aimable, qu'il inspirait à ceux qui le regardaient sans prévention un respect et un amour singulier. Son seul aspect pénétrait les âmes d'une joie ineffable, les éclairait, et produisait sur elles des impressions divines et d'autres effets admirables. Judas vit à ses pieds cette personne du Christ si digne d'amour et de vénération ; il en reçut de nouveaux témoignages d'affection et des faveurs extraordinaires. Mais son ingratitude et sa perversité furent si grandes, que rien ne fut capable de l'émouvoir et d'amollir son cœur endurci ; au contraire il s'irrita de la douceur de Jésus-Christ, et ne voulut point le regarder au visage, ni faire cas de sa personne ; car dès qu'il eut perdu la grâce et la foi, il conçut une telle aversion pour sa divine Majesté et pour sa très sainte Mère, qu'il ne les regardait jamais au visage. La terreur qu'eut Lucifer de la présence de notre Sauveur fut en quelque façon plus grande ; en effet, cet ennemi, comme je l'ai dit, trônait dans le cœur de Judas, et ne pouvant souffrir l'humilité que notre divin Maître pratiquait envers les apôtres, il prétendit sortir de Judas, et du cénacle ; mais le Seigneur le retint par la puissance de son bras, afin d'y abattre alors son orgueil, quoique ensuite il en ait été chassé (comme je le dirai en son lieu) ; et c'est ce qui redoubla sa fureur et les doutes qu'il avait que Jésus-Christ ne fût véritablement Dieu.

1174. Notre Sauveur acheva le lavement des pieds, et ayant repris son manteau, il s'assit au milieu de ses disciples, et leur fit cet admirable sermon, que rapporte l'évangéliste saint Jean, et qui commence par ces mots : *Savez-vous ce que je viens de vous faire ? Vous m'appelez votre Maître et votre Seigneur, et vous avez raison, car je le suis. Si donc je vous ai lavé les pieds, moi qui suis votre Maître et votre Seigneur, vous devez aussi vous laver les pieds les uns aux autres. Car je vous ai donné l'exemple, afin que vous fassiez la même chose que j'ai faite envers vous ; puisque le serviteur n'est pas plus grand que le maître, ni l'apôtre plus grand que celui qui l'a envoyé*[584]. Le Sauveur poursuivit son discours, instruisant ses apôtres, et leur communiquant de grands mystères, et une doctrine céleste, à l'exposition desquels je ne m'arrête pas ici, parce que les Évangélistes en font mention. Ce sermon donna aux apôtres de nouvelles lumières sur les mystères de la très sainte Trinité et de l'Incarnation, les disposa par une nouvelle grâce à celui de l'Eucharistie, et les confirma dans la connaissance qu'ils avaient reçue de la sublimité des miracles et de la prédication du Seigneur. Saint Pierre et saint Jean furent favorisés d'une illumination particulière ; car

---

584   Jn 13, 13, etc.

chaque apôtre reçut plus ou moins de connaissance, selon ses dispositions et selon la volonté divine. Ce que rapporte saint Jean[585] des questions qu'il fit à notre Seigneur Jésus-Christ à la sollicitation de saint Pierre, pour savoir quel était le traître qui allait le trahir, ainsi que le divin Maître l'avait annoncé lui-même, arriva pendant la cène, lorsque saint Jean était appuyé sur son sein. Saint Pierre désirait connaitre le coupable, pour punir ou empêcher sa trahison par le zèle qui l'enflammait, et par cet amour pour Jésus-Christ qu'il faisait toujours éclater avant tous les autres. Mais saint Jean ne le lui déclara point, quoiqu'il le connût par le signe du morceau que le Sauveur offrit à Judas, signe par lequel il avait dit à l'Évangéliste qu'il le lui indiquerait ; ainsi il ne le connut que pour lui seul, sans vouloir le découvrir à personne, pour pratiquer la charité qu'il avait apprise à l'école de notre adorable Maître.

1175. Saint Jean reçut des faveurs singulières pendant qu'il était penché sur le sein du Sauveur Jésus, et il y apprit de sublimes mystères touchant sa divinité et son humanité, et d'autres touchant sa bien heureuse Mère. Ce fut dans cette occasion que le Seigneur la lui recommanda ; car il ne lui dit pas sur la croix qu'elle serait sa mère, ni à elle que le saint Évangéliste serait son fils ; mais, Voilà votre mère[586] parce qu'il ne le déterminait pas alors, mais il manifestait seulement en public ce qu'il lui avait recommandé en particulier. Notre auguste Reine avait une connaissance fort claire, comme je l'ai marqué ailleurs, de tous les mystères que son très saint Fils opérait dans ce lavement des pieds, et pénétrait toutes ses paroles, glorifiant le Très-Haut pourtant de bienfaits par des cantiques de louange. Et quand notre divin Maître opérait ces merveilles ; elle ne les considérait point comme des choses qu'elle ignorât, mais comme voyant accomplir ce qu'elle savait auparavant, et qu'elle avait écrit dans son cœur, ainsi que la loi l'était sur les tables de Moïse[587]. Dans ce même temps elle instruisait ses saintes disciples de tout ce qui pouvait leur être utile, et se réservait ce qu'elles n'étaient pas capables de comprendre.

Instruction que m'a donnée la puissante Reine du monde, la bienheureuse Marie

1176. Ma fille, je veux que vous vous distinguiez dans les trois vertus principales de mon Fils et mon Seigneur, que vous avez dépeintes dans ce chapitre, afin qu'en les pratiquant vous l'imitiez comme son épouse et ma très chère disciple. Ces vertus sont, la charité, l'humilité et l'obéissance, que cet adorable Sauveur a fait surtout briller dans sa conduite à la fin de ses jours. Il est certain qu'il a donné pendant toute sa vie des marques éclatantes du grand amour qu'il portait aux hommes, puisqu'il a fait pour eux tant de merveilles dès l'instant qu'il fut conçu dans mon sein par l'opération du Saint-Esprit. Mais à la fin de sa vie, qui fut le temps auquel il établit la loi évangélique et le Nouveau Testament, la flamme de l'ardente charité

---

585 Jn 19, 23.

586 Jn 19, 27.

587 Dt 5, 22.

et du feu amoureux qui brûlait dans son cœur, enjaillit au dehors avec une nouvelle force. Ce fut dans cette occasion que la charité de notre Seigneur Jésus-Christ agit avec toute son efficace en faveur des enfants d'Adam ; car tout concourut alors pour l'exciter ; de son côté, les douleurs de la mort qui l'environnaient[588] ; et du côté des hommes, les répugnances à souffrir et à recevoir leur propre bien, les ingratitudes, les méchancetés, et les desseins d'ôter l'honneur et la vie à celui qui leur consacrait et donnait la sienne, et leur préparait le salut éternel. Par ces obstacles, l'amour, qui ne pouvait point s'éteindre[589], éclata davantage, et le Seigneur devint, pour ainsi dire, plus ingénieux à conserver ce même amour dans ses propres œuvres, à trouver le secret de demeurer parmi les hommes après qu'il aurait dû s'en éloigner, et à leur enseigner par son exemple et par sa doctrine les moyens assurés et efficaces pour participer aux effets de son divin amour.

1177. Je veux que vous soyez fort savante et fort industrieuse en cet art d'aimer votre prochain pour Dieu. Vous le mettrez en pratique, si les injures et les peines que vous en recevrez ne font qu'augmenter en vous la charité, sachant qu'alors seulement elle n'est ni douteuse ni suspecte, quand, du côté de la créature, elle n'est provoquée ni par des bienfaits ni par des flatteries. Car en aimant celui qui vous fait du bien vous remplissez un devoir, mais si vous n'y prenez bien garde, vous ne savez pas si vous l'aimez pour Dieu ou pour les avantages qu'il vous procure ; et, dans ce dernier cas, vous aimeriez votre intérêt, vous vous aimeriez vous-même plutôt que votre prochain en vue de Dieu, et quiconque aime pour d'autres fins que pour Dieu ne connaît point le pur amour de la charité ; il n'est dominé que par l'amour aveugle de son propre intérêt. Mais si vous aimez votre prochain sans y être porté par des considérations personnelles, alors vous aurez pour motif et pour objet principal le Seigneur lui-même, et c'est lui que vous aimerez en la créature, quelle qu'elle soit. Et comme vous pouvez exercer plus facilement la charité intérieure que l'extérieure, quoique vous deviez les embrasser toutes deux autant que vos forces vous le permettront, il faut que vous tâchiez, dans l'exercice de la charité et dans la dispensation des bienfaits spirituels, de vous appliquer toujours aux grandes choses, conformément aux desseins du Seigneur, par vos prières, parde pieuses pratiques et par de prudentes exhortations, travaillant par ces moyens au salut des âmes. Souvenez-vous que mon très saint Fils ne fit à personne aucun bien temporel qu'il ne lui communiquât en même temps un bien spirituel ; car ses divines œuvres eussent été moins parfaites si elles avaient manqué de cette plénitude. Vous comprendrez par-là combien on doit préférer les biens de l'âme à ceux du corps ; et ce sont ceux-là que vous devez toujours demander en premier lieu, quoique les hommes charnels ne demandent souvent, par un aveuglement étrange, que les biens temporels, oubliant les éternels et ceux qui supposent la véritable amitié et la grâce du Très-Haut.

---

588   Ps 114, 3.

589   Ct 8, 7.

1178. Les vertus d'humilité et d'obéissance prirent un nouveau lustre en mon très saint Fils par les choses qu'il fit et qu'il enseigna lorsqu'il lava les pieds à ses disciples. Et il faudrait que votre cœur fût bien insensible et bien indocile aux leçons du Seigneur, si, malgré les lumières dont un si rare exemple remplit votre âme, vous ne vous humiliiez point au-dessous de la poussière. Soyez donc persuadée dès maintenant que vous ne pourrez jamais avoir aucun sujet de dire ni de vous imaginer que vous êtes humiliée autant que vous le méritez, quand même vous seriez méprisée de toutes les créatures, quelque pécheresses qu'elles fussent, puisque aucune ne saurait être aussi Méchante que Judas, et que vous ne sauriez être aussi sainte et aussi parfaite que votre divin Maître. Néanmoins, si vous tâchez de mériter qu'il vous favorise et honore de cette vertu d'humilité, il vous donnera un genre de perfection et de ressemblance par lequel vous serez digne du titre de son épouse, et de participer à une espèce d'égalité avec lui. Sans cette humilité, nulle âme ne peut être élevée à une telle excellence ni à une participation si sublime ; car on n'abaisse que ce qui est élevé, et on n'élève que ce qui est bas ; ainsi une âme est toujours exaltée à proportion de son humilité et de ses anéantissements[590].

1179. Afin que vous ne perdiez pas cette perle de l'humilité au moment où vous croiriez la mieux garder, je vous avertis qu'il ne faut pas que vous en préfériez la pratique à l'obéissance, ni que vous la régliez par votre volonté, mais par celle de votre supérieur ; car si vous préférez votre propre jugement à celui des personnes qui ont droit de vous commander, quoique vous le fassiez sous prétexte de vous humilier, vous tomberez par là même dans l'orgueil, puisque, dans ce cas, non seulement vous ne choisissez pas la dernière place, mais vous vous élevez au-dessus du jugement de vos supérieurs. Cet avis vous prémunira contre l'illusion à laquelle vous seriez exposée en vous défendant, comme saint Pierre, des bienfaits du Seigneur ; car par cette résistance vous vous priveriez non seulement des dons que vous faites difficulté de recevoir, mais même de l'humilité, qui est le plus grand de tous les trésors et celui que vous prétendriez conserver ; vous manqueriez en même temps à la reconnaissance que vous devez au Seigneur pour les hautes fins qu'il a toujours en ses œuvres, et vous vous opposeriez à l'exaltation de son saint Nom. Il n'appartient pas à vous de scruter ses jugements impénétrables, ni de les réformer par les raisons plus ou moins plausibles sur lesquelles vous vous fondez pour vous persuader que vous êtes indigne de recevoir de telles faveurs ou de vous appliquer à de telles œuvres. Tout cela, ma fille, n'est qu'un germe de l'orgueil de Lucifer caché sous une humilité apparente, et cet ennemi prétend par-là vous rendre incapable de la participation du Seigneur, de ses dons et de son amitié, que vous désirez avec tant d'ardeur. Faites-vous donc une loi inviolable de croire aux faveurs du Très-Haut ; de les recevoir, les estimer et les reconnaître avec un profond respect, lorsque vos supérieurs vous déclareront qu'elles sont de lui, et ne marchez pas en chance-

---

590   Mt 23, 12.

lant sans cesse au milieu de nouveaux doutes et de nouvelles craintes ; mais agissez avec ferveur, et alors vous serez humble, obéissante et douce.

Chapitre 11

Notre Sauveur Jésus-Christ célèbre la cène sacramentelle en consacrant dans l'Eucharistie son très saint et véritable corps et son précieux sang. — Les prières et les demandes qu'il fait. — Sa bienheureuse Mère communie.
— Autres mystères qui arrivèrent dans cette occasion.

1180. C'est en tremblant que je commence à traiter du mystère ineffable de l'Eucharistie, et de ce qui arriva en son institution car en élevant les yeux de l'âme pour recevoir la lumière divine, qui me guide dans cet ouvrage et qui me fait voir tant de merveilles unies ensemble, je me défie de ma faiblesse, que je découvre par cette même lumière. Mes puissances se troublent, et je ne saurais trouver des termes pour dépeindre ce que je vois et ce que ma pensée me représente, quoique tout cela soit fort au-dessous de l'objet à l'entendement. Je parlerai néanmoins, tout ignorante que je suis, pour ne pas manquer à l'obéissance et pour suivre l'ordre de cette histoire, en continuant le récit de ce que la très pure Marie a opéré en ces merveilles. Que si je ne m'exprime point avec une clarté digne de la grandeur du sujet, la faiblesse de mon sexe et l'admiration dans laquelle je suis m'excuseront ; car il n'est pas aisé de s'occuper de la justesse et de la propriété des termes, lorsque la volonté désire ne suppléer à l'insuffisance des paroles que par des affections, et jouir dans la solitude de ce qu'il ne serait ni possible ni convenable de découvrir.

1181. Notre Seigneur Jésus-Christ célébra la cène légale sur une table qui n'était élevée de terre que d'environ six ou sept doigts, à demi étendu sur le parquet, comme les apôtres, selon la coutume des Juifs. Après qu'il eut achevé le lavement des pieds, il fit préparer une autre table de la hauteur de celles dont à présent nous nous servons pour prendre nos repas, terminant par cette cérémonie les cènes légales et les rites matériels et figuratifs pour commencer le nouveau festin parlequel il établissait la nouvelle loi de grâce. De sorte qu'il fit la première consécration sur une table ou sur un autel élevé, comme ceux que l'on voit dans l'Église catholique. On couvrit cette nouvelle table d'une nappe fort riche ; puis l'on y mit un plat et une grande coupe en forme de calice, capable de contenir le vin que le Sauveur y voulait mettre, car il préparait toutes choses par sa puissance et, par sa sagesse divine. Le maître de la maison obéit à une inspiration d'en haut en lui offrant ces vases magnifiques, qui étaient d'une pierre précieuse semblable à l'émeraude. Les apôtres s'en servirent depuis dans le temps convenable pour consacrer, lorsqu'ils en eurent le pouvoir. Notre Seigneur Jésus-Christ s'assit avec les douze apôtres et quelques autres disciples ; il se fit apporter du pain sans levain qu'il mit dans le plat, et du vin pur qu'il versa dans le calice, et prépara les autres choses nécessaires.

1182. Alors le Maître de la vie adressa à ses apôtres le discours le plus admirable, et ses paroles divines, qui pénètrent toujours jusque dans le plus intime du cœur, furent pour eux dans cette instruction comme des dards enflammés du feu de la charité, qui leur communiquait son doux embrasement. Il leur découvrit de nouveau les plus sublimes mystères de sa divinité, de son humanité et des œuvres de la rédemption. Il leur recommanda la paix et l'union de la charité qu'il leur devait laisser dans ce sacré mystère qu'il allait opérer[591]. Il leur promit que, s'ils s'aimaient les uns les autres, son Père éternel les aimerait de l'amour dont il l'aimait lui-même[592]. Il leur fit connaître l'importance de cette promesse, et qu'il les avait choisis pour fonder la nouvelle Église et la loi de grâce. Il leur renouvela les lumières qu'ils avaient de la suprême dignité, de l'excellence et des prérogatives de sa très pure Mère Vierge. Saint Jean fut favorisé d'une illumination particulière à cause de l'office auquel il était destiné. Notre auguste Reine, plongée dans une divine contemplation ; regardait, de la chambre où elle s'était retirée, tout ce que son très saint Fils faisait dans le cénacle ; et elle en avait une plus profonde intelligence que tous les apôtres et que tous les anges ensemble, qui, comme je l'ai dit ailleurs, y assistaient sous une forme humaine, adorant leur Seigneur, leur Roi et leur Créateur. Les mêmes anges allèrent prendre Hénoch et Élie là où ils étaient, et les amenèrent dans le cénacle, le Seigneur voulant que ces deux patriarches de la loi naturelle et de la loi écrite se trouvassent présents à la nouvelle merveille et à l'établissement de la loi évangélique, et qu'ils participassent à ses ineffables mystères.

1183. Tous ceux dont je viens de parler étant assemblés, et considérant avec admiration ce que faisait l'Auteur de la vie, la personne du Père éternel et celle du Saint-Esprit apparurent dans le cénacle, comme il était arrivé au Jourdain et sur le Thabor. Tous les apôtres et tous les disciples ressentirent certains effets de cette apparition ; il n'y en eut pourtant que quelques-uns pour qui elle fut visible, particulièrement l'évangéliste saint Jean, qui eut toujours le privilège de pouvoir jeter le regard perçant de l'aigle sur les divins mystères. Toute la cour céleste se réunit alors dans le cénacle de Jérusalem ; telles furent la pompe et la magnificence avec lesquelles fut fondée l'Église du nouveau Testament, fut établie la loi de grâce et fut instituée l'œuvre de notre salut éternel ! Pour se faire une idée juste des actes du Verbe incarné, l'on doit remarquer que, comme il avait deux natures, la divine et l'humaine, et toutes deux en une seule personne, qui était celle du Verbe, les actes des deux natures sont pour cette raison attribués à une même personne, et c'est aussi pour cela que la même personne est appelée Dieu et homme. Par conséquent, lorsque je dis que le Verbe incarné parlait à son Père éternel et le priait, on ne doit pas entendre qu'il parlât et priât par la nature divine en laquelle il était

---

591   Jn 14, 27.

592   Jn 17, 26.

égal au Père[593], mais en la nature humaine, en laquelle il lui était inférieur[594], ayant un corps et une âme comme nous. C'est de cette manière que notre Seigneur Jésus-Christ glorifia dans le cénacle son Père éternel pour sa divinité et pour son être infini, et le pria ensuite pour le genre humain en ces termes :

1184. « Mon Père, Dieu éternel, je vous exalte en l'être infini de votre divinité incompréhensible, en laquelle je suis une même chose avec vous et avec le Saint-Esprit[595] ; engendré de toute éternité par votre entendement[596], comme la figure de votre substance et l'image de votre propre nature indivisible[597]. Je veux consommer l'œuvre de la rédemption du genre humain, que vous m'avez recommandée en la nature que j'ai prise dans le sein de ma Mère ; lui donner la dernière perfection et la plénitude de votre bon plaisir ; quitter le monde pour m'asseoir à votre droite, et vous amener tous ceux que vous m'avez donnés, sans qu'il s'en perde aucun[598], autant que cela dépend de notre volonté et de la suffisance de leur remède. Mes délices sont d'être avec les enfants des hommes[599], et si en m'en allant je les laisse sans mon assistance, ils seront seuls, comme des orphelins abandonnés ; c'est pourquoi je veux, mon Père, leur donner des gages de mon amour, qui ne saurait s'éteindre, et des récompenses éternelles que vous leur avez préparées. Je veux leur laisser un mémorial impérissable de ce que j'ai fait et souffert pour eux. Je veux qu'ils trouvent en mes mérites un facile et efficace remède au péché qu'ils ont contracté par la désobéissance du premier homme, et les réintégrer en l'entière possession du droit qu'ils ont perdu, et qu'ils avaient de prétendre au bonheur éternel pour lequel ils ont été créés.

1185. Et comme le nombre de ceux qui persévèreront dans la justice sera fort petit, il faudra bien assurer aux hommes d'autres remèdes par lesquels ils puissent la recouvrer et l'accroître en recevant de nouveau les dons les plus sublimes de votre clémence ineffable, pour les justifier et les sanctifier par des secours et des moyens divers dans l'état de leur dangereux pèlerinage. Que si nous avons déterminé par notre volonté éternelle de les tirer du néant pour leur donner l'être et l'existence, ç'a été pour leur communiquer les grandeurs de notre divinité, nos perfections et notre éternelle félicité ; votre amour, qui m'a fait naître passible et qui m'a a obligé de m'humilier pour eux jusqu'à la mort de la croix[600], ne serait pas satisfait s'il n'inventait un nouveau mode de se communiquer aux hommes selon leur capaci-

---

593   Jn 10, 30.

594   Jn 14, 28.

595   Jn 10, 30.

596   Ps 109, 4.

597   He 1, 3.

598   Jn 17, 12.

599   Pr 8, 31.

600   Ph 2, 3.

té et selon notre sagesse et notre puissance. Ce mode doit consister en des signes visibles, proportionnés à la condition sensible des hommes, et ces signes doivent produire des effets invisibles auxquels participera leur esprit invisible et immatériel.

1186. « Pour ces très hautes fins de votre gloire, je demande, mon Père, le *Fiat* de votre volonté éternelle en mon nom et en celui de tous les pauvres et affligés enfants d'Adam. Que si leurs péchés provoquent votre justice, leurs misères et leurs besoins implorent votre miséricorde infinie. Et je joins à cette même miséricorde toutes les œuvres de mon humanité unie par un lien indissoluble à ma divinité ; l'obéissance avec laquelle j'ai consenti non seulement à souffrir, mais à mourir pour eux ; l'humilité avec laquelle je me suis soumis aux hommes et à leurs jugements iniques ; la pauvreté, et les travaux de ma vie, mes opprobres et ma passion ; ma mort, et l'amour avec lequel j'ai accepté tout cela pour votre gloire, et afin que vous fussiez connu et adoré de toute les créatures, capables de votre grâce et de votre félicité. Vous m'avez, mon Père, rendu frère des hommes ; vous avez voulu que je fusse leur chef[601], comme celui de tous les élus qui doivent éternellement jouir avec nous de notre divinité, afin qu'ils soient, comme enfants, héritiers avec moi de vos biens éternels[602], et qu'ils participent, comme membres, à l'influence que je veux leur communiquer comme chef[603], selon l'amour que je leur porte comme à mes frères ; et je veux, autant qu'il est en moi, les entraîner à ma suite, et les faire rentrer dans votre amitié et dans le doux commerce sous les lois duquel ils ont été formés en leur chef naturel, le premier homme.

1187. « Je détermine, Seigneur, par cet amour immense que tous les mortels puissent désormais être pleinement réengendrés en votre grâce par le sacrement du Baptême, et qu'ils le puissent recevoir aussitôt qu'ils seront nés, sans aucun concours de leur propre volonté, que des tiers manifesteront alors pour eux, afin qu'ils renaissent au jour de votre sagesse. Qu'ils soient dès lors héritiers de votre gloire, et marqués comme enfants de mon Église par un caractère indélébile ; qu'ils soient purifiés de la souillure du péché originel ; qu'ils reçoivent les dons des vertus de foi, d'espérance, et de charité, avec lesquels ils puissent se montrer vos enfants dans leur conduite, vous connaître, espérer en vous, et vous aimer pour vous-même. Qu'ils reçoivent aussi les vertus avec lesquelles ils puissent régler leurs passions désordonnées par le péché, et discerner sans erreur le bien et le mal. Que ce sacrement soit la porte de mon Église, et qu'il rende ceux qui l'auront reçu capables des autres sacrements et des nouveaux bienfaits de notre grâce. Je détermine encore qu'après ce sacrement ils en reçoivent un autre, qui les confirme dans la sainte foi qu'ils ont professée et qu'ils doivent professer ; afin qu'ils puissent la défendre avec fermeté, quand ils auront l'usage de la raison. Et comme la fragilité des

601   Col 1, 18.

602   Rm 8, 17.

603   1 Co 6, 15.

hommes leur fera aisément transgresser ma loi, et que ma charité ne peut les laisser sans un remède qui leur soit facile et opportun, je destine à cet effet le sacrement de la Pénitence, par lequel, reconnaissant et confessant leurs péchés avec douleur, ils seront rétablis dans l'état de justice, et continueront à gagner des mérites pour la gloire que je leur ai promise. Ainsi Lucifer et ses ministres ne triompheront point de les avoir fait déchoir de l'état heureux dans lequel le baptême les avait mis.

1188. « Les hommes étant justifiés par le moyen de ces sacrements, seront capables de la participation la plus haute, la plus intime et la plus tendre qu'ils puissent avoir avec moi dans l'exil de leur vie mortelle ; ils la réaliseront en me recevant d'une manière ineffable sous les espèces du pain et du vin ; en celles du pain, je laisserai mon corps, et en celles du vin je laisserai mon sang. Je me trouverai véritablement et réellement tout entier en chacune de ces espèces consacrées ; quoique j'établisse ce sacrement mystérieux de l'Eucharistie sous l'une et sous l'autre, parce que je m'y donnerai en forme d'aliment proportionné à la condition des hommes et à leur état de voyageurs, opérant toutes ces merveilles pour eux, et voulant rester ainsi au milieu d'eux jusqu'à la fin des siècles[604]. Et afin qu'ils aient un autre sacrement qui les purifie et les soutienne lorsqu'ils seront arrivés au terme de la vie, je leur destine le sacrement de l'Extrême-Onction ; qui leur sera aussi comme un gage de leur résurrection dans les mêmes corps qui auront été marqués par ce sacrement. Et comme tous tendent à sanctifier les membres du corps mystique de mon Église, en laquelle doit régner un ordre parfait, et chacun doit occuper le rang convenable à son ministère, je veux que les ministres de ces sacrements reçoivent eux-mêmes un sacrement particulier qui les élèvera, par rapport à tous les autres fidèles, au degré suprême du sacerdoce, et j'instituerai à cet effet le sacrement de l'Ordre, qui les revêtira d'un caractère spécial et les sanctifiera avec une efficacité merveilleuse. Et quoique ce soit de moi qu'ils doivent tous recevoir cette excellence, je veux qu'elle leur soit communiquée par l'intermédiaire d'un chef, qui sera mon vicaire, représentera ma personne, et sera le Pontife souverain, aux mains duquel je confierai les clefs du ciel, et je veux que tous lui obéissent sur la terre. Pour que rien ne manque à la perfection de mon Église, j'institue en dernier lieu le sacrement du Mariage, qui sanctifiera les rapports naturels établis pour la propagation du genre humain ; afin que tous les états de l'Église soient enrichis et ornés de mes mérites infinis. C'est là, Père éternel, ma dernière volonté, par laquelle je fais tous les mortels héritiers de mes mérites, que leur dispensera ma nouvelle Église, dans laquelle je les mets en dépôt. »

1189. Notre Rédempteur Jésus-Christ fit cette prière en présence des apôtres, sans qu'ils s'en aperçussent ; mais la bienheureuse Mère, qui de sa retraite le voyait et l'imitait en tout, se prosterna et offrit comme Mère au Père éternel les demandes de son Fils. Et quoiqu'elle ne pût ajouter aucune valeur méritoire aux œuvres de son très saint Fils, néanmoins, en sa qualité de coadjutrice, elle unit ses prières aux siennes,

604   Mt 28, 20.

comme dans les autres occasions semblables, et sollicita de son côté la divine misé-ricorde, afin que le Père éternel ne regardât point son Fils tout seul, mais toujours en compagnie de sa Mère. Aussi les regarda-t-il tous deux, et agréa-t-il à la fois les prières que le Fils et la Mère lui adressaient pour le salut des hommes. Notre auguste princesse fit encore dans cette circonstance une autre chose, parce que son très saint Fils l'en chargea. Pour la comprendre, il faut remarquer que Lucifer se trouva présent lorsque Jésus-Christ lava les pieds à ses apôtres, comme je l'ai dit au chapitre pré-cédent ; et ayant vu ce que le Sauveur faisait, et qu'il ne lui permettait pas de sortir du cénacle, il inféra de là qu'il destinait aux apôtres quelque bienfait insigne, et tout en reconnaissant son impuissance contre le Seigneur, il voulut, poussé par l'orgueil et par une haine implacable, pénétrer ces mystères pour tâcher de s'y opposer par quelque méchanceté. La bienheureuse Vierge connut le dessein de Lucifer, et vit que son très saint Fils lui remettait cette cause ; c'est pourquoi brûlant du zèle de la gloire du Très-Haut, et usant de son autorité de Reine, elle commanda au dragon et à tous ses ministres de sortir aussitôt du cénacle et de descendre dans les gouffres de l'enfer.

1190. Pour vaincre Lucifer, le bras du Tout-Puissant arma la très pure Marie d'une nouvelle vertu, à laquelle ni lui ni les autres démons ne purent résister ; ain-si ils furent précipités dans l'abîme, jusqu'à ce qu'il leur fût de nouveau permis d'en sortir, et d'assister à la passion et à la mort de notre Rédempteur, par laquelle ils devaient être entièrement vaincus, et assurés que Jésus-Christ était le Messie, le Sauveur du monde, Dieu et homme véritable. On voit donc que Lucifer et ses ministres furent témoins de la cène légale, du lavement des pieds des apôtres et en-suite de toute la passion ; mais ils ne furent présents ni à l'institution de la divine Eucharistie, ni à la communion que notre Seigneur Jésus-Christ donna lui-même aux apôtres. Les démons chassés, notre auguste Reine s'éleva à une plus haute contemplation des mystères qui s'approchaient, et les saints anges chantèrent la gloire du grand triomphe que cette nouvelle et vaillante Judith venait de remporter sur le dragon infernal. Au même moment notre divin Sauveur fit un autre cantique pour glorifier le Père éternel et lui rendre des actions de grâces de ce qu'il lui avait accordé ses demandes en faveur des hommes.

1191. Après tout ce que je viens de dire, notre Rédempteur prit en ses vénérables mains le pain qui était dans le plat, demandant intérieurement l'agrément du Très-Haut et le priant de permettre qu'alors dans le cénacle, et plus tard dans la sainte Église, il se rendit réellement et véritablement présent dans l'hostie en vertu des paroles qu'il allait prononcer, comme obéissant à ces mêmes paroles ; puis il leva les yeux au ciel avec tant de majesté, que les apôtres, les anges et la bienheureuse Vierge Mère elle-même furent saisis d'une nouvelle crainte révérencielle. Enfin, il prononça les paroles de la consécration sur le pain, qui fut changé Trans substantiellement en son véritable corps, et il prononça la consécration du vin sur le calice, changeant le même vin en son véritable sang. Aussitôt qu'il eut achevé de prononcer les paroles sacramentelles, le Père éternel répondit Celui-ci est mon Fils bien-aimé, dans lequel je trouve mes délices, et je les trouverai jusqu'à la fin du monde ; il demeurera avec les hommes tout le temps que leur exil durera. La personne du Saint-Esprit confirma la même promesse. Et la très sainte humanité de Jésus-Christ en la personne du Verbe s'inclina profondément devant la Divinité dans le sacrement de son corps et de son sang. Notre grande Reine, qui était dans sa retraite, se prosterna et adora son Fils dans l'Eucharistie avec un respect infini. Ensuite les anges de sa garde et tous les autres anges l'adorèrent à leur tour, et après que ces esprits célestes l'eurent adoré, Hénoch et Élie en firent de même, chacun de son côté en leur nom et en celui des anciens patriarches et des prophètes de la loi naturelle et de la loi écrite.

1192. Tous les apôtres et disciples crurent à ce grand mystère, excepté le perfide Judas, et l'adorèrent avec une foi vive et une humilité profonde, chacun selon sa disposition. Et alors notre grand prêtre Jésus-Christ éleva son corps et son sang consacrés, afin que tous ceux qui assistaient à cette première messe l'adorassent de nouveau, comme ils le firent effectivement. Sa très pure Mère, saint Jean, Hénoch et Élie furent au moment de l'élévation éclairés d'une plus vive lumière, afin de mieux savoir comment le corps sacré du Sauveur se trouvait sous les espèces du pain et son précieux sang sous celles du vin, et en toutes deux Jésus-Christ vivant tout entier par l'union inséparable de son âme, de son corps et de son sang, comment la Divinité y résidait, et en la personne du Verbe celles du Père et du Saint-Esprit; et comment par ces unions, ces existences et ces concomitances inséparables, les trois personnes divines étaient présentes dans l'Eucharistie avec l'humanité parfaite de notre Seigneur Jésus-Christ. Ce fut notre auguste Princesse qui pénétra plus avant toutes ces vérités, et l'intelligence que les autres en eurent fut proportionnée aux degrés de leur perfection. Ils connurent aussi l'efficace des paroles de la consécration, et qu'elles avaient dès lors une vertu divine, afin qu'étant prononcées sur la matière requise avec l'intention de Jésus-Christ par quelque prêtre que ce fût né ou à naître, elles changeassent la substance du pain en son corps, et celle du vin en son sang, laissant les accidents sans sujet, et avec un nouveau mode de subsister sans disparaître, et cela d'une façon si ineffable et avec tant de certitude, que le ciel et la terre passeront avant que cesse l'efficace de cette formule de consécration, dûment prononcée par le prêtre et ministre de Jésus-Christ.

1193. La bienheureuse Marie connut aussi par une vision spéciale de quelle manière le corps sacré de notre Seigneur Jésus-Christ était caché sous les accidents du pain et du vin sans leur causer comme sans subir aucune altération, parce que ces mêmes accidents ne peuvent pas plus être les formes du corps du Sauveur, que ce corps ne peut devenir leur sujet. Ils conservent après la consécration la même étendue et les mêmes qualités qu'ils avaient auparavant, et ils occupent le même espace, comme on le voit en l'hostie consacrée ; et le corps sacré y est d'une manière indivisible sans qu'une partie soit confondue avec l'autre, quoiqu'il ait toute sa grandeur ;

il est tout entier en toute l'hostie, et tout entier en chaque partie, sans que l'hostie l'étende ni le rétrécisse, et sans que le corps étende ni rétrécisse l'hostie ; parce que l'étendue propre du corps ne dépend point de celle des espèces accidentelles, ni le volume des espèces du corps consacré ; ainsi ils ont un mode d'existence tout à fait distinct, et le corps pénètre la quantité des accidents sans qu'ils le puissent empêcher. Et quoique naturellement la tête demanderait un autre lieu et occuperait un autre point de l'espace que les mains et ainsi des autres parties, il arrive par la puissance divine que le corps consacré se trouve tout entier dans un même lieu ; car ici il ne dépend point de l'étendue de l'espace qu'il occupe naturellement ; la très sainte Eucharistie échappe à toutes ces dépendances, tous ces rapports, parce que le corps du Sauveur y peut être sans eux avec toutes ses dimensions ; il n'est pas non plus dans un seul endroit ni dans une seule hostie, mais en même temps dans toutes les hosties consacrées, quoique le nombre en soit presque infini.

1194. Elle comprit encore que, bien que le sacré corps n'eût, comme je viens de l'expliquer, aucune dépendance naturelle des accidents, il ne s'y trouverait néanmoins qu'autant de temps que les espèces du pain et du vin dureraient sans se corrompre, parce que la très sainte volonté de Jésus-Christ, auteur de ces merveilles, l'avait déterminé de la sorte. Ce fut comme une dépendance volontaire et morale de l'existence miraculeuse de son corps et de son sang avec l'existence intégrale des accidents. Et quand ils se corrompent par les causes naturelles qui peuvent les altérer, comme il arrive après qu'on a reçu le sacrement, car la chaleur de l'estomac les altère et les corrompt, ou par d'autres causes qui peuvent produire le même effet, alors Dieu crée de nouveau une autre substance au dernier instant où les espèces sont disposées à recevoir la dernière transmutation, et cette nouvelle substance qui remplace pour ainsi dire le corps consacré, sert à la nutrition du corps humain, qui se l'assimile et la pénètre de sa vie. Cette merveille de créer une nouvelle substance, qui absorbe les accidents altérés et corrompus, est une conséquence de la volonté divine, qui a déterminé que le corps sacré ne subsisterait point avec la corruption des espèces. Cela a même quelque rapport à l'ordre de la nature ; car la substance de l'homme qui se nourrit, ne saurait prendre aucun accroissement que par une autre substance qui lui est ajoutée de nouveau, et dont les accidents primitifs ne peuvent se conserver dans le corps humain.

1195. La main du Tout-Puissant a renfermé tous ces miracles et plusieurs autres dans ce très auguste sacrement de l'Eucharistie. La Reine de l'univers les approfondit tous par sa divine science ; saint Jean, les patriarches de l'ancienne loi qui s'y trouvaient présents, et les apôtres en sondèrent plusieurs jusqu'à un certain point. La bienheureuse Marie, en connaissant la grandeur de l'inestimable bienfait qui s'étendait sur tous les mortels, connut aussi l'ingratitude avec laquelle ils traiteraient un mystère si ineffable, institué pour leur remède ; et elle se chargea dès lors de réparer autant qu'il lui serait possible notre insensibilité, et de rendre de continuelles actions de grâces du Père éternel et à son très saint Fils pour l'incompréhensible faveur que le genre humain recevait. Elle voua toute sa vie à ces prières réparatrices, et elle les faisait souvent en versant des larmes de sang qui partaient de son cœur enflammé de la plus ardente charité, pour expier notre coupable et honteux oubli.

1196. Ce que j'admire le plus, c'est ce qui arriva à notre Seigneur Jésus-Christ lui-même, qui, ayant élevé le très saint Sacrement, afin que les disciples l'adorassent, comme je l'ai dit, le divisa avec ses mains sacrées, et se communia lui-même le premier, comme le premier et le souverain Prêtre. Et se reconnaissant, en tant qu'homme, inférieur à la divinité qu'il recevait en son corps et en son sang consacrés, il se recueillit, s'humilia, et parut trembler en la partie sensitive, pour nous montrer deux choses : l'une, le respect avec lequel on doit recevoir son sacré corps ; l'autre, la douleur qu'il ressentait de la témérité avec laquelle tant de personnes s'approcheraient de ce très, auguste sacrement. Les effets que produisit la communion dans le corps de Jésus-Christ furent divins et ineffables ; car la gloire de son âme très sainte rejaillit quelques instants sur lui, comme lors de la transfiguration ; mais cette merveille ne fut manifestée qu'à la très pure Mère, et un peu à saint Jean, à Hénoch, et à Élie. Après cette faveur, la très sainte humanité renonça en la partie inférieure à tout repos et à toute consolation jusqu'à la mort. La divine Mère découvrit aussi, par une vision particulière, comment son très saint Fils se recevait lui-même en l'Eucharistie, et comment il demeura lui-même dans son propre sein après s'être reçu. Tout cela produisit les plus sublimes effets en notre grande Reine.

1197. Notre Sauveur Jésus-Christ fit en se communiant un cantique de louanges au Père éternel, et s'offrit lui-même dans l'Eucharistie pour le salut du genre humain ; ensuite il divisa une autre particule du pain consacré, et la remit à l'archange saint Gabriel, afin qu'il la portât à la bienheureuse Marie et qu'il la communiât. Par cette faveur les saints anges furent comme satisfaits et dédommagés de ce que la dignité sacerdotale, si excellente, était conférée aux hommes et non point à eux, d'avoir eu seulement entre leurs mains le corps consacré de leur Seigneur et de leur Dieu ; ils en ressentirent tous une joie nouvelle et inexprimable. Notre auguste Reine attendait, les yeux baignés de larmes, la sainte communion, lorsque l'archange Gabriel arriva avec une légion innombrable d'autres anges ; elle la reçut de la main de ce saint prince la première après son adorable Fils, qu'elle imita en son humilité et en sa sainte crainte. Le très saint Sacrement fut mis en dépôt dans le sein de la très pure Marie, et dans son cœur, comme dans le véritable sanctuaire, et le plus décent tabernacle du Très-Haut. Et ce dépôt du sacrement ineffable de l'Eucharistie y resta toute temps qui s'écoula depuis cette nuit jusqu'après la résurrection, c'est-à-dire jusqu'au moment où saint Pierre consacra et dit sa première messe, comme je le rapporterai plus tard. Le Seigneur Tout-Puissant ordonna de la sorte cette merveille, pour la consolation de sa divine Mère, et aussi pour accomplir par avance en cette manière la promesse, qu'il fit depuis à son Église, de demeurer avec les hommes jusqu'à la fin des siècles[605] ; car après sa mort, sa très sainte humanité ne pouvait point demeurer dans l'Église d'une autre manière, tant qu'on n'aurait point consacré son corps et son sang. Ainsi fut mise en dépôt dans la très pure Marie cette manne véritable, comme la manne figurative, l'avait été dans l'arche de Moïse[606]. Et les espèces sacramentelles se conservèrent sans se corrompre dans son sein tout le temps qui se passa jusqu'à la nouvelle consécration. Elle rendit des actions de grâces au Père éternel et à son très saint Fils par de nouveaux cantiques, imitant encore en cela le Verbe incarné.

1198. Après que la Reine des anges eut reçu la communion, notre Sauveur donna le pain consacré aux apôtres, et leur ordonna de le départir entre eux et de le recevoir[607] ; il leur conféra par ces paroles la dignité sacerdotale, qu'ils commencèrent d'exercer en se communiant eux-mêmes avec un souverain respect et avec beaucoup de larmes de dévotion, adorant le corps et le sang de notre Rédempteur, qu'ils avaient reçu. Ils eurent l'avantage d'être élevés les premiers à cette haute dignité, comme étant choisis pour être les fondateurs de l'Église évangélique[608]. Ensuite saint Pierre, par le commandement de notre Seigneur Jésus-Christ, prit d'autres particules consacrées, et communia Hénoch et Élie. Et par les effets de cette communion, ces saints personnages furent fortifiés de nouveau pour attendre jusqu'à la fin du monde la vision béatifique, qui leur est différée depuis tant de siècles par la volonté divine. Les deux patriarches louèrent le Tout-Puissant, et lui rendirent de ferventes actions de grâces pour une telle faveur ; après quoi les saints anges les remirent au lieu d'où ils les avaient tirés. Le Seigneur réalisa ce prodige, pour donner à ceux qui avaient vécu sous les anciennes lois naturelle et écrite, des gages de son incarnation, de leur rédemption et de la résurrection générale. Car tous ces mystères sont renfermés dans le sacrement de l'Eucharistie, et en le donnant aux deux saints patriarches Hénoch et Élie qui vivaient en une chair mortelle, le Sauveur en étendit la participation aux deux états de ces anciennes lois ; parce que les autres qui le reçurent étaient soumis à la nouvelle loi de grâce, dont les apôtres étaient les pères. Les deux saints Hénoch et Élie comprirent toutes ces choses, et rendirent, au nom des autres justes de leurs lois, des actions de grâces à leur Rédempteur et au nôtre pour ce mystérieux bienfait.

1199. Il arriva un autre miracle fort secret en la communion des apôtres : ce fut que le perfide Judas, voyant que le divin Maître leur prescrivait de communier, résolut, l'infidèle, de ne le point faire, mais de garder secrètement, s'il le pouvait, le sacré corps, pour le porter au prince des prêtres et aux pharisiens, et de leur dire quel personnage était son maître, puisqu'il déclarait que ce pain était son propre corps, afin qu'ils condamnassent cette déclaration comme un grand crime ; que, s'il ne pouvait pas réussir dans ce dessein, il se proposait de commettre quelque autre

---

605   Mt 28, 20.

606   He 9, 4.

607   Lc 2, 17.

608   Ep 2, 20.

attentat contre cetadorable sacrement. La Reine de l'univers, qui observait par une très claire vision tout ce qui se passait, les dispositions intérieures et extérieures avec lesquelles les apôtres recevaient la sainte communion, et les effets que ce divin sacrement produisait en eux, vit aussi les intentions exécrables de l'obstiné Judas. Elle s'enflamma du zèle de la gloire de son Seigneur, comme Mère, comme Épouse et comme Fille ; et, connaissant que c'était sa volonté qu'elle usât en cette occasion du pouvoir de Mère et de Reine, elle ordonna à ses anges de retirer successivement de la bouche de Judas le pain et le vin consacrés, et de les remettre avec les autres espèces eucharistiques ; car il lui appartenait, dans cette rencontre, de défendre l'honneur de son très saint Fils et d'empêcher la nouvelle injure que Judas voulait lui faire. Les anges obéirent ; ainsi, lorsque le plus méchant des hommes communia, ils lui ôtèrent de la bouche les espèces sacramentelles les unes après les autres, et, les ayant purifiées du contact de ce palais sacrilège, ils les remirent secrètement avec les autres espèces tant le Seigneur voulait toujours conserver l'honneur de son ennemi et de son apôtre endurci ! Et comme Judas ne fut pas des derniers à communier, et que les saints anges exécutèrent vivement l'ordre de leur Reine, ceux qui communièrent après, selon leur rang d'ancienneté, reçurent ces espèces. Notre Sauveur rendit des actions de grâces au Père éternel, et termina par-là les mystères des Cènes légale et sacramentelle pour commencer ceux de sa passion, dont je parlerai dans les chapitres suivants. La Reine du ciel ne cessait de considérer avec admiration tous ces mystères, et de glorifier le Très-Haut par des cantiques de louanges.

Instruction que j'ai reçue de notre auguste Maîtresse

1200. Ô ma fille ! si ceux qui professent la sainte foi catholique ouvraient leurs cœurs endurcis et pesants pour recevoir la véritable intelligence du sacré mystère et du bienfait inestimable de l'Eucharistie, ou si, affranchis des affections terrestres et de la tyrannie de leurs passions, ils s'appliquaient avec cette foi vivifiante à découvrir en la divine lumière leur félicité, et à considérer qu'ils possèdent au milieu d'eux dans le très saint Sacrement le Dieu éternel, qu'ils peuvent le recevoir, le fréquenter et participer aux effets de cette manne céleste ! s'ils appréciaient le prix et la grandeur de ce don ! s'ils estimaient ce trésor ! s'ils goûtaient sa douceur ! s'ils savaient y chercher la vertu cachée de leur Dieu Tout-Puissant ! Ah ! ils n'auraient rien à désirer ni à craindre dans leur exil ! Les mortels ne doivent point se plaindre dans l'heureux temps de la loi de grâce, si leur fragilité et leurs passions les affligent, puisqu'ils ont dans ce pain du ciel le salut et la force à leur disposition. Ils ne doivent point se troubler non plus, si le démon les tente et les persécute, puisqu'ils peuvent glorieusement le vaincre par le bon usage de ce sacrement ineffable, s'ils le reçoivent souvent et dignement dans cet espoir. La grande faute des fidèles est de ne point réfléchir à ce mystère, et de ne point se prévaloir de sa vertu infinie dans tous leurs besoins ; car mon très saint Fils l'a institué pour leur remède. En vérité je vous le dis, ma très chère fille, Lucifer et ses ministres sont saisis d'une telle terreur en présence de l'Eucharistie, qu'ils souffrent de plus grands tourments à s'en rapprocher qu'à rester dans l'enfer. Et s'ils entrent dans les églises, et s'exposent par-là à endurer de nouveaux supplices, c'est dans l'espérance de faire pécher quelques âmes dans ces lieux sacrés et devant le très saint Sacrement. Car la haine qu'ils ont contre Dieu et contre les âmes les détermine seule, lorsqu'ils tâchent de remporter une pareille victoire, à affronter ces tourments et ces supplices en se rapprochant de mon très saint Fils présent dans l'Eucharistie.

1201. Quand on le porte en procession par les rues, d'ordinaire ils fuient et s'éloignent bien vite, et ils n'oseraient aborder ceux qui l'accompagnent s'ils ne savaient, par une longue expérience, qu'ils réussissent souvent à faire perdre à plusieurs chrétiens le respect dû à cet auguste sacrement. C'est pour cette raison qu'ils s'attachent surtout à tenter dans les églises ; car ils comprennent combien grande est l'injure que l'on fait au Seigneur en oubliant qu'il s'y trouve, par un effet de son amour, dans le sacrement, où il attend les hommes pour les sanctifier, et pour en recevoir le retour du tendre amour qu'il leur témoigne par tant de douces industries. Vous connaîtrez par-là quelle force ont contre les démons ceux qui reçoivent dignement ce pain céleste, et combien les hommes se rendraient formidables à ces esprits rebelles, s'ils le mangeaient avec une dévotion et avec une pureté dans lesquelles ils tâcheraient de se maintenir jusqu'à une autre communion. Mais il en est fort peu qui veuillent prendre ce soin, et l'ennemi les épie sans cesse pour profiter des occasions propres à les jeter dans l'oubli, dans les froideurs et dans les distractions, et pour empêcher qu'ils ne se servent contre lui d'armes si puissantes. Gravez ces leçons dans votre cœur, et, puisque le Très-Haut a ordonné par l'organe de vos supérieurs que, malgré votre démérite, vous receviez chaque jour cet adorable sacrement, travaillez à vous conserver dans l'état où vous vous mettez pour une communion jusqu'à ce que vous en fassiez une autre car mon Seigneur et moi voulons que vous vous serviez de ce glaive dans les combats du Très-Haut, au nom de la sainte Église, contre les ennemis invisibles qui persécutent et affligent aujourd'hui la Maîtresse des nations, sans qu'il se trouve personne qui la console et qui songe à ses peines[609]. Gémissez sur cette insensibilité, et laissez votre cœur se briser de douleur en voyant que, tandis que le Tout-Puissant et juste Juge est si irrité contre les catholiques, qui, sous la sainte foi dont ils font profession, provoquent tous les jours sa colère par des péchés énormes, il y en a si peu qui en considèrent et qui en craignent les funestes suites, et qui cherchent à les détourner en recourant au véritable remède, qu'ils pourraient obtenir par le bon usage du très saint sacrement de l'Eucharistie, en le recevant avec un cœur contrit et humilié, et en implorant mon intercession.

1202. Cette irrévérence, qui est un très grand péché dans tous les enfants de l'Église, est sans doute beaucoup plus odieuse et plus criminelle chez les mauvais

609   Lm 1, 1.

prêtres, indignes de leur caractère ; parce que le peu de respect avec lequel ils traitent l'adorable Sacrement de l'autel porte les autres catholiques à ne pas en faire assez de cas. Assurément, si le peuple voyait les prêtres s'approcher des divins mystères avec une crainte respectueuse, il comprendrait mieux que tous les fidèles doivent recevoir leur Dieu dans l'Eucharistie avec une égale vénération. Ceux qui s'en approchent avec les dispositions convenables brilleront dans le ciel comme le soleil entre les étoiles ; car la gloire de l'humanité de mon très saint Fils rejaillira sur eux d'une manière spéciale, dont ne seront pas favorisés ceux qui n'ont pas fréquenté la sainte Eucharistie avec cette dévotion. En outre, leurs corps glorieux auront sur la poitrine comme certaines devises éclatantes pour marquer qu'ils ont été de dignes tabernacles du très saint Sacrement quand ils l'ont reçu. Ce sera là un sujet particulier pour eux de grande joie accidentelle ; pour les esprits célestes, de chants d'allégresse et de triomphe ; pour tous les bienheureux, de vive admiration. Ils recevront encore une autre récompense accidentelle, car ils connaîtront mieux que les autres comment mon très saint Fils se trouve dans l'Eucharistie, et tous les miracles qu'elle renferme ; et cette connaissance leur causera une si grande joie ; qu'elle seule suffirait pour les rendre éternellement bienheureux, quand ils n'en auraient point d'autre dans le ciel. Pour ce qui est de la gloire essentielle de ceux qui auront communié avec dévotion et avec pureté de conscience, elle égalera et même surpassera souvent celle, de plusieurs martyrs qui n'auront pas reçu la sainte Eucharistie.

1203. Je veux aussi, ma fille, que vous appreniez de ma propre bouche ce que je pensais de moi, lorsque étant dans la condition de voyageuse sur la terre, je devais recevoir mon Fils et mon Seigneur dans le divin sacrement. Pour mieux le concevoir, vous n'avez qu'à repasser dans votre mémoire tout ce que vous avez appris de mes dons, de ma grâce, de mes œuvres et des mérites de ma vie, telle que je vous l'ai fait connaître, afin que vous l'écriviez. Je fus préservée dans ma conception du péché originel, et dès cet instant j'eus la connaissance et la vision de la Divinité, comme vous l'avez dit plusieurs fois. J'eus une plus grande science que tous les saints ensemble ; je surpassai en amour les séraphins les plus éminents ; je ne commis jamais aucun péché ; je pratiquai toujours toutes les vertus d'une manière héroïque, et la moindre de mes vertus m'éleva à un plus haut degré que les plus saints personnages parvenus au comble de la perfection ; toutes mes œuvres tendirent aux fins les plus sublimes ; les dons que je reçus furent sans nombre et sans mesure ; j'imitai mon très saint Fils avec une fidélité souveraine ; je travaillai avec ardeur ; je souffris avec courage, et je coopérai à toutes les œuvres du Rédempteur dans la proportion qui m'était assignée ; je ne cessai jamais de l'aimer et de mériter les accroissements les plus extraordinaires de grâce et de gloire. Eh bien ! je crus avoir obtenu une magnifique récompense de tous ces mérites, en recevant une seule fois le sacré corps de mon Fils dans l'Eucharistie ; encore ne me jugeais-je pas digne d'une si grande faveur. Considérez maintenant, ma fille, ce que vous et les autres enfants d'Adam devez penser en recevant cet admirable sacrement. Et si une seule communion serait une récompense surabondante pour le plus grand de tous les saints, que doivent penser et faire les prêtres et les fidèles qui la reçoivent fréquemment ? Ouvrez les yeux parmi les épaisses ténèbres qui aveuglent des hommes, et élevez-les à la divine lumière pour connaître ces mystères. Regardez vos œuvres comme fort insignifiantes, vos mérites comme fort mesquins, vos peines comme bien légères, et votre reconnaissance comme bien insuffisante pour un si rare bienfait dont jouit la sainte Église ; possédant sous les espèces eucharistiques Jésus-Christ un très saint Fils qui ne demande qu'à le communiquer à tous les hommes pour les enrichir. Que s'il ne vous est pas possible de lui rendre un juste retour pour cette faveur, inestimable et pour tant d'autres que vous en recevez, du moins humiliez-vous jusque dans votre néant, et croyez avec toute la sincérité de votre cœur que vous en êtes indigne. Glorifiez le Très-Haut, bénissez-le, et préparez-vous sans cesse à recevoir la communion avec de ferventes affections, disposée à souffrir plusieurs fois le martyre pour obtenir un si grand bien.

Chapitre 12
La prière que notre Sauveur fit dans le jardin.
— Les mystères qui s'y passèrent, et ce que sa très sainte Mère en connu.

1204. Par les merveilles que notre Sauveur opéra dans le cénacle, il fondait le royaume que le Père éternel lui avait donné par sa volonté immuable, et lorsqu'arriva la nuit qui termina le jeudi de la Cène, il résolut de marcher au rude combat de sa passion et de sa mort, par lequel la rédemption du genre humain devait être accomplie. Il sortit de la salle où il avait célébré tant de mystères, et au même moment sa très sainte Mère sortit aussi de sa retraite pour aller au-devant de lui. Le Prince des éternités et notre auguste Reine se rencontrèrent, et aussitôt leurs cœurs furent si vivement transpercés d'un glaive de douleur, qu'il n'est pas possible aux hommes ni même aux anges de sonder une plaie si profonde. La plus désolée des Mères se prosternant l'adora comme son Dieu et son Rédempteur véritable. Et le Seigneur la regardant avec une majesté divine et avec une tendresse filiale, lui dit ces seules paroles : « Ma Mère, je serai avec vous dans la tribulation ; accomplissons la volonté de mon Père éternel et le salut des hommes. » Notre grande Reine s'offrit au sacrifice avec la fermeté d'un cœur magnanime, et demanda à son Fils sa bénédiction. Et après l'avoir reçue, elle s'en retourna dans sa retraite, où le Seigneur lui permit de rester, sans perdre de vue rien de ce qui lui arriverait et de ce qu'il opérerait, afin qu'elle l'imitât et coopérât en toutes choses, selon qu'elles la regardaient. Le maître de la maison qui était présent à celle douloureuse séparation, offrit alors par une inspiration divine sa maison et tout ce qui s'y trouvait à la bienheureuse Vierge, et la pria de s'en servir tout le temps qu'elle demeurerait à Jérusalem ; la Reine de l'univers accepta cette offre avec une humble reconnaissance. Les mille anges de sa garde qui l'assistaient toujours sous une forme visible à ses yeux seulement, restèrent près d'elle, et quelques-unes des saintes femmes qu'elle avait amenées lui tinrent aussi compagnie.

1205. Notre Rédempteur sortit de la maison du cénacle accompagné de tous les hommes qui avaient assisté aux deux Cènes et à la célébration des mystères ; ensuite il y en eut plusieurs qui prirent congé de lui pour aller chacun où ses occupations l'appelaient. Le Sauveur n'étant suivi que de ses douze apôtres, se rendit sur la montagne des Oliviers, qui est proche de Jérusalem et à la partie orientale de cette ville. Et le perfide Judas, toujours vigilant et impatient de livrer son divin Maître, ne douta point qu'il n'allât passer la nuit en oraison, selon sa coutume, et crut que cette occasion était fort propre pour le mettre entre les mains de ses complices les scribes et les pharisiens. Dans cette malheureuse résolution il s'arrêta, et laissa avancer son adorable Maître et les autres apôtres, sans qu'ils s'en aperçussent alors, et aussitôt qu'ils furent un peu éloignés, il courut en toute hâte à sa perte. Troublé, agité, bouleversé, il trahissait l'infâme dessein qu'il couvait, et ne pouvant se défendre, malgré son orgueil, d'une sombre inquiétude, qui révélait le mauvais état de saconscience, il arriva tout effaré à la maison des princes des prêtres. Il lui advint en chemin que Lucifer, voyant l'ardeur avec laquelle ce perfide travaillait à faire périr notre Seigneur Jésus-Christ, et soupçonnant plus que jamais qu'il était le véritable Messie, comme je l'ai dit au chapitre 10, lui apparut sous la figure d'un de ses amis, très méchant homme à qui il avait confié le secret de sa trahison. Sous cette figure le dragon infernal s'entretint avec Judas sans en être connu, et il lui dit que, bien qu'il eût approuvé le dessein qu'il avait de vendre son maître pour les raisons qu'il lui avait exposées, il avait pourtant changé d'avis après avoir mûrement considéré cette entreprise, et qu'il serait sans doute mieux de ne point livrer son ennemi aux princes des prêtres et aux pharisiens, parce qu'il n'était pas aussi méchant que lui Judas le pensait, qu'il ne méritait pas la mort, et qu'il pourrait bien s'échapper au moyen de quelques miracles, et punir sa tentative par les grands désagréments qu'il lui causerait.

1206. Lucifer se servit dans ses nouveaux doutes de ce stratagème pour empêcher que le perfide disciple ne suivit ses premières inspirations contre l'Auteur de la vie ; mais cette nouvelle ruse lui fut inutile, parce que Judas, qui avait volontairement perdu la foi, sans être borné aux conjectures du démon, aima mieux risquer la mort de son maître que de s'exposer à l'indignation des pharisiens en leur manquant de parole. Cette crainte et son avarice abominable lui firent mépriser le conseil de Lucifer, qu'il prenait pour cet homme dont j'ai parlé. Et comme il était privé de la grâce, il ne voulut point et ne put pas même se résoudre, malgré les instances du démon, à abandonner sa criminelle entreprise. Or, dans le temps que les princes des prêtres étaient assemblés afin de délibérer sur les moyens auxquels pourrait recourir Judas pour accomplir la promesse qu'il leur avait faite, le traître entra chez eux, et leur dit qu'il avait laissé son maître et les autres disciples sur la montagne des Oliviers, et qu'il croyait qu'ils pourraient facilement le prendre cette nuit, en usant de sages précautions, de peur qu'il ne leur échappât par ses artifices ordinaires. Les princes des prêtres se réjouirent beaucoup de cet avis, et firent aussitôt préparer des gens armés pour aller saisir le très innocent Agneau.

1207. Pendant que l'on faisait tous ces préparatifs, le Seigneur était avec les onze apôtres, et travaillait à notre salut éternel et à celui même de ceux qui ne songeaient qu'à le faire mourir. Ce fut un admirable débat entre la malice excessive des hommes et la bonté infinie de Dieu ; que si cette lutte du bien et du mal commença dans le monde à partir du premier homme, ces deux principes extrêmes atteignirent en la mort de notre Rédempteur leur plus grand développement, puisque la malice humaine et la bonté divine déployèrent en ce moment l'une contre l'autre toutes leurs ressources possibles : la première, en ôtant la vie et l'honneur au Créateur et au Rédempteur des hommes ; la seconde, en les sacrifiant pour leur salut avec une immense charité. Il fut pour ainsi dire nécessaire dans cette occasion que l'âme très sainte de notre Seigneur Jésus-Christ regardât sa très pure Mère, et que sa Divinité en fît de même, afin de trouver parmi les créatures un sujet capable d'attirer son amour et d'arrêter la justice divine. Car il considérait alors qu'en cette seule pure créature il recevrait dignement le fruit de la passion et de la mort que les hommes lui destinaient ; la justice divine trouvait en cette sainteté sans borne une certaine compensation à la malice des hommes, et les trésors des mérites de Jésus-Christ étaient mis en dépôt en l'humilité, en la fidélité et en la charité de cette auguste Dame, afin que l'Église renaquît ensuite et sortît des mérites et de la mort du même Seigneur, comme le phénix de ses cendres. Cette complaisance que l'humanité de notre Rédempteur prenait à considérer la sainteté de sa divine Mère, le fortifiait en quelque sorte pour vaincre la malice des mortels, et il reconnaissait que la patience avec laquelle il souffrait toutesses peines n'était point inutile, puisqu'il trouvait entre les hommes sa bien-aimée et très sainte Mère.

1208. Notre grande Princesse connaissait de sa retraite tout ce qui se passait, elle découvrit les pensées de l'obstiné Judas, et de quelle manière il s'écarta du collège des apôtres, comment Lucifer lui parla sous la figure de son ami, tout ce qui lui arriva dans la maison des princes des prêtres, et les préparatifs qu'ils firent pour prendre le Seigneur. On ne saurait exprimer la douleur que cette connaissance excitait dans le cœur de la très pure Mère, ni les actes des vertus qu'elle pratiquait à la vue de tant de méchanceté, ni l'admirable conduite qu'elle tint dans tous ces événements ; il suffit de dire que tout ce qu'elle fit, eut une plénitude de sagesse et de sainteté souverainement agréable à la bienheureuse Trinité. Elle eut compassion de Judas, et pleura sa perte. Elle répara le crime de ce perfide disciple en adorant, en aimant et en glorifiant le même Seigneur, qu'il vendait par une si noire trahison. Elle était prête à mourir pour ce malheureux, s'il eût été nécessaire. Elle pria pour ceux qui complotaient l'emprisonnement et la mort de son divin Agneau, et les regardait comme des gages qui devaient être estimés et rachetés par le prix infini d'un si précieux sang et d'une vie si sainte ; c'était le cas que cette très prudente Dame en faisait.

1209. Notre Sauveur poursuivit son chemin vers la montagne des Oliviers, passa le torrent du Cédron, et entra dans le jardin de Gethsémani[610] ; et s'adressant à tous les apôtres qui le suivaient, il leur dit : « Asseyez-vous ici pendant que je m'en vais là pour prier, et priez de votre côté de peur que vous n'entriez en tentation[611]. » Notre divin Maître leur donna cet avis afin qu'ils fussent constants en la foi contre les tentations qu'il leur avait annoncées lors de la Cène ; il leur dit aussi qu'ils seraient tous scandalisés cette nuit de ce qu'ils lui verraient souffrir, que Satan les attaquerait pour les cribler[612] et les troubler par ses tromperies ; que, comme il avait été prédit, le Pasteur devait être frappé et les brebis dispersées[613]. Ensuite le Maître de la vie appela saint Pierre, saint Jean et saint Jacques[614], et se retira avec eux dans un autre endroit, où il ne pouvait être ni vu ni entendu des huit autres apôtres. Seul avec les trois premiers, il éleva les yeux vers le Père éternel, et le glorifia selon sa coutume ; et voulant accomplir la prophétie de Zacharie[615], il demanda intérieurement qu'il fût permis à la mort de s'approcher de l'innocent par excellence, et qu'il fût ordonné au glaive de la justice divine de s'éveiller et de marcher contre le Pasteur et contre l'homme uni à Dieu, pour exercer sur lui toute sa rigueur, et pour le frapper jusqu'à lui ôter la vie. C'est pour cela que notre Seigneur Jésus-Christ s'offrit de nouveau au Père pour satisfaire sa justice et, pour le rachat de tout le genre l'humain ; il permit aux tourments de la passion et de la mort de se faire ressentir en la partie passible de son humanité très sainte, et suspendit dès lors la consolation qu'elle pouvait recevoir de la partie impassible, afin que par ce délaissement ses douleurs et ses afflictions arrivassent à leur plus haut degré. Le Père éternel approuva et permit tout cela selon la volonté de la très sainte humanité du Verbe.

1210. Cette prière fut comme une permission par suite de laquelle s'ouvrirent les digues des eaux amères de la passion, afin qu'elles inondassent l'âme de Jésus-Christ, comme il l'avait dit par David[616]. Ainsi il commença dès lors à s'attrister et à sentir de grandes angoisses, et dans cette désolation il dit aux trois apôtres : *Mon âme est triste jusqu'à la mort*[617]. Et, comme ces paroles et la tristesse de notre Sauveur renferment de très grands mystères pour notre instruction, je dirai quelque chose de ce qui m'en a été déclaré, ainsi que je le conçois. Le Seigneur permit que cette tristesse arrivât au plus haut degré auquel elle pouvait naturellement et miraculeusement arriver

610   Jn 18, 1.

611   Mt 26, 30 ; Lc 22, 40.

612   Lc 22, 31.

613   Za 13, 7.

614   Mc 14, 33.

615   Za 13, 7.

616   Ps 68, 2.

617   Mc 14, 34.

avec toute la possibilité que comportait son humanité très sainte. Il ne s'attrista pas seulement en la partie inférieure de son âme par le désir de vivre, qui lui est naturel, mais aussi en la partie supérieure, où il prévoyait la réprobation de tant d'âmes pour lesquelles il devait mourir ; et il savait que cette réprobation était conforme aux jugements et aux décrets impénétrables de la justice divine. Ce fut là la cause de sa plus grande tristesse, comme nous le verrons plus loin. Il ne dit pas qu'il était triste pour la mort, mais jusqu'à la mort ; parce que la tristesse qu'il avait des approches de la mort, à cause du désir naturel de la vie, fut moindre que celle que lui causait la connaissance de la réprobation de tant d'âmes. Et, outre qu'il s'était imposé la nécessité de mourir pour la rédemption du genre humain, sa très sainte volonté était prête à surmonter ce désir naturel pour notre instruction, parce qu'il avait joui, en la partie par laquelle il était voyageur, de la gloire du corps dans sa transfiguration. Car il se croyait comme obligé, à cause de cette jouissance, de souffrir en retour de cette gloire qu'il avait reçue en tant que voyageur, afin qu'il y eût du rapport entre ce qu'il avait reçu et ce qu'il donnait, et que nous fussions instruits de cette doctrine par ces trois apôtres qui furent témoins de cette gloire et de cette tristesse ; c'est dans ce but qu'ils furent choisis pour assister à l'un et à l'autre mystère, et ils le comprirent dans cette circonstance par une lumière particulière qui leur fut donnée à cet effet.

1211. Il fut aussi comme nécessaire, pour satisfaire l'amour immense que notre Sauveur Jésus-Christ avait pour nous, de permettre à cette tristesse mystérieuse de le plonger dans une mortelle agonie ; car s'il n'en avait épuisé toute l'amertume, sa charité n'aurait point été rassasiée, et l'on n'aurait point connu si clairement que toutes les eaux des plus grandes tribulations n'étaient pas capables de l'éteindre[618]. Il exerça dans les mêmes souffrances cette charité envers les trois apôtres qui étaient présents, et tout troublés de savoir que l'heure s'approchait en laquelle notre divin Maître devait souffrir et mourir, comme il le leur avait lui-même annoncé par plusieurs prédictions. Ce trouble et cette crainte qu'ils éprouvaient les faisaient rougir intérieurement d'eux-mêmes, sans oser découvrir leur confusion ; mais le très doux Seigneur les encouragea en leur manifestant sa propre tristesse, et en leur faisant connaître qu'il l'aurait jusqu'à la mort, afin qu'en le voyant lui-même affligé, ils n'eussent pas honte de sentir les peines et les craintes dans lesquelles ils se trouvaient.

Cette tristesse du Seigneur eut aussi un autre mystère à l'égard des trois apôtres Pierre, Jean et Jacques ; car ils avaient entre tous les autres une plus haute idée de la divinité et de l'excellence de leur Maître, tant à cause de la sublimité de sa doctrine, de la sainteté de ses œuvres et de la grande puissance qu'ils découvraient en ses miracles, que parce qu'ils les avaient toujours plus vivement admirées et avaient considéré plus attentivement l'empire qu'il exerçait sur les créatures. Ainsi, pour les confirmer en la foi qui leur devait faire croire que le Sauveur était aussi un homme véritable et passible, il fut convenable qu'ils le vissent de leurs propres yeux

---

618   Ct 8, 7.

triste et affligé comme un homme véritable, et qu'avec le témoignage de ces trois apôtres, privilégiés par de telles faveurs, la sainte Église pût étouffer les erreurs que le démon prétendrait y semer touchant la réalité de l'humanité de notre Seigneur Jésus-Christ ; et enfin, que les autres fidèles trouvassent dans cet exemple un grand motif de consolation lorsqu'ils seraient dans les afflictions et dans la tristesse.

1212. Après que les trois apôtres eurent été éclairés par cette doctrine, l'Auteur de la vie leur dit: *Demeurez ici, veillez et priez pour moi*[619] : leur enseignant par ces paroles la pratique de tous les avis qu'il leur avait donnés, et leur recommandant de rester constamment unis à lui en sa doctrine et en la foi ; de ne point se laisser entraîner du côté de l'ennemi ; de se tenir sur leurs gardes et de veiller, pour suivre et déjouer ses manœuvres, et d'espérer fermement qu'après les opprobres de la passion ils verraient l'exaltation de son nom. Ensuite le Seigneur s'éloigna un peu des trois apôtres, et, se prosternant le visage contre terre, il pria le Père éternel et lui dit : *Mon Père, s'il est possible, que ce calice soit détourné de moi*[620]. Notre Seigneur Jésus-Christ fit cette prière après être descendu du ciel avec une volonté efficace de souffrir et de mourir pour les hommes ; après avoir méprisé l'ignominie de sa passion[621], qu'il avait volontairement embrassée, et renoncé à toutes les consolations que son humanité pouvait recevoir ; après avoir recherché avec le plus ardent amour les afflictions, les douleurs, les affronts et la mort ; après avoir fait une si grande estime des hommes, qu'il se résolut de les racheter au prix de son sang. Or, lorsque déjà il avait vaincu à ce point par sa sagesse divine et humaine la crainte naturelle qu'aurait pu lui inspirer la pensée de la mort, lorsqu'il l'avait surmontée par la force d'une charité qui ne saurait s'éteindre, il ne semble pas que cette seule crainte ait pu le porter à faire cette prière. C'est ce que j'ai connu par la lumière qui m'a été donnée sur les mystères cachés que cette même prière de notre Sauveur renfermait.

1213. Pour faire comprendre ce que j'ai appris à cet égard, il faut que je fasse remarquer que, dans cette occasion, notre Rédempteur Jésus-Christ traitait avec le Père éternel de la plus grande affaire qu'il eût entreprise, et c'était la rédemption du genre humain, et le fruit de sa passion et de sa mort sur la croix pour la prédestination secrète des saints. Dans cette prière, le Sauveur représenta au Père éternel ses peines ; son très précieux sang et sa mort, qu'il offrait, de son côté, comme un prix très surabondant pour tous les mortels, et pour chacun de ceux qui étaient nés et de ceux qui devaient naître jusqu'à la fin du monde ; et du côté du genre humain, il lui représenta tous les péchés, toutes les infidélités, toutes les ingratitudes et tous les mépris dont les méchants se rendraient coupables pour se priver du fruit de la passion et de la mort qu'il acceptait et qu'il subirait pour eux, et pour ceux-là mêmes qui, ne profitant pas de sa clémence, devraient être condamnés auxpeines

---

619   Mt 26, 38.

620   Mt 26, 39.

621   He 12, 2.

éternelles. Et autant notre Sauveur mourait volontiers et comme par inclination pour ses amis les prédestinés, autant les souffrances et la mort lui étaient amères et pénibles par rapport aux réprouvés ; parce que de leur côté il ne se trouvait aucune raison finale pour laquelle le Seigneur dût subir une mort si ignominieuse. Sa Majesté donna à la douleur qu'il ressentait le nom de calice, terme dont les Hébreux se servaient pour exprimer ce qu'il avait de plus affligeant, comme le Seigneur le témoigna lorsqu'il demanda aux enfants de Zébédée s'ils pouvaient boire le calice qu'il boirait[622]. Ce calice était d'autant plus amer à notre Seigneur Jésus-Christ, qu'il savait mieux que ses souffrances et sa mort seraient non seulement inutiles aux réprouvés, mais quelles leur seraient une occasion de scandale et leur attireraient un châtiment plus terrible, à cause de l'abus et du mépris qu'ils en feraient[623].

1214. J'ai donc compris que la prière de notre Seigneur Jésus-Christ fut de demander au Père qu'il détournât de lui ce calice très amer de mourir pour les réprouvés ; et que sa mort étant inévitable, personne, s'il était possible, ne se perdit, puisque la rédemption qu'il offrait était surabondante pour tous les hommes, et autant que cela dépendait de sa volonté il l'appliquait à tous, afin que, s'il était possible, elle fût efficacement utile à tous ; sinon, il soumettait sa très sainte volonté à celle de son Père éternel. Notre Sauveur fit à trois différentes reprises cette même prière[624], et étant dans l'agonie il pria avec un redoublement de ferveur, comme le dit saint Luc[625], selon que l'exigeait l'importance de l'affaire qu'il traitait. Il y eût dans cette prière comme une espèce de débat entre l'humanité de Jésus-Christ et la divinité. Car l'humanité, par le grand amour qu'elle avait pour les hommes, qui étaient de la même nature, souhaitait que tous obtinssent le salut éternel par sa passion. Et la divinité représentait, selon notre manière de concevoir, que par ses très hauts jugements le nombre des prédestinés était déterminé, et que, suivant l'équité de sa justice, le don de la gloire ne devait point être accordé à ceux qui en faisaient un si grand mépris, et qui se rendaient volontairement indignes de la vie spirituelle par leur résistance opiniâtre à Celui qui la leur procurait et qui la leur offrait. De cette espèce de débat résultèrent l'agonie de Jésus-Christ et la longue prière qu'il fit, alléguant la puissance de son Père éternel, et que toutes choses étaient possibles à sa majesté et à sa grandeur infinie[626].

1215. Cette agonie augmenta en notre Sauveur par la force de sa charité et par la prévision des obstacles qu'il savait que les hommes mettraient à ce que sa passion et sa mort profitassent à tous. Alors il sua de grosses gouttes de sang en si grande abondance, qu'elles découlaient jusqu'à terre[627]. Et, quoique sa prière fût condi-

---

622   Mt 20, 22.

623   1 Co 1, 23.

624   Mt 26, 44.

625   Lc 22, 43.

626   Mc 14, 36.

627   Lc 22, 44.

tionnelle et que l'objet de sa demande ne lui fût point accordé, parce que la condition posée ne devait point être remplie de la part des réprouvés, il obtint du moins que les secours seraient grands et fréquents pour tous les mortels, et qu'ils seraient augmentés pour ceux qui ne les repousseraient point et qui voudraient en user; que les justes et les saints participeraient avec une grande abondance au fruit de la rédemption, et que la plupart des grâces dont les réprouvés se rendraient indignes leur seraient attribuées. Et la volonté humaine de Jésus-Christ se conformant à la volonté divine, il accepta la passion respectivement pour tous les hommes, pour les réprouvés comme suffisante, comme devant leur assurer des secours suffisants s'ils voulaient s'en servir ; et pour les prédestinés, comme efficace, parce qu'ils coopèreraient à la grâce. Ainsi fut disposé et comme effectué le salut du corps mystique de la sainte Église sous son chef et son fondateur notre Seigneur Jésus-Christ[628].

1216. Et pour la plénitude de ce divin décret, lorsque le Sauveur, dans son agonie, priait pour la troisième fois, le Père éternel lui envoya l'archange saint Michel[629], afin qu'il lui répondît et le fortifiât d'une manière sensible, en lui communiquant par la voie des organes corporels ce que le Seigneur savait par la science de son âme très sainte ; car l'ange ne lui pouvait rien dire qu'il ignorât, pas plus qu'il ne pouvait opérer, pour remplir sa mission, aucun autre effet dans l'intérieur du divin Maître. Mais, comme je l'ai dit ailleurs, notre Seigneur Jésus-Christ suspendait toutes les consolations qui pouvaient rejaillir de sa science et de son amour sur sa très sainte humanité, l'abandonnant en tant que passible à tout ce que les souffrances avaient de plus rigoureux, ainsi qu'il le témoigna depuis sur la croix ; et au lieu de ces consolations, il reçut quelque adoucissement à ses peines par l'ambassade du saint archange, au moins du côté des sens, par un effet analogue à celui que produit la science ou connaissance expérimentale de ce que l'on savait auparavant par la théorie ; car l'expérience a toujours quelque chose de neuf pour les sens, et excite d'une manière particulière les facultés naturelles. Ce que saint Michel dit au Sauveur de la part du Père éternel, en s'adressant à sa raison humaine, consista à lui représenter qu'il n'était pas possible (comme sa Majesté le savait) que ceux qui ne voudraient pas se sauver fussent sauvés ; mais qu'au gré divin le nombre des prédestinés était inestimable, quoiqu'il fût moindre que celui des réprouvés ; que parmi eux se trouvait au premier rang sa très sainte Mère, ce fruit si digne de sa rédemption ; que les patriarches, les prophètes, les apôtres, les martyrs, les vierges et les confesseurs en profiteraient aussi pour se signaler dans son amour et opérer des choses admirables à la gloire du saint nom du Très-Haut ; et l'ange lui nomma plusieurs de ceux-ci après les apôtres, entre autres les fondateurs des ordres religieux, dont il lui marqua les qualités particulières. Il lui exposa également d'autres grands mystères qu'il n'est pas nécessaire de mentionner ici ; je n'ai d'ailleurs pas ordre d'en

---

628   Col 1, 18.

629   Lc 22, 43.

parler, et ce que j'ai dit suffit pour suivre le cours de cette histoire.

1217. Dans les intervalles de cette prière que fit notre Sauveur, les évangélistes disent qu'il retourna vers les apôtres pour les exhorter à veiller, à prier, à se garder de la tentation[630]. Le très vigilant Pasteur fit cela pour apprendre par son exemple aux prélats de son Église quel soin ils doivent avoir de ses brebis ; car si notre Seigneur Jésus-Christ a, pour s'en occuper, interrompu une prière si importante, il est facile d'en conclure ce que les prélats doivent faire, et combien ils sont obligés de préférer le salut de ceux qui leur sont soumis à tout autre intérêt. Pour connaître le besoin que les apôtres avaient d'être secourus, il faut remarquer qu'après que le Dragon infernal eut été chassé du cénacle, comme je l'ai raconté ; et fut resté quelque temps terrassé au fond de l'abîme, le Seigneur lui permit ensuite d'en sortir, parce que sa malice devait servir à l'exécution des décrets du Très-Haut. À l'instant une multitude de démons circonvinrent Judas pour l'empêcher de vendre son maître, par tous les moyens que j'ai rapportés. Et comme ils ne parvinrent point à le dissuader de son projet sacrilège, ils tournèrent leur rage contre les autres apôtres, soupçonnant qu'ils avaient reçu quelque grande faveur de leur Maître dans le cénacle, et Lucifer tenait à en découvrir la nature pour tâcher d'en prévenir les effets. Notre Sauveur connut ce cruel acharnement du prince des ténèbres et de ses ministres, et, comme un père charitable et un prélat vigilant, il alla trouver ses enfants encore faibles, ses disciples encore novices, qui étaient ses apôtres, il les réveilla et leur recommanda de prier et de se tenir sur leurs gardes, afin qu'ils n'entrassent point en tentation et qu'ils évitassent les surprises de leurs ennemis, qui les menaçaient dans l'ombre et leur tendaient des pièges sans qu'ils s'en doutassent.

1218. Il revint donc au lieu où il avait quitté les trois apôtres, qui ayant été les plus favorisés, avaient plus de sujet de veiller et d'imiter leur divin Maître. Mais il les trouva endormis ; s'étant laissé abattre par l'ennui et la tristesse qui les accablaient, ils étaient tombés dans une espèce de tiédeur et d'apathie que suivit ce dangereux sommeil. Avant que de les éveiller, il les considéra et pleura un moment sur eux, les voyant plongés par leur négligence dans cette nuit funeste de la paresse, pendant que Lucifer était si vigilant pour les perdre. Puis il s'adressa à Pierre, et lui dit : *Quoi ! Simon, vous dormez ? Vous n'avez pu seulement veiller une heure avec moi*[631] ? S'adressant ensuite et à lui et aux autres, il leur dit : *Veillez et priez, afin que vous n'entriez point en tentation, car mes ennemis et les vôtres ne dorment point comme vous*. La raison pour laquelle il reprit saint Pierre, fut non seulement parce qu'il l'avait choisi pour être le chef et le supérieur de tous, et parce qu'il s'était distingué entre les autres disciples par ses protestations de mourir pour le Seigneur et de ne le point renoncer, quand même tous les autres se scandaliseraient à son sujet, l'abandonneraient et le renonceraient ; mais il le reprit encore parce que ces mêmes pro-

---

630   Mt 26, 41 ; Mc 14, 38.

631   Mt 14, 37-38.

testations que l'apôtre avait faites du cœur le plus sincère, lui méritaient l'avantage d'être repris et averti d'une manière spéciale. Il est certain, en effet, que le Seigneur corrige ceux qu'il aime, et que nos bonnes résolutions lui sont toujours agréables, quand même nous ne les accomplirions pas dans la suite, comme il arriva à saint Pierre, le plus fervent des disciples. Je parlerai dans le chapitre suivant de la troisième fois que notre Rédempteur Jésus-Christ revint pour réveiller tous les apôtres, quand Judas s'approchait pour le livrer à ses ennemis.

1219. Retournons au cénacle, où la Reine de l'univers était avec les saintes femmes qui l'accompagnaient, voyant avec la plus grande clarté dans la divine lumière tous les mystères que son très saint Fils opérait dans le jardin, sans qu'aucune circonstance lui fût cachée. Au même moment que le seigneur se retira avec les trois apôtres Pierre, Jean et Jacques, notre auguste Dame se retira de la compagnie des femmes dans une autre chambre, et emmena avec elle les trois Marie, dont elle établit Marie-Madeleine supérieure. Quant aux autres femmes, elle les avait quittées, après les avoir exhortées à prier et à veiller, afin qu'elles n'entrassent point en tentation. Lorsqu'elle fut seule avec ses trois disciples les plus familières, elle supplia le Père éternel de suspendre en elle toutes les consolations qui pouvaient l'empêcher de sentir en son corps et en son âme avec son très saint Fils et à son imitation, ce que les souffrances ont de plus rigoureux, et de permettre qu'elle souffrît en son corps les douleurs des plaies que le Seigneur devait recevoir. La bienheureuse Trinité approuva et exauça cette prière ; ainsi la divine Mère ressentit dans une certaine mesure les douleurs de son adorable Fils, comme je le dirai en son lieu. Elles furent si violentes, qu'elle en serait morte plusieurs fois, si la droite du Très-Haut ne l'eût miraculeusement soutenue ; mais sous un autre rapport, ces douleurs que lui dispensait la main du Seigneur, allégèrent et garantirent en quelque sorte sa vie ; car avec son immense et brûlant amour, rien n'aurait pu lui être plus mortellement pénible que de voir souffrir et mourir son bien-aimé Fils sans endurer personnellement avec lui les mêmes peines.

1220. L'auguste Vierge choisit les trois Marie pour assister avec elle à la passion, et elles furent, en raison de ce choix, favorisées d'une plus grande grâce que les autres femmes, et éclairées d'une plus vive lumière des mystères de Jésus-Christ. Quand la plus sainte des mères se fut retirée avec les trois Marie, elle sentit aussitôt une nouvelle tristesse, et s'adressant à ses compagnes : « Mon âme, leur dit-elle, est triste de ce que mon bien-aimé Fils et Seigneur doit souffrir et mourir sans que je puisse mourir avec lui au milieu des mêmes tourments. Priez, mes amies, afin que vous ne soyez point surprises par la tentation. » Ayant dit ces paroles, elle se mit un peu à l'écart, et s'unissant à la prière que notre Sauveur faisait dans le jardin, elle exprima les mêmes désirs pour ce qui la concernait, et selon la connaissance qu'elle avait de la volonté humaine de son très saint Fils ; et après s'être rapprochée des trois femmes aux mêmes intervalles pour les encourager (car elle connut aussi la rage que le Dragon avait contre elle), elle continua sa prière et tomba dans une agonie pareille à celle du Sauveur. Elle pleura la perte des réprouvés, parce qu'elle découvrit mieux alors les grands mystères de la prédestination et de la réprobation éternelle. Et pour imiter en tout le Rédempteur du monde et coopérer avec lui, elle eut une sueur de sang semblable à celle du Seigneur, et l'archange saint Gabriel lui fut envoyé par ordre de la très sainte Trinité pour la fortifier, comme saint Michel avait été envoyé à notre Sauveur. Le saint prince lui déclara la volonté du Très-Haut dans les mêmes termes que le premier archange avait parlé à son très saint Fils ; car ils faisaient l'un et l'autre la même prière, et la cause de leur tristesse était aussi la même ; et c'est pourquoi il y eut de la conformité entre leurs actes et entre leurs visions, bien entendu avec les différences convenables. J'ai appris que dans cette circonstance, la très prudente Dame avait préparé quelques linges, prévoyant ce qui devait arriver en la passion de son bien-aimé Fils ; et alors elle chargea quelques-uns de ses anges de se rendre avec un morceau de toile au jardin, où le Seigneur suait du sang, afin d'essuyer sa face vénérable, et c'est ce que firent les ministres du Très-Haut, car sa Majesté voulut bien, pour l'amour de sa Mère et pour lui augmenter son mérite, recevoir cette pieuse et tendre marque de son affection. Quand arriva l'heure où les ennemis du Sauveur se saisirent de sa personne, sa Mère désolée l'annonça aux trois Marie, qui commencèrent à se lamenter en versant des torrents de larmes, surtout la Madeleine qu'enflammait une plus amoureuse ferveur.

Instruction que notre auguste Maîtresse m'a donnée

1221. Ma fille, tout ce que vous avez connu et écrit dans ce chapitre est un avis de la plus haute importance pour vous et pour tous les mortels, si vous y réfléchissez avec attention. Pesez-les donc en votre esprit et méditez sérieusement sur cette capitale affaire de la prédestination ou réprobation éternelle des morts, puisque mon très saint Fils l'a traitée lui-même si sérieusement, et que la difficulté ou l'impossibilité qu'il y a que tous les hommes soient sauvés, lui a rendu si amère la passion et la mort, qu'il acceptait et subissait pour le remède de tous. Dans ce pénible combat, il a fait connaître toute l'importance de cette affaire ; et c'est pour cela qu'il redoubla ses prières auprès de son Père éternel ; tandis que l'amour qu'il avait pour les hommes lui faisait suer avec abondance son propre sang d'un prix inestimable, parce que sa mort ne pouvait pas profiter à tous, à cause de la malice avec laquelle les réprouvés se rendraient indignes de participer à ses effets. Mon Fils mon Seigneur a de quoi justifier sa cause, en ce qu'il a offert à tous le salut par son amour et par ses mérites infinis ; et celle du Père éternel est aussi justifiée en ce qu'il a donné au monde ce remède, et qu'il l'a mis devant chaque homme, de sorte qu'il pût étendre la main vers la mort ou vers la vie, vers l'eau ou vers le feu[632], en connaissant la distance qui les sépare.

1222. Mais comment les hommes prétendront-ils s'excuser ou se disculper d'avoir oublié leur propre salut éternel, lorsque mon adorable Fils et moi avec

---

632   Qo 15, 17-18.

lui le leur avons procuré avec une telle sollicitude, et avons souhaité avec une si grande ardeur qu'ils le reçussent ? Et si aucun des mortels ne saurait se disculper de sa négligence et de sa folie, combien moins le pourront, au jour du jugement, les enfants de la sainte Église, eux qui ayant reçu la foi de ces mystères ineffables, se distinguent néanmoins fort peu des infidèles et des idolâtres par la vie qu'ils mènent ! Ne vous imaginez pas, ma fille, qu'il ait été écrit en vain qu'il y a beaucoup d'appelés, et peu d'élus[633]. Tremblez à cette sentence, et renouvelez dans votre cœur le soin et le zèle de votre salut selon l'obligation qu'a augmentée pour vous la connaissance de tant de sublimes mystères. Et quand vous ne le feriez pas en vue de la vie éternelle et dans l'intérêt de votre propre bonheur, vous devriez le faire pour répondre à l'affection que je vous témoigne en vous révélant tant de divins secrets, et si je vous nomme ma fille et l'épouse de mon Seigneur, vous devez comprendre que votre rôle doit se borner à aimer et à souffrir sans la moindre attention à aucune chose visible, puisque je vous appelle à suivre mon exemple ; et afin que vous le suiviez fidèlement, je veux que votre prière soit continuelle, et que vous veilliez avec moi une heure, c'est-à-dire tout le temps de la vie mortelle, qui, comparée avec l'éternité, est moins qu'une heure et qu'un instant. Voilà les dispositions dans lesquelles je veux que vous poursuiviez le récit des mystères de la passion, que vous vous en pénétriez, et que vous les graviez dans votre cœur.

Chapitre 13
La prise de Notre Sauveur par la trahison de Judas. — Ce que la très pure Marie fit dans cette occasion, et quelques mystères qui s'y passèrent.

1223. Dans le même temps que notre Sauveur Jésus-Christ priait son Père éternel sur la montagne des Oliviers, et travaillait au salut de tout le genre humain, le perfide disciple Judas s'empressait pour le livrer aux princes des prêtres et aux pharisiens. Et comme Lucifer et ses ministres ne purent détourner Judas et ses complices de l'inique dessein qu'ils avaient de faire mourir leur Créateur et leur Maître, cet esprit rebelle changea lui-même de résolution par une nouvelle malice, et poussa les Juifs à exercer les plus grandes cruautés sur la personne sacrée du Seigneur. Le dragon infernal soupçonnait fort, comme je l'ai déjà dit, que cet homme si extraordinaire était le Messie et Dieu véritable ; c'est pourquoi il voulait, pour s'en assurer, faire de nouvelles expériences par le moyen des injures les plus sanglantes qu'il suggérait contre le Sauveur aux Juifs et à leurs satellites, en leur communiquant aussi son orgueil et son effroyable envie. Ce que Salomon avait écrit au livre de la Sagesse[634] s'accomplit donc à la lettre dans cette occasion. Car il parut à Satan que si Jésus-Christ n'était point Dieu, mais un simple mortel, il se laisserait abattre par la persécution et par les tourments, et qu'ainsi il en triompherait ; et que s'il était Dieu, il le ferait assez connaître

633 Mt 20, 16.

634 Sg 2, 17, etc.

en se tirant des mains de ses ennemis et en opérant de nouvelles merveilles.

1224. L'envie des princes des prêtres et des scribes se ralluma aussi sous la même source de téméraire impiété, et incontinent ils assemblèrent une troupe nombreuse à la sollicitation de Judas, qui devait être son guide, et la chargèrent d'aller avec un tribun, quelques soldats idolâtres et beaucoup de juifs, se saisir du très innocent Agneau qui attendait l'événement, et pénétrait toutes les pensées des princes des prêtres, comme Jérémie l'avait prophétisé expressément[635]. Tous ces ministres d'iniquité sortirent de la ville, et prirent le chemin de la montagne des Oliviers ; ils étaient armés et munis de cordes, de chaînes, de flambeaux et de lanternes[636], suivant les dispositions arrêtées par l'auteur de la trahison, ce perfide craignant que son très doux Maître, qu'il prenait pour un magicien, ne fît quelque prodige pour se dérober à leurs recherches ; comme si les armes et les mesures des hommes eussent pu prévaloir contre la puissance divine, s'il eût voulu s'en servir, comme il le pouvait, et comme il l'avait fait dans d'autres occasions avant que cette heure déterminée arrivât, en laquelle il devait lui-même se livrer volontairement à la passion, aux outrages et à la mort de la croix !

1225. Comme ils s'approchaient, sa Majesté revint pour la troisième fois vers ses disciples, et les ayant trouvés endormis, il leur dit : Vous pouvez maintenant dormir et vous reposer ; l'heure est venue, en laquelle vous verrez que le Fils de l'homme sera livré entre les mains des pécheurs. Mais c'est assez ; levez-vous, allons, car celui qui me doit livrer est près d'ici, il m'a déjà vendu[637]. Le Maître de la sainteté adressa ces paroles aux trois apôtres les plus privilégiés, sans leur témoigner la moindre aigreur, et au contraire, avec beaucoup de patience et de douceur. Pour eux, ils étaient si confus qu'ils ne savaient, porte le texte sacré, que répondre au Seigneur[638]. Ils se levèrent aussitôt, et il alla avec eux trois joindre les huit autres à l'endroit où il les avait laissés, et les trouva aussi endormis de tristesse. Notre divin Maître voulut qu'ils marchassent tous réunis sous la conduite de leur chef, en forme de communauté et d'un corps mystique à la rencontre des ennemis, leur enseignant ainsi la force que possède une communauté, parfaite pour vaincre le démon et ses partisans, et pour n'en être point vaincue ; parce qu'un triple lien, comme dit l'Ecclésiaste[639], est rompu difficilement ; et si quelqu'un prévaut contre un seul, deux pourront lui résister, car c'est là leprix de l'union[640]. Le Seigneur instruisit de nouveau tous les apôtres, et les prépara à l'événement. Bientôt on entendit le bruit des soldats et des ministres qui venaient pour le prendre. Le Sauveur alla au-devant d'eux, et au même instant il dit intérieurement

---

635   Jr 11, 19.

636   Jn 18, 3.

637   Mc 14, 41.

638   *Ibid.*, 40.

639   Qo 4, 12.

640   *Ibid.*, 9 ; 5, 12.

avec une profonde émotion et un air si majestueux, qu'il faisait éclater quelque chose de sa Divinité : « Passion si désirée, douleurs, plaies, outrages, peines, afflictions, mort ignominieuse, venez, venez enfin, venez vite ; car l'incendie de l'amour qui me consume pour le salut des hommes, vous attend comme son aliment propre ; approchez-vous de Celui qui est très innocent entre les créatures ; il connaît ce que vous valez, il vous a cherchés, il vous a souhaités, et il vous accepte librement et avec joie ; je vous ai achetés par les grands désirs que j'ai eus de vous avoir, et je vous estime à votre juste prix. Je veux réparer le mépris que l'on fait de vous, vous anoblir et vous revêtir du plus haut caractère. Que la mort vienne, afin qu'en la subissant sans l'avoir méritée, je remporte sur elle le triomphe, et que je mérite la vie à ceux qui ont reçu cette mort en châtiment du péché[641]. « Je permets que mes amis m'abandonnent[642] ; car je veux, et je puis moi seul entrer dans la lice pour assurer à tous la victoire. »

1226. Pendant que l'Auteur de la vie disait ces paroles, Judas s'avança pour donner à ses complices le signe dont ils étaient convenus ensemble, savoir, que son maître était celui qu'il saluerait, et auquel il donnerait le perfide baiser de paix[643] ; leur recommandant de se saisir aussitôt de sa personne, et surtout de ne point en prendre un autre pour lui. Le malheureux disciple usa de toutes ces précautions, non seulement à cause de la cupidité qui le dévorait et de la haine qu'il avait conçue contre son divin Maître, mais aussi à cause des frayeurs qui s'emparèrent de lui ; car il semblait à ce misérable que si notre Seigneur Jésus-Christ ne mourait point dans cette occasion, il serait obligé de retourner en sa compagnie, et, redoutant la confusion qu'il éprouverait en sa présence plus que la mort de son âme et plus que celle de son adorable Maître, il brûlait, pour éviter cette honte, de consommer au plus tôt sa trahison, et de voir l'Auteur de la vie périr entre les mains de ses ennemis. Or, le traître aborda le très doux Seigneur ; et, dissimulant sa haine avec l'art de la plus insigne hypocrisie, il le baisa en lui disant : Je tous salue, Maître[644] ; et c'est par ce trait infâme de Judas que s'acheva, pour ainsi dire, l'instruction du procès de sa perte, et que fut définitivement justifiée la cause de Dieu, qui allait dès lors lui retrancher ses grâces et ses secours. Car le perfide disciple combla la mesure de sa malice et de son audace impie lorsque, méconnaissant la sagesse qu'avait notre Seigneur Jésus-Christ, comme Dieu et comme homme, pour découvrir sa trahison, et la puissance qu'il avait de l'anéantir, il prétendit lui cacher sa méchanceté sous l'apparente affection d'un disciple fidèle, et cela pour livrer aux tourments et à une mort si ignominieuse son Créateur et son Maître, de qui il avait reçu tant de bienfaits. Il renferma dans cette seule trahison tant de péchés si énormes, qu'il n'est pas possible d'en exprimer la malice ; car il fut infidèle, parricide et sacrilège, ingrat,

---

641   Os 13, 14.

642   Is 63, 5.

643   Mt 26, 48.

644   Mc 14, 45.

inhumain et désobéissant, menteur, avare, impie, et maître de tous les hypocrites ; et il tourna tout cela contre la personne même de Dieu incarné.

1227. D'autre part, la miséricorde ineffable du Seigneur et l'équité de sa justice furent aussi justifiées, de sorte qu'il accomplit parfaitement ces paroles de David : *J'étais pacifique avec ceux qui haïssaient la paix ; et quand je leur parlais, ils m'attaquaient sans sujet*[645]. Le Sauveur réalisa ce mot prophétique avec une perfection si éminente, qu'au même moment où Judas le baisait et en recevait cette très douce réponse : *Mon ami, pourquoi êtes-vous venu*[646] ? il lui envoya, par l'intercession de sa bienheureuse Mère, une nouvelle et très vive lumière qui fit connaître à ce perfide l'horrible noirceur de sa trahison, le châtiment dont il était menacé, s'il ne réparait son crime par une sincère pénitence ; et que, s'il voulait y recourir, il obtiendrait son pardon de la divine clémence. Ce que Judas entendit dans ces paroles de notre Seigneur Jésus-Christ fut comme si sa Majesté lui eût dit intérieurement celles-ci : « Sachez, mon ami, que vous vous perdez, et que vous vous éloignez de ma miséricorde par cette trahison. Si vous voulez mon amitié, je ne vous la refuserai pas pour cela, pourvu que vous vous repentiez de votre péché. Considérez l'impiété que vous commettez en me livrant par un baiser. Souvenez-vous des bienfaits que vous avez à reçus de mon amour, et que je suis le Fils de la Vierge qui vous a aussi particulièrement favorisé dans votre apostolat par les leçons et par les conseils d'une tendresse tout à fait maternelle. A sa seule considération vous deviez ne point commettre une telle trahison que de vendre et livrer son propre Fils, puisqu'elle ne vous a jamais désobligé ; tant de douceur et tant de charité dont elle a usé à votre égard ne méritaient pas d'aussi cruelles représailles. Mais, quoique votre crime soit consommé, ne rejetez pas son intercession, qui seule sera puissante auprès de moi ; elle m'a si souvent demandé pour vous le pardon et la vie, que je veux bien vous les offrir encore. Soyez certain que nous vous aimons, parce que vous habitez encore le séjour de l'espérance ; nous ne vous refuserons point notre amitié si vous la désirez. Et si vous la rejetez, vous encourrez notre indignation et votre punition éternelle. » Cette divine semence ne produisit aucun fruit dans le cœur du malheureux disciple, plus dur que le diamant et plus cruel que celui du tigre, puisque, résistant à la divine miséricorde, il s'abandonna au désespoir, comme je le dirai dans le chapitre suivant.

1228. Judas ayant donné le signe du baiser, l'Auteur de la vie et ses disciples se trouvèrent face à face avec la troupe de soldats qui venaient pour le prendre ; c'était la rencontre des deux escadrons les plus différents et les plus opposés qu'il y eût jamais dans le monde. Car d'un côté était notre Seigneur Jésus-Christ, Dieu et homme véritable, comme capitaine et chef de tous les justes, suivi des onze apôtres, qui étaient et devaient être les plus illustres et les plus vaillants soldats de son Église ; il était aussi accompagné de l'armée innombrable des esprits angéliques,

---

645   Ps 109, 7.

646   Mt 26, 50.

qui, admirant ce spectacle, le bénissaient et l'adoraient. De l'autre côté venait Judas, comme auteur de la trahison, tout armé d'hypocrisie et de méchanceté, escorté d'une foule de bourreaux juifs et idolâtres pour exécuter cette trahison avec la plus grande cruauté. Parmi eux se trouvait Lucifer avec des milliers de démons, excitant Judas et ses compagnons à porter hardiment leurs mains sacrilèges sur leur Créateur. Sa Majesté, s'adressant aux soldats avec une grande autorité, malgré son désir incroyable de souffrir, leur demanda : *Qui cherchez-vous ?* Ils lui répondirent : *Jésus de Nazareth.* Le Seigneur leur dit : *C'est moi*[647]. Dans cette dernière réponse, si précieuse, si essentielle pour le bonheur du genre humain, Jésus-Christ se déclara notre Rédempteur, nous donnant des gages assurés de notre remède et des espérances du salut éternel, qui ne nous était accordé que parce qu'il s'offrait volontairement à nous racheter par sa passion et par sa mort.

1229. Les ennemis ne découvrirent point ce mystère, et ne comprirent pas le sens véritable decette parole : *C'est moi.* Mais la bienheureuse Mère et les anges le pénétrèrent entièrement, et les apôtres le connurent aussi. Et ce fut comme si le Seigneur leur eût dit : *Je suis Celui qui suis, et je l'ai déclaré à mon prophète Moïse*[648] ; car je suis par moi-même, et toutes les créatures tiennent de moi leur être et leur existence ; je suis éternel, immense, infini, un par la substance et par les attributs, et, cachant ma gloire, je me suis fait homme afin de racheter le monde par le moyen de la passion et de la mort que vous voulez me faire souffrir. Comme le Seigneur dit cette parole en vertu de sa divinité, il ne fut pas possible aux ennemis d'y résister, et aussitôt qu'ils l'eurent ouïe, ils tombèrent tous par terre à la renverse[649]. Non seulement les soldats furent terrassés, mais les chiens qu'ils menaient et les quelques chevaux sur lesquels ils étaient montés tombèrent aussi, réduits à l'immobilité des rochers. Lucifer et ses démons, abattus parmi les autres, se sentirent accablés d'une nouvelle confusion et déchirés par de nouveaux tourments. Ils restèrent dans cet état environ un demi-quart d'heure sans aucun mouvement. Ô parole mystérieuse par le sens et d'une force plus qu'invincible ! Que le sage ne se glorifie pas dans sa sagesse, et que le fort ne se glorifie pas dans sa force[650] ; que l'orgueil et l'arrogance des enfants de Babylone soient confondus, puisqu'une seule parole sortie de la bouche du Seigneur avec tant de douceur et d'humilité déjoue tous les efforts et détruit toute la présomptueuse puissance des hommes et de l'enfer. Que les enfants de l'Église sachent aussi que les victoires de Jésus-Christ se remportent en confessant la vérité et en laissant passer la colère[651] ; en imitant sa douceur et son humilité de cœur[652], et en ne

---

647   Jn 18, 4-5.

648   Ex 3, 14.

649   Jn 18, 6.

650   Jr 9, 23.

651   Rm 12, 19.

652   Mt 11, 29.

triomphant que dans la défaite, avec une simplicité de colombe et avec fine douceur d'agneau, sans opposer la résistance aux loups furieux et affamés.

1230. Notre Sauveur regarda avec les onze apôtres l'effet de sa divine parole dans le renversement de ces ministres d'iniquité, et contempla en eux d'un air affligé l'image de la punition des réprouvés ; il exauça l'intercession de sa très sainte Mère, qui le pria de les laisser se relever, car sa divine volonté avait déterminé de le permettre par ce moyen. Et, quand il fut temps de leur accorder cette permission, il pria le père éternel et lui dit : « Mon Père, Dieu éternel, vous avez mis toutes choses entre mes mains[653], et a avez laissé à ma volonté la rédemption du genre humain, que votre justice demande. Je veux très volontiers la satisfaire avec plénitude, et me livrer à la mort pour mériter à mes frères la participation à vos trésors et le bonheur éternel que vous leur avez préparé. » Par suite de cette volonté efficace, le Très-Haut permit aux hommes, aux démons et aux bêtes de se relever et de revenir à leur premier état. Alors notre Sauveur leur demanda pour la seconde fois : *Qui cherchez-vous ? Ils lui dirent : Jésus de Nazareth*[654]. Sa Majesté leur répondit avec la plus grande douceur : *Je vous ai dit que c'était moi ; si c'est donc moi que vous cherchez, laissez aller ceux que vous voyez ici*[655]. Par ces paroles, le Seigneur donna aux ministres et aux soldats le pouvoir, de le prendre et d'exécuter ce qu'ils avaient résolu ; et c'était, sans qu'ils le comprissent, de charger sa divine personne de toutes nos douleurs et de toutes nos infirmités[656].

1231. Le premier qui s'avança témérairement pour saisir l'Auteur de la vie fut un nommé Malchus, serviteur du pontife. Et, quoique tous les apôtres fussent troublés, affligés, effrayés, saint Pierre s'enflamma plus que les autres du zèle de l'honneur et de la défense de son divin Maître ; il tira une épée qu'il avait, et, en frappant Malchus, il lui coupa et détacha une oreille[657]. Et le coup lui aurait fait une plus grande blessure si la providence divine du Maître de la patience et de la douceur ne l'eût amorti. Le Seigneur ne voulait point permettre qu'un autre que lui mourût dans cette occasion ; car il venait donner la vie éternelle à tous (si tous voulaient la recevoir), et racheter le genre humain par ses plaies, par son sang et par ses douleurs. Il n'était point non plus conforme à sa volonté et à sa doctrine que l'on défendit sa personne avec des armes offensives, et que cet exemple demeurât dans son Église comme si ce dût être une principale intention de s'en servir pour la défendre. Pour confirmer la doctrine qu'il avait enseignée à cet égard, il prit l'oreille coupée et la remit à Malchus, le laissant plus sain qu'il ne l'était auparavant. Mais s'étant adressé d'abord à saint Pierre pour le reprendre, il lui dit : *Remettez votre*

---

653   Jn 13, 3.

654   Jn 18, 7.

655   *Ibid.*, 8.

656   Is 53, 4.

657   Jn 18, 10.

épée dans le fourreau ; car tous ceux qui prendront l'épée pour tuer périront par l'épée. Quoi ! je ne boirai pas le calice que mon Père m'a donné ? Pensez-vous que je ne puisse pas prier mon Père, et qu'il ne m'enverrait pas tout à l'heure plusieurs légions d'anges pour me défendre ? Comment donc s'accompliront les Écritures et les prophéties[658] ?

1232. Par cette douce réprimande saint Pierre apprit, comme chef de l'Église, qu'il devait tirer d'une puissance spirituelle les armes dont il se servirait pour l'établir et la défendre ; que la loi de l'Évangile n'enseignait point à combattre et à vaincre le démon, le monde et la chair avec des épées matérielles, mais par l'humilité, la patience, la douceur et la charité parfaite ; que, par le moyen de ces vertus victorieuses, la force divine triomphe de ses ennemi et de la puissance de ce monde ; que ce n'est pas aux disciples de notre Seigneur Jésus-Christ d'attaquer et de se défendre avec ces armesmatérielles, mais aux princes de la terre pour leurs possessions terrestres, et que l'épée de la sainte Église doit être spirituelle, et toucher plutôt les âmes que les corps. Ensuite notre adorable Sauveur s'adressa aux ministres des Juifs et leur dit avec une grande majesté : *Vous êtes venus avec des épées et des bâtons pour me prendre, comme l'on prend un voleur ; j'étais tous les jours avec vous dans le Temple, enseignant et prêchant, et vous n'avez point mis la main sur moi ; mais c'est maintenant votre heure, et voici la puissance des ténèbres*[659]. Toutes les paroles de notre Rédempteur étaient pleines de profonds mystères, et il n'est pas possible de les découvrir ni de les déclarer tous, surtout ceux qui étaient renfermés en celles qu'il prononça dans le cours de sa passion et au moment de sa mort.

1233. Ces reproches de notre divin Maître avaient bien de quoi adoucir et confondre ces ministres d'iniquité, mais ils ne les émurent point ; c'était un germe qui tombait sur une terre maudite et stérile, sans aucune rosée de vertus et de piété véritable. Néanmoins l'Auteur de la vie voulut les reprendre et leur enseigner la vérité jusqu'à ce point, afin que leur méchanceté fût moins excusable ; qu'en la présence de la suprême sainteté et de la justice même, ils reçussent une leçon et une vive réprimande de ce péché et de tous les autres qu'ils commettaient, et qu'ils ne se trouvassent point privés du remède salutaire s'ils voulaient en profiter. Le Sauveur voulut aussi prouver qu'il savait tout ce qui devait arriver, et qu'il se livrait volontairement à la mort et entre les mains de ceux qui la lui procuraient. Ce fut pour cette raison et pour plusieurs autres très sublimes que le Seigneur leur dit ces paroles, parlant à leur cœur comme en pénétrant les secrets et la malice, et comme connaissant la haine qu'ils avaient conçue contre lui et la cause de leur envie, qui venait de ce qu'il avait repris les vices des prêtres et des pharisiens, et enseigné la vérité et le chemin de la vie éternelle au peuple ; et de ce que par sa doctrine, par son exemple et par ses miracles, il gagnait la volonté de tous ceux qui étaient humbles et pieux, et ramenait même beaucoup de pécheurs en son amitié et en sa grâce. Or, il est

---

658   Jn 18, 11 ; Mt 26, 53.

659   Mt 26, 55 ; Mc 14, 48 ; Lc 22, 53.

évident que Celui qui avait assez de puissance pour faire ces choses en public aurait pu empêcher, s'il l'eût voulu, qu'on ne le prit aux champs, puisqu'on ne l'avait pas pris dans le Temple ni dans la ville où il prêchait ; c'est qu'alors lui-même ne voulait pas être pris jusqu'à ce que fût venue l'heure qu'il avait déterminée, et à laquelle il devait donner cette permission aux hommes et aux démons lorsque ce temps fut arrivé, il la leur donna, afin qu'ils le maltraitassent et le prissent ; et c'est pour cela qu'il leur dit : *C'est maintenant votre heure, et voici la puissance des ténèbres.* Comme s'il leur eût dit : Il a fallu jusqu'à présent que je restasse au milieu de vous en qualité de Maître pour vous enseigner et vous instruire ; c'est pour cette raison que je n'ai pas permis que vous m'ôtassiez la vie. Mais je veux maintenant consommer par ma mort l'œuvre de la rédemption du genre humain, que mon Père éternel m'a recommandée ; ainsi je vous permets de me prendre et d'exécuter sur moi vos desseins. Ayant eu cette permission, ils se jetèrent comme des tigres sur le très innocent Agneau ; ils le saisirent, l'attachèrent avec des cordes et des chaînes, et le menèrent de la sorte chez le pontife, comme je le raconterai en son lieu.

1234. L'auguste Marie était très attentive à tout ce qui arrivait en la prise de notre Seigneur Jésus-Christ, et la vision qu'elle en eut lui rendait ces scènes plus frappantes que si elle y eût été réellement présente ; car elle pénétrait par l'intelligence tous les mystères que renfermaient les paroles et les œuvres de son très saint Fils. Quand elle vit que les soldats et les ministres partaient de la maison du pontife, elle prévit les outrages qu'ils feraient à leur Créateur et à leur Rédempteur ; et pour les réparer dans les limites que sa piété pouvait atteindre, elle invita les saints anges et un grand nombre d'autres à adorer et à louer avec elle le Seigneur des créatures, en réparation des injures qu'il recevrait de ces enfants de ténèbres. Elle recommanda la même chose aux saintes femmes qui priaient avec elle ; et elle les avertit que déjà son très saint Fils avait permis à ses ennemis de le prendre et de le maltraiter, et qu'ils commençaient à user avec une cruauté inouïe du pouvoir qu'il leur avait donné. Et assistée des saints anges et de ces pieuses femmes, elle fit intérieurement et extérieurement des actes admirables de foi, d'amour et de religion, glorifiant et adorant la Divinité infinie, et la très sainte Humanité de son Fils et son Créateur. Les saintes femmes l'imitaient dans les génuflexions qu'elle faisait, et les princes célestes répondaient aux cantiques par lesquels elle exaltait l'être divin et humain de son bien-aimé Fils. De sorte qu'à mesure que les monstres d'iniquité l'outrageaient par leurs insultes et leurs sarcasmes, elle réparait leur impiété par des louanges et par une religieuse vénération. Et elle apaisait en même temps la justice divine, et empêchait qu'elle ne foudroyât les persécuteurs de Jésus-Christ ; car la très pure Marie fut seule capable de suspendre le châtiment de tous ces sacrilèges.

1235. Non seulement notre grande Princesse fut capable d'apaiser le courroux du juste Juge, mais elle sut encore obtenir des faveurs pour ceux-là mêmes qui l'irritaient, et porter la divine clémence à leur rendre le bien pour le mal, dans le temps qu'ils rendaient à notre Seigneur Jésus-Christ le mal pour le bien, loin de reconnaître la sainteté de sa doctrine et les bienfaits qu'ils en recevaient. Cette miséricorde arriva à son plus haut degré à l'égard de l'infidèle et obstiné judas. En effet, la compatissante Mère percée de douleur et à la fois vaincue par la charité, en voyant qu'il trahissait son très saint Fils par un baiser de cette bouche immonde, dans laquelle le Seigneur lui-même était entré peu auparavant par l'Eucharistie, et qu'il lui était permis alors de toucher de ses lèvres la face vénérable du Sauveur, pria sa divine Majesté d'accorder de nouvelles grâces à ce perfide, afin que, s'il voulait les recevoir, il ne se perdit point, lui qui avait eu un tel bonheur que de toucher de cette manière le visage que les anges eux-mêmes désirent contempler. Ce fut par cette prière de l'auguste Vierge que le Seigneur prévint, comme je l'ai dit, de tant de faveurs le traître Judas au moment où il allait consommer la plus noire de toutes les trahisons. Et si le malheureux eût commencé à répondre à ces grâces, cette Mère de miséricorde lui en aurait procuré de plus grandes, et aurait fini par lui obtenir le pardon de son crime, comme elle le fait à l'égard d'autres grands pécheurs qui veulent lui donner cette gloire, tout en s'assurant à eux-mêmes la félicité éternelle. Mais Judas ne connut point ce secret, et perdit tout à la fois, comme je le dirai dans le chapitre suivant.

1236. Quand notre illustre Reine vit aussi que tous les satellites et tous les soldats qui venaient prendre son très saint Fils avaient été renversés par la force de la divine parole, elle fit avec les anges un autre cantique mystérieux pour exalter la puissance infinie de sa Divinité et la vertu de sa très sainte Humanité ; elle y renouvela la victoire qu'eut le Nom du Très-Haut en submergeant Pharaon et ses troupes dans la mer Rouge[660], et ce fut pour glorifier son Fils et son Dieu véritable de ce qu'étant le Maître des armées et l'arbitre des victoires, il voulait bien se livrer à la passion et à la mort pour racheter d'une manière plus admirable le genre humain de la servitude de Lucifer. Ensuite elle pria le Seigneur de laisser se relever tous ceux qui étaient renversés. Ce qui l'engagea à faire cette prière, ce fut d'abord la charité généreuse et la tendre compassion qu'elle ressentit pour ces hommes créés par la main du Seigneur à son image et à sa ressemblance ; ce fut, en second lieu, le désir d'accomplir d'une manière excellente cette loi d'amour qui nous ordonne de pardonner à nos ennemis, et de faire du bien à ceux qui nous persécutent[661] ; doctrine que son Fils et son Maître avait enseignée et pratiquée. Elle savait d'ailleurs qu'il fallait que les prophéties et les Écritures se réalisassent dans le mystère de la rédemption du genre humain. Et quoique toutes ces choses fussent infaillibles, cela n'empêchait pas que la bienheureuse Vierge priât pour leur accomplissement, et que le Très-Haut fût porté par ses prières à faire ces faveurs, parce que tout était prévu et ordonné dans sa sagesse infinie et dans les décrets de sa volonté éternelle, par rapport à ces moyens et à ces prières ; et cette voie était celle qu'il convenait le mieux de suivre à la providence du Seigneur, dont il n'est pas

---

660   Ex 15, 4.

661   Mt 5, 44.

nécessaire que je m'arrête à signaler ici la marche. Lorsqu'on attacha notre Sauveur, la très pure Mère sentit aussitôt les douleurs que les cordes et les chaînes lui causèrent, comme si elle-même en eût été attachée ; elle ressentit aussi tous les coups et tous les mauvais traitements que le Seigneur recevait ; car il accorda cette faveur à sa Mère, comme je l'ai dit plus haut, et comme nous le verrons dans le cours de la passion. Ces tourments qu'elle subissait en son corps, adoucissaient en quelque sorte les déchirements que l'amour causait en son âme ; car ils eussent été bien plus douloureux, si elle n'eût souffert en cette manière avec son très saint Fils.

Instruction que la Reine du ciel m'a donnée

1237. Ma fille, dans tout ce que vous écrivez et que vous apprenez par mes instructions, vous prononcez votre propre sentence et celle de tous les mortels, si vous ne vous affranchissez, de leurs puérilités et n'évitez leur grossière ingratitude, en méditant jour et nuit sur la passion, les douleurs etla mort de Jésus crucifié. C'est là la science des saints que les gens du monde ignorent[662], c'est le pain de vie et d'intelligence qui rassasie les petits et leur donne la sagesse, laissant les superbes amateurs du siècle dans la faim et dans l'indigence. Je veux que vous étudiiez et que vous acquériez cette science, car tous les biens vous viendront avec elle[663]. Mon Fils et mon Seigneur a enseigné la méthode de cette science cachée, quand il a dit : *Je suis la voie, la vérité et la vie ; personne ne vient* à *mon Père que par moi*[664]. Or, dites-moi, ma très chère fille, si mon Seigneur et mon Maître a bien voulu être la voie et la vie des hommes par le moyen de la passion et de la mort qu'il a souffertes pour eux, ne faut-il pas, pour marcher dans cette voie et pour embrasser cette vérité, qu'ils passent par les outrages, par les afflictions, par la flagellation et par le crucifiement de Jésus-Christ ? Considérez donc maintenant l'ignorance des mortels qui veulent aller au Père sans passer par Jésus-Christ ; puisque sans avoir souffert avec lui, ils veulent régner avec lui ; sans s'être souvenus de sa passion et de sa mort, sans en avoir jamais goûté l'amertume, et sans en avoir témoigné une véritable reconnaissance, ils veulent s'en prévaloir pour obtenir les consolations de la vie présente et la gloire de la vie éternelle, tandis que leur Créateur n'y est entré qu'après avoir subile dernier supplice[665], afin de leur laisser cet exemple et de leur ouvrir le chemin de la lumière.

1238. Le repos n'est pas compatible avec la honte réservée à celui qui n'aura pas travaillé, et qui devait le mériter en travaillant. Celui qui ne veut pas imiter son père, n'est pas un véritable enfant ; celui qui ne suit pas son seigneur, n'est pas un serviteur fidèle ; et celui qui ne profite point des leçons de son maître, n'est pas un bon disciple ; je ne mets pas non plus au nombre de mes dévots ceux qui ne compatissent

---

662   Sg 15, 3.

663   Sg 7, 11.

664   Jn 14, 6.

665   Lc 24, 26.

point à ce que mon Fils et moi avons souffert. Mais l'amoureuse sollicitude avec laquelle nous cherchons à procurer aux hommes le salut éternel, nous force, les voyant
si oublieux de ces vérités et si ennemis des souffrances, à leur envoyer des afflictions
et des peines, afin que s'ils ne les aiment point par inclination, du moins ils les ac-
ceptent et les souffrent avec une patience devenue obligatoire, et que par ce moyen
ils entrent dans le chemin assuré du repos éternel auquel ils aspirent. Et encore cela
ne suffit-il pas ; car l'amour aveugle qui les attache aux choses visibles et terrestres, les
arrête, les embarrasse et les appesantit ; il leur ôte toute leur mémoire, toute leur attention, et alors ils n'ont plus le courage de s'élever au-dessus d'eux-mêmes etau-des-
sus de tout ce qui est passager. De là vient qu'en proie à de continuelles agitations,
ils ne trouvent aucune douceur dans les peines ni aucune consolation dans les adversités, parce qu'ils ont en horreur les souffrances, et qu'ils ne désirent rien qui puisse
leur être pénible, comme le désiraient les saints ; aussi les saints se glorifiaient-ils dans
les afflictions[666], comme ayant atteint le terme de leurs désirs. Beaucoup de fidèles
poussent cette ignorance encore plus loin ; les uns demandent d'être embrasés de
l'amour de Dieu, les autres souhaitent des faveurs particulières, et ils ne font pas réflexion qu'ils ne peuvent rien obtenir, parce qu'ils ne le demandent point au nom de
Jésus-Christ mon Seigneur, en l'imitant et en l'accompagnant dans sa passion.

1239. Embrassez donc la croix, ma fille, et gardez-vous de recevoir sans elle
aucune consolation dans votre vie passagère. C'est en méditant sur la passion, en
vous en pénétrant, que vous parviendrez au sommet de la perfection, et que vous
acquerrez l'amour d'une véritable épouse. Imitez-moi en cela suivant les lumières
dont vous avez été favorisée, et suivant les obligations que je vous impose. Bénis-
sez et glorifiez mon très saint Fils pour l'amour avec lequel il s'est livré à la passion
pour le salut du genre humain. Les mortels n'approfondissent point ce mystère ;
mais moi, comme témoin oculaire, je vous apprends que dans l'estime de mon
adorable Fils, rien, sinon son ascension à la droite du Père éternel, ne lui parut plus
doux, plus désirable que de souffrir, de mourir, et pour cela de se livrer à ses ennemis. Je veux aussi que vous vous affligiez avec une intime douleur de ce que Judas
a eu dans son exécrable trahison plus de partisans que Jésus-Christ. Car il y a tant
d'infidèles et mauvais catholiques, il y a tant d'hypocrites, qui, chrétiens de nom, le
vendent, le livrent et veulent le crucifier de nouveau ! Pleurez tous ces crimes que
vous connaissez, afin que vous m'imitiez aussi en cela.

Chapitre 14

*La fuite et la séparation des apôtres lors de la prise de leur Maître. — La connaissance
que sa très sainte Mère en eut. — Ce qu'elle fit dans cette occasion. — La damnation
de Judas, et le trouble des démons par suite des nouvelles choses qu'ils apprirent.*

1240. Après qu'on eut pris notre Sauveur Jésus-Christ, comme je l'ai rapporté,

---

666   Rm 5, 2.

ce qu'il avait prédit aux apôtres dans la cène fut accompli : savoir qu'ils se scandaliseraient tous à son sujet cette nuit[667], et que Satan les attaquerait pour les cribler
comme l'on crible le froment[668]. Car quand ils virent que l'on saisissait, que l'on
attachait leur divin Maître, et que ni sa douceur, ni la puissance de ses paroles, ni ses
miracles, ni sa doctrine, ni l'innocence de sa vie n'avaient pu adoucir les satellites, ni
diminuer l'envie des princes des prêtres et des pharisiens, ils passèrent de la tristesse
à un grand trouble. Bientôt ils se laissèrent aller à la crainte naturelle, et perdirent le
courage et le souvenir de la prédiction de leur Maître ; et commençant à chanceler en
la foi, ils ne songèrent plus, à la vue de ce qui arrivait à leur chef, qu'à se soustraire au
danger qui les menaçait. Et comme les soldats et les satellites étaient tous occupés à
enchaîner Jésus-Christ le très doux Agneau, et à exercer sur lui toute leur fureur, alors
les apôtres profitant de l'occasion, s'enfuirent sans que les Juifs s'en aperçussent[669] ;
car ceux-ci étaient sans doute bien disposés à prendre tous les disciples, si l'Auteur
de la vie le leur eût permis, et ils n'y auraient surtout point manqué, en les voyant
fuir comme des lâches ou des criminels. Mais il n'était pas convenable que cela leur
arrivât, et qu'ils souffrissent si tôt. Notre Sauveur fit connaître qu'il ne le voulait pas,
quand il dit que si on le cherchait, on laissât aller ceux qui l'accompagnaient[670], et il
le disposa de la sorte par la force de sa divine Providence. La haine des princes des
prêtres et des pharisiens s'étendait pourtant aussi sur les apôtres, et ils auraient voulu
en finir avec eux tous s'ils l'avaient pu ; et c'est pour cela que le grand prêtre Anne
interrogea notre Sauveur touchant ses disciples et touchant sa doctrine[671].

1241. De son côté, Lucifer se sentit porté par cette fuite des apôtres, tantôt à
de grandes perplexités, tantôt à un redoublement de malice pour diverses fins. Il
désirait étouffer la doctrine du Sauveur du monde et exterminer ses disciples, pour
en effacer jusqu'au souvenir ; c'est pour cela qu'il aurait souhaité que les Juifs les
eussent pris et les eussent fait mourir. Mais ayant considéré les difficultés de ce
plan, il tâcha de troubler les apôtres par ses suggestions, et de les décider à prendre
la fuite, afin qu'ils ne fussent point témoins de la patience de leur Maître dans la
passion et de ses merveilleux incidents. Le rusé dragon craignait que les nouveaux
exemples du Sauveur n'affermissent les apôtres dans la foi, et ne les armassent d'une
nouvelle constance pour résister aux tentations dont il se promettait de les assaillir ;
ainsi il s'imagina que s'ils commençaient dès lors à chanceler, il lui serait ensuite
facile de les abattre par les nouvelles persécutions qu'il leur susciterait par le moyen
des Juifs, qui seraient toujours prêts à les insulter à cause de la grande haine qu'ils
avaient contre leur Maître. C'est par ces malicieuses considérations que le démon

---

667 Mt 26, 31.

668 Lc 22, 31.

669 Mt 26, 56.

670 Jn 18, 8.

671 *Ibid.*, 19.

se trompa lui-même. Et quand il vit que les apôtres étaient si découragés par la tristesse, si timides et si lâches, leur ennemi crut qu'ils ne pouvaient pas se trouver dans une plus mauvaise disposition, ni lui dans une meilleure occasion de les tenter ; c'est pourquoi il les attaqua avec beaucoup de fureur, leur inspira de grands doutes et de grands soupçons sur le Maître de la vie, et leur proposa de s'enfuir et de l'abandonner. Pour ce qui est de la fuite, ils n'y résistèrent point, non plus qu'à diverses suggestions contre la foi, quoiqu'elle ait défailli chez les uns plus, chez les autres moins ; car en cette circonstance tous ne furent point également troublés ni scandalisés.

1242. Ils se séparèrent pour fuir en divers endroits, supposant que s'ils allaient tous ensemble il leur serait difficile de se cacher, comme ils le prétendaient alors. Il n'y eut que Pierre et Jean qui se réunirent pour suivre de loin leur Créateur et leur Maître jusqu'à la fin de sa passion[672]. Mais il se passait dans l'intérieur de chacun des onze apôtres une lutte qui leur causait une extrême douleur et les privait de toute sorte de consolation et de repos. La raison, la grâce, la foi, l'amour et la vérité combattaient d'une part ; de l'autre, les tentations, les doutes, la crainte et la tristesse. La raison et la lumière de la vérité condamnaient l'inconstance et l'infidélité qu'ils avaient témoignées en abandonnant leur adorable Maître, et en fuyant le danger comme des lâches, après avoir été avertis de se tenir sur leurs gardes, et s'être eux-mêmes offerts quelques instants auparavant à mourir avec lui s'il était nécessaire. Ils se rappelaient leur désobéissance, et le peu de soin qu'ils avaient eu de prier et de se prémunir contre les tentations, ainsi que leur excellent Maître le leur avait prescrit. L'amour qu'ils lui portaient à cause de son aimable conversation, de sa douceur, de sa doctrine et de ses merveilles, se souvenant aussi qu'il était Dieu véritable, les excitait à retourner à ses côtés et à braver tous les périls et la mort même, comme des serviteurs et des disciples fidèles. À cela se joignait la pensée de sa très sainte Mère ; ils considéraient sa douleur incomparable et le besoin qu'elle aurait d'être consolée, et ils désiraient aller la chercher pour l'assister dans toutes ses peines. Mais en même temps ils étaient retenus par la lâcheté et par la crainte qu'ils avaient de se livrer à la cruauté des Juifs, à la confusion, à la persécution et à la mort. Ils ne savaient se décider à se présenter devant la Mère de douleurs, malgré leur affliction et leur trouble, ne doutant pas qu'elle ne les obligeât de rejoindre leur divin Maître, et supposant d'ailleurs qu'ils ne seraient point en sûreté près d'elle, parce qu'on aurait pu les chercher dans sa maison. Enfin les démons les attaquaient par de furieuses tentations. Ces ennemis leur représentaient d'une manière effrayante qu'ils seraient homicides d'eux-mêmes s'ils s'exposaient à la mort ; que leur Maître, ne pouvant se délivrer lui-même, pourrait encore moins les retirer des mains des princes des prêtres ; qu'on le ferait sans doute mourir dans cette occasion, et que par sa mort toutes leurs obligations cesseraient, puisqu'ils ne le verraient plus ; que nonobstant l'apparente innocence de sa vie, il enseignait pourtant

672   Jn 18, 15 ; Mt 26, 58.

certaines doctrines d'une sévérité excessive et jusqu'alors inouïes ; que c'était pour cela que les docteurs de la loi, les princes des prêtres et tout le peuple étaient irrités contre lui, et qu'il y aurait de l'entêtement à vouloir suivre un homme qui devait être condamné à une mort infâme et ignominieuse.

1243. Tel était le combat qui se passait dans le cœur des apôtres fugitifs ; et par tous ces raisonnements, Satan ne cherchait qu'à les faire douter de la doctrine de Jésus-Christ et des prophéties qui avaient trait à ses mystères et à sa passion. Et, comme dans ce combat douloureux ils ne conservaient aucun espoir que leur Maître échappât au pouvoir des princes des prêtres, leur crainte se changea en une profonde tristesse, en un abattement pusillanime, qui les décida à s'enfuir et à sauver leur vie. Leurs lâches frayeurs étaient telles, qu'ils ne se croyaient cette nuit en sûreté nulle part ; ils avaient peur de leur ombre, et le moindre bruit les faisait tressaillir. L'infidélité de Judas accrut leur terreur, parce qu'ils craignaient qu'il n'irritât aussi les princes des prêtres contre eux, afin de ne les plus rencontrer après avoir exécuté sa trahison. Saint Pierre et saint Jean, comme les plus fervents en l'amour de Jésus-Christ, résistèrent plus que les autres à la crainte et au démon, et, restant ensemble, ils résolurent de suivre leur Maître, avec quelque précaution pourtant. Ce qui contribua beaucoup à leur faire prendre ce parti, ce furent les relations que saint Jean avait avec le pontife Anne, qui partageait avec Caïphe la dignité pontificale et en remplissait alternativement les fonctions[673] ; c'était cette année-là le tour de Caïphe, celui qui avait donné dans l'assemblée des Juifs cet avis prophétique, qu'il était expédient qu'un homme mourût pour le peuple, et pour empêcher que toute la nation ne pérît[674]. Ces relations que saint Jean avait avec le pontife venaient de ce que cet apôtre était regardé comme un homme important par son propre mérite, par la noblesse de sa famille, et aussi distingué par le caractère que par les manières. Comptant là-dessus, les deux apôtres suivirent notre Seigneur Jésus-Christ avec moins de crainte. Ils éprouvaient tous deux une grande compassion des peines de notre auguste Reine, et ils désiraient la voir pour la consoler autant qu'il leur serait possible. L'évangéliste se signala surtout dans ces pieux sentiments.

1244. La bienheureuse Vierge, restée dans le cénacle, ne considérait pas seulement d'une vue très distincte les outrages que son très saint Fils subissait alors, mais elle observait et pénétrait aussi tout ce qui se passait intérieurement et extérieurement à l'égard des apôtres. Elle découvrait leur trouble, leurs tentations, leurs peines, leurs pensées et leurs résolutions, le lieu où chacun d'eux se trouvait et ce qu'il faisait. Et, quoiqu'elle vit clairement toutes ces choses, toujours douce comme une colombe, elle ne s'indigna pas contre eux, elle ne leur reprocha jamais leur infidélité ; au contraire, elle leur procura le remède, comme je le dirai dans la suite. Elle commença dès lors à prier pour eux, et dans cette occasion elle dit intérieure-

---

673   Jn 18, 16.

674   Jn 11, 50.

ment, avec une tendre charité et une compassion maternelle : « Innocentes brebis, qui avez été choisies, pourquoi laissez-vous votre très aimable Pasteur, qui prenait un si grand soin de vous et qui vous donnait l'aliment de la vie éternelle ? Disciples nourris d'une doctrine si vraie et si salutaire, pourquoi abandonnez-vous votre bienfaiteur et votre Maître ? Comment oubliez-vous ces rapports si doux et si affectueux qui attiraient vos cœurs ? Pourquoi écoutez-vous le maître du mensonge et le loup ravissant, qui ne cherche que votre perte ? Ô mon très doux amour et très patient Seigneur, combien l'amour que vous avez pour les hommes vous rend clément et miséricordieux ! Étendez votre pitié sur ce petit troupeau, que la fureur du serpent a enrayé et a dispersé. Ne livrez pas aux bêtes les âmes de ceux qui vous ont reconnu[675]. Vous attendez de grandes choses de ceux que vous avez choisis pour vos serviteurs, et vous avez fait des œuvres merveilleuses en faveur de vos disciples. Faites, Seigneur, que tant de grâces ne soient point perdues, et ne rejetez point ceux que vous avez élus pour être les colonnes de votre Église. Que Lucifer ne se glorifie point d'avoir triomphé sous vos yeux de ce qu'il y a de meilleur dans votre famille. Mon Fils, regardez vos bien-aimés disciples Jean, Pierre et Jacques, que vous avez honorés d'un amour particulier. Tournez aussi les regards de votre clémence sur tous les autres, et brisez l'orgueil du dragon, qui les a troublés avec une haine cruelle. »

1245. La grandeur d'âme que la bienheureuse Marie montra dans cette rencontre, les œuvres qu'elle y fit et la plénitude de sainteté qu'elle y manifesta aux yeux et au bon plaisir du Très-Haut, surpassent tout ce que les hommes et que les anges même en peuvent concevoir. Car outre les douleurs qu'elle ressentait en son corps et en son âme à cause des injures et des affronts auxquels était en butte la personne adorable de son divin Fils, que la plus sage des mères honorait et révérait souverainement, elle fut consternée de la chute des apôtres, que, seule parmi les créatures, elle pouvait mesurer. Elle considérait leur fragilité et l'oubli qu'ils avaient témoigné des faveurs, de la doctrine et des instructions de leur Maître ; et cela si peu de temps après la cène, après le discours qu'il leur avait adressé, après la communion qu'il leur avait donnée en les élevant à la dignité sacerdotale, qui leur imposait des obligations si particulières. Elle connaissait aussi le danger ou ils étaient de tomber dans de plus grands péchés par les embûches que Lucifer et ses ministres des ténèbres leur dressaient pour les précipiter, et la négligence plus ou moins grande que la crainte inspirait au cœur de tous les apôtres. Et c'est pourquoi elle redoubla ses prières jusqu'à ce qu'elle eût mérité leur remède, et obtenu que son très Saint Fils leur pardonnât et hâtât le secours donc ils avaient besoin, afin qu'ils revinssent aussitôt à la foi et à la grâce ; car Marie fut assez puissante pourtout cela. En ce moment elle réunit dans son cœur toute la foi, toute la sainteté et tout le culte de toute l'Église, qui se trouvait concentrée tout entière en elle comme dans une arche incorruptible, où étaient renfermés et conservés la loi évangélique, le sacrifice, le temple et le sanctuaire. De

---

675   Ps 73, 19.

sorte que la Vierge très pure était alors toute l'Église ; elle seule aimait et adorait l'objet de la foi, croyait et espérait en lui pour elle-même, pour les apôtres et pour tout le genre humain. Et cela d'une manière si éminente, qu'elle réparait autant qu'il était possible à une simple créature le manque de foi de tous les autres membres mystiques de l'Église. Elle faisait des actes sublimes de foi, d'espérance, d'amour et de vénération, qu'elle adressait à la divinité et à l'humanité de son Fils et de son Dieu véritable ; elle l'adorait par des génuflexions et des prosternations réitérées ; elle le glorifiait par des cantiques admirables, et toutes ses facultés étaient comme un harmonieux instrument qui aurait résonné sous la main puissante du Très-Haut, sans que sa douleur et ses gémissements en troublassent les accords. On ne pouvait point appliquer à notre incomparable Reine ce que dit l'Ecclésiastique ; que la musique pendant le deuil est importune[676], car elle seule fut capable de relever au milieu de ses afflictions la douce harmonie des vertus.

1246. Laissant les onze apôtres dans l'état qu'on a vu, je reviens au récit de la fin lamentable du traître Judas, anticipant un peu sur les événements, pour l'abandonner à son funeste et malheureux sort, et pour reprendre ensuite le discours de la passion. Or, le disciple sacrilège et les gens qui avaient pris notre Sauveur Jésus-Christ, arrivèrent chez les pontifes Anne et Caïphe, qui les attendaient avec les scribes et les pharisiens. Et quand le perfide Judas vit notre divin Maître, si maltraité et si outragé, souffrir en silence tous les coups et tous les blasphèmes avec la douceur et la patience les plus admirables, il commença à réfléchir sur sa propre trahison, reconnaissant qu'elle seule était cause qu'un homme si innocent, et de qui il avait reçu tant de faveurs, fût si injustement traité avec cette odieuse cruauté. Il se souvint des miracles, de la doctrine et des bienfaits de cet adorable Seigneur ; il se représenta aussi l'indulgence et la charité dont la bienheureuse Marie avait usé à son égard, les soins qu'elle avait pris pour le ramener, et la malice obstinée avec laquelle il avait offensé et le Fils et la Mère pour l'intérêt le plus vil ; et alors tous les péchés qu'il avait commis se présentèrent devant lui comme un chaos impénétrable et comme une montagne inaccessible.

1247. Judas s'était, comme je l'ai fait remarquer, rendu entièrement indigne de recouvrer la divine grâce lorsqu'il livra notre adorable Sauveur par un baiser. Et quoiqu'il fût, par les secrets jugements du Très-Haut, dans la main de son conseil[677], il put encore, la justice et l'équité divine le permettant, faire ces considérations avec le secours de la raison naturelle et au moyen des suggestions de Lucifer lui-même, qui ne l'abandonnait point. Et assurément le perfide apôtre raisonnait juste dans toutes les réflexions qu'il faisait ; mais comme c'était le père du mensonge qui lui montrait ces vérités, il les accompagnait d'autres propositions fausses et malicieuses, afin qu'il secrût dans l'impossibilité de recevoir le remède et qu'il tombât dans le

---

676   Qo 22, 6.

677   Qo 15, 14.

désespoir, comme il arriva. Lucifer excita dans son cœur une vive douleur de ses péchés, mais non par de bons motifs ni par le regret d'avoir offensé la vérité divine, mais pour le déshonneur dont il s'était couvert aux yeux des hommes, et pour la punition qu'il craignait de la part d'un maître puissant en miracles, et à laquelle aucune retraite ne saurait le soustraire sur la terre, parce que partout le sang du Juste crierait contre lui. Toutes ces pensées et plusieurs autres que le démon lui envoya le jetèrent dans la confusion, dans les ténèbres, et dans des accès de rage contre lui-même. Et, quittant l'assemblée, il voulut monter au faîte de la maison des pontifes pour s'en précipiter, mais ce ne lui fut pas possible. Il s'élança dans les rues, et, comme une bête en fureur, il se mordait le poing, se meurtrissait la tête et s'arrachait les cheveux, vomissant contre lui-même les plus horribles malédictions et se proclamant le plus misérable des hommes.

1248. Lucifer, le voyant si éperdu, lui proposa d'aller trouver les prêtres et de leur rendre leur argent après avoir avoué son crime. Judas le fit aussitôt, et leur dit à haute voix ces paroles : *J'ai péché, parce que j'ai livré le sang de l'innocent*[678]. Mais eux, qui n'étaient pas moins endurcis, lui dirent qu'il devait y avoir bien pensé auparavant. L'intention du démon était d'empêcher, s'il eût pu, la mort de notre Seigneur Jésus-Christ, pour les raisons que j'ai dites et pour celles que je dirai dans la suite. Par cette réponse si brusque et si cruelle que lui firent les princes des prêtres, le traître disciple acheva de perdre toute espérance, convaincu qu'il lui serait impossible d'empêcher la mort de son Maître. Le démon s'imagina aussi la même chose, quoiqu'il fît de nouvelles tentatives par le moyen de Pilate. Mais, comme il n'attendait plus rien de Judas en ce monde, il augmenta son chagrin et son désespoir, et lui persuada de s'ôter lui-même la vie pour éviter de plus grandes peines. Judas accueillit ce funeste conseil, et, étant sorti de la ville il se pendit[679] à un arbre sec, devenant homicide de lui-même après avoir été déicide de son Créateur. Cette mort malheureuse de Judas eut lieu le vendredi même de la passion, à midi, et avant que notre Sauveur mourût ; parce qu'il n'était pas convenable que l'affreuse mort de ce traître coïncidât avec celle de Jésus-Christ et avec la consommation de la rédemption, qu'il avait méprisée avec tant de malice.

1249. Les démons s'emparèrent de l'âme de Judas et la menèrent dans l'enfer ; quant à son corps, il resta pendu, et ses entrailles crevèrent et se répandirent[680] ; éclatante punition de la trahison de cet infâme disciple, dont furent vivement frappés tous ceux qui en furent témoins. Le corps demeura trois jours attaché à l'arbre. Pendant ce temps-là les Juifs entreprirent de l'ôter de cette potence et de l'enterrer secrètement, parce que ce spectacle causait une grande confusion aux prêtres et aux pharisiens, qui ne pouvaient point récuser ce témoignage de leur méchanceté ; mais

---

678   Mt 27, 4.

679   Mt 27, 5.

680   Ac 1, 18.

en dépit de leurs efforts, ils ne purent parvenir à détacher le cadavre, jusqu'à ce que, les trois jours écoulés, les démons eux-mêmes l'ôtèrent de l'arbre par la permission de la justice divine, et l'emportèrent pour le réunir à son âme, afin que le malheureux Judas reçût dès lors et à jamais au fond des abîmes éternels, en corps et en âme, le châtiment dû à son péché. Et comme ce qui m'a été révélé des justes supplices infligés au perfide disciple est un digne sujet de terreur et d'étonnement, je le dirai avec les détails dans lesquels il m'a été prescrit d'entrer. Entre les gouffres obscurs qui se trouvent dans les abîmes de l'enfer, il y en avait un fort grand, où les tourments étaient beaucoup plus rigoureux que dans les autres, et où il n'y avait aucun damné, parce que les démons n'avaient encore pu y précipiter aucune âme, malgré tous les efforts qu'ils avaient faits depuis Caïn jusqu'à ce jour-là. Tout l'enfer s'étonnait de cette impossibilité dont il ignorait le secret, jusqu'à ce qu'y fût arrivée l'âme de Judas ; car les démons purent facilement la précipiter dans cet effroyable gouffre, auparavant inhabité. La raison en était que dès la création du monde ce lieu, où toutes les peines étaient redoublées, fut destiné pour les mauvais chrétiens qui, après avoir reçu le baptême, se damneraient pour n'avoir pas profité des sacrements, de la doctrine, de la passion et de la mort du Rédempteur, et de l'intercession de sa très sainte Mère. Et comme Judas fut le premier qui participa avec tant d'abondance à ces bienfaits pour son salut, s'il eût voulu s'en servir, et qui les méprisa avec tant d'obstination, il fut aussi le premier qui entra dans ce lieu épouvantable et qui éprouva les tourments réservés pour lui et pour tous ceux qui l'imiteront.

1250. Il m'a été expressément enjoint d'écrire ce mystère pour l'instruction de tous les chrétiens, et surtout des prêtres, des prélats et des religieux, qui fréquentent et reçoivent plus souvent le sacré corps et le précieux sang de notre Seigneur Jésus-Christ, et qui, par les obligations de leur état, sont plus étroitement attachés à son service. Que ne puis-je, afin de n'essuyer moi-même aucun reproche, trouver des paroles et des raisons assez fortes pour en donner une juste idée et réveiller une trop commune insensibilité. Je voudrais que cet exemple nous profitât à tous, et qu'il nous apprît à craindre la punition qui attend tous les mauvais chrétiens, chacun selon son état. Les démons tourmentèrent Judas avec une cruauté inconcevable, pour se venger de ce qu'il avait persisté dans la résolution de vendre son divin Maître, par la passion et par la mort duquel ils devaient être vaincus et privés de l'empire du monde. Ils en connurent une nouvelle rage contre notre Sauveur et contre la très sainte Mère, et ils l'exercent, autant qu'il leur est permis, sur tous ceux qui imitent le traître disciple, et qui méprisent comme lui la doctrine évangélique, les sacrements de la loi de grâce et le fruit de la rédemption. Il est bien juste que ces esprits de ténèbres fassent ressentir toute leur fureur aux membres du corps mystique de l'Église qui, loin de s'être unis à leur chef Jésus-Christ, s'en sont volontairement séparés, et ont mieux aimé se livrer à eux, qui l'abhorrent et le maudissent avec un orgueil et une haine implacable, et qui, comme instruments de la justice divine, punissent impitoyablement les ingratitudes que ceux qui ont été rachetés commettent contre leur Rédempteur. Que les enfants de la sainte Église fassent de sérieuses réflexions sur cette vérité ; car s'ils la méditent souvent, il n'est pas possible qu'ils n'en soient vivement touchés, et qu'ils ne se résolvent d'éviter un malheur si déplorable.

1251. Lucifer et ses ministres d'iniquité étaient fort attentifs à tout ce qui arrivait dans le cours de la passion, tour achever de s'assurer si notre Seigneur Jésus-Christ était le Messie et le Rédempteur du monde. Car parfois les miracles le leur persuadaient, et parfois les actions et les défaillances de la nature humaine que notre Sauveur avait acceptées pour nous, leur faisaient croire le contraire ; mais où les doutes du dragon augmentèrent davantage, ce fut dans le jardin, où il sentitla force de ces mots que prononça le Seigneur : *C'est moi*[681] ; au même instant, les démons tombèrent à la renverse, comme les soldats en la présence de Jésus-Christ. Il y avait fort peu de temps qu'ils étaient sortis de l'enfer, après avoir été chassés du cénacle. C'était la bienheureuse Marie qui, comme je l'ai rapporté, les avait chassés de ce lieu sacré et précipités dans l'abîme, et de tout ce qui se passait Lucifer conclut avec ses satellites qu'il devait y avoir quelque chose de tout à fait extraordinaire dans cette force du Fils et de la Mère, à laquelle ils n'avaient jamais rien rencontré de semblable. Lorsqu'il lui fut permis de se relever dans le jardin, il s'adressa à ses compagnons, et leur dit : « Il n'est pas possible que ce pouvoir vienne d'un simple mortel ; sans doute celui-ci est Dieu et homme tout ensemble. S'il meurt, selon notre projet, il opérera par sa mort la rédemption et satisfera à la justice de Dieu ; et du coup notre empire est détruit, et toutes nos prétentions sont frustrées. Nous avons mal calculé en machinant sa perte. Que si maintenant nous ne pouvons plus empêcher sa mort, voyons jusqu'où ira sa patience, et faisons en sorte que ses ennemis le traitent avec la cruauté la plus atroce. Irritons-les contre lui, excitons-les par nos suggestions impies à le couvrir de mille opprobres et des outrages les plus sanglants ; qu'ils s'ingénient à inventer les nouveaux tourments auxquels ils pourront livrer sa personne, pour provoquer sa colère, et observons les effets que produiront en lui toutes ces choses. Les démons firent tous les essais qu'ils avaient concertés, mais avec un succès bien différent, comme le prouve l'histoire de la passion, à cause des mystérieux desseins du Très-Haut, dont j'ai déjà parlé et dont je parlerai encore. Ils poussèrent les bourreaux à outrager notre Seigneur Jésus-Christ par des vilenies plus odieuses que celles dont, en fait, ils se rendirent coupables sur sa personne divine ; mais il ne permit point qu'ils lui fissent d'autres outrages que ceux qu'il voulait bien subir, et qu'il était convenable qu'il subit, leur laissant déployer en ceux-ci toute leur fureur. »

1252. Notre auguste Princesse intervint aussi pour réprimer la malice insolente de Lucifer ; car elle découvrait tous les desseins de ce dragon infernal. Tantôt elle usait de son autorité de Reine en l'empêchant de proposer certains attentats aux exécuteurs de la passion. Tantôt, quand il les leur inspirait, elle priait Dieu de n'en point

---

681   Jn 18, 5.

permettre l'accomplissement, et elle contribuait à les détourner par le moyen de ses saints anges. Quant aux outrages qu'elle connaissait par sa sublime sagesse que son très saint Fils consentait à souffrir, elle ne s'y opposait point ; et ainsi il n'arrivait que ce que permettait la volonté divine. Elle connut aussi toutes les particularités de la fin malheureuse de Judas, les tourments auxquels il était condamné, la place qui lui était assignée dans l'enfer, et le trône de feu qu'il devait éternellement occuper, comme maître de l'hypocrisie et précurseur de tous ceux qui renonceraient à notre Rédempteur Jésus-Christ par la pensée et par les œuvres, et qui délaisseraient, comme dit Jérémie[682], la source des eaux vives, qui n'est que le Seigneur lui-même, pour faire écrire leurs noms sur la terre et pour s'éloigner du ciel, où sont écrits les noms des prédestinés. La Mère de miséricorde connut tout cela, et cette connaissance lui fit répandre beaucoup de larmes ; elle pria le Seigneur pour le salut des hommes, et le supplia de les préserver d'un si terrible aveuglement et d'une si effroyable ruine, en se conformant toutefois aux secrets et justes jugements de sa providence divine.

Instruction que la Reine du ciel m'a donnée

1253. Ma fille, vous êtes toute stupéfaite, et avec raison, de ce que vous avez appris et raconté du malheureux sort de Judas et de la chute des apôtres, alors qu'ils étaient tous à l'école de Jésus-Christ mon très saint Fils, nourris de sa doctrine, édifiés par la sainteté de sa vie, par son exemple et par ses miracles, et favorisés de sa très douce conversation, de mon intercession, de mesconseils et de tant d'autres bienfaits qu'ils recevaient par mon canal. Mais je vous dis en vérité que si tous les enfants de l'Église faisaient les réflexions qu'un exemple si frappant demande, ils y trouveraient de quoi craindre la dangereuse condition de la vie mortelle, quelque grandes que soientles faveurs qu'ils y reçoivent de la main du Seigneur ; car toutes leur paraîtront bien moindres que celle de le voir, de l'entendre, de le fréquenter et de pouvoir contempler en lui le vivant modèle de la sainteté. Je vous dis la même chose de moi, puisque je donnai aux apôtres de très salutaires instructions ; ils furent témoins de ma sainte conduite, et jouirent de ma conversation ; ils obtinrent de ma bonté maternelle de grands bienfaits, et je leur communiquai la charité que je puisais dans le sein de Dieu, où j'avais établi ma demeure. Et si en présence même de leur adorable Maître ils ont oublié tant de faveurs et l'obligation qu'ils avaient d'y correspondre, qui sera si présomptueux dans la vie mortelle, que de ne pas craindre les dangers qui l'environnent, quelque grandes que soient les grâces qu'il a reçues ? Ceux-là étaient apôtres choisis par leur divin Maître, qui était Dieu véritable, et cependant l'un a fait la plus malheureuse chute dont un homme fût capable, et les autres ont manqué à la foi, qui est le fondement de toutes les vertus ; et ce fut selon la justice et les jugements impénétrables du Très-Haut. Or comment ne trembleront pas ceux qui ne sont point apôtres, qui n'ont pas travaillé autant qu'eux à l'école de Jésus-Christ,

---

682   Jr 17, 13.

mon très saint Fils, et qui ne sont pas aussidignes de mon intercession ?

1254. Ce que vous avez rapporté de la perte de Judas et de sa très juste punition, suffit pour faire comprendre dans quel état les vices et la mauvaise volonté peuvent précipiter un homme qui s'y abandonne, qui se livre au démon, et qui méprise les appels et les secours de la grâce. Ce dont je vous avertis, indépendamment de ce que vous venez d'écrire, c'est que non seulement les tourments qu'endure le traître disciple Judas, mais aussi ceux de beaucoup de chrétiens qui se damnent comme lui, et qui descendent dans le même lieu qui leur est destiné depuis le commencement du monde, surpassent les tourments de bien des démons. Et pourquoi ? parce que mon très saint Fils n'est pas mort pour les mauvais anges, mais pour les hommes ; et le fruit et les effets de la rédemption que les enfants de l'Église reçoivent effectivement dans les sacrements, ne s'étendent point sur les démons ; ainsi le mépris de ce bienfait incomparable n'est pas tant le péché du démon que celui des fidèles ; ils doivent donc subir un châtiment particulier et différent à raison de ce mépris. En outre, l'erreur dans laquelle Lucifer et ses ministres furent en ne connaissant pas Jésus-Christ pour Rédempteur et pour véritable Dieu jusqu'au temps de sa mort, ne cesse d'exciter les regrets et de confondre les facultés de ces esprits rebelles ; et cette peine les jette dans une nouvelle rage contre ceux qui ont été rachetés, et surtout contre les chrétiens, à qui s'appliquent plus largement la rédemption et le sang de l'Agneau. C'est pour cela que les démons font tant d'efforts pour amener les fidèles à oublier l'œuvre de la rédemption et à en perdre le fruit ; et ils se montrent ensuite dans l'enfer plus irrités contre les mauvais chrétiens ; et dans cette impitoyable fureur ils leur feraient ressentir de plus grands tourments, si la justice divine ne disposait par son équité que les peines soient proportionnées aux péchés, n'en laissant pas la dispensation à la volonté des démons, mais la réglant par sa puissance et par sa sagesse infinies ; car la bonté du Seigneur s'étend jusque dans ce lieu de punition.

1255. Je veux, ma très chère fille, que vous considériez dans la chute des autres apôtres le danger de la fragilité des hommes, qui s'accoutument facilement à une grossière ingratitude et à une inconcevable négligence, jusqu'au milieu des faveurs dont les comble le Seigneur, comme il arriva aux onze apôtres qui abandonnèrent leur Maître céleste par leur incrédulité. Ce danger vient de ce que les hommes sont naturellement sensibles et enclins à tout ce qui est apparent et terrestre ; de ce que ce penchant a été dépravé par le péché, et de ce qu'ils s'accoutument à vivre et à agir plus pour les choses terrestres et charnelles que selon l'esprit. Il arrive de là qu'ils regardent et qu'ils aiment d'une manière sensible, même les dons et les bienfaits du Seigneur. Et quand ils ne peuvent pas en jouir de cette manière, ils se tournent aussitôt vers d'autres objets sensibles, les poursuivent et perdent la voie et le goût de la vie spirituelle, parce qu'ils la regardaient et la recevaient comme une chose sensible, sans en avoir une assez haute idée. C'est à cause de cette inadvertance ou grossièretéque les apôtres tombèrent, quoiqu'ils fussent si favorisés de mon très saint Fils et de moi ;

car les miracles, la doctrine et les exemples dont ils étaient témoins étaient sensibles, et comme malgré le degré éminent de justice et de perfection auquel ils étaient parvenus, ils étaient eux-mêmes terrestres et attachés uniquement à ce qui frappait leurs sens, du moment où cela vint à leur manquer, ils se troublèrent dans la tentation et ils y succombèrent, pour n'avoir pas assez pénétré lesmystères et l'esprit de ce qu'ils avaient vu et ouï à l'école de leur Maître. Vous apprendrez, ma fille, par cet exemple et par cette leçon, à devenir ma disciple spirituelle et non terrestre, et à ne point vous accoutumer à ce qui est sensible, même en ce qui concerne les faveurs du Seigneur et les miennes. Car en les recevant vous ne devez point vous arrêter à ce qu'elles ont de matériel, mais il faut élever votre esprit à ce qu'elles ont de sublime et de spirituel, et qui se discerne par la lumière intérieure, et non par le sens animal[683]. Et si ce que les bienfaits du Seigneur ont de sensible est capable d'embarrasser dans la vie spirituelle, que sera-ce de ce qui appartient à la vie terrestre et animale ? Or c'est pour cela que je veux que vous oubliiez et effaciez de vos puissances toutes les images des créatures, afin que vous deveniez apte à m'imiter et à profiter de mes instructions salutaires.

Chapitre 15
On amène notre Sauveur Jésus-Christ lié chez le pontife Anne.
Ce qui arriva dans cette circonstance, et ce que sa très sainte Mère y souffrit.

1256. Il faudrait, pour parler dignement de la passion, des opprobres et des souffrances de notre Sauveur Jésus-Christ, se servir de paroles si vives et si efficaces qu'elles pussent pénétrer plus avant qu'une épée à deux tranchants, et atteindre par une profonde blessure jusqu'aux fibres les plus secrètes de nos lecteurs[684]. Les peines de cet adorable Seigneur ne furent point communes, et il n'yaura jamais de douleur semblable à la sienne[685]. Sa personne sacrée n'était point comme celle des autres enfants des hommes ; il ne souffrit point pour lui-même ni pour ses péchés, mais pour nous et pour nos propres crimes[686]. Il ne faut donc pas que les termes dont nous nous servons pour parler de ses souffrances soient communs, mais extraordinaires et efficaces, afin de nous en faire concevoir un juste sentiment. Mais, hélas ! il ne m'est pas possible de donner cette force à mes paroles, ni de trouver celles que mon âme désire pour manifester ce mystère ! J'en dirai pourtant ce que je pourrai, employant les termes qui me seront dictés, quoique la petitesse de mon talent amoindrisse la grandeur de l'intelligence que j'en ai, et que ces termes ne répondent pas à ce que j'en conçois. Que la force et la vivacité de la foi que les enfants de l'Église professent suppléent donc à la faiblesse de mon discours. Et si les expressions sont communes, faisons en sorte que la douleur soit extraordinaire, la pensée

---

683   1 Co 2, 14.

684   He 4. 12.

685   Lm 1, 12.

686   1 P 2, 21.

haute, la pénétration vive, la considération profonde, la reconnaissance sincère et l'amour fervent, et croyons que tout cela sera fort au-dessous de la vérité de l'objet, et du retour que nous devons à notre divin Rédempteur comme serviteurs, comme amis, et comme enfants adoptés par le moyen de sa passion et de sa mort.

1257. Le très doux agneau Jésus-Christ ayant été pris et garrotté dans le jardin, fut amené chez les pontifes, et d'abord chez Anne[687]. Le traître disciple avait recommandé d'avance à cette troupe turbulente de soldats et de ministres de ne se point fier à son Maître, mais de le tenir étroitement lié, parce que c'était un magicien, et qu'il pourrait bien s'échapper de leurs mains[688]. Lucifer et ses princes des ténèbres les irritaient secrètement, afin qu'ils traitassent le Seigneur avec une cruauté impie et un mépris sacrilège. Et comme tous étaient des instruments dociles à la volonté de Lucifer, ils exercèrent sur la personne de leur Créateur toutes les inhumanités qui leur furent permises. Ils le lièrent avec une fort longue chaîne d'une telle manière, qu'ils lui en firent divers tours à la ceinture et au cou, laissant les deux bouts libres ; ils avaient fixé à cette chaîne des menottes, qu'ils mirent aussi aux mains du Seigneur qui avait créé les cieux, les anges et tout le reste de l'univers[689]. Et, les ayant ainsi liées, ils les lui firent passer par derrière. Ils avaient apporté cette chaîne de la maison du pontife Anne, où elle servait à fermer la porte d'un cachot par une espèce de pont-levis ; ils l'en avaient détachée dans le dessein d'en charger notre divin Maître, et y avaient ajusté des menottes garnies de cadenas. Ils ne furent pourtant pas satisfaits ni rassurés de cette manière inouïe de lier un captif ; car ils s'empressèrent de joindre à cette pesante chaîne deux cordes assez longues ; ils en jetèrent une autour du cou du Sauveur, et, la lui croisant sur la poitrine, ils lui en entourèrent le corps et l'attachèrent avec des nœuds fort serrés, laissant encore les deux extrémités assez longues sur le devant pour que deux soldats pussent tirer par là notre adorable Seigneur. Ils se servirent de l'autre corde pour lui lier les bras, et, lui en ayant fait aussi plusieurs tours à la ceinture, ils laissèrent les deux bouts pendre sur le dos, où il avait les mains liées, afin que deux autres soldats pussent le tirer et le relever.

1258. Le Saint et le Tout-Puissant se laissa lier et emmener de cette sorte, comme s'il eût été le dernier des criminels et le plus faible des hommes ; parce qu'il s'était chargé de toutes nos iniquités[690], et de la faiblesse ou l'impuissance pour le bien à laquelle nous avaient réduits ces mêmes iniquités. Après l'avoir pris dans le jardin et l'avoir maltraité et blessé avec les mains, avec les cordes et avec les chaînes, les bourreaux l'attaquèrent encore avec leurs langues car ils vomirent, comme des vipères, le venin sacrilège qu'ils avaient, par des blasphèmes et par des injures inouïes contre Celui que les anges et les hommes adorent et glorifient dans le ciel et sur la

---

687   Jn 18, 13.

688   Mc 14, 44.

689   He 1, 10.

690   Is 53, 6.

terre. Ils partirent tous de la montagne des Oliviers avec un tumulte et des vociférations horribles, menant au milieu d'eux le Sauveur du monde, les uns le tirant par les cordes de devant, les autres par celles qui lui assujettissaient les bras par derrière, et cela avec une violence inconcevable ; quelquefois ils le faisaient marchez avec précipitation ; quelquefois ils le faisaient reculer et l'arrêtaient tout court ; d'autres fois ils le traînaient soit d'un côté, soit d'un autre, suivant que les démons les poussaient eux-mêmes. Ils le faisaient souvent tomber, et, comme il avait les mains liées par derrière, il donnait de la tête contre terre, et sa face vénérable en était toute meurtrie et toute couverte de poussière. Quand il tombait, ils se jetaient sur lui, l'accablaient de coups et foulaient aux pieds sa personne sacrée et jusqu'à son visage ; et, mêlant à toutes ces insultes de grands cris et de sanglantes moqueries, ils le rassasièrent d'opprobres, comme Jérémie l'avait déploré d'avance[691].

1259. Au milieu des excès de la fureur impie dont Lucifer enflammait ces ministres impitoyables, il était lui-même fort attentif aux œuvres de notre Sauveur, dont il prétendait éprouver la patience pour reconnaître s'il était véritablement un simple mortel ; car l'incertitude où il était à cet égard tourmentait plus son orgueil que toutes ses autres peines. Et, lorsqu'il observa la douceur et la patience que Jésus-Christ montrait parmi tant de mauvais traitements, et qu'il les supportait avec un air tranquille et majestueux, sans aucun trouble et sans la moindre émotion, ce dragon infernal entra dans une plus grande colère, et comme eût fait un homme furieux et enragé, il résolut de prendre les cordes dont les bourreaux se servaient, et de tirer lui-même, assisté des autres démons, le Sauveur avec plus de violence, pour tâcher d'altérer le calme et la mansuétude de la divine victime. Mais la très pure Marie, qui de sa retraite découvrait par une claire vision tout ce quise passait autour de son très saint Fils, prévint cet attentat, et, quand elle s'aperçut de l'audacieux dessein de Lucifer, usant de son pouvoir de Reine, elle lui défendit de s'approcher de la personne sacrée de Jésus-Christ pour l'offenser. À l'instant même cet ennemi perdit ses forces, et il lui fut impossible de rien exécuter ; car il n'était pas convenable que sa malice se mêlât en cette manière de la passion et de la mort du Rédempteur. Il lui fut néanmoins permis de porter ses satellites à irriter les Juifs, fauteurs de la mort du Sauveur, puisqu'il dépendait du libre arbitre de ceux-ci d'y consentirou de s'y opposer. Lucifer se prévalut de cette permission, et, s'adressant à ces ministres d'iniquité, illeur dit : « Quel homme est-ce donc que celui-là ? Il est né dans le monde, et, par sa patience et par ses œuvres, il nous tourmente et nous détruit ! Personne, depuis Adam jusqu'à présent, n'a montré dans les souffrances ce courage, cette égalité d'âme. Nous n'avons jamais vu chez les mortels tant d'humilité ni tant de douceur. Comment serions-nous en repos lorsque nous voyons sur la terre un si rare et si puissant exemple, capable d'en entraîner tous les habitants ? Si c'est là le Messie, il ouvrira sans doute le ciel, et fermera les voies par où nous conduisons les hommes à

---

691   Lm 3, 30.

nos tourments éternels, et nous serons vaincus et frustrés de nos prétentions. Que si ce n'est qu'un simple homme, nous ne devons pas souffrir qu'il laisse aux autres un si grand exemple de patience. Venez donc, complices de mon orgueilleuse rébellion ; marchons et persécutons-le par le moyen de ses ennemis, qui, obéissants sujets de mon empire, sont animés contre lui de la furieuse envie que je leur ai communiquée.

1260. L'auteur de notre salut se livra en proie à la rage que Lucifer avait inspirée à cette troupe de Juifs, cachant le pouvoir qu'il avait de les anéantir ou d'empêcher les outrages qu'ils lui faisaient, afin que notre rédemption fût plus abondante. Or le menant lié et maltraité de la sorte, ils arrivèrent chez le pontife Anne, auquel ils le présentèrent comme un criminel digne de mort. C'était la coutume des Juifs de présenter ainsi liés les malfaiteurs qui méritaient le dernier supplice, et ces liens étaient comme autant de témoins du crime qui méritait la mort ; et ils amenaient de cette sorte le Sauveur comme lui signifiant la sentence avant que le juge l'eût prononcée. Le sacrilège pontife parut dans une grande salle, où il s'assit, plein d'une arrogance superbe, sur une estrade qui s'y trouvait. Le prince des ténèbres, Lucifer, environné d'une grande multitude de démons, se mit aussitôt près de lui. Les satellites et les soldats présentèrent Jésus-Christ chargé de chaînes au pontife, et lui dirent : « Nous vous amenons, Seigneur, ce méchant homme, qui a troublé tout Jérusalem et toute la Judée par ses sortilèges et par ses méchancetés ; au moins, cette fois son art magique ne lui a servi de rien pour s'échapper de nos mains. »

1261. Notre Sauveur Jésus-Christ était assisté d'une multitude innombrable d'anges, qui l'adoraient et le glorifiaient, admirant par quels jugements impénétrables de sa sagesse[692] le Verbe divin consentait à être présenté comme coupable et pécheur devant un prêtre inique, qui faisait parade de son zèle pour la justice et pour l'honneur du Seigneur, au moment où il voulait le lui ôter aussi bien que la vie d'une manière sacrilège, tandis que le très doux Agneau gardait le silence sans ouvrir la bouche, comme l'avait dit Isaïe[693]. Le pontife l'interrogea d'un ton impérieux sur ses disciples et sur la doctrine qu'il enseignait[694]. Il lui fit cette question pour en calomnier la réponse, dans le cas où elle eût prêté tant soit peu à une interprétation fâcheuse. Mais le Maître de la sainteté, qui est le guide de la sagesse, et qui redresse les plus sages[695], offrit au Père éternel cette humiliation qu'il subissait étant présenté au pontife comme coupable, et interrogé par lui comme criminel et auteur d'une fausse doctrine. Notre Rédempteur répondit, quant à sa doctrine, avec un air humble et tranquille : *J'ai parlé publiquement à tout le monde, j'ai toujours enseigné dans la synagogue et dans le Temple, où tous les Juifs s'assemblent, et je n'ai rien dit en secret. Pourquoi m'interrogez-vous ? Interrogez ceux qui ont entendu ce*

---

692   Rm 11, 33.

693   Is 53, 7.

694   Jn 18, 19.

695   Sg 7, 18.

que je leur ai dit, ceux-là savent ce que j'ai enseigné[696]. Le Sauveur s'en rapporta à ses auditeurs, en faisant cette réponse, parce que sa doctrine était de son Père éternel, qu'on aurait calomnié le témoignage que lui-même en aurait rendu, et que la vérité et la vertu se justifient d'elles-mêmes parmi leurs plus grands ennemis.

1262. Il ne parla point de ses apôtres, parce que ce n'était pas alors nécessaire, et que d'ailleurs ils se trouvaient dans une telle disposition qu'ils ne pouvaient point être loués de leur Maître. Et quoique cette réponse qu'il fit relativement à sa doctrine fût si pleine de sagesse et si directe à la question qui lui avait été posée, il y eut parmi les satellites qui se trouvaient auprès du pontife un soldat qui osa, dans son effroyable témérité, lever la main et donner un soufflet à cet adorable Seigneur ; et non content de l'avoir frappé, il le reprit, en disant : Est-ce ainsi que tu réponds au pontife[697] ? Le Sauveur reçut ce sanglant affront, en priant le Père éternel pour celui qui le lui avait fait, et il était même prêt à tendre l'autre joue si c'eût été nécessaire, pour recevoir un autre soumet, accomplissant jusqu'aux moindres détails la doctrine qu'il avait enseignée[698]. Mais afin que ce stupide et audacieux valet, loin de pouvoir se vanter, eût à rougir d'une méchanceté si inouïe, le Seigneur lui repartit avec beaucoup de sérénité et de douceur : *Si j'ai mal parlé, montrez en quoi j'ai mal dit ; mais si j'ai bien parlé, pourquoi me frappez-vous*[699] ? Ô spectacle digne d'une nouvelle admiration pour les esprits célestes ! Combien de sujet ont et doivent avoir les colonnes du ciel et tout le firmament de trembler, seulement à en entendre le récit ! Cet adorable Seigneur est Celui, comme Job l'assure[700], qui est si sage en son cœur et si puissant en sa force, que personne ne lui peut résister et trouver la paix en lui résistant ; qui transporte les montagnes et les renverse dans sa colère avant qu'elles puissent s'en apercevoir, qui ébranle la terre sur ses fondements et en secoue les colonnes les unes contre les autres, qui commande au soleil, et le soleil ne se lève point, qui tient les étoiles enfermées comme sous un sceau, qui fait des choses grandes et incompréhensibles, à la colère duquel personne ne peut résister, et sous qui fléchissent ceux qui soutiennent le monde ; et cependant c'est le même qui souffre pour l'amour des hommes et qu'un impie soldat frappe au visage.

1263. Le sacrilège serviteur fut confondu dans sa méchanceté par la réponse humble et efficace que fit le Sauveur. Mais ni cette confusion, ni celle que pouvait avoir le pontife, de ce que l'on commettait un tel crime en sa présence, ne furent capables de les émouvoir ni d'adoucir les autres ennemis de l'Auteur de la vie. Pendant qu'on le maltraitait de la sorte, saint Pierre et l'autre disciple, qui était saint Jean, arrivèrent chez Anne. Saint Jean, qui en était fort connu, entra facilement ;

---

696   Jn 18, 20-21.

697   Jn 18, 22.

698   Mt 5, 39.

699   Jn 18, 23.

700   Jb 9, 4, etc.

mais saint Pierre resta dehors, jusqu'à ce que le disciple bien-aimé eût parlé à la portière ; et à sa considération elle le laissa entrer pour voir ce qui se passait à l'égard du Rédempteur[701]. Les deux apôtres pénétrèrent dans la cour de la maison contiguë à la salle du pontife, et saint Pierre s'approcha du feu où les soldats se chauffaient, parce que la nuit était froide. Cette servante qui gardait la porte, ayant considéré avec attention saint Pierre, l'aborda et lui dit : « N'êtes-vous pas des disciples de cet homme[702] ? » Elle lui fit cette demande en ayant l'air de s'en moquer ; ce dont saint Pierre eut honte par une lâche pusillanimité ; et cédant à la peur, il lui répondit : « Non, je n'en suis point. » Après avoir fait cette réponse, il s'écarta de la compagnie et sortit de la maison d'Anne ; mais il suivit ensuite son maître chez Caïphe, où il le renonça deux autres fois, comme je le dirai ci-après.

1264. Le renoncement de Pierre causa une plus grande douleur à notre divin Maître que le soufflet qu'il reçut ; car autant le péché était contraire et odieux à son immense charité, autant et plus les souffrances lui étaient agréables et douces, parce qu'elles lui servaient à vaincre nos propres péchés. Après ce premier renoncement, Jésus-Christ pria le Père éternel pour son apôtre, et disposa que la grâce et le pardon de ses trois renoncements successifs lui seraient ménagés par le moyen de l'intercession de la bienheureuse Marie. Cette auguste Princesse voyait de son oratoire tout ce qui se passait, ainsi que je l'ai indiqué. Et comme elle avait dans son sein le propitiatoire et le sacrifice, c'est-à-dire son adorable Fils lui-même sous les espèces eucharistiques, elle lui adressait ses amoureuses prières, exerçant des actes sublimes de compassion, de reconnaissance et d'adoration. Quand elle eut connu le renoncement de saint Pierre, elle pleura amèrement, et elle n'arrêta point ses larmes qu'elle n'eût su que le Très-Haut ne lui refuserait point ses grâces, et qu'il le relèverait de sa chute ; Cette tendre Mère sentit aussi dans son corps virginal toutes les douleurs et toutes les blessures de son Fils, et aux mêmes endroits que lui. Et lorsque le Seigneur fut garrotté avec les cordes et les chaînes, elle éprouva aux mains un mal si violent, que le sang en jaillit comme si elles eussent été fortement liées ; et il en arriva de même pour les autres blessures qu'il recevait sur sa personne sacrée. Comme à ces souffrances corporelles se joignait la douleur qui déchirait son âme en la vue des tourments qu'endurait notre Seigneur Jésus-Christ, elle finit par verser dans cet amoureux martyre des larmes de sang, prodige qu'opéra le bras du Seigneur. Elle sentit aussi le soufflet qui fut donné à son très saint Fils comme si la même main sacrilège eût frappé en même temps et le Fils et la Mère. Pendant tous ces mauvais traitements que le Sauveur subissait, elle incita les saints anges à glorifier et à adorer leur Créateur avec elle, pour réparer les outrages que les pécheurs lui faisaient ; et communiquant aux mêmes anges ses profondes et douloureuses réflexions, elle s'entretenait avec eux du triste sujet de sa compassion, de ses amertumes et de ses larmes.

---

701   Jn 18, 16.

702   *Ibid.* 17.

Instruction que la grande Reine de l'univers m'a donnée

1265. Ma fille, la lumière divine que vous recevez pour connaître les mystères renfermés dans ce que mon très saint Fils et moi avons souffert pour le genre humain et pour apprécier le peu de retour qu'il nous rend pour tant de bienfaits, vous appelle à de grandes choses. Vous vivez dans une chair mortelle, et par conséquent vous êtes exposée aux mêmes ingratitudes ; mais la force de la vérité que vous comprenez, produit souvent en vous des mouvements de surprise, de douleur et de compassion, en raison du peu de réflexion que font les mortels sur de si hautes merveilles, et à la vue des biens qu'ils perdent par leur lâcheté. Or, si vous êtes dans ces sentiments, quelles doivent être les pensées des anges et des saints sur ce sujet ? Que dois-je penser moi-même sous les yeux du Seigneur, en voyant le monde et les fidèles dans un état si dangereux et dans un oubli si déplorable, après que mon très saint Fils a souffert une mort si cruelle, tandis qu'ils peuvent m'invoquer comme leur Mère et leur avocate, et quand son admirable vie et la mienne leur servent d'exemple ? Je vous dis en vérité, ma très chère fille, que mon intercession et les mérites que je représente au Père éternel de son Fils et du mien, peuvent seuls apaiser sa juste colère, et empêcher qu'il ne détruise le monde et qu'il ne punisse rigoureusement les enfants de l'Église, qui savent la volonté du Seigneur, et ne l'accomplissent point[703]. Mais je suis fort indignée d'en trouver si peu qui s'affligent avec moi, et qui consolent mon Fils dans ses peines, comme dit David[704]. Cette insensibilité sera ce qui couvrira d'une plus grande confusion les mauvais chrétiens au jour du jugement ; parce qu'ils connaîtront alors avec une douleur irréparable qu'ils ont été non seulement ingrats, mais inhumains et cruels envers mon très saint Fils, envers moi et envers eux-mêmes.

1266. Réfléchissez donc, ma fille, à vos obligations, élevez-vous au-dessus de tout ce qui est terrestre et au-dessus de vous-même; car je vous appelle et vous choisis, afin que vous m'imitiez et m'accompagniez là où les créatures me laissent si seule, après tant de faveurs que mon très saint Fils et moi leur avons faites. Considérez avec toute l'attention dont vous êtes capable combien il en a coûté à mon Seigneur de réconcilier les hommes avec son Père et de leur mériter son amitié[705]. Gémissez de ce que tant d'hommes vivent sans y songer, et semblent travailler de toutes leurs forces à détruire et à perdre ce qui a coûté le sang et la mort de Dieu même, ce que je leur ai procuré dès ma conception, et ce que je ne cesse de solliciter et de tâcher d'obtenir pour leur salut. Pleurez amèrement de ce qu'il se trouve dans la sainte Église plusieurs successeurs de ces pontifes hypocrites et sacrilèges, qui sous prétexte de piété condamnèrent Jésus-Christ ; de ce que l'orgueil et beau-

---

703   Jn 4, 25.

704   Ps 68, 21.

705   Col 1, 22.

coup d'autres grands péchés sont autorisés et applaudis ; de ce que l'humilité, la vérité, la justiceet les vertus sont opprimées ; et de ce qu'il n'y a que la cupidité et que la vanité qui triomphent. Bien peu de personnes connaissent la pauvreté de Jésus-Christ, bien moins de personnes encore veulent l'embrasser. Les progrès de la sainte foi sont arrêtés par l'ambition excessive des puissants du monde, et chez un grand nombre de catholiques elle est oiseuse et stérile ; tout ce qui doit avoir vie est mort, et tout marche à une ruine irréparable. Les conseils de l'Évangile sont oubliés, les préceptes transgressés, la charité presque éteinte. Mon Fils et mon Dieu a présenté ses joues avec une patience et une douceur ineffable pour être frappé[706]. Qui est celui qui pardonne une injure pour l'imiter ? Au contraire le monde a fait des lois pour se venger, et non seulement les infidèles, mais aussi les enfants de la foi et de la lumière les pratiquent.

1267. Je veux que, connaissant l'énormité de ces péchés, vous imitiez ce que j'ai fait dans le cours de la passion et durant toute ma vie ; car j'exerçais pour tous les hommes tous les actes de vertu contraires aux différents vices. Pour les blasphèmes et les injures que l'on adressait à mon adorable Fils, je le bénissais et le louais ; pour les infidélités que l'on pratiquait à son égard, je croyais en lui, et ainsi de toutes les autres offenses. C'est ce que je veux que vous fassiez dans le monde où vous vivez et que vous connaissez. Que l'exemple de Pierre vous fasse fuir aussi les dangers auxquels exposent les créatures ; car vous n'êtes pas plus forte que cet apôtre de Jésus-Christ, et si votre fragilité vous fait parfois tomber, pleurez aussitôt comme lui, et ayez recours à mon intercession. Réparez vos fautes journalières par la patience dans les adversités, recevez-les avec joie, sans trouble et sans aucune distinction, quelles qu'elles puissent être ; soit les maladies, soit les insultes des créatures, soit les agitations et la lutte des passions que vos ennemis invisibles feront naître dans votre âme[707]. Il y a dans tout cela de quoi souffrir, et vous devez vous y résigner avec foi, espérance et magnanimité. Croyez bien qu'il n'y a point d'exercice plus profitable pour l'âme que celui des tribulations ; elles éclairent, détrompent et éloignent le cœur humain des choses terrestres, et le portent au Seigneur, qui vient au-devant de lui ; car il habite avec les affligés, il les délivre et les protège[708].

Chapitre 16
On amène notre Sauveur Jésus-Christ chez Caïphe le grand prêtre, où il est accusé et interrogé s'il est le Fils de Dieu. — Saint Pierre le renonce deux autres fois.
— Ce que fait l'auguste Marie dans cette rencontre, et quelques autres mystères.
1268. Après que notre Sauveur eut reçu chez Anne les outrages et le soufflet

---

706   Lm 3, 30.

707   Rm 7, 23.

708   Ps 90, 15.

dont j'ai parlé, ce pontife l'envoya lié à son gendre Caïphe, qui remplissait cette an-née-là les fonctions de grand prêtre, et près duquel les scribes et les anciens s'étaient assemblés pour examiner la cause du très innocent Agneau[709]. La patience invin-cible et la mansuétude que le Seigneur des vertus témoignait au milieu des injures qu'on lui faisait, étonnaient, confondaient et irritaient les démons d'une façon inexprimable, et comme ils ne pénétraient point les opérations intérieures de la très sainte Humanité, comme quant aux actions extérieures, par lesquelles ils tâchent de deviner le cœur des autres hommes, ils ne découvraient en lui aucun mouvement désordonné, et que le très doux Seigneur ne se plaignait pas, ne soupirait même pas, et refusait à son humanité jusqu'à cette légère consolation ; cette générosité héroïque les tourmentait singulièrement, et ils l'admiraient comme quelque chose d'étrange et de tout à fait extraordinaire chez les hommes, qui sont d'une condi-tion passible et faible. Transporté d'une nouvelle fureur, le Dragon excitait tous les princes des prêtres, les scribes et tous leurs serviteurs à insulter et à maltraiter le Sei-gneur de la manière la plus abominable ; et de leur côté, ils étaient prêts à exécuter tout ce que l'ennemi leur suggérait, quand la divine volonté le leur permettait.

1269. Cette troupe infâme de ministres infernaux et d'hommes sans pitié partit de la maison d'Anne, et traîna notre Sauveur chez Caïphe à travers les rues de la ville, continuant de le traiter avec une cruauté implacable et avec toutes les ignomi-nies imaginables. Ils envahirent sa demeure avec un tumulte scandaleux, et le grand prêtre et ses assistants accueillirent le divin captif par de cruels sarcasmes, le voyant soumis à leur pouvoir et à leur juridiction, dont ils ne croyaient pas qu'il put désor-mais se défendre. Ô secret de la très haute sagesse du ciel de l'ignorance diabolique et stupide aveuglement des mortels ! Quelle distance immense vois-je entre vous et les œuvres du Très-Haut ! C'est quand le Roi de gloire, qui est puissant dans les combats[710], triomphe des vices, de la mort, et du péché par les vertus de patience, d'humilité et de charité, comme Seigneur de toutes les vertus, que le monde croit l'avoir vaincu par son orgueil ! Combien différentes étaient les pensées de notre Seigneur Jésus-Christ, de celles de tous ces ouvriers d'iniquité ! L'Auteur de la vie offrait à son Père éternel ce triomphe que sa douceur et son humilité remportaient sur le péché ; il priait pour les prêtres, pour les scribes, et pour tous ses autres per-sécuteurs ; et il représentait à son Père sa patience, ses propres douleurs, et l'igno-rance de ceux qui l'outrageaient. Au même moment sa bienheureuse Mère offrait la même prière pour ses ennemis et ceux de son très saint Fils, imitant en tout ce que sa Majesté faisait ; car elle le découvrait clairement, comme je l'ai maintes fois répé-té. De sorte qu'il se trouvait entre le Fils et la Mère une admirable correspondance à laquelle se complaisait infiniment le Père éternel.

1270. Le pontife Caïphe occupait son siège sacerdotal enflammé d'une envie

---

709   Jn 18, 24 ; Mt 26, 57 ; Ps 23, 10.

710   Ps 23, 8.

et d'une haine mortelle contre le Maître de la vie. Lucifer et tous les démons, qui vinrent de la maison d'Anne, l'assistaient. Les scribes et les pharisiens s'acharnaient comme des loups affamés contre le très doux Agneau ; tous se réjouissaient de sa prise, comme l'envieux se réjouit quand il voit son compétiteur abattu. Ils cherchèrent d'un commun accord des témoins, qui, subornés par des présents et des promesses, dissent quelque faux témoignage contre notre Sauveur Jésus-Christ[711]. Ceux qui avaient été prévenus se présentèrent ; mais ils ne s'accordaient point dans leurs dépositions ; et ils pouvaient encore moins les appliquer à Celui qui était par nature l'innocence et la sainteté même[712]. Pour se tirer d'embarras, ils appelèrent deux autres faux témoins, qui déposèrent contre Jésus, assurant de lui avoir ouï dire qu'il pouvait détruire ce Temple de Dieu bâti par la main des hommes, et dans trois jours en rebâtir un autre, qui ne serait point fait par la main des hommes[713]. Mais ce faux témoignage n'était pas non plus convaincant ; quoiqu'ils prétendissent s'en servir contre notre Sauveur, pour prouver qu'il usurpait le pouvoir divin, et qu'il se l'arrogeait à lui-même. Quand cela eût été, il était la vérité infaillible, par conséquent il ne pouvait rien dire de faux, rien de présomptueux, puisqu'il était véritablement Dieu. Mais le témoignage était faux ; attendu que le Seigneur n'avait point proféré ces paroles telles que les témoins les rapportaient, en les appliquant au Temple matériel de Dieu. Ce que le Sauveur avait dit dans une certaine circonstance, lorsqu'il chassa du Temple ceux qui y vendaient et qui y achetaient, et qu'il répondit à ceux qui lui demandaient par quel pouvoir il les chassait : Détruisez ce Temple[714], équivalait à leur dire, de détruire le Temple de son corps, et qu'il ressusciterait le troisième jour, comme il fit pour preuve de sa puissance divine.

1271. Notre Sauveur ne répondit pas un seul mot à toutes les calomnies que l'on inventait contre son innocence. Caïphe voyant le silence et la patience du Seigneur, se leva de son siège, et lui dit : « Ne répondez-vous rien aux accusations dont ces gens vous chargent[715] ? » Mais il se tut et ne fit encore aucune réponse[716], parce que Caïphe et les autres membres du conseil, non seulement étaient décidés à ne pas ajouter foi à ce qu'il aurait dit, mais leur double intention était qu'il répondit quelque chose, dont ils pussent se servir pour le calomnier, afin de couvrir leur tyrannique dessein, et d'empêcher que le peuple ne s'aperçût qu'ils le condamnaient injustement à mort. Cet humble silence de Jésus-Christ, qui devait adoucir le pontife, l'irrita encore davantage, parce qu'il lui ôtait tout prétexte pour exercer sa malice. Lucifer, qui excitait Caïphe aussi bien que les autres, était fort attentif

---

711 Mt 26, 59 ; Mc 14, 56.

712 He 7, 26.

713 Mt 26, 60 ; Mc 14, 68.

714 Jn 2, 19.

715 Mc 14, 60.

716 Mc 14, 61.

à tout ce que le Rédempteur du monde faisait. Quoique l'intention de ce dragon fût bien différente de celle du pontife ; car il prétendait seulement pousser à bout la patience du Seigneur, oului donner lieu de dire quelque parole à laquelle il pût reconnaître s'il était véritablement Dieu.

1272. Dans cette intention Lucifer inspira à Caïphe de faire avec emportement et d'un ton impérieux cette nouvelle question à notre Seigneur Jésus-Christ : *Je vous conjure par le Dieu vivant de nous déclarer si vous êtes le Christ Fils de Dieu*[717] ? Cette question de la part du pontife fut pleine de témérité et de folie ; car s'il doutait que Jésus-Christ ne fût Dieu, c'était un crime énorme et une insigne témérité de le tenir garrotté comme un coupable en sa présence ; cet examen devait être fait d'une autre manière et selon la raison et selon la justice. Mais Jésus-Christ entendant que le grand prêtre le conjurait au nom du Dieu vivant, adora ce saint Nom, quoique prononcé par une bouche si sacrilège. Et pour exprimer son respect, il répondit en ces termes : *Vous le dites, et je le suis. Toutefois je vous annonce qu'un jour vous verrez venir sur les nues du ciel le Fils de l'homme, qui n'est autre que moi, assis à la droite de Dieu*[718]. Les démons et les hommes se troublèrent diversement par cette réponse. Lucifer et ses ministres n'y purent point résister, et sentirent en elle une force qui les précipita dans l'abîme, écrasés sous le poids de cette vérité qui leur causait de nouveaux tourments. Et ils n'auraient point osé retourner en présence du Seigneur, si sa très haute Providence n'eut disposé, que Lucifer entrât en de nouveaux doutes si Jésus-Christ avait dit la vérité ou s'il n'avait pas fait cette réponse pour se délivrer des Juifs. Dans cette incertitude, ils firent de nouveaux efforts et revinrent au combat ; car le dernier triomphe que le Sauveur devait remporter sur eux et sur la mort était réservé pour la croix, comme nous le verrons dans la suite selon la prophétie d'Habacuc[719].

1273. Mais Caïphe, irrité de la réponse du Seigneur, qui devait le détromper entièrement, se leva une seconde fois, et déchirant ses habits pour marquer le zèle qu'il prétendait avoir de l'honneur de Dieu, il dit à haute voix : *Il a blasphémé, qu'avons-nous besoin encore de témoins ?*

N'avez-vous pas entendu son blasphème ? Qu'en pensez-vous[720] ? Cette inepte et abominable déclaration de Caïphe fut véritablement un blasphème ; car il dénia à Jésus-Christ la qualité de Fils de Dieu, qui par nature lui appartenait, et lui attribua le péché, qui par nature répugnait à sa divine personne. Telle fut la folie de ce méchant prêtre, qui était obligé par sa charge de connaître la vérité religieuse et de l'enseigner ; de sorte qu'il devint lui-même un blasphémateur exécrable quand il dit que Celui qui était la sainteté même blasphémait. Et ayant prophétisé peu de temps auparavant, par l'inspiration du Saint-Esprit en vertu de sa dignité, qu'il

---

717   Mt 26, 63.

718   Mt 26, 64.

719   Ha 3, 13.

720   Mt 26, 65.

était expédient qu'un seul homme mourut pour toute la nation[721], il ne mérita pas à cause de ses péchés d'entendre la vérité qu'il annonçait.

Mais comme l'exemple et le sentiment des princes et des prélats sont si puissants pour mouvoir le peuple, qui est ordinairement porté à flatter les grands, tous ceux qui assistaient à cette inique assemblée s'irritèrent contre notre adorable Sauveur, et répondant à Caïphe, s'écrièrent : *Il mérite la mort ; qu'il meure, qu'il meure*[722] ! Et excités par le démon, ils se jetèrent tous ensemble sur notre très doux Maître, et déchargèrent sur lui leur fureur diabolique ; les uns lui donnaient des soufflets et lui tiraient les cheveux, les autres lui crachaient au visage, d'autres lui donnaient des coups de pied ou le frappaient de la main sur le cou ; c'était une espèce d'affront très sanglant que les Juifs réservaient aux gens qu'ils méprisaient le plus.

1274. Jamais les hommes n'ont été témoins d'outrages aussi cruels que ceux que les Juifs firent dans cette occasion à notre Rédempteur. Saint Luc et saint Marc rapportent que ces bourreaux impitoyables lui couvrirent le visage, et que lui ayant bandé les yeux, ils lui donnaient des soufflets en l'apostrophant ainsi : « Devine maintenant, devine, puisque tu es prophète, dis-nous qui t'a frappé[723]. » La cause pour laquelle ils lui couvrirent le visage fut mystérieuse ; et c'est parce que de la joie que notre Sauveur avait de souffrir ces opprobres, comme je le dirai bientôt, il rejaillissait sur son vénérable visage une beauté et une splendeur extraordinaire, qui remplirent tous ces ouvriers d'iniquité d'une surprise et d'une confusion fort pénibles, et pour cacher leur étonnement, ils attribuèrent cet éclat à l'art magique, et ils prirent de là occasion de voiler la face du Seigneur avec un linge fort sale, indignes qu'ils étaient de la regarder, et voulant d'ailleurs se soustraire à l'aspect de cette divine lumière, qui les tourmentait et paralysait leur fureur diabolique. La bienheureuse Marie ressentait tous les sanglants affronts que subissait le Sauveur ; elle sentait aussi la douleur des coups et des blessures dans les mêmes endroits et dans les mêmes moments que l'adorable Rédempteur les recevait. Il y avait cette seule différence : c'est qu'en notre Seigneur Jésus-Christ les douleurs étaient causées par les coups que les Juifs lui donnaient, tandis que la main du Très-Haut les causait en sa très pure Mère, suivant ses propres désirs. Et il est sûr que naturellement elle aurait succombé aux douleurs et aux peines intérieures dont elle était accablée, si la vertu divine ne l'eût fortifiée en même temps, afin qu'elle continue de souffrir avec son bien-aimé Fils et son Seigneur.

1275. Il n'est pas possible d'exprimer ni même de concevoir les œuvres intérieures que fit le Sauveur au milieu de ces traitements d'une cruauté inouïe. Il n'y eut que la bienheureuse Marie qui les connut entièrement, pour les imiter avec une souveraine perfection. Mais comme notre divin Maître apprenait à l'école de l'expérience de ses propres douleurs les souffrances de ceux qui devaient l'imiter et

---

721   Jn XI, 50.

722   Mt 26, 67.

723   Lc 22, 64 ; Mc 14, 65.

suivre sa doctrine, il s'appliqua à les sanctifier et à les bénir d'une manière spéciale en cette occasion, où il leur enseignait par son exemple le chemin étroit de la perfection. Parmi ces opprobres, ces tourments et tous ceux qu'il souffrit ensuite, il se plut à renouveler en faveur de ses élus les béatitudes qu'il leur avait promises auparavant. Il se tourna vers les pauvres en esprit qui devaient l'imiter en cette vertu, et il dit : « Vous serez bienheureux dans votre dénuement des choses terrestres, car je rendrai par ma passion et par ma mort le royaume du ciel comme une possession assurée, et comme une récompense certaine de la pauvreté volontaire[724]. Bienheureux seront ceux qui souffriront avec douceur et qui supporteront les adversités avec patience ; car outre le droit qu'ils acquièrent à ma félicité pour m'avoir imité, ils posséderont la terre des volontés et des cœurs des hommes, par leur paisible conversation et par les charmes de la vertu. Bienheureux seront ceux qui sèmeront dans les larmes[725] et qui pleureront ; car elles leur feront trouver le pain d'intelligence et de vie, et cueillir plus tard le fruit de la joie éternelle[726].

1276. « Bienheureux seront aussi ceux qui auront faim et soif de la justice et de la vérité ; car je leur mérite une nourriture qui les rassasiera, et qui surpassera tous leurs désirs, soit en la grâce, soit en la récompense de la gloire. Bénis seront les miséricordieux qui auront compassion de ceux qui les offensent et qui les persécutent, comme je le fais en leur pardonnant et en leur offrant mon amitié et ma grâce, s'ils veulent la recevoir ; et je leur promets au nom de mon Père une miséricorde abondante. Bénis soient ceux qui ont le cœur pur, qui m'imitent et qui crucifient leur chair pour conserver la pureté de l'esprit. Je leur promets la vision de la paix, et qu'ils arriveront à celle de ma divinité par ma ressemblance et par ma participation. Bénis soient les pacifiques qui, sans chercher leurs intérêts, ne résistent point aux maux, et les reçoivent avec un cœur ingénu et tranquille, sans aucun esprit de vengeance ; ils seront appelés mes enfants, parce qu'ils ont suivi la conduite de leur Père céleste ; je les porte et les écris dans ma mémoire et dans mon entendement pour les adopter comme miens. Que ceux qui souffriront persécution pour la justice soient bienheureux et héritiers de mon royaume céleste, parce qu'ils ont souffert avec moi ; je veux qu'ils soient éternellement avecmoi, où je suis moi-même[727]. Que les pauvres se réjouissent, que les affligés se consolent, que les petits et les méprisés du monde célèbrent leur bonheur ; et vous qui souffrez avec humilité et avec patience, goûtez donc vos souffrances avec joie intérieure, puisque vous me suivez par les voies de la vérité. Renoncez à la vanité, dédaignez les pompes et les applaudissements de la superbe et trompeuse Babylone ; passez par le feu et par les eaux de la tribulation jusqu'à ce que vous soyez arrivés à moi, qui suis la lumière, la vérité, et votre guide

---

724   Mt 5, 3.

725   Ps 125, 6.

726   Qo 15, 3.

727   Jn 12, 26.

qui vous conduis au repos éternel et au lieu de rafraîchissement[728]. »

1277. Notre Sauveur Jésus-Christ s'occupait à ces œuvres si divines et à des prières pour les pécheurs, tandis que le conseil des méchants l'entourait et l'assiégeait, suivant l'expression de David[729], comme une bande de chiens enragés, l'accablant d'insultes, d'opprobres, de coups et de blasphèmes. La Vierge mère, toujours attentive, s'associait à ce qu'il faisait et souffrait ; dans la prière, elle faisait les mêmes demandes pour les ennemis ; et dans les bénédictions que son très saint Fils donna aux justes et aux prédestinés, elle se constitua leur mère, leur avocate et leur protectrice ; et elle fit au nom de tous des cantiques de louange et de reconnaissance, de ce que le Seigneur réservait aux pauvres et aux méprisés du monde une si haute place dans son estime et une si large part dans ses complaisances. Pour cette raison et pour plusieurs autres choses qu'elle connut dans les œuvres intérieures de Jésus-Christ ; elle fit de nouveau, avec une ferveur incomparable, choix des souffrances, des mépris, des tribulations et des peines pour tout le reste de la passion et de sa très sainte vie.

1278. Saint Pierre avait suivi notre Sauveur de la maison d'Anne jusqu'à celle de Caïphe, mais toujours d'un peu loin, parce que la crainte qu'il avait des Juifs l'intimidait ; toutefois, il parvenait à la surmonter jusqu'à un certain point par l'amour qu'il portait à son Maître, et par un effort de courage naturel. Il ne fut pas difficile à cet apôtre, favorisé d'ailleurs par l'obscurité de la nuit, de s'introduire dans la maison de Caïphe, à cause de la multitude des personnes qui entraient et qui sortaient. Il fut pourtant aperçu entre les portes de la cour par une autre servante, qui était portière, comme l'était celle de la maison d'Anne ; et, s'étant approchée des soldats qui se chauffaient dans cette même cour, elle leur dit : « Cet homme-là est un de ceux qui étaient avec Jésus de Nazareth » ; et une personne de sa compagnie lui dit : *Vous êtes véritablement Galiléen, et un de ses disciples.* Saint Pierre le nia, et jura qu'il n'en était point[730] ; après cela il s'écarta du feu et de la compagnie. Mais, quoiqu'il sortît de la cour, il ne put pas se résoudre de s'en éloigner, jusqu'à ce qu'il eût vu la fin de tout ce qui arriverait au Sauveur ; car il était retenu par l'amour qu'il lui portait et par la compassion naturelle qu'il avait des peines dans lesquelles il le laissait. Après qu'il eut tournoyé et épié environ une heure dans cette même maison de Caïphe, un parent de Malchus, à qui l'Apôtre avait coupé l'oreille, le reconnut et lui dit : *Vous êtes Galiléen et disciple de Jésus ; je vous ai vu avec lui dans le jardin*[731] ? Alors saint Pierre, se voyant découvert, fut saisi d'une plus grande crainte ; et il se prit à protester et à jurer qu'il ne connaissait point cet homme. Aussitôt le coq chanta pour la seconde fois[732] ; de sorte que la parole que son divin

728   Ps 125, 12.

729   Ps 21, 17.

730   Mc 14, 67 et 71 ; 14, 68 ; Lc 22, 58-59 ; Mt 26, 72.

731   Jn 18, 26.

732   Mc 14, 72.

Maître lui avait dite fut ponctuellement accomplie, qu'avant que le coq chantât deux fois, il le renoncerait cette nuit trois fois[733].

1279. Lucifer employa toutes ses ruses et toutes ses forces pour perdre saint Pierre. Il excita premièrement les servantes des pontifes, comme plus volages, et ensuite les soldats, afin que les unes et les autres tourmentassent l'Apôtre par leurs remarques et leurs questions, et il troubla le saint lui-même par de violentes tentations, parce qu'il vit le danger, et surtout quand il commença à chanceler. Par suite de ces cruelles attaques, le premier renoncement de saint Pierre fut simple, le second avec serment, et il ajouta au troisième des imprécations contre lui-même. C'est ainsi que l'on tombe d'un moindre péché dans un plus grand, quand on prête l'oreille aux suggestions de l'ennemi. Mais saint Pierre ayant ouï le chant du coq, se souvint de la prédiction de son divin Maître, parce que sa Majesté le regarda avec sa bénigne miséricorde[734]. La Reine de l'univers lui procura ce bonheur par ses charitables prières ; car elle connut, du cénacle où elle était, les renoncements que l'Apôtre avait faits, et tout ce qui avait contribué à sa chute, entraîné qu'il avait été par la crainte naturelle, et bien plus encore par la violence de la tentation de Lucifer. Elle se prosterna aussitôt, et pria avec beaucoup de larmes pour saint Pierre, en représentant sa fragilité et en même temps les mérites de son adorable Fils. Le Seigneur lui-même excita le cœur de Pierre et le reprit avec douceur par le moyen de la lumière qu'il lui envoya, afin qu'il reconnût sa faute et qu'il la pleurât.

L'Apôtre sortit incontinent de la maison du pontife, le cœur brisé par la plus vive douleur et par les sanglots que lui arrachait le regret de sa chute. Pour la pleurer dans toute l'amertume de son âme, il alla dans une grotte, qui est maintenant appelée du chant du coq, où il pleura avec un profond repentir. En trois heures il recouvra la grâce, et obtint le pardon de ses péchés, n'ayant pourtant jamais été privé des saintes inspirations. Notre auguste Princesse lui envoya un de ses anges, avec charge de le consoler secrètement et de le porter à conserver l'espérance du pardon, de peur qu'il ne lui fût retardé par la défiance et le découragement. Le saint ange partit avec ordre de ne point se manifester à Pierre, attendu que son péché était encore trop récent. Cet esprit céleste exécuta tout ce qui lui avait été ordonné, sans que l'Apôtre s'aperçût de sa présence ; ainsi ce grand pénitent fut fortifié et consolé par les inspirations de l'Ange, et reçut le pardon de son crime par l'intercession de la très pure Marie.

Instruction que notre grande Reine m'a donnée

1280. Ma fille, le secret mystérieux des opprobres, des outrages et des mépris auxquels fut en butté mon très saint Fils, est le livre scellé, qui ne peut être ouvert ni entendu que par la divine lumière, comme il vous a été donné de le connaître et de le lire en partie, quoique vous en écriviez beaucoup moins que vous n'en pénétrez,

---

733   *Ibid.*, 30.

734   Lc 22, 61.

parce que vous ne sauriez tout exprimer. Mais comme ce livre vous est ouvert dans le plus intime de votre cœur, je veux qu'il y reste imprimé, et que dans la connaissance de cet exemplaire vivant et véritable vous étudiiez la science divine, que ni la chair ni le sang ne peuvent vous enseigner, parce que le monde ne la connaît point, et qu'il ne mérite pas de la connaître. Cette divine philosophie consiste à comprendre et à aimer le bonheur inestimable du sort de ceux qui sont pauvres, humbles, affligés, méprisés et inconnus parmi les enfants de la vanité[735]. Mon très saint et très aimé Fils établit cette école dans son Église, quand il prêcha et proposa à tous les huit béatitudes sur la montagne. Et il mit depuis cette doctrine en pratique, comme un Maître qui fait ce qu'il enseigne, quand il renouvela dans sa passion les chapitres de cette science qu'il s'appliquait à lui-même, ainsi que vous l'avez rapporté. Cette école est partout ouverte aux catholiques ; ce livre est toujours étalé sous leurs yeux, et pourtant, qu'il y en a peu et qu'on compterait aisément ceux qui entrent dans cette école et qui lisent dans ce livre, tandis qu'il y a une infinité d'insensés qui ignorent cette science, parce qu'ils ne se disposent point à en être instruits !

1281. Les mortels ont la pauvreté en horreur, et sont affamés des richesses, sans que leur vanité puisse les désabuser. Que de gens qui se laissent emporter à la colère et à la vengeance, et qui méprisent la mansuétude ! Qu'il en est peu qui gémissent de leurs véritables misères, et qu'il en est beaucoup qui cherchent les consolations terrestres ! À peine trouve-t-on un homme qui aime la justice, et qui ne soit injuste et déloyal envers son prochain. La miséricorde est éteinte, l'intégrité des cœurs violée ou blessée, la paix troublée. Personne ne veut pardonner ; et, bien loin de vouloir souffrir pour la justice, les hommes font tous leurs efforts pour éviter les peines qui leur sont si légitimement dues. C'est pour cela, ma très chère fille, qu'il s'en trouve très peu qui soient bienheureux et qui reçoivent les bénédictions de mon très saint Fils et les miennes. Vous avez maintes fois connu la juste colère du Très-Haut contre ceux, qui font profession de la foi, de ce qu'à la vue de leur exemplaire et du Maître de la vie, ils vivent presque comme des infidèles, et sont bien souvent plus horribles qu'eux ; car ce sont eux qui méprisent véritablement le fruit de la rédemption, qu'ils avouent et qu'ils connaissent ; ils commettent le mal avec impiété dans la terre des saints[736], et se rendent indignes du remède qui leur a été mis entre les mains avec tant de miséricorde.

1282. Je veux, ma fille, que vous travailliez à devenir bienheureuse, en suivant parfaitement mon exemple dans la mesure de la grâce que vous recevez pour entendre cette doctrine cachée aux sages et aux prudents du monde[737]. Je vous découvre chaque jour de nouveaux secrets de ma sagesse, afin que votre cœur s'enflamme, et que vous vous excitiez à porter votre main à des choses fortes[738]. Je vais maintenant

---

735   Mt 5, 2 etc.

736   Is 26, 10.

737   Mt 11, 35.

738   Pr 31, 19.

vous faire connaître un exercice auquel je m'adonnais, et dans lequel vous pourrez en partie m'imiter. Vous savez déjà que dès le premier instant de ma conception je fus pleine de grâce, exempte de la tâche du péché originel et de toute participation à ses effets. Par ce privilège singulier, je fus dès lors bienheureuse dans les vertus, sans y sentir aucune répugnance, et sans être obligée de satisfaire pour aucun propre péché. Néanmoins la science divine m'enseigna que, comme j'étais fille d'Adam en la nature qui avait péché, je devais, quoique je ne la fusse point dans le péché commis, m'humilier jusqu'au centre de la terre. Et comme j'avais les sens de la même espèce que ceux par lesquels la désobéissance avait été commise, et qu'en affectaient les mauvais effets auxquels alors et depuis s'est trouvée sujette la condition humaine, je devais, à cause de cette seule relation, les mortifier, les humilier et les priver de l'inclination qu'ils éprouvaient en cette même nature. De sorte que j'agissais comme une très fidèle fille de famille, qui regarde comme sienne propre la dette de son père et de ses frères, quoiqu'elle ne l'ait point contractée, et qui tâche de la payer avec d'autant plus de zèle, qu'elle aime son père et ses frères, et qu'elle les voit dans l'impuissance d'y satisfaire, ne prenant aucun repos qu'elle ne soit parvenue à leur procurer une entière libération. C'est ce que je faisais à l'égard de tout le genre humain, dont je pleurais les misères et les péchés ; et, comme j'étais fille d'Adam, je mortifiais en moi les sens et les puissances par lesquels il avait péché, et je m'humiliais comme confuse et coupable de sa désobéissance et de son péché, quoique j'en fusse exempte, et j'en faisais autant pour les autres, qui sont mes frères en la même nature. Vous ne sauriez m'imiter dans les mêmes conditions, parce que vous avez participé au péché. Mais c'est ce qui vous oblige à m'imiter dans les autres choses que je faisais sans en avoir été souillée ; puisque l'obligation que vous avez de satisfaire à la justice divine, après l'avoir contractée, vous doit presser de travailler sans cesse et pour vous et pour votre prochain, et de vous humilier jusque dans le néant ; car un cœur contrit et humilié porte la divine clémence à user de miséricorde[739].

Chapitre 17

Ce que notre Sauveur souffrit depuis le renoncement de saint Pierre jusqu'au lendemain, et la grande affliction de sa très sainte Mère

1283. Les écrivains sacrés ont passé cet endroit sous silence, sans avoir déclaré où l'on mit l'Auteur de la vie, ni ce qu'il souffrit, ni les injures qu'il reçut dans la maison de Caïphe et en sa présence, depuis le renoncement de saint Pierre jusqu'au lendemain, tandis qu'ils ont tous parlé du nouveau conseil qui se tint pour envoyer le Seigneur à Pilate, comme on le verra dans le chapitre suivant. J'hésitais à m'arrêter à ces circonstances, et à écrire ce qui m'en a été découvert, parce qu'il m'a été aussi montré qu'on ne connaîtra pas tout dans cette vie, qu'il n'est pas même convenable de dire à tous certaines choses, et que les mystères de la vie et de la Passion de notre Rédemp-

---

739   Ps 50, 19.

teur ne seront entièrement manifestés aux hommes qu'au jour du jugement. Pour ce qu'il m'est permis d'en révéler, je ne trouve point de termes qui soient proportionnés à l'idée que j'en ai formée, et encore moins à l'objet que je conçois, parce que tout y est ineffable et au-dessus de mon savoir dire. Je dirai néanmoins par obéissance ce que je pourrai, pour n'être pas reprise d'avoir caché la vérité, qui confond et condamne tellement notre vanité et notre oubli. Je confesse en présence du Ciel mon insensibilité, puisque je ne meurs point de honte et de douleur après avoir commis des fautes qui ont coûté tant de peines au même Dieu, qui m'a donné l'être et la vie que j'ai. Nous ne pouvons plus ignorer l'énormité du péché, puisqu'il a attiré tant de maux sur l'Auteur même de la grâce et de la gloire. Je serais la plus ingrate de tous les mortels, si dès maintenant je n'abhorrais le péché plus que la mort, et autant même que le démon ; et je déclare cette obligation à tous les enfants de la sainte Église.

1284. Les opprobres que notre Seigneur Jésus Christ reçut en présence de Caïphe lassèrent, sans l'assouvir, l'envie de cet ambitieux pontife et la rage de ses complices. Mais, comme minuit était déjà passé, ceux du conseil déterminèrent que, pendant qu'ils dormiraient, notre Sauveur serait gardé dans un lieu de sûreté jusqu'au lendemain. C'est pourquoi ils le firent mettre, garrotté comme il était, dans une espèce de cave souterraine qui servait de prison pour les plus grands voleurs et lesplus scélérats. Cette prison était si obscure, qu'on n'y voyait presque pas, et si puante, qu'elle aurait été capable d'infecter toute la maison, si l'on n'eût pris soin d'en bien boucher les ouvertures ; car il y avait plusieurs années qu'on ne l'avait ni lavée ni nettoyée, tant parce qu'elle était fort profonde, que parce que, lorsqu'on y renfermait des brigands, on n'éprouvait aucun scrupule à les jeter dans cet horrible cachot, comme des gens indignes de pitié, et comme des bêtes féroces et indomptables.

1285. On exécuta ce que le conseil d'iniquité avait prescrit ; ainsi les soldats menèrent le Créateur du ciel et de la terre au fond de cet immonde cachot ! Et comme il était toujours lié en la même manière qu'il était venu du jardin, les bourreaux purent continuer à satisfaire à leur aise la rage que le prince des ténèbres leur inspirait ; car, se servant des cordes dont le Seigneur était attaché, ils le tirèrent, ou plutôt le traînèrent dans cette prison avec une fureur incroyable, le chargeant de coups et de blasphèmes exécrables. Il se trouvait dans un coin le plus enfoncé de cette cave une pointe de rocher si dure, qu'on n'avait pu la casser. Les bourreaux attachèrent notre Sauveur Jésus-Christ avec les bouts des cordes à ce rocher qui avait la forme d'un tronçon de colonne ; mais ce fut avec un raffinement de cruauté, car il n'avait pas la liberté de se redresser ni de s'assoir pour prendre le moindre soulagement, et cette posture était extrêmement gênante et pénible. L'ayant laissé dans cet état, ils fermèrent les portes de la prison, et en remirent les clefs à l'un de ces méchants satellites, afin qu'il les gardât.

1286. Mais le dragon infernal était continuellement agité par son orgueil, et brûlait toujours de découvrir qui était Jésus-Christ ; et, voulant encore éprouver sa patience invincible, il s'unit à tous ces hommes pervers pour inventer une nouvelle méchanceté. Il poussa celui qui avait les clefs du lieu où était le divin prisonnier et le plus grand trésor du ciel et de la terre, à solliciter ses compagnons, aussi méchants que lui, de descendre tous ensemble dans la prison où était le Maître de la vie, et de s'entretenir un peu avec lui pour lui donner occasion de deviner ou de faire quelque prodige, car ils le prenaient pour un magicien. Cédant à cette suggestion diabolique, le geôlier appela d'autres soldats et satellites, qui adoptèrent son projet. Mais, pendant qu'ils se préparaient à l'exécuter, il arriva que la multitude d'anges qui accompagnaient le Rédempteur dans sa Passion, l'ayant vu dans une posture si pénible et dans un lieu si abject et si sale, se prosternèrent devant lui et l'adorèrent pour leur Dieu véritable ; et, plus il se rendait admirable en se laissant traiter de la sorte pour l'amour des hommes, plus ils s'empressaient de lui témoigner leur vénération, et de lui offrir l'hommage de leur culte. Ils lui chantèrent quelques-unes des hymnes que sa très pure Mère avait faites à sa louange, comme je l'ai dit plus haut. Et tous les esprits célestes le prièrent au nom de cette auguste Reine, que, puisqu'il ne voulait pas montrer la puissance de sa droite en délivrant sa très sainte humanité de tant de peines, il leur permît au moins de le délier pour lui donner quelque soulagement, et de le défendre contre cette troupe de bourreaux, qui, inspirés par Lucifer, se disposaient à lui faire de nouveaux outrages.

1287. Le Sauveur, ne voulant pas recevoir le service que les anges s'offraient à lui rendre, leur dit Ministres de mon Père éternel, ce n'est pas ma volonté que vous me donniez maintenant aucun soulagement dans ma passion ; je veux souffrir tous ces opprobres et toutes ces peines, afin de satisfaire à l'ardente charité avec laquelle j'aime les hommes, et laisser à mes élus et amis cet exemple, afin qu'ils m'imitent et qu'ils ne perdent point courage dans la tribulation, et afin que tous estiment les trésors de la grâce que je leur ai méritée avec abondance par le moyen de ces peines. Je veux aussi justifier ma cause, et montrer aux réprouvés, au jour de ma colère, combien il est juste qu'ils soient damnés, après avoir méprisé la très douloureuse passion que j'ai subie pour leur procurer le salut. Vous direz à ma Mère qu'elle se console dans cette tribulation, en attendant que le jour de la joie et du repos arrive ; qu'elle m'imite maintenant en ce que je fais et en ce que j'endure pour les hommes, et que j'accepte sa tendre compassion et toutes ses œuvres avec beaucoup de complaisance. » Les saints anges allèrent aussitôt trouver leur grande Reine, et ils la consolèrent par leur ambassade sensible, quoiqu'elle connût par une autre voie la volonté de son très saint Fils et tout ce qui se passait dans la maison de Caïphe. Et lorsqu'elle vit la nouvelle cruauté que l'on exerçait sur l'Agneau du Seigneur et la posture si pénible de son très saint corps, elle sentit la même douleur en sa très pure personne, comme elle sentait toutes les autres peines de l'Auteur de la vie ; car elles se répercutaient toutes comme un écho miraculeux dans le corps virginal de cette très innocente colombe ; le même glaive de douleur transperçait et le Fils et la Mère, avec cette différence pourtant, que Jésus-Christ souffrait comme Homme-Dieu et l'unique Rédempteur des hommes, et la bienheureuse Marie comme simple créature et la coadjutrice de son très saint Fils.

1288. Quand elle sut que sa Majesté permettait à cette bande hideuse, excitée par le démon, d'entrer dans la prison, la tendre mère pleura amèrement pour les nouveaux outrages dont son fils serait l'objet. Et, prévoyant les desseins sacrilèges de Lucifer, elle résolut d'user de son autorité de Reine pour empêcher qu'on ne fît, contre la personne de notre Seigneur Jésus-Christ, aucune des actions indécentes par lesquelles ce dragon prétendait satisfaire la barbarie de ces misérables. Car, quoique tous les actes qu'ils commettaient pour maltraiter le Sauveur fussent odieux et d'une extrême irrévérence par rapport à sa divine personne, certains pouvaient être plus contraires à la décence, et c'est à ceux-là que l'ennemi poussait ses instruments pour irriter le Seigneur, n'ayant pu altérer sa douceur par les autres. Les œuvres que fit notre auguste Princesse dans cette occasion et dans tout le cours de la passion furent si admirables, si héroïques et si extraordinaires, qu'on ne saurait les louer ni les raconter dignement, quand même on écrirait plusieurs livres sur ce seul sujet ; ainsi il faut le réserver pour quand on jouira de la vision béatifique, attendu qu'il n'est pas possible de le traiter pendant cette vie.

1289. Or ces ministres d'iniquité entrèrent dans la prison, solennisant par des blasphèmes la fête qu'ils se promettaient au milieu des insultes et des sarcasmes auxquels ils étaient décidés à se livrer contre le Seigneur des créatures. Et l'ayant abordé ils se mirent à lui cracher vilainement au visage, et à lui donner des soufflets avec un mépris incroyable. Le Sauveur n'ouvrit point la bouche et ne leva pas même les yeux, se tenant toujours dans une humble sérénité. Ces ministres sacrilèges voulaient l'obliger de parler ou de faire quelque action ridicule ou extraordinaire, pour avoir occasion de le faire passer pour magicien et de se moquer de lui encore davantage ; quand ils virent cette douceur inaltérable, ils se laissèrent aller à tous les transports de la colère qu'excitaient en eux les démons qui les accompagnaient, ils détachèrent notre divin Maître du rocher auquel il était lié, le placèrent au centre de la prison, et lui bandèrent les yeux avec un linge ; et l'ayant ainsi au milieu d'eux, chacun lui donnait à l'envi des coups de poing et des soufflets, et redoublant leurs railleries et leurs blasphèmes, ils lui disaient de deviner qui l'avait frappé. Ces misérables proférèrent plus souvent ces blasphèmes dans cette occasion qu'en la présence de Caïphe ; et lorsque saint Matthieu, saint Marc et saint Luc[740] racontent ce qui se passa devant ce pontife, ils comprennent tacitement ce qui arriva depuis.

1290. Le très doux Agneau se taisait parmi tant d'opprobres et de blasphèmes. Et Lucifer, qui souhaitait avec ardeur qu'il lui échappât un léger mouvement d'impatience, enrageait de voir la sérénité inaltérable de notre Sauveur ; et il inspira avec une malice infernale à ces hommes, qui étaient et ses esclaves et ses amis, de lui arracher tous ses vêtements, et de le traiter avec toute l'irrévérence et toute la cruauté qu'un ennemi si exécrable pouvait imaginer. Les soldats ne résistèrent point à cette

---

740   Mt 26, 67 ; Mc 14, 65 ; Lc 22, 64.

tentation, et résolurent d'exécuter un semblable projet. Mais notre très prudente Dame usa de son pouvoir de Reine pour empêcher ce sacrilège abominable, recourant aussi aux prières, aux larmes et aux soupirs ; car elle pria le Père éternel de refuser son concours aux causes secondes de telles actions, et elle prescrivit aux organes des bourreaux eux-mêmes de n'user point de la vertu naturelle qu'ils avaient pour agir. Il résulta de cet ordre qu'ils ne purent rien exécuter de tout ce que le démon et leur propre malice leur suggéraient à cet égard ; car ils oubliaient aussitôt beaucoup de choses, et ils n'avaient pas la force d'accomplir les autres choses qu'ils désiraient faire ; leurs bras étaient comme engourdis et perclus jusqu'à ce qu'ils eussent renoncé à leur mauvais dessein. Quand ils y avaient renoncé, ils revenaient à leur état naturel ; parce que le miracle n'avait point lieu alors pour les châtier, mais seulement pour empêcher les actions plus indécentes, et permettre celles qui l'étaient moins, ou celles d'une autre espèce d'irrévérence que le Seigneur voulait bien souffrir.

1291. Notre puissante Reine imposa silence aux démons, et leur défendit d'exciter les ministres et les soldats à commettre ces indécences, auxquelles Lucifer voulait les porter. Par cette défense le dragon fut abattu, et n'eut pas la force d'entreprendre ce que la bienheureuse Vierge lui interdisait, ainsi il ne lui fut pas possible d'irriter davantage ces hommes dépravés, et ceux-ci ne purent ni dire ni faire autre chose que ce qui leur était permis. Mais après avoir éprouvé en eux-mêmes ces effets aussi admirables qu'étranges, ils ne méritèrent pas de se détromper ni de reconnaître la puissance divine, quoiqu'ils se sentissent tantôt comme perclus, et tantôt libres et sains, et tout cela subitement ; ces endurcis l'attribuaient à l'art magique et disaient que le Maître de la vérité et de la vie était un enchanteur. Et dans cette erreur diabolique ils continuèrent à maltraiter le Sauveur et à le couvrir de mille moqueries injurieuses, jusqu'à ce qu'ils s'aperçoivent que la nuit était déjà fort avancée, et alors ils le lièrent de nouveau au rocher ; ensuite ils sortirent du cachot ainsi que les démons. Ce fut une disposition de la Sagesse divine de remettre au pouvoir de la bienheureuse Marie la défense de son très saint Fils quant à ces choses intéressant l'honnêteté et la décence, par lesquelles il n'était pas convenable que Lucifer et ses ministres l'offensassent.

1292. Notre Sauveur se trouva une seconde fois seul dans cette prison, assisté néanmoins des esprits célestes qui admiraient les œuvres et les secrets jugements de sa divine Majesté en ce qu'elle avait bien voulu souffrir, et qui, à la vue de ces merveilles, lui offrirent leurs louanges et leurs profondes adorations, ne cessant de glorifier et d'exalter son saint Nom. Notre divin Rédempteur fit une longue prière à son Père éternel, pour ceux qui devaient être les enfants de son Église évangélique, pour l'exaltation de la foi et pour les apôtres, surtout pour saint Pierre, qui pleurait alors son péché. Il pria aussi pour ceux qui l'avaient outragé, et il appliqua plus particulièrement sa prière à sa très sainte Mère, et à ceux qui, à son imitation, seraient affligés et méprisés du monde ; et il offrit pour toutes ces fins sa passion et la mort qu'il attendait. Au même moment la Mère de douleurs faisait la même prière pour les enfants de l'Église et pour les ennemis de son Fils et les siens, sans avoir contre ceux-ci ni colère ni aigreur. Elle tourna toute son indignation contre le démon, comme incapable de la grâce à cause de son obstination irréparable. Et dans la sensible affliction où elle était, elle dit avec beaucoup de larmes au Seigneur.

1293. « Amour et bien de mon âme, mon Fils et mon Seigneur, vous êtes digne que toutes les créatures vous rendent le culte de respect, d'honneur et de louanges qu'elles vous doivent ; car vous êtes l'image du Père éternel et la figure de sa substance[741], infini en votre être et en vos perfections ; vous êtes le principe et la fin de toute sainteté[742]. Si ces mêmes créatures dépendent absolument devotre volonté, comment, Seigneur, méprisent-elles, outragent-elles et tourmentent-elles maintenant votre personne, qui mérite tous les hommages d'une adoration suprême ? Comment la malice des hommes a-t-elle osé s'élever avec tant de témérité ? Comment l'orgueil s'est-il oublié jusqu'à mettre sa bouche dans le ciel ? Comment l'envie a-t-elle été si puissante ? Vous êtes l'unique et radieux Soleil de justice, qui éclaire et qui bannit les ténèbres du péché[743]. Vous êtes la source de la grâce, qui ne se refuse à aucun de ceux qui veulent la recevoir. C'est vous qui, par un amour libéral, donnez l'être et le mouvement à ceux qui l'ont dans la vie[744], et dont toutes les créatures reçoivent leur conservation ; tout dépend nécessairement de vous, sans que vous ayez besoin de rien. Or qu'ont-elles vu, ces créatures, dans vos œuvres ? Qu'ont-elles trouvé en votre personne pour vous maltraiter de la sorte ? Ô laideur effroyable du péché, qui a bien pu défigurer à ce point la beauté du ciel et obscurcir les brillants rayons de la face la plus vénérable ! Ô monstre impitoyable, qui traites avec tant d'inhumanité le Réparateur même de tes ravages ! Mais je connais, mon Fils, que vous êtes l'Artisan du véritable amour, l'Auteur du salut du genre humain, le Maître et le Seigneur des vertus[745], et que vous mettez en pratique la doctrine que vous enseignez aux humbles disciples de votre école. Vous humiliez et confondez l'orgueil, et vous êtes pour tous l'exemple de salut éternel. Et si vous voulez que tous imitent votre charité et votre patience ineffable, je dois être la première à suivre votre exemple, moi qui vous ai donné la chair passible en laquelle vous êtes bafoué, couvert de crachats, accablé de coups. Oh ! si je pouvais moi seule souffrir toutes ces peines, et faire en sorte, mon très innocent Fils, que vous en fussiez délivré ! Mais si cela n'est pas possible, accordez-moi du moins de souffrir avec vous jusqu'à la mort. Et vous, esprits célestes, qui admirez la patience de mon bien-aimé, et qui connaissez sa divinité immuable, et l'innocence et la dignité de son humanité véritable, réparez les injures et les blasphèmes qu'il reçoit des hommes. Et proclamez qu'il est

---

741   He 1, 3.

742   Ap 1, 8.

743   Jn 1, 29.

744   Ac 17, 28.

745   Ps 22, 10.

digne de recevoir l'honneur, la gloire, la sagesse, la puissance et la force[746]. Conviez les cieux, les planètes, les étoiles et les éléments à le reconnaître, et voyez s'il est une douleur égale à la mienne[747]. » Telles étaient, entre autres, les tristes plaintes par lesquelles la Mère désolée exhalait et soulageait quelque peu son amère douleur.

1294. La patience que montra notre auguste Princesse dans la passion et à la mort de son bien-aimé Fils, fut incomparable ; car elle ne crut jamais souffrir assez ; la grandeur de ses peines n'égalait point celle de son affection, qu'elle mesurait à l'amour et à la dignité de son très saint Fils, et à l'excès de ses souffrances ; dans tous les outrages que l'on faisait au même Seigneur, elle ne témoigna pas le moindre ressentiment personnel. Il n'y en avait point un seul qui lui échappât ; mais elle ne s'en considérait point comme directement offensée, elle les déplorait en tant qu'ils offensaient la divine personne de son Fils, et qu'ils devaient tourner au préjudice des agresseurs ; elle pria pour tous, et sollicita le-Très haut de leur pardonner, de les retirer du péché et de tout mal, de les éclairer par sa divine lumière, et de leur faire la grâce d'acquérir le fruit de la rédemption.

Instruction que j'ai reçue de la très sainte Vierge

1295. Ma fille, il est écrit dans l'Évangile[748] que le Père éternel a donné à son Fils unique et le mien la puissance de juger et de condamner les réprouvés au dernier jour du jugement universel. Et cela devait être, non seulement afin que tous ceux qui seront jugés et criminels, voient alors le Juge suprême qui les condamnera selon la volonté et l'équité divine, mais encore afin qu'ils voient cette même forme de son humanité sainte, en laquelle ils ont été rachetés[749], et découvrent en elle les opprobres et les tourments qu'elle a subis pour les délivrer de la damnation éternelle ; et le même Seigneur qui les doit juger leur représentera tout ce qu'il a fait pour eux. Et comme ils ne pourront lui alléguer aucune excuse ni trouver aucune justification, cette confusion sera pour eux le commencement de la peine éternelle qu'ils ont méritée par leur ingratitude obstinée. Car alors éclatera au grand jour l'immensité de la miséricorde avec laquelle ils ont été rachetés, et l'équité de la justice avec laquelle ils seront condamnés. La douleur, les peines et les amertumes que souffrit mon très saint Fils à la pensée que tous ne profiteraient pas du fruit de la rédemption, furent extrêmes ; et ce fut ce qui me déchira le cœur dans le temps que je le voyais en butte à des outrages, à des blasphèmes et à des tourments si impies et si cruels, qu'il est impossible de les dépeindre dansla vie présente. Pour moi, j'en conçus une juste et claire idée, et ma douleur fut proportionnée à cette connaissance, aussi bien que l'amour et la vénération que j'avais pour Jésus-Christ, mon Seigneur et mon Fils.

---

746   Ap 5, 12.

747   Lm 1, 12.

748   Jn 5, 27.

749   Ap 1, 7.

Mais la plus grande peine que j'eus après celle-là, ce fut de savoir que sa Majesté ayant souffert une passion et une mort si affreuse pour les hommes, il s'en trouverait un si grand nombre qui se damneraient en dépit de cette rançon d'une valeur infinie.

1296. Je veux que vous m'imitiez aussi en cette douleur, et que vous vous affligiez de ce malheur déplorable ; car parmi les mortels il n'y en a point d'autre qui mérite beaucoup de larmes et de lamentations, et il n'est point de douleur qui soit comparable à celle-ci. On voit peu de gens dans le monde qui réfléchissent à cette vérité avec l'attention convenable. Mais mon Fils et moi regardons avec une complaisance particulière ceux qui nous imitent en cette douleur, et qui s'affligent de la perte de tant d'âmes. Tâchez, ma très chère fille, de vous distinguer dans ces saints exercices, et ne cessez de prier ; car vous ne savez comment le Très-Haut acceptera vos prières. Mais vous devez savoir qu'il promet de donner à ceux qui demanderont, et d'ouvrir la porte de ses trésors infinis à ceux qui y frapperont[750]. Et afin que vous ayez de quoi lui offrir, gravez dans votre cœur et dans votre mémoire ce que mon très saint Fils et votre Époux a souffert de la part de ces hommes pervers et de ces vils bourreaux ; contemplez la patience invincible, la mansuétude et le calme silencieux avec lesquels il s'est assujetti à leur inique volonté. Profitez dès maintenant de cet exemple, et faites en sorte que ni l'appétit irascible ni aucune autre passion de fille d'Adam ne règnent en vous ; qu'il n'y ait dans votre cœur qu'une horreur efficace pour le péché de l'orgueil et pour tout ce qui pourrait vous porter à mépriser et à offenser votre prochain. Demandez au Seigneur la patience, la douceur, la tranquillité dans les souffrances et l'amour de sa croix. Unissez-vous à elle, prenez-la avec une pieuse affection, et suivez Jésus-Christ votre époux[751], afin que vous puissiez l'atteindre.

Chapitre 18
On assemble le conseil dès le vendredi matin pour vider la cause de notre Sauveur Jésus-Christ. — On l'amène à Pilate. — Sa très sainte Mère, saint Jean l'Évangéliste, et les trois Marie, vont à sa rencontre.

1297. Les évangélistes disent[752] que le vendredi matin les anciens du peuple s'assemblèrent avec les princes des prêtres et les scribes, qui étaient les plus respectés du peuple, parce qu'ils étaient savants en la loi ; et ce fut pour terminer d'un commun accord la cause de Jésus-Christ et pour le condamner à la mort, comme tous ceux du conseil le souhaitaient, en couvrant leur décision d'une apparence de justice, afin de satisfaire le peuple. Ce conseil se tint dans la maison de Caïphe, où le Sauveur était en prison. Et pour l'examiner de nouveau, ils ordonnèrent de le faire monter dans la salle du conseil. Les satellites descendirent aussitôt dans la prison pour exécuter cet ordre ; et comme ils le détachaient de ce rocher dont j'ai parlé, ils lui dirent en se

---

750   Lc 11, 9.

751   Mt 16, 24.

752   Mt 27, 1 ; Mc 15, 1 ; Lc 22, 66 ; Jn 18, 28.

moquant de lui : « Sus, sus, Jésus de Nazareth, il faut marcher ; tes miracles ne t'ont guère servi pour te défendre. Ne pourrais-tu pas maintenant employer pour te sauver cet art merveilleux par les secrets duquel tu disais que tu rebâtirais le Temple en trois jours ? Mais tu paieras à cette heure tes vaines forfanteries, et nous allons rabattre tes hautes pensées. Viens, viens, car les princes des prêtres et les scribes t'attendent pour mettre un terme à tes fourberies et te livrer à Pilate, qui saura bien en finir d'un coup avec toi. » On détacha le Seigneur de ce rocher, et on le mena garrotté comme il était devant le conseil, sans qu'il ouvrît seulement la bouche. Mais il était si défiguré par les coups et par les crachats, dont il n'avait pu se nettoyer ayant les mains liées, qu'il causa de l'horreur à ceux du conseil, sans qu'ils en eussent la moindre compassion, si grande était la haine qu'ils avaient conçue contre notre adorable Maître !

1298. Ils lui demandèrent encore s'il était le Christ, c'est-à-dire l'Oint[753]. Cette seconde demande fut faite avec une intention malicieuse comme les autres, non pour entendre et accepter la vérité, mais pour la calomnier et rétorquer contre lui sa propre réponse. Mais le Seigneur, qui voulait mourir pour la vérité, ne voulut point la nier, ni l'avouer de manière qu'ils la méprisassent et qu'ils prissent quelque prétexte pour la décrier ; car la seule apparence même de la calomnie était incompatible avec son innocence et avec sa sagesse. C'est pourquoi il tempéra sa réponse de telle sorte, que, si les pharisiens avaient un peu de piété, ils auraient aussi occasion de rechercher avec un zèle véritable le mystère que ses paroles renfermaient ; et que, s'ils n'en avaient point, on sût que la faute était en leur mauvaise intention, et non en la réponse du Sauveur. Il leur répondit donc : *Si je vous dis que je le suis, vous ne me croirez point ; et si je vous interroge sur quelque chose, vous ne me répondrez pas, et vous ne me laisserez pas aller*[754]. *Néanmoins, je vous dis que désormais le Fils de l'homme sera assis à la droite de la puissance de Dieu*[755]. Les pontifes répliquèrent : *Vous* êtes donc le Fils de Dieu ? Le Seigneur leur répondit : *Vous le dites, je le suis*[756]. Et ce fut comme s'il eût dit : La conséquence que vous avez tirée que je suis le Fils de Dieu est fort légitime ; car mes œuvres, ma doctrine, vos Écritures, et tout ce que vous faites et que vous ferez à mon égard, rendent témoignage que je suis le Christ promis en la loi.

1299. Mais comme ces hommes remplis de malice n'étaient point disposés à ouvrir leur cœur à la vérité divine, quoiqu'ils l'entrevissent à travers de claires conséquences, et qu'ils pussent y ajouter foi, ils ne l'entendirent et ne la crurent pourtant pas ; au contraire, ils la regardèrent comme un blasphème digne de mort. Et voyant que le Seigneur confirmait ce qu'il avait déjà avoué, ils dirent : Qu'avons-nous besoin encore du témoignage de témoins, puisque nous avons entendu nous-mêmes de sa

---

753   Lc 22, 66.

754   Lc 22, 67-68.

755   *Ibid.*, 69.

756   *Ibid.*, 70.

bouche[757] ? Aussitôt ils déterminèrent, d'un commun accord, qu'étant digne de mort, il serait emmené devant Ponce Pilate, qui gouvernait la province de Judée au nom de l'empereur romain, comme maître de la Palestine pour ce qui concernait le temporel. Et, selon les lois de l'empire romain, les causes qui entraînaient la peine capitale étaient renvoyées au sénat, ou à l'empereur, ou à ses ministres, qui gouvernaient les provinces éloignées ; car ils ne s'en remettaient point aux gens du pays, voulant que les affaires assez graves pour pouvoir aboutir au dernier supplice fussent examinées avec plus d'attention, et qu'aucun criminel ne fût condamné sans être ouï, et sans avoir eu le temps de se défendre ; car, quant à ces règles de justice, les Romains se conformaient plus qu'aucune autre nation à la loi naturelle de la raison. Pour ce qui regarde notre Seigneur Jésus-Christ, les pontifes et les scribes étaient bien aises qu'il mourût par la sentence de Pilate, qui était idolâtre, pour se mettre à couvert des reproches du peuple, en disant que le gouverneur romain l'avait condamné, et qu'il ne l'aurait pas fait s'il n'eût été digne de mort. Leur perversité et leur hypocrisie les aveuglaient tellement, qu'ils se flattaient de pouvoir cacher leur jeu, comme s'ils n'eussent pas été les auteurs de toutes ces infâmes manœuvres, et plus sacrilèges que le juge idolâtre ; mais le Seigneur fit que leur méchanceté se trahit aux yeux de tous par les instances mêmes qu'ils firent auprès de Pilate, comme nous le verrons bientôt.

1300. Les satellites amenèrent notre Sauveur Jésus Christ de la maison de Caïphe à celle de Pilate, pour le lui présenter lié avec des chaînes et des cordes, comme digne de mort. La ville de Jérusalem était pleine de gens qui y étaient accourus de tous les coins de la Palestine, pour y célébrer la grande pâque de l'agneau et des azymes. Mille bruits s'étaient déjà répandus parmi le peuple, et le Maître de la vie était universellement connu, de sorte que les rues regorgeaient d'une multitude innombrable, curieuse de le voir passer ainsi garrotté, et se partageant déjà en divers camps. Les uns criaient : Qu'il meure, qu'il meure, ce méchant homme, cet imposteur qui trompait le monde. Les autres disaient : Sa doctrine et ses œuvres ne paraissaient pas être si mauvaises ; il faisait du bien à tous. Ceux qui avaient cru en lui s'affligeaient et pleuraient, et toute la ville était dans le trouble et l'agitation. Lucifer et ses démons étaient fort attentifs à tout ce qui se passait ; et cet ennemi, se voyant secrètement vaincu par la douceur et la patience invincible de notre Seigneur Jésus-Christ, se débattait contre son propre orgueil et sa propre fureur, soupçonnant de plus en plus que ces vertus dont il était si fort tourmenté ne pouvaient pas se trouver chez un simple mortel.

D'autre part, il présumait que les mauvais traitements qu'il recevait, le mépris souverain qu'il subissait, et les défaillances qu'il ressentait en son corps, ne pourraient point compatir avec la perfection d'un homme qui serait véritablement Dieu ; parce que, s'il l'était, concluait le dragon, la vertu et la nature divine, communiquée à la nature humaine, produirait en celle-ci de grands effets qui empêcheraient ces sortes de défaillances, et ne permettrait point les outrages qu'on lui

757 *Ibid.*, 71.

faisait. C'était la pensée de Lucifer, qui ignorait le prodige secret et divin par lequel notre Seigneur Jésus-Christ avait suspendu les effets qui auraient pu rejaillir de la divinité sur la nature humaine, afin que les souffrances arrivassent à leur plus haut degré, comme je l'ai dit ci-dessus. Dans ces doutes, le superbe dragon redoublait de rage et s'acharnait de plus en plus à persécuter le Seigneur, afin de découvrir quel était celui qui endurait ainsi de pareils tourments.

1301. Le soleil était déjà levé quand cela arriva, et la Mère de douleurs, qui observait toute chose, résolut de sortir de sa retraite pour suivre son très saint Fils à la maison de Pilate, et l'accompagner jusqu'à la croix. Comme elle sortait du cénacle, saint Jean survint pour l'informer de tout ce qui se passait ; car le disciple bien-aimé ignorait alors que la bienheureuse Marie connût par une vision particulière toutes les œuvres de son divin Fils, ainsi que leurs divers incidents. Après le renoncement de saint Pierre, saint Jean s'était retiré, observant de plus loin les événements. Il reconnut aussi la faute qu'il avait commise en prenant la fuite au jardin, et, se présentant à notre auguste Reine, il la salua avec beaucoup de larmes comme Mère de Dieu, et sollicita humblement son pardon ; ensuite il lui dit tout ce qui se passait dans son cœur, tout ce qu'il avait fait, et tout ce qu'il avait vu en suivant son divin Maître. Il crut qu'il fallait prévenir la Mère désolée, afin d'adoucir la cruelle impression dont elle serait frappée, à l'aspect de son très saint Fils. Et, voulant dès lors la préparer à ce triste spectacle, il lui dit : « Ô ma vénérée Dame, à quel état est réduit notre divin Maître ! Il n'est pas possible de le regarder sans en avoir le cœur brisé ; les coups et les crachats ont tellement défiguré son visage si beau, que vous aurez peine à le reconnaître quand vous le verrez. » La très prudente Mère écouta ce récit avec autant d'attention que si elle eût ignoré les mauvais traitements que l'on faisait à notre Rédempteur ; mais elle fondait en larmes, et était abreuvée d'amertume et de douleur. Les saintes femmes, qui se trouvaient auprès d'elle, entendirent aussi ce triste récit ; elles en eurent le cœur percé de la même douleur, et furent saisies d'un grand étonnement. La Reine du ciel ordonna à saint Jean de la suivre avec ces dévotes femmes, auxquelles elle adressa ces paroles : « Hâtons-nous, afin que je puisse voir le Fils du Père éternel, qui a pris chair humaine dans mon sein ; vous verrez, mes très chères amies, ce que l'amour que mon Seigneur et mon Dieu porte aux hommes a bien pu opérer en lui, et ce qu'il lui coûte pour les racheter du péché et de la mort, et pour leur ouvrir les portes du ciel. »

1302. La divine Reine alla par les rues de Jérusalem, accompagnée de saint Jean, des saintes femmes (quoique toutes ne la suivissent pas toujours, hormis les trois Marie et quelques autres fort pieuses), et des anges de sa garde ; elle dit à ces esprits célestes de faire en sorte, que la foule du peuple ne l'empêchât point de parvenir à l'endroit où se trouvait son très saint Fils. Ils lui obéirent et lui en facilitèrent l'abord. Elle entendait par les rires où elle passait les divers discours que l'on tenait et les divers jugements que l'on portait sur un cas si lamentable ; car tout le monde s'entretenait de ce qui venait d'arriver à Jésus de Nazareth. Les personnes les plus compatissantes s'en affligeaient, et c'était le petit nombre ; quelques-uns s'informaient pourquoi on le voulait crucifier ; d'autres parlaient du lieu où il allait, et racontaient qu'on le menait lié comme un scélérat ; ceux-ci avouaient qu'il était fort maltraité ; ceux-là demandaient quel crime il avait commis, pour être soumis à un châtiment si cruel ; enfin, beaucoup de gens disaient avec surprise ou avec peu de foi. « Voilà donc où ont abouti tous ses miracles ? Il faut que cet homme soit un imposteur, puisqu'il n'a pas su se défendre ni se délivrer. Toutes les rues, toutes les places retentissaient de discussions et de murmures. Mais, au milieu d'un pareil tumulte, notre invincible Reine conservait, malgré l'excès de sa douleur, une sérénité et une constance imperturbables, priant pour les incrédules et pour les malfaiteurs, comme si elle n'eût point eu d'autre soin que de travailler à obtenir le pardon de leurs péchés, et elle les aimait avec autant de charité que si elle en eût reçu de grands bienfaits. Elle ne s'irrita point contre ces ministres sacrilèges de la passion et de la mort de son bien-aimé Fils, et ne témoigna pas même la moindre indignation. Au contraire, elle les regardait avec affection, et leur faisait du bien.

1303. Plusieurs de ceux qui la rencontraient dans les rues reconnaissaient la Mère de Jésus de Nazareth, et lui disaient, émus d'une compassion naturelle : « Ô Mère affligée ! quel malheur est le vôtre ! Comme votre cœur doit être brisé, déchiré ! » D'autres lui disaient avec impiété : « Que vous avez mal élevé votre fils ! Pourquoi permettiez-vous qu'il introduisît tant de nouveautés parmi le peuple ? Vous auriez bien mieux fait de les avoir empêchées ; mais cet exemple servira pour les autres mères, qui apprendront par votre infortune à instruire leurs enfants. » La très innocente colombe entendait ces discours et d'autres semblables, encore plus injurieux ; elle les accueillait tous, dans son ardente charité, avec les sentiments convenables, agréant la compassion des gens humains, supportant la dureté impie des incrédules, ne s'étonnant point du procédé des ingrats et des ignorants, et priant tour à tour le Très-Haut pour les uns et pour les autres.

1304. Les saints anges conduisirent à travers cette cohue la Reine de l'univers à l'angle d'une rue où elle rencontra son très saint Fils ; aussitôt elle se prosterna devant lui, et l'adora avec la plus haute et la plus fervente vénération que toutes les créatures ensemble lui aient jamais rendue.

Ensuite elle se leva, et le Fils et la Mère se regardèrent avec une tendresse ineffable ; ils se parlèrent intérieurement, le cœur navré d'une douleur qu'on ne saurait exprimer. Puis la très prudente Dame se retira un peu en arrière, et suivit notre Seigneur Jésus-Christ, en s'entretenant avec lui et avec le Père éternel dans le secret de son âme ; mais c'était d'une manière si sublime, que la langue corruptible des mortels n'est pas capable d'en donner une juste idée. Cette Mère affligée disait : « Dieu suprême, mon Fils, je connais les ardeurs de la charité que vous avez pour les hommes, et qui vous oblige à cacher la puissance infinie de votre Divinité sous la forme de la chair passible que vous avez reçue dans mon sein[758]. Je glorifie votre Sagesse incompréhensible, par laquelle vous acceptez des outrages si sanglants, et vous vous livrez, vous qui êtes le Seigneur de tout ce qui est créé, pour le rachat de l'homme, qui n'est qu'un esclave aussi vil que la cendre et la poussière[759].

Vous êtes digne d'être loué et béni de toutes les créatures, et elles doivent exalter votre bonté immense ; mais moi, qui suis votre Mère, comment cesserais-je de vouloir que ces opprobres retombent sur moi seule, et non point sur votre divine personne, qui est la beauté que les anges contemplent et la splendeur de la gloire du Père éternel ? Comment me résignerais-je à ne point tâcher de vous procurer quelque soulagement dans de pareilles peines ? Comment puis-je vous voir si affligé et si défiguré, et souffrir qu'on ne manque de compassion et de pitié qu'envers le Créateur et le Rédempteur dans une passion si amère ? Mais s'il n'est pas possible que je vous donne, comme Mère, aucun soulagement, agréez, comme Fils et comme Dieu saint et véritable, ma douleur et le sacrifice que je vous offre, de l'impuissance où je me trouve de diminuer vos peines. »

1305. Notre auguste Princesse garda durant toute sa vie au fond de son âme l'image de son très saint Fils ainsi maltraité, défiguré, enchaîné et lié ; et elle resta toujours aussi vivement frappée de ce triste spectacle que si elle eût continué à l'avoir sous les yeux. Notre Seigneur Jésus-Christ arriva à la maison de Pilate suivi de plusieurs membres du conseil des Juifs, et d'une foule innombrable composée de toutes les classes de la population. En le présentant au juge, les Juifs se tinrent hors du prétoire, affectant de vouloir, par zèle religieux, éviter toute espèce d'irrégularité, afin de pouvoir célébrer la pâque des pains sans levain, pour laquelle ils devaient être tout à fait purs d'infractions commises contre la loi[760]. Et ces stupides hypocrites ne faisaient point de cas de l'horrible sacrilège dont ils souillaient leurs âmes en se rendant homicides de l'innocent ! Pilate, quoique gentil, eut quelque égard pour les cérémonies des Juifs ; et, voyant qu'ils faisaient difficulté d'entrer dans le prétoire, il en sortit. Et, selon la coutume des Romains, il leur demanda : *De quoi accusez-vous cet homme*[761] *?* Les Juifs lui répondirent : *Si ce n'était pas un scélérat, nous ne vous l'eussions pas livré de la sorte*[762]. Et ce fut comme s'ils lui eussent dit : Nous avons examiné ses méfaits, et nous sommes si attachés à la justice et à nos devoirs, que, s'il n'était pas un insigne criminel, nous ne procèderions pas contre lui. Pilate leur répliqua : « Quels crimes a-t-il donc commis ? Il a été convaincu, répondirent les Juifs, d'avoir troublé tout le pays et voulu s'établir notre roi, d'avoir défendu de payer les tributs

---

758 Ph 2, 7.

759 Gn 3, 19.

760 Jn 18, 28.

761 *Ibid.,* 29.

762 Jn 18, 30.

à César, de s'être fait le Fils de Dieu[763], et d'avoir prêché une nouvelle doctrine, enseignant dans toute la Judée, depuis la Galilée jusqu'ici[764]. » Alors Pilate leur dit :
« Prenez-le vous-mêmes, et jugez-le selon votre loi ; car je ne trouve aucun motif
pour le juger. » Les Juifs répliquèrent : « Il ne nous est pas permis de condamner à
mort, et encore moins de faire mourir qui que ce soit[765]. »

1306. La bienheureuse Marie, saint Jean et les femmes qui la suivaient, se trouvaient présents à toutes ces procédures ; car les saints anges conduisirent leur Reine à
un endroit d'où elle pouvait voir et ouïr tout ce qui se faisait et tout ce qui se disait.
Et, couverte de son voile, elle versait des larmes de sang par la violence de la douleur
qui brisait son cœur virginal. Elle était, quant aux actes de toutes les vertus, un miroir très clair, dans lequel se réfléchissait l'âme très sainte de son Fils, et elle ressentait dans son corps le contrecoup de ses douleurs et de ses peines. Elle pria le Père
éternel de lui accorder la grâce de ne point perdre de vue son adorable Fils jusqu'à
sa mort, autant qu'il serait naturellement possible. Cela lui fut accordé pendant que
le Seigneur ne fut point en prison. La très prudente Dame, considérant qu'il était
convenable que l'on connût l'innocence de notre Sauveur parmi les fausses accusations des Juifs, et qu'ils demandaient injustement sa mort, pria avec beaucoup de
ferveur que le juge ne fût point trompé, et qu'il fût assez éclairé pour comprendre
que Jésus-Christ lui avait été livré par l'envie des prêtres et des scribes. En vertu de
cette prière, Pilate eut une claire connaissance de la vérité, et découvrit que Jésus
était innocent, et que c'était par envie qu'on le lui avait livré, comme le dit saint
Matthieu[766] ; c'est pourquoi le Seigneur se communiqua davantage à lui, quoique
Pilate ne coopérât point à la vérité qu'il connut, et qu'ainsi il n'en ait point profité ;
mais elle nous sert, à nous, et elle a fait voir la perfidie des pontifes et des pharisiens.

1307. Les Juifs souhaitaient, dans leur haine, que Pilate leur fût favorable, et
qu'il prononçât aussitôt la sentence de mort contre le Sauveur, et comme ils s'aperçurent qu'il éludait leurs poursuites par toutes ses objections, ils se mirent à pousser
des cris de fureur, renouvelèrent leurs accusations calomniatrices, et répétèrent qu'il
voulait s'emparer du royaume de Judée ; que c'était dans ce dessein qu'il trompait
et excitait le peuple, et qu'il disait être le Christ, c'est-à-dire roi sacré[767]. Ils firent
cette malicieuse plainte à Pilate, pour l'inquiéter davantage par le zèle du royaume
temporel, qu'il devait conserver sous la domination de l'empire romain. Et comme,
parmi les Juifs, les rois étaient sacrés, ils ajoutèrent que Jésus s'appelait Christ, c'est-
à-dire oint comme roi[768], afin que Pilate, ayant les idées des gentils, dont les rois

---

763   Lc 23, 2.

764   *Ibid.*, 5.

765   Jn 18, 31.

766   Mt 27, 18.

767   Lc 23, 5.

768   *Ibid.*, 2.

n'étaient point sacrés, entendit que, s'appeler le Christ, c'était la même chose que de s'appeler roi des Juifs, déjà sacré. Alors Pilate lui demanda : « Que répondez-vous à toutes ces accusations[769] ? » Mais Jésus ne répondit point un mot en présence des accusateurs, de sorte que Pilate était tout étonné d'un silence et d'une patience si extraordinaires[770]. Et, désirant s'assurer davantage s'il était véritablement roi, il s'éloigna du tumulte des Juifs, et entra avec le Seigneur dans le prétoire. Et là, il lui dit à part : « Êtes-vous le roi des Juifs[771] ? » Pilate ne put pas penser que Jésus-Christ fût roi de fait, puisqu'il savait assez qu'il ne régnait pas ; ainsi il ne l'interrogeait que pour savoir s'il était roi de droit et s'il prétendait au trône. Notre Sauveur répondit : Dites-vous cela de vous-même, ou d'autres vous l'ont-ils dit de moi[772] ? Pilate repartit : « Je ne suis pas Juif ; votre nation et vos princes des prêtres vous ont livré entre mes mains. Qu'avez-vous fait[773] ? » Jésus répondit : *Mon royaume n'est pas de ce monde ; si mon royaume était de ce monde, mes serviteurs auraient combattu pour empêcher que je ne fusse livré aux Juifs ; mais mon royaume n'est pas d'ici[774]*. Pilate ajouta quelque créance à cette réponse du Seigneur ; c'est pourquoi il lui dit : Vous êtes donc roi, puisque vous avez un royaume ? Jésus répondit : *Oui, je le suis. Je suis né et suis venu dans le monde pour rendre témoignage à la vérité. Quiconque aime la vérité*, écoute *ma voix[775]*. Pilate admira cette réponse du Seigneur, et lui dit : Qu'est-ce que la vérité ? Et, lui ayant fait cette question, il sortit de nouveau du prétoire sans en attendre la réponse, et dit aux Juifs : Je ne trouve aucun crime en cet homme pour le condamner[776]. Mais c'est la coutume qu'à la fête de Pâque je vous délivre un prisonnier ; voulez-vous donc que je vous délivre Jésus ou Barabbas[777] ? (C'était un voleur et un assassin qu'on tenait alors en prison pour avoir tué un homme dans une querelle.) Alors tous redoublèrent leurs cris, et vociférèrent : Nous vous demandons de nous délivrer Barabbas, et de crucifier Jésus[778]. Et ils persistèrent dans cette demande, jusqu'à ce qu'elle leur fût accordée.

1308. Pilate fut fort troublé des réponses de notre Sauveur Jésus-Christ et de l'obstination des Juifs ; parce que, d'un côté, il ne voulait point rompre avec eux ; et il les voyait si acharnés à exiger la mort du Seigneur, que cela lui paraissait bien

---

769   Mc 15, 4.

770   *Ibid.*, 5.

771   Jn 18, 33.

772   *Ibid.*, 34.

773   *Ibid.*, 35.

774   Jn 18, 36.

775   *Ibid.* 37.

776   *Ibid.*, 38.

777   *Ibid.*, 39.

778   *Ibid.* 40.

difficile sans céder à leurs exigences ; d'un autre côté, il connaissait clairement qu'ils le persécutaient par une envie mortelle qu'ils avaient contre lui, et que tout ce qu'ils disaient pour prouver qu'il soulevait le peuple, était faux et ridicule[779]. Quant aux prétentions à la royauté qu'ils lui imputaient, il avait été satisfait de la réponse du Christ lui-même, qu'il voyait si pauvre ; si humble et si patient dans les calomnies qu'on débitait contre lui. Et, à l'aide de la lumière qu'il reçut d'en haut, il reconnut la véritable innocence du Sauveur ; mais ce fut là tout, car il continua à ignorer le mystère et la dignité de la Personne divine. La force des paroles de Jésus-Christ portait Pilate à en faire une haute estime, et à croire qu'il renfermait en lui quelque mystère ; et c'est pourquoi il cherchait les moyens de le délivrer, et le renvoya ensuite devant Hérode, comme je le dirai dans le chapitre suivant ; néanmoins toutes ces lumières ne furent point efficaces, parce que son péché l'en rendit indigne, qu'il n'eût en vue que des fins temporelles auxquelles il subordonna sa conduite sans se préoccuper de la justice, et qu'il se conduisait par l'inspiration de Lucifer, comme je l'ai marqué, plus que par la claire connaissance qu'il avait de la vérité. De sorte qu'il se comporta en juge inique, jugeant la cause de l'innocent selon la passion de ceux qui étaient ses ennemis déclarés, et qui l'accusaient faussement. Et son péché fut encore plus grand, en ce qu'il agit contre sa propre conscience, en condamnant à mort cet innocent, et en ordonnant qu'il fût d'abord fouetté avec tant de cruauté, comme nous le verrons en son lieu, sans aucun autre motif que de contenter les Juifs.

1309. Mais quoique Pilate se montrât, pour ces raisons et pour plusieurs autres, le plus méchant des juges en condamnant Jésus-Christ, qu'il prenait pour un simple mortel dont on ne pouvait contester l'innocence, son péché fut relativement moindre que celui des prêtres et des pharisiens, non seulement parce que ceux-ci agissaient par envie, par cruauté et pour d'autres fins détestables, mais aussi parce que ce fut pour eux un crime énorme de ne pas reconnaître Jésus-Christ comme le Messie véritable, et le Rédempteur Dieu et homme, promis en la loi que ces mêmes Hébreux croyaient et professaient. Et pour leur condamnation le Seigneur permit que, quand ils accusaient notre Sauveur, ils l'appelassent Christ et Roi sacré, confessant par leurs paroles la vérité qu'ils niaient. Mais ces incrédules devaient ajouter foi à ce qu'ils disaient, pour entendre que notre Seigneur Jésus-Christ était véritablement oint, non par l'onction figurative des rois et des prêtres anciens, mais par cette onction qu'annonce David[780], différente de toutes les autres, comme l'était l'onction de la Divinité unie à la nature humaine, qui l'éleva à être Christ, Dieu et homme véritable ; son âme très sainte étant ointe par les dons de grâce et de gloire, qui répondent à l'union hypostatique. Or l'accusation des juifs signifiait cette vérité mystérieuse, quoiqu'ils ne la crussent point à cause de leur perfidie, et qu'ils l'interprétassent faussement par envie, reprochant au Seigneur de vouloir se déclarer roi sans qu'il le fût, tandis que le contraire était vrai. S'il ne voulait point en donner des preuves ni user de la puissance de roi temporel, lui, le Maître absolu de tout l'univers, c'était parce qu'il n'était pas venu dans le monde pour commander aux hommes, mais pour obéir[781]. L'aveuglement des Juifs était encore plus grand, en ce qu'ils attendaient le Messie comme roi temporel, et pourtant blâmaient Jésus-Christ de ce qu'il l'était ; il semble qu'ils ne voulaient pour Messie qu'un roi qui fût si puissant, que personne n'eût pu lui résister ; mais alors même ils ne l'auraient reçu que par force, et non pas avec cette pieuse volonté que le Seigneur demande.

1310. Notre auguste Reine pénétrait profondément ces mystères cachés, et les repassait dans son cœur, exerçant des actes héroïques de toutes les vertus. Et comme les autres enfants d'Adam conçus dans le péché et souillés de plusieurs crimes, se laissent d'ordinaire d'autant plus troubler et abattre, qu'ils sont assaillis par des tribulations et des douleurs plus violentes, et qu'alors la colère et les autres passions désordonnées les agitent, le contraire arrivait en la très pure Marie, chez laquelle n'agissaient ni le péché ni ses effets ; et la nature ne pouvait point contrebalancer l'excellente grâce qu'elle avait. Car les grandes persécutions et les grandes eaux de tant de douleurs n'éteignaient point le feu de son cœur enflammé de l'amour divin[782] ; mais c'étaient comme autant de brandons qui l'alimentaient et embrasaient de plus en plus cette âme divine et l'excitaient à redoubler ses prières pour les pécheurs au moment où ils en avaient un plus pressant besoin, puisque la malice des hommes était alors arrivée à son plus haut degré. Ô Reine des vertus, Maîtresse des créatures et très douce Mère de miséricorde ! que mon insensibilité est grande, puisque mon cœur ne se brise point de douleur dans la connaissance que j'ai de vos peines et de celles de votre bien-aimé Fils unique !

Si, malgré tout ce que je sais, je me trouve encore en vie, au moins faut-il que je m'humilie jusqu'à la mort. C'est manquer aux lois de l'amour et même de la simple pitié, que de voir souffrir l'innocent et de lui demander des grâces, sans prendre part à ses peines. Or de quel front dirons-nous, Reine vénérable, que nous aimons notre divin Rédempteur et que nous vous aimons, vous qui êtes sa Mère, si, lorsque vous buvez ensemble l'amer calice des douleurs les plus affreuses, nous nous enivrons au calice des plaisirs de Babylone ? Oh ! si je comprenais bien cette vérité ! Oh ! si je la sentais et pénétrais ! Si elle-même me pénétrait jusqu'au fond des entrailles, en me forçant de considérer ce que mon adorable Seigneur et sa Mère affligée ont souffert ! Comment pourrai-je penser qu'on est injuste à mon égard, lorsqu'on me persécutera ? comment oserai-je me plaindre, quand je me verrai méprisée et rejetée du monde : « Ô grande Reine des martyrs et des âmes fortes, Maîtresse des imitateurs de votre Fils, si je suis votre fille et votre disciple, comme vous avez daigné me l'assurer, et que mon Seigneur a bien voulu me le mériter, ne repoussez point les désirs que j'ai

781   Ps 44, 7.

782   Ct 8, 7.

de suivre vos traces dans le chemin de la croix ! Et si par faiblesse je viens à tomber, obtenez-moi, ma très charitable Mère, les forces dont j'aurai besoin pour me relever, et donnez-moi un cœur contrit et humilié pour pleurer mon ingratitude. Priez le Très-Haut qu'il me favorise de son saint amour, qui est un don si précieux, que votre seule intercession me le peut procurer, et mon seul Rédempteur me le mériter.

Instruction que j'ai reçue de notre grande Reine

1311. Ma fille, les mortels sont fort négligents à considérer les œuvres de mon très saint Fils, et à pénétrer avec une humble vénération les mystères qu'il y a renfermés pour le remède et le salut de tous. C'est pour cela que tant de gens les ignorent, et qu'il s'en trouve d'autres qui s'étonnent que le Sauveur ait consenti à être traîné comme un criminel devant des juges iniques, qui l'examinèrent comme un malfaiteur et le regardèrent comme un insensé ; enfin, qu'il n'ait pas défendu son innocence par sa divine sagesse, et dévoilé la malice des Juifs et de ses autres adversaires, puisqu'il eût pu le faire avec tant de facilité. Mais dans un tel sujet d'admiration l'on doit révérer les très hauts jugements du Seigneur qui a établi cette ordonnance à la rédemption du genre humain, opérant avec équité et bonté, et comme il était convenable à tous ses attributs, sans refuser à aucun de ses ennemis les grâces suffisantes pour faire le bien, s'ils voulaient y coopérer, par le bon usage des droits de leur liberté ; car il voulait que tous fussent sauvés, s'ils n'y mettaient aucun obstacle de leur côté. Ainsi, personne n'a sujet de se plaindre de la miséricorde divine, qui a été surabondante[783].

1312. Mais je veux encore, ma très chère fille, que vous découvriez l'instruction que ces œuvres renferment ; car mon très saint Fils n'en a fait aucune qu'en qualité de Rédempteur et de Maître des hommes. Dans la patience qu'il montra et le silence qu'il garda, en sa passion, permettant qu'on le fît passer pour un perturbateur et pour un insensé, il a laissé aux hommes une leçon aussi importante qu'elle est peu étudiée et surtout peu pratiquée des enfants d'Adam. Ils ne se prémunissent pas contre la contagion que Lucifer leur a communiquée par le péché, et qu'il répand continuellement dans le monde ; c'est pour cela qu'ils ne cherchent point auprès du Médecin le remède qui pourrait guérir leurs maladies ; mais le Seigneur par son immense charité a laissé et en ses paroles et en ses œuvres le secours qui leur est nécessaire. Que les hommes considèrent donc qu'ils ont été conçus dans le péché[784], et qu'ils voient quelles profondes racines a jetées dans leurs cœurs la semence de l'orgueil, de la propre estime, de l'avarice, de l'hypocrisie, du mensonge et de tous les autres vices que le Dragon y a semés. Généralement, tous recherchent les honneurs et la vaine gloire, tous veulent être estimés, préférés. Ceux qui se croient savants veulent être vantés, applaudis, et font parade de leur science. Les ignorants veulent paraître savants. Les riches se glorifient de leurs richesses, et veulent être honorés.

---

783   1 Tm 2, 4.

784   Ps 50, 7.

Les pauvres aspirent à devenir riches, affectent les dehors des riches et briguent leur faveur. Les puissants veulent qu'on les craigne, qu'on les respecte et qu'on leur obéisse. Tous enfin se précipitent à l'envi dans cette erreur, et tachent, même quant à la vertu, de paraître ce qu'ils ne sont point, et ne sont pas ce qu'ils désirent paraître. On excuse ses vices, on cherche à faire briller ses qualités et ressortir ses avantages, on s'attribue les dons et les bienfaits comme si on ne les avait pas reçus, et on les reçoit comme s'ils n'étaient pas dispensés gratuitement par une main libérale ; et au lieu d'en témoigner sa gratitude, on s'en sert contre Dieu, de qui ils viennent, et contre soi-même. Tous les hommes en général sont enflés du venin mortel de l'antique serpent, et plus il étend ses ravages et les consume, plus ils veulent s'en gorger. Le chemin de la croix est désert, parce que fort peu de personnes y marchent, et suivent Jésus-Christ dans les voies de l'humilité et de la sincérité chrétienne.

1313. La patience et le silence qu'eut en sa passion mon Fils, permettant qu'on le traitât comme un insensé malfaiteur, brisèrent la tête du Dragon infernal et rabattirent sa superbe arrogance. Maître d'une philosophie nouvelle et médecin qui venait guérir le mal du péché, il ne voulut point se défendre ni se disculper ou se justifier, ni contredire ceux qui l'accusaient, laissant aux hommes ce grand exemple d'une conduite si opposée aux suggestions de Lucifer. De sorte qu'en sa Majesté fut mise en pratique cette doctrine du Sage, qui dit[785] qu'une folie légère et opportune est plus précieuse que la sagesse et que la gloire ; car l'homme est si fragile qu'il vaut mieux qu'il soit pour quelque temps regardé comme ignorant et méchant, que de faire une vaine ostentation de sagesse et de vertu. Il y a une infinité de gens qui se laissent séduire par cette dangereuse erreur, et qui, voulant passer pour savants, se répandent en paroles comme des insensés ; mais ils perdent par-là ce qu'ils prétendent, parce qu'ils découvrent leur ignorance. Tous ces vices naissent de l'orgueil enraciné dans la nature corrompue. Pour vous, ma fille, conservez dans votre cœur la doctrine de mon très saint Fils et la mienne, fuyez la vanité, souffrez dans le silence, et ne vous mettez pas en peine si le monde vous répute ignorante, puisqu'il ne sait pas où se trouve la véritable sagesse.

Chapitre 19
Pilate renvoie à Hérode la cause et la personne de notre Sauveur Jésus-Christ.
On l'accuse devant Hérode, qui le méprise et le renvoie à Pilate.
La bienheureuse Marie le suit, et ce qui arriva dans cette occasion.

1314. Une des accusations que les Juifs et leurs pontifes présentèrent à Pilate contre le Sauveur, fut qu'il avait commencé dans la province de Galilée à prêcher et à soulever le peuple par sa doctrine[786]. Ce fut de là que Pilate prit occasion de demander si Jésus-Christ était Galiléen. Et ayant su qu'il l'était, il crut avoir quelque raison

---

785 Ba 3, 15.

786 Lc 13, 5-6.

de se décharger de la cause de notre Rédempteur, dont il connaissait l'innocence, et de se délivrer des importunités des Juifs, qui le pressaient avec tant d'instance de le condamner à la mort. Hérode se trouvait alors à Jérusalem pour y célébrer la Pâque des Juifs. Celui-ci était fils de l'autre roi Hérode, qui avait fait mourir les innocents, et persécuté notre Seigneur Jésus-Christ nouvellement né[787], et comme il s'était marié avec une Juive, il avait embrassé le judaïsme en se faisant prosélyte. C'est pour cela que son fils Hérode observait aussi la loi de Moïse, et était parti de Galilée, dont il était gouverneur, pour venir célébrer la Pâque à Jérusalem. Pilate et Hérode, qui gouvernaient les deux principales provinces de la Palestine, savoir, la Judée et la Galilée, étaient brouillés ; car il était arrivé peu de temps auparavant que Pilate, voulant témoigner son zèle pour conserver les droits de l'empire romain, avait, comme il est rapporté au chapitre 13 de saint Luc[788], fait égorger plusieurs Galiléens dans le temps qu'ils faisaient certains sacrifices, mêlant le sang des coupables avec celui de leurs sacrifices. Or Hérode s'était irrité de cela, et Pilate souhaitant lui donner quelque satisfaction, résolut de lui renvoyer notre Sauveur, comme son sujet, afin qu'il examinât et jugeât sa cause[789] ; il espérait toujours d'ailleurs qu'Hérode le délivrerait comme innocent, et accusé par les pontifes et les scribes à cause de leur perfide envie.

1315. Notre Seigneur Jésus-Christ sortit, garrotté comme il l'était, de la maison de Pilate pour aller chez Hérode ; il était accompagné des scribes et des prêtres qui allaient l'accuser devant le nouveau juge, et d'un grand nombre de soldats et de satellites, pour l'amener en le tirant par les cordes, et pour s'ouvrir un passage à travers la multitude d'étrangers et de curieux qui remplissait les rues. Mais leur malice en rompait sans peine les rangs pressés, et comme les ministres et les pontifes étaient ce jour-là si impatients de répandre le sang du Sauveur, ils hâtaient le pas, et menaient sa Majesté presque en courant, et avec un horrible tumulte. La bienheureuse Marie sortit également avec sa compagnie de la maison de Pilate pour suivre son très doux Fils, et l'accompagner dans le chemin qu'il lui restait à parcourir jusqu'à la croix. Il n'aurait pas été possible que notre auguste Princesse eût fait ce chemin sans perdre de vue son bien-aimé, si les saints anges n'eussent fait en sorte, pour se conformer à ses désirs, qu'elle se trouvât toujours assez près de son Fils pour pouvoir jouir de sa présence, et participer ainsi avec une plus grande plénitude à toutes ses peines. Ce fut par son très ardent amour qu'elle obtint tout ce qu'elle souhaitait, et, s'attachant aux traces du Seigneur, elle entendait les injures que les bourreaux lui adressaient, les coups qu'ils lui donnaient, le murmure du peuple, et les divers sentiments que chacun exprimait ou rapportait.

1316. Quand Hérode eut appris que Pilate lui renvoyait Jésus de Nazareth, il en témoigna une joie singulière. Il savait qu'il était l'intime ami de Jean, auquel il avait

---

787   Mt 2, 16.

788   Lc 13, 1.

789   Lc 23, 7.

fait trancher la tête[790] ; il était aussi informé de ses prédications, et par une folle curiosité il souhaitait s'entretenir avec lui, et surtout lui voir opérer quelque prodige en sa présence[791]. L'Auteur de la vie fut donc amené devantHérode, contre lequel le sang de saint Jean-Baptiste criait bien plus haut devant le même Seigneur que celui du juste Abel[792]. Mais ce malheureux prince, qui ignorait les terribles jugements du Très-Haut, le reçut avec force moqueries, le prenant pour un magicien. Et dans cette erreur effroyable, il l'examina et lui fit plusieurs questions pour le provoquer, pensait-il, à faire quelque merveille, comme il le désirait[793]. Le Maître de la sagesse et de la prudence ne lui répondit pas un mot, gardant toujours un humble sérieux en la présence du très indigne juge, qui méritait bien par ses iniquités d'être privé du bonheur d'ouïr les paroles de vie éternelle qui seraient sorties de la bouche de Jésus-Christ si Hérode eût été disposé à les accueillir avec respect.

1317. Cependant les princes des prêtres et les scribes étaient présents ; ils persistaient à accuser le Sauveur, et à lui reprocher les mêmes crimes dont ils l'avaient chargé devant Pilate[794]. Mais il ne répondit rien non plus à toutes ces calomnies ; car il n'ouvrit pas seulement la bouche devant Hérode, qui le pressait de parler, ni pour répondre à ses questions, ni pour détruire les fausses accusations de ses ennemis, parce qu'Hérode était en toute manière indigne d'ouïr la vérité; juste châtiment que les princes et les puissants du monde doivent craindre le plus. Hérode s'irrita du silence et de la douceur de Jésus-Christ, qui trompaient sa vaine curiosité ; et, pour dissimuler son mécompte, ce méchant juge prit le parti de tourner en dérision notre très innocent Maître ; et, ayant porté, par son exemple, tous ceux de sa suite à lui prodiguer des marques de mépris, il ordonna de le ramener à Pilate[795]. Tous les serviteurs d'Hérode se moquèrent aussi de la modestie du Seigneur ; et voulant le traiter en fou, ils le vêtirent d'une robe blanche, costume par lequel on distinguait les insensés, afin que tout le monde les évitât. Mais cette robe fut pour notre Sauveur le symbole de son innocence et de sa pureté, la providence du Très-Haut l'ordonnant de la sorte, afin que ces ministres d'iniquité rendissent eux-mêmes, à leur insu, témoignage à la vérité, qu'ils prétendaient malicieusement obscurcir, aussi bien que les merveilles éclatantes qu'avait opérées notre adorable Rédempteur.

1318. Hérode remercia Pilate de la courtoisie avec laquelle il lui avait remis la cause et la personne de Jésus de Nazareth, et lui fit dire qu'il ne trouvait aucun crime en cet homme, qui ne paraissait être qu'un ignorant digne de mépris. Depuis ce

---

790   Mc 6, 27.

791   Lc 23, 8.

792   Gn 4, 10

793   Lc 23, 9.

794   Lc 23, 10.

795   Lc 23, 11.

jour-là, Hérode et Pilate, qui étaient brouillés, devinrent amis[796], le Très-Haut le disposant ainsi par les secrets jugements de sa divine sagesse. Notre Sauveur fut donc
renvoyé d'Hérode à Pilate, et conduit par beaucoup de soldats de ces deux gouverneurs, à travers les flots d'une populace plus agitée et plus bruyante encore. Car ceux
qui l'avaient auparavant vénéré comme le Sauveur et le Messie béni du Seigneur[797],
étant alors pervertis par l'exemple des prêtres et des magistrats, condamnaient et
méprisaient le même Seigneur auquel ils venaient de rendre honneur et gloire ; tant
l'erreur et le mauvais exemple des chefs sont puissants pour entraîner le peuple ! Au
milieu de ce tumulte et de toutes ces ignominies ; notre Sauveur répétait intérieurement, avec un amour, une humilité et une patience ineffables, ces paroles qu'il avait
déjà dites par la bouche de David : *Je suis un ver, et non un homme ; je suis l'opprobre
des mortels et le rebut de la populace. Ceux qui me voyaient se sont tous moqués de moi ;
et le mépris sur les lèvres, ils m'insultaient en branlant la tête*[798]. Notre adorable Maître
était un ver, et non un homme, non seulement parce qu'il ne fut point engendré
comme les autres hommes, et qu'il n'était point un simple homme, mais véritablement homme et Dieu à la fois, mais aussi parce qu'au lieu d'être traité comme un
homme, il le fut comme un ver de terre, et qu'en butte à tous les outrages, il ne fit
non plus de bruit ni de résistance qu'un misérable vermisseau que l'on foule aux
pieds et que l'on écrase comme l'objet le plus vil. Tous ceux qui regardaient notre
Rédempteur Jésus-Christ (et ils formaient une multitude innombrable), semblaient,
en vomissant l'injure et en secouant la tête, vouloir rétracter tout ce qu'ils avaient dit
et tout ce qu'ils avaient fait à son avantage.

1319. La Mère de douleurs ne se trouva point corporellement présente aux opprobres et aux accusations dont les prêtres chargèrent l'Auteur de la vie devant Hérode, ni à l'interrogatoire que ce malheureux prince lui fit subir, parce qu'elle resta
hors de la salle où l'on fit entrer le Seigneur ; elle sut néanmoins, par une vision
intérieure ; tout ce qui s'y passa. Mais quand le Sauveur sortit de cette salle où était
le tribunal d'Hérode, il la rencontra, et alors ils se regardèrent tous deux avec une
intime douleur et avec une compassion réciproque, qui répondait à l'amour d'un tel
fils et d'une telle mère. Cette robe blanche qu'on lui avait mise, comme à un insensé,
fut pour elle un nouvel objet qui lui brisa le cœur, quoiqu'elle connût, seule entre
tous les mortels, le mystère de l'innocence et de la pureté que cet habit figurait. Elle
l'adora sous cette robe mystérieuse, et le suivit chez Pilate, où on le ramenait ; car ce
que la volonté divine avait disposé pour notre remède, devait y être accompli dans
le trajet du palais d'Hérode à celui de Pilate ; la presse était telle, ainsi que la précipitation aveclaquelle ces satellites impies menaient le Sauveur, qu'ils le firent tomber
plusieurs fois par terre, et alors ils le tiraient par les cordes avec une cruauté et une

---

796   *Ibid.*, 42.

797   Mt 21, 9.

798   Ps 21, 7-8.

violence si horribles, que le sang jaillissait de ses sacrées veines ; et, comme il ne pouvait pas facilement se relever à cause qu'il avait les mains liées, et que la foule ne pouvait ni ne voulait s'arrêter, ceux qui suivaient notre divin Rédempteur le heurtaient, marchaient sur son adorable personne, et lui donnaient plusieurs coups de pied, au milieu des éclats de rire des soldats, qui, excités par le démon, avaient abjuré tout sentiment de compassion naturelle, et semblaient n'avoir plus rien d'humain.

1320. La compassion et la douleur de la plus tendre des mères augmentèrent à la vue d'une pareille férocité, et, s'adressant à ses anges, elle leur ordonna de recueillir le précieux sang que leur Roi versait par les rues, afin qu'il ne fût point foulé aux pieds et profané par les pécheurs ; et c'est ce que firent les ministres célestes. Elle leur prescrivit encore d'empêcher ces artisans d'iniquité de marcher sur la divine personne de son adorable Fils, s'il venait de nouveau à tomber. Et, comme elle était très prudente en tout, elle ne voulut pas que les anges exécutassent cet ordre sans avoir consulté le Seigneur lui-même ; elle leur dit donc de lui demander, de sa part, son agrément, et de lui représenter les peines qu'elle souffrait comme mère, voyant ces pécheurs le fouler avec une telle irrévérence sous leurs pieds sacrilèges. Et, pour mieux décider son très saint Fils, elle le pria, par l'organe des mêmes anges, de changer cet acte d'humilité, qu'il voulait bien pratiquer en permettant à ces cruels satellites de le traiter d'une manière si odieuse, en un acte d'obéissance, en se laissant fléchir aux prières de sa Mère affligée, qui était aussi sa servante, et tirée de la poussière. Les saints anges représentèrent tout cela à notre Seigneur Jésus-Christ de la part de sa très sainte Mère ; ce n'est pas qu'il l'ignorât, puisqu'il savait tout ce qui se passait dans l'intérieur de la bienheureuse Marie, et qu'il l'opérait lui-même par sa divine grâce ; mais c'est que le Seigneur veut que l'on garde dans des occasions semblables l'ordre de la raison, que notre auguste Reine connaissait alors par une très haute sagesse, pratiquant diversement les vertus dans ses différentes opérations ; car la prescience du Seigneur, qui pénètre toutes choses, n'empêche point les mesures et les précautions.

1321. Notre Sauveur Jésus-Christ exauça les prières de sa bienheureuse Mère, et permit à ses anges d'exécuter, comme ministres de sa volonté, ce qu'elle souhaitait. Ainsi ils s'opposèrent à ce qu'on le fît tomber durant le chemin qui restait jusqu'à la maison de Pilate, et à ce qu'on le renversât et le foulât aux pieds comme auparavant, sans empêcher pourtant que les ministres de la justice et la populace furieuse n'exerçassent les autres mauvais traitements sur sa divine personne. La sainte Vierge voyait tout, entendait tout, avec un cœur invincible, mais pénétré de la plus sensible douleur qu'on puisse imaginer. Les Marie et saint Jean, qui suivaient le Seigneur et sa très pure Mère, le virent aussi et le considérèrent avec beaucoup de larmes et avec des sentiments conformes à leurs dispositions. Je ne m'arrête point à dépeindre la désolation de ces saintes femmes et de quelques autres personnes dévotes qui accompagnaient aussi notre auguste Reine ; ce triste tableau me demanderait trop de temps, surtout si j'entreprenais de rapporter ce que fit la Madeleine comme la plus fervente à témoigner son amour et sa reconnaissance à notre Rédempteur Jésus-Christ, ainsi que le Seigneur lui-même le dit quand il la justifia ; car celui à qui on pardonne de plus grands péchés, c'est celui qui aime davantage[799].

1322. Le Sauveur arriva pour la seconde fois à la maison de Pilate, que les Juifs pressèrent de nouveau de le condamner à la mort de la croix. Pilate, qui connaissait l'innocence de Jésus-Christ et l'envie mortelle des Juifs, regretta vivement qu'Hérode lui eût renvoyé la cause dont il souhaitait se décharger. Mais se voyant obligé comme juge de la terminer, il tâcha d'apaiser les Juifs par divers moyens. C'est ainsi qu'il engagea secrètement plusieurs ministres et amis des pontifes et des prêtres à leur suggérer l'idée de demander la liberté de notre Rédempteur, de le délivrer après qu'il lui aurait fait subir quelque châtiment, et de ne plus donner la préférence au voleur Barabbas. Pilate avait déjà fait cette tentative lorsqu'on lui présenta pour la seconde fois notre adorable Maître pour le condamner. Car il fit aux Juifs, non une seule fois, mais à deux ou trois reprises, la proposition de choisir Jésus ou Barabbas[800], avant et après qu'on eût mené le Seigneur devant Hérode ; et c'est ce que racontent les évangélistes avec quelque différence, sans pourtant se contredire en la vérité. Pilate s'adressant aux juifs leur dit : « Vous m'avez présenté cet homme comme soulevant le peuple ; et l'ayant interrogé en votre présence, je ne l'ai trouvé coupable d'aucun des crimes dont vous l'accusez[801]. Hérode non plus, à qui je vous ai renvoyés, ne lui a rien fait qui montre qu'il soit digne de mort, quoique vous l'ayez accusé devant lui[802]. Je me contenterai donc maintenant de le châtier, afin qu'il se corrige à l'avenir[803]. Et étant obligé de délivrer quelque malfaiteur à cause de la solennité de Pâque, je délivrerai le Christ, si vous voulez lui donner la liberté, et je punirai Barabbas du dernier supplice. » Les Juifs, s'apercevant que Pilate désirait délivrer Jésus-Christ, répondirent en masse : « Nous ne voulons point du Christ, faites-le mourir, et rendez-nous Barabbas[804]. »

1323. La coutume de faire sortir un criminel de prison dans cette grande solennité de Pâque, fut introduite parmi les Juifs comme en mémoire et en reconnaissance de la liberté qu'à pareil jour leurs pères avaient obtenue, lorsque le Seigneur les délivra du pouvoir de Pharaon, en frappant dans la nuit les premiers-nés de l'Égypte, et en submergeant ensuite le même Pharaon et toute son armée dans la mer Rouge[805]. C'est en souvenir de cet insigne bienfait que les Hébreux faisaient grâce à celui des prisonniers qui était le plus coupable, lui pardonnant ses crimes,

---

799 Lc 7, 43.

800 Mt 27, 17.

801 Lc 23,14.

802 *Ibid.* 15.

803 *Ibid.,* 16.

804 *Ibid.,* 18.

805 Ex 12, 29 ; 14, 28.

et punissant les autres qui n'étaient pas aussi criminels. Et dans les traités qu'ils avaient conclus avec les Romains, ils avaient stipulé le maintien de cette coutume, à laquelle les gouverneurs se conformaient ponctuellement. Toutefois les Juifs altérèrent dans cette occasion le caractère de cette coutume, eu égard au jugement qu'ils faisaient de notre Seigneur Jésus-Christ ; en effet, obligés de délivrer le plus criminel, et prétendant eux-mêmes que Jésus de Nazareth l'était, ils ne voulurent néanmoins pas le délivrer, et choisirent plutôt Barabbas, qu'ils croyaient moins coupable que lui. La rage du démon et leur propre envie les aveuglaient et leur pervertissaient les sens à un tel point, qu'ils se trompaient eux-mêmes en toutes choses.

1324. Lorsque Pilate avait dans le prétoire tous ces débats avec les Juifs, il arriva que sa femme, qui s'appelait Procula, le sachant, lui envoya dire : « Ne vous embarrassez point dans l'affaire de ce juste ; car j'ai eu aujourd'hui à son sujet un songe qui m'a beaucoup tourmentée[806]. » Le motif de cet avis de Procula fut que Lucifer et ses démons, voyant les mauvais traitements que l'on exerçait sur la personne de notre Sauveur et la douceur inaltérable avec laquelle il les supportait, sentirent, en dépit de leur fureur, une confusion et une perplexité toujours croissantes. Le superbe Lucifer ne pouvait pas comprendre avec ses orgueilleuses pensées comment il était possible que la Divinité se trouvât si étroitement unie au Sauveur, qu'elle permit qu'on l'accablât de tant d'opprobres, et qu'il éprouvât en son corps les effets de tant de cruautés ; par suite, il ne parvenait pas à s'assurer s'il était Homme-Dieu ou s'il ne l'était pas ; néanmoins ce dragon infernal croyait qu'il y avait là en faveur des hommes quelque grand mystère dont les conséquences ne pouvaient manquer de lui être fort préjudiciables, s'il n'arrêtait le progrès d'une chose si extraordinaire. Après s'être concerté à cet égard avec ses démons, il pressa les pharisiens par toutes sortes de suggestions de ne plus persécuter Jésus-Christ. Mais ces suggestions furent inutiles, comme introduites par le même dragon et sans vertu divine dans des cœurs obstinés et pervertis. Et alors les démons désespérant de pouvoir rien obtenir des pharisiens, s'adressèrent à la femme de Pilate, et lui firent entendre dans un songe que cet homme était juste et innocent ; que si son mari le condamnait il serait privé de sa charge, et qu'elle devait lui conseiller de délivrer Jésus et de punir Barabbas, s'ils ne voulaient point voir arriver quelque grand malheur et en leur famille et en leurs propres personnes.

1325. Procula fut fort effrayée de ce que le démon lui représenta dans ce songe, et quand elle sut ce qui se passait entre les Juifs et son mari, elle lui envoya dire ce que raconte saint Matthieu, afin qu'il ne condamnât point à la mort celui qu'elle regardait comme juste. Le démon inspira également à Pilate des craintes semblables, qu'accrut l'avis de sa femme ; mais comme tous les motifs en étaient terrestres et politiques, et qu'il n'avait point coopéré aux grâces du Seigneur, ces craintes ne durèrent que jusqu'à ce qu'il en ait conçu une plus forte, ainsi que les faits le prouvèrent. Pour lors il chercha une troisième fois, comme le marque saint

---

806   Mt 27, 19.

Luc[807], à défendre la cause de notre Seigneur Jésus-Christ ; et s'adressant aux Juifs, il leur dit qu'il était innocent, qu'il ne trouvait rien en lui qui méritât la mort, qu'il le corrigerait, et qu'ensuite il le mettrait en liberté. Je rapporterai dans le chapitre suivant qu'il le fit effectivement châtier pour voir s'ils en seraient satisfaits. Mais les Juifs persistèrent, en élevant la voix, à exiger qu'il fut crucifié[808]. Alors Pilate demanda de l'eau, et ordonna qu'on délivrât Barabbas comme ils le désiraient. Et se lavant les mains devant tout le monde, il dit : « Je n'ai nulle part en la mort de cet homme juste que vous condamnez. Prenez garde à ce que vous faites, car je me lave les mains, afin que l'on sache qu'elles ne trempent point dans le sang de l'innocent[809]. » Pilate crut par cette cérémonie se disculper de la mort de notre adorable Sauveur, et l'attribuer aux princes des Juifs et à tout le peuple qui la demandaient. Et les Juifs furent si insensés et si aveuglés dans leur fureur, qu'à la condition de voir bientôt notre divin Seigneur crucifié, ils acceptèrent le marché de Pilate et se chargèrent de ce crime, prononçant leur propre sentence par cette effroyable imprécation : « Que son sang retombe sur nous et sur nos enfants[810]. »

1326. Ô stupide et cruel aveuglement ! Ô témérité inouïe ! Vous voulez assumer sur vous et sur vos enfants l'injuste condamnation du juste et le sang de l'innocent, que le juge lui-même déclare être sans crime, afin qu'il crie contre vous jusqu'à la fin du monde ! Ô Juifs perfides et sacrilèges ! croyez-vous donc que le sang de l'Agneau qui lave les péchés du monde, et la vie d'un homme, qui est en même temps vrai Dieu, soient d'un poids si léger ? Quoi ! est-il possible que vous veuillez ainsi vous en charger, vous et vos enfants ? Quand il ne serait que votre frère, que votre bienfaiteur, que votre maître, votre inhumanité et votre malice seraient déjà monstrueuses et exécrables. Certes, le châtiment que vous subissez est bien juste ; il faut que le sang de Jésus-Christ, que vous avez voulu faire retomber sur vous et sur vos enfants, ne vous laisse jouir d'aucun repos en nul endroit du monde ; et que cette charge, qui pèse plus que les cieux et que la terre, vous abatte et vous écrase. Mais, hélas, que dirons-nous si nous considérons que ce sang divinisé ayant coulé sur tous les enfants d'Adam pour les laver et les purifier, et ayant coulé pour les laver et les purifier avec plus d'abondance sur les enfants de la sainte Église, il y a néanmoins tant de fidèles qui par leurs mauvaises œuvres se chargent de ce précieux sang, comme les Juifs s'en chargèrent et par leurs œuvres et par leurs paroles, ceux-ci ignorant et ne croyant point que ce fût le sang de Jésus-Christ, et les catholiques sachant et confessant que ce l'est !

1327. Les péchés et les œuvres iniques des chrétiens ont en quelque sorte un langage par lequel ils demandent le sang et la mort de notre Seigneur Jésus-Christ,

---

807   Lc 23, 22.

808   *Ibid.* 23.

809   Mt 27, 24.

810   Mt 27, 25.

en consentant à ce que ce sang retombe sur eux-mêmes. Que le Christ soit outragé, déchiré et cloué sur une croix, méprisé, condamné à la mort, et moins estimé que Barabbas. Qu'il soit dépouillé, flagellé et couronné d'épines pour nos péchés, nous ne voulons point avoir d'autre part en ce sang que d'être nous-mêmes la cause qu'il soit répandu d'une manière ignominieuse et qu'on nous l'impute éternellement. Que ce Dieu incarné souffre et meure lui-même, pourvu que nous nous jouissions des biens visibles. Hâtons-nous d'user des créatures, couronnons-nous de roses[811], vivons dans la joie, servons-nous de notre pouvoir ; empêchons que personne ne soit au-dessus de nous ; méprisons l'humilité, fuyons la pauvreté, amassons des richesses ; trompons tout le monde, ne pardonnons aucune injure ; rassasions-nous des délices de la volupté; que nos yeux ne voient rien que notre cœur ne désire et ne tâche d'acquérir. Voilà notre loi ; suivons-la aveuglément. Et si par cette conduite nous crucifions Jésus-Christ, que son sang retombe sur nous et sur nos enfants.

1328. Demandons maintenant aux réprouvés qui sont dans l'enfer si tel n'a pas été le langage de leurs œuvres, comme le leur attribue Salomon dans la Sagesse, et si pour l'avoir tenu intérieurement ils ne s'appellent pas eux-mêmes insensés et impies, et s'ils ne l'ont pas réellement été. Que peuvent espérer après cela ceux qui ne profitent point du sang de Jésus-Christ, et qui s'en chargent eux-mêmes, non comme le désirant pour leur remède, mais comme le méprisant pour leur damnation ? Où est celui d'entre les enfants de l'Église qui souffre qu'un voleur et un scélérat lui soitpréféré ? Cette doctrine est si mal pratiquée dans le temps où nous sommes, que l'on admire celui qui consent à ce qu'un homme d'un mérite égal ou même supérieur au sien obtienne la prééminence, et l'on ne considère pas que jamais personne ne sera aussi bon que Jésus-Christ, ni aussi méchant que Barabbas. Mais la plupart, quoiqu'ils aient cet exemple sous les yeux, se croient offensés et malheureux s'ils ne sont partout préférés, et s'ils ne jouissent de tous les avantages que procurent les honneurs, les richesses, les dignités, et toutes les choses qui brillent et qui provoquent les applaudissements du monde. Voilà ce que l'on recherche, ce que l'on se dispute ; voilà ce à quoi les hommes consacrent tous leurs soins, toutes leurs forces et toutes leurs puissances, dès qu'ils commencent d'en user, jusqu'à ce qu'ils les perdent. Ce qui est encore plus déplorable, c'est que ceux qui par leur profession et par leur état ont renoncé au monde et lui ont tourné le dos, n'échappent point à cette contagion ; et tandis que le Seigneur leur commande d'oublier leur peuple et la maison de leur père[812], ils se tournent de leur côté par l'action des principales facultés de la créature humaine, c'est-à-dire qu'ils prêtent toute leur attention et apportent toute leur sollicitude à l'administration de leurs intérêts, qu'ils aspirent et qu'ils travaillent à assurer à leur peuple et à la maison de leur père tout ce que le monde possède, et tout cela leur parait peu répréhensible,

---

811   Sg 2, 6, etc.

812   Ps 44, 11.

et ils selaissent ainsi séduire par la vanité. Au lieu d'oublier la maison de leur père, ils oublient celle de Dieu, dans laquelle ils demeurent, où ils reçoivent avec les secours du Ciel pour s'occuper de leur salut, un honneur qu'ils n'auraient jamais reçu dans le monde, et où ils sont entretenus sans aucun embarras ni souci qui puisse les distraire de leurs obligations. Cependant ils deviennent ingrats à tous ces bienfaits, abandonnant l'humilité que leur état leur impose. Il semble qu'il n'y ait que les pauvres et que les solitaires, que le monde méprise, qui doivent participer à l'humilité de notre Sauveur Jésus-Christ, à sa patience, à ses affronts, aux opprobres de sa croix, profiter de son exemple et suivre sa doctrine ; c'est pour cela que les voies de Sion sont délaissées, et qu'elles pleurent de ce qu'il s'en trouve si peu qui viennent à la solennité de l'imitation de notre adorable Rédempteur[813].

1329. Elles n'ont pas été moindres, la folie et l'ignorance de Pilate, qui s'imaginait qu'après s'être lavé les mains, et avoir imputé le sang de Jésus-Christ aux Juifs, il serait justifié en sa conscience et devant les hommes, qu'il prétendait satisfaire par cette cérémonie pleine d'hypocrisie et de mensonge. Assurément les Juifs prirent la principale et la plus grande part à la condamnation de l'innocent, et appelèrent sur leurs têtes la responsabilité du plus horrible attentat ; mais Pilate n'en fut pas moins coupable, puisque ayant reconnu l'innocence de notre Sauveur Jésus-Christ, il ne devait point lui préférer un voleur et un meurtrier, ni châtier un homme en qui il ne trouvait aucun crime[814]. Bien moins encore lui était-il permis de le condamner à la mort et de le livrer à la merci de ses mortels ennemis, dont l'envie et la cruauté lui étaient manifestes. Aussi un juge ne saurait être juste lorsque, connaissant la vérité et la justice, il les met en balance avec les considérations et les fins humaines de l'intérêt personnel ; car c'est là un poids qui entraîne la raison des hommes qui ont l'âme basse ; et comme ils manquent du fonds solide de vertu et de probité, que les juges doivent nécessairement avoir, ils ne savent résister ni à la cupidité, ni aux peurs mondaines ; ils se laissent aveugler par la passion, et abandonnent la justice, pour ne point s'exposer à perdre leurs avantages temporels ; et c'est ce que fit Pilate.

1330. Notre grande Reine se trouvait, dans la maison de Pilate, à même d'apprendre par l'intermédiaire de ses saints anges les discussions qui s'étaient élevées entre cet inique juge et les scribes et les pontifes sur l'innocence de notre Seigneur Jésus-Christ, et sur la préférence qu'ils accordaient à Barabbas. Elle entendit tous les cris de ces forcenés en silence et avec une admirable patience, comme étant une image vivante de son très saint Fils. Et quoiqu'elle conservât un calme inaltérable plein de modestie, les vociférations des Juifs ne laissaient pas de pénétrer son cœur affligé, comme une épée à deux tranchants. Mais les gémissements qu'elle poussait dans son triste silence résonnaient dans le sein du Père éternel avec plus de douceur que les plaintes de la belle Rachel, qui, suivant l'expression de Jérémie, pleurait ses enfants sans vou-

---

813   Lm 1, 4.

814   Lc 23, 25.

loir être consolée[815], parce qu'ils n'étaient plus. Notre très belle Rachel la bienheureuse Marie ne demandait aucune vengeance ; elle sollicitait le pardon des ennemis qui lui ravissaient le Fils unique du Père éternel et le sien. Elle imitait tous les actes de l'âme très sainte de Jésus-Christ, et agissait avec tant de sainteté, qu'il était impossible à l'affliction de troubler ses puissances, à la douleur d'affaiblir sa charité, à la tristesse de diminuer sa ferveur ; le tumulte ne distrayait point son attention, et les injures et les cris de la populace ne l'empêchaient point de rester intérieurement recueillie parce qu'elle donnait à toutes choses la plénitude de toutes les vertus au degré le plus éminent.

Instruction que la Reine du ciel m'a donnée

1331. Ma fille, je vois que ce que vous avez écrit et connu vous jette dans l'étonnement, observant que Pilate et Hérode ne se montrèrent pas aussi barbares ni aussi cruels dans la Passion de mon très saint Fils que les prêtres, les pontifes et les pharisiens ; vous remarquez surtout que ceux-là étaient des juges séculiers des gentils, et que ceux-ci étaient des docteurs de la loi, des prêtres du peuple d'Israël qui professaient la véritable foi. Je veux dissiper cette surprise par une leçon qui n'est pas nouvelle et que vous avez entendue autrefois ; mais je veux que vous la repassiez maintenant en votre esprit, et que vous ne l'oubliiez de votre vie. Sachez donc, ma très chère fille, que plus on est élevé, plus la chute est dangereuse ; car le mal en est irréparable, ou le remède fort difficile. Lucifer occupait dans le ciel une place éminente, tant par sa nature que par les dons de la grâce, car il surpassait en beauté toutes les autres créatures ; mais par la chute de son péché il tomba dans la misère la plus profonde et dans la dernière difformité, ne surpassant ses sectateurs que par une plus grande obstination. Les premiers parents du genre humain Adam et Ève furent élevés à une très haute dignité, et reçurent de la main du Tout-Puissant des dons très sublimes ; mais ils se perdirent eux-mêmes par leur chute, et entraînèrent dans leur perte toute leur postérité. Que si elle a été réparée, le remède en a été aussi cher que la foi l'enseigne, et Dieu a fait éclater une miséricorde immense en les secourant eux et leurs descendants dans une telle disgrâce.

1332. Plusieurs autres âmes sont parvenues au sommet de la perfection, et en sont malheureusement tombées, et tombées si bas, qu'elles ont été presque réduites au désespoir ou à une espèce d'impossibilité de se relever. Du côté de la créature ellemême ce mal a des causes nombreuses. La première est le chagrin et la confusion excessive qu'éprouve celui qui est déclin du haut rang des sublimes vertus, non seulement parce qu'il s'est privé des plus grands biens, mais parce qu'il ne compte pas plus sur les bienfaits futurs que sur ceux qu'il a perdus dans le passé, et qu'il n'ose point s'appuyer davantage sur les grâces qu'il peut obtenir par de nouveaux efforts que sur celles qui lui ont été précédemment accordées, et dont il n'a pas profité par son ingratitude. Il résulte de ce funeste désespoir que l'on agit sans ferveur, sans goût et

---

815   Jr 31, 15.

sans dévotion ; car le désespoir éteint tous les sentiments, comme l'espérance ferme aplanit mille difficultés, fortifie la créature humaine dans sa faiblesse, et lui fait entreprendre de grandes œuvres. Il y a encore une autre cause qui n'est pas moins formidable, c'est que les âmes accoutumées aux bienfaits de Dieu, ou par office comme les prêtres et les religieux, ou par l'habitude des vertus et des faveurs, comme les autres personnes adonnées à la spiritualité, pèchent ordinairement par le mépris qu'elles font de ces mêmes bienfaits, et par le mauvais usage des choses divines ; car, par suite de leur fréquence, elles en viennent, par un aveuglement étrange, à estimer peu les dons du Seigneur ; cette irrévérence empêche les effets de la grâce, à laquelle elles cessent de coopérer, et bientôt elles perdent cette sainte crainte qui entretient la vigilance et excite la créature à faire le bien, à obéir à le volonté divine, et à profiter avec soin des moyens que Dieu a prescrits pour sortir du péché, et pour acquérir son amitié et la vie éternelle. Ce danger est extrêmement grave pour les prêtres tièdes qui fréquentent l'Eucharistie et les autres sacrements sans crainte et sans respect ; pour les personnes instruites et pour les puissants du monde, qui se corrigent difficilement de leurs péchés, parce qu'ils ont perdu l'estime et la vénération des remèdes que l'Église leur présente, c'est-à-dire des sacrements, de la prédication et des bons livres. C'est pour cela que ces remèdes, qui sont salutaires aux autres pécheurs, et qui guérissent les ignorants, les rendent eux-mêmes malades, quoiqu'ils soient les médecins qui s'occupent de la santé spirituelle des autres.

1333. Ce ne sont pas là les seules raisons de ce mal ; il y en a d'autres qui regardent le Seigneur même. Attendu que les péchés de ces âmes, qui par leur état ou par leur caractère sont les plus obligées à Dieu, se pèsent dans la balance de sa justice fort différemment de ceux des autres âmes, qui sont moins favorisées de sa miséricorde. Et quoique les péchés de tous les hommes soient les mêmes quant à la matière, ils n'en sont pas moins fort différents par leurs circonstances. En effet, les prêtres, les savants, les personnes puissantes, les prélats, ceux qui remplissent des fonctions saintes ou ont une réputation de vertu, font un mal incalculable par le scandale de leur chute et par les péchés qu'ils commettent. Ils se rendent coupables d'une audace plus téméraire, quand ils osent s'élever contre Dieu, qu'ils connaissent davantage et auquel ils sont les plus redevables, en l'offensant avec plus de lumières et de science, et par conséquent avec plus d'insolence et de mépris que les ignorants ; c'est pourquoi il est si grièvement offensé par les péchés des catholiques, et surtout par ceux des personnes qui sont les plus éclairées, ainsi qu'on le voit dans toutes les parties des livres sacrés. Et comme le terme de la vie humaine a été assigné à chacun des mortels afin qu'il y méritât la récompense éternelle, de même il a été déterminé jusqu'à quel nombre de péchés la longanimité du Seigneur doit attendre et souffrir chacun ; et la justice divine ne suppute pas seulement ce nombre d'après la quantité, mais aussi d'après la qualité et la gravité des péchés ; il peut donc arriver que dans les âmes qui ont reçu plus de lumières et plus de faveurs du Ciel, la qualité supplée à la multitude des péchés, et qu'elles soient abandonnées et punies avec un moindre nombre que les autres pécheurs. On ne doit pas s'imaginer que tous puissent prétendre au sort de David[816] et de saint Pierre[817], car tous n'auront pas fait avant leur chute autant de bonnes œuvres auxquelles le Seigneur ait égard. Il ne faut pas croire non plus que le privilège de quelques-uns soit une règle générale pour tous, puisque tous n'ont pas été choisis pour un ministère dans les jugements impénétrables du Seigneur.

1334. Votre doute sera éclairci, ma fille, par cette instruction, et vous comprendrez quel mal c'est d'offenser le Tout-Puissant ; combien est épouvantable le malheur des âmes qui pèchent, lorsque le Seigneur, les ayant rachetées par son propre sang, les élève et les conduit dans le chemin de la lumière, et continent une personne peut tomber d'un haut degré de vertu dans un endurcissement plus criminel que d'autres d'une vertu plus commune. Le mystère de la passion et de la mort de mon très saint Fils atteste cette vérité, en ce que les pontifes, les prêtres, les scribes et tout ce peuple étaient, comparativement aux Gentils, plus redevables à Dieu, et leurs péchés les firent tomber dans un endurcissement plus aveugle et plus cruel que celui des Gentils eux-mêmes, qui ignoraient la véritable religion. Je veux aussi que cette vérité et cet exemple vous rendent prudente, et vous fassent craindre un si terrible danger ; et que vous unissiez à cette sainte crainte une humble reconnaissance et une haute estime des bienfaits du Seigneur. Souvenez-vous de la pauvreté au jour de l'abondance[818]. Faites-en une juste comparaison en vous-même. Considérez que vous portez votre trésor dans un vase fragile, et que vous le pouvez perdre[819] ; que lorsqu'on reçoit tant de faveurs, ce n'est pas une marque qu'on les ait méritées, puisqu'on ne les possède point par un droit de justice, mais par une pure grâce. Que si le Très-Haut vous a traitée avec tant de familiarité, il ne vous a pas assurée pour cela que vous ne puissiez tomber, et il ne vous a pas donné lieu non plus de vivre dans la négligence, ou de perdre la crainte et le respect. Plus ses divines faveurs croissent à votre égard, plus vous devez être vigilante, car Lucifer est plus irrité contre vous que contre les autres âmes ; parce qu'il a connu que le Seigneur vous a donné plus de marques de son amour libéral qu'à des générations entières ; et si vous étiez ingrate après tant de bienfaits et de miséricordes, vous seriez la plus malheureuse des créatures et certainement digne d'un châtiment fort rigoureux, votre faute serait sans excuse.

Chapitre 20
Notre Sauveur Jésus-Christ fut par ordre de Pilate flagellé, couronné d'épines et outragé. Ce que fit la bienheureuse Marie dans cette occasion.

1335. Pilate, remarquant l'opiniâtreté et l'emportement des Juifs contre Jésus

---

816   2 R 12, 13.

817   Lc 22, 61.

818   Qo 18, 25.

819   2 Co 4, 1.

de Nazareth, et désirant ne le point condamner à mort, parce qu'il reconnaissait son innocence, crut qu'en le faisant durement fouetter, il apaiserait la fureur de ce peuple très ingrat, et l'envie des pontifes et des scribes, de sorte qu'ils cesseraient de le persécuter et de demander sa mort, et dans le cas où Jésus-Christ eût manqué en quelque chose aux cérémonies et aux coutumes judaïques, il en serait suffisamment châtié. Pilate fit ce jugement parce qu'il avait ouï dire que Jésus ne gardait pas le sabbat ni les autres rites ; en effet, c'était ce dont les pharisiens l'accusaient, ainsi que le raconte l'évangéliste saint Jean[820]. Mais ici Pilate raisonnait mal, puisqu'il n'était pas possible que le Maître de la sainteté manquât en la moindre chose à la loi, n'étant pas venu pour la détruire, mais bien pour l'accomplir entièrement[821]. Et quand même cette accusation n'eût pas été calomnieuse, il ne devait pas lui imposer une si grande peine, puisque les Juifs avaient en leur loi d'autres moyens, par lesquels ils se purifiaient des transgressions fréquentes qu'ils commettaient contre elle ; ainsi ç'aurait toujours été une criante injustice de le faire fouetter avec tant de rigueur. Le juge ne se trompait pas moins lorsqu'il s'imaginait que les Juifs se laisseraient toucher en cette circonstance d'une certaine compassion naturelle, et écouteraient la voix de l'humanité. Car la fureur qu'ils avaient contre notre très doux maître n'était pas celle d'hommes naturellement portés à la pitié quand ils voient leur ennemi humilié et abattu, parce qu'ils ont un cœur de chair, et une sympathie instinctive pour leur semblable, laquelle provoque facilement leur compassion ; mais ces perfides Juifs étaient comme transformés en démons, qui s'irritent davantage contre celui qui est le plus affligé et le plus humilié, et quand ils le voient dans un plus grand abandonnement, c'est alors qu'ils disent : Persécutons-le maintenant qu'il n'a personne qui le défende, et qui le délivre de nos mains[822].

1336. Telle était la rage implacable des pontifes et des pharisiens leurs complices contre l'Auteur de la vie ; parce que Lucifer, désespérant désormais d'empêcher sa mort, que les Juifs prétendaient, les irritait avec une horrible malice, afin qu'ils la lui donnassent avec une cruauté inouïe. Pilate hésitait entre la lumière de la vérité, qu'il connaissait, et les vues humaines et terrestres qui le conduisaient ; et suivant l'erreur qu'elles inspirent à ceux qu'elles dirigent, il ordonna que l'on fouettât rigoureusement celui qu'il avouait être sans crime[823]. On choisit six satellites de la justice, qui étaient les plus robustes pour exécuter cette sentence si injuste que le démon venait de suggérer, et ces vils scélérats incapables de pitié acceptèrent avec beaucoup de joie l'office de bourreaux ; car l'homme violent et envieux est toujours bien aise d'exercer sa fureur, fût-ce par des actions basses et indignes. Aussitôt ces ministres du démon assistés de plusieurs autres menèrent notre Sauveur Jésus-Christ au lieu du supplice ;

---

820   Jn 9, 16.

821   Mt 5, 17.

822   Sg 2, 18.

823   Jn 19, 1.

c'était une cour ou un parvis de la maison où l'on mettait ordinairement à la question les malfaiteurs pour les obliger d'avouer leurs crimes. Ce parvis présentait une aire peu élevée, il était entouré de colonnes, dont les unes étaient couvertes par l'édifice qu'elles soutenaient, et les autres étaient à découvert et fort basses. Ils attachèrent fortement le Sauveur à une de celles-ci qui était de marbre, parce qu'ils le prenaient toujours pour un magicien, et qu'ils appréhendaient qu'il ne leur échappât.

1337. Ils le dépouillèrent d'abord de la robe blanche, et ce fut avec autant d'ignominie que lorsqu'on l'en avait revêtu en la maison d'Hérode. Et quand ils lui ôtèrent les cordes et les chaînes dont on l'avait garrotté en le prenant au Jardin, ils le maltraitèrent encore d'une manière affreuse, rouvrant les plaies que les mêmes liens lui avaient faites aux bras et aux poignets, tant on les lui avait serrés. Et lui ayant laissé ses divines mains libres, ils lui ordonnèrent brutalement, avec force blasphèmes, de se dépouiller lui-même de la tunique sans couture qu'il avait. C'était celle-là même que sa très sainte Mère lui avait mise en Égypte, quand elle commença à faire marcher le très doux Enfant Jésus, comme je l'ai rapporté en son lieu. Notre adorable Seigneur n'avait alors que cette tunique ; car, quand on le prit au Jardin, on lui arracha le manteau qu'il portait ordinairement au-dessus de sa tunique. Le Fils du Père éternel obéit aux bourreaux, et consentit à exposer son sacré et vénérable corps aux regards de la foule. Mais ces cruels et impies satellites, s'imaginant que sa modestie le rendait trop lent à se déshabiller, lui enlevèrent la tunique avec beaucoup de violence et de précipitation. Ainsi le Seigneur de l'univers se trouva tout nu, n'ayant d'autre vêtement qu'un caleçon, qu'il portait et qu'il garda toujours ; c'était aussi le même que sa bienheureuse Mère lui avait mis en Égypte avec la petite tunique ; car tout ce qu'elle lui mit alors avait crû à mesure que le très saint corps croissait ; et le Seigneur ne quitta jamais ni la tunique ni le caleçon, ni même les chaussures que notre auguste Princesse lui mit, excepté lorsqu'il allait prêcher, comme je l'ai dit ailleurs ; alors il marchait souvent pieds nus.

1338. Il me semble avoir ouï dire que plusieurs docteurs ont écrit que notre Sauveur fut entièrement dépouillé de tout ce qui pouvait couvrir sa personne sacrée, au moment de la flagellation et du crucifiement, sa Majesté consentant à subir cette confusion pour augmenter ses souffrances. Mais m'étant informée de la vérité par un nouvel ordre que je reçus de mes supérieurs, il m'a été déclaré que notre divin Maître était disposé à souffrir sans résistance tous les opprobres qui ne choqueraient point la décence, et que les bourreaux essayèrent de lui faire cet affront d'une nudité complète, et voulurent lui ôter le seul caleçon qui lui restait ; mais que cela ne leur fut pas possible, parce que quand ils voulurent l'entreprendre leurs bras se roidirent, comme il arriva dans la maison de Caïphe à ceux qui prétendirent dépouiller le Seigneur de l'univers, ainsi que je l'ai raconté au chapitre dix-septième. Et quoique les six bourreaux y employassent toutes leurs forces, ils éprouvèrent tous la même chose ; néanmoins ces ministres d'iniquité parvinrent ensuite, pour fouetter le Sauveur avec plus de cruauté, à relever un peu le caleçon, et c'est tout ce que sa Majesté permit. Du reste, ces barbares ne furent ni attendris ni touchés du miracle qui engourdissait leurs membres ; mais, dans leur folie diabolique, ils l'attribuèrent aux sortilèges qu'ils imputaient à l'Auteur de la vérité et de la vie.

1339. Notre divin Rédempteur fut dépouillé de cette manière-là devant la multitude, et les six bourreaux le lièrent cruellement à une colonne de ce parvis pour le frapper plus à leur aise. Puis ils se mirent à le flageller deux à deux avec une cruauté si inouïe, que la nature humaine en eût été incapable, si Lucifer ne se fût comme incorporé avec ces ministres impitoyables. Les deux premiers fouettèrent le très innocent Seigneur avec de grosses cordes retorses, déployant dans cette exécutions sacrilège toute leur rage et toutes leurs forces. Par ces premiers coups ils couvrirent tout le corps sacré de notre Sauveur d'énormes tumeurs et de meurtrissures, qui le défigurèrent entièrement et firent jaillir de toutes parts son très précieux sang des blessures. Quand ceux-là se furent lassés, deux autres bourreaux les remplacèrent et le frappèrent à l'envi avec de rudes lanières et avec tant de violence, qu'ils firent crever toutes les tumeurs et toutes les ampoules que les premiers avaient causées ; et il en sortit une si grande quantité de sang, que non seulement tout le corps adorable du Sauveur en fut baigné, mais qu'il rejaillit sur les habits des satellites sacrilèges qui le frappaient, et ruissela jusqu'à terre. Ces deux bourreaux étant hors d'haleine, se retirèrent, et les derniers commencèrent à le frapper avec des nerfs aussi durs que des osiers déjà secs. Ceux-ci le déchirèrent avec une plus grande cruauté, non seulement parce que leurs coups, au lieu de tomber simplement sur son très saint corps, ne pouvaient plus tomber que sur les plaies que les premiers lui avaient faites, mais aussi parce qu'ils furent de nouveau irrités par les démons, que la patience du Christ rendait de plus en plus furieux.

1340. Toutes ses veines étaient déjà rompues, et son corps sacré ne présentait plus qu'une vaste plaie, de sorte que ces troisièmes bourreaux ne trouvèrent point de partie saine à blesser. Mais ces monstres, redoublant leurs coups, déchirèrent la chair virginale de notre Rédempteur ; ils en firent tomber plusieurs lambeaux par terre, et lui dénudèrent les os en divers endroits de ses épaules, où on les voyait tout ensanglantés, et quelques-uns sur un espace plus large même que la paume de la main. Et pour effacer jusqu'aux derniers vestiges de cette beauté, qui surpassait celle de tous les enfants des hommes[824], ils le frappèrent à son divin visage, sur les pieds et sur les mains, sans qu'il y eût une partie qui échappât à leurs coups et sur laquelle ils n'exerçassent la rage qu'ils avaient conçue contre ce très innocent Agneau, dont le précieux sang coulait à flots sur le sol. Les coups qu'on lui appliqua sur les pieds, sur les mains et sur le visage lui causèrent une douleur incroyable, ces parties étant les plus nerveuses, les plus sensibles et les plus délicates. Ce vénérable visage était tout meurtri, et le sang qui en sortait de toutes parts se caillant devant ses yeux,

---

824   Ps 44, 3.

l'aveuglait entièrement. En outre, ils le couvrirent de leurs immondes crachats, pour le rassasier en quelque sorte d'opprobres[825]. Le nombre des coups de fouet que reçut le Sauveur depuis les pieds jusqu'à la tête fut de cinq mille cent quinze. Ainsi le souverain Seigneur et le Créateur de tout l'univers, qui par sa nature divine était impassible, devint pour nous et sous notre chair, comme l'avait prédit Isaïe[826], un homme de douleurs, connaissant à fond par sa propre expérience toutes nos souffrances, et il parut le dernier des hommes et le plus méprisé de tous.

1341. La multitude de peuple qui suivait notre Sauveur remplissait les cours de la maison de Pilate aussi bien que les rues, parce que tout le monde attendait le dénouement de cette grande affaire, et s'en entretenait au milieu d'un tumulte horrible, chacun selon le jugement qu'il en avait formé. La bienheureuse Vierge souffrit des peines inexprimables parmi ces scènes de désordre, à la vue des opprobres dont les Juifs et les Gentils accablaient son très saint Fils. Quand on le mena au lieu du supplice, la très prudente Dame se retira dans un coin du parvis avec les Marie et saint Jean, qui l'assistaient et partageaient sa douleur. Retirée en cet endroit, elle découvrit par une vision très claire tous les coups que notre adorable Sauveur recevait. Et quoiqu'elle ne vît point par les yeux du corps ce qui se passait, elle n'en eut pas moins une connaissance fort distincte. Il n'est pas possible de dire ni même de concevoir les douleurs et la désolation qu'elle ressentit dans cette circonstance ; on ne pourra les comprendre, avec les autres mystères de la Divinité qui nous sont cachés, que là où ils seront publiquement manifestés pour la gloire du Fils et de la Mère. J'ai dit en d'autres endroits de cette histoire, et notamment dans le récit que j'ai fait de la passion du Seigneur, que la très pure Marie sentit en son corps toutes les douleurs que son Fils éprouva par les mauvais traitements auxquels il fut en butte. Elle souffrit une douleur semblable dans toutes les parties de son corps, à mesure que celui de notre Seigneur Jésus-Christ était frappé des coups de fouet des bourreaux ; de sorte que, sans répandre d'autre sang que celui qu'elle versa avec ses larmes, et sans non plus recevoir aucune plaie par impression de celles du Seigneur, la souffrance la changea et la défigura à un tel point, que saint Jean et les Marie ne la reconnaissaient presque plus aux traits de son visage. Outre les douleurs de son corps, celles qu'elle souffrit en son âme très sainte furent inexprimables ; car c'est dans cette circonstance que l'on pouvait dire que l'augmentation de la science n'était que l'augmentation des peines[827]. Animée à la fois de l'amour naturel à une mère et de la souveraine charité de Jésus-Christ, elle seule comprit mieux que toutes les autres créatures ensemble l'innocence du même Seigneur, la dignité de sa personne divine, et l'énormité des injures qu'il essuyait des perfides Juifs, et de ces mêmes enfants d'Adam, qu'il rachetait de la mort éternelle.

---

825   Lm 3, 30.

826   Is 53, 3.

827   Qo 1, 18.

1342. Ayant exécuté la sentence qui ordonnait la flagellation de notre Sauveur, les mêmes bourreaux le délièrent de la colonne avec un insolent dédain, et lui prescrivirent, en vomissant de nouveaux blasphèmes, de se vêtir au plus tôt de sa tunique, qu'ils lui avaient ôtée. Mais un de ces satellites inspiré du démon l'avait cachée pendant qu'on fouettait notre très doux Maître, afin qu'il ne pût la trouver et qu'il restât ainsi dépouillé pour prolonger sa confusion et les sarcasmes de ses ennemis. La bienheureuse Vierge connut cette malice infernale, et, usant du pouvoir de Reine, elle commanda à Lucifer et à tous ses démons de sortir de ce lieu ; et aussitôt ils se sentirent forcés de s'en éloigner par la vertu et par la puissance de notre auguste Princesse. Ensuite elle ordonna aux saints Anges de remettre la tunique de son très saint Fils dans un endroit où sa Majesté pût facilement la prendre pour en vêtir son sacré corps, qui était tout déchiré de coups. Cela fut incontinent accompli, sans que les sacrilèges satellites en pénétrassent le mystère ; ils l'attribuaient à des maléfices diaboliques. Notre Sauveur se vêtit, ayant, outre ses plaies, souffert une nouvelle douleur, que le froid lui causait ; car la saison était froide, comme on le peut voir par ce que les évangélistes disent[828] ; et comme le Seigneur avait demeuré un assez longtemps dépouillé, le sang de ses plaies s'était figé, et c'est ce qui les lui rendait plus sensibles ; il avait d'ailleurs moins de forces pour les endurer, parce que le froid les lui diminuait ; cela n'empêchait pourtant pas que l'ardeur de son infinie charité ne lui fît désirer de souffrir toujours davantage. Et quoique la compassion soit si naturelle aux créatures raisonnables, personne ne fut touché du piteux état où il se trouvait, excepté sa Mère désolée, qui pleurait et gémissait pour tout le genre humain.

1343. Entre les mystères du Seigneur cachés à la sagesse humaine, c'est un grand sujet d'admiration que la fureur des Juifs, qui étaient des hommes de chair et de sang, sensibles comme nous, ne fût point apaisée en voyant notre adorable Maître si maltraité et tout déchiré des cinq mille cent quinze coups de fouet qu'il avait reçus ; et que, bien loin d'être émus d'une certaine compassion naturelle à la vue d'un objet si pitoyable, leur envie leur suggérât de nouveaux moyens d'outrager celui qui avait déjà tant souffert. Mais leur rage était si implacable, qu'elle leur fit bientôt inventer un nouveau genre de tourment. Ils allèrent donc trouver Pilate dans le prétoire, et lui dirent devant ceux de son conseil : « Cet imposteur, ce séducteur du peuple, Jésus de Nazareth, a voulu par ses artifices et par sa vanité qu'on le prit pour le roi des Juifs ; et afin d'humilier son orgueil et de confondre davantage sa présomption, nous vous demandons l'autorisation de lui mettre les insignes de la royauté, dont il s'est rendu digne par son orgueilleuse fantaisie. » Pilate accorda l'injuste demande des Juifs, et leur permit d'exécuter ce qu'ils souhaitaient.

1344. Or, ils menèrent notre Sauveur au prétoire, où ils le dépouillèrent de nouveau avec la même cruauté et la même insolence qu'auparavant ; et ils le vêtirent

---

828   Mc 14, 54 ; Lc 22, 55 ; Jn 18, 18.

d'un manteau de pourpre[829] tout déchiré et couvert de taches, pour le livrer à la risée de tous, sous ce costume propre à un roi imaginaire. Ils lui mirent aussi sur sa tête sacrée une couronne d'épines habilement entrelacées. Elle était composée de joncs épineux, dont les pointes étaient très fortes et très aiguës, et ils la lui enfoncèrent avec tant de violence, que plusieurs épines pénétrèrent jusqu'au crâne, quelques-unes jusqu'aux oreilles, et d'autres jusqu'aux yeux. Aussi le couronnement d'épines fut-il un des plus douloureux tourments qu'ait soufferts notre adorable Seigneur. En guise de sceptre, ils lui mirent un roseau dans la main droite. Ensuite ils lui jetèrent sur les épaules un manteau violet, semblable aux chapes dont on use dans l'Église ; car les rois se servaient aussi alors de cet ornement pour marquer leur dignité. Telle fut l'ignominie avec laquelle les perfides Juifs habillèrent comme un roi de théâtre Celui qui était par nature et à tous tes titres le véritable Roi des rois et le Seigneur des seigneurs[830]. Tous les hommes de la milice se réunirent sous les yeux des pontifes et des pharisiens, et ayant placé au milieu d'eux notre divin Maître, ils lui lancèrent, le blasphème à la bouche, les sarcasmes les plus mordants ; car les uns, fléchissant le genou, lui disaient ironiquement : « Salut ! Roi des Juifs. » D'autres lui donnaient des soufflets. Il y en avait qui, lui prenant le roseau qu'il avait à la main, en frappaient et meurtrissaient sa tête. D'autres le souillaient de leurs immondes crachas ; tous l'accablaient de leurs injures, de leurs mépris, de leurs outrages, inspirés par une fureur vraiment infernale[831].

1345. Ô charité incompréhensible et sans borne ! ô patience inouïe et qui surpasse l'imagination des enfants d'Adam ! qui a pu, Seigneur, obliger votre grandeur, vous qui êtes le Dieu véritable et puissant dans votre être et dans vos œuvres, à s'humilier jusqu'à vous faire souffrir des supplices, des opprobres et des blasphèmes si effroyables ? Mais plutôt ; quels sont ceux d'entre les hommes, ô mon adorable Créateur ! qui ne vous ont pas offensé et n'ont pas travaillé à vous empêcher de rien faire pour eux ? Qui d'entre nous pourrait s'imaginer ce que vous avez souffert, sinous ne connaissions pas votre bonté infinie ? Mais puisque nous la connaissons et que nous considérons avec la certitude de la sainte foi tant de bienfaits, tant de merveilles admirables de votreamour, où est notre jugement ? À quoi sert la lumière de la vérité que nous confessons ? De quelles illusions sommes-nous donc le jouet, puisqu'à la vue de vos douleurs, des coups de fouet, des épines, des opprobres et des affronts que vous avez reçus, nous osons chercher les plaisirs, le repos, les honneurs et les vanités du monde ? Le nombre des insensés est véritablement infini[832]. En effet, la plus grande de toutes les folies est de connaître une obligation sans y satisfaire, de recevoir un bienfait sans jamais le reconnaître, d'avoir devant les yeux le plus précieux

829   Jn 19, 2.

830   Ap 16,19.

831   Mt 27, 29 ; Jn 19, 9 ; Mc 15, 19.

832   Qo 1, 15.

de tous les biens, et de le mépriser, de le rejeter, loin d'en tirer le moindre profit ;
enfin, de laisser la vie pour suivre la mort éternelle. Le très innocent agneau Jésus
n'ouvrit pas seulement la bouche au milieu de tant d'opprobres. Mais ni les sanglantes railleries qu'ils firent de notre divin Maître, ni les mauvais traitements qu'ils
exercèrent sur sa sacrée personne ne purent apaiser la rage des Juifs.

1346. Pilate crut que si ce peuple ingrat voyait Jésus de Nazareth dans un état
si pitoyable, il en aurait le cœur attendri et confus ; c'est pour cela qu'il ordonna
qu'on le fît paraître à une fenêtre du prétoire, afin que tous le vissent ainsi déchiré de coups, défiguré, couronné d'épines, et sous le costume ignominieux d'un
roi imaginaire. Et alors, s'adressant au peuple, il lui dit : *Ecce Homo*[833] : « Voilà
l'homme que vous regardez comme votre ennemi. Que puis-je faire encore contre
lui, après l'avoir fait châtier avec tant de rigueur ? Il est si abattu, que vous n'avez
plus sujet de le craindre. Je ne trouve rien en lui qui soit digne de mort. » Certes ce
que le juge disait était incontestable ; mais il condamnait par là même sa conduite
aussi inique qu'impie, puisque sachant et avouant que cet homme était juste, et
déclarant qu'il ne méritait point la mort, il ne lui avait pas moins infligé des tourments si cruels, qu'ils eussent suffi pour lui ôter plusieurs fois la vie. Ô aveuglement de l'amour-propre ! ô quelle méchanceté de considérer dans ces sortes d'occasions ceux qui peuvent donner ou enlever, les charges ! Combien ces vues terrestres
n'obscurcissent-elles pas la raison ! Comme elles font pencher la balance de la justice, puisque dans cette rencontre elle s'éleva contre la vérité souveraine, et entraîna
la condamnation du Juste des justes ! Tremblez, juges, qui jugez la terre, et prenez bien garde que les poids de vos jugements ne soient faux[834] ; car en prononçant une sentence injuste, vous vous condamnez vous-mêmes. Comme les pontifes
et les pharisiens ne souhaitaient rien tant dans leur haine implacable que de faire
mourir notre Sauveur Jésus-Christ, rien aussi ne pouvait les satisfaire que sa mort ;
c'est pourquoi ils répondirent à Pilate : « Crucifiez- le, crucifiez-le[835]. »

1347. La bienheureuse Vierge vit son très saint Fils quand Pilate le montra, et
dit : *Voici l'homme* ; et s'étant prosternée, elle l'adora et le reconnut comme Dieu-
Homme véritable. Saint Jean, les Marie et tous les anges qui accompagnaient notre
auguste Dame firent de même ; elle le leur prescrivit, et comme Mère de notre Sauveur et comme leur Reine ; d'ailleurs les saints anges découvraient en Dieu même
sa volonté à cet égard. Notre très prudente Reine dit alors au Père éternel, aux
saints anges, et surtout à son bien-aimé Fils des choses si sublimes, si pleines de
douleur, de compassion et de respect, qu'elles ne pouvaient partir que d'un cœur
aussi embrasé que le sien des flammes du plus chaste amour. Elle considéra encore par sa très haute sagesse que dans cette occasion où son adorable Fils était si

833   Jn 19, 5.

834   Ps 2, 10.

835   Jn 19, 6.

méprisé et si outragé des Juifs, il fallait chercher le moyen le plus convenable de lui conserver son honneur et de prouver son innocence. Dans cette très prudente pensée elle renouvela les prières qu'elle avait déjà faites en faveur de Pilate, comme je l'ai dit, afin qu'il continuât à déclarer, comme juge, que notre Rédempteur Jésus-Christ ne méritait point la mort et n'était point criminel, ainsi que les Juifs le prétendaient, et que tout le monde pût entendre cette déclaration.

1348. En vertu de cette prière de l'auguste Marie, Pilate sentit une vive pitié de voir le Seigneur si maltraité, et il fut fâché de l'avoir fait fouetter avec tant de barbarie. Bien que son caractère plus humain et plus compatissant que celui des Juifs contribuât à exciter en lui ces mouvements, ce qui opérait le plus dans son âme c'était la lumière qu'il recevait par l'intercession dela Mère de la grâce. Ce fut cette même lumière qui porta ce juge à faire tant de propositions aux Juifs pour tâcher de délivrer notre Sauveur Jésus-Christ après qu'on l'eut couronné d'épines, ainsi que le raconte l'évangéliste saint Jean au chapitre dix-neuvième[836]. Car lorsqu'ils lui demandèrent son crucifiement, Pilate leur répondit : « Prenez-le vous-mêmes, et crucifiez-le, car pour moi je ne trouve point de crime en lui pour le faire[837]. » Les Juifs lui dirent : « Nous avons notre loi, et selon la loi il doit mourir, parce qu'il s'est fait le Fils de Dieu[838]. » Ces paroles accrurent les craintes de Pilate ; il songea qu'il pouvait être vrai que Jésus fût le fils de Dieu, selon le sentiment qu'il avait, comme Gentil, de la Divinité. Ces craintes le firent rentrer dans le prétoire, où il prit le Seigneur en particulier, et lui demanda d'où il était[839]. Mais sa Majesté ne lui répondit rien, parce que Pilate n'était point en état de comprendre sa réponse, et il ne la méritait pas non plus. Il fit pourtant de nouvelles instances, et dit au Roi du ciel : « Vous ne me parlez point ? Ne savez-vous pas que j'ai le pouvoir de vous crucifier, et que j'ai le pouvoir de vous délivrer[840] ? » Pilate prétendit par-là obliger Jésus-Christ à se disculper et à répondre quelque chose qui pût l'éclaircir sur ce qu'il désirait savoir. Il lui semblait qu'un homme réduit à un si pitoyable état accepterait avec empressement la moindre avance et la moindre marque d'intérêt dont le juge voudrait le favoriser.

1349. Mais le Maître de la vérité répondit à Pilate sans s'excuser, et avec plus de magnanimité qu'il n'attendait ; et dans cette réponse il lui dit : *Vous n'auriez aucun pouvoir sur moi s'il ne vous avait été donné d'en haut ; c'est pourquoi celui qui m'a livré entre vos mains est plus coupable que vous*[841]. Cette seule réponse mettait ce juge dans l'impossibilité de trouver aucune excuse pour couvrir le crime qu'il commettait en condamnant Jésus-Christ, puisqu'elle devait lui faire comprendre que

836   Jn 19, 4.

837   Jn 19, 6.

838   *Ibid.*, 7.

839   *Ibid.*, 9.

840   *Ibid.*, 10.

841   Jn 19, 11.

ni lui ni même César n'avaient aucun pouvoir sur cet homme adorable ; que si on l'avait livré à sa juridiction contre toute raison et justice, cela avait été permis par un ordre supérieur, et qu'ainsi Judas et les pontifes en lui procurant la mort avaient commis un crime plus énorme ; mais qu'il en était lui-même coupable, quoique à un moindre degré. Pilate ne parvint point à connaître cette vérité mystérieuse ; mais les paroles de notre Seigneur Jésus-Christ l'effrayèrent ; ce qui lui fit faire les derniers efforts pour le délivrer. Les pontifes devinant l'intention de Pilate, le menacèrent de la disgrâce de l'empereur s'il le délivrait, et s'il ne faisait pas mourir celui qui se prétendait roi. Ils lui dirent : « Si vous délivrez cet homme, vous n'êtes pas ami de César ; car quiconque se fait roi s'oppose à ses ordres[842]. » Ils parlèrent ainsi parce que les empereurs romains ne permettaient point que personne prît dans toute l'étendue de leur empire les marques ou le titre de roi sans leur consentement ; et si Pilate l'eût permis, il aurait contrevenu aux décrets de César. Il fut fort troublé par cette malicieuse menace des Juifs, et, s'asseyant dans son tribunal[843] (c'était environ vers la sixième heure) pour juger le Seigneur, il fit de nouvelles tentatives, disant aux Juifs : « Voilà votre roi[844]. » Alors ils crièrent tous : « Ôtez, ôtez-le de là, crucifiez-le. » Pilate leur répliqua Crucifierai-je votre roi ? » À quoi ils répondirent : « Nous n'avons point d'autre roi que César[845]. »

1350. Pilate se laissa vaincre par la malice obstinée des Juifs. Et étant dans son tribunal, en un lieu qui s'appelle en grec Lithostrotos, et en hébreu Gabbatha, le jour de la préparation de la pâque, il prononça la sentence de mort contre l'Auteur de la vie, comme je le rapporterai dans le chapitre suivant. Les Juifs sortirent de la salle avec de grands témoignages de joie, publiant la sentence qui avait été prononcée contre le très innocent Agneau, et qui renfermait notre remède, quoique ces ingrats l'ignorassent. La Mère de douleur, qui était restée dehors, connut tout ce qui se passa par une vision particulière. Et lorsque les pontifes et les pharisiens sortirent en annonçant que son très saint Fils avait été condamné à mourir sur la croix, son affliction redoubla, et son cœur fut impitoyablement percé du glaive. Comme ce qu'elle souffrit alors surpasse tout ce que l'entendement humain peut concevoir, je me contente de livrer ce sujet aux méditations de la piété chrétienne. Il n'est pas possible non plus d'exprimer les actes d'adoration, de respect, d'amour, de compassion, de douleur et de soumission, qu'elle exerça intérieurement dans cette circonstance.

Instruction que j'ai reçue de la Reine de l'univers

1351. Ma fille, vous considérez avec étonnement la malice endurcie des Juifs, et la facilité de Pilate, qui l'ayant appréciée ne laissa pas de la favoriser au préjudice de l'innocence de mon adorable Fils. Je veux vous tirer de cet étonnement par

---

842   *Ibid.*, 11.

843   *Ibid.*, 13.

844   Jn 19, 14.

845   *Ibid*, 15.

les avis dont vous avez besoin pour marcher avec précaution dans le chemin de la vie. Vous savez que les anciennes prophéties des mystères de la Rédemption et toutes les Écritures Saintes devaient être infaillibles, puisque le ciel et la terre périraient plutôt qu'elles pussent manquer de s'accomplir[846], selon qu'il est déterminé dans l'entendement divin. Or, pour faire souffrir à mon Fils cette mort très ignominieuse que les prophètes avaient prédite[847], il fallait qu'il y eût des hommes qui le persécutassent ; mais que ceux-ci aient été les Juifs, leurs pontifes, et Pilate l'inique juge qui le condamna, ç'a été leur malheur, et non point le choix du Très-Haut, qui voudrait sauver tous les hommes[848]. Et si ces ministres sont tombés dans un malheur si déplorable, on le doit attribuer à leurs propres péchés et à leur extrême malice, par laquelle ils ont résisté à la grâce des plus grands bienfaits, puisqu'ils avaient parmi eux leur Rédempteur et leur Maître, qu'ils pouvaient converser avec lui, le connaître, ouïr ses divines paroles, assister à ses miracles, et recevoir les faveurs que les anciens patriarches ont implorées si longtemps sans les obtenir[849]. Par ce moyen la cause du Seigneur a été justifiée, et il a été visible qu'il a lui-même cultivé sa vigne et l'a entourée de soins[850], et qu'elle ne lui a produit que des épines et de mauvais fruits, donnant la mort au Maître qui l'a plantée, et ne voulant point le reconnaître, comme elle le devait et le pouvait bien plus que des étrangers.

1352. Ce qui arriva au chef Jésus-Christ mon Seigneur et mon Fils, doit arriver jusqu'à la fin du monde aux membres de ce corps mystique, qui sont les justes et les prédestinés ; car ce serait une chose monstrueuse que les membres ne correspondissent point au Chef, les enfants au Père, et les disciples au Maître. Et quoique dans le monde les justes soient mêlés avec les pécheurs, les prédestinés avec les réprouvés, et que l'on y voie toujours des persécuteurs et des persécutés, des meurtriers qui donnent et des innocents qui subissent la mort, des personnes qui mortifient et d'autres qui sont mortifiées; le sort de chacun des hommes ne lui échoit que par suite de sa malice ou de sa bonté, et malheur à ceux qui par leurs péchés et par leur mauvaise volonté causent du scandale dans le monde[851] ; c'est par là qu'ils deviennent les instruments du démon. Les pontifes, les pharisiens, et Pilate commencèrent dans la nouvelle Église l'œuvre d'iniquité, car ils maltraitèrent le Chef de ce corps mystique si admirablement beau ; et ceux qui en maltraitent et quien maltraiteront les membres, c'est-à-dire les saints et les prédestinés, se rendront les disciples des Juifs et du démon.

1353. Voyez donc, ma très chère fille, lequel de ces sorts vous voulez maintenant

846   Mt 24, 35.

847   Sg 2, 20 ; Ac 3, 18 ; Jr 11, 19.

848   1 Tm 2, 4.

849   Mt 13, 17.

850   Mt 21, 38.

851   Mt 18, 7.

choisir en la présence de mon Seigneur et en la mienne. Et si après que votre Rédempteur, votre Époux et votre Chef, a été maltraité, affligé, couronné d'épines et chargé d'opprobres, vous voulez être sa disciple et membre de ce corps mystique, il n'est ni convenable ni possible que vous viviez dans les délices du monde et selon la chair. Il faut que vous soyez persécutée sans que vous persécutiez personne, et opprimée sans opprimer qui que ce soit ; que vous portiez la croix et souffriez le scandale sans le causer ; que vous pâtissiez sans faire pâtir votre prochain ; vous devez, au contraire, travailler à son salut autant qu'il vous sera possible, ne cessant de pratiquer la perfection de votre état et de votre vocation. C'est là le partage des amis de Dieu, et l'héritage de ses enfants dans la vie mortelle ; cet héritage renferme la participation de la grâce et de la gloire que mon très saint Fils leur a acquise par les tourments, par les opprobres et par la mort de la croix ; j'y ai aussi coopéré par tant de douleurs et d'afflictions que vous avez connues, et dont je veux que le souvenir ne s'efface jamais dans votre esprit. Le Très-Haut pouvait prodiguer les richesses temporelles à ses élus, les élever aux plus hautes charges, et les douer d'une force tellement invincible qu'ils eussent soumis toutes choses à son pouvoir souverain. Mais il n'était pas convenable qu'ils fussent conduits par ce chemin, afin que les hommes ne se trompassent point eux-mêmes, en faisant consister leur félicité dans les grandeurs et les pompes mondaines, et en arrivant ensuite à délaisser les vertus, à ternir la gloire du Seigneur, à méconnaître l'efficace de la grâce, à ne point désirer les choses spirituelles et éternelles. Je veux que vous étudiiez continuellement cette science, que vous y fassiez tous les jours de nouveaux progrès, et que vous pratiquiez tout ce qu'elle vous enseignera.

Chapitre 21
Pilate prononce la sentence de mort contre l'Auteur de la vie.
— Le Seigneur porte sur ses épaules la croix sur laquelle il doit mourir.
— Sa très sainte Mère le suit. — Ce que fit cette auguste Reine dans cette occasion contre le démon, et quelques autres événements.

1354. Pilate prononça la sentence par laquelle il condamnait notre Sauveur Jésus-Christ, auteur de la vie, à mourir de la mort de la croix, selon le souhait des pontifes et des pharisiens. Après qu'elle lui eut été notifiée, on le mena dans un autre endroit de la maison du juge, où on lui ôta le manteau de pourpre qu'on lui avait mis comme à un roi imaginaire. Cela eut lieu conformément aux vues mystérieuses du Seigneur, quoiqu'avec une intention malicieuse du côté des Juifs, qui voulaient conduire le Sauveur au supplice de la croix avec ses propres habits, afin que tous pussent le reconnaître ; car les coups, les crachats et la couronne d'épines avaient si fort défiguré son divin visage, qu'il ne fut reconnaissable pour le peuple qu'à ses vêtements. On lui mit la tunique sans couture, que les anges apportèrent par ordre de leur Reine, l'ayant tirée secrètement d'une autre chambre, où les ministres l'avaient jetée lorsqu'ils la lui ôtèrent pour le revêtir du manteau de pourpre. Les Juifs ne s'aperçurent point de ce miracle, et ils n'étaient d'ailleurs pas en état de le remarquer, à cause de la précipitation avec laquelle ils s'occupaient des préparatifs de sa mort.

1355. L'activité des Juifs était telle, que la sentence de mort, qui avait été prononcée contre Jésus de Nazareth, fut aussitôt publiée par toute la ville, et le peuple courut à la maison de Pilate pour le voir sortir et mener au supplice. Jérusalem était pleine de gens ; car, outre le nombre considérable de ses habitants, il y était venu de tous les côtés beaucoup d'autres personnes pour célébrer la Pâque ; et dans cette occasion tous se rendirent au palais de Pilate pour voir ce qui s'y passait à l'égard de Jésus-Christ. C'était le vendredi, jour de la préparation, selon l'interprétation grecque ; car ce jour-là les Hébreux se préparaient pour le jour suivant du Sabbat, qui était leur grande solennité, en laquelle ils ne vaquaient à aucune œuvre servile, pas même pour ce qui concernait leur nourriture ; tout se faisait le vendredi. On fit sortir notre Sauveur avec ses propres vêtements à la vue de tout ce peuple[852] ; il était si défiguré par les plaies, le sang et les crachats, qui couvraient sa face divine, que ceux qui l'avaient vu auparavant l'eussent pris pour un autre que lui-même. Il parut, suivant l'expression d'Isaïe[853], comme un lépreux, et comme un homme frappé de Dieu ; en effet, avec toutes ses meurtrissures, son corps sacré, couvert de sang caillé, ne présentait plus qu'une seule grande plaie. Les saints anges l'avaient plus d'une fois essuyé par ordre de la Mère désolée ; mais aussitôt les bourreaux recommençaient à lui jeter tant d'autres crachats, qu'il en était tout souillé en ce moment. À l'aspect d'un objet si pitoyable, il s'éleva un si grand bruit parmi le peuple, qu'on ne pouvait rien entendre de tout ce que l'on disait. Mais les pontifes et les pharisiens dominaient de leur voix le tumulte, se livraient à une joie indécente, et engageaient la foule par de grossières plaisanteries à se calmer et à débarrasser le chemin par lequel ils devaient faire passer le divin condamné, afin que tout le monde pût entendre la lecture de la sentence de mort qui avait été prononcée contre lui. Toute cette multitude était divisée d'opinion, et au milieu de la confusion, chacun cherchait à faire prévaloir son avis. Parmi les nations différentes qui assistaient à ce triste spectacle, il se trouvait des gens qui avaient été favorisés des charitables bienfaits, et secourus par les miracles du Sauveur ; d'autres encore qui avaient ouï et embrassé sa doctrine, et qui étaient ses parents et ses amis ; plusieurs de ceux-ci pleuraient amèrement ; quelques-uns demandaient quels crimes avait commis cet homme pour être traité avec tant de cruauté. Les autres demeuraient dans le silence et dans la consternation enfin on ne voyait partout que confusion et que tumulte.

1356. Saint Jean fut le seul des Apôtres qui se trouvât présent à ce spectacle, car se tenant auprès de la bienheureuse Vierge et des Marie, il fut témoin de tout ce qui se passa, quoiqu'ils restassent un peu à l'écart de la multitude. Et lorsque le saint Apôtre

---

852   Jn 19, 17.

853   Is 53, 4.

vit sortir son divin Maître, songeant qu'il en était si particulièrement aimé, il fut saisi d'une si vive douleur, qu'il s'évanouit et tomba comme mort. Il en arriva autant aux trois Marie. Mais la Reine des vertus fut invincible, et quoiqu'elle sentît une douleur inexprimable, elle n'eut pas ces défaillances qui marquaient la faiblesse des autres. Elle fut en tout très prudente, très forte, et admirable ; elle sut garder tant de mesure dans ses actions extérieures, que, sans faire éclater la moindre plainte, elle consola les Marie et saint Jean, et pria le Seigneur de les fortifier, afin qu'ils pussent lui faire compagnie jusqu'à la fin de la Passion. En vertu de cette prière, ils revinrent en leur premier état, et parlèrent à notre auguste Dame, qui ne montra aucun trouble parmi tant de confusion et d'amertume, et conserva une sérénité et une dignité vraiment royales, quoiqu'elle ne cessât de répandre des larmes. Elle considérait son Fils et son Dieu véritable ; elle priait le Père éternel, et lui offrait les douleurs de la Passion, à l'exemple de notre Sauveur. Elle connaissait la malice du péché, pénétrait les mystères de la rédemption, conviait les anges à prier avec elle pour les amis et pour les ennemis ; et élevant son amour et sa douleur à leur plus haut degré, elle donnait la plénitude à toutes ses vertus, se rendant par là un objet digne de l'admiration des anges, et de la complaisance de la Divinité. Et comme il n'est pas possible de traduire dans une langue humaine les sentiments que la Mère de la Sagesse formait dans son cœur et exprimait parfois par ses paroles, je m'en remets à la piété chrétienne.

1357. Les pontifes et les satellites de la justice tâchaient de faire taire le peuple, afin qu'il entendît la sentence qui avait été prononcée contre Jésus de Nazareth ; car après la lui avoir notifiée, ils voulaient la lire publiquement en sa présence. Ayant donc apaisé le tumulte, et le Seigneur étant debout comme un criminel, ils en donnèrent lecture à haute voix, afin que tous les assistants l'entendissent ; ensuite ils la relurent plusieurs fois par les rues, et en dernier lieu au pied de la croix. Je sais que cette sentence a été souvent imprimée, et, selon ce qui m'a été déclaré, elle l'a été au fond d'une manière exacte, sauf quelques mots qu'on y a ajoutés ; j'omettrai ces additions, attendu que les termes que je vais employer, sans y rien ajouter et sans en rien retrancher, m'ont étéinspirés comme il suit.

Teneur de la sentence de mort que Pilate prononça contre Jésus de Nazareth notre Sauveur

1358. « Moi, Ponce Pilate, président de la Basse Galilée, gouvernant ici en Jérusalem pour l'empire romain, dans le palais de l'archi présidence, je juge et prononce que je condamne à mort Jésus, surnommé Nazaréen par le peuple, originaire de Galilée, comme factieux, rebelle à la Loi, à notre Sénat, et au grand empereur Tibère César. Et par cette sentence je détermine qu'il meure sur une croix, attaché avec des clous, comme l'on y attache les criminels, parce qu'assemblant ici chaque jour une foule de personnes pauvres et riches, il n'a cessé d'exciter des troubles par toute la Judée, en se prétendant le Fils de Dieu et le Roi d'Israël ; en annonçant la ruine de cette célèbre ville de Jérusalem, du saint Temple et du sacré Empire ; en refusant le tribut à César, et parce qu'il a poussé l'audace jusqu'à entrer en triomphe, avec des palmes, accompagné d'une grande partie du peuple, dans cette ville de Jérusalem et dans le saint Temple de Salomon. J'ordonne au premier centenier, appelé Quintus Cornelius, de le mener par la même ville avec ignominie, garrotté commeil l'est, et flagellé par mon ordre. On lui mettra ses propres vêtements, afin qu'il soit reconnu de tous ; et il portera la croix sur laquelle il doit être crucifié. Il ira par toutes les rues les plus fréquentées entre deux voleurs qui ont été condamnés à la mort pour des larcins et des meurtres qu'ils ont commis, et c'est afin qu'il serve d'exemple à tout le peuple et aux malfaiteurs.

« Je veux aussi et j'ordonne par cette présente sentence, qu'après que l'on aura mené de la sorte ce malfaiteur par les rues, ou le fasse sortir de la ville par la porte Pagora, appelée maintenant Antoniana, et qu'un héraut déclare tous les crimes énoncés dans cette sentence ; on le conduira ensuite sur le mont que l'on appelle Calvaire, où l'on exécute ordinairement les plus insignes malfaiteurs ; et là, ayant été cloué et crucifié sur la même croix qu'il aura portée (comme il a été dit), son corps demeurera suspendu entre les deux susdits voleurs. On mettra au sommet de la croix le titre de son nom dans les trois langues actuellement le plus répandues, à savoir, l'hébraïque, la grecque et la latine, de sorte que chacun dise ; C'EST JÉSUS DE NAZARETH ROI DES JUIFS ; afin que tous l'entendent et le connaissent. « Je défends aussi sous peine de confiscation de biens, de mort, et d'être déclaré rebelle à l'Empire Romain, que personne, de quelque état et condition qu'il soit, ose empêcher la justice que j'ordonne de faire et d'exécuter en toute rigueur, selon les lois romaines et hébraïques. L'année de la création du monde cinq mille deux cent trente-trois, le vingt-cinq mars.

« PONTIUS PILATUS JUDEX ET GUBERNATOR GALILEAE INFERIORIS PROROMANO IMPERIO, QUI SUPRA PROPRIA MANU. »

1359. Selon cette supputation, la création du monde eut lieu au mois de mars ; et cinq mille cent quatre-vingt-dix-neuf ans s'écoulèrent du jour auquel Adam fut créé jusqu'à l'Incarnation du Verbe. En y ajoutant les neuf mois qu'il demeura dans le sein virginal de sa très sainte Mère, et les trente-trois ans qu'il vécut, on trouve les cinq mille deux cent trente-trois ans et trois mois qui, selon le comput romain, restent jusqu'au vingt-cinq mars ; car suivant les calculs adoptés par l'Église, la première année du monde n'est composée que de neuf mois et sept jours, la seconde année commençant au premier janvier. Il m'a été déclaré qu'entre les opinions des Docteurs, la supputation que la sainte Église marque dans le Martyrologe Romain est la véritable, comme je l'ai déjà dit à propos de l'Incarnation de notre Seigneur Jésus-Christ, au livre premier de la seconde partie, chapitre onzième.

1360. La sentence, que Pilate avait prononcée contre notre Sauveur ayant été lue à haute voix devant tout le peuple, les satellites chargèrent sur les épaules délicates et meurtries de Jésus la lourde croix sur laquelle il devait être crucifié. Et afin qu'il pût la tenir et la porter, ils lui délièrent les mains, sans délier pourtant le corps ; car ils se promettaient de le mener et de le tirer par les cordes dont ils l'avaient garrotté, et par un raffinement de cruauté, ils lui en firent deux tours au cou. La croix était de quinze pieds de long, fort épaisse et d'un bois fort pesant. Le héraut qui avait publié la sentence ouvrit la marche, et ensuite toute cette populace turbulente, les satellites et les soldats partirent du palais de Pilate avec des vociférations et un tumulte effroyables, pressant leurs rangs comme ceux d'une procession en désordre, pour se diriger vers le mont du Calvaire à travers les rues de Jérusalem. Quand notre Rédempteur eut aperçu la croix, il la regarda avec la joie la plus vive, semblable à l'époux qui considère les riches joyaux de son épouse, et en la recevant il lui adressa intérieurement ces paroles :

1361. « Ô Croix si longtemps attendue et désirée, viens à moi, ma bien-aimée, reçois-moi entre tes bras, afin que mon Père éternel y reçoive, comme sur un autel sacré, le sacrifice de la réconciliation éternelle avec le genre humain. Je suis descendu du ciel dans une vie mortelle et dans une chair passible, pour mourir entre tes bras ; car tu dois être le sceptre par lequel je triompherai de tous mes ennemis, la clef avec laquelle j'ouvrirai les portes du paradis à mes élus[854], le sanctuaire où les criminels enfants d'Adam trouveront la miséricorde, et le canal des trésors qui peuvent les enrichir dans leur pauvreté. Je veux me servir de toi pour ennoblir les déshonneurs et les opprobres des hommes, afin que mes amis les embrassent avec joie et les recherchent avec ardeur pour me suivre dans le chemin que je leur fraierai par ton moyen. Je vous bénis, mon Père, Dieu éternel, Seigneur du ciel et de la terre[855] ; et obéissant à votre divine volonté, je charge sur mes épaules le bois du sacrifice de mon humanité passible et très innocente, et je l'accepte volontiers pour le salut éternel des hommes. Recevez-le, mon Père, pour satisfaire votre justice, afin que désormais ils ne soient plus des serviteurs, mais des enfants héritiers avec moi de votre royaume[856]. »

1362. La bienheureuse Vierge pénétrait tous ces mystères avec une plus haute intelligence que les esprits célestes ; et ce qu'elle ne pouvait pas voir, elle le connaissait par une révélation particulière, qui le lui découvrait avec beaucoup de clarté, et lui manifestait en même temps les opérations intérieures de son très saint Fils. Cette divine lumière lui fit connaître le prix infini que le bois sacré de la croix acquit par le seul contact de l'humanité divinisée de notre Rédempteur Jésus-Christ. Aussitôt elle adora cet instrument auguste, et lui rendit le culte qui lui était dû. Les anges qui accompagnaient le Sauveur et sa très sainte Mère en firent de même. De son côté, elle partagea le tendre empressement avec lequel son adorable Fils reçut la croix, et lui adressa un discours très sublime comme Coadjutrice du Rédempteur. Elle pria aussi le Père éternel, imitant en tout de la manière la plus parfaite, son divin Exemplaire, sans omettre la moindre chose. Au moment où le héraut publiait la sentence par les rues, elle composa, pour exalter l'innocence de son très saint Fils, un cantique

---

854   Is 22, 2.

855   Mt 11, 25.

856   Rm 8, 17.

de louanges, qu'elle opposait aux crimes énumérés dans la sentence, comme si elle en eût voulu paraphraser les termes à la gloire du même Seigneur. Les saints anges faisaient leur partie dans ce cantique, et le répétaient avec elle à mesure que les habitants de Jérusalem blasphémaient contre leur divin Rédempteur.

1363. Et comme toute la foi, toute l'intelligence et tout l'amour des créatures étaient en cette triste occasion concentrés dans le cœur magnanime de la Mère de la Sagesse, elle seule avait une juste idée, et portait un digne jugement des peines et de la mort que Dieu souffrait pour les hommes. Et sans rien négliger de tout ce qu'il fallait faire extérieurement, elle repassait et pénétrait par sa sagesse tous les mystères de la Rédemption du genre humain, et le mode de leur accomplissement au moyen de l'ignorance des mêmes hommes qui étaient rachetés. Elle comprenait merveilleusement quel était Celui qui souffrait, ce qu'il souffrait, de qui et pour qui il le souffrait, la dignité de la personne de notre Rédempteur Jésus-Christ, en laquelle se trouvaient les deux natures divine et humaine, leurs perfections, et les attributs de ces mêmes natures. La bienheureuse Marie seule en eut, après le Seigneur lui-même, la plus haute connaissance ; de sorte qu'elle fut l'unique entre toutes les simples créatures qui parvint à faire une estime convenable de la Passion et de la mort de son très saint Fils. Elle ne fut pas seulement témoin oculaire de ce qu'il souffrit, mais elle le connut par sa propre expérience, et c'est ce qui doit exciter une sainte émulation, non seulement parmi les hommes, mais encore parmi les anges, qui ne participèrent point à cette grâce. Ils surent pourtant que notre auguste Reine éprouvait en son âme et en son corps les mêmes douleurs que son adorable Fils, et combien cela fut agréable à la très sainte Trinité ; et ils suppléèrent aux peines qu'ils ne purent point souffrir par la gloire qu'ils lui rendirent. Il arrivait quelquefois que la Mère affligée, ne voyant point son très saint Fils, sentait en son corps et en son âme les nouveaux tourments qu'on lui faisait subir, même avant qu'elle les connût par l'intelligence. Et en étant comme alarmée, elle disait : Hélas ! quel martyre souffre maintenant mon très doux Seigneur ! Bientôt elle apprenait et discernait nettement par la lumière d'en haut tout ce qui se passait à l'égard de sa divine Majesté.

Mais elle fut si admirable et si constante dans le désir qu'elle avait d'imiter son divin Exemplaire, qu'elle refusa durant la Passion toute sorte de soulagement naturel, non seulement à son corps, car elle ne reposa, ne mangea et ne dormit point pendant ce temps-là ; mais encore à son âme, suspendant toutes les considérations qui pouvaient adoucir ses amertumes, et ne voulant recevoir aucune consolation, excepté celles que le Très-Haut lui communiquait par quelque divine influence ; et alors elle la recevait avec humilité et avec reconnaissance pour recouvrer de nouvelles forces, afin de s'attacher avec plus de ferveur à l'objet douloureux et à la cause de ses peines. Elle réfléchissait aussi sur la malice des Juifs et des ministres, sur le grand besoin qu'avait le genre humain d'être secouru dans son état déplorable, et sur l'ingratitude des mortels, pour qui son très saint Fils souffrait tout cela, elle le connut à un degré très éminent et très parfait, et elle le ressentit plus que toutes les créatures.

1364. Le Tout-Puissant opéra dans ces circonstances, par l'organe de l'auguste Marie, un autre mystère admirable et secret contre Lucifer et ses ministres infernaux, et le prodige arriva en cette manière : Comme les démons étaient fort attentifs à tout ce qui se passait en la Passion du Seigneur, qu'ils ne parvenaient point à connaître, ils sentirent au moment même où sa Majesté reçut la croix sur ses épaules, un nouvel accablement et une espèce de défaillance dont ils ignoraient la cause, et dont l'étrangeté les jeta dans une grande surprise et une nouvelle tristesse mêlée de confusion et de rage. Le prince des ténèbres sentant ces nouveaux et irrésistibles effets, craignit que la Passion et la mort de Jésus-Christ ne le menaçassent d'une irréparable catastrophe et de la ruine de son empire.

Et ne voulant point en attendre l'événement en la présence de notre Sauveur, il résolut de s'enfuir et de se retirer avec tous les autres esprits rebelles dans les enfers. Lorsqu'il voulut exécuter cette résolution, notre auguste Princesse s'y opposa, car le Très-Haut l'éclaira au même moment et la revêtit de son pouvoir, lui donnant connaissance de ce qu'elle devait faire dans cette rencontre. Or la Bienheureuse Vierge s'adressant à Lucifer, et à ses légions, leur défendit avec une autorité de Reine de prendre la fuite, et leur commanda d'attendre la fin de la Passion, et de se trouver présents à tout ce qui s'y passerait jusqu'au mont du Calvaire. Les démons ne purent résister au commandement de notre puissante Reine, parce qu'ils connurent et sentirent la vertu divine qui opérait en elle. Ainsi contraints d'obéir à ses ordres, ils accompagnèrent, comme s'ils avaient été liés et enchaînés, notre Seigneur Jésus-Christ jusqu'au Calvaire, où il devait, du haut du trône de la croix, triompher d'eux ; selon qu'il était déterminé par la Sagesse éternelle, comme nous le verrons dans la suite. Je ne saurais exprimer la tristesse et le découragement dont Lucifer et ses démons furent saisis dans cette occasion. Mais, selon notre manière de concevoir, ils allaient au Calvaire comme des criminels que l'on traîne au supplice, et que l'approche d'une punition inévitable plonge dans un abattement mortel. Et cette peine fut chez le démon proportionnée à sa nature et à sa malice, et répondit au mal qu'il avait fait dans le monde, en y introduisant la mort et le péché[857], pour le remède duquel Dieu lui-même allait mourir.

1365. Notre Sauveur continua à se diriger vers le mont du Calvaire, portant sur ses épaules, comme dit Isaïe[858], le signe de sa domination, qui était la sainte croix par laquelle il devait régner et assujettir le monde, mériter l'exaltation de son nom au-dessus de tout nom[859], et racheter le genre humain entier de la puissance tyran-

857 Sg 2, 24.

858 Is 9, 6.

859 Ph 2, 9.

nique que le démon s'était acquise sur les enfants d'Adam[860]. Le même Isaïe[861] appelle cette tyrannie le joug qui les accablait, et le sceptre de celui qui les opprimait, et qui exigeait avec violence le tribut du premier péché. Et pour vaincre ce tyran et détruire le sceptre de sa domination et le joug de notre servitude, notre Seigneur Jésus-Christ mit la croix au même endroit où l'on porte le joug de la servitude et le sceptre de la puissance royale, voulant marquer par-là qu'il en dépouillait le démon et la transportait sur ses épaules, afin que dès l'instant où il prit sa croix, les captifs enfants d'Adam le reconnussent pour leur légitime Seigneur et leur véritable Roi, qu'ils devaient suivre par le chemin de cette croix[862], par laquelle il a réduit tous les mortels sous son empire[863], et les a rendus ses sujets et ses esclaves achetés au prix de son précieux sang et de sa propre vie[864].

1366. Mais, hélas ! que notre ingratitude est extrême ! Que les Juifs et les ministres de la Passion aient ignoré ce mystère caché aux princes du monde ; qu'ils n'aient point osé toucher la croix du Seigneur, parce qu'ils la croyaient ignominieuse, ce fut par leur faute, et cette faute a été énorme. Mais elle n'est point comparable à la nôtre, puisque ce mystère nous est maintenant découvert, et qu'en témoignage de notre croyance, nous condamnons l'aveuglement de ceux qui ont persécuté notre divin Maître. Or, si nous les blâmons de ce qu'ils ont ignoré ce qu'ils devaient connaître, quel péché sera le nôtre, si tout en reconnaissant Jésus-Christ pour notre Rédempteur, nous le persécutons et le crucifions comme eux[865] par nos offenses ? Ô mon très doux Jésus ! lumière de mon entendement, gloire de mon âme, méfiez-vous de ma tiédeur et de ma faiblesse, qui me font répugner à vous suivre avec ma croix dans le chemin que vous m'avez frayé par la vôtre.

Ayez la bonté, mon adorable Maître, de m'attirer après vous[866], et je courrai à l'odeur de votre ardent amour, de votre patience ineffable, de votre éminente humilité, et à la participation de vos opprobres ; de vos angoisses, de vos affronts et de vos douleurs. Que ce soit là mon héritage dans cette vie passagère et pénible ; que ce soit là ma gloire et mon repos, car je ne veux avoir d'autre vie, d'autre consolation, d'autre paix, d'autre joie que votre croix et vos ignominies. Comme les Juifs et tout ce peuple aveuglé prenaient des précautions pour ne point toucher la croix du très innocent condamné, s'imaginant que son glorieux déshonneur était capable de les souiller, cet adorable Seigneur s'ouvrait lui-même la route qu'il devait parcourir à travers le flot de la populace qui remplissait les rues de vociférations horribles et confuses, au milieu

---

860   Col 2, 15.

861   Is 9, 4.

862   Mt 16, 21.

863   Jn 12, 32.

864   1 Co 7, 20.

865   He 6, 6.

866   Ct I, 3.

desquelles on entendait retentir la voix du héraut qui publiait la sentence.

1367. Les satellites de la justice ; abjurant tout sentiment de pitié naturelle, menaient notre Sauveur avec une cruauté incroyable. Les uns le tiraient avec les cordes par devant pour hâter sa marche, les autres par derrière pour augmenter ses peines et l'arrêter tout court. Ces violences et la pesanteur de la croix lui faisaient faire de fréquents soubresauts et des chutes nombreuses. Les pierres qu'il rencontrait en tombant le blessèrent surtout aux genoux, où les blessures se renouvelaient toutes les fois qu'il tombait. Le poids de la croix lui causa en outre un grand ulcère à l'épaule. Et par les secousses qu'on lui imprimait, tantôt la croix heurtait contre sa tête, et tantôt sa tête contre la croix, et alors les épines de la couronne s'enfonçaient davantage dans les parties les plus vives de la chair. Ces ministres d'iniquité aggravaient les douleurs de leur victime par des blasphèmes exécrables et en couvrant sa face divine de leurs immondes crachats et de poussière. Ils lui en jetaient avec un tel acharnement, qu'ils lui en remplissaient les yeux, dont elle les regardait avec miséricorde, se déclarant par là encore plus indignes d'un regard si favorable. Ils étaient si impatients de faire mourir notre doux Maître, qu'ils ne lui laissaient prendre aucun repos ; et comme il avait été accablé de tant de mauvais traitements en un si court laps de temps, son corps sacré était tellement affaibli et réduit à un tel état de défaillance, qu'on eût cru qu'il allait succomber à tant d'affreux tourments.

1368. La Mère de douleurs quitta la maison de Pilate pour suivre son très saint Fils ; elle était accompagnée de saint Jean, de la Madeleine et des autres Marie. Et comme la grande foule la pressait et l'empêchait de s'approcher du Sauveur, elle pria le Père éternel de lui faire la grâce de pouvoir se trouver au pied de la croix en la compagnie de son Fils, de sorte qu'elle pût le voir par l'organe physique ; et assurée de la volonté du Très-Haut, elle ordonna aux saints anges de lui en faciliter le moyen. Les anges lui obéirent avec un humble respect, et conduisirent leur Reine par unerue qui abrégeait le chemin. Grâce à cette diligence, ils rencontrèrent notre divin Maître, et alors le Fils et la Mère se regardèrent en face, chacun d'eux ressentant une nouvelle douleur à la vue de ce que l'autre souffrait ; mais ils ne se parlèrent point de vive voix, et la dureté des bourreaux ne leur aurait pas donné le temps de le faire. La très prudente Mère adora son très saint Fils qu'elle voyait pliant sous le poids de la croix, et le pria intérieurement, que puisqu'elle ne pouvait point le soulager de ce lourd fardeau, et qu'il ne voulait pas non plus permettre que les anges le fissent suivant le désir que lui inspirait son amour maternel, il se servît du moins de sa puissance divine pour suggérer à ses ministres l'idée de lui donner quelqu'un qui l'aidât à porter l'instrument du supplice. Notre Rédempteur Jésus-Christ exauça cette prière ; et c'est ainsi qu'un homme de Cyrène appelé Simon fut destiné à porter la croix avec le Seigneur. Les pharisiens et les satellites se décidèrent à lui procurer ce soulagement, les uns par une certaine compassion naturelle, les autres par la crainte qu'ils avaient que Jésus-Christ ne mourût avant que d'être crucifié, car il était dans une extrême défaillance, comme je l'ai rapporté.

1369. L'esprit humain ne saurait ni concevoir ni exprimer la douleur que la tendre Vierge Mère éprouva dans le trajet qu'elle fit jusqu'au mont du Calvaire, ayant devant les yeux son propre Fils, qu'elle seule pouvait dignement connaître et aimer. Son affliction était si grande qu'elle n'aurait pu manquer de mourir si la puissance divine ne l'eût soutenue. Dans cette extrême désolation, elle dit intérieurement au Seigneur : « Mon Fils et mon Dieu éternel, lumière de mes yeux et vie de mon âme, recevez, Seigneur, le sacrifice douloureux de l'impuissance où je suis de vous soulager de la croix, et de la porter moi-même qui suis fille d'Adam, afin d'y mourir pour votre amour, comme vous y voulez mourir par la très ardente charité que vous avez pour le genre humain. Ô généreux médiateur entre le péché et la justice ! combien fortement sollicitez-vous la miséricorde parmi tant d'injures ! Ô charité sans borne et sans mesure, qui, pour avoir lieu d'agir avec plus d'énergie et d'efficace, permettez tous ces opprobres ! Ô doux amour infini, que ne puis-je disposer de tous les cœurs et de toutes les volontés des hommes, afin de les empêcher de répondre si mal à ce que vous souffrez pour tous ! Oh ! si quelqu'un pouvait parler au cœur des mortels, et leur faire comprendre ce qu'ils vous doivent, puisque le rachat de leur captivité et la réparation de leur ruine vous ont coûté si cher ! » Notre auguste Princesse ajoutait à ces paroles plusieurs autres choses pleines de la plus sublime sagesse que je ne saurais rendre.

1370. Comme le dit l'évangéliste saint Luc, cette multitude[867] comptait dans ses rangs beaucoup d'autres femmes qui suivaient aussi le Seigneur, et qui s'affligeaient et pleuraient de le voir si maltraité. Mais le très doux Jésus se retournant vers elles, leur dit : *Filles de Jérusalem, ne pleurez point sur moi, mais pleurez sur vous-mêmes et sur vos enfants. Car les jours viendront dans lesquels on dira : Heureuses les femmes stériles, heureuses les entrailles qui n'ont point conçu, les mamelles qui n'ont point nourri*[868] ! *Alors les hommes diront aux montagnes : Tombez sur nous, et aux collines ; Cachez-nous. Car s'ils traitent ainsi le bois vert, que feront-ils du bois sec*[869] ? Par ces termes mystérieux, le Seigneur approuvait en quelque sorte les larmes que ces femmes versaient à cause de sa très sainte Passion, et témoignait agréer leur compassion, nous apprenant en même temps quel doit être le principe de nos larmes pour qu'elles soient salutaires. Ces pieuses disciples de notre divin Maître l'ignoraient alors, car elles pleuraient ses affronts et ses douleurs, et non pas la cause pour laquelle il les souffrait ; mais elles méritèrent d'en être instruites. Ce fut comme si le Seigneur leur eût dit : Pleurez sur vos péchés et sur ceux de vos enfants en me voyant souffrir, et non pas sur les miens, car je n'en ai aucun, et il n'est pas même possible qu'on en trouve en moi ; c'est pour vos propres péchés que je souffre. Et

---

867   Lc 23, 27.

868   Lc 23, 28-29.

869   *Ibid.*, 30-31.

si la compassion que vous me montrez est bonne et juste, j'aime encore mieux que vous pleuriez vos péchés que les peines que j'endure pour eux ; en pleurant de la sorte, vous recevrez et sur vous et sur vos enfants le prix de mon sang et de la rédemption que ce peuple aveugle ignore. Car le temps viendra, qui sera celui du jugement universel, auquel celles qui n'auront point d'enfants se croiront bienheureuses, et auquel les réprouvés souhaiteront que les montagnes tombent sur eux pour ne point voir ma colère. Car si leurs péchés dont je me suis chargé, ont produit ces effets en moi qui suis innocent, quels sont ceux qu'ils produiront en eux, qui seront comme un bois sec, sans aucun fruit de grâce et de mérite ?

1371. Ces femmes fortunées furent éclairées, en récompense de leurs larmes et de leur compassion, pour pénétrer cette doctrine. La prière de la très pure Marie ayant été exaucée, les pontifes, les pharisiens et les satellites résolurent de chercher un homme qui aidât notre Rédempteur Jésus-Christ à porter la croix jusqu'au Calvaire. Ils rencontrèrent à propos Simon de Cyrène (appelé le Cyrénéen parce qu'il était natif de cette ville de Libye, et venait souvent à Jérusalem) ; c'était le père de deux disciples du Seigneur qui se nommaient Alexandre et Rufus[870]. Les Juifs contraignirent ce Simon de porter la croix de Jésus une partie du chemin, sans vouloir eux-mêmes la toucher, parce qu'ils croyaient qu'ils se souilleraient en touchant l'instrument du supplice d'un homme qu'ils punissaient comme un insigne malfaiteur. Ils prétendaient le faire passer pour tel aux yeux du peuple par ces précautions affectées. Simon prit la croix et suivit le Sauveur qui marchait entre les deux larrons, afin que tous le regardassent comme un scélérat de leur espèce. La Mère de douleurs s'avançait à quelques pas du Sauveur, comme elle l'avait demandé au Père éternel ; et elle se conformait si entièrement à sa divine volonté dans toutes les peines de la Passion de son adorable Fils, auxquelles elle participait d'une manière si sensible, qu'elle n'eut pas la moindre pensée de rétracter le consentement qu'elle avait donné à ses souffrances et à sa mort ; si grande était la charité qu'elle avait pour les hommes, si grande la grâce par laquelle notre sainte Reine surmontait la nature !

Instruction que notre auguste Maîtresse m'a donnée

1372. Ma fille, je veux que le fruit de l'obéissance par laquelle vous écrivez l'histoire de ma vie soit de former en vous une véritable disciple de mon très saint Fils et de moi. C'est pour cela en premier lieu que vous recevez la divine lumière qui vous fait découvrir de si hauts mystères, et les avis que je ne me lasse point de vous donner, afin que vous arriviez à bannir de votre cœur toute affection quelconque pour les créatures. Par ce dénuement vous surmonterez les obstacles que le démon vous suscite, et qui vous exposent à tant de dangers à cause de votre naturel facile. Moi qui le connais, je vous en avertis et je vous corrige ; je vous instruis pour vous conduire comme une mère et une maîtresse. Vous connaissez par la lumière du Très-Haut les

---

870   Mc 4, 21.

mystères de la Passion et de la mort de mon Fils, et l'unique et véritable chemin de la vie, qui est celui de la croix ; cette même lumière vous fait voir aussi que tous ceux qui sont appelés ne sont pas élus pour la croix. Il y a beaucoup de gens qui disent qu'ils désirent suivre Jésus-Christ ; mais le nombre de ceux qui se disposent véritablement à l'imiter est fort petit ; car aussitôt que la croix des souffrances se fait sentir, on la rejette et on lui tourne le dos. La douleur que causent les afflictions est fort sensible à la nature humaine par rapport à la chair ; le fruit spirituel en est plus caché, et peu de personnes se laissent guider par la lumière. C'est pourquoi sont en si grand nombre les mortels qui, oubliant la vérité, n'écoutent que la chair, et veulent toujours la caresser sans lui refuser jamais rien. Ils aiment les honneurs, rejettent les affronts, souhaitent les richesses, et ont en horreur la pauvreté ; ils courent après les plaisirs, et évitent les mortifications. Tous ceux-là sont ennemis de la croix de Jésus Christ et la rebutent, parce qu'ils la croient ignominieuse comme ceux qui le crucifièrent[871].

1373. Une autre illusion est commune dans le monde, c'est celle des personnes qui s'imaginent suivre Jésus-Christ, leur divin Maître, sans souffrir et sans agir ; elles se contentent de n'être pas fort hardies à commettre les péchés, et font consister toute la perfection en une espèce de prudence ou d'amour tiède, qui leur permet de ne rien refuser à leur volonté ; et de se dispenser de la pratique des vertus qui sont pénibles à la chair. Elles sortiraient de cette erreur, si elles considéraient que mon très saint Fils a été maître autant que Rédempteur ; et qu'il n'a pas seulement laissé aux hommes le trésor de ses mérites comme un secours pour les tirer de la damnation, mais encore comme un remède nécessaire pour les guérir de la maladie que le péché avait causée à la nature.

Personne n'a été aussi sage que mon Fils et mon Seigneur ; personne n'a pu connaître les conditions de l'amour aussi bien que lui, qui est la sagesse et la charité même[872] ; il pouvait en outre faire tout ce qu'il voulait. Eh bien, avec tout cela, il n'a pas choisi une vie douce et agréable pour la chair, mais pénible et pleine de douleurs, parce qu'il n'aurait pas suffisamment accompli son ministère en rachetant les hommes, s'il ne leur eût point enseigné à vaincre le démon et la chair, et à se vaincre eux-mêmes, et s'il ne leur eût fait connaître en même temps que cette glorieuse victoire est remportée par la croix, par les peines, la pénitence, la mortification et l'abaissement, qui sont les témoignages de l'amour et les marques des prédestinés.

1374. Pour vous, ma fille, qui connaissez le prix de la sainte croix et l'honneur que les ignominies et les tribulations en ont reçu, vous devez embrasser votre croix et la porter avec joie sur les traces de mon Fils et votre Maître[873]. Il faut que dans le cours de la vie passagère, vous trouviez votre gloire dans les persécutions, les mépris, les maladies, les outrages, la pauvreté, les humiliations, et dans tout ce qui est pénible

871 Ph 3, 18.

872 1 Jn 4, 16.

873 Rm 5, 3.

et contraire à la chair mortelle[874]. Et afin que vous m'imitiez et me soyez agréable en tous vos exercices, je ne veux pas que vous cherchiez du soulagement dans les choses terrestres. Vous ne devez point vous amuser à réfléchir sur ce que voussouffrez, ni le découvrir à personne dans l'espoir de diminuer vos peines. Gardez-vous bien surtout d'exagérer les persécutions et les déplaisirs que vous recevez des créatures, ou de dire que vous souffrez beaucoup, ou de vous comparer avec les autres personnes affligées. Je ne vous dis pas que ce soit un péché de se procurer quelque soulagement honnête et modéré, et de se plaindre quelquefois avec patience. Mais de votre part, ma fille, ce soulagement serait une infidélité à l'égard de votre Époux et de votre Seigneur, car il vous a plus favorisée vous seule que des générations entières ; et si le retour que vous lui devez en souffrant et en l'aimant, n'était pas aussi parfait que possible, vous ne sauriez-vous disculper. Cet adorable Seigneur veut que vous vous unissiez si intimement à lui, que vous ne devez pas même accorder un soupir à votre faible nature sans autre fin plus haute que celle de vous soulager, de vous consoler. Et si l'amour vous attire, alors vous vous laisserez entraîner par sa douce force pour vous reposer dans les douceurs de l'amour ; mais bientôt l'amour de la croix vous fera renoncer à ce soulagement, comme vous savez que je le faisais avec une humble soumission. Tenez pour règle générale que toutes les consolations humaines amènent des imperfections et des dangers. Vous ne devez recevoir que celles que le Très-Haut vous enverra par soi-même ou par ses saints anges. Et ne puisez avec discrétion dans ces divines douceurs que ce qui vous fortifiera pour souffrir davantage, et pour vous éloigner des consolations sensibles qui pourraient passer à la partie animale.

Chapitre 22
Notre Sauveur Jésus-Christ est crucifié au mont du Calvaire.
Les sept paroles qu'il prononça du haut de la croix.
Sa très sainte mère s'y trouve présente, percée de douleur.

1375. Notre véritable et nouvel Isaac, fils du Père éternel, arriva au mont du sacrifice, au même lieu où fut essayée la figure sur le fils du patriarche Abraham[875] et où l'on exécuta sur le très innocent Agneau la rigueur qui fut suspendue à l'égard de l'ancien Isaac qui le représentait. Le mont du Calvaire était un lieu méprisé, comme étant destiné pour le supplice des plus insignes criminels, dont les cadavres infects le rendaient encore plus ignominieux. Notre très doux Jésus y arriva épuisé de fatigue, couvert de sang et de plaies, et tout défiguré. La vertu de la Divinité qui déifiait sa très sainte humanité par l'union hypostatique, le soutint, non pour le soulager mais pour le mortifier dans ses souffrances, afin que son amour immense en fût rassasié de telle sorte néanmoins qu'il lui conservât la vie, jusqu'à ce qu'il fût permis à la mort de la lui ôter sur la croix. Navrée de douleur, la divine Mère

---

874   Mt 16, 24.

875   Gn 22, 9.

parvint aussi au sommet du Calvaire, et put corporellement s'approcher de son Fils ; mais en esprit et par ce qu'elle souffrait, elle était comme hors d'elle-même, car elle ne vivait plus que dans son bien-aimé et de ses souffrances. Saint Jean et les trois Marie étaient auprès d'elle, parce qu'elle avait prié le Très-Haut de lui accorder cette seule et sainte compagnie, et leur avait obtenu de sa divine Majesté cette grande faveur de se trouver si près du Sauveur au pied de la croix.

1376. Comme la très prudente Mère connaissait que les mystères de la Rédemption allaient être accomplis, quand elle vit que les bourreaux se disposaient à dépouiller le Seigneur pour le crucifier, elle se tourna en esprit vers le Père éternel et lui adressa cette prière : « Mon Seigneur et mon Dieu, vous êtes Père de votre Fils unique, qui, par la génération éternelle, est né Dieu véritable de Dieu véritable, qui n'est autre que vous ; et par la génération temporelle il est né de mon sein, où je lui ai donné le corps humain dans lequel il souffre. Je l'ai nourri de mon propre lait ; en qualité de Mère, je l'aime comme le meilleur Fils qui ait jamais pu naître d'une autre créature, et j'ai un droit naturel sur son humanité très sainte en la personne qu'il a ; et votre divine Providence ne dénie jamais ce droit à qui appartient. Or je vous offre maintenant ce droit de mère, et le mets de nouveau entre vos mains, afin que votre Fils et le mien soit sacrifié pour la rédemption du genre humain.

Acceptez, Seigneur, mon offrande, puisque je ne vous offrirais pas autant si j'étais moi-même crucifiée ; non seulement parce que mon Fils est vrai Dieu et de votre propre substance, mais aussi par rapport à ma douleur. Car, si je mourais, et que les sorts fussent changés afin que sa très sainte vie fût conservée, ce serait pour moi une grande consolation et l'accomplissement de mes désirs. » Le Père éternel accueillit cette prière de notre auguste Reine avec une complaisance ineffable. Il ne fut permis au patriarche Abraham que l'essai du sacrifice figuratif de son fils[876], parce que le Père éternel en réservait l'exécution et la réalité pour son Fils unique. Cette mystique cérémonie ne fut pas non plus communiquée à Sara, mère d'Isaac, non seulement à cause de la prompte obéissance d'Abraham, mais aussi parce que ce secret ne devait pas même être confié à l'amour maternel de Sara, qui peut-être, quoiqu'elle fût sainte et juste, aurait entrepris de s'opposer à l'ordre du Seigneur. Mais il n'en arriva pas de même à l'égard de l'incomparable Marie ; car le Père éternel put avec sûreté lui confier sa volonté éternelle, afin qu'elle coopérât dans une juste proportion au sacrifice du Fils unique, en s'associant à la volonté même du Père.

1377. La Mère invincible ayant achevé cette prière, connut que les impitoyables ministres de la Passion voulaient, comme le rapportent saint Matthieu et saint Marc[877], faire boire au Seigneur du vin mêlé avec du fiel et de la myrrhe, pour augmenter les peines de sa Majesté. Les Juifs prirent prétexte de la coutume qu'ils avaient de donner aux condamnés à mort une certaine quantité de vin généreux et

---

876   Gn 22, 12.

877   Mt 27, 34 ; Mc 15, 23.

aromatique, pour leur fortifier les esprits vitaux, afin qu'ils subissent leur supplice avec plus de courage ; cette coutume s'était introduite à propos de ce que dit Salomon dans les Proverbes : Donnez du cidre à ceux qui sont affligés, et du vin à ceux qui sont dans l'amertume du cœur[878].

Cette boisson pouvait animer et soulager un peu les autres condamnés ; mais les Juifs, par une cruauté étrange, y mêlèrent tant de fiel, qu'elle ne pouvait causer à notre adorable Sauveur qu'une extrême amertume. La divine Mère connut cette perfidie, et, touchée d'une compassion maternelle, elle pria avec beaucoup de larmes le Seigneur de ne la point prendre. Et sa Majesté condescendit de telle sorte aux prières de sa Mère, qu'ayant goûté l'amertume de ce vin pour ne pas refuser entièrement cette nouvelle mortification, elle n'en voulut pas boire[879].

1378. On était déjà à la sixième heure du jour, qui répond à celle de midi ; et les bourreaux étant sur le point de crucifier le Sauveur, le dépouillèrent de la tunique sans couture. Et comme cette tunique était étroite et longue, ils la lui ôtèrent par le haut sans lui ôter la couronne d'épines ; mais ils y mirent tant de violence, qu'ils arrachèrent la couronne avec la même tunique d'une manière impitoyable ; car ils lui ouvrirent de nouveau les blessures de sa tête sacrée, dans quelques-unes desquelles restèrent les pointes des épines, qui, nonobstant leur dureté, ne laissèrent pas de se rompre par la force avec laquelle les bourreaux lui enlevèrent la tunique, et avec elle la couronne.

Ils la lui replacèrent aussitôt sur la tête avec une cruauté inouïe, ajoutant plaies sur plaies. Ils renouvelèrent aussi celles de son très saint corps car la tunique s'y était comme collée, de sorte qu'en la lui arrachant ils ajoutèrent, comme dit David[880], des douleurs nouvelles à celles de ses plaies. On dépouilla quatre fois notre adorable Sauveur dans le cours de sa Passion. La première, pour le fouetter lorsqu'on le lia à la colonne ; la seconde, pour lui mettre le manteau de pourpre par dérision ; la troisième, quand on le lui ôta pour le revêtir de sa tunique ; la quatrième fois sur le Calvaire, pour le laisser en cet état ; et alors ses souffrances furent plus vives, parce que ses plaies étaient plus profondes, que sa très sainte humanité était réduite à une faiblesse extrême, et que le mont du Calvaire était plus exposé aux intempéries de l'air ; car il fut aussi permis au vent et au froid de l'affliger en sa mort.

1379. Une de ses plus grandes peines fut de se voir nu en la présence de sa bienheureuse Mère, des pieuses femmes qui l'accompagnaient, et de la multitude du peuple qui assistait à ce triste spectacle. Il ne réserva par son pouvoir divin que le caleçon que sa très sainte Mère lui avait mis en Égypte ; en effet, il ne fut pas possible aux bourreaux de le lui ôter, ni lorsqu'ils le fouettèrent, ni quand ils le dépouillèrent pour le crucifier ; ainsi il le portait lorsqu'il fut déposé dans le sépulcre, et c'est ce qui m'a été déclaré plusieurs fois. Il est vrai que le Sauveur serait mort

878 Pr 31, 6.

879 Mt 27, 34.

880 Ps 68, 31.

volontiers tout nu et sans ce caleçon, pour mourir dans la dernière pauvreté, et sans rien avoir de tout ce qu'il avait créé et dont il était le Seigneur véritable, si sa très sainte Mère ne l'eût prié de ne point permettre qu'on le lui ôtât ; le Seigneur se rendit à ses désirs, parce qu'il suppléait par cette espèce d'obéissance filiale à l'extrême pauvreté en laquelle il souhaitait mourir. La sainte croix était étendue par terre, et les bourreaux préparaient les autres choses nécessaires pour crucifier notre divin Maître, aussi bien que les deux voleurs qui devaient mourir en même temps. Et tandis qu'ils s'occupaient de ces préparatifs, il fit cette prière au Père éternel :

1380. « Mon Père, Dieu éternel, infini en bonté et en justice, j'offre à votre Majesté incompréhensible tout mon être humain et toutes les œuvres que j'ai faites en lui par votre très sainte volonté, après être descendu de vôtre sein dans cette chair passible et mortelle, pour racheter en elle mes frères les hommes. Je vous offre, Seigneur, avec moi, ma Mère bien-aimée, son amour, ses œuvres très parfaites, ses douleurs, ses peines, ses fatigues, et la prudente sollicitude avec laquelle elle s'est attachée à me servir, à m'imiter, à m'accompagner jusqu'à la mort. Je vous offre le petit troupeau de mes apôtres, la sainte Église, et l'assemblée des fidèles, telle qu'elle existe maintenant et qu'elle existera jusqu'à la fin du monde, et avec elle tous les mortels enfants d'Adam. Je remets tout entre vos mains comme étant le vrai Dieu et le Seigneur Tout-Puissant ; et pour ce qui me regarde, je souffre et je meurs volontairement pour tous ; et par cette volonté je veux que tous soient sauvés, si tous veulent me suivre, et profiter de leur rédemption, afin que d'esclaves du démon, ils deviennent vos enfants, mes frères et mes cohéritiers par la grâce que je leur ai méritée. Je vous offre, en particulier, Seigneur, les pauvres, les misérables et les affligés, qui sont mes amis, et qui m'ont suivi par le chemin de la croix. Et je désire que les noms des justes et des prédestinés soient écrits dans votre mémoire éternelle. Je vous prie, mon Père, d'arrêter les effets de votre justice envers les hommes, de ne point leur infliger les châtiments dont ils se sont rendus dignes par leurs péchés, enfin, d'être désormais leur Père, comme vous êtes le mien. Je vous prie aussi pour ceux qui assistent à ma mort avec une pieuse affection, afin qu'ils soient éclairés de votre divine lumière ; et pour tous ceux qui me persécutent, afin qu'ils se convertissent à la vérité ; et surtout je vous prie pour l'exaltation de votre ineffable et très saint Nom. »

1381. La bienheureuse Vierge connut cette prière de notre Sauveur, et pour l'imiter, elle pria de son côté le Père éternel dans les termes qui convenaient à sa qualité de mère. Elle n'oublia jamais d'accomplir cette première parole qu'elle entendit de la bouche de son Fils et de son Maître nouvellement né : *Rendez-vous semblable à moi, ma bien-aimée.* Le Seigneur ne manqua jamais non plus de remplir la promesse qu'il lui avait faite de lui donner par sa toute-puissance un nouvel être de grâce divine, qui serait au-dessus de celui de toutes les créatures, en retour du nouvel être humain qu'elle donna au Verbe éternel dans son sein virginal. Ce bienfait renfermait la très haute connaissance qu'elle avait de toutes les opérations de la très sainte humanité de son Fils, sans que la moindre lui échappât. Et elle les imita, comme elle les connut ; de sorte qu'elle fut toujours soigneuse à les observer, habile à les pénétrer, prompte en l'exécution, forte et diligente en toutes ses œuvres. En cela elle ne fut point troublée par la douleur, ni empêchée par les peines, ni embarrassée par les persécutions, ni attiédie par l'amertume de la Passion. Et quoique cette constance fût admirable en notre auguste Reine, elle l'aurait été pourtant moins, si elle n'eût assisté à la Passion de son Fils que comme les autres justes. Mais il n'en fut point ainsi ; unique et exceptionnelle en toutes choses, elle sentait en son très saint corps, comme je l'ai dit ailleurs, les douleurs intérieures et extérieures que notre Sauveur souffrait en sa personne sacrée. On peut dire, quant à cette correspondance sympathique, que cette divine Mère fut aussi fouettée et couronnée d'épines, qu'elle reçut des crachats et des soufflets, qu'elle porta la croix sur ses épaules, et qu'elle y fut clouée, puisqu'elle subit en son corps tous ces tourments, aussi bien que les autres ; sans doute ce fut d'une manière différente, mais toujours avec une très grande ressemblance, afin que la Mère fût en tout la vive image du Fils. Outre qu'en cela la grandeur et la dignité de la très pure Marie devaient répondre à celles du Sauveur suivant toute la proportion dont elle était capable, cette merveille renferma un autre mystère : ce fut de satisfaire en quelque sorte à l'amour de Jésus-Christ, et à l'excellence de sa Passion, qui devait être par-là fidèlement reproduite par une simple créature. Or, quelle est celle qui pût prétendre à ce glorieux privilège, comme sa propre Mère ?

1382. Les bourreaux voulant marquer sur la croix les trous où ils devaient mettre les clous, ordonnèrent insolemment au Créateur de l'univers (Ô témérité effroyable) ! de s'étendre sur la même croix, et le Maître de l'humilité obéit sans résistance. Mais par une malice inouïe, ils marquèrent la place des trous à une distance plus grande que ne l'indiquait la longueur des bras et du reste du corps. La Mère de la lumière remarqua cette nouvelle cruauté, et ce fut une des plus grandes afflictions qu'elle souffrit dans toute la Passion, car elle pénétra les intentions perverses de ces ministres d'iniquité, et prévit les douleurs que son très saint Fils souffrirait quand on le clouerait sur la croix. Mais elle ne put l'empêcher, attendu que le même Seigneur voulait souffrir encore cette peine pour les hommes. Et lorsque le Sauveur se leva de la croix afin qu'on y pratiquât les trous, notre auguste Princesse s'en approcha et l'aida à se relever en le prenant par le bras, puis elle l'adora et lui baisa la main avec une profonde vénération. Les bourreaux le lui permirent, parce qu'ils croyaient que la présence de sa Mère ne ferait qu'augmenter l'affliction du Seigneur, auquel ils n'épargnèrent aucune des douleurs qu'ils purent imaginer. Mais ils n'en pénétrèrent point le mystère, car notre adorable Rédempteur n'eut point d'autre plus grande consolation dans sa Passion que de voir sa très sainte Mère, et de considérer la beauté de son âme, et en elle sa plus fidèle image, et la complète acquisition du fruit de sa Passion et de sa mort. En ce moment cette vue remplit notre Seigneur Jésus-Christ d'une joie intérieure, qui contribua en quelque façon à le fortifier.

1383. Après qu'on eut fait les trois trous dans la sainte croix, les bourreaux ordonnèrent une seconde fois au Sauveur de s'y étendre pour l'y clouer. Et le souverain et puissant Monarque, le Maître de la patience obéit et se mit sur la croix, étendant les bras au gré des ministres de sa mort. Il était si exténué et si défiguré, que si ces barbares eussent conservé quelque reste de raison et d'humanité, ils n'auraient pu persister dans leur cruauté en voyant la douceur, l'humilité, les plaies et l'état pitoyable de l'innocent Agneau. Mais les Juifs et les satellites (Ô terribles et impénétrables jugements du Seigneur !) étaient animés de la haine implacable et pleins de la malice des démons, et, privés de tout sentiment humain, ils n'agissaient plus qu'avec une fureur diabolique.

1384. Or, l'un des bourreaux prit la main de notre adorable Sauveur, et tandis qu'il la tenait sur le trou de la croix, un autre bourreau la cloua, perçant à coups de marteau la main du Seigneur avec un gros clou aigu, qui rompit les veines et les nerfs, et disloqua les os de cette main sacrée qui avait fait les cieux et tout ce qu'ils renferment. Quand il fallut clouer l'autre main, le bras ne put pas arriver au trou, parce que les nerfs s'étaient retirés et que l'on avait pratiqué malicieusement les trous trop distants l'un de l'autre, comme on l'a vu plus haut. Et pour en venir à bout, ces hommes impitoyables prirent la chaîne avec laquelle le très doux Seigneur avait été lié, et plaçant sa main dans une espèce de menottes qui garnissaient l'un des bouts de la même chaîne, ils tirèrent par l'autre bout avec tant de violence, qu'ils ajustèrent la main au trou, et la clouèrent avec un autre clou. Ils passèrent ensuite aux pieds, et les ayant posés l'un sur l'autre, ils les lièrent avec la même chaîne ; et les tirant avec une cruauté inouïe, ils les clouèrent tous deux avec le troisième clou, qui était un peu plus fort que les autres. Ainsi fut attaché à la sainte croix ce corps sacré auquel la Divinité était unie, et l'admirable structure de ses membres déifiés et formés par le Saint-Esprit, fut rompue au point qu'on pouvait lui compter les os[881], tant ils s'étaient luxés et disloqués d'une manière sensible. Ceux de la poitrine et des épaules se déboîtèrent, et tous sortirent hors de leur place par la cruelle violence des bourreaux.

1385. Il n'est pas possible d'exprimer ni même de concevoir les douleurs atroces que notre adorable Sauveur souffrit dans ce supplice. Il ne les fera comprendre mieux qu'au jour du jugement, pour justifier sa cause contre les réprouvés, et afin que les saints le louent et le glorifient dignement. Mais à présent que la foi à cette vérité nous permet et nous oblige d'y appliquer tout notre jugement(ou il faudrait que nous n'en eussions aucun), je supplie, je conjure les enfants de la sainte Église de considérer attentivement un mystère si vénérable, et d'en peser toutes les circonstances ; car si nous les méditons sérieusement, nous y trouverons des motifs efficaces pour abhorrer le péché et pour ne le plus commettre, puisqu'il a causé

---

881   Ps 21, 13.

tant de souffrances à l'Auteur de la vie. Réfléchissons aussi aux grandes douleurs qui affligeaient l'esprit et le corps de sa très pure Mère ; car par cette porte nous découvrirons le Soleil qui nous éclaire le cœur. Ô Reine et Maîtresse des vertus ! Ô Mère véritable du Roi des siècles, immortel et incarné pour mourir ! Il est vrai, mon auguste Princesse, que la dureté de nos cœurs ingrats nous rend incapables et indignes de ressentir vos douleurs et celles de votre très saint Fils, notre Rédempteur ; mais procurez-nous par votre clémence ce bien que nous ne méritons point. Bannissez de nous une insensibilité si criminelle. Si nous sommes la cause de toutes ces peines, est-il raisonnable, est-il juste qu'elles s'arrêtent à vous et à votre bien-aimé ? Il faut que le calice des innocents passe jusqu'aux coupables qui l'ont mérité. Mais, hélas ! où est le jugement ? où est la sagesse ? où est la lumière de nos yeux ? qui nous a privés de la raison ? qui nous a ravi le cœur sensible et humain ? Quand je n'aurais pas reçu, Seigneur, l'être que j'ai à votre image et à votre ressemblance[882] ; quand vous ne m'auriez pas donné la vie et le mouvement[883] ; quand tous les éléments et toutes les créatures, que vous avez créés pour mon service[884], ne me donneraient pas une connaissance si certaine de votre amour immense ; l'excès infini que ce même amour a fait paraître en vous clouant à la croix, au milieu de douleurs et de tourments si affreux, devrait me convaincre et me captiver dans des liens indissolubles de compassion ; de reconnaissance, d'amour et de confiance en votre bonté ineffable. Mais si la voix de tant de prodiges ne m'éveille, si votre amour ne m'enflamme, si votre Passion et vos peines ne me touchent, si tant de bienfaits ne me subjuguent, quelle fin dois-je attendre de ma folie ?

1386. Après que le Sauveur eut été cloué à la croix, les satellites de la justice, craignant que les clous ne lâchassent, résolurent de les river derrière le bois sacré, qu'ils avaient perforé. Dans ce dessein, ils levèrent la croix pour la renverser brusquement contre terre avec le même Seigneur crucifié. Cette nouvelle cruauté fit frémir tout le peuple, qui, ému de compassion, jeta un grand cri. Quant à la Mère de douleurs, pour prévenir cet odieux attentat, elle pria le Père éternel de ne point permettre que les bourreaux exécutassent leur projet tel qu'ils l'avaient conçu. Ensuite elle ordonna aux saints anges de veiller au service de leur Créateur. Tout se fit suivant les instructions de notre auguste Reine ; car au moment où les bourreaux renversèrent la croix afin que le Sauveur tombât avec elle le visage contre la terre, qui était couverte de pierres et d'ordures, les anges le soutinrent ; et par ce moyen il ne toucha aucune de ces pierres, non plus que le sol. Les satellites rivèrent les pointes des clous sans s'apercevoir du miracle ; car le corps du Seigneur était si près de terre, et les anges tenaient la croix si bien fixée, que les impitoyables Juifs croyaient que les pierres et les ordures atteignaient leur adorable victime.

---

882   Sg 2, 23.

883   Ac 17, 28.

884   Qo 39, 30 ; Am 4, 18.

1387. Aussitôt ils approchèrent la croix avec le divin Crucifié du lieu où elle devait être dressée. Et se servant les uns de leurs épaules, les autres de leurs hallebardes et de leurs lances, ils l'élevèrent avec le Seigneur, et la poussèrent dans le trou qu'ils avaient pratiqué à cet effet. Alors l'Auteur de notre salut et de notre vie se trouva suspendu sur le bois sacré à la vue d'une infinité de personnes de différentes nations. Je ne veux point omettre une autre cruauté qu'ils exercèrent, m'a-t-il été déclaré, à l'égard du Sauveur, en dressant la croix ; c'est qu'en se servant de la pointe de leurs armes pour la soutenir, ils lui firent de profondes blessures en divers endroits de son très saint corps, et surtout sous les bras. À ce spectacle, le peuple redoubla ses cris et augmenta en même temps la confusion. Les Juifs blasphémaient, les gens humains se désolaient, les étrangers s'étonnaient, tout le monde se faisait remarquer cette scène horrible. Il y en avait qui n'osaient point regarder le Rédempteur dans un état si pitoyable ; ceux-ci considéraient un exemple si étrange ; ceux-là disaient que cet homme était juste et innocent ; et tous ces divers sentiments étaient comme autant de flèches qui perçaient le cœur de la plus affligée des mères. Le corps sacré du Sauveur perdait beaucoup de sang par les blessures que les clous lui avaient faites ; car la secousse qu'il reçut lorsqu'on laissa tomber la croix dans le trou, renouvela toutes ses plaies ; ouvrant ainsi de plus grandes issues aux sources auxquelles il nous invitait, par la bouche d'Isaïe[885], à aller puiser avec joie les eaux propres à étancher notre soif, et à laver les taches de nos péchés. De sorte qu'on ne saurait se disculper si on ne s'empresse d'y courir[886], puisqu'on les achète sans argent et sans aucun échange, et que la volonté de les recevoir suffit pour les obtenir.

1388. Ils crucifièrent en même temps les deux larrons, et dressèrent leurs croix l'une à la droite, l'autre à la gauche de notre Rédempteur, le plaçant au milieu comme celui qu'ils croyaient le plus coupable. Les pontifes et les pharisiens, oubliant les deux scélérats, tournèrent toute leur fureur contre Celui qui était impeccable et saint par nature. Et branlant la tête par moquerie[887], ils jetaient des pierres et de la poussière contre la croix du Seigneur, et contre sa personne sacrée. Ils lui disaient : « Toi qui détruis le temple de Dieu et qui, le rebâtis en trois jours, sauve-toi maintenant toi-même ; il a sauvé les autres et il ne peut se sauver lui-même[888]. » D'autres disaient : « S'il est le Fils de Dieu, qu'il descende maintenant de la croix, et nous croirons en lui. » D'abord les deux larrons se moquaient aussi de sa Majesté, et lui disaient : « Si tu es le Fils de Dieu, sauve-toi, et sauve-nous avec toi[889]. » Les blasphèmes des larrons furent d'autant plus sensibles au Seigneur, qu'ils étaient plus proches de la mort, qu'ils perdaient le mérite du supplice qu'ils subissaient, et

---

885 Is 12, 3.

886 Is 60, 9.

887 Mt 27, 89.

888 Mt 27, 42.

889 *Ibid.*, 44.

qu'étant punis par la justice, ils pouvaient satisfaire en partie pour leurs crimes ; comme l'un des deux le fit peu de temps après, profitant de la plus favorable occasion que jamais pécheur ait eue dans le monde.

1389. Lorsque notre auguste Princesse vit que les Juifs, persistant dans leur perfide envie, s'acharnaient à déshonorer de plus en plus Jésus-Christ crucifié, qu'ils le blasphémaient et le regardaient comme le plus méchant des hommes, et qu'ils juraient de retrancher son nom de la terre des vivants, comme Jérémie l'avait prophétisé[890], son âme fidèle s'enflamma de nouveau du zèle de l'honneur de son Fils et de son Dieu véritable. Et s'étant prosternée devant sa sacrée personne crucifiée, elle l'adora et pria le Père éternel de défendre l'honneur de son Fils unique par des signes si éclatants, que les perfides Juifs en fussent confondus et frustrés dans leurs malicieuses intentions. Après avoir fait cette prière au Père, elle s'adressa avec le même zèle et avec le même pouvoir de Reine de l'univers à toutes les créatures irraisonnables qu'il contient, et leur dit : « Créatures insensibles, sorties de la main du Tout-Puissant, manifestez le sentiment que les hommes doués de raison refusent stupidement d'éprouver à la vue de sa mort. Cieux, soleil, lune, étoiles, planètes, arrêtez votre cours, suspendez vos influences envers les mortels. Éléments, altérez vos propriétés ; que la terre perde son repos ; que les pierres et les rochers se brisent. Tombeaux, qui servez de triste demeure aux morts, ouvrez-vous pour confondre les vivants. Voile mystique et figuratif du Temple, déchirez-vous par le milieu et par ce déchirement annoncez aux incrédules leur punition, et attestez la vérité de la gloire de leur Créateur et de leur Rédempteur qu'ils prétendent obscurcir. »

1390. En vertu de cette prière et de ce pouvoir de la bienheureuse Vierge Mère de Jésus-Christ crucifié, la toute-puissance du Très-Haut avait disposé tout ce qui arriva au moment de la mort de son Fils unique. Sa divine Majesté éclaira et toucha les cœurs de beaucoup de personnes témoins des prodiges qui arrivèrent, et déjà auparavant de plusieurs autres, afin qu'elles reconnussent Jésus crucifié pour saint et juste, et pour le véritable Fils de Dieu, comme le centenier et un grand nombre d'autres qui s'en retournèrent du Calvaire en frappant leur poitrine de douleur, ainsi que le racontent les évangélistes[891]. Il n'y eut pas que ceux qui avaient ouï et reçu sa doctrine qui le reconnurent ; il y en eut une foule d'autres qui ne l'avaient point connu et qui n'avaient pas vu ses miracles. Par l'effet de cette même prière, Pilate fut inspiré de ne point changer le titre de la croix que l'on avait déjà inscrit au-dessus de la tête du Seigneur en trois langues, c'est-à-dire en hébreu en grec et en latin. Et quoique les Juifs insistassent auprès du juge pour que l'inscription ne portât point *Jésus de Nazareth roi des Juifs, mais seulement qui se qualifiait roi des Juifs*[892]. Pi-

---

890   Jr 11, 19.

891   Mt 27, 54 ; Lc 23, 48.

892   Jn 19, 21.

late répondit : « Ce qui est écrit demeurera écrit » ; et ne voulut point la changer[893]. Toutes les autres créatures insensibles obéirent, par la volonté divine, à l'ordre de la très pure Marie. Et tous les prodiges que des évangélistes racontent[894], arrivèrent entre midi et trois heures du soir, ou la neuvième heure en laquelle le Sauveur expira. Le soleil s'obscurcit ; les planètes changèrent leurs influences ; les cieux et la lune interrompirent leurs mouvements ; les éléments se troublèrent ; la terre trembla ; plusieurs montagnes se fendirent ; les pierres se brisèrent les unes contre les autres ; les tombeaux s'ouvrirent, d'où les corps de certaines personnes qui étaient mortes ressuscitèrent. Le bouleversement de tout ce qui est visible et élémentaire, fut si extraordinaire, qu'il se fit sentir dans toutes les parties monde. Les Juifs qui étaient dans Jérusalem furent saisis d'étonnement et d'effroi ; néanmoins leur perfidie et leur malice extrême les rendirent indignes de connaître la vérité que toutes les créatures insensibles leur publiaient.

1391. Les soldats qui crucifièrent notre Sauveur Jésus-Christ, et à qui appartenait comme exécuteurs la dépouille des justiciers, convinrent entre eux de partager les habits de l'innocent Agneau. Ils firent quatre parts du manteau ou surtout qu'il avait quitté lors de la cène pour laver les pieds à ses apôtres, et qu'ils avaient, par une disposition divine, porté au Calvaire, et chacun d'eux eut la sienne, car ils étaient quatre[895] ; mais ils ne voulurent point couper la tunique sans couture[896], la Providence l'ordonnant de la sorte dans des vues fort mystérieuses ; c'est pourquoi ils tirèrent au sort à qui elle resterait ; et elle fut cédée à celui auquel le sort la fit échoir, de sorte que ce que dit David dans le psaume vingt et unième[897] fut accompli à la lettre. Les saints docteurs expliquent les mystères que cachait cette conduite de la divine Providence, qui ne permit point que cette tunique fût coupée ; et entre autres choses elle voulut nous signifier que quoique les Juifs déchirassent par les coups et par les plaies la très sainte humanité de notre Seigneur Jésus-Christ qui recouvrait la Divinité, ils ne purent néanmoins pas atteindre ni blesser celle-ci par la Passion ; et celui à qui échera l'heureux sort d'être justifié en participant à cette même Passion, entrera un jour dans la pleine et entière possession et jouissance de la Divinité.

1392. Et comme la sainte croix était le trône royal de Jésus-Christ et la chaire d'où il voulait enseigner la science de la vie, confirmant, lorsqu'il y fut élevé, sa doctrine par son exemple, il prononça cette parole, en laquelle il renferma tout ce que la charité et la perfection ont de plus sublime : *Mon Père, pardonnez-leur, car ils ne savent pas ce qu'ils font*[898]. Notre divin Maître s'appropria ce précepte de la charité et de l'amour

---

893   *Ibid.*, 22.

894   Lc 23, 45 ; Mt 27, 51-52.

895   Jn 19, 21.

896   *Ibid.*, 24.

897   Ps 21, 19.

898   Lc 23, 34.

fraternel, en l'appelant sien[899]. Et pour preuve de cette vérité qu'il avait enseignée, il en pratiqua le précepte sur la croix, non seulement en aimant ses ennemis et en leur pardonnant[900], mais aussi en représentant leur ignorance pour les disculper, au moment même où leur malice était arrivée au plus haut degré auquel pussent atteindre les hommes, puisqu'elle leur avait fait persécuter, et crucifier, et blasphémer leur Dieu et leur Rédempteur. Telle fut l'ingratitude humaine après tant de lumières, d'instructions et de bienfaits, et telle fut l'ardente charité de notre adorable Sauveur en retour des tourments, des épines, des clous, de la croix et de tant de cruels outrages. Ô amour incompréhensible ! ô douceur ineffable ! ô patience que les hommes ne sauraient jamais concevoir, que les anges admirent et que les démons redoutent ! L'un des deux larrons, appelé Dismas, comprit quelque chose de ce mystère, et l'intercession de la bienheureuse Vierge opérant en même temps, il fut éclairé d'une lumière intérieure qui lui fit connaître son Rédempteur et son Maître à cette première parole qu'il dit sur la croix. Et, touché d'une véritable contrition de ses péchés, il se tourna vers son compagnon et lui dit : *Quoi ! tu ne crains pas Dieu, quand tu es condamné au même supplice ? Pour nous, c'est avec justice, puisque nous souffrons la peine due à nos crimes ; mais celui-ci n'a commis aucun mal*[901]. Et s'adressant ensuite à notre Sauveur, il lui dit : *Seigneur, souvenez-vous de moi lorsque vous serez dans votre Royaume*[902].

1393. Cet heureux voleur, le centenier, et les autres qui confessèrent Jésus-Christ sur la croix, furent les premiers à ressentir les effets de la rédemption. Mais le plus heureux de tous, ce fut Dismas, qui mérita d'entendre la seconde parole que dit le Seigneur : *Je vous dis en vérité que vous serez aujourd'hui avec moi dans le paradis*[903]. Ô bienheureux voleur, qui seul avez obtenu cette parole si désirée de tous les justes de la terre ! Les anciens patriarches et les prophètes n'ont pas eu le bonheur de l'entendre, s'estimant fort heureux de descendre dans les limbes, et d'y attendre pendant le cours de plusieurs siècles le paradis que vous avez obtenu en un moment par le plus beau trait de votre métier. Naguère vous voliez le bien d'autrui et les choses terrestres, et vous ravissez maintenant le ciel des mains de son Maître ! Mais vous l'emportez avec justice, et il vous le donne par grâce ; vous avez été le dernier disciple de sa doctrine pendant sa vie, et le premier à la pratiquer après l'avoir ouïe. Vous avez aimé et corrigé votre frère ; vous avez reconnu votre Créateur ; vous avez repris ceux qui blasphémaient ; vous avez imité votre adorable Maître en souffrant avec patience, vous l'avez prié avec humilité de se souvenir de vos misères comme rédempteur ; et il a récompensé vos désirs comme glorificateur, en vous accordant sans délai la récompense qu'il vous a méritée, à vous et à tous les mortels.

---

899   Jn 15, 12.

900   Mt 5, 44.

901   Lc 23, 40-41.

902   *Ibid.*, 42.

903   *Ibid.*, 43.

1394. Le bon larron justifié, Jésus jeta ses doux regards sur sa Mère affligée, qui se tenait au pied de la croix avec saint Jean ; et s'adressant d'abord à sa Mère, il lui dit : *Femme, voilà votre fils*[904] ; et s'adressant ensuite à l'Apôtre, il lui dit : *Voilà votre mère*[905]. Le Seigneur appela la sainte Vierge du nom de femme, et non de celui de mère, parce qu'il aurait été sensiblement consolé en prononçant ce dernier nom si plein de douceur ; et il ne voulut pas se donner cette consolation au milieu de ses plus grandes souffrances, comme je l'ai déjà fait remarquer, parce qu'il avait renoncé à tout ce qui pouvait adoucir ses peines. Mais en l'appelant femme, il lui dit intérieurement : Femme bénie entre toutes les femmes[906], la plus prudente entre les enfants d'Adam ; femme forte et confiante[907], exempte de tout péché, toujours fidèle en mon amour, toujours assidue à mon service, femme dont la charité n'a pu être éteinte ni troublée par les eaux amères de la Passion[908] ; je m'en vais à mon Père, et je ne puis désormais vous faire compagnie ; mon disciple bien-aimé vous assistera, il vous servira comme sa mère, et sera votre fils. Notre auguste Reine entendit tout cela.

Et dès cette heure le saint apôtre la reçut pour sienne, favorisé de nouvelles lumières pour mieux connaître et estimer davantage la plus parfaite créature que la Divinité eût créée après l'humanité de notre Seigneur Jésus-Christ. Ainsi éclairé, il l'honora et la servit tout le reste de la vie de cette grande Reine, comme je le dirai plus loin. Elle le prit aussi pour son fils avec une humble obéissance, et lui promit dès lors une sollicitude toute maternelle, sans que les douleurs extrêmes dela Passion empêchassent son cœur magnanime de pourvoir à tout ; car elle faisait toujours ce que la perfection et la sainteté ont de plus sublime, sans en omettre la moindre chose.

1395. Il était environ la neuvième heure du jour, bien que les ténèbres et le deuil de la nature parussent déjà faire régner la confusion de la nuit, quand notre Sauveur Jésus-Christ prononça d'une voix éclatante et forte la quatrième parole, que tous ceux qui étaient présents purent entendre : *Mon Dieu*, dit-il, *mon Dieu, pourquoi m'avez-vous délaissé*[909] ? Quoique le Seigneur dît ces paroles en la langue hébraïque, elles ne furent pas comprises de tous. Et comme les premiers mots en cette langue étaient, *Eli, Eli,* quelques-uns s'imaginèrent qu'il appelait Élie ; quelques autres dirent en se moquant : « Voyons si Élie viendra maintenant le délivrer de nos mains[910]. » Mais le mystère de ces paroles de Jésus-Christ fut aussi profond que caché aux Juifs et aux Gentils ; car elles comportent plusieurs sens que les docteurs sacrés leur ont donnés. Ce qui m'a été expliqué, c'est que le délaissement de Jé-

---

904   Jn 12, 26.

905   *Ibid.*, 27.

906   Lc 1, 42.

907   Pr 31, 10.

908   Ct 8, 7.

909   Mt 27, 46.

910   Mt 27, 49.

sus-Christ ne consista point en ce que la Divinité s'éloigna de la très sainte humanité par la dissolution de l'union substantielle hypostatique, ni par la suspension de la vision béatifique de son âme ; car l'humanité eut ces deux unions avec la Divinité dès l'instant qu'elle fut conçue dans le sein virginal, de l'auguste Marie par l'opération du Saint-Esprit ; et la Divinité n'a jamais délaissé ce à quoi elle s'est une fois unie. Telle est la vraie et catholique doctrine. Il est également certain que la très sainte humanité fut abandonnée de la Divinité, en ce qu'elle ne la préserva point de la mort et des douleurs de la Passion. Mais le Père éternel ne la délaissa point entièrement, en ce qui regarde le soin de son honneur, puisqu'il le défendit avec éclat par le désordre de toutes les créatures insensibles, qui pleurèrent sa mort. Il y a encore un autre délaissement que notre Sauveur Jésus-Christ exprima par cette plainte, qui naissait de la charité immense qu'il avait pour les hommes, et ce délaissement fut celui des réprouvés ; il se plaignit de ceux-ci à la dernière heure de sa vie, comme dans la prière qu'il fit au jardin, où son âme très sainte fut saisie de cette tristesse mortelle que j'ai dépeinte ci-dessus ; parce qu'offrant une rédemption si abondante pour tout le genre humain, elle ne devait point être efficace dans les réprouvés ; et qu'il s'en trouverait privé au sein du bonheur éternel, pour lequel il les avait créés et rachetés ; et comme c'était un décret de la volonté éternelle du Père, il se plaignit amoureusement et avec douleur, quand il dit : *Mon Dieu, mon Dieu, pourquoi m'avez-vous délaissé ?* entendant parler de la compagnie des réprouvés.

1396. Comme plus grand témoignage de ces sentiments, le Seigneur ajouta aussitôt la cinquième parole, et dit : *J'ai soif*[11]. Les douleurs de la Passion pouvaient causer à notre adorable Sauveur une soif naturelle. Mais ce n'était pas alors le moment de la faire connaître et de l'apaiser, et le divin Maître, sachant qu'il était sur le point d'expirer, n'en aurait rien dit, sans quelque dessein mystérieux. Il désirait avec ardeur que les captifs enfants d'Adam ne refusassent point la liberté qu'il leur méritait, et qu'il leur offrait. Il désirait que tous répondissent à ses soins charitables par la foi et par l'amour qu'ils lui devaient ; qu'ils reçussent ses mérites et ses douleurs, sa grâce et son amitié, qu'ils pouvaient acquérir en participant et à ses mérites et à ses souffrances ; et qu'ils ne perdissent point leur félicité éternelle, qu'il leur laissait pour héritage, s'ils voulaient la recevoir et la mériter.

Voilà quelle était la soif de notre divin Maître, et il n'y eut alors que la bienheureuse Marie qui la comprit parfaitement ; c'est pour cette raison, qu'elle appela intérieurement avec la charité la plus vive les pauvres, les humbles, les êtres affligés, méprisés et persécutés, afin qu'ils s'approchassent du Seigneur, et qu'ils apaisassent en partie cette soif, puisqu'il n'était pas possible de l'apaiser entièrement. Mais les perfides Juifs et les bourreaux, pour témoigner davantage leur funeste endurcissement, présentèrent par dérision au Seigneur une éponge trempée dans le fiel et le vinaigre, et l'ayant attachée au bout d'une canne, ils la lui portèrent à la bouche,

---

911   Jn 19, 28.

afin qu'il en bût[912], accomplissant la prophétie de David, qui dit : Dans ma soif ils m'ont présenté du vinaigre à boire[913]. Notre très patient Seigneur en goûta, et même il en but quelque peu, pour montrer par ce mystère qu'il tolérait la damnation des réprouvés. Mais à la prière de sa très sainte Mère, il cessa presque aussitôt d'en prendre ; parce qu'étant la Mère de la grâce, elle devait en être aussi la porte, et la médiatrice de ceux qui profiteraient de la Passion et de la rédemption.

1397. Ensuite le Sauveur prononça avec le même mystère la sixième parole : *Tout est consommé*[914]. J'ai maintenant accompli l'œuvre pour laquelle je suis venu du ciel. J'ai accompli la rédemption des hommes et la volonté de mon Père éternel, qui m'a envoyé pour souffrir et mourir pour le salut des hommes. J'ai accompli les Écritures, les prophéties, les figures du vieux Testament, et le cours de la vie passible et mortelle que j'ai reçue dans le sein de ma Mère. Je laisse dans le monde mon exemple, ma doctrine, mes sacrements, et les remèdes propres à guérir les maux que le péché a causés. J'ai satisfait à la justice de mon Père éternel pour la dette de la postérité d'Adam. J'ai enrichi mon Église pour le remède des péchés que les hommes commettront ; et pour ce qui regardait ma mission de réparateur, j'ai achevé avec une entière perfection l'œuvre de mon avènement au monde, et j'ai jeté dans l'Église militante un fondement assuré pour l'édifice de l'Église triomphante, que personne ne pourra ni ébranler ni changer. Tous ces mystères sont renfermés dans ces paroles : *Tout est consommé.*

1398. L'œuvre de la rédemption du genre humain ayant été entièrement achevée, il fallait que, comme le Verbe était sorti de son Père pour s'incarner et vivre d'une vie mortelle dans le monde[915], il s'en allât par la perte de cette vie, à son Père, avec l'immortalité. C'est pour cela que Jésus-Christ notre Sauveur dit la dernière parole : *Mon Père, je remets mon* âme *entre vos mains*[916]. Le Seigneur prononça ces mots d'une voix forte, de sorte que tous les assistants les entendirent ; et quand il voulut les prononcer, il leva les yeux au ciel, comme s'adressant à son Père éternel, et après le dernier mot, il baissa de nouveau la tête et rendit l'esprit. Par la vertu divine de ces dernières paroles, Lucifer et tous les démons furent précipités dans les abîmes, où ils demeurèrent tous abattus, comme je le dirai dans le chapitre suivant. L'invincible Reine, la Maîtresse des vertus pénétra toute la profondeur de ces mystères, comme Mère du Sauveur et coadjutrice de sa Passion, au-delà de ce que toutes les créatures ensemble en peuvent concevoir. Et afin qu'elle participât en tout à cette même Passion, il fallait que, comme elle avait ressenti les douleurs qui répondaient à celles de son très saint Fils, elle souffrît aussi, sans mourir, les peines

---

912   Jn 19, 29.

913   Ps 68, 22.

914   Jn 12, 30.

915   Jn 16, 28.

916   Lc 23, 46.

qu'eut le Seigneur à l'instant de sa mort. Que si elle ne mourut point, c'est que Dieu lui conserva la vie par un miracle qui fut plus grand que les autres par lesquels sa divine Majesté la lui avait conservée dans tout le cours de la Passion. Car cette dernière douleur fut beaucoup plus intense et plus vive que les autres ; et nous pouvons dire que tout ce que les hommes ont enduré depuis le commencement du monde ne saurait égaler ce que la bienheureuse Marie souffrit dans la Passion. Elle resta au pied de la croix jusqu'au soir, c'est-à-dire jusqu'au moment où l'on ensevelit le corps sacré du Sauveur, comme je le dirai dans la suite ; et en récompense de cette dernière douleur, le peu d'être terrestre qui animait son corps virginal fut encore spiritualisé d'une manière spéciale.

1399. Les saints évangélistes n'ont pas écrit les autres mystères cachés que notre Rédempteur Jésus-Christ opéra sur la croix, et les catholiques ne peuvent former, à cet égard, que les prudentes conjectures qu'ils tirent de la certitude infaillible de la foi. Mais entre ceux qui m'ont été découverts en cette histoire et en cette partie de la Passion, il y a une prière que le Sauveur fit au Père éternel avant de prononcer les sept paroles dont les évangélistes font mention. Je l'appelle une prière, parce qu'il s'adressa au Père éternel, quoique ce fût plutôt un testament qu'il fit en qualité de véritable et très sage Père de la grande famille du genre humain, que son Père lui avait recommandée. Et comme la raison naturelle enseigne que le chef d'une famille et le possesseur d'un bien quelconque ne serait pas un prudent administrateur, et négligerait les devoirs de sa position, s'il ne déclarait à l'heure de sa mort la manière dont il entend disposer de ses biens et régler les intérêts de sa famille, afin que ses héritiers et ses successeurs sachent ce qui revient à chacun d'eux, sans être obligés de se disputer, et qu'ils entrent ensuite en possession légitime et paisible de leur part d'héritage ; c'est pour cela que les hommes du siècle font leurs testaments quand ils se portent bien, pour éviter toute inquiétude à leurs derniers moments. Les religieux eux-mêmes se désapproprient de l'usage des choses qu'ils ont, car tout ce qui est terrestre pèse beaucoup à l'heure de la mort, et les soucis qui en naissent empêchent l'âme de s'élever librement à son Créateur. Sans doute, les choses terrestres n'étaient pas capables d'embarrasser notre Sauveur, puisqu'il n'en possédait aucune, et d'ailleurs elles n'auraient pu gêner sa puissance infinie ; néanmoins il était convenable qu'il disposât alors des trésors spirituels et des dons qu'il avait acquis pour les hommes pendant le cours de sa vie.

1400. Le Seigneur attaché à la croix disposa de ces biens éternels, faisant connaître ceux à qui ils devaient appartenir et qui devaient être ses légitimes héritiers, et ceux qu'il déshéritait, ainsi que les causes de la différence de leur sort. Il s'entretint de tout cela avec son Père éternel, comme souverain Seigneur et très juste juge de toutes les créatures, car les secrets de la prédestination des saints et de la réprobation des impénitents étaient renfermés dans ce Testament, qui fut fermé et cacheté pour les hommes. Seule, la bienheureuse Marie eut le privilège de l'entendre, parce que non seulement elle pénétrait toutes les opérations de l'âme très sainte de Jésus-Christ, mais elle était encore son héritière universelle, constituée la maîtresse de tout ce qui est créé. Coadjutrice de la rédemption, elle devait être aussi l'exécutrice testamentaire qui présiderait à l'accomplissement des volontés de ce Fils, qui mit toutes choses entre les mains de sa Mère, comme le Père éternel les avait mises entre les siennes[917], et en cette qualité, elle devait être chargée de distribuer les trésors acquis par son Fils et lui appartenant, tant à raison de son titre que de ses mérites infinis. Cette connaissance m'a été donnée comme faisant partie de cette histoire, afin de faire mieux ressortir la dignité de notre auguste Reine, et que les pécheurs recourent à elle comme à la dépositaire des richesses, dont son Fils notre Rédempteur veut rendre compte à son Père éternel ; car tous nos secours doivent être tirés du dépôt de la très pure Marie, et c'est elle qui doit les distribuer de ses mains charitables et libérales.

Testament que fit sur la croix Jésus-Christ, notre Sauveur priant son Père éternel

1401. Après que la sainte croix eut été dressée sur le Calvaire, le Verbe incarné qui y était attaché, dit intérieurement à son Père, avant de prononcer aucune des sept paroles : « Mon Père, Dieu éternel, je vous glorifie de cette croix où je suis, et je vous honore par le sacrifice de mes douleurs, de ma passion et de ma mort, vous bénissant de ce que par l'union hypostatique de la nature divine, vous avez élevé mon humanité à la suprême dignité de Christ, Dieu et homme, oint par votre Divinité même. Je vous glorifie pour la plénitude de tous les dons possibles de grâce et de gloire que vous avez communiqués à mon humanité dès l'instant de mon incarnation ; et je reconnais que vous m'avez donné dès ce moment l'empire universel sur toutes les créatures dans l'ordre de la grâce et de la nature pour toute l'éternité[918] ; que vous m'avez établi Maître des cieux et des éléments, du soleil, de la lune, des étoiles, du feu, de l'air, des mers, de la terre, et de toutes les créatures sensibles et insensibles qui s'y trouvent ; de la révolution des siècles, des jours et des nuits, soumettant tout à mon pouvoir absolu ; que vous m'avez fait le Chef, le Roi et le Seigneur des anges et des hommes, pour les gouverner et pour récompenser les bons et punir les méchants[919] ; qu'à cet effet vous m'avez donné la toute-puissance et les clefs de l'abîme[920], depuis les hauteurs du ciel jusque dans les profondeurs des enfers ; que vous avez remis entre mes mains la justification éternelle des hommes, leurs empires, leurs royaumes et leurs principautés, les grands et les petits, les pauvres et les riches, et tous ceux qui sont capables de votre grâce et de votre gloire ; enfin, que vous m'avez établi le Justificateur, le Rédempteur et le

---

917   Jn 13, 3.

918   Mt 28, 18.

919   Ep 1, 21 ; Jn 5, 22.

920   Ap 20, 1.

Glorificateur universel de tout le genre humain[921], le Seigneur de la mort et de la vie, de tous ceux qui sont nés, de la sainte Église et de ses trésors, des Écritures, des mystères, des sacrements, des secours, des lois, et des dons de la grâce ; vous avez remis, mon Père, toutes choses entre mes mains[922], et les avez subordonnées à ma volonté, et c'est pour cela que je vous bénis, que je vous exalte, que je vous glorifie.

1402. Maintenant, Père éternel, que je sors de ce monde pour m'en aller à votre droite par la mort que je vais souffrir sur la croix, et que j'ai accompli par elle et par ma passion la rédemption des hommes que vous m'avez confiée, je demande, mon Dieu, que cette croix soit le tribunal de notre justice et de notre miséricorde. Je veux juger, pendant que j'y suis attaché, ceux pour qui je donne la vie. Et justifiant ma cause, je veux disposer des trésors de mon avènement au monde, de ma passion et de ma mort ; afin de déterminer dès maintenant ce qui est dû aux justes ou aux réprouvés, à chacun selon les œuvres par lesquelles il m'aura témoigné son amour ou son mépris. J'ai cherché, Seigneur, tous les hommes, je les ai tous appelés à mon amitié et à ma grâce, et j'ai travaillé sans cesse pour eux dès l'instant que j'ai pris chair humaine ; j'ai souffert toute sorte de peines, de fatigues, d'injures, d'opprobres ; j'ai subi une flagellation ignominieuse, et supporté la couronne d'épines ; enfin je vais mourir de la mort cruelle de la croix ; j'ai imploré votre miséricorde infinie pour tous; je vous ai sollicité en faveur de tous par mes veilles, par mes jeûnes et par mes travaux ; je leur ai enseigné le chemin de la vie éternelle ; et autant que cela peut dépendre de ma volonté, je veux l'accorder à tous, comme je l'ai méritée pour tous, sans en excepter ni en exclure aucun ; c'est pour tous que j'ai établi la loi de grâce ; et l'Église, dans le sein de laquelle ils pourront se sauver, durera toujours, sans que personne puisse l'ébranler.

1403. Mais nous connaissons, mon Père, par notre prescience, que par leur malice et leur dureté tous les hommes ne veulent pas recevoir notre salut éternel, ni se prévaloir de notre miséricorde, ni marcher dans le chemin que je leur ai frayé par ma vie, par mes œuvres et par ma mort ; mais qu'ils veulent arriver, par les voies de l'iniquité, jusqu'à la damnation. Vous êtes juste, Seigneur, et vos jugements sont très équitables[923] ; il est juste aussi, puisque vous m'avez établi juge des vivants et des morts[924], des bons et des méchants, que je décerne aux justes la récompense qu'ils ont méritée en me servant et m'imitant, et que j'inflige aux pécheurs le châtiment de leur obstination perverse ; que ceux-là aient part avec moi à mes biens, et que ceux-ci soient privés de mon héritage, qu'ils n'ont pas voulu accepter. Or, mon Père éternel, en votre nom et au mien, et pourvous rendre gloire, je vais faire les dernières dispositions de ma volonté humaine, qui est conforme à votre volonté éternelle et divine. Je veux en premier lieu nommer ma très pure Mère qui m'a donné l'être humain, et

921   1 Co 1, 30.

922   Jn 13, 3.

923   Ps 118, 137.

924   Ac 10, 42.

la constituer mon héritière unique et universelle de tous les biens de la nature, de la grâce et de la gloire qui m'appartiennent, afin qu'elle en soit la maîtresse avec un plein pouvoir ; je lui accorde actuellement tous ceux de la grâce, qu'elle peut recevoir dans sa condition de simple créature, et je lui promets ceux de la gloire dans l'avenir. Je veux aussi qu'elle soit maîtresse des anges et des hommes ; qu'elle ait sur eux un empire absolu, que tous lui obéissent et la servent, que les démons la craignent et lui soient assujettis, et que toutes les créatures privées de raison et desentiment lui soient soumises, les cieux, les étoiles, les planètes, les éléments et tous les êtres vivants, oiseaux, poissons et animaux que l'univers contient ; je la rends maîtresse de tout, et veux que tous la sanctifient et l'exaltent avec moi. Je veux encore qu'elle soit la dépositaire et la dispensatrice de tous les biens que les cieux et la terre renferment. Ce qu'elle ordonnera et disposera dans l'Église à l'égard des hommes et des enfants, sera confirmé dans le ciel par les trois personnes divines, et nous accorderons selon sa volonté tout ce qu'elle demandera pour les mortels, maintenant et toujours.

1404. Je déclare que le suprême ciel appartient aux anges, qui ont obéi à votre sainte et juste volonté, afin qu'il soit leur demeure propre et éternelle ; et que là leur appartiennent également la jouissance et la claire vision de notre Divinité. Je veux qu'ils en jouissent d'une possession éternelle, en notre amitié et en notre compagnie. Je leur prescris de reconnaître ma Mère pour leur Reine et leur Maîtresse légitime, de la servir, de l'accompagner, de l'assister en tout lieu et en tout temps, et de lui obéir en tout ce qu'elle voudra leur commander. Quant aux démons qui ont été rebelles à notre parfaite et sainte volonté, je les bannis de notre vue et de notre compagnie ; je les condamne de nouveau à notre indignation et à la privation éternelle de notre amitié et de notre gloire, et de la vue de ma Mère, des saints et des justes mes amis. Je leur assigne pour demeure perpétuelle l'enfer, qui est le centre de la terre, et le lieu le plus éloigné de notre trône céleste, où ils seront privés de la lumière, et dans l'horreur des ténèbres palpables[925]. Et je déclare que c'est là la part d'héritage qu'ils ont choisie par leur obstination et par leur orgueil, en s'élevant contre le divin et contre ses ordres ; et je les condamne à être tourmentés dans ces antres ténébreux par un feu éternel qui ne s'éteindra jamais.

1405. Par toute la plénitude de ma volonté, j'appelle, je choisis, et je tire de la nature humaine entière tous les justes et tous les prédestinés qui, par ma grâce et par mon imitation doivent être sauvés en accomplissant ma volonté et observant ma sainte loi. Ce sont ceux que je nomme en premier lieu (après ma bienheureuse Mère) les héritiers de toutes mes promesses, de mes mystères, de mes bénédictions, des trésors de mes sacrements, des secrets de mes Écritures, de mon humilité, de ma douceur, des vertus de foi, d'espérance et de charité, de prudence, de justice, de force et de tempérance, de mes dons, de mes faveurs, de ma croix, de mes souffrances, de mes opprobres, de mes humiliations et de ma pauvreté. Ce sera là leur

---

925   2 Co 6, 18.

partage en la vie passagère. Et comme ils en doivent faire eux-mêmes le choix par leurs bonnes œuvres, afin qu'ils le fassent avec joie, je le leur destine en gage de mon amitié, parce que je l'ai choisi pour moi-même. Je leur promets ma protection, mes inspirations, mes faveurs, mes secours, mes dons, et la justification, selon leur disposition et leur amour ; car je serai pour eux un père, un frère, un ami[926], et ils seront mes enfants, mes élus et mes bien-aimés ; et comme tels, je les institue légataires de tous mes mérites et de tous mes trésors sans aucune réserve de ma part. Je veux qu'ils obtiennent de ma sainte Église et puisent dans mes sacrements tout ce qu'ils se rendront capables de recevoir ; qu'ils puissent recouvrer la grâce s'ils la perdent, et regagner mon amitié en se baignant et se purifiant de plus en plus dans mon sang ; que l'intercession de ma Mère et de mes saints leur serve dans tous leurs besoins ; qu'elle les adopte pour ses enfants et les protège comme siens ; que mes anges les gardent, les conduisent et les défendent ; qu'ils les portent dans leurs mains, de peur qu'ils ne trébuchent, et en cas de chute, qu'ils les aident à se relever[927].

1406. Je veux que mes justes et mes élus dominent, sur les réprouvés et sur les démons, et que mes ennemis les craignent et leur soient assujettis ; que toutes les créatures les servent ; que les cieux, les planètes, les étoiles et leurs influences les conservent ; que la terre, les éléments, tous les animaux et toutes les autres créatures, qui sont à moi et qui me servent, les entretiennent comme mes enfants et mes amis, et que leur bénédiction soit dans la rosée du ciel et dans la graisse de la terre[928]. Je veux moi-même prendre mes délices au milieu d'eux[929], leur communiquer mes secrets, converser intimement et demeurer avec eux dans l'Église militante sous les espèces du pain et du vin ; en gage infaillible de la félicité et de la gloire éternelles que je leur promets, et dont je les fais héritiers, afin qu'ils en jouissent à jamais avec moi dans le ciel d'une possession inamissible.

1407. Quant à ceux que notre volonté rejette et réprouve (bien qu'ils fussent créés pour une plus haute fin), je consens à leur attribuer comme leur partage en cette vie passagère, la concupiscence de la chair et des yeux, l'orgueil et tous ses effets[930] ; je permets qu'ils se rassasient de la poussière de la terre, c'est-à-dire de ses richesses, des vapeurs et de la corruption de la chair, de ses plaisirs, des vanités et des pompes mondaines. Pour en acquérir la possession, ils n'ont cessé d'employer tous les efforts de leur volonté ; ils y ont appliqué leurs sens, leurs facultés, les dons et les bienfaits que nous leur avons accordés ; et ils ont eux-mêmes choisi volontairement l'erreur et rejeté la vérité que je leur ai enseignée dans ma sainte loi[931].

---

926   2 Co 6, 18.

927   Ps 90, 11-12.

928   1 Co 3, 22 ; Sg 16, 24 ; Gn 27, 39.

929   Pr 8, 31.

930   1 Jn 2, 16.

931   Rm 2, 8 ; Ps 4, 3.

Ils ont renoncé à celle que j'ai écrite dans leur propre cœur, et à celle que ma grâce leur a inspirée ; ils ont méprisé ma doctrine et mes bienfaits ; ils se sont associés avec mes ennemis et les leurs ; ils ont accueilli leurs mensonges et aimé la vanité ; ils se sont plu aux injustices, à la vengeance et aux projets de l'ambition, ils n'ont cessé de persécuter les pauvres, d'humilier les justes, de railler les simples et les innocents ; ils ont cherché leur propre gloire et aspiré à s'élever au-dessus des cèdres du Liban[932] dans la loi de l'iniquité qu'ils ont observée.

1408. Comme ils ont fait tout cela en dépit de notre bonté divine, qu'ils ont persisté dans leur malice opiniâtre et renoncé au droit d'enfants que je leur ai acquis, je les déshérite de mon amitié et de ma gloire. Et ainsi qu'Abraham éloigna de lui les enfants des esclaves, avec quelques présents, et réserva tout son bien pour Isaac, fils de Sara, qui était né libre[933], de même j'exclus les réprouvés de mon héritage avec les biens passagers et terrestres qu'ils ont eux-mêmes choisis. Et en les repoussant de notre compagnie, de celle de ma Mère, des anges et des saints, je les condamne aux abîmes et au feu éternel de l'enfer où ils seront en la compagnie de Lucifer et de ses démons, auxquels ils se sont volontairement assujettis, et je les prive pour notre éternité de l'espérance du remède. C'est là, mon Père, la sentence que je prononce comme juge et comme chef[934] des hommes et des anges, et le testament que je fais au moment de ma mort pour régler l'effet de la rédemption du genre humain, rendant à chacun ce qui lui est dû en justice selon les œuvres[935], et conformément au décret de votre sagesse incompréhensible et de votre justice très équitable. » Ainsi parla notre Sauveur crucifié à son Père éternel, et ce mystère fut caché et gardé dans le cœur de la bienheureuse Marie, comme un testament secret et scellé, afin qu'il fût exécuté en temps et lieu, et dès lors même dans l'Église par son intercession, comme il l'avait été précédemment par la prescience divine, dans laquelle le passé et l'avenir sont également présents.

Instruction que notre auguste Maîtresse m'a donnée

1409. Ma fille, tâchez de n'oublier jamais la connaissance des mystères que je vous ai découverts dans ce chapitre. Je prierai le Seigneur, comme votre Mère et votre Maîtresse, de graver de sa main divine dans votre cœur les leçons que je vous ai données, afin que tant que vous vivrez vous les ayez constamment présentes à votre esprit. Je veux que par ce bienfait vous conserviez continuellement le souvenir de Jésus-Christ crucifié, mon très saint Fils et votre Époux, et que vous n'oubliiez jamais les douleurs qu'il ressentit sur la croix, et la doctrine qu'il y enseigna et qu'il y pratiqua. C'est avec ce miroir que vous devez perfectionner la beauté de

---

932   Ps 36, 35.

933   Gn 25, 5.

934   Ep 4, 15 ; Col 2, 10.

935   2 Tm 4, 8.

votre âme, et apprendre à n'avoir qu'au dedans de vous-même votre éclat et vos charmes, comme la fille du Roi[936], pour que vous marchiez de progrès en progrès, et que vous régniez en qualité d'épouse du souverain Roi. Et comme ce titre glorieux vous oblige de faire tous vos efforts pour l'imiter, et de vous modeler sur lui autant qu'il vous sera possible avec sa grâce, comme ce doit être là le fruit de mes instructions, je veux que dès maintenant vous viviez crucifiée avec Jésus-Christ[937], et que vous vous rendiez semblable à cet adorable exemplaire en mourant à la vie terrestre. Je veux que les effets du premier péché soient détruits en vous, que vous ne viviez plus que dans les opérations et les effets de la vertu divine, et que vous renonciez à tout ce que vous avez hérité comme fille du premier Adam, afin d'acquérir l'héritage du second, qui est Jésus-Christ votre Rédempteur et votre Maître.

1410. Votre état doit être une croix fort étroite, où il faut que vous soyez clouée, et non une voie large où vous trouveriez des privilèges et des interprétations qui la rendraient plutôt large et commode qu'assurée et parfaite. L'illusion des enfants de Babylone et d'Adam est de chercher dans leurs différents états des adoucissements à la loi de Dieu, et de vouloir marchander le salut de leurs âmes pour acheter le ciel à bon compte, même au risque de le perdre, s'il leur en doit coûter la peine de se conformer à la rigueur de la loi divine et de ses préceptes. De là vient qu'ils courent en quête des doctrines et des opinions qui élargissent les voies de la vie éternelle ; sans songer que mon très saint Fils, leur a enseigné qu'elles étaient fort étroites[938], et qu'il n'en a point suivi d'autres, afin que personne ne s'imagine pouvoir arriver au bonheur éternel par des voies plus spacieuses et proportionnées aux inclinations d'une chair pervertie par le péché. Ce danger est plus grand pour les ecclésiastiques et les religieux, qui par leur état doivent suivre leur divin Maître et se conformer à sa vie et à sa pauvreté ; c'est pour cela qu'ils ont choisi le chemin de la croix ; et cependant ils veulent que leurs dignités ou leur profession leur procurent plus de commodités temporelles et de plus grands honneurs qu'ils n'en auraient obtenus dans une autre carrière. Et pour y réussir, ils accommodent à leur gré la croix qu'ils ont promis de porter, de sorte qu'elle ne les empêche pas de vivre fort à l'aise et de mener une vie sensuelle en se fondant sur de simples opinions, et sur des interprétations trompeuses. Mais ils connaîtront un jour la vérité de cette sentence du Saint-Esprit qui dit : « Toutes les voies de l'homme lui paraissent droites, mais le Seigneur pèse les cœurs[939]. »

1411. Je veux, ma fille, que vous soyez si loin de cette erreur, que vous pratiquiez toujours ce que votre profession présentera de plus rigoureux et de plus étroit ; de sorte que vous ne puissiez-vous séparer de cette croix ni vous tourner d'un côté ou de l'autre, comme y étant clouée avec Jésus-Christ ; car vous devez préférer la moindre

---

936   Ps 44, 13.

937   2 Co 5, 15.

938   Mt 7, 14.

939   Pr 21, 2.

obligation de cet état à toutes les commodités temporelles. Il faut que votre main droite soit clouée par l'obéissance, sans que vous vous réserviez, un seul mouvement, une seule action, pensée ou parole qui ne soit dirigée par cette vertu. Vous ne devez point vous permettre un geste qui vienne de votre propre volonté, mais vous devez suivre en tout celle de vos supérieurs ; il ne faut pas non plus que vous soyez sage à vos propres yeux[940] en quoi que ce soit, mais ignorante et aveugle, afin que vos guides ne trouvent en vous aucune résistance. Celui qui promet, dit le Sage[941], a cloué sa main et se trouve pris par ses paroles. Or vous avez cloué votre main par le vœu d'obéissance, et par cet acte vous vous êtes dépouillée de votre liberté et du droit de dire : Je veux, ou je ne veux point. Votre main gauche sera clouée par le vœu de pauvreté, et vous ne conserverez aucune inclination, aucune affection pour aucune des choses qui flattent d'ordinaire les yeux ; car, soit dans l'usage, soit dans le désir de ces choses, vous devez imiter fidèlement Jésus-Christ pauvre sur la croix. Vos pieds doivent être cloués par le troisième vœu, celui de chasteté, afin que vous soyez pure, chaste et belle dans toutes vos démarches et dans toutes vos voies. C'est pourquoi vous ne devez point permettre que l'on dise en votre présence aucune parole qui choque la bienséance, ni recevoir aucune image des choses passagères, ni regarder ou toucher aucune créature humaine ; vous devez consacrer tous vos sens et particulièrement vos yeux à la chasteté, et ne vous en servir que pour contempler Jésus crucifié.

Vous garderez avec toute sûreté le quatrième vœu de clôture dans le côté de mon très saint Fils, c'est là que je vous en demande l'accomplissement. Et afin que cette doctrine vous paraisse plus douce et ce chemin moins étroit, mettez-vous à considérer en vous-même l'image de mon adorable fils tout couvert de plaies, accablé d'outrages, cloué sur la croix, et déchiré en toutes les parties de son corps sacré, tel qu'il vous a été représenté. Nous étions, mon très saint fils et moi, d'un tempérament plus sensible et plus délicat qu'aucun des enfants des hommes, et nous avons souffert pour eux des tourments affreux, afin qu'ils eussent le courage de se résigner à des peines beaucoup plus légères pour leur propre bien éternel et en retour de l'amour que nous leur avons témoigné, ils devraient prouver leur reconnaissance en choisissant le chemin des épines et en portant la croix sur les traces de Jésus-Christ pour acquérir la félicité éternelle, puisque c'est là le droit chemin pour y parvenir[942].

Chapitre 23
Le triomphe que notre Sauveur Jésus-Christ remporta
sur le démon et sur la mort étant sur la croix.
La prophétie d'Habacuc, et le conciliabule que les démons tinrent dans l'enfer.
1412. Les sacrés mystères de ce chapitre correspondent à plusieurs autres dont j'ai

---

940   Mt 16, 24.

941   Pr 3, 7.

942   Pr 6, 1.

fait mention en divers endroits de cette histoire. L'un de ces mystères est que Lucifer et ses démons ne parvinrent jamais, dans le cours de la vie et des miracles de notre adorable Sauveur, à connaître avec une certitude infaillible qu'il était vrai Dieu et Rédempteur du monde, et par conséquent ils ne connaissaient point non plus la dignité de la bienheureuse Marie. La providence de la divine Sagesse disposait les choses de la sorte, afin que tout le mystère de l'incarnation et de la rédemption des hommes s'opérât d'une manière plus avantageuse. Ainsi, quoique Lucifer sût que Dieu se revêtirait de la chair humaine, il ignorait le mode et les circonstances de l'incarnation ; et c'est parce qu'il lui fut permis d'en juger selon son orgueil, qu'il se trouva dans une si grande perplexité, tantôt assurant que Jésus-Christ était Dieu à cause des miracles qu'il faisait, et tantôt le niant parce qu'il le voyait pauvre, méprisé, affligé et maltraité. Ébloui par le mobile éclat de ces diverses lumières, il demeura dans le doute jusqu'à ce que notre Sauveur fût crucifié, moment auquel le dragon infernal devait être, par la connaissance des mystères du Rédempteur, à la fois convaincu et dompté par la vertu de la Passion et de la mort qu'il avait procurée à sa très sainte humanité.

1413. Ce triomphe de notre Rédempteur Jésus-Christ fut accompli d'une manière si sublime et si admirable, que je me trouve dans l'impossibilité de le dépeindre ; car il fut tout spirituel, et il ne s'y passa rien que les sens puissent apercevoir. Je voudrais, pour le faire comprendre, que nous nous communiquassions nos pensées les uns aux autres comme les anges, au moyen de cette simple vue intellectuelle par laquelle ils s'entendent entre eux ; car il faudrait que nous pussions nous en servir pour manifester et pénétrer cette grande merveille de la Toute-Puissance. J'en dirai pourtant tout ce que je pourrai, persuadée qu'on en découvrira plus par la lumière de la foi qu'on n'en comprendra par mon faible exposé.

1414. On a vu dans le chapitre précédent comment Lucifer et ses démons essayèrent de s'éloigner de notre Sauveur Jésus-Christ et de se jeter dans l'enfer aussitôt que sa Majesté eut reçu la croix sur ses sacrées épaules, parce qu'ils sentirent en ce moment la puissance divine les subjuguer avec une plus grande force. Par ce nouveau tourment ils comprirent (le Seigneur le permettant de la sorte) que la mort de cet homme innocent qu'ils avaient tramée, les menaçait de quelque grande perte, et qu'il devait ne pas être un simple mortel. C'est pourquoi ils souhaitaient se retirer et ne plus assister les Juifs et les bourreaux comme ils l'avaient fait jusqu'alors. Mais la puissance divine les retint et les enchaîna comme des dragons furieux, les forçant, au moyen de l'empire que la bienheureuse Marie avait reçu sur eux, de demeurer et de suivre Jésus-Christ jusqu'au Calvaire. Le bout de cette chaîne invisible fut remis entre les mains de notre auguste Reine, pour qu'elle pût les assujettir et les maîtriser par les vertus de son très saint Fils, comme des captifs retenus par autant d'amicaux. Ils avaient beau se débattre comme des forcenés, et tenter vainement à diverses reprises de prendre la fuite, ils ne purent surmonter la force irrésistible avec laquelle la bienheureuse Vierge les arrêtait et les contraignait à s'approcher du Calvaire et à se ranger autour de la croix, où elle leur ordonna de demeurer immobiles jusqu'à la consommation de tant de sublimes mystères qui y étaient opérés pour le salut des hommes et pour la ruine des démons.

1415. Ainsi enchaînés, Lucifer et les autres esprits infernaux se sentirent tellement torturés par ce que leur faisait subir la présence de notre Seigneur Jésus-Christ et de sa très sainte Mère, et tellement consternés par la perspective de la défaite dont ils étaient menacés, qu'ils eussent voulu chercher une espèce de soulagement dans les ténèbres de l'abîme. Et comme il ne leur était pas permis de s'y précipiter, ils se pressaient les uns contre les autres et se roulaient comme des insectes épouvantés qui cherchent un abri pour se cacher, quoique leur fureur surpassât celle des plus cruels animaux. C'est là que fut profondément humilié l'orgueil de Lucifer, et que furent confondues les bonnes pensées qu'il avait d'établir son trône au-dessus des étoiles[943], et d'absorber les plus pures eaux du Jourdain[944]. À quelle impuissance était réduit celui qui avait si souvent prétendu bouleverser tout l'univers ! Dans quel honteux abattement était tombé celui qui avait trompé tant d'âmes par ses fausses promesses ou par ses menaces ! Comme ce malheureux Aman était troublé à la vue de la potence qu'il avait préparée pour son ennemi Mardochée[945] ! Quelle confusion fut la sienne quand il vit la véritable Esther, l'auguste Marie solliciter le salut de son peuple, et demander que le traître fût dépouillé de son ancienne grandeur, et puni du châtiment qu'il s'était attiré par l'excès de son orgueil[946] ! C'est là que notre invincible Judith vainquit l'ennemi superbe dont elle abattit la tête altière[947]. Je saurai maintenant, ô Lucifer, que ton arrogance et ta présomption surpassent tes forces[948]. Comment es-tu déjà tout rempli de vers et rongé de la teigne, toi qui paraissais si brillant ? Comment es-tu plus opprimé que les nations que tu frappais de tes plaies[949] ? Ah ! désormais je ne craindrai plus tes vaines menaces, et je ne me laisserai plus tromper par tes mensonges, car je te vois affaibli, dompté, et sans aucun pouvoir.

1416. Il était déjà temps que le Maître de la vie vainquit l'antique serpent. Et comme il devait remporter cette victoire en lui faisant connaître la vérité qu'il ignorait, et qu'ici l'aspic venimeux ne pouvait point fermer les oreilles à la voix de l'enchanteur[950], le Seigneur commença à prononcer sur la croix les sept paroles, permettant à Lucifer et à ses démons d'en pénétrer le sens mystérieux ; car c'est en leur accordant

---

943   Is 14, 13.

944   Jb 40, 18.

945   Est 7, 9.

946   *Ibid.*, 9.

947   Jdt 13, 10.

948   Is 14, 6.

949   Is, 14, 12.

950   Ps 57, 5.

l'intelligence que sa Majesté voulait triompher d'eux, du péché et de la mort, et les dépouiller de la tyrannie qu'ils exerçaient sur tout le genre humain. Or le Sauveur prononça la première parole : *Mon Père, pardonnez-leur, car ils ne savent pas ce qu'ils font*[951]. À cette prière, les princes des ténèbres connurent avec certitude que notre Seigneur Jésus-Christ s'adressait au Père éternel, et qu'il était son Fils naturel, et vrai Dieu avec lui et avec le Saint-Esprit ; qu'homme parfait, il recevait volontairement en sa très sainte humanité, unie à la divinité, la mort pour racheter tout le genre humain, et qu'il promettait par ses mérites infinis aux enfants d'Adam et même à ceux qui le crucifiaient sans en excepter aucun, le pardon général de tous leurs péchés, pourvu qu'ils profitassent de leur rédemption et voulussent se l'appliquer pour leur remède. Cette connaissance provoqua chez tous les esprits rebelles un si violent accès de dépit et de rage, qu'ils voulurent à l'instant s'élancer avec impétuosité au fond des enfers ; mais ils s'épuisaient en vains efforts pour y parvenir, car notre puissante Reine les retenait.

1417. Dans la seconde parole que le Seigneur adressa à l'heureux voleur : *Je vous dis en vérité que vous serez aujourd'hui avec moi dans le paradis*[952], les démons découvrirent le fruit de la rédemption en la justification des pécheurs, et la fin dernière de cette même rédemption en la glorification des justes ; et ils comprirent que dès lors les mérites de Jésus-Christ commençaient à opérer avec une nouvelle force ; que par ces mêmes mérites allaient s'ouvrir les portes du paradis, qui avaient été fermées par le péché ; et que les hommes entreraient dans le ciel pour y jouir du bonheur éternel et y occuper les places auxquelles les démons étaient dans l'impossibilité d'arriver. Par-là ils reconnurent la puissance que le Sauveur avait d'appeler les pécheurs, de les justifier et de les glorifier, et les victoires qu'il avait remportées sur eux pendant sa très sainte vie par les très éminentes vertus d'humilité, de patience, de douceur, et par toutes les autres qu'il avait pratiquées. On ne saurait exprimer la confusion et la peine qui accablèrent Lucifer quand il dut avouer cette vérité ; elles furent si grandes, que, malgré son orgueil, il s'humilia jusqu'à prier la bienheureuse Marie de permettre à lui et à ses compagnons de descendre dans l'enfer, et de les chasser de sa présence ; mais notre auguste Reine n'y consentit point, parce que le moment n'était pas encore venu.

1418. Par la troisième parole que le très doux Jésus dit à sa Mère : *Femme, voilà votre fils*[953], les démons connurent que cette divine Femme était véritablement Mère de Dieu incarné, et la même que celle dont l'image leur avait été montrée dans le ciel à l'époque de leur création ; celle enfin qui leur briserait la tête, ainsi que le Seigneur le leur avait annoncé dans le paradis terrestre[954]. Ils connurent que la dignité et l'excellence de cette grande Reine la mettaient au-dessus de toutes les

---

951   Lc 23, 34.

952   Lc 23, 43.

953   Jn 19, 26.

954   Gn 3, 15.

créatures, et qu'elle avait un pouvoir absolu sur eux, selon l'expérience qu'ils en faisaient. Et comme dès le commencement du monde, quand la première femme fut
créée, les démons avaient employé toutes leurs ruses pour tâcher de découvrir cette
auguste Femme qui leur avait été représentée dans le ciel, et s'aperçurent alors seulement qu'elle avait toujours échappé à leurs recherches inquiètes, ils entrèrent dans
une fureur indescriptible, parce que la connaissance qu'ils en eurent tout à coup les
tourmentait plus que tous les autres supplices qu'ils enduraient ; ils enrageaient les
uns contre les autres comme des bêtes féroces, et ils redoublèrent de colère contre
la bienheureuse Vierge ; mais tout cela n'aboutit à rien. Ils comprirent en outre que
notre Sauveur avait destiné saint Jean à être comme l'ange gardien de sa Mère, en
le revêtant de la puissance sacerdotale. Ils y virent comme une menace contre la colère qu'ils avaient à l'égard de notre auguste Princesse, et saint Jean comprit aussi sa
mission. Lucifer connut non seulement le pouvoir que le saint évangéliste avait sur
les démons, mais encore celui que tous les prêtres recevaient à raison de leur dignité
et de leur participation à celle de notre Rédempteur ; et il sut que les autres justes,
ne fussent-ils point prêtres, obtiendraient du Seigneur une protection spéciale et
une grande puissance contre l'enfer. Tout cela consternait Lucifer et ses légions.

1419. Lorsque Jésus-Christ notre Sauveur prononça la quatrième parole, en disant au Père éternel : *Mon Dieu, mon Dieu, pourquoi m'avez-vous délaissé*[955] ? les
esprits rebelles connurent que la charité de Jésus-Christ était sans bornes à l'égard
de tous les hommes ; et que, pour la satisfaire, la Divinité avait mystérieusement
suspendu son influence sur la très sainte humanité, afin que par l'extrême rigueur
de ses souffrances la rédemption fût plus surabondante ; ils comprirent aussi qu'il
se plaignait amoureusement de ce que ne se sauveraient pas tous les hommes, eux
dont il se trouvait abandonné, et pour lesquels il était prêt à souffrir davantage, si
le Père éternel l'ordonnait. Ce bonheur que les hommes avaient d'être si aimés de
Dieu augmenta l'envie de Lucifer et de ses ministres, d'autant plus qu'ils sentirent
en même temps la toute-puissance divine pour déployer sur les hommes sans aucune mesure cette charité infinie. Cette pensée abattit l'orgueil et la malice de nos
implacables ennemis, et ils se reconnurent trop faibles pour s'opposer efficacement
à cette charité si les hommes voulaient s'en prévaloir.

1420. La cinquième parole que notre Seigneur Jésus-Christ prononça : *J'ai soif*[956],
rehaussa encore le triomphe qu'il remportait sur les démons, et accrut de nouveau
leur fureur, parce que le Sauveur l'adressa plus clairement contre eux. Ils entendirent
que sa Majesté leur disait : « S'il vous semble que ce que je souffre pour les hommes
soit excessif, ainsi que l'amour que je leur porte, je veux que vous sachiez que ma
charité ne cesse d'être ardente pour leur salut éternel ; que les eaux très amères de ma

---

955 Mt 27, 46.

956 Jn 19, 28.

Passion n'ont pas été capables de l'éteindre[957], et que je souffrirais encore pour eux de plus affreux tourments, s'il le fallait, afin de les délivrer de votre tyrannie et de les rendre assez forts, assez puissants pour surmonter votre malice et votre orgueil.

1421. Par la sixième parole du Seigneur : *Tout est consommé*[958], les démons eurent une entière connaissance du mystère de l'incarnation et de la rédemption des hommes, qui venait, selon l'ordre de la sagesse divine, d'être achevée dans toute sa perfection. Car il leur fut à l'instant manifesté que notre Rédempteur Jésus-Christ avait accompli la volonté du Père éternel, les promesses et les prophéties qui avaient été faites au monde par les anciens patriarches ; que l'humilité et l'obéissance de notre Sauveur avaient vengé le Très-Haut de leur propre orgueil et de leur révolte dans le ciel, lorsqu'ils avaient refusé de se soumettre et de le reconnaître pour supérieur dans la chair humaine qu'il devait prendre, et que c'est pour cela qu'ils étaient, suivant les règles d'une sagesse et d'une équité souveraine, humiliés par ce même Seigneur qu'ils avaient méprisé. Et comme, à raison de la dignité suprême et des mérites infinis du Christ, il était convenable qu'il exerçât alors la puissance que le Père éternel lui avait remise, de juger les anges et les hommes[959], usant de ses attributions et intimant en quelque sorte la sentence à Lucifer et à tous les démons dans son exécution même, il leur ordonna, comme condamnés aux flammes éternelles, de descendre à l'instant au fond des gouffres infernaux. Et en même temps il prononça la septième parole : *Mon Père, je remets mon âme entre vos mains*[960]. Notre puissante Reine concourut à la volonté de son très saint Fils, et ordonna aussi à Lucifer et à ses compagnons de se précipiter dans l'abîme. En vertu de cet ordre du souverain Roi de l'univers et de sa bienheureuse Mère, les esprits rebelles furent chassés du Calvaire et précipités jusque dans les dernières profondeurs des enfers avec une force plus rapide que celle de la foudre qui s'échappe de la nuée.

1422. Notre Sauveur Jésus-Christ, victorieux triomphateur, voulant, après avoir subjugué ses plus grands ennemis, remettre son âme entre les mains du Père éternel[961], baissa la tête comme pour permettre à la mort de s'approcher de lui ; il vainquit aussi la mort par cette permission, par laquelle elle fut trompée comme le démon. La raison en est, que la mort n'aurait pu avoir aucune juridiction sur les hommes, si le premier péché ne leur eût attiré ce châtiment ; c'est pour cela que l'Apôtre dit que l'aiguillon de la mort c'est le péché, et que par le péché elle a passé à tous les hommes[962] ; et comme notre Sauveur paya la dette du péché qu'il ne pouvait commettre, il en résulta que quand la mort lui ôta la vie, sans avoir aucun

957 Ct 8, 7.
958 Jn 19, 30.
959 Jn 5, 22.
960 Lc 23, 46.
961 Jn 19, 30.
962 Rm 5, 12 ; 1 Co 15, 55.

droit sur sa Majesté, elle perdit celui qu'elle avait sur les enfants d'Adam ; de sorte que dès lors ni la mort ni le démon ne pouvaient plus les attaquer avec le même succès qu'auparavant, pourvu qu'ils se prévalussent de la victoire de Jésus-Christ, et ne voulussent pas rentrer de plein gré sous leur empire. Si notre premier père Adam n'eût pas péché, et qu'en lui nous n'eussions pas tous péché, la mort n'aurait point été connue, nous aurions été transportés de cet heureux état d'innocence dans le fortuné séjour de la patrie éternelle. Mais le péché nous a rendus sujets de la mort et esclaves du démon, qui nous l'a procurée afin de nous empêcher par son moyen d'arriver à la vie éternelle, après nous avoir privés de la grâce et de l'amitié de Dieu, et réduits dans l'esclavage du péché et sous son empire tyrannique. Notre adorable Sauveur est venu détruire toutes ces œuvres du démon[963], et mourant innocent après avoir satisfait pour nos péchés, il fit que la mort ne frapperait que le corps, et non pas l'âme ; qu'elle ne nous ôterait que la vie corporelle, et non point l'éternelle, la vie naturelle, et non point la spirituelle ; enfin qu'elle deviendrait pour nous la porte par laquelle nous pourrions arriver au souverain bonheur si nous-mêmes ne voulions le perdre. C'est ainsi que le Sauveur se chargea de la peine du premier péché, et décida que la mort corporelle reçue pour son amour serait la satisfaction que nous pouvions offrir de notre côté. C'est ainsi qu'il détruisit la mort, et la sienne fut comme l'appât dont il se servit pour la tromper et pour la vaincre[964].

1423. La prophétie contenue dans le cantique d'Habacuc fut accomplie dans ce triomphe de notre Sauveur ; je n'en prendrai que ce qui convient à mon sujet. Le prophète connut ce mystère et le pouvoir que Jésus-Christ avait sur la mort et sur le démon. Il pria le Seigneur avec une sainte crainte de vivifier son œuvre, qui était l'homme ; et prédit qu'il le ferait, et qu'au fort de sa colère il se souviendrait de sa miséricorde[965] ; que la gloire de cette merveille couvrirait les cieux, et que la terre retentirait de ses louanges[966] que sa splendeur brillerait comme le soleil[967] ; qu'il aurait la force dans ses mains, c'est-à-dire les bras de la croix, et que sa puissance y serait cachée ; que la mort vaincue irait devant sa face, et que Satan marcherait devant lui et mesurerait la terre[968]. Tout cela fut accompli à la lettre, car Lucifer terrassé eut la tête écrasée sous les pieds de Jésus-Christ et de sa bienheureuse Mère, qui au Calvaire l'accablèrent de tout le poids de la Passion et de la puissance divine. Il descendit jusqu'au centre de la terre (qui est le fond de l'enfer et le point le plus éloigné de la superficie) ; c'est pourquoi le prophète dit qu'il mesura la terre. Tout le reste du cantique s'applique au triomphe de notre Sauveur dans le progrès de

---

963   1 Jn 3, 8.

964   1 Co 15, 54 ; Os 13, 14.

965   Ha 3, 2.

966   *Ibid.*, 8.

967   *Ibid.*, 4.

968   *Ibid.* 5.

l'Église jusqu'à la fin, et il n'est pas nécessaire de le citer. Mais ce qu'il faut que tous les hommes sachent, c'est que Lucifer et ses démons furent enchaînés et brisés par la mort de Jésus-Christ, qu'ils furent presque réduits à l'impuissance de les tenter, s'ils ne leur eussent eux-mêmes ôté volontairement leurs chaînes par leurs péchés, et encouragé la présomption de leurs ennemis à entreprendre encore de perdre le monde par de nouveaux efforts. On le verra mieux par le récit du conciliabule qu'ils tinrent dans l'enfer, et de la suite de cette histoire.

Conciliabule que Lucifer tint avec ses démons dans l'enfer après la mort de notre Seigneur Jésus-Christ

1424. La chute que Lucifer et ses démons firent des hauteurs du Calvaire jusqu'au fond de l'abîme, fut plus violente que quand ils furent précipités du ciel. Et quoique ce triste lieu soit toujours une terre ténébreuse, couverte des ombres de la mort, pleine d'horreur, de misère et de tourments, comme le dit le saint homme Job[969], il y régna en ce moment un désordre plus affreux encore ; car les damnés furent saisis d'une nouvelle épouvante, et eurent à souffrir une peine accidentelle, à cause de la violence avec laquelle les démons se jetèrent sur eux en tombant, et des transports de rage auxquels ils se livrèrent. Il est bien vrai qu'ils n'ont pas le pouvoir dans l'enfer de tourmenter les âmes selon leur volonté, et de les mettre dans des lieux où les peines sont plus ou moins grandes, attendu que cela est réglé par la puissance de la justice divine, suivant le degré de démérite de chacun des réprouvés, qui ne sont tourmentés que dans cette mesure. Mais, outre la peine essentielle, le juste Juge ordonne qu'ils puissent successivement souffrir, en certaines circonstances, d'autres peines accidentelles ; parce que leurs péchés ont laissé des racines dans le monde, et plusieurs mauvais exemples qui contribuent à la perte d'un grand nombre de personnes, et c'est le nouvel effet de leurs péchés qu'ils n'ont point réparés, qui leur cause ces peines. Les démons firent subir à Judas de nouveaux supplices pour avoir vendu Jésus-Christ, et pour lui avoir procuré la mort. Et ils surent alors que le lieu si horrible où ils l'avaient mis, et que j'ai déjà dépeint, était destiné pour la punition de ceux qui, ayant reçu la foi, se damneraient faute de bonnes œuvres, et de ceux qui mépriseraient délibérément le culte de cette vertu, et le fruit de la rédemption. C'est, contre cette classe de réprouvés que les démons tournent toute leur colère ; tâchant d'exercer sur eux la haine qu'ils ont conçue contre Jésus et Marie.

1425. Aussitôt que Lucifer eut reçu la permission de s'occuper de ses nouveaux desseins, et put sortir de l'abattement dans lequel il resta quelque temps plongé, il entreprit de communiquer aux démons la nouvelle rage qu'il avait contre le Seigneur. C'est pourquoi il les assembla tous, et s'étant placé sur un lieu éminent, il leur dit : « Vous n'ignorez pas, vous autres qui avez depuis tant de siècles embrassé mon juste parti, et qui y demeurerez fidèles pour venger mes injures, vous

---

969   Jb 10, 21.

n'ignorez pas, dis-je, celle que je viens de recevoir de ce nouvel Homme-Dieu ; vous savez qu'il m'a tenu dans une étrange perplexité durant trente-trois ans, me cachant son être divin et les opérations de son âme, et qu'il a triomphé de nous par la mort même que nous lui avons procurée pour nous en défaire. Je l'ai abhorré avant même qu'il prit la chair humaine, et j'ai refusé de le reconnaître comme plus digne que moi de recevoir les adorations de tous en qualité de souverain Seigneur. Et quoique j'aie été précipité du ciel avec vous à cause de cette résistance, et revêtu de cette difformité si indigne de ma grandeur et de ma beauté primitive, ce qui me tourmente plus que ma déchéance, c'est de me voir si opprimé par cet homme et par sa Mère. Je les ai cherchés avec une activité infatigable dès que le premier homme fut créé, pour les détruire ou pour anéantir du moins toutes leurs œuvres et empêcher que personne ne le reconnût pour son Dieu, et ne profitât des exemples du Fils et de la Mère. J'ai fait tous mes efforts pour y réussir, mais ç'a été en vain, puisqu'il m'a vaincu par son humilité et par sa pauvreté, qu'il m'a renversé par sa patience, et qu'il m'a enfin privé par sa Passion et par sa mort ignominieuse de l'empire que j'exerçais sur le monde. Cela me tourmente tellement, que si je pouvais l'arracher de la droite de son Père où il va s'asseoir triomphant, et l'entraîner ensuite, avec tous ceux qu'il a rachetés, dans les abîmes où nous sommes, je n'en serais pas encore satisfait, et ma fureur ne serait pas encore apaisée.

1426. « Est-il possible que la nature humaine, si inférieure à la mienne, doive être autant élevée au-dessus de toutes les créatures ! Qu'elle soit si aimée et si favorisée de son Créateur, qu'il l'ait unie à lui-même en la personne du Verbe éternel ! Qu'elle m'ait persécuté avant même cette union, et qu'après elle m'ait défait et confondu à ce point ! Je l'ai toujours regardée comme ma plus cruelle ennemie ; elle m'a toujours été odieuse. Ô hommes si favorisés du Dieu que j'abhorre, et si aimés de son ardente charité, comment empêcherai-je votre bonheur ? Comment vous rendrai-je aussi malheureux que moi, puisque je ne puis anéantir l'être que vous avez reçu ? Que ferons-nous maintenant, ô mes sujets ? Comment rétablirons-nous notre empire ? Comment recouvrerons-nous nos forces pour attaquer l'homme ? Comment pourrons-nous désormais le vaincre ? Car dorénavant, à moins que les mortels ne soient tout à fait insensibles et ingrats, à moins qu'ils ne soient plus endurcis que nous à l'égard de cet Homme-Dieu qui les a rachetés avec tant d'amour, il est certain qu'ils le suivront tous à l'envi ; ils lui donneront leur cœur et embrasseront sa douce loi ; personne ne voudra prêter l'oreille à nos mensonges ; ils fuiront les vains honneurs que nous leur promettons, et rechercheront les mépris ; ils s'attacheront à mortifier leur chair, et connaîtront le danger qui se trouve dans les plaisirs ; ils abandonneront les richesses pour embrasser la pauvreté, qui a été si honorée de leur Maître, et ils dédaigneront tout ce que nous pourrons offrir à leurs sens, pour imiter leur véritable Rédempteur. Ainsi notre royaume sera détruit puisque personne ne viendra demeurer avec nous dans ce lieu de confusion et de supplices ; ils acquerront tous le bonheur que nous avons perdu ; ils s'humi-lieront et souffriront avec patience ; rien ne restera à ma fureur et à mon orgueil.

1427. Ô malheureux que je suis, quels tourments me cause ma propre erreur ! Si j'ai tenté cet homme dans le désert[970], cela n'a servi qu'à lui faire remporter sur moi une insigne victoire, et laisser un exemple très efficace aux hommes pour me vaincre. Si je l'ai persécuté, il n'en a que mieux fait éclater son humilité et sa pa-tience. Si j'ai persuadé à Judas de le vendre, et aux Juifs de le crucifier avec tant de cruauté, ce n'a été que pour avancer ma ruine et le salut des hommes, et que pour établir dans le monde cette doctrine que je voulais détruire. Comment Ce-lui qui était Dieu a-t-il pu s'humilier de la sorte ? Comment a-t-il tant souffert de la part d'hommes si méchants ? Comment ai-je moi-même tant travaillé à rendre la rédemption des hommes si abondante, si admirable et si divine, qu'elle me tourmente horriblement, et me réduit à une telle impuissance ? Comment cette femme, qui est sa Mère et mon ennemie, est-elle si forte et si invincible ? Ce pou-voir est extraordinaire chez une simple créature ; sans doute elle le reçoit du Verbe éternel, à qui elle a donné la chair humaine. Le Tout-Puissant m'a toujours fait une guerre à outrance par le moyen de cette femme, que mon ambition m'a fait détes-ter dès le premier moment où son image me fut représentée. Mais si je ne parviens point à assouvir ma haine et à satisfaire mon orgueil, je n'en persisterai pas moins à combattre perpétuellement ce Rédempteur, sa Mère et les hommes. Eh bien donc, compagnons, voici le moment de nous livrer à notre haine contre Dieu. Appro-chez-vous pour conférer avec moi sur les moyens dont nous nous servirons, car je souhaite connaître votre opinion sur cette affaire.

1428. Quelques-uns des principaux démons répondirent à cette horrible proposi-tion de Lucifer, et l'encouragèrent en lui communiquant divers desseins qu'ils avaient couvés pour empêcher le fruit de la rédemption dans les hommes. Ils convinrent tous qu'il n'était pas possible de s'attaquer à la personne de Jésus-Christ, ni de diminuer le prix infini de ses mérites, ni de détruire l'efficace de ses sacrements, ni de changer la doctrine qu'il avait prêchée ; mais qu'il fallait néanmoins, en tenant compte des nouveaux moyens et des nouvelles faveurs que Dieu avait ménagés pour le salut des hommes, inventer de nouveaux artifices pour les empêcher d'en faire leur profit, et essayer de les séduire par de plus grandes tentations. À cet effet, plusieurs démons des plus rusés dirent : « Il est vrai que les hommes ont maintenant une nouvelle doctrine et une loi fort puissante ; qu'ils ont de nouveaux sacrements, qui sont efficaces, un nouvel exemplaire, qui est le Maître des vertus, et une éloquente Avocate en cette femme extraordinaire ; mais les inclinations et les passions de leur chair et de leur nature sont toujours les mêmes, et les choses délectables et sensibles n'ont point été changées. Ainsi, en redoublant de malice, nous détruirons, autant qu'il dépend de nous, ce que ce Dieu homme a opéré pour eux, et nous leur ferons une vigoureuse

---

970   Mt 4, 3.

guerre, car nous tâcherons de les attirer à nous par nos suggestions et d'exciter leurs passions, afin qu'ils se laissent entraîner à leur impétuosité sans considérer leurs suites funestes ; nous savons tous que la capacité humaine est si bornée, qu'étant occupée à un objet, elle ne peut être attentive à ce qui lui est opposé. »

1429. Après cette délibération, les démons se partagèrent en plusieurs bandes, suivant les différents vices, et se départirent les offices qu'ils devaient exercer pour tenter les hommes avec toute l'astuce possible. Ils décidèrent qu'ils devaient s'efforcer de maintenir l'idolâtrie dans le monde, afin que les hommes n'arrivassent point à la connaissance du vrai Dieu et de la rédemption du genre humain. Et que si l'idolâtrie disparaissait ils feraient naître de nouvelles sectes et des hérésies, en choisissant à cet effet les hommes les plus pervers et les plus corrompus, qui seraient les premiers à les embrasser et à les enseigner. C'est dans ce conciliabule infernal que furent inventées la secte de Mahomet, les hérésies d'Arius, de Pélage, de Nestorius, et toutes celles qui se sont produites dans le monde depuis la primitive Église jusqu'à nos jours, entre plusieurs autres qu'ils y forgèrent et qu'il n'est ni nécessaire ni convenable de rapporter ici. Lucifer approuva ce système diabolique parce qu'il était contraire à la vérité divine, et sapait le fondement du salut des hommes, qui consiste en la foi. Et il félicita, caressa et plaça près de lui les démons qui l'avaient imaginé, et s'étaient chargés de chercher les impies propres à introduire ces erreurs.

1430. D'autres démons promirent pour leur compte de pervertir les inclinations des petits enfants en les observant dès leur berceau ; d'autres encore, de rendre les parents négligents dans l'éducation de leurs enfants, soit par aversion, soit par une tendresse excessive, et d'inspirer aux enfants de l'antipathie pour leurs parents. Il y en eut qui s'offrirent à semer la division entre les personnes mariées, et à leur faciliter l'adultère et le mépris de leurs obligations réciproques et de la fidélité qu'elles se doivent. Tous contractèrent l'engagement de propager parmi les hommes les querelles, la haine, la discorde et la vengeance ; de les y exciter par les jugements téméraires, par l'orgueil, par la sensualité, par l'avarice et par l'ambition ; de combattre par des arguments captieux toutes les vertus que Jésus-Christ avait enseignées, et surtout de détourner les mortels du souvenir de sa Passion et de sa mort, et du bienfait de la rédemption, de la pensée des supplices de l'enfer et de leur éternité. Par tous ces moyens les démons se flattèrent que les hommes s'attacheraient exclusivement aux choses sensibles, et ne se mettraient pas fort en peine des choses spirituelles et de leur propre salut.

1431. Lucifer ayant ouï ces projets et plusieurs autres que les démons avaient formés, leur dit : « Je suis fort content de vos avis, je les admets et les approuve tous, et je ne doute pas que nous n'obtenions un succès facile sur ceux qui n'embrasseront point la loi que ce Rédempteur a donnée aux hommes. Mais ce sera une affaire grave que d'attaquer ceux qui la recevront. Néanmoins je prétends employer toute ma rage contre cette loi, et persécuter cruellement ceux qui la suivront ; à ceux-là nous devons faire une guerre acharnée jusqu'à la fin du monde. Je vais tâcher de semer mon ivraie dans cette nouvelle Église[971], c'est-à-dire l'ambition, l'avarice, la sensualité, les haines mortelles et tous les vices dont je suis la source. Car si les péchés se multiplient une fois parmi les fidèles, ils irriteront Dieu par leur malice et par leur grossière ingratitude, et l'obligeront à leur refuser avec justice les secours de la grâce si abondants que leur Rédempteur leur a mérités ; et s'ils s'en privent par leurs iniquités, nous sommes sûrs de remporter sur eux de grandes victoires. Il faut aussi que nous travaillions à leur ôter la piété et le goût de tout ce qui est spirituel et divin, de sorte qu'ils ne comprennent point la vertu des sacrements, ou qu'ils les reçoivent sans s'être purifiés de leurs péchés, ou du moins sans dévotion ; car, comme ces bienfaits sont spirituels, il est indispensable de les recevoir avec ferveur pour en augmenter le fruit. Et si les mortels méprisent leur remède, ils recouvreront bien tard leur santé et résisteront moins à nos tentations ; ils ne découvriront point nos mensonges, ils oublieront les faveurs célestes, méconnaîtront la mémoire de leur Rédempteur et dédaigneront l'intercession de sa Mère ; cette noire ingratitude les rendra indignes de la grâce, et leur Dieu et leur Sauveur sera trop irrité pour la leur accorder. Je veux que tous vous secondiez mon entreprise et que vous y apportiez tous vos soins, sans perdre ni temps ni occasion d'exécuter ce que je vous commande. »

1432. Il n'est pas possible d'exposer les résolutions que Lucifer et ses ministres prirent dans cette occasion contre la sainte Église et ses enfants, pour tâcher, d'absorber ces eaux du Jourdain[972]. Il nous suffira de dire que cette conférence dura presque une année entière après la mort de Jésus-Christ, et de considérer dans quel état se trouvait anciennement le monde, et celui dans lequel il se trouve depuis cette précieuse mort, et depuis que le Seigneur a manifesté la vérité de la foi par tant de miracles, par tant de bienfaits, et par les exemples de tant de saints personnages. Et si tout cela ne suffit pas pour ramener les mortels dans le chemin du salut, on peut comprendre l'étendue du pouvoir que Lucifer s'est acquis sur eux et l'acharnement de la haine qu'il leur a vouée, haine telle, que nous pouvons dire avec saint Jean : « Malheur à la terre, car Satan descend vers vous, plein de fureur et de rage[973]. » Mais, hélas ! faut-il que des vérités aussi infaillibles et aussi importantes que celleslà, et si propres à nous faire connaître notre danger et à nous le faire éviter par tous les moyens possibles, soient aujourd'hui si éloignées du souvenir des mortels qui ne remarquent pas les pertes irréparables que cet oubli cause dans le monde ! Nôtre ennemi est rusé, cruel et vigilant, et nous restons cependant les bras croisés ! Doit-on s'étonner que Lucifer soit devenu si puissant dans le monde, quand tant de gens l'écoutent, l'accueillent et croient à ses mensonges, et que très peu lui résistent, parce qu'ils ne songent pas à la mort éternelle que cet implacable ennemi

---

971   Mt 13, 25.

972   Jb 40, 18.

973   Ap 12, 12.

leur procure avec tant de malice ? Je prie ceux qui liront ceci de ne point mépriser un danger si effroyable. Et si la situation du monde et ses malheurs, si les expériences funestes que chacun fait en soi-même ne sont pas capables de nous éclairer sur l'imminence du péril, apprenons au moins à le connaître par la grandeur des secours que notre adorable Sauveur nous a laissés dans son Église ; car il ne nous aurait pas donné tant de remèdes si l'extrême gravité de notre maladie ne nous eût exposés aux plus terribles chances d'une mort éternelle.

Instruction que la Reine du ciel m'a donnée

1433. Ma fille, vous avez reçu de la divine lumière de grandes connaissances sur le glorieux triomphe que mon Fils et mon Seigneur remporta sur les démons étant sur la croix, et sur l'abattement dans lequel les jeta leur défaite. Mais vous devez être persuadée que vous ignorez beaucoup plus de choses de ces mystères si ineffables que vous n'en avez connu ; car, tant que l'on vit dans la chair mortelle, on n'a pas les dispositions nécessaires pour les pénétrer à fond ; la Providence en réserve l'entière pénétration pour la récompense des saints qui jouissent de la vue de Dieu dans le ciel, où l'on a une parfaite intelligence de ces mystères ; et en même temps pour la confusion des réprouvés, lorsqu'ils les connaîtront en leur manière à la fin de leur course. Mais ce que vous avez appris est plus que suffisant pour vous convaincre des dangers de la vie mortelle, et pour vous animer par l'espérance de vaincre vos ennemis. Je veux aussi vous avertir de la nouvelle haine que le Dragon a conçue contre vous à cause de ce que vous avez écrit dans ce chapitre. Il n'a cessé de vous haïr, et il a fait tous ses efforts pour vous empêcher d'écrire ma vie, comme vous avezeu lieu de vous en apercevoir depuis que vous l'avez commencée. Mais il est maintenant dans une plus grande colère, parce que vous avez découvert l'humiliation qu'il a reçue à la mort de mon très saint Fils, l'abattement auquel il fut réduit, et le plan qu'il a dressé avec ses démons pour se venger de sa ruine sur les enfants d'Adam, et particulièrement sur ceux de la sainte Église. Tout cela le met dans un nouveau trouble, et il frémit de voir que l'on étale ses misères devant ceux qui les ignoraient. Vous sentirez cette colère par les persécutions et les tentations qu'il vous suscitera ; car vous avez déjà commencé, à éprouver la cruauté de cet ennemi, et je vous en avertis afin que vous soyez bien sur vos gardes.

1434. Vous êtes surprise, et c'est avec raison, d'avoir connu d'un côté l'efficacité des mérites de mon Fils pour la rédemption du genre humain, et la ruine et l'impuissance à laquelle il réduisit les démons, et de les voir d'un autre côté exercer avec audace un si grand empire dans le monde. Les lumières que vous avez reçues pour écrire cette histoire suffiraient pour vous tirer de cet étonnement ; je veux néanmoins vous donner de nouveaux éclaircissements afin que vous redoubliez de précautions contre des ennemis si pleins de malice. Il est certain que quand ils connurent le mystère de l'Incarnation et de la Rédemption, qu'ils virent mon très saint Fils naître dans la pauvreté et vivre dans les humiliations et dans les mépris, quand ensuite ils eurent pénétré les secrets de sa vie, de ses miracles, de sa Passion, de sa mort mystérieuse et de toutes les autres choses qu'il fit dans le monde pour gagner les cœurs des hommes, Lucifer et ses démons se trouvèrent sans aucune force pour tenter les fidèles comme ils avaient accoutumé de tenter les autres, et selon le souhait qu'ils en avaient toujours. Ce découragement des démons et la peur que leur inspiraient ceux qui étaient baptisés et qui suivaient notre Seigneur Jésus-Christ, durèrent plusieurs années dans la primitive Église ; car le zèle avec lequel ils l'imitaient, la ferveur avec laquelle ils professaient sa sainte foi, embrassaient la doctrine de l'Évangile, et pratiquaient toutes les vertus par les actes les plus héroïques d'amour, d'humilité, de patience et de mépris des vanités du monde, faisait resplendir en eux la vertu divine à un point tel, que des milliers d'entre eux répandaient leur sang et sacrifiaient leur vie pour notre Seigneur Jésus-Christ, opérant les choses les plus merveilleuses et les plus excellentes pour la gloire de son saint nom. Cette force invincible leur venait de ce que la Passion, la mort de leur Rédempteur et le prodigieux exemple de sa patience et de son humilité, frappaient encore leurs yeux de près, et de ce qu'ils étaient moins vivement attaqués par les démons, qui ne pouvaient se relever du profond abattement dans lequel le triomphe du divin Crucifié les plongea.

1435. Les démons craignaient tant cette vive image et l'imitation de Jésus-Christ qu'ils reconnaissaient chez les premiers enfants de l'Église, qu'ils n'osaient s'en approcher et fuyaient même leur rencontre, ainsi qu'il leur arrivait à l'égard des apôtres et des autres justes qui furent assez heureux que de recevoir la doctrine de mon très saint Fils pendant qu'il vivait sur la terre. Ils offraient au Très-Haut dans leurs œuvres très parfaites les prémices de la grâce et de la rédemption. La même chose aurait continué à se produire jusqu'à présent, témoin les saints, si tous les catholiques eussent profité de la grâce par une coopération fidèle, et eussent suivi le chemin de la croix, comme Lucifer le craignait et comme vous l'avez expliqué. Mais peu à peu la charité, la ferveur, la dévotion se sont refroidies en beaucoup de fidèles qui ont suivi les inclinations et les désirs de la chair, aimé la vanité et les biens de la terre, et se sont laissé tromper par les illusions de Lucifer ; de sorte qu'ils ont terni dans leur âme la gloire du Seigneur, en se livrant à ses plus grands ennemis. Voilà l'ingratitude monstrueuse qui a conduit le monde au déplorable état où il se trouve, et permis aux démons d'élever leur orgueil contre Dieu, présumant d'assujettir tous les enfants d'Adam, grâce à la coupable indifférence des catholiques. Leur audace s'en est accrue à ce point, qu'ils ont entrepris de détruire toute l'Église en portant un si grand nombre de personnes à ne la point reconnaître, et ceux qui vivent dans son sein à la mésestimer, ou à ne point se prévaloir du prix du sang et de la mort de leur Rédempteur. Mais ce qui est le plus désolant, c'est que la plupart des catholiques ne parviennent point à connaître le mal et ne se soucient pas du remède ; et pourtant ils ont sujet de croire qu'ils sont arrivés aux temps calamiteux dont mon très saint

Fils avait menacé le monde lorsqu'il dit, en s'adressant aux filles de Jérusalem, que les femmes stériles seraient alors bienheureuses, et que les hommes demanderaient que les montagnes et les collines tombent sur eux pour les cacher, afin de ne point voir l'incendie allumé par tant de péchés énormes, sous les pieds des enfants de perdition qui y seront consumés comme des sarments desséchés et stériles[974]. Vous vivez, ma fille, dans ce siècle malheureux, et afin que vous ne soyez pas entraînée dans la perte de tant d'âmes, pleurez-la amèrement, et n'oubliez jamais les mystères de l'Incarnation, de la Passion et de la mort de mon très saint Fils ; car je veux que vous en témoigniez une juste reconnaissance pour beaucoup de personnes qui les méprisent. Je vous assure que ce seul souvenir remplit les démons de terreur, et leur fait fuir ceux qui méditent avec reconnaissance la vie et les mystères de mon très saint Fils.

Chapitre 24
Le coup de lance donné au côté de Jésus-Christ après sa mort.
La descente de la croix et sa sépulture, et ce que fit la bienheureuse Vierge
dans ces circonstances jusqu'à son retour au cénacle.

1436. L'évangéliste saint Jean dit que la bienheureuse Marie, Mère de Jésus, était auprès de la croix, accompagnée de Marie Cléophas et de Marie Madeleine[975]. Et quoiqu'il rapporte cela avant que notre Sauveur eût expiré, on doit entendre que notre invincible Reine y resta encore après, et qu'elle s'y tint toujours debout, adorant son bien-aimé Jésus, mort sur cet arbre de vie, ainsi que la Divinité, qui était toujours unie au corps sacré de notre Rédempteur. Notre auguste Princesse était d'une constance inébranlable dans ses sublimes vertus, immobile au milieu des flots impétueux des douleurs qui pénétraient jusqu'au fond de son cœur ; et avec sa science éminente elle repassait en son esprit les mystères de la Rédemption, admirant l'harmonie avec laquelle la divine Sagesse les disposait. La plus grande affliction de cette Mère de miséricorde était l'ingratitude par laquelle elle prévoyait que les hommes répondraient à un bienfait si rare et si digne d'une reconnaissance éternelle. Elle se demandait aussi avec inquiétude comment elle donnerait la sépulture au corps sacré de son très saint Fils, et qui le lui descendrait de la croix sur laquelle elle avait continuellement les yeux élevés. Dans ce pénible embarras, elle s'adressa en ces termes aux anges qui l'assistaient : « Ministres du Très-Haut, mes amis dans la tribulation, vous savez qu'il n'y a point de douleur égale à la mienne ; dites-moi comment je descendrai de la croix mon bien-aimé. Où pourrai-je lui donner une sépulture honorable ? car ce soin me regarde comme Mère. Dites-moi ce que je dois faire, et aidez-moi dans cette triste occasion. »

1437. Les saints anges lui répondirent : « Reine et Maîtresse de l'univers, préparez votre cœur à ce qu'il lui reste à souffrir encore. Le Très-Haut a caché sa gloire et

---

974 Lc 23, 28.

975 Jn 19, 25.

sa puissance aux mortels, pour se soumettre aux dispositions impies et cruelles des méchants ; et il continue à vouloir que l'on accomplisse à son égard les lois établies par les hommes ; or, une de ces lois porte que les condamnés à mort ne doivent pas être ôtés de la croix sans la permission du juge lui-même. Nous nous empresserions de vous obéir et de défendre notre Dieu et notre Créateur véritable ; mais son bras nous arrête, parce qu'il veut en tout justifier sa cause, et verser encore en faveur des hommes le peu de sang qui lui reste, afin de les obliger d'autant plus à répondre à son amour, qui les a rachetés avec tant d'abondance[976]. Et s'ils ne profitent pas de ce bienfait, leur punition sera effroyable ; et plus le Seigneur aura tardé à se venger, plus la vengeance sera rigoureuse. » Cette réponse des anges augmenta la douleur de la Mère affligée ; car il ne lui avait pas été révélé que son très saint Fils dût encore être percé d'un coup de lance ; aussi, fut-elle saisie d'une nouvelle tristesse, dans l'incertitude de ce qui arriverait au corps sacré du Sauveur.

1438. Bientôt elle vit une troupe de gens armés qui venaient au Calvaire ; et craignant qu'ils ne commissent quelque nouvel attentat contre notre Rédempteur, qui avait déjà expiré sur la croix, elle s'adressa à saint Jean et aux Marie, et leur dit : « Hélas ! ma douleur est arrivée à son comble ; j'en ai le cœur brisé. Les bourreaux et les Juifs ne sont peut-être pas satisfaits d'avoir fait mourir, mon Fils et mon Seigneur. Ils prétendent sans doute exercer quelque nouvelle cruauté sur son sacré corps. » C'était la veille de la grande fête du Sabbat des Juifs ; et pour la célébrer sans préoccupation, ils avaient prié Pilate de leur permettre de rompre les jambes aux trois crucifiés, pour hâter leur mort, et les descendre ce même soir de leurs croix, afin qu'ils n'y parussent point le jour suivant, qui leur était très solennel[977]. Cette compagnie de soldats que vit la bienheureuse Vierge, arriva au Calvaire avec cette intention. Et comme ils y trouvèrent les deux voleurs encore envie, ils leur rompirent les jambes, et les firent mourir dans ce dernier tourment[978]. Mais, voyant que notre Sauveur Jésus-Christ était déjà mort, ils se dispensèrent de lui rompre les jambes[979], accomplissant par-là la mystérieuse prophétie qui est contenue dans l'Exode, où le Seigneur leur défendait de rompre les os de l'Agneau figuratif qu'ils mangeaient le jour de Pâque[980]. Cependant un soldat appelé Longin s'approcha de notre Rédempteur, et lui ouvrit le côté avec sa lance[981] ; et aussitôt il en sortit du sang et de l'eau, comme l'assure saint Jean, qui, témoin du prodige, rendit témoignage à la vérité[982].

1439. La bienheureuse Marie sentit le coup de lance que le corps inanimé de

---

976   Ps 129, 7.

977   Jn 19, 31.

978   Jn 19, 32.

979   Jn 19, 33.

980   Ex 12, 46.

981   Jn 19, 34.

982   Ibid. 35.

Jésus ne pouvait sentir, percée de la même douleur que si elle eût reçu la blessure. Mais cette douleur qu'elle éprouva dans son corps céda à celle qui remplit son âme très sainte quand elle vit la cruauté inouïe avec laquelle on ouvrit le côté à son adorable Fils après sa mort. Et touchée d'une égale compassion, elle oublia ses propres maux pour dire à Longin : *Que le Tout-Puissant vous regarde avec des yeux de miséricorde, pour la peine que vous avez causée* à *mon* âme. Voilà jusqu'où alla son indignation, ou, pour mieux dire, sa douce clémence, pour l'enseignement de tous ceux qui auraient à se plaindre de quelque offense. Car elle considérait que Jésus-Christ avait reçu après sa mort une très grande injure par ce coup de lance ; et cependant ce fut par le plus grand des bienfaits qu'elle paya de retour celui qui la lui fit, puisqu'elle obtint que Dieu le regardât avec des yeux de miséricorde, lui rendit le bien pour le mal, et le comblât de bénédictions et de grâces. Il arriva donc que notre Sauveur, exauçant la prière de sa très sainte Mère, voulut que du sang et de l'eau qui coulèrent de son divin côté, quelques gouttes rejaillissent sur le visage de Longin, et par cette faveur il lui accorda la vue corporelle dont il était presque privé, et éclaira en même temps son âme, afin qu'il connût le Crucifié qu'il avait inhumainement percé. Par cette connaissance, Longin se convertit ; et pleurant ses péchés, il les lava dans le sang et l'eau qui s'échappèrent du côté de Jésus-Christ, qu'il reconnut pour vrai Dieu et pour le Sauveur du monde. Et aussitôt il fit une déclaration publique de ses sentiments devant les Juifs pour leur plus grande confusion, et en témoignage de leur endurcissement et de leur perfidie.

1440. Notre très sage Reine pénétra le mystère du coup de lance, et comprit que de ces dernières gouttes de sang et d'eau, qui jaillirent du côté de son très saint Fils, allait sortir l'Église nouvelle, purifiée et rajeunie en vertu de sa Passion et de sa mort, et que de son sacré cœur sortaient encore comme de leur racine les branches qui, chargées de fruits de la vie éternelle, se sont étendues par tout le monde. Elle repassa en son esprit le mystère de ce rocher frappé de la verge de la justice du Père éternel, afin qu'il en jaillît de l'eau vive pour apaiser la soif de tout le genre humain, et rafraîchir tous ceux qui en boiraient[983]. Elle considéra les relations qui se trouvaient entre ces cinq fontaines des pieds, des mains et du côté, ouvertes dans le paradis nouveau de la très sainte humanité de notre Seigneur Jésus-Christ, et bien plus abondantes, bien plus propres à fertiliser le monde que le fleuve du Paradis terrestre, divisé en quatre canaux pour arroser la superficie de la terre[984]. Elle résuma ces mystères et plusieurs autres dans un cantique de louange qu'elle fit à la gloire de son très saint Fils, après qu'il eut reçu le coup de lance ; outre ce cantique, elle fit une très fervente prière, afin que tous ces mystères fussent accomplis en faveur de tout le genre humain.

1441. Le soir de ce jour de la préparation était déjà fort avancé, et la tendre Mère ne savait pas encore comment elle pourrait satisfaire son désir de donner la sépulture

983   Ex 17, 6.

984   Gn 2, 10.

au corps de son adorable Fils ; car le Seigneur voulait adoucir les peines de sa très sainte Mère par les moyens particuliers que sa divine Providence avait ménagés, en inspirant à Joseph d'Arimathie et à Nicodème de demander la permission d'enterrer le corps de leur divin Maître[985]. Tous deux étaientdisciples du Seigneur, et justes, quoiqu'ils ne fussent point du nombre des soixante-douze ; mais ils ne se déclaraient point ouvertement parce qu'ils redoutaient les Juifs, qui regardaient comme suspects et même comme ennemis tous ceux qui suivaient la doctrine de Jésus-Christ et le reconnaissaient pour leur Maître. Le plan de la volonté divine relativement à la sépulture qu'elle désirait procurer à son très saint Fils, n'avait point été communiqué à la très prudente Vierge ; c'est pourquoi les difficultés qui se présentaient à son imagination augmentaient le douloureux embarras d'où elle ne savait comment se tirer par elle-même. Dans cette affliction elle leva les yeux vers le ciel, et dit : « Père éternel, j'ai été, par votre bonté et votre sagesse infinie, élevée de la poussière à la très haute dignité de Mère de votre Fils éternel, et me comblant de vos dons avec une libéralité immense comme votre Être, vous avez bien voulu que je le nourrisse de mon propre lait, que je pourvusse à ses besoins, et que je l'accompagnasse jusqu'à la mort ; je suis maintenant obligée en qualité de Mère de donner une sépulture honorable à son sacré corps, et tout ce que je puis faire dans l'état où je me trouve, c'est de la lui souhaiter, et de m'affliger de ce que je n'ai pas le moyen d'accomplir mon désir. Ô mon Dieu, je supplie votre Majesté de me le procurer par votre toute-puissance. »

1442. Telle est la prière que fit la compatissante Mère après que le corps de Jésus eut reçu le coup de lance. Un instant après elle vit venir vers le Calvaire une troupe de gens avec des échelles et d'autres préparatifs, et elle put supposer qu'ils venaient ôter de la croix son trésor inestimable ; mais comme elle ne pénétrait point leurs intentions, elle entra dans de nouvelles alarmes à la pensée de la cruauté des Juifs, et s'adressant à saint Jean, elle lui dit : « Mon fils, quel serait le dessein de ces gens qui viennent avec tant de préparatifs ? » L'apôtre répondit : « Chère Dame, ne craignez point ; car ceux que nous voyons venir sont Joseph et Nicodème accompagnés de leurs domestiques ; ce sont tous des amis et des serviteurs de votre très saint Fils mon Seigneur. » Joseph était juste aux yeux de Dieu, estimé du peuple, d'une naissance illustre, et l'un des magistrats de la ville[986] ; il siégeait donc ordinairement au conseil, comme l'Évangile le fait entendre en disant que Joseph n'avait point adhéré aux projets, ni connivé à la conduite des homicides de Jésus-Christ, qu'il reconnaissait pour le Messie véritable[987]. Et si Joseph ne s'était point avant la mort du Sauveur déclaré ouvertement son disciple, alors du moins il le fit avec éclat, l'efficace de la rédemption produisant des effets tout nouveaux. Chassant la crainte qu'il avait auparavant de l'envie des Juifs et du pouvoir des Romains, il s'en vint

985   Jn 19, 38.

986   Lc 23, 50.

987   *Ibid.* 51.

hardiment trouver Pilate, et lui demanda le corps de Jésus[988], pour le descendre de la croix, et lui donner une sépulture honorable ; attestant qu'il était innocent et le vrai Fils de Dieu, et que cette vérité était établie par les miracles de sa vie et de sa mort.

1443. Pilate n'osa point refuser à Joseph ce qu'il demandait ; ainsi il lui permit de disposer du corps de Jésus comme il jugerait à propos. Ayant reçu cette permission, il sortit de la maison du juge et appela Nicodème, qui était aussi juste, et savant dans les lettres divines et humaines, comme on le peut inférer de ce qui arriva lorsqu'il alla, suivant le récit de saint Jean, trouver Jésus dans la nuit pour entendre sa doctrine[989]. Ces deux saints personnages prirent courageusement la résolution de donner la sépulture à Jésus crucifié. Joseph prépara un linceul blanc pour l'envelopper[990], et Nicodème acheta environ cent livres de parfums[991], dont les Juifs avaient accoutumé de se servir pour embaumer les corps des personnes les plus distinguées. Ils se rendirent au Calvaire avec ces préparatifs et tous les instruments nécessaires, accompagnés de leurs serviteurs et de plusieurs gens pieux, en qui opérait aussi le sang du divin Crucifié, qui avait été répandu pour tous.

1444. Ils arrivèrent en présence de la bienheureuse Marie, qui se tenait plongée dans la plus profonde douleur au pied de la croix, avec saint Jean et les Marie. Et au lieu de la saluer, ils furent si touchés de ce triste spectacle, qu'ils restèrent quelque temps prosternés aux pieds de notre auguste Reine, et les uns et les autres au pied de la croix, sans pouvoir retenir leurs larmes ni proférer aucune parole. Ils ne cessèrent de gémir et de sangloter que lorsque notre invincible Princesse les releva de terre, les consola et les anima ; et alors ils la saluèrent avec une humble compassion. La très prévoyante Mère les remercia de leur piété et de l'hommage qu'ils rendaient à leur Dieu et à leur Maître en donnant la sépulture à son très saint corps, et elle leur portait au nom du Seigneur la récompense de cette bonne œuvre. Joseph d'Arimathie dit à la bienheureuse Vierge : « Chère Dame, nous sentons déjà au fond de nos cœurs la douce et forte action de l'Esprit divin qui nous remplit de sentiments si tendres, que nous ne saurions ni les mériter ni les exprimer. » Aussitôt Joseph et Nicodème ayant quitté leurs manteaux, dressèrent eux-mêmes les échelles contre la croix, et y montèrent pour détacher le corps du Sauveur ; et comme la glorieuse Mère en était fort proche, avec saint Jean et la Madeleine qui l'assistaient, Joseph craignit que la douleur de la divine peine ne se renouvelât si elle voyait déclouer le sacré corps, et si elle le touchait quand ils le descendraient. Il avertit donc l'apôtre de l'entraîner un peu à l'écart, afin de lui épargner cette nouvelle affliction. Mais saint Jean, qui connaissait mieux le cœur invincible de notre auguste Dame, lui répondit que dès le commencement de la Passion elle s'était trouvée présente à

988   Mc 15, 13.

989   Jn 3, 2.

990   Mt 27, 39.

991   Jn 19, 39.

toutes les peines du Seigneur, et qu'elle ne le quitterait point jusqu'à la fin ; parce qu'elle le révérait comme son Dieu, et l'aimait comme le Fils de ses entrailles.

1445. Ils la supplièrent néanmoins de vouloir bien se retirer un peu pendant qu'ils descendraient de la croix le corps de leur Maître. Mais la bienheureuse Vierge leur répondit : « Chers amis, puisque je me suis trouvée présente lorsqu'on a cloué mon très saint Fils sur la croix, permettez que je le sois quand on l'en détachera ; car quoiqu'une chose si touchante doive de nouveau me déchirer le cœur, plus je la verrai de près, plus elle adoucira mes peines. » En conséquence de cette réponse, ils se disposèrent à descendre le corps du Sauveur. Ils commencèrent par lui ôter la couronne d'épines, et découvrirent par-là les profondes blessures qu'elles avaient faites à son chef sacré. Ils la descendirent avec beaucoup de vénération et de larmes, et la mirent entre les mains de sa très douce Mère. Elle la reçut à genoux, et l'adora avec une dévotion admirable, la baisant et l'arrosant de ses larmes ; et elle la pressa si fort de ses lèvres, que quelques pointes y pénétrèrent. Elle pria le Père éternel de faire que ces épines, consacrées par le sang de son Fils, fussent tenues en grande vénération par les fidèles qui auraient plus tard le bonheur d'en être dépositaires.

1446. Puis, à l'exemple de la divine Mère, saint Jean, la Madeleine, les Marie et d'autres femmes dévotes, et quelques fidèles qui se trouvaient là, adorèrent cette sainte couronne, ainsi que les clous que la bienheureuse Vierge avait également reçus et adorés la première. Quand on descendit le corps de notre adorable Sauveur, sa très sainte Mère voulant le recevoir se mit à genoux et étendit ses bras avec le linceul déplié ; saint Jean était du côté de la tête, et la Madeleine du côté des pieds pour aider Joseph et Nicodème, et tous ensemble, les yeux baignés de larmes, le remirent avec le plus grand respect entre les bras de la plus tendre des mères. En ce moment elle se sentit également pénétrée de compassion et de joie ; car la vue de ce Fils, le plus beau des enfants des hommes[992], alors couvert de plaies et défiguré, renouvela toutes les douleurs de son âme ; mais si en le tenant dans ses bras, en le pressant contre son sein, elle souffrait quelque chose d'inexprimable, elle goûtait en même temps, par la possession de son trésor, des consolations et des douceurs qui satisfaisaient l'ardeur de son amour. Elle lui rendit le culte de la plus humble adoration en versant des larmes de sang. Après qu'elle l'eut adoré, tous les anges qui l'accompagnaient l'adorèrent aussi, sans toutefois que les assistants s'en aperçussent. Saint Jean à son tour adora le corps sacré de notre Rédempteur, et après lui tous les autres l'adorèrent, chacun selon son rang.

Pendant cette adoration, la très prudente Mère le tenait entre ses bras, assise par terre.

1447. Notre grande Reine agissait dans toutes ces circonstances avec tant de sagesse et de prudence, qu'elle était l'admiration des hommes et des anges ; car ses discours toujours mesurés, étaient à la fois pleins d'une douce tendresse et d'une vive

992   Ps 44, 3.

compassion pour ce divin objet, naguère si beau[993], de plaintes amoureuses et du sens le plus mystérieux. Elle appréciait la perte qu'elle venait de faire au de-là de toutes celles qui peuvent affliger les mortels. Elle attendrissait les cœurs et éclairait les âmes pour leur faire connaître le mystère qu'elle repassait en son esprit. Enfin elle présentait dans toute sa personne le modèle de la plus haute perfection ; on y découvrait une humble majesté, et la sérénité de son visage n'était point altérée par l'indicible tristesse de son cœur. Calme au milieu de cette lutte de sentiments si divers, elle parlait à son bien-aimé Fils, au Père éternel, aux anges, aux assistants, et à tout le genre humain, pour la rédemption duquel Jésus avait bien voulu souffrir et mourir. Je n'entrerai pas dans de plus longs détails sur les actions et les discours de notre auguste Princesse dans ce cas ; la piété chrétienne trouvera assez de matière pour s'y étendre, et il m'est d'ailleurs impossible de m'arrêter à chacun de ces vénérables mystères.

1448. Après que la Mère de douleurs eut gardé quelque temps le corps de son adorable Fils sur ses genoux, saint Jean et Joseph la supplièrent de leur permettre de l'ensevelir, parce qu'il était déjà fort tard. La très prudente Mère le leur permit, et le corps du Sauveur fut embaumé sur le même linceul dont nous avons parlé, et avec les aromates et les parfums que Nicodème avait achetés, et qui servirent tous à leur destination[994]. On le mit ensuite dans un cercueil pour le porter au sépulcre. Notre auguste Princesse, qui était très attentive à tout, convoqua un grand nombre d'anges du ciel, afin qu'ils assistassent avec ceux de sa garde à la sépulture du corps de leur Créateur, et ils descendirent à l'instant sous des formes humaines, invisibles toutefois pour tous, excepté pour leur Reine. Une procession eut lieu, où se trouvaient les anges et les hommes : saint Jean, Joseph, Nicodème, et le centenier qui assista à la mort du Sauveur, et qui le reconnut pour le vrai Fils de Dieu, furent les quatre qui portèrent le sacré corps. La divine Mère les suivait, accompagnée de Madeleine, des Marie et de quelques autres femmes dévotes ses disciples. À elles se joignirent beaucoup de fidèles qui, éclairés de la divine lumière, vinrent au Calvaire après le coup de lance. Tous se dirigèrent dans cet ordre, au milieu d'un profond silence et versant des larmes, vers un jardin qui était proche, et dans lequel Joseph avait un sépulcre neuf où l'on n'avait encore mis personne[995]. Ils déposèrent dans ce sépulcre béni le sacré corps de Jésus. Et avant qu'on le fermât, sa très sainte Mère l'adora de nouveau. Après qu'elle lui eut rendu ce culte, les anges et les hommes adorèrent aussi leur Seigneur, puis l'on ferma le sépulcre avec une pierre qui était fort grande, comme le rapporte l'évangéliste[996].

1449. Aussitôt que le sépulcre de Jésus-Christ fut fermé, ceux qui s'étaient ouverts au moment de sa mort se fermèrent de nouveau, jusque-là ils s'étaient (mys-

---

993   Ps 44, 3.

994   Jn 19, 40.

995   Jn 19, 41.

996   Mt 27, 60.

tère qui n'était pas le seul que renfermât ce prodige) pour ainsi dire tenus prêts à recevoir, par un heureux sort, le corps de leur Créateur incarné ; ils ne pouvaient lui offrir que cet asile, lorsque les Juifs n'avaient point voulu, malgré ses bienfaits, le recevoir pendant sa vie. Plusieurs anges demeurèrent pour garder le sépulcre, par ordre de leur Reine, qui y laissait son trésor. Tous ceux qui avaient assisté à la sépulture du corps sacré du Sauveur, revinrent au Calvaire dans le même silence et le même ordre qu'ils avaient gardé en le quittant. La Maîtresse des vertus s'approcha de la sainte croix et l'adora avec une tendre dévotion. Saint Jean, Joseph et tous ceux qui s'étaient trouvés aux funérailles, lui rendirent ensuite le même culte. Le soleil s'était déjà couché, et notre auguste Princesse partit du Calvaire pour s'en retourner au cénacle, où ce saint cortège la suivit. Elle y entra avec saint Jean, les Marie et leurs compagnes ; les autres prirent congé d'elle après lui avoir demandé sa bénédiction avec beaucoup de larmes. La très humble et très prudente Dame les remercia du service qu'ils avaient rendu à son très saint Fils, et de la consolation qu'elle en avait reçue, puis elle les renvoya comblés de bienfaits intérieurs, et tout attendris de sa douceur admirable et de sa profonde humilité.

1450. Les Juifs, confondus et troublés par ce qui se passait, allèrent chez Pilate le samedi matin[997], pour le prier de faire garder le sépulcre, disant que Jésus-Christ (qu'ils appelèrent ce séducteur) avait dit qu'il ressusciterait après trois jours, et que ses disciples pourraient bien dérober le corps et dire qu'il serait ressuscité. Pilate acquiesça à cette malicieuse prévoyance, il leur accorda les gardes qu'ils demandaient, et ils les mirent au sépulcre[998]. Mais les perfides Juifs ne prétendaient qu'obscurcir l'événement qu'ils craignaient, comme on le découvrit depuis quand ils subornèrent les gardes pour leur faire dire que notre Seigneur Jésus-Christ n'était point ressuscité, mais que ses disciples l'avaient enlevé[999]. Et comme il n'y a point de conseil contre le Seigneur[1000], toutes ces précautions ne servirent qu'à mieux établir et divulguer la résurrection.

Instruction que j'ai reçue de notre auguste Maîtresse

1451. Ma fille, le coup de lance que mon très saint Fils reçut dans son sacré côté ne fut douloureux que pour moi ; mais ses effets et ses mystères sont très doux pour les âmes saintes qui en savent goûter la douceur. J'en fus fort affligée, mais cette faveur mystérieuse est d'une grande consolation pour ceux qui en ont profité. Pour apprendre à y participer, vous devez considérer que mon Fils et mon Seigneur voulut, par le très ardent amour qu'il a pour les hommes, recevoir, outre les plaies des mains et des pieds, celle du côté, qui lui ouvrit le cœur, siège de l'amour, afin

997   Mt 27, 62.

998   *Ibid.* 65.

999   Mt 28, 13.

1000 Pr 21, 30.

que les âmes entrassent, en quelque façon par cette porte pour goûter cet amour en le puisant à sa propre source, et que ce fût le lieu de leur refuge. Je veux que vous n'en ayez point d'autre pendant votre exil, et que vous y fassiez votre demeure assurée tant que vous vivrez. C'est là où vous apprendrez les conditions et les lois de l'amour dans lequel vous m'imiterez, et où vous comprendrez que vous devez rendre des bénédictions pour les injures qui vous seront faites, à vous ou à vos proches, comme vous avez vu que je le faisais quand je fus moi-même percée du coup de lance que mon très saint Fils reçut au côté après sa mort. Je vous déclare, ma très chère fille, que vous ne sauriez rien faire de plus utile et de plus efficace pour acquérir la grâce du Très-Haut que vous souhaitez. Et la prière que vous ferez en pardonnant les injures sera extrêmement profitable, non seulement pour vous, mais encore pour ceux qui vous auront offensée ; car mon très saint Fils est tout touché quand il voit que les créatures l'imitent, en pardonnant à ceux qui les outragent et en priant pour eux, parce qu'ainsi elles participent à la très excellente charité qu'il a fait éclater sur la croix. Gravez dans votre cœur cette doctrine, et pratiquez-la pour m'imiter en la vertu que j'ai estimée le plus. Regardez par cette plaie le cœur de Jésus-Christ votre Époux, et considérez avec quelle tendresse, avec quelle générosité j'ai aimé en lui ses bourreaux et toutes les créatures.

1452. Méditez aussi sur la providence admirable du Très-Haut, voyez combien elle est ponctuelle à secourir à temps les créatures qui l'invoquent dans leurs besoins avec une confiance véritable, comme sa divine Majesté le fit à mon égard, quand je me trouvai si affligée à cause de l'impuissance où j'étais de donner la sépulture à mon très saint Fils, selon mon obligation. Le Seigneur voulant me secourir dans cette nécessité, inspira à Joseph, à Nicodème et aux autres fidèles qui vinrent ensevelir son corps, les sentiments d'une pieuse charité. Et ces hommes justes me consolèrent tellement dans cette pénible circonstance, que le Très-Haut ayant égard à cette bonne œuvre et à mes prières, les remplit d'ineffables influences de sa divinité ; ils en furent favorisés tout le temps qu'ils employèrent à descendre de la croix le corps du Sauveur et à lui donner la sépulture ; et dès lors ils furent renouvelés et éclairés pour pénétrer les mystères de la rédemption. Tel est l'ordre admirable que garde dans sa conduite la douce et forte Providence du Très-Haut pour rendre certaines créatures dignes de récompense, elle en met d'autres dans l'affliction ; elle excite la pitié des personnes qui peuvent venir en aide aux nécessiteux, afin que leurs bienfaits et la prière des pauvres qui les reçoivent, leur attirent la grâce qu'elles ne mériteraient point si elles n'exerçaient ces œuvres charitables. Et le Père des miséricordes, qui nous inspire et nous facilite par ses secours la pratique d'une bonne œuvre, daigne accorder ensuite la récompense comme si elle nous était due en justice, parce que nous répondons à ses inspirations par la faible coopération que nous apportons de notre côté, quoique tout le bien qui se trouve en ce que nous faisons vienne de sa main libérale.

1453. Considérez aussi l'ordre très équitable de cette Providence en la justice qu'elle exerce, réparant les outrages que l'on reçoit avec patience. Ainsi, mon très saint Fils ayant souffert une mort pleine d'opprobres, le Très-Haut ordonna aussitôt qu'il fût enseveli avec honneur, et suscita une foule de personnes qui le reconnurent pour le vrai Dieu et le Rédempteur véritable, et qui déclarèrent ouvertement qu'il était saint, innocent et juste ; et il fit qu'au moment même où ses bourreaux venaient de le crucifier avec tant d'ignominie, il fût adoré comme le vrai Fils de Dieu ; et que ses propres ennemis confondus sentissent intérieurement l'horreur du crime qu'ils avaient commis en le persécutant. Quoiqu'ils n'aient pas tous profité de sa bonté, ces bienfaits n'en furent pas moins des effets de l'innocence et de la mort du Seigneur. Je contribuai aussi par mes prières à le faire connaître et révérer des secrets serviteurs qu'il s'était choisis.

Chapitre 25
Comment notre auguste Reine consola saint Pierre et les autres apôtres.
La prudence avec laquelle elle agit après la sépulture de son fils.
Comment elle vit descendre son âme très sainte dans les limbes des saints Pères.

1454. La plénitude de la sagesse qui éclairait l'entendement de la bienheureuse Marie, la rendait attentive à tout ; de sorte que, même au milieu de ses douleurs, elle prévoyait et ordonnait toujours ce qu'il fallait faire selon les temps et les circonstances, sans oublier ni négliger quoi que ce fût. Et par cette prudence céleste elle pratiquait ce que toutes les vertus ont de plus saint et de plus parfait. Après les funérailles de notre Seigneur Jésus-Christ, elle se retira, comme on l'a vu plushaut, dans la maison du Cénacle. Et se trouvant dans la salle où les cènes furent célébrées, avec saint Jean, les Marie et quelques autres saintes femmes qui avaient suivi le Seigneur depuis son départ de la Galilée, elle s'adressa à elles et à l'apôtre, et les remercia avec une profonde humilité et avec beaucoup de larmes, de la fidélité avec laquelle elles l'avaient accompagnée durant toute la Passion de son bien-aimé Fils ; elle leur promit en son nom la récompense de leur constante piété et de leur sainte affection, et s'offrit encore à être leur servante et leur amie. Saint Jean et ces saintes femmes lui rendirent des actions de grâces pour cette grande faveur, lui baisèrent les mains et lui demandèrent sa bénédiction. Ils la prièrent aussi de reposer un peu et de prendre quelque nourriture. Mais notre auguste Reine leur répondit : Tout mon repos et toute ma nourriture consistent à voir mon Fils et mon Seigneur ressuscité. Satisfaites, vous autres, vos besoins comme il convient, pendant que je me retirerai auprès de mon Fils.

1455. Elle alla aussitôt dans sa retraite accompagnée de saint Jean, et s'y trouvant seule avec lui, elle se mit à genoux et lui dit : « Il ne faut pas que vous oubliiez les paroles que mon très saint Fils nous a adressées du haut de la croix. Il a bien voulu, par sa divine bonté, vous désigner pour mon fils, et moi pour votre mère. Vous êtes prêtre du Très-Haut, et à raison de votre éminente dignité, il est juste que je vous obéisse dans toute ma conduite ; c'est pourquoi je veux que dès maintenant vous me pres-criviez ce que je devrai faire ; car j'ai toujours été servante, et toute ma joie consiste à obéir jusqu'à la mort. » Ce disant, notre auguste princesse versa beaucoup de larmes. Et l'apôtre, sans pouvoir retenir les siennes, lui répondit : « Chère Dame, Mère de mon Rédempteur, c'est moi qui dois vous être soumis ; car le nom de fils ne marque aucune autorité, mais plutôt l'obligation rigoureuse d'obéir à sa mère ; et Celui qui m'a fait prêtre vous a choisie pour être sa Mère, et s'est soumis à votre volonté[1001], quoiqu'il fût le Créateur de l'univers. Il est bien juste que je vous obéisse aussi, et que je fasse tous mes efforts pour remplir dignement la charge qu'il m'a confiée de vous servir comme fils ; et pour m'acquitter de mes devoirs en cette qualité, je voudrais être plus ange qu'homme. » Cette réponse de l'apôtre fut très sage, mais elle ne fut pas assez convaincante pour vaincre l'humilité de la Mère des vertus, qui repartit hum-blement : « Mon fils Jean, toute ma satisfaction sera de vous obéir comme au chef, puisque vous l'êtes. Dans cette vie passagère, je dois toujours avoir un supérieur au-quel et ma volonté et mes sentiments soient soumis ; c'est pour cela que vous êtes mi-nistre du Très-Haut, et, comme fils, vous me devez cette consolation dans ma pénible solitude. » Saint Jean répondit : « Ma Mère, que votre volonté soit faite, car en elle je trouverai toute ma sûreté. » Et sans plus de réplique, la divine Mère lui demanda la permission de demeurer seule dans la méditation des mystères de son très saint Fils, et le pria d'aller chercher quelque nourriture pour les femmes qui l'accompagnaient, de les assister et de les consoler. Elle en excepta seulement les Marie, parce qu'elles dési-raient persévérer dans le jeûne jusqu'à ce qu'elles eussent vu le Seigneur ressuscité, et elle recommanda à saint Jean de leur laisser satisfaire leur dévotion.

1456. Saint Jean alla consoler les Marie, et exécuta l'ordre que la Reine du ciel lui avait donné. Et après qu'il eut pourvu aux besoins de ces pieuses femmes, elles se re-tirèrent, et consacrèrent cette nuit à de douloureuses méditations sur la Passion et sur les mystères du Sauveur. La bienheureuse Marie agissait avec cette prudence divine, pratiquant l'obéissance, l'humilité, la charité, et prévoyant tout ce qui était néces-saire avec une ponctualité merveilleuse, quoiqu'elle fût plongée dans la plus amère désolation. Elle prit soin de ses pieuses disciples sans s'oublier elle-même, et sans négliger ce qui regardait sa plus grande perfection. Tout en approuvant l'abstinence des Marie comme étant plus fortes et plus ferventes en amour, elle prévint les be-soins de celles qui étaient plus faibles. Elle avertit l'apôtre de ce qu'il devait faire à son égard, et se montra en tout la Maîtresse de la perfection et la Reine de la grâce. Telle fut sa conduite au moment où les eaux de la tribulation étaient débor-dées sur son âme[1002]. Car, une fois seule dans sa retraite, elle donna libre cours aux sentiments douloureux qui agitaient tout son être, et laissa ses puissances intérieures

---

1001 Lc 2, 51.

1002 Ps 68, 1.

et extérieures s'abîmer dans l'amertume de son cœur, se représentant les images de tous les mystères de la mort ignominieuse de son très saint Fils ; de ceux de sa vie, de sa prédication et de ses miracles, du prix infini de la rédemption des hommes, de l'Église nouvelle qu'il avait établie, ornée d'une merveilleuse beauté; enrichie de ses sacrements et de tous les trésors de sa grâce, du bonheurincompréhensible de tout le genre humain, racheté avec tant d'abondance et de gloire, de la félicité certaine réservée aux prédestinés, et de la perte effroyable des réprouvés, qui se rendraient volontairement indignes de la gloire éternelle que son Fils leur avait méritée.

1457. L'auguste Vierge passa toute la nuit dans la considération de ces sublimes mystères„ pleurant et gémissant, louant et glorifiant les œuvres de son Fils, sa Passion, ses jugements impénétrables, et d'autres ineffables secrets de la divine sagesse et de la providence du Seigneur ; elle les repassait tous dans son esprit, et les pénétrait comme l'unique Mère de la véritable sagesse ; s'entretenant tantôt avec les saints anges, et tantôt avec le Seigneur lui-même, de ce que sa divine lumière lui en faisait connaître intérieurement. Le samedi matin, un peu après quatre heures, saint Jean alla voir la Mère affligée avec le désir de la consoler. Et s'étant mise à genoux, elle le pria de lui donner sa bénédiction comme prêtre et comme son supérieur. Le nouveau fils la lui demanda à son tour avec beaucoup de larmes, et ils se la donnèrent réciproquement. Notre grande Reine l'engagea à parcourir immédiatement la ville, où il ne tarderait pas à rencontrer saint Pierre, qui venait la chercher ; elle lui dit de l'accueillir avec cordialité, de le consoler et de le mener en sa présence ; et d'en faire de même à l'égard des autres apôtres qu'il rencontrerait, leur donnant l'espérance du pardon, et leur promettant son amitié. Saint Jean sortit du Cénacle, et quelques instants après il rencontra saint Pierre tout confus et tout baigné de larmes, qui se rendait en tremblant auprès de notre auguste Reine. Il venait de la grotte, où il avait pleuré son renoncement ; l'évangéliste le consola, et l'encouragea par la promesse qu'il lui fit de la part de la divine Mère. Ils cherchèrent tous deux les autres apôtres ; ils en trouvèrent quelques-uns, et ils allèrent ensemble au Cénacle, où était leur véritable remède. Pierre se présenta tout seul le premier à la Mère de la grâce, et se jetant à ses pieds, il dit, le cœur pénétré d'une profonde douleur : « J'ai péché, Vierge sainte, j'ai péché devant mon Dieu, j'ai offensé mon Maître, et vous aussi. » Il ne lui fut pas possible d'en dire davantage, tant il était suffoqué par les soupirs, par les larmes, et par les sanglots que lui arrachait le souvenir de son infidélité.

1458. La bienheureuse Marie voyant dans Pierre prosterné à la fois le pécheur repentant de sa faute récente et le chef de l'Église, choisi de son très saint Fils pour être son vicaire, ne crut pas convenable de se prosterner elle-même aux pieds du pasteur, qui avait si peu de temps auparavant renié son Maître ; mais dans son humilité, elle ne savait non plus se résoudre à ne point lui rendre l'hommage qui était dû à sa dignité. Pour ne manquer ni à l'un ni à l'autre de ses devoirs, elle jugea qu'elle pouvait l'honorer par un acte extérieur, en lui en dissimulant le motif. Ainsi elle se mit à genoux, voulant lui témoigner son respect ; mais elle lui dit en même temps, pour cacher son intention : « Demandons pardon de votre péché à mon Fils et votre Maître. » Elle pria Dieu et encouragea l'apôtre, le fortifiant dans l'espérance, et lui représentant les miséricordes dont le Seigneur avait usé envers les pécheurs convertis, et l'obligation qu'il avait, comme chef du collège des apôtres, de confirmer les autres dans la foi par son exemple. C'est par des exhortations semblables, toutes pleines de force et de douceur, qu'elle affermit Pierre dans l'espérance du pardon. Les autres apôtres se présentèrent à leur tour devant la très pure Marie, et se prosternant aussi à ses pieds, lui demandèrent pardon de la lâcheté avec laquelle ils avaient abandonné son très saint Fils dans sa Passion. Ils pleurèrent amèrement leur péché, et la présence de la bienheureuse Vierge, qui leur montrait une tendre compassion, augmentait la vivacité de leur repentir, car il éclatait sur son visage une vertu si admirable, qu'elle produisait en eux de divins effets de contrition de leurs péchés, et d'amour pour leur adorable Maître. Notre auguste Princesse les releva et les encouragea, en leur promettant le pardon qu'ils souhaitaient, et son intercession pour le leur obtenir. Ils commencèrent ensuite, chacun selon son rang, à lui raconter ce qui leur était arrivé dans leur fuite, comme si notre Reine en eût ignoré quelque chose. Elle les écouta avec bonté, prenant occasion de ce qu'ils disaient pour leur parler au cœur, les confirmer dans la foi de leur Rédempteur, et rallumer en eux son divin amour. La très pure Marie vint efficacement à bout de tout cela, car ils la quittèrent animés de ferveur et justifiés par de nouveaux accroissements de grâce.

1459. La bienheureuse Mère passa une partie du samedi dans ces saints entretiens. Et quand le soir vint, elle se retira une seconde fois, laissant les apôtres renouvelés en esprit, pleins de consolation et de joie du Seigneur, mais toujours profondément touchés de la Passion de leur Maître. De son côté, notre divine Reine s'appliqua à considérer ce que l'âme très sainte de son Fils faisait depuis qu'elle était sortie de son corps sacré. Elle sut alors que cette âme de Jésus-Christ, unie à la Divinité, descendait dans les limbes des saints patriarches, pour les tirer de cette prison souterraine, où ils étaient retenus depuis le premier juste qui mourut dans le monde, attendant la venue du Rédempteur universel des hommes. Pour exposer, ce mystère, qui est un des articles de la très sainte humanité de notre Seigneur Jésus-Christ, il me paraît utile de donner ici les notions que j'ai reçues sur les limbes, et sur leur situation. Or je dis que la terre a deux mille cinq cent deux lieues de diamètre, passant par le centre d'une superficie à l'autre ; et jusqu'au demi diamètre, qui est le centre, il y en a mille deux cent cinquante et une ; et l'on doit mesurer la circonférence de ce globe par rapport au diamètre. L'enfer des damnés se trouve dans le centre comme dans le cœur de la terre ; c'est un abîme, un chaos qui contient plusieurs gouffres ténébreux, où les peines sont différentes, mais toutes effroyables et terribles ; et tous ces gouffres forment un globe, qui est fait à peu près comme un vase d'une dimension immense, dont l'orifice est fort large. Les démons et tous les damnés étaient dans cet horrible lieu de confusion et de tourments, et ils y seront pendant toute l'éternité, tant que Dieu sera Dieu ; car dans l'enfer il n'y a point de rédemption.

1460. À l'un des côtés de l'enfer se trouve le purgatoire, où les âmes des justes se purifient, lorsque pendant cette vie elles n'ont pas entièrement satisfait pour leurs péchés ; et qu'elles n'en sont pas sorties assez pures pour pouvoir arriver aussitôt à la vision béatifique. Cet antre est fort grand aussi, mais il l'est beaucoup moins que l'enfer ; et quoiqu'il y ait de grandes peines dans le purgatoire, elles ne ressemblent point à celles de l'enfer des damnés. À l'autre côté se trouvent les limbes, qui sont divisés en deux parties. L'une est destinée aux enfants qui meurent sans avoir reçu le baptême, avec le seul péché originel, et sans avoir volontairement fait aucune œuvre ni bonne ni mauvaise. L'autre était la demeure des âmes des justes qui avaient déjà expié leurs péchés, mais qui ne pouvaient entrer dans le ciel ni jouir de Dieu jusqu'à ce qu'eût eu lieu la rédemption des hommes, et que notre Sauveur Jésus-Christ eût ouvert les portes du paradis[1003], que le péché d'Adam avait fermées. Cet antre des limbes est aussi plus petit que l'enfer ; il n'a aucune communication avec lui, et l'on n'y souffre point les peines du sens comme dans le purgatoire ; car les âmes y arrivent après avoir été purifiées de leurs souillures dans le même purgatoire ; elles n'étaient que privées, de la vision béatifique, que soumises à la peine du dam ; c'est là que se trouvaient tous ceux qui étaient morts en état de grâce, jusqu'à ce que le Sauveur mourût. C'est là que descendit son âme très sainte unie à la Divinité, comme nous l'exprimons, quand nous disons qu'il est descendu aux enfers, quoique les limbes et le purgatoire aient d'autres noms particuliers ; car ce nom d'enfer est généralement appliqué à tous ces lieux souterrains, quoique communément parlant nous entendions par ce nom le lieu où se trouvent les démons et les damnés, ainsi que par le nom de ciel nous entendons ordinairement l'empyrée où sont les saints, et où ils demeureront toujours, comme les damnés dans l'enfer. Après le jugement universel il n'y aura que le ciel et l'enfer qui soient habités ; en effet, le purgatoire ne sera plus nécessaire, et les enfants sortiront aussi des limbes, et passeront dans une autre demeure.

1461. L'âme très sainte de notre Seigneur Jésus-Christ arriva aux limbes accompagnée d'une multitude innombrable d'anges, qui célébraient les louanges de leur Roi victorieux et triomphant, et lui rendaient honneur et gloire. Et pour représenter sa grandeur et sa majesté, ils commandaient aux portes de cette ancienne prison de s'ouvrir, afin de laisser entrer le Roi de gloire et le Seigneur des armées, qui est puissant dans les combats[1004]. En vertu de ce commandement quelques rochers du chemin se brisèrent, quoique cela ne fût pas nécessaire pour l'entrée du Roi et de sa milice céleste, qui n'était composée que d'esprits doués d'une merveilleuse subtilité. Par la présence de l'âme très sainte de notre Rédempteur, cet antre ténébreux fut changé en ciel ; il se trouva inondé des plus vives splendeurs ; les âmes des justes qui

---

1003 Mt 25, 41.

1004 Ps 23, 7-8.

y étaient furent béatifiées par la claire vision de la Divinité, et dans un instant elles passèrent de l'état d'une si longue attente à la possession éternelle de la gloire, et des ténèbres à la lumière inaccessible, dont elles jouissent maintenant. Elles reconnurent leur vrai Dieu et leur Rédempteur véritable, lui rendirent des actions de grâces, et le louèrent par de nouveaux cantiques, disant : *L'Agneau qui a été immolé est digne de recevoir la divinité, la puissance et la force*[1005]. *Vous nous avez rachetés, Seigneur, par votre sang, de toute tribu, de tout peuple et de toute nation. Vous avez fait que nous soyons un royaume pour notre Dieu, et nous régnerons*[1006]. *Seigneur, la puissance, l'empire et la gloire de vos œuvres vous appartiennent.* Au même moment sa divine Majesté ordonna aux anges de tirer du purgatoire toutesles armes qui y souffraient ; et à l'instant elles furent menées en sa présence. Et comme pour les prémices de la rédemption des hommes, elles furent toutes délivrées par le Rédempteur lui-même des peines qu'elles y devaient souffrir encore, et furent glorifiées par la vision béatifique, comme les autres âmes des justes. De sorte que, ce jour-là les deux prisons, les limbes et le purgatoire, se trouvèrent désertes à la suite de la visite du souverain Roi.

1462. Ce jour ne fut terrible que pour l'enfer des damnés, car le Très-Haut fit que tous ces malheureux connussent et sentissent la descente du Rédempteur dans les limbes, et que les saints Pères et les justes connussent aussi la terreur que ce mystère causait aux damnés et aux démons. Ceux-ci étaient atterrés, écrasés sous le poids d'une oppression semblable à celle qu'ils avaient subie sur le Calvaire, comme je l'ai rapporté plus haut, et lorsqu'ils entendirent (en leur manière de parler et d'entendre) la voix des anges qui allaient aux limbes devant leur Roi, ils furent saisis d'un nouveau trouble et d'un nouvel effroi, et ils se cachaient dans les plus profondes cavernes de l'enfer, comme des serpents que l'on poursuit. Les damnés furent accablés d'un surcroît de confusion, reconnaissant avec un plus grand désespoir l'erreur qui leur avait fait perdre le fruit de la rédemption dont les justes avaient su profiter. Et comme Judas et le mauvais larron étaient récemment arrivés dans l'enfer, où ils souffraient beaucoup plus que les autres, leurs tourments s'accrurent encore en ce moment, car les démons redoublèrent contre eux de fureur. Ces esprits rebelles résolurent, autant qu'il dépendrait d'eux, de persécuter et de tourmenter davantage les chrétiens qui feraient profession de la foi catholique, et de punir plus cruellement ceux qui l'abjureraient ou qui transgresseraient la loi du Seigneur, parce qu'ils jugeaient que ceux-là méritaient un châtiment plus rigoureux que les infidèles à qui la foi n'aurait pas été annoncée.

1463. La grande Reine de l'univers étant dans sa retraite, eut connaissance de tous ces mystères et de plusieurs autres secrets que je ne puis déclarer. Et quoique cette vision particulière excitât une joie ineffable dans la partie supérieure de son âme où elle la recevait, cette joie ne se communiqua pas à ses sens corporels, comme cela eût pu naturellement arriver. Au contraire, lorsque la bienheureuse Vierge s'aperçut

---

1005　Ap 5, 12.

1006　*Ibid.* 9.

qu'elle commençait à s'étendre jusqu'à la partie inférieure de son âme, elle pria le Père éternel de suspendre cet écoulement, parce qu'elle ne voulait point jouir en son corps, tant que celui de son très saint Fils se trouverait dans le sépulcre et ne serait point glorifié. La très prudente Mère témoigna par là le grand amour qu'elle avait pour son adorable Fils, comme la plus vive et la plus parfaite image de cette humanité déifiée ; et c'est à cause de sa fidélité incomparable qu'il lui fut donné de souffrir de mortelles angoisses dans son corps, tandis que son âme surabondait de joie, comme il arriva à notre Sauveur Jésus Christ. Durant cette vision elle fit des cantiques de louanges, célébrant ce mystérieux triomphe, et glorifiant la très douce et très sage providence du Rédempteur, qui comme un Père plein de tendresse et comme un Roi Tout-Puissant, voulut lui-même descendre pour prendre possession de ce nouveau royaume que son Père lui avait remis, et voulut en racheter les habitants par sa présence, afin qu'ils commençassent, avant de le quitter, à jouir de la récompense qu'il leur avait méritée. L'accomplissement de ces hauts desseins et de plusieurs autres qui lui furent révélés la transportait d'allégresse, et c'est pourquoi elle exaltait le nom du Seigneur comme Coadjutrice et comme Mère de l'adorable Triomphateur.

Instruction que j'ai reçue de la Reine du ciel

1464. Ma fille, méditez les enseignements que contient ce chapitre, ils vous sont directement applicables et très nécessaires dans l'état où vous a placée le Très-Haut, et eu égard à ce qu'il demande de vous afin que vous correspondiez à son amour. Or, ce qu'il demande de vous, c'est que parmi les embarras des créatures, soit comme supérieure, soit comme inférieure, soit en commandant, soit en obéissant, vous ne perdiez jamais, malgré toutes les occupations extérieures, la vue du Seigneur dans la partie supérieure de votre âme, et que vous ne détourniez jamais vos regards de la lumière du Saint-Esprit, qui vous assistera pour vous disposer à recevoir ses continuelles communications ; car mon très saint Fils veut trouver dans la solitude de votre cœur ces voies cachées au démon et fermées aux passions, qui conduisent dans le sanctuaire où n'entre que le souverain Prêtre[1007], et où l'âme jouit des secrets et saints embrassements du divin Époux, lorsque entièrement dégagée des choses terrestres, elle lui prépare le lieu sacré de son repos. C'est là où vous trouverez votre Seigneur favorable, le Très-Haut libéral, votre Créateur miséricordieux, votre Rédempteur et votre Époux plein de douceur et d'amour ; vous n'y craindrez point la puissance des ténèbres ; ni les effets du péché, qui ne pénètrent point jusqu'à cette région de lumière et de vérité.

Mais ce qui détruit ces voies divines, est l'amour déréglé pour ce qui est visible, c'est la négligence à garder la loi du Seigneur ; ce qui suffit pour les obstruer, c'est le moindre désordre des passions ou le plus petit soin inutile, c'est surtout l'inquiétude de l'âme et le trouble intérieur ; car pour y marcher, il faut que le cœur soit

---

1007 He 9, 7.

pur et libre de ce qui n'est point vérité et lumière.

1465. Vous avez bien compris et expérimenté cette doctrine, je n'ai cessé de vous la manifester dans ma conduite comme dans un clair miroir. Vous avez su de quelle manière je me suis comportée dans les douleurs et dans les afflictions de la Passion de mon très saint Fils ; avec quel zèle je m'occupai des apôtres et des préparatifs de la sépulture, comment j'assistai les saintes femmes et comment j'agis tout le reste de ma vie, conciliant toujours ces choses extérieures avec les opérations de mon âme, sans que les unes empêchassent les autres. Or, pour m'imiter en cela, comme je veux que vous le fassiez, il faut que ni la fréquentation inévitable des créatures, ni les occupations de votre état, ni les peines de la vie passagère, ni les tentations et la malice du démon puissent détourner votre attention et troubler votre intérieur. Et je vous avertis, ma très chère fille, que si vous n'êtes très soigneuse sur cet article, vous perdrez beaucoup de temps, vous vous priverez d'une infinité de faveurs extraordinaires, vous frustrerez les très hautes et très saintes fins du Seigneur, et vous nous contristerez moi et les anges, car nous voulons tous que votre conversation soit avec nous ; vous perdrez aussi par cette négligence la tranquillité de votre esprit, la consolation de votre âme, plusieurs degrés de grâce, les accroissements de l'amour divin que vous souhaitez, et enfin une très grande récompense dans le ciel. Vous voyez par-là combien il vous importe d'être attentive à mes avis, et de m'obéir en ce que je vous enseigne avec un amour maternel. Faites-y réflexion, ma fille, et gravez dans votre cœur mes paroles, afin que vous les mettiez en pratique par mon intercession et avec la grâce du Très-Haut. Tâchez aussi de m'imiter en la fidélité de l'amour avec lequel je refusai, afin d'imiter mon adorable Maître, le soulagement que mes sens corporels auraient pu recevoir, tout en le remerciant de son secours ainsi que de la faveur qu'il fit aux justes des limbes, lorsque son âme très sainte y descendit pour les racheter et les combler de joie par sa présence ; car toutes ces merveilles furent les effets de son amour infini.

Chapitre 26
La résurrection de notre Sauveur Jésus-Christ, et son apparition à sa très sainte Mère avec les saints Pères des limbes.

1466. L'âme très sainte de notre Rédempteur Jésus-Christ demeura dans les limbes depuis les trois heures et demie du vendredi au soir jusqu'aux trois heures du matin du dimanche suivant.

Alors elle retourna victorieuse au sépulcre, accompagnée des mêmes anges qui l'escortaient dans sa descente aux limbes, et des saints qu'elle tira de ces prisons souterraines, comme les dépouilles que sa victoire lui avait acquises et les trophées de son glorieux triomphe, laissant ses ennemis rebelles dans l'abattement et l'effroi. Il y avait au sépulcre beaucoup d'autres anges qui le gardaient pour faire honneur au sacré corps uni à la Divinité. Et quelques-uns d'eux avaient recueilli par l'ordre de leur Reine les reliques du sang que son très saint fils versa, les lambeaux de chair qu'on lui fit tomber de ses plaies, les cheveux qu'on lui arracha, et tout le reste qui contribuait à la parfaite intégrité de son humanité sainte, la très prudente Mère songea à tout. Les anges gardaient précieusement ces reliques, chacun d'eux s'estimant fort heureux de la part qui lui était échue. En premier lieu les saints Pères virent le corps de leur Rédempteur tout blessé, déchiré et défiguré par la cruauté des Juifs. Les patriarches, les prophètes et tous les autres saints le reconnurent dans ce pitoyable état, l'adorèrent et déclarèrent de nouveau que le Verbe incarné s'était véritablement chargé de nos infirmités et de nos douleurs[1008], et qu'il avait surabondamment payé notre dette et satisfait à la justice du Père éternel pour ce que nous avions mérité, étant lui-même très innocent et sans aucun péché. C'est là où nos premiers parents, Adam et Ève, apprécièrent les ravages que leur désobéissance avait causés dans le monde, combien en avait coûté la réparation, et l'immense bonté, la miséricorde infinie du Rédempteur. Les patriarches et les prophètes virent accomplies leurs prédictions et les espérances qu'ils avaient eues dans les promesses du Très-Haut. Et comme ils sentaient en la gloire de leurs âmes l'effet de la rédemption abondante, ils en louèrent de nouveau le Tout-Puissant et le Saint des saints, qui l'avait opérée avec un ordre si merveilleux de sa sagesse.

1467. Les anges restituèrent ensuite au corps sacré toutes les reliques qu'ils avaient recueillies, le rétablissant dans son intégrité naturelle, et cela se fit en présence de tous les saints qui étaient sortis des limbes. Au même instant l'âme très sainte du Seigneur se réunit à son corps, et lui donna la vie et la gloire immortelle. Et quittant le linceul et les parfums avec lesquels on l'avait enseveli[1009], il fut revêtu des quatre dons de gloire, la clarté, l'impassibilité, l'agilité et la subtilité.

Ces dons rejaillirent de la gloire immense de l'âme de notre Seigneur Jésus-Christ sur son corps déifié. Et quoiqu'il eût dû les recevoir au moment même de la conception, comme un apanage et comme une attribution naturelle, puisque dès lors son âme très sainte fut glorifiée, et que toute cette humanité très innocente était unie à la Divinité, il est vrai qu'ils furent alors suspendus et ne rejaillirent point sur le sacré corps, afin que restant passible il pût nous mériter notre gloire en se privant de celle de son corps, ainsi que je l'ai dit ailleurs. Mais en la résurrection ces dons lui furent rendus avec justice, dans le degré et dans la proportion qui répondait à la gloire de l'âme et à l'union de l'âme avec la Divinité. Et comme la gloire de l'âme très sainte de notre Sauveur Jésus-Christ est incompréhensible et ineffable, de même il est impossible de bien exprimer par nos faibles paroles et par aucun exemple la gloire et les dons de son corps déifié, car par rapport à sa pureté, le cristal est obscur. La clarté dont il resplendissait surpasse celle des autres corps glorieux, comme le jour surpasse la nuit, et plus que l'éclat de mille soleils ne sur-

---

1008 Is 53, 4.

1009 Jn 19, 40.

passerait celui d'une seule étoile ; et parvint-on à réunir en une seule créature les beautés de toutes les autres, elle paraîtrait difforme auprès de lui ; aussi n'y a-t-il rien en tout ce qui est créé qui puisse lui être comparé.

1468. L'excellence de ces dons surpassa de beaucoup en la résurrection la gloire qu'ils communiquèrent en la transfiguration et en d'autres occasions où notre Seigneur Jésus-Christ se transfigura, comme on l'a vu dans le cours de cette histoire ; car alors il la reçut en passant et proportionnellement à la fin pour laquelle il se transfigurait ; mais en la résurrection il l'eut avec plénitude pour en jouir éternellement. Par l'impassibilité le corps sacré devint inaltérable. Par la subtilité il fut tellement purifié de ce qu'il avait de terrestre, qu'il pouvait pénétrer les autres corps sans aucune résistance, comme s'il eût été un pur esprit ; et c'est ainsi qu'il pénétra la pierre du sépulcre sans la déplacer et sans la briser, en la manière dont il était sorti du sein virginal de sa très pure Mère. L'agilité l'affranchit du poids de la matière au point qu'il surpassait la libre activité des anges ; et il pouvait par lui-même se transporter plus rapidement qu'eux d'un lieu à un autre, comme il le fit quand il se montra aux apôtres et en d'autres occasions. Les sacrées plaies qui le défiguraient auparavant parurent aux pieds, aux mains et au côté si brillantes, qu'elles rehaussaient sa beauté ravissante comme du trait caractéristique le plus admirable. Notre Sauveur sortit du sépulcre revêtu de toute cette beauté et de toute cette gloire. Et en présence des saints et des patriarches qu'il avait tirés des limbes, il promit à tout le genre humain la résurrection universelle, comme un effet de la sienne, en la même chair et dans le même corps de chacun des mortels ; et aux justes leur future glorification dans leur chair et dans leur corps. Pour gage de cette promesse de la résurrection universelle, sa divine Majesté ordonna aux âmes de beaucoup de saints qui se trouvaient présentes, de s'unir à leurs corps et de les ressusciter à une vie immortelle. Cet ordre divin fut aussitôt exécuté, et alors eut lieu la résurrection des corps dont saint Matthieu prévenant le mystère fait mention dans son Évangile[1010] ; entre autres, de ceux de sainte Anne, de saint Joseph, de saint Joachim et de quelques anciens Pères et patriarches qui se distinguèrent le plus en la foi et en l'espérance de l'incarnation, et qui la demandèrent avec le plus d'ardeur au Très-Haut. Et en récompense de leur ferveur et de leurs saints désirs, ils obtinrent par avance la résurrection et la gloire de leurs corps.

1469. Oh ! combien ce Lion de Juda, ce fils de David paraissait déjà puissant, admirable, victorieux et fort[1011] ! Jamais personne ne sortit du sommeil aussi vivement que Jésus-Christ de la mort. À sa voix impérieuse, les ossements desséchés et dispersés de ces vieux morts se rapprochèrent aussitôt, et la chair qui était réduite en poussière, se renouvela et s'unit aux os pour reconstituer son être primitif, mais perfectionné par les dons de gloire que le corps reçut de l'âme glorifiée qui lui donna la vie. Tous ces saints ressuscitèrent dans un instant avec leur Rédempteur, et parurent

---

1010 Mt 27, 52.

1011 Ps 3, 6.

plus clairs et plus resplendissants que le soleil ; beaux, transparents, légers, capables de le suivre partout ; et par leur bonheur ils nous ont confirmés dans l'espoir que nous verrions notre Rédempteur dans notre propre chair, et que nous le contemplerions de nos propres yeux comme Job l'a prédit pour notre consolation[1012]. La grande Reine du ciel pénétrait tous ces mystères, et y participait par la vision qu'elle avait dans le Cénacle. Au moment même où l'âme très sainte de Jésus-Christ entra dans son corps et lui donna la vie, celui de sa très pure Mère reçut la joie qui était suspendue dans son âme jusqu'à la résurrection de cet adorable Seigneur, comme je l'ai dit dans le chapitre précédent. Ce bienfait fut si excellent, qu'elle en fut toute transformée, et elle passa incontinent de la désolation où elle était à une céleste consolation, et de la tristesse à une joie ineffable. Il arriva que dans cette circonstance l'évangéliste saint Jean l'alla voir pour la consoler dans son amère solitude, comme il l'avait fait le jour précédent ; mais il fut agréablement surpris de trouver entourée des splendeurs de la gloire, celle qui naguère était presque méconnaissable à cause de son affliction. Le saint apôtre l'ayant considérée avec admiration et avec un profond respect, crut que le Seigneur devait être déjà ressuscité, puisque sa divine Mère recevait tant de consolation qu'elle en était toute renouvelée.

1470. Par cette nouvelle joie et par, les opérations si divines que l'âme de notre auguste Princesse produisait dans la vision de tous ces mystères si sublimes, elle commença à se disposer à la prochaine apparition de son Fils ressuscité. Et au milieu des cantiques de louanges et des prières qu'elle faisait, elle sentit tout à coup, outre la joie qu'elle avait, quelque chose d'extraordinaire, je ne sais quelle consolation céleste, qui répondait d'une manière merveilleuse aux douleurs et aux peines intérieures qu'elle avait souffertes dans la Passion ; ce bienfait était tout différent et fort au-dessus de la joie qui rejaillissait de son âme sur son corps comme un écoulement naturel. Après ces admirables effets, elle reçut une autre grâce qui lui fit goûter des faveurs divines qui étaient toutes nouvelles. Alors elle sentit s'opérer en elle une nouvelle infusion de sentiments et de lumières qui précèdent la vision béatifique, et que je ne décris point ici, parce que je l'ai déjà fait lorsque j'ai traité de cette matière dans la première partie. J'ajoute seulement que notre incomparable Reine reçut ces bienfaits dans cette occasion d'une manière plus excellente et avec plus d'abondance que dans les autres rencontres, parce que la Passion de son très saint Fils et les mérites qu'elle y acquit avaient précédé, et son Fils Tout-Puissant lui donnait une consolation qui répondait à la grandeur des peines qu'elle avait souffertes.

1471. La bienheureuse Marie étant ainsi préparée, notre Sauveur Jésus-Christ ressuscité et glorieux entra accompagné de tous les saints et de tous les patriarches qu'il avait tirés des limbes. La très humble Reine se prosterna et adora son très saint Fils, et le Seigneur la releva lui-même. Et par cette faveur, beaucoup plus grande que celle que demandait la Madeleine en souhaitant toucher les sacrées plaies de

---

1012 Jb 19, 26.

Jésus-Christ[1013], la Mère Vierge reçut un bienfait extraordinaire qu'elle seule put mériter comme exempte de la loi du péché. Et quoique ce ne fût pas le plus grand de ceux dont elle fut favorisée dans cette occasion, elle n'eût pas été capable de le recevoir si elle n'eut été soutenue par les anges et fortifiée par le Seigneur lui-même, afin de ne point tomber en défaillance. Ce bienfait consista en ce que le corps glorieux de Jésus-Christ pénétra celui de sa très pure Mère, qui devint tout éclatant, comme si un globe de cristal renfermait le soleil, qui le remplirait de splendeur et de beauté par sa lumière. C'est ainsi à peu près que le corps de l'auguste Marie fut uni à celui de son adorable Fils par le moyen de cette divine pénétration, qui fut pour elle comme une voie pour arriver à la connaissance de la gloire de l'âme et du corps du même Seigneur. Par ces faveurs, comme par autant de degrés de dons ineffables, notre grande Reine s'éleva à la contemplation des mystères les plus sublimes. Parvenue à ces hauteurs, elle entendit une voix qui lui disait : *Ma bien-aimée, montez encore, montez plus haut[1014]*. En vertu de cette voix, elle fut toute transformée et vit la Divinité d'une vue claire et intuitive, dans laquelle elle trouva le repos et pour quelques moments au moins la récompense de toutes ses peines. Il faut forcément garder ici le silence, puisque les paroles nous manquent pour exprimer ce qui se passa à l'égard de la très pure Marie dans cette vision béatifique, qui fut la plus haute et la plus divine de celles dont elle avait été privilégiée jusqu'alors. Célébrons ce jour avec des cantiques de louanges, avec des transports d'admiration, avec des congratulations, avec amour et avec d'humbles actions de grâces de ce qu'elle fut si exaltée, de ce qu'elle nous mérita à nous, et de ce dont elle jouit elle-même.

1472. Notre auguste Princesse jouit pendant quelques heures de l'être de Dieu avec son très saint Fils, et participa à sa gloire comme elle avait participé à ses douleurs. Ensuite elle descendit de cette vision par les mêmes degrés par lesquels elle y était montée ; et à la fin de cette faveur elle fut de nouveau appuyée sur le bras gauche de la très sainte humanité, et, caressée en une autre manière de la droite de la Divinité[1015]. Elle eut de très doux entretiens avec son adorable Fils sur les sublimes mystères de sa Passion et de sa gloire. Et dans ces entretiens elle fut de nouveau enivrée du vin de la charité et de l'amour, qu'elle but sans mesure à sa propre source. Elle reçut abondamment dans cette circonstance tout ce qui pouvait être accordé à une simple créature, comme si la divine équité avait voulu, selon notre manière de concevoir, réparer pour ainsi dire l'injure (je me sers de cette expression, parce que je ne saurais mieux m'expliquer) qu'avait reçue une créature si pure et exempte de toute tache, en souffrant les douleurs et les tourments de la Passion, qui, ainsi que je l'ai dit plusieurs fois, étaient les mêmes que notre Sauveur Jésus-Christ endura ; et dans ce mystère la joie de la divine Mère répondit aux peines qu'elle avait souffertes.

1013 Jn 20, 17.

1014 Lc 4, 10.

1015 Ct 2, 6.

1473. Après avoir été comblée de toutes ces faveurs, elle s'adressa, tout en restant dans un état très sublime, aux saints patriarches et aux justes qui accompagnaient le Sauveur ; elle les reconnut tous et parla à chacun selon son rang, se réjouissant de leur sortie des limbes, et louant le Tout-Puissant de ce que sa miséricorde libérale avait opéré en chacun d'eux. Elle s'entretint particulièrement avec ses parents, saint Joachim et sainte Anne, avec son époux Joseph et avec saint Jean-Baptiste. Ensuite elle parla aux patriarches, aux prophètes et à nos premiers parents Adam et Ève. Ils se prosternèrent tous aux pieds de notre auguste Princesse, et la reconnurent comme la Mère du Rédempteur du monde, pour la cause de leur remède, et la Coadjutrice de leur rédemption ; et comme telle ils voulurent, conformément aux dispositions de la divine Sagesse, l'honorer d'un digne culte de vénération. Mais la Reine des vertus et la Maîtresse de l'humilité se prosterna elle- même, et rendit aux saints l'honneur qui leur était dû, et le Seigneur le permit, parce que les saints, quoiqu'ils fussent inférieurs en la grâce, étaient supérieurs en l'état de bienheureux qui leur assurait à jamais la gloire éternelle, et que la Mère de la grâce, encore voyageuse sur la terre, n'était point au nombre des compréhenseurs. Cet, entretien avec les saints Pères se prolongea en présence de notre Sauveur Jésus-Christ. Et la très pure Marie convia tous les anges et tous les saints qui y assistaient, à louer le Triomphateur de la mort, du péché et de l'enfer, et ils lui chantèrent tous des cantiques nouveaux, des psaumes et des hymnes de gloire ; ensuite le Sauveur ressuscité fit les autres apparitions que je rapporterai dans le chapitre suivant.

Instruction que la bienheureuse Vierge Marie m'a donnée

1474. Ma fille, réjouissez-vous dans la peine où vous êtes, de ce que vous ne sauriez exprimer par vos faibles paroles ce que vous concevez des ineffables mystères que vous venez d'écrire. C'est une victoire que le Très-Haut remporte sur la créature, et sa divine Majesté trouve sa gloire à entendre cette même créature se déclarer vaincue par la grandeur de mystères aussi sublimes que ceux-ci ; car on en pénétrera fort peu tant que l'on vivra dans une chair mortelle. Je sentis toutes les peines de la Passion de mon très saint Fils, et quoique je ne perdisse point la vie, j'expérimentai néanmoins d'une manière mystérieuse les douleurs de la mort, et à ce genre de mort correspondit en moi une autre admirable et mystique résurrection à un état plus élevé de grâce et de célestes opérations. Et comme l'être de Dieu est infini, à quelques communications que la créature soit appelée, il lui en reste toujours davantage à connaître, à aimer, à posséder. Mais afin que vous puissiez découvrir dès maintenant quelque chose de la gloire de mon Seigneur Jésus-Christ, de la mienne et de celle des saints, en vous servant du raisonnement et des notions que vous avez sur les dons du corps glorieux, je veux vous donner une règle par laquelle vous pourrez passer à ceux de l'âme. Vous savez déjà que ceux-ci sont : la vision, la compréhension et la jouissance. Ceux du corps sont ceux que vous avez indiqués :

la clarté, l'impassibilité, la subtilité et l'agilité.

1475. À tous ces dons correspond une certaine augmentation pour la plus petite action méritoire que fait celui qui est en état de grâce, quand ce ne serait que remuer une paille ou donner un verre d'eau pour l'amour de Dieu[1016]. La créature recevra pour la moindre de ces actions, lorsqu'elle sera bienheureuse, une plus grande clarté que celle de plusieurs soleils. Dans l'impassibilité, elle sera plus à l'abri de la corruption humaine et terrestre que tous les efforts et toutes les précautions des puissants de la terre ne sauraient les défendre de ce qui peut leur nuire ou altérer leur état. Dans la subtilité elle est au-dessus de tout ce qui peut lui résister, et elle exerce un nouvel empire sur tout ce qu'elle veut pénétrer. Enfin dans le don d'agilité elle obtient pour la moindre action méritoire une plus grande activité pour se mouvoir que celle qu'ont les oiseaux, les vents et les créatures les plus actives, comme le feu et les autres éléments pour tendre à leur centre naturel. Par l'augmentation que l'on mérite dans ces dons du corps, vous comprendrez celle dont sont susceptibles les dons de l'âme, auxquels les premiers correspondent et desquels ils dérivent.

Car l'on reçoit dans la vision béatifique, pour le moindre mérite, de plus grandes lumières et une plus profonde connaissance des attributs et des perfections de Dieu, que toutes les lumières qu'aient jamais pu avoir, et que toute la connaissance qu'aient jamais pu acquérir dans la vie mortelle tous les docteurs de l'Église. Il y a aussi une augmentation dans le don de compréhension à l'objet divin ; car de la certitude inébranlable avec laquelle le juste comprend ce bien infini, résulte pour lui un sentiment de sécurité et de nouvelle satisfaction plus digne d'envie que tout ce que les créatures ont de plus précieux, pût-il le posséder sans crainte de le perdre. Dans le don de jouissance, qui est le troisième de l'âme, il est accordé au juste dans le ciel, en récompense de l'amour avec lequel il a fait une minime bonne œuvre, des degrés d'amour de jouissance si excellents, que cette augmentation surpasse tout ce qui est capable d'attirer l'affection et les désirs des hommes dans la vie passagère ; et les délices qu'elle procure sont tels, qu'il n'y a rien dans le monde qui puisse lui être comparable.

1476. Élevez maintenant votre esprit, ma fille, et, après avoir apprécié les récompenses si merveilleuses qui sont réservées à la moindre action faite pour Dieu, jugez quelle est la récompense des saints qui pour l'amour du Seigneur ont fait les choses si héroïques et souffert les supplices si cruels que vous raconte l'histoire de l'Église. Et si cela arrive chez les saints qui sont de simples mortels sujets à des péchés et à des imperfections qui diminuent le mérite, considérez avec toute l'attention possible quelle doit être la gloire de mon très saint Fils, et vous sentirez combien l'intelligence humaine est incapable, surtout dans la vie passagère, de comprendre dignement ce mystère, et de se former une juste idée d'une grandeur si immense. L'âme très sainte de mon Seigneur était substantiellement unie à la Divinité en sa personne divine, et par l'union hypostatique il fallait que l'océan infini de cette

---

1016 Mt 10, 42.

même Divinité lui fût communiqué, la béatifiant comme celle à qui elle avait communiqué son propre être de Dieu d'une manière ineffable. Mais si son âme n'a pas acquis par ses mérites cette gloire qui lui fut donnée dès l'instant de sa conception dans mon sein en vertu de l'union hypostatique, les œuvres qu'il fit ensuite durant l'espace de trente-trois ans, naissant dans la pauvreté, vivant dans les fatigues, aimant, pratiquant comme voyageur toutes les vertus, prêchant, souffrant, méritant, rachetant tout le genre humain, établissant l'Église et tout ce que la foi catholique enseigne ; ces œuvres, dis-je, méritèrent la gloire de son corps sacré, et cette gloire correspondait à celle de son âme ; tout cela est incompréhensible, magnifique, immense, la manifestation en est réservée pour la vie éternelle. Et par rapport à mon adorable Fils, le puissant bras du Très-Haut opéra de grandes choses en moi, simple créature que j'étais ; de sorte que j'oubliai aussitôt les douleurs que j'avais eues. Il en arriva de même aux Pères des limbes, et il en arrive encore de même aux autres saints quand ils reçoivent la récompense. J'oubliai toutes mes afflictions, parce que la joie inexprimable que je ressentais excluait la peine ; mais je ne perdis jamais le souvenir de ce que mon Fils avait souffert pour le genre humain.

Chapitre 27
Quelques apparitions de notre Sauveur Jésus-Christ ressuscité aux Marie et aux apôtres. — Le récit qu'ils en faisaient à notre auguste Reine, et la prudence avec laquelle elle les écoutait.

1477. Après que notre Sauveur Jésus ressuscité et glorieux eut visité et rempli de gloire sa très sainte Mère, il résolut, comme un père plein de tendresse et comme un pasteur très vigilant, de rassembler les brebis de son troupeau, que le scandale de sa Passion avait troublées et dispersées. Les saints Pères et tous ceux qu'il avait tirés des limbes et du purgatoire l'accompagnaient toujours, quoiqu'ils ne se manifestassent point dans ses apparitions ; car il n'y eut que notre auguste Reine qui les vit, qui les connût, et qui leur parlât pendant les quarante jours qui se passèrent jusqu'à l'Ascension de son très saint Fils. Et lorsqu'il n'apparaissait point à d'autres personnes, il restait toujours auprès de sa bienheureuse Mère dans le Cénacle, où elle demeura sans en sortir durant ces quarante jours. Elle y jouissait de la vue du Rédempteur du monde, et de l'assemblée des prophètes et des saints qui faisaient compagnie au Roi et à la Reine de l'univers. Quand le Seigneur voulut se manifester aux apôtres, il commença par les femmes, comme étant non les plus faibles, mais les plus fortes en la foi et en l'espérance de sa résurrection ; car ce fut par-là qu'elles méritèrent d'obtenir les premières en faveur de le voir ressuscité.

1478. L'évangéliste saint Marc fait mention du soin que prirent Marie Madeleine et Marie mère de Joseph de remarquer où l'on déposait le corps sacré de Jésus dans le sépulcre[1017]. Par suite de cette prévoyance, elles sortirent le samedi soir du

---

1017 Mc 4, 47.

Cénacle avec quelques autres saintes femmes pour descendre dans la ville ; elles y achetèrent des parfums dans le dessein de retourner le jour suivant de grand matin au sépulcre pour y adorer le très saint corps de leur Maître, et l'embaumer de nouveau[1018]. Or, le dimanche elles sortirent avant le jour pour exécuter leur pieux dessein, ignorant que le sépulcre eut été scellé, et qu'on y eût mis des gardes par ordre de Pilate[1019]. Dans le trajet, elles se préoccupaient uniquement de la difficulté de trouver quelqu'un qui leur ôterait la grande pierre au moyen de laquelle elles avaient remarqué qu'on avait fermé le sépulcre ; mais l'amour leur persuadait qu'elles surmonteraient cet obstacle, sans toutefois qu'elles sussent comment. Il était nuit quand elles sortirent du Cénacle, et lorsqu'elles arrivèrent au sépulcre, le soleil était déjà levé[1020], parce qu'il regagna le jour de la résurrection les trois heures pendant lesquelles il s'était couvert de ténèbres, au moment de la mort de notre Sauveur. Par ce miracle on concilie les récits des évangélistes saint Marc et saint Jean, qui disent, l'un que les Marie arrivèrent au sépulcre lorsque le soleil venait de se lever, et l'autre qu'elles y vinrent avant le jour et tout cela est vrai. En effet, elles sortirent de grand matin avant le point du jour ; mais, quoiqu'elles ne se fussent point arrêtées en route, quand elles arrivèrent le soleil s'était déjà levé, à cause de la diligence extraordinaire qu'il fit ce jour-là. Le sépulcre était comme une petite grotte voûtée dont l'ouverture était fermée par une grande pierre ; il y avait au dedans un endroit un peu élevé, et ce fut là que l'on déposa le corps de notre Sauveur.

1479. Un grand tremblement de terre se fit sentir un peu avant que les Marie s'entretinssent de la difficulté qu'elles auraient de faire ôter la pierre, et au même moment un ange du Seigneur renversa la pierre qui fermait le sépulcre[1021]. Les gardes en furent si saisis de frayeur, qu'ils demeurèrent comme morts[1022], quoiqu'ils ne vissent point le Seigneur ; car son corps était déjà ressuscité et sorti du sépulcre avant que l'ange en ôtât la pierre. Les Marie sentirent aussi quelque crainte, mais elles s'encouragèrent, et le Seigneur les fortifia ; elles s'approchèrent donc, et entrèrent dans le sépulcre. Elles virent près de l'ouverture l'ange qui avait renversé la pierre, et qui était assis dessus ; il avait le visage brillant comme un éclair, et son vêtement était blanc comme la neige[1023] ; et il leur dit : *Ne craignez point ; c'est Jésus de Nazareth que vous cherchez ; il n'est pas ici, parce qu'il est ressuscité. Entrez, et vous verrez le lieu où on l'avait mis*[1024]. Les Marie entrèrent, et voyant le sépulcre vide, elles furent toutes désolées, parce qu'elles étaient plus occupées du désir qu'elles

---

1018 Mc 16, 2.

1019 Mc 27, 65.

1020 Jn 20, 1 ; Mc 16, 2.

1021 Mt 28, 2.

1022 *Ibid.*, 4.

1023 Mt 28, 8.

1024 Mc 16, 6.

avaient de le voir, que de ce que l'ange leur avait dit. Bientôt elles virent deux autres anges assis aux côtés du sépulcre, qui leur dirent : Pourquoi cherchez-vous parmi les morts Celui qui est vivant ? Il n'est point ici, mais il est ressuscité ; souvenez-vous de ce qu'il vous a dit, étant encore en Galilée : qu'il fallait qu'il fût crucifié, et qu'il ressuscitât trois jours après[1025]. Allez promptement en donner la nouvelle à ses disciples et à Pierre, et dites-leur qu'ils aillent en Galilée, où ils le verront[1026].

1480. Par cet avis les Marie se souvinrent de ce que leur divin Maître avait dit. Et étant assurées de sa résurrection, elles partirent aussitôt du sépulcre pour en donner la nouvelle aux onze apôtres et aux autres disciples qui avaient suivi le Seigneur ; mais la plupart prirent ce qu'elles leur disaient pour un vain rêve[1027], tant ils étaient ébranlés dans leur foi, tant ils avaient déjà oublié les paroles de leur Rédempteur. Pendant que les Marie, pleines de joie et de crainte, racontaient aux apôtres ce qu'elles avaient vu, les gardes du sépulcre reprirent leurs sens[1028]. Et comme ils le virent ouvert, et que le sacré corps n'y était plus, ils allèrent avertir les princes des prêtres de ce qui s'était passé, et les mirent dans un si grand trouble, qu'ils s'assemblèrent immédiatement avec les anciens du peuple pour délibérer sur le moyen de cacher une merveille si éclatante[1029]. Ils résolurent de donner une grande somme d'argent aux soldats, afin qu'ils dissent que pendant qu'ils dormaient, les disciples de Jésus étaient venus enlever son corps du sépulcre[1030]. Les princes des prêtres les ayant ainsi gagnés leur dirent de ne rien craindre, et qu'ils les mettraient à couvert des suites de leur apparente négligence[1031] ; c'est pourquoi ils publièrent cette imposture parmi les Juifs ; et il y en eut beaucoup, qui furent assez stupides pour y ajouter foi ; d'autres encore plus obstinés et plus aveuglés, admettent aujourd'hui même le témoignage de gens qui ont avoué qu'ils dormaient, tout en prétendant qu'ils ont vu enlever le corps du Sauveur.

1481. Quoique le rapport des Marie parût du délire aux disciples et aux apôtres, saint Pierre et saint Jean, souhaitant s'en éclaircir, se rendirent promptement au sépulcre, et les Marie y retournèrent après eux[1032]. Saint Jean arriva le premier, et, sans entrer dans le sépulcre, il vit de l'ouverture les linges à un autre endroit que celui où l'on avait mis le sacré corps[1033], et il attendit que saint Pierre fût arrivé. Celui-ci entra le premier, saint Jean le suivit, et ils virent que le corps du Sauveur n'était point

1025 Lc 24, 5-6.

1026 Mc 16, 7.

1027 Lc 24, 11.

1028 Mt 28, 11.

1029 *Ibid.*, 12.

1030 *Ibid.*, 18.

1031 Ibid. 14.

1032 Jn 20, 3.

1033 Jn 20, 5.

dans le sépulcre[1034]. Saint Jean dit qu'il crut alors, et c'est qu'il s'affermit dans ce qu'il avait commencé à croire, lorsqu'il vit la Reine du ciel toute changée, comme je l'ai rapporté dans le chapitre précédent. Les deux apôtres s'en retournèrent, pour annoncer aux autres ce qu'ils avaient vu avec admiration dans le sépulcre. Les Marie ne s'en éloignèrent point, et elles considéraient avec étonnement tout ce qui arrivait. La Madeleine, poussée par une plus grande ferveur et versant beaucoup de larmes, entra de nouveau dans le sépulcre pour le reconnaître avec plus d'attention. Et quoique les apôtres n'eussent point vu les anges, la Madeleine les vit, et ils lui dirent : *Femme, pourquoi pleurez-vous ?* Marie répondit : *C'est parce qu'ils ont enlevé mon Seigneur, et que je ne sais où ils l'ont mis*[1035]. Ensuite elle marcha un peu dans le jardin où était le sépulcre, et aussitôt elle vit Jésus tout auprès d'elle, sans découvrir que ce fût lui. Et sa divine Majesté lui dit aussi : *Femme, pourquoi pleurez-vous ?* Elle, croyant que c'était le jardinier, lui dit sans réflexion et transportée du divin amour : *Seigneur, si c'est vous qui l'avez enlevé, dites-moi où vous l'avez mis, et je l'emporterai*[1036]. Alors notre adorable Maître lui dit : *Marie*[1037] ; Et en la nommant il se fit connaître par la voix.

1482. Quand la Madeleine connut que c'était Jésus, elle en fut ravie de joie, et lui dit : *Mon Maître*[1038] ; et se prosternant à ses pieds, elle voulut les baiser, comme accoutumée à cette faveur. Mais le Seigneur la prévint, et lui dit : *Ne me touchez pas, car je ne suis pas encore monté vers mon Père ; allez vers mes frères les Apôtres, et dites-leur que je m'en vais monter vers mon Père et vers votre Père*[1039]. La Madeleine partit aussitôt toute consolée, toute joyeuse, et à une petite distance elle rencontra les autres Marie. À peine avait-elle achevé de leur dire ce qui lui était arrivé, et qu'elle avait vu Jésus ressuscité, qu'au milieu de leurs transports et de leurs larmes, le Seigneur leur apparut, et leur dit : *La paix soit avec vous*[1040]. Et quand elles l'eurent reconnu, l'évangéliste saint Matthieu dit qu'elles l'adorèrent ; le Seigneur leur ordonna d'aller trouver les apôtres, et de leur dire qu'elles l'avaient vu, et qu'ils devaient se rendre en Galilée ; que là ils le verraient ressuscité[1041].

Après cela le Seigneur disparut, et les Marie s'en retournèrent promptement au Cénacle, et racontèrent aux apôtres tout ce qu'il leur était arrivé ; mais ils avaient toujours de la peine à le croire[1042]. Ensuite elles entrèrent dans la retraite de la

1034 *Ibid.* 6.

1035 *Ibid.*, 13.

1036 *Ibid.*, 15.

1037 Jn 20, 16.

1038 *Ibid.*

1039 *Ibid.*, 17.

1040 Mt 28, 9.

1041 *Ibid.*, 10.

1042 Lc 24, 11.

Reine du ciel, et lui firent le récit de ce qui se passait. Elle les écouta avec une bonté et une prudence admirable, comme si elle l'eût ignoré, quoiqu'elle le sût par cette vision intellectuelle en laquelle elle connaissait toutes ces choses. Et elle prenait occasion de ce que les Marie lui racontaient, pour les confirmer en la foi des sublimes mystères de l'Incarnation et de la Rédemption, et des Saintes Écritures qui en traitaient. Mais la très humble Reine ne leur dit point ce qui lui était arrivé, quoiqu'elle fût la Maîtresse de ces fidèles et dévotes disciples, comme le Seigneur était le Maître des apôtres pour les rétablir en la foi.

1483. Les évangélistes ne disent point en quel temps le Seigneur apparut à saint Pierre, quoique saint Luc le suppose[1043]. Mais ce fut après que les Marie l'eurent vu ; et il lui apparut d'une manière plus secrète et en particulier comme au chef de l'Église, avant de se montrer aux apôtres réunis ou à aucun d'eux, le jour même de la résurrection, après que les Marie l'eurent assuré qu'elles l'avaient vu. Ensuite il apparut, comme saint Luc le raconte fort au long[1044], aux deux disciples qui allaient en un bourg nommé Emmaüs, éloigné de Jérusalem de soixante stades, qui faisaient quatre milles de Palestine, et près de deux lieues d'Espagne. L'un des deux s'appelait Cléophas, et l'autre était saint Luc lui-même ; or, voici ce qui, arriva. Les deux disciples sortirent de Jérusalem après avoir appris ce que les Marie avaient annoncé ; chemin faisant, ils s'entretenaient de tout ce qui s'était passé en la Passion, de la sainteté de leur Maître, et de la cruauté des Juifs. Ils s'étonnaient que le Tout-Puissant eût permis qu'un homme si saint et si innocent subît tant de mauvais traitements. L'un disait : « A-t-on jamais vu une pareille douceur ? » L'autre répliquait : « Est-il possible de trouver une patience égale à la sienne ? Il a toujours souffert sans se plaindre et sans perdre la majesté et la sérénité de son visage. Sa doctrine était sainte, sa vie irréprochable, dans ses discours il ne s'occupait que du salut éternel, et dans ses œuvres que du bien de tous ; or, quelle raison ont eue les prêtres de lui vouer une haine si implacable ? » L'un disait : « Il a été véritablement admirable en tout ; on ne peut pas nier qu'il ait été un grand Prophète, et qu'il n'ait fait de nombreux miracles ; il a rendu la vue aux aveugles, il a guéri les malades, il a ressuscité les morts, et il a prodigué de toutes parts les bienfaits ; mais il a dit qu'il ressusciterait le troisième jour qui suivrait sa mort ; c'est aujourd'hui, et nous ne voyons pas le fait s'accomplir. » L'autre répliqua : « Il a dit aussi qu'on le crucifierait, et cela est arrivé comme il l'a prédit[1045]. »

1484. Pendant qu'ils conféraient ensemble de toutes ces choses, Jésus leur apparut en costume de pèlerin, comme s'il les eût atteints sur la route, et leur demanda (après les avoir salués) : « De quoi vous entreteniez-vous, et pourquoi êtes-vous tristes[1046] ? » Alors Cléophas lui répondit : « Êtes-vous le seul étranger dans Jérusalem qui ne sa-

---

1043 Lc 24, 34.

1044 *Ibid.*, 15, etc.

1045 Mt 11, 19.

1046 Lc 24, 16, etc.

chiez point ce qui s'y est passé ces jours derniers ? » Le Seigneur lui dit : « Et qu'y est-il arrivé ? » Le disciple répondit : « Vous ne savez pas comment on a traité Jésus de Nazareth, qui a été un prophète puissant en œuvres et en paroles ? Et comment les princes des prêtres et nos magistrats l'ont condamné à mort, et l'ont crucifié ? Nous espérions néanmoins que ce serait lui qui délivrerait Israël en ressuscitant ; mais c'est aujourd'hui le troisième jour après sa mort, et nous ne savons point ce qu'il est devenu. Il est vrai que quelques femmes de celles qui étaient avec nous nous ont fort étonnés ; car étant allées avant le jour au sépulcre, et n'ayant point trouvé le corps de Jésus, elles sont venues dire qu'elles avaient vu plusieurs anges, qui déclaraient qu'il était ressuscité. Aussitôt quelques-uns des nôtres ont couru au sépulcre, et ont trouvé que ce que les femmes avaient dit était exact. Quant à nous, nous nous rendons à Emmaüs pour y attendre la fin de toutes ces choses extraordinaires. » Alors le Seigneur leur dit : « Insensés dont le cœur est si lent à croire ce qui a été annoncé par les prophètes ! Ne fallait-il pas que le Christ souffrît toutes ces peines et une mort si ignominieuse, et qu'il entrât par cette voie dans sa gloire ? »

1485. Notre divin Maître leur signala dans les Écritures les mystères de sa vie et de sa mort pour la rédemption du genre humain, commençant par la figure de l'agneau que Moïse ordonna d'immoler et de manger, après avoir teint de son sang le haut des portes[1047] ; il leur expliqua le sens symbolique de la mort du grand prêtre Aaron[1048], de la mort de Samson causée par l'excès de sa passion pour son épouse Dalila[1049], et de plusieurs endroits des Psaumes de David[1050], où il prédisait l'assemblée que les Juifs tinrent pour condamner le Seigneur, sa mort, le partage qu'ils firent entre eux de ses habits, et que son corps ne serait point sujet à la corruption ; il leur expliqua aussi ce qui est dit au livre de la Sagesse[1051], et ce qu'Isaïe et Jérémie ont exprimé encore plus clairement de sa Passion, à savoir qu'il serait défiguré comme un lépreux, qu'il paraîtrait un homme de douleurs, qu'on le mènerait à la mort comme une brebis qu'on va égorger, et qu'il n'ouvrirait seulement pas la bouche pour se plaindre[1052] ; puis il passa à ce que dit Zacharie, qui l'avait vu couvert de toute sorte de plaies[1053], et interpréta divers autres endroits des prophètes qui s'appliquent d'une manière évidente aux mystères de sa vie et de sa mort. Par la vertu de ses divines paroles, les disciples reçurent peu à peu la chaleur de la charité, et la lumière de la foi, qui s'était éclipsée en eux. Et lorsqu'ils furent arrivés près du bourg où ils allaient, notre adorable Sauveur feignit d'aller plus loin ; mais ils le prièrent instamment de

---

1047 Ex 12, 7.

1048 Nb 20, 29.

1049 Jdt 16, 30.

1050 Ps 21, 16 et 19 ; Ps 15, 10.

1051 Sg 2, 10.

1052 Is 53, 2 ; Jr 11, 19.

1053 Za 13, 6.

s'arrêter et de demeurer avec eux, lui représentant qu'il était déjà fort tard. Il accepta leur offre, et se mit à table avec eux pour faire la cène, suivant l'usage des Juifs, puis il prit du pain, le bénit selon sa coutume, le rompit et le leur présenta, leur donnant avec ce pain béni la certitude infaillible qu'il était leur Rédempteur et leur Maître.

1486. Ils le reconnurent, parce qu'il leur ouvrit les yeux de l'âme, et aussitôt qu'il les eut éclairés par sa divine lumière il disparut. Pour eux, ravis d'admiration et transportés de joie, ils se disaient l'un à l'autre : « N'est-il pas vrai que nous sentions notre cœur brûler au dedans de nous lorsqu'il nous parlait dans le chemin, et qu'il nous découvrait les Écritures ? Et se levant à l'heure même, ils partirent, quoiqu'il fût déjà nuit, et retournèrent à Jérusalem[1054]. Ils entrèrent dans la maison où les apôtres s'étaient retirés pour éviter les insultes des Juifs, et ils les trouvèrent avec quelques autres personnes, qui assuraient que le Seigneur était ressuscité et qu'il était apparu à saint Pierre. Les deux disciples rapportèrent à leur tour ce qui leur était arrivé en chemin, et comment Jésus en rompant le pain s'était fait connaître à eux. Saint Thomas se trouvait alors présent, et quoiqu'il eût entendu les deux disciples, dont les paroles étaient confirmées par saint Pierre qui assurait aussi qu'il avait vu son Maître ressuscité, il s'en tint à ses objections et conserva ses doutes, sans vouloir ajouter foi au témoignage des trois disciples plus qu'à celui des saintes femmes. Il sortit avec une espèce de dépit, effet de son incrédulité, et se retira de la compagnie des autres. Peu d'instants après que Thomas se fut retiré, le Seigneur entra quoique les portes fussent fermées, et apparut au milieu de ceux qui étaient assemblés, et leur dit : *La paix soit avec vous ; c'est moi, ne craignez pas*[1055].

1487. Mais le trouble et la frayeur dont ils étaient saisis leur faisant penser que c'était un esprit qu'ils voyaient, il leur dit : *Pourquoi vous troublez-vous, et pourquoi toutes ces pensées vous entrent-elles dans l'esprit ? Regardez mes mains et mes pieds, c'est moi-même ; touchez-moi, considérez-moi bien, un esprit n'a ni chair ni os comme vous voyez que j'en ai*[1056]. Alors même les apôtres restèrent si éperdus de joie et d'admiration, que, tout en voyant et touchant les mains du Sauveur percées, ils ne parvenaient point encore à croire que ce fût bien lui qu'ils entendaient et qu'ils touchaient. Le meilleur des Maîtres leur demanda pour les rassurer davantage : *Avez-vous ici quelque chose à manger*[1057] ? Ils lui présentèrent avec empressement un morceau de poisson rôti et un rayon de miel, dont il mangea en leur présence, et leur donna ce qui restait[1058]. Ensuite il leur dit : *Ce que vous voyez c'est ce que je vous avais dit lorsque j'étais avec vous : qu'il fallait que tout ce qui est écrit de moi dans la loi de Moïse, dans les*

1054 Lc 24, 33.

1055 Lc 24, 36.

1056 *Ibid.*, 38.

1057 *Ibid.*, 41.

1058 *Ibid.*, 42.

Prophètes et dans les Psaumes, fût accompli[1059]. Alors il leur ouvrit l'intelligence, ils le connurent, et comprirent les Écritures qui parlaient de sa Passion, de sa mort et de sa résurrection. Et les ayant ainsi éclairés par sa divine lumière, il leur dit une seconde fois : *La paix soit avec vous. Comme mon Père m'a envoyé, moi je vous envoie*[1060], *afin que vous enseigniez au monde la vérité et la connaissance de Dieu et de la vie* éternelle, *et que vous prêchiez la pénitence et la rémission des péchés en mon nom.* Ayant dit ces paroles, il souffla sur eux et leur dit : *Recevez le Saint-Esprit. Les péchés seront pardonnés à ceux à qui vous les pardonnerez, et ils seront retenus à ceux à qui vous les retiendrez*[1061]. *Vous prêcherez parmi toutes les nations, en commençant par Jérusalem*[1062]. Ensuite le Seigneur disparut, les laissant consolés et affermis dans la foi, et leur ayant donné, à eux et aux autres prêtres, le pouvoir de pardonner les péchés.

1488. Tout cela arriva, comme je l'ai dit, en l'absence de saint Thomas. Mais par une disposition de la divine Providence, il retourna bientôt à l'assemblée qu'il avait quittée, et les apôtres lui racontèrent tout ce qui leur était arrivé depuis son départ. Et quoiqu'il les eût trouvés tout changés par la joie dont venait de les remplir l'apparition du Seigneur, il n'en persista pas moins dans son incrédulité, déclarant qu'il ne croirait point ce qu'on lui disait, s'il ne voyait les marques des clous dans ses mains, et s'il ne mettait la sienne dans la plaie de son côté[1063]. L'incrédule Thomas persista dans cette opiniâtreté jusqu'à ce que huit jours après le Seigneur entra une autre fois dans la maison, les portes fermées, et apparut de nouveau au milieu des apôtres, parmi lesquels l'incrédule se trouvait. Il les salua selon sa coutume, leur disant : *La paix soit avec vous*[1064]. Et s'adressant à Thomas, il le reprit avec une bonté et une douceur admirable, et lui dit : *Approchez-vous, Thomas ; mettez ici votre doigt, et regardez mes mains ; portez aussi votre main et mettez-la dans mon côté, et ne soyez plus incrédule, mais soumis et fidèle*[1065]. Thomas toucha les sacrées plaies de notre divin Sauveur, et il fut intérieurement éclairé, de sorte qu'il crut et qu'il reconnut sa faute. Et se prosternant il lui répondit : *Vous êtes mon Seigneur et mon Dieu*[1066]. Alors Jésus lui dit : *Vous croyez, Thomas, parce que vous voyez ; heureux ceux qui n'ont point vu, et qui ont cru*[1067]. Puis il disparut, laissant les apôtres et Thomas, qui était avec eux, pleins de lumière et de joie. Ils allèrent aussitôt raconter à la bienheureuse

---

1059 Lc 24, 44.

1060 Jn 10, 21.

1061 Jn 10, 22-23.

1062 Lc 24, 47.

1063 Jn 20, 25.

1064 Jn 20, 26.

1065 Jn 20, 27.

1066 Jn 20, 28.

1067 Jn 20, 29.

Marie ce qui était arrivé, comme ils l'avaient fait après la première apparition.

1489. Les apôtres ne pénétraient point alors la profonde sagesse de la Reine du ciel, et encore moins la connaissance qu'elle avait de tout ce qui leur arrivait, et des œuvres de son très saint Fils ; c'est pourquoi ils l'informaient de ce qui se passait, comme si elle l'eût ignoré ; et elle les écoutait avec la plus grande prudence et avec une douceur maternelle. Après la première apparition quelquesapôtres lui parlèrent de l'obstination de Thomas, disant qu'il ne voulait point les croire, quoiqu'ils assurassent avoir vu leur Maître ressuscité ; et comme il persévéra pendant ces huit jours dans son incrédulité, l'indignation de ces apôtres contre lui ne fit qu'augmenter. Souvent ils allaient trouver la bienheureuse Vierge, et accusaient Thomas d'un sot entêtement à peine digne de l'homme le plus grossier. Notre indulgente Princesse les écoutait sans émotion, et voyant que les apôtres s'aigrissaient de plus en plus (car ils étaient encore imparfaits), elle interpella les plus mécontents, et les apaisa en leur rappelant que les jugements du Seigneur étaient fort cachés, qu'il tournerait à sa gloire l'incrédulité de Thomas, qu'il en tirerait de grands biens pour les autres, et qu'il fallait qu'ils en attendissent les effets avec patience et sans se troubler. Elle fit une fervente prière pour Thomas, et par son intercession le Seigneur hâta l'application du remède dont cet apôtre incrédule avait besoin. Après qu'il eut reconnu son adorable Maître, et que les autres en eurent informé notre auguste Reine, elle prit de là occasion de les instruire et de les confirmer en la foi ; et elle les exhorta à rendre avec elle des actions de grâces au Très-Haut pour un si grand bienfait, et à ne point se laisser ébranler par les tentations, puisqu'ils étaient tous sujets à tomber. Elle leur donna plusieurs autres avis très salutaires, et les prépara pour ce qu'il leur restait à faire dans la nouvelle Église.

1490. Notre Sauveur fit encore d'autres apparitions et plusieurs autres miracles, comme l'évangéliste saint Jean l'énonce ; mais on n'en a écrit que ce qui était suffisant pour établir la foi de la résurrection[1068]. Le même évangéliste rapporte ensuite que Jésus se manifesta de nouveau à saint Pierre, à Thomas, à Nathanaël, aux fils de Zébédée et à deux autres disciples près de la mer de Tibériade[1069] ; et comme cette apparition est fort mystérieuse, j'ai cru ne devoir point l'omettre dans ce chapitre. Voici comment elle eut lieu. Les apôtres se rendirent en Galilée après ce qui leur était arrivé dans Jérusalem, parce que le Seigneur le leur avait ordonné, leur promettant que ce serait là qu'ils le verraient. Or saint Pierre, se trouvant avec les six autres disciples sur les bords de cette mer, leur dit qu'il voulait aller pêcher, puisque c'était son métier, pour tâcher de pourvoir à leurs besoins. Tous se joignirent à lui, et ils passèrent la nuit entière à jeter leurs filets sans prendre un seul poisson. Le matin suivant notre Sauveur leur apparut sur le rivage sans néanmoins se faire connaître. Il était proche de la barque dans laquelle ils pêchaient, et il leur

_____

1068 Jn 15, 30.

1069 Jn 21, 1.

demanda : *N'avez-vous rien à manger ?* Ils lui répondirent : *Nous n'avons rien*[1070]. Le Seigneur leur dit : *Jetez votre filet du côté droit, et vous trouverez quelque chose*[1071]. Ils jetèrent leur filet, et ils ne le pouvaient plus tirer, tant il était rempli de poissons. Alors saint Jean reconnut Jésus-Christ à ce miracle, et s'adressant à saint Pierre il lui dit : « C'est le Seigneur[1072]. » À ces mots saint Pierre le reconnut aussi, et, emporté par son ardeur ordinaire, il se vêtit aussitôt de sa tunique et se jeta dans la mer, marchant sur les eaux jusqu'à l'endroit où se trouvait le Maître de la vie ; et les autres disciples y menèrent leur barque, traînant le filet plein de poissons.

1491. Ils descendirent à terre, et ils trouvèrent que le Seigneur leur avait déjà préparé à manger, car ils virent des charbons allumés et un poisson dessus, et du pain[1073] ; mais le Sauveur leur dit d'apporter quelques poissons de ceux qu'ils venaient de prendre. Saint Pierre monta dans la barque, et tira le filet à terre ; il contenait cent cinquante-trois gros poissons, et cette énorme quantité ne l'avait point déchiré. Le Seigneur leur dit de manger. Et quoiqu'il fût si familier avec eux, personne n'osa lui demander qui il était ; car les miracles qu'il venait de faire et la majesté qui paraissait en lui les avaient pénétrés d'une grande crainte respectueuse. Il s'approcha d'eux, et leur distribua du pain et du poisson. Après qu'ils eurent mangé il se tourna vers saint Pierre et lui demanda *: Simon, fils de Jean, m'aimez-vous plus que ceux-ci ?* Saint Pierre lui répondit : *Oui, Seigneur, vous savez que je vous aime.* Jésus lui dit : *Paissez mes agneaux*[1074]. Il lui demanda de nouveau : *Simon, fils de Jean, m'aimez-vous ?* Saint Pierre répondit encore : *Oui, Seigneur, vous savez que je vous aime*[1075]. Il lui demanda pour la troisième fois : *Simon, fils de Jean m'aimez-vous ?* Saint Pierre fut contristé de ce qu'il lui demandait pour la troisième fois, m'aimez-vous ? Il lui répondit : *Seigneur, rien ne vous est caché, vous savez que je vous aime.* Notre Sauveur Jésus-Christ lui dit une troisième fois : *Paissez mes brebis*[1076]. Il l'établit ainsi seul chef de son Église universelle et unique, lui donnant comme à son vicaire la suprême autorité sur tous les hommes. Et c'est pour cela qu'il lui demanda si souvent s'il l'aimait, comme si ce seul amour l'eût rendu capable de la dignité souveraine, et eût suffi pour l'exercer dignement.

1492. Ensuite le Seigneur fit connaître à saint Pierre les devoirs de la charge qu'il lui confiait et lui dit : *En vérité, je vous assure que lorsque vous étiez jeune, vous vous ceigniez vous-même, et vous alliez là où vous vouliez ; mais quand vous serez vieux ; vous étendrez vos bras, et un autre vous ceindra et vous mènera où vous ne voudrez pas*

1070 Jn 21, 5.

1071 Jn 21, 6.

1072 Jn 21, 7.

1073 Jn 21, 9.

1074 Jn 21, 15.

1075 Jn 21, 16.

1076 Jn 21, 17.

aller[1077]. Saint Pierre comprit que le Sauveur lui prédisait la mort de la croix en laquelle il l'imiterait. Et comme il aimait beaucoup saint Jean, il souhaita savoir ce qu'il deviendrait ; c'est pourquoi il demanda au Seigneur : *Que ferez-vous de celui-ci que vous aimez tant[1078] ?* Le Seigneur lui répondit : *Que vous importe de le savoir ? Si je veux qu'il demeure ainsi jusqu'à ce que je vienne une seconde fois au monde, cela ne dépendra que de moi. Mais vous, suivez-moi, et ne vous mettez pas en peine de ce que j'en veux faire[1079]*. De là vint que le bruit courut parmi les apôtres que saint Jean ne mourrait point[1080]. Mais l'évangéliste lui-même fait remarquer que Jésus-Christ ne dit pas d'une manière positive qu'il ne mourrait point, et cela résulte des dernières paroles qu'il adressa à saint Pierre ; il semble plutôt que le Seigneur eût l'intention de celer ce qu'il voulait décider quant à la mort de l'évangéliste, et de s'en réserver alors le secret. La bienheureuse Marie eut une claire connaissance de tous ces mystères et de toutes ces apparitions par la révélation dont j'ai parlé en plusieurs endroits. Et comme la dépositaire des œuvres et des mystères du Seigneur en l'Église, elle les repassait souvent dans son esprit. Les apôtres, et surtout son nouveau fils saint Jean, l'informaient de tout ce qui leur arrivait. Cette auguste Princesse demeura dans sa retraite pendant les quarante jours qui s'écoulèrent depuis la résurrection ; et elle y jouissait de la vue de son très saint Fils, de celle des saints et des anges, et ceux-ci répétaient les cantiques de louanges que cette divine Mère faisait, et les recueillait pour ainsi dire sur ses lèvres pour exalter la gloire du Seigneur des victoires et des armées.

Instruction que j'ai reçue de notre auguste Reine

1493. Ma fille, l'instruction que je vous donne dans ce chapitre servira aussi de réponse à la question, que vous désireriez me faire pour savoir pourquoi mon très saint Fils apparut une fois en pèlerin et une autre fois en jardinier, et pourquoi il ne se faisait pas toujours connaître aussitôt qu'il se manifestait. Sachez, ma très chère fille, qu'encore que les Marie et les apôtres fussent disciples du Seigneur, et comparativement beaucoup plus parfaits que tous les autres hommes du monde, ils n'étaient pourtant que des enfants en sainteté, bien loin du degré de perfection auquel ils auraient dû arriver à l'école d'un tel Maître. Ils chancelaient souvent dans leur foi, et dans les autres vertus ils n'avaient pas toute la ferveur que demandaient leur vocation et les bienfaits qu'ils recevaient du Seigneur ; or les plus petites fautes que commettent les âmes que Dieu choisit pour les favoriser de ses entretiens les plus familiers, pèsent plus dans les balances de sa très juste équité que plusieurs lourdes fautes des autres âmes qui ne sont point appelées à cette grâce. C'est pour cette raison que les Marie et les apôtres, quoiqu'ils fussent dans l'amitié du Sei-

---

1077 Jn 21, 18.

1078 Jn 21, 21.

1079 Jn 21, 22.

1080 Jn 21, 23.

gneur, n'étaient pas assez bien disposés, à cause de leurs infidélités et de leur tiédeur, pour sentir aussitôt les effets célestes de la présence de leur divin Maître. Mais avant de se faire connaître à eux, il leur adressait avec un amour paternel des paroles vivifiantes, par lesquelles il les disposait à recevoir ses lumières et ses faveurs. Quand une fois il avait renouvelé leur foi et leur amour, il se faisait connaître, il leur communiquait l'abondance de sa divinité, qu'ils sentaient, et les comblait des dons les plus admirables au moyen desquels ils s'élevaient au-dessus d'eux-mêmes. Et lorsqu'ils commençaient à jouir des délices de sa présence, il disparaissait, afin de leur faire désirer et solliciter avec une nouvelle ardeur ses communications et ses doux entretiens. Voilà, ma fille, les raisons pour lesquelles le Seigneur ne se fit point connaître d'abord qu'il apparut à la Madeleine, aux apôtres et aux disciples qui allaient à Emmaüs. Et il agit à peu près de même envers beaucoup d'âmes qu'il choisit pour leur offrir le commerce le plus intime.

1494. Cet ordre admirable de la divine Providence vous montrera combien vous devez vous reprocher l'incrédulité dans laquelle vous êtes tombée si souvent à l'égard des faveurs que vous recevez de la clémence de mon très saint Fils ; car il est temps que vous modériez les craintes auxquelles vous vous êtes toujours laissée aller, afin que vous ne passiez point de l'humilité à l'ingratitude et du doute à l'obstination et à la dureté de cœur en ne croyant pas que ces faveurs viennent de lui. Vous trouverez aussi une instruction salutaire dans des réflexions sérieuses sur la promptitude avec laquelle le Très-Haut se plaît, par sa charité infinie, à répondre à ceux qui sont humbles et dont le cœur est affligé[1081], et à soulager ceux qui le cherchent avec amour[1082], qui méditent sur ses mystères et qui s'entretiennent de sa Passion et de sa mort. Vous connaîtrez les effets de cette charité par l'exemple de Pierre, de la Madeleine et des deux disciples. Imitez donc, ma fille, la Madeleine dans la ferveur avec laquelle elle cherchait son Maître, sans s'arrêter même avec les anges, sans s'éloigner du sépulcre comme tous les autres, et sans prendre un instant de repos jusqu'à ce qu'elle l'eût trouvé. Cette grâce lui fut aussi accordée en récompense de ce qu'elle m'avait accompagnée avec le plus tendre dévouement durant tout le temps de la Passion. Les autres Marie montrèrent le même zèle, et par là elles méritèrent d'être les premières à voir le Sauveur ressuscité. Après qu'elles eurent obtenu cette faveur, l'humilité de saint Pierre et la douleur avec laquelle il pleura son reniement[1083], portèrent le Seigneur à le consoler et à ordonner aux Marie de lui annoncer particulièrement la nouvelle de sa résurrection[1084]. Et peu de temps après il le visita, le confirma en la foi et le remplit de joie et des dons de sa grâce. Quant aux deux disciples, il leur apparut ensuite malgré leurs doutes, avant de se manifester aux autres, parce

---

1081 Ps 33, 18.

1082 Sg 6, 13.

1083 Mt 26, 75.

1084 Mc 16, 7.

qu'ils s'entretenaient avec compassion de sa mort et de ses souffrances. Par-là, ma fille, vous devez être persuadée que les hommes ne font aucune bonne œuvre avec une intention droite, qu'ils n'en reçoivent comme au comptant une grande récompense ; car ni le feu le plus ardent ne consume aussi vite la matière la plus inflammable, ni la pierre que rien ne retient ne tombe aussi rapidement pour arriver à son centre, ni les vagues de la mer ne s'élancent avec autant d'impétuosité, que la bonté du Très-Haut ne le porte à communiquer sa grâce aux âmes, lorsqu'elles se disposent à cette communication en ôtant l'obstacle des péchés, qui arrête en quelque façon avec violence les effusions du divin amour. Cette vérité est une des choses qui excitent le plus vivement l'admiration des bienheureux qui la connaissent dans le ciel. Louez le Seigneur de cette bonté infinie, et de ce que par elle il tire de grands biens des maux qui arrivent, comme il le fit de l'incrédulité des apôtres, dont il se servit pour découvrir à leur égard l'attribut de sa miséricorde, pour établir d'une manière plus incontestable le mystère de sa résurrection, et pour donner une preuve éclatante de la rémissibilité des péchés et de sa clémence en pardonnant aux apôtres, en oubliant en quelque sorte leurs fautes pour les chercher et pour leur apparaître ; enfin en se familiarisant avec eux comme un véritable Père, qui se plaisait à les éclairer et à proportionner ses instructions à leur ignorance et à leur peu de foi.

Chapitre 28
Quelques profonds mystères qui arrivèrent à la bienheureuse Marie après la résurrection du Seigneur. — Elle reçoit le titre de Mère et de Reine de l'Église.
— Apparition de Jésus-Christ un peu avant son ascension.

1495. L'abondance et la sublimité des mystères m'ont rendue pauvre de paroles dans tout le cours de cette histoire. L'entendement y découvre de grandes choses par la divine lumière, mais on n'en peut déclarer que fort peu ; et cette difficulté m'a toujours causé beaucoup de peine, car l'intelligence est féconde et la parole stérile ; de sorte que l'expression ne répond pas aux idées que je conçois, les termes dont je me sers me tiennent toujours dans la crainte, et je suis très peu satisfaite de ce que je dis, parce que tout me parait insignifiant, et que je suis condamnée à laisser entre la pensée et l'expression une grande lacune que je ne saurais remplir. Je me trouve maintenant dans la même peine pour exposer les sublimes mystères qui se passèrent à l'égard de la bienheureuse Marie depuis la résurrection de son adorable Fils jusqu'à son ascension. Après la Passion et la résurrection, le Tout-Puissant la mit dans un nouvel état beaucoup plus élevé ; les opérations étaient plus cachées, les faveurs étaient proportionnées à son éminente sainteté et à la volonté secrète de Celui qui les faisait ; car cette même volonté était la règle sur laquelle il les mesurait. Que si je devais écrire tout ce qui m'a été manifesté, il faudrait singulièrement allonger cette histoire et multiplier les volumes. On pourra découvrir au moins une partie de ces divins mystères pour la gloire de cette auguste Reine par ce que j'en dirai.

1496. J'ai dit au commencement du chapitre précédent que le Seigneur passa avec sa très sainte Mère dans le Cénacle les quarante jours qui suivirent sa résurrection, excepté lorsqu'il s'en absentait pour apparaître à quelques personnes, et dans ce cas il y retournait aussitôt. Il n'est pas possible de concevoir les grandes choses que se dirent alors le Roi et la Reine de l'univers. Ce qu'il m'a été donné d'en connaître est ineffable, car ils se livrèrent souvent à de délicieux entretiens pleinsd'une sagesse céleste, qui causaient à la divine Mère une joie particulière, inférieure sans doute à celle de la vision béatifique, mais surpassant toutes les consolations imaginables. D'autres fois cette grande Reine, les patriarches et les saints qui s'y trouvaient dans leur état de glorification, s'occupaient à louer le Très-Haut. Elle connut toutes les œuvres et les mérites de ces mêmes saints, les bienfaits que chacun d'eux avait reçus de la droite du Tout-Puissant, tous les mystères, toutes les figures et toutes les prophéties du temps des anciens Pères qui avaient précédé l'avènement du Messie. Et tout cela était plus présent à sa mémoire qu'à nous autres catholiques l'Ave Maria. Notre très prudente Dame considéra les grands motifs que tous ces saints avaient de bénir l'auteur de tous les biens, et quoiqu'ils ne cessassent de le bénir comme tous les justes glorifiés par la vision béatifique, elle leur dit, dans les entretiens qu'elle avait alors avec eux, qu'elle voulait qu'ils exaltassent avec elle le Seigneur pour toutes les faveurs dont elle savait qu'ils avaient été comblés par sa main libérale.

1497. Toute cette auguste assemblée des saints condescendit à la volonté de leur Reine, et ils commencèrent avec ordre ce divin exercice ; de sorte qu'ils faisaient tous un chœur où chacun des bienheureux disait un verset, et où la Mère de la Sagesse leur répondait par un autre. Pendant qu'ils continuaient alternativement ces doux cantiques, il arrivait que la bienheureuse Vierge disait à elle seule autant de louanges que tous les saints et que tous les anges ensemble ; car ceux-ci faisaient aussi leur partie dans ces cantiques nouveaux, qui leur paraissaient aussi admirables qu'aux autres bienheureux, parce que notre auguste Princesse, par la sagesse et le zèle qu'elle témoignait dans une chair mortelle, surpassait tous ceux qui n'étaient point du nombre des mortels et qui jouissaient de la vision béatifique. Tout ce que la très pure Marie fit pendant ces quarante jours est au-dessus de ce que les hommes peuvent concevoir. Mais ses hautes pensées et les motifs de son incomparable prudence furent dignes de son très fidèle amour ; car, sachant que son très saint Fils s'arrêtait dans le monde surtout pour elle, afin de l'assister et de la consoler, elle résolut de répondre à son divin amour autant qu'il lui était possible. C'est pour cela quelle ordonna que les mêmes saints rendissent à notre adorable Sauveur sur la terre les continuelles louanges qu'ils lui auraient rendues dans le ciel. Et concourant à ces louanges de son Fils, elle les éleva au plus haut degré, et fit un ciel du Cénacle.

1498. Elle employa la plus grande partie de ces quarante jours dans ces exercices, et l'on y fit plus de cantiques et d'hymnes que tous les saints et les prophètes ne nous en ont laissé. Quelquefois on s'y servait des psaumes de David et des prophéties de l'Écriture, en les paraphrasant et en découvrant les profonds mystères qui s'y trouvent renfermés ; et les saints Pères qui les avaient annoncées s'adressaient d'une manière plus particulière à la bienheureuse Vierge, reconnaissant les faveurs qu'ils avaient reçues de la divine droite lorsque tant de sublimes secrets leur avaient été révélés. La joie que ressentait notre auguste Reine lorsqu'elle répondait à sa très sainte mère et à son père saint Joachim, à saint Joseph, à saint Jean-Baptiste et aux grands patriarches, est inexprimable, et il est certain qu'on ne peut imaginer un état plus semblable à la jouissance béatifique de Dieu que celui dans lequel elle se trouvait alors. Une autre grande merveille eut lieu en ce temps-là, ce fut que toutes les âmes des justes qui moururent en grâce pendant ces quarante jours, venaient toutes au Cénacle, et celles qui n'avaient rien à expier y étaient béatifiées. Mais celles qui auraient dû aller en purgatoire y demeuraient sans voir le Seigneur, les unes trois jours, les autres cinq, et les autres plus ou moins de temps. Et alors la Mère de miséricorde satisfaisait pour elles par des génuflexions, des prosternations ou par quelque œuvre pénible, et surtout par la très ardente charité avec laquelle elle priait pour elles, et leur appliquait les mérites infinis de son Fils pour acquitter leurs dettes ; et par ce secours elle leur abrégeait le temps, et les délivrait de la peine qu'elles souffraient de ne pas voir le Seigneur (car elles n'avaient point celle du sens), et aussitôt elles étaient béatifiées et reçues dans l'assemblée des saints. Et notre très douce Princesse faisait d'autres cantiques très sublimes au Seigneur pour chaque nouvelle âme qui y entrait.

1499. Parmi tous ces exercices et toutes ces consolations ineffables, la bienheureuse Vierge n'oubliait point la misère et la pauvreté des enfants d'Ève, qui étaient hors de la gloire et en danger de la perdre ; mais, considérant comme une Mère charitable l'état des mortels, elle fit pour tous la plus fervente prière. Elle pria le Père éternel de propager la nouvelle loi de grâce par tout le monde, de multiplier les enfants de l'Église, de la protéger et de rendre le prix de la rédemption efficace pour tous. Et quoiqu'elle subordonnât, pour ce qui en regardait l'effet, cette prière aux décrets éternels de la sagesse et de la volonté divine, la très miséricordieuse Mère embrassait tous les mortels dans son affection, et par ses désirs elle étendait sur tous le fruit de la rédemption et le bienfait de la vie éternelle. Outre cette prière générale, elle en fit une particulière pour les apôtres, et surtout pour saint Jean et pour saint Pierre, parce qu'elle reconnaissait l'un pour son fils, et l'autre pour le chef de l'Église. Elle pria aussi pour la Madeleine, pour les Marie, pour tous les autres fidèles qui appartenaient alors à l'Église, et pour l'exaltation de la foi et du nom de son très saint Fils Jésus-Christ.

1500. Quelques jours avant l'ascension du Seigneur, sa très sainte Mère étant dans le Cénacle occupée à un de ces exercices, le Père éternel, et le Saint-Esprit y apparurent sur un trône d'une splendeur ineffable, au-dessus des chœurs des anges et des saints qui s'y trouvaient, et des autres esprits célestes qui accompagnèrent les personnes divines. Ensuite celle du Verbe incarné monta sur le trône où étaient les deux autres. Et l'humble Mère du Très-Haut s'étant retirée dans un coin, se prosterna et adora la très sainte trinité, et en elle son propre Fils incarné. Le Père éternel ordonna à deux anges de la plus haute hiérarchie d'appeler la très pure Marie, et ils obéirent à l'instant ils s'approchèrent d'elle, et lui annoncèrent d'une voix très douce la volonté divine. Elle se releva avec une profonde humilité et une crainte respectueuse, et accompagnée des anges elle s'approcha du trône, au pied duquel elle se prosterna de nouveau. Le Père éternel lui dit : *Ma bien-aimée, montez plus haut*[1085], et ces paroles opérant ce qu'elles signifiaient, elle fut placée par la vertu divine sur le trône des trois divines personnes. Ce fut un nouveau sujet d'admiration pour les saints, de voir une simple créature élevée à une dignité si éminente. Et connaissant l'équité et la sainteté des œuvres du Très-Haut, ils lui donnèrent de nouvelles louanges et le reconnurent pour grand, pour juste, pour puissant, pour saint et pour admirable en tous ses conseils.

1501. Le Père éternel s'adressa à la bienheureuse Marie, et lui dit : « Ma Fille, je vous confie et vous recommande l'Église que mon Fils unique a fondée, la nouvelle loi de grâce qu'il a enseignée dans le monde, et le peuple qu'il a racheté. » Le Saint-Esprit lui dit à son tour : « Mon Épouse, choisie entre toutes les créatures, je vous communique ma sagesse et ma grâce, et je mets en dépôt dans votre cœur les mystères, les œuvres, la doctrine et toutes les autres merveilles que le Verbe incarné a opérées dans le monde. » Le Fils s'adressant aussi à elle, lui dit : « Ma Mère bien-aimée, je m'en vais à mon Père, je vous laisse en ma place, et je vous recommande mon Église, ses enfants et mes frères, comme mon Père me les a recommandés. » Puis les trois personnes divines s'adressèrent aux chœurs des anges et des saints, et leur dirent : « Voici la Reine de tout ce qui est créé dans le ciel et sur la terre, voici la Protectrice de l'Église, la Maîtresse des créatures, la Mère de la charité, l'Avocate des fidèles et des pécheurs, la Mère du bel amour et de l'espérance sainte[1086] ; elle est puissante pour attirer notre clémence et notre miséricorde. Nous l'avons faite la dépositaire des trésors de notre grâce, et avons gravé notre loi dans son cœur très fidèle. Elle renferme les mystères que notre toute-puissance a opérés pour le salut du genre humain. C'est le chef-d'œuvre de nos mains, où la plénitude de notre volonté se communique et repose sans aucun obstacle qui arrête le torrent de nos perfections divines. Celui qui l'invoquera du fond du cœur ne périra point, et celui pour qui elle intercèdera acquerra la vie éternelle. Nous lui accorderons ce qu'elle nous demandera, nous accomplirons toujours ses désirs et exaucerons ses prières, parce qu'elle s'est entièrement consacrée à notre bon plaisir. » L'auguste Vierge s'humilia à l'énumération de ces faveurs ineffables, et plus la droite du Très-Haut l'élevait au-dessus de toutes les créatures humaines et angéliques, plus elle s'abaissait ; et adorant le Seigneur, elle s'offrait, comme si elle eût été la dernière de toutes, à travailler dans la sainte Église avec tout le zèle d'une fidèle servante, et à exécuter avec promptitude tout ce que la divine volonté lui ordonnait. Elle accepta de nouveau le soin

---

1085 Lc 14, 10.

1086 Qo 24, 24.

de l'Église évangélique, comme une mère pleine de tendresse pour tous ses enfants ; et elle réitéra dès cette heure les prières qu'elle avait faites pour eux jusqu'alors, de sorte qu'elle les continua avec beaucoup de ferveur pendant toute sa vie, comme nous le verrons dans la troisième partie de cette histoire, où l'on connaîtra plus clairement ce que l'Église doit à cette grande Reine, et les bienfaits qu'elle lui mérita et lui obtint. Par toutes ces faveurs et par celles que je marquerai dans la suite, elle eut une espèce de participation de l'être de son adorable Fils, que je ne saurais exprimer, car ce divin Seigneur lui donna une communication de ses attributs et de ses perfections qui correspondait au ministère de Mère et de Maîtresse de l'Église, en la place de Jésus-Christ lui-même ; et par cette communication elle fut élevée à un être tout nouveau de science et de pouvoir ; ainsi rien ne lui fut caché, soit dans les mystères divins soit dans les cœurs des hommes. Elle sut en quel temps et comment elle devait user de la puissance divine à laquelle elle participait à l'égard des hommes, des démons et de toutes les créatures ; en un mot, notre grande Reine reçut dignement et avec plénitude tout ce qu'une simple créature était capable de recevoir. Saint Jean eut quelque intelligence de ces mystères, et elle lui fut accordée afin qu'il connût et estimât au degré convenable le trésor qui lui avait été confié, et dès ce jour-là il prit un nouveau soin de révérer et de servir la Maîtresse de l'univers.

1502. Le Très-Haut fit d'autres faveurs merveilleuses à la bienheureuse Marie pendant l'espace de ces quarante jours, sans en laisser passer aucun qu'il ne déployât pour elle sa toute-puissance par quelque bienfait singulier, comme se plaisant à l'enrichir de plus en plus avant de partir pour le ciel. Or, comme le temps déterminé par la divine Sagesse allait être accompli, auquel le Seigneur devait s'en retourner à son Père éternel, alors qu'il avait, comme le dit saint Luc[1087], établi le mystère de sa résurrection par diverses apparitions et par les preuves les plus éclatantes, il résolut de se manifester de nouveau à toute l'assemblée, où les apôtres, les disciples et les femmes dévotes se trouvaient au nombre de vingt-six personnes. Cette apparition eut lieu dans le Cénacle le jour même de l'Ascension, après celle dont saint Marc fait mention dans le dernier chapitre de son Évangile[1088]. Car après que les apôtres furent allés en Galilée par ordre du Seigneur[1089], et qu'ils l'y eurent vu près de la mer de Tibériade[1090], comme je l'ai rapporté, et sur la montagne où saint Matthieu dit qu'ils l'adorèrent[1091], et où cinq cents disciples le virent, suivant le témoignage de saint Paul[1092] ; après, dis-je, ces apparitions, ils s'en retournèrent à Jérusalem, le Seigneur le disposant de la sorte afin qu'ils se trouvassent présents

1087 Ac 1, 3.

1088 Mc 16, 14.

1089 Mt 28, 10.

1090 Jn 21, 1.

1091 Mt 28, 17.

1092 1 Co 15, 6.

à son admirable ascension. Et les onze apôtres étant à table, le Seigneur entra, comme le racontent saint Marc dans son Évangile[1093], et saint Luc dans les Actes des Apôtres[1094], et il mangea avec eux avec une bonté et une familiarité paternelle, tempérant les splendeurs de sa gloire afin de se laisser voir à tous. Et après qu'ils eurent achevé de manger, il leur dit avec un sérieux plein de majesté et de douceur

1503. « Sachez, mes disciples, que mon Père éternel m'a donné toute puissance dans le ciel et sur la terre[1095] ; et je veux vous la communiquer, afin que vous étendiez ma nouvelle Église par tout le monde. Vous avez été incrédules, et n'avez ajouté foi à ma résurrection qu'avec beaucoup de peine ; mais il est temps que, comme mes fidèles disciples, vous instruisiez tous les hommes, et quevous leur prêchiez la foi et mon Évangile comme je vous l'ai enseigné. Vous baptiserez ceux qui croiront, et vous leur conférerez le baptême au nom du Père, et du Fils (qui n'est autre que moi), et du Saint-Esprit[1096]. Celui qui croira et qui sera baptisé sera sauvé ; mais celui qui ne croira pas sera condamné[1097]. Enseignez aux fidèles à garder ma sainte loi. Elle sera confirmée par plusieurs miracles ; car ceux qui croiront chasseront les démons en mon nom ; ils parleront des langues qui leur étaient inconnues[1098] ; ils guériront les morsures des serpents ; et s'ils boivent du poison, il ne leur nuira pas, et en imposant les mains sur les malades, ils leur rendront la santé[1099]. » Ce furent les merveilles que notre Sauveur Jésus-Christ promit pour établir son Église par la prédication de l'Évangile ; elles ont été toutes accomplies dans les apôtres et dans les fidèles de la primitive Église. Et le Seigneur continue les mêmes miracles, lorsqu'il le juge nécessaire, pour propager l'Évangile dans les parties du monde où il n'a pas été reçu, et pour conserver sa sainte Église dans les contrées où elle est établie ; car il n'abandonnera jamais sa très chère épouse.

1504. Ce même jour, par une disposition divine, pendant que le Seigneur était avec les onze apôtres, plusieurs autres fidèles et quelques saintes femmes s'assemblèrent dans la maison du Cénacle jusqu'au nombre de vingt-six, ainsi qu'on l'a vu plus haut car notre divin Maître avait résolu que toutes ces personnes fussent témoins de son ascension. Il voulut d'abord les instruire de ce qu'il convenait qu'ils apprissent avant qu'il montât au ciel, et faire en même temps ses adieux à toute l'assemblée. Or ils étaient tous réunis en paix et en charité dans la salle où la Cène avait été célébrée, quand l'Auteur de la vie leur apparut, et leur dit avec une douceur et une tendresse véritablement paternelle :

1093 Mc 16, 14.

1094 Ac 1, 4.

1095 Mt 28, 18.

1096 *Ibid.*, 10.

1097 Mc 16, 16.

1098 *Ibid.*, 17.

1099 *Ibid.*, 18.

1505. « Mes très chers enfants, je m'en vais monter vers mon Père, du sein duquel je suis descendu pour sauver et racheter les hommes. Je vous laisse en ma place ma Mère, qui sera votre Protectrice, votre Avocate, votre Consolatrice et votre Mère. Vous l'écouterez et lui obéirez en tout. Et comme je vous ai dit que qui me verra, verra aussi mon Père, et que celui qui me connaît le connaîtra aussi[1100], je vous assure maintenant que celui qui connaîtra ma Mère me connaîtra aussi ; que celui qui l'écoute m'écoute ; que celui qui lui obéira m'obéira ; que celui qui l'offensera m'offensera ; et que celui qui l'honorera m'honorera aussi. Vous la reconnaîtrez tous pour votre Mère et pour votre Supérieure ; et vos successeurs en feront de même. Elle résoudra toutes vos difficultés, et vous me trouverez en elle toutes les fois que vous me chercherez ; car j'y demeurerai jusqu'à la fin du monde, et je m'y trouve maintenant, mais d'une manière qui vous est cachée. » Le Seigneur parla de la sorte parce qu'il était dans le sein de sa Mère sous les espèces sacrées qu'elle reçut au moment de la Cène ; car elles s'y conservèrent sans aucune altération jusqu'à la première messe que l'on célébra ensuite, comme je le dirai plus loin, et ce fut ainsi que notre adorable Sauveur accomplit ce que saint Matthieu rapporte qu'il leur dit dans cette occasion : « Je suis avec vous jusqu'à la fin des siècles[1101]. » Le Seigneur ajouta : « Vous reconnaîtrez Pierre pour le chef suprême de mon Église, en laquelle je le laisse pour mon Vicaire ; et vous lui obéirez comme en étant le souverain Pontife. Vous considérerez Jean comme le fils de ma Mère ; car je le lui ai recommandé en cette qualité du haut de la croix[1102]. » Le Sauveur regardait sa très sainte Mère, qui se trouvait présente, et lui découvrait secrètement le dessein qu'il avait, de prescrire à toute cette assemblée de l'adorer par le culte qui était dû à sa dignité de Mère, et de laisser à cet égard un commandement spécial à l'Église. Mais la très humble Dame supplia son Fils de ne lui décerner que l'honneur qui était absolument nécessaire pour exécuter tout ce dont il l'avait chargée, et de ne point permettre que les nouveaux enfants de l'Église lui rendissent une plus grande vénération que celle qu'ils lui avaient rendue jusqu'alors afin que le culte sacré s'adressât entièrement et directement au Seigneur lui-même, et servît à la propagation de l'Évangile et à l'exaltation de son saint Nom. Notre Rédempteur Jésus-Christ exauça cette très prudente prière de sa Mère, tout en se réservant de la faire mieux connaître en temps convenable ; et en la comblant secrètement des faveurs les plus extraordinaires, comme nous le verrons dans la suite de cette histoire.

1506. La tendre exhortation que notre divin Maître fit à cette sainte assemblée, les mystères qu'il lui découvrit, les adieux qu'il lui adressa, produisirent des effets admirables en tous ceux qui y assistaient ; car ils furent tout enflammés du divin amour par la foi vive qu'ils eurent aux mystères de sa Divinité et de son humanité. Ils pleuraient amoureusement, et poussaient des soupirs du fond de leur cœur au

---

1100 Jn 14, 9.

1101 Mt 28, 20.

1102 Jn 19, 26.

souvenir de sa doctrine, de ses paroles vivifiantes, de sa douce conversation, et à la pensée qu'ils allaient être bientôt privés de tant de biens. Ils auraient bien voulu le retenir, mais cela n'était ni possible, ni convenable. Ils auraient voulu lui faire leurs derniers adieux, et ils ne pouvaient s'y résoudre. Partagés entre la joie et la tristesse, ils sentaient dans leur cœur mille mouvements contraires. Comment, disaient-ils, pourrons-nous vivre sans un tel Maître ? Qui nous instruira et nous consolera comme lui ? Qui nous accueillera avec tant de douceur ? Qui sera notre Père et notre protecteur ? Nous serons orphelins dans le monde. Quelques-uns rompirent le silence, et dirent au Sauveur : « Ô notre très aimable Père, ô vie de nos âmes ! Quoi ! maintenant que nous vous connaissons pour notre Restaurateur, vous nous quittez ! Emmenez-nous, Seigneur, avec vous ; ne nous privez point de votre vue. Ô notre douce espérance, que ferons-nous sans vous ? Où irons-nous si vous nous abandonnez ? Quel chemin prendrons-nous si nous ne vous suivons comme notre Père, notre Chef et notre Maître ? » À toutes ces amoureuses plaintes des fidèles, le Seigneur leur répondit de ne point s'éloigner de Jérusalem, et de persévérer dans la prière jusqu'à ce qu'il leur envoyât le Saint-Esprit consolateur que le Père avait promis, ainsi que le même Seigneur l'avait dit aux apôtres dans le Cénacle. Ensuite il arriva ce que je rapporterai dans le chapitre suivant.

Instruction que la Reine du ciel m'a donnée

1507. Ma fille, il est juste qu'étant dans l'admiration des secrètes faveurs que j'ai reçues de la droite du Tout-Puissant[1103], vous redoubliez votre zèle pour le bénir, et lui donner des louanges éternelles en mémoire de tant de choses merveilleuses. Et quoique je vous en cache beaucoup, que vous ne connaîtrez qu'après que vous serez hors de la chair mortelle, je veux que dès maintenant vous vous regardiez comme particulièrement et personnellement tenue à exalter le Seigneur, en reconnaissance de ce que m'ayant formée de la commune masse d'Adam, il m'a tirée de la poussière, et a fait éclater en moi la puissance de son bras, et a opéré tant de prodiges pour celle qui ne pouvait dignement les mériter. Pour rendre ces justes louanges au Très-Haut, ne vous lassez pas de répéter en mon nom le cantique que j'ai fait, le Magnificat, dans lequel je les ai renfermées en peu de paroles[1104]. Quand vous serez seule, vous le direz à genoux ou prosternée en terre, ayant surtout soin de le réciter avec beaucoup de ferveur et de vénération. Cet exercice que je vous indique me sera fort agréable, et je le présenterai au Seigneur si vous vous en acquittez en la manière que je souhaite.

1508. Et comme je vois que vous vous étonnez toujours de ce que les évangélistes n'ont point écrit ces grandes choses que le Très-Haut a faites à mon égard, je veux vous donner de nouveau des explications que vous avez déjà entendues en d'autres circonstances ; car je désire qu'elles restent gravées dans la mémoire de tous les mor-

---

1103 Lc 1, 49.

1104 *Ibid.*, 46.

tels ; je vous réponds donc que j'ordonnai moi-même aux évangélistes de n'en écrire que ce qui serait nécessaire pour établir l'Église sur les articles de la foi, et sur les commandements de la loi divine ; car je connus, comme Maîtresse de l'Église, et par la science infuse que le Très-Haut m'avait donnée pour m'acquitter de ce ministère, que quelques mots sur mes excellences suffisaient pour lors. Toutes mes prérogatives étaient renfermées en ma dignité de Mère de Dieu, et en cette déclaration que j'étais pleine de grâce ; mais la Providence divine en réservait l'exposition plus complète pour le temps le plus opportun, jusqu'à ce que la foi eût été mieux établie. Il est vrai que dans les siècles passés quelques-uns des mystères qui me concernent ont été successivement manifestés ; mais la plénitude de cette lumière vous a été communiquée, quoique vous ne soyez qu'une vile créature, à cause des misères et de l'état déplorable où se trouve le monde ; c'est pour cela que la divine miséricorde a bien voulu ménager aux hommes ce moyen si favorable, afin qu'ils cherchent leur remède et le salut éternel par mon intercession. Il y a longtemps que vous l'avez compris, et vous le comprendrez encore au mieux dans la suite. Mais je veux d'abord que vous vous appliquiez entièrement à m'imiter, et que vous méditiez sans cesse mes vertus, afin de remporter la victoire sur mes ennemis et les vôtres, comme vous le souhaitez.

Chapitre 29

Notre Rédempteur Jésus-Christ monte au ciel avec tous les sains qu'il avait tirés des Limbes. — Il emmène aussi sa très sainte Mère pour la mettre en possession de la gloire.

1509. Le moment heureux arriva bientôt où le Fils unique du Père éternel, qui était descendu du ciel pour se revêtir de la chair humaine, devait y remonter par sa propre vertu pour s'asseoir à la droite de Celui dont il était l'éternel héritier, engendré de sa substance en égalité, et en unité de nature et de gloire infinie. Il monta si haut, parce qu'il était auparavant descendu dans les lieux inférieurs de la terre, suivant l'expression de l'Apôtre[1105] et ce fut après avoir accompli toutes les choses qui avaient été dites et écrites de son avènement au monde, de sa vie, de sa mort et de la rédemption du genre humain ; avoir pénétré, comme Seigneur de tout ce qui est créé, jusqu'au centre de la terre, et avoir déclaré que, s'il ne montait pas au ciel, le Saint-Esprit ne viendrait point[1106], qu'il couronna tous ses mystères par celui de son ascension glorieuse. Or, pour célébrer ce jour si solennel et si mystérieux, notre Seigneur Jésus-Christ choisit pour témoins de son ascension les vingt-six personnes qu'il avait réunies dans le Cénacle, comme il a été rapporté dans le chapitre précédent ; cette très heureuse assemblée se composait de la très pure Marie, des onze apôtres, des soixante-douze disciples, de Marie-Madeleine, de Marthe et de leur frère Lazare, des autres Marie, et de quelques autres hommes et femmes fidèles.

1510. Notre divin Pasteur sortit du Cénacle avec ce petit troupeau, qu'il condui-

1105 Ep 4, 9.

1106 Jn 16, 7.

sait devant lui par les rues de Jérusalem, sa bienheureuse Mère étant à ses côtés. Les apôtres et tous les autres se dirigèrent ensuite, par ordre du Seigneur, vers Béthanie, qui n'est éloignée que d'environ une demi lieue du pied du mont des Oliviers. Les saints qui avaient été tirés des limbes et du purgatoire suivaient le divin Triomphateur, lui chantant avec les anges qui l'accompagnaient de nouveaux cantiques de louanges ; mais ils n'étaient visibles qu'à l'auguste Marie. La résurrection de Jésus de Nazareth était déjà divulguée dans la ville de Jérusalem et par toute la Palestine, quoique les princes des prêtres eussent employé tous leurs efforts pour faire prévaloir le faux témoignage des soldats, qui prétendaient que ses disciples avaient enlevé son corps[1107] ; mais la plupart découvrirent leur perfidie, et ne voulurent point y ajouter foi. La divine Providence ne permit point que parmi les habitants de la ville aucun des incrédules ou de ceux qui doutaient vit ou troublât cette sainte procession qui sortait du Cénacle ; car ils furent tous privés de cette consolation par une espèce d'éblouissement, comme incapables de connaître un mystère si admirable ; et notre Sauveur Jésus-Christ ne se manifestait qu'aux vingt-six justes qu'il avait choisis, afin qu'ils le vissent monter au ciel.

1511. Ils marchèrent tous avec cette assurance que le Seigneur leur inspirait, jusqu'au sommet du mont des Oliviers ; et étant arrivés au lieu déterminé, ils formèrent trois chœurs, l'un d'anges, l'autre des saints qui étaient sortis des limbes, et le troisième des apôtres et des autres fidèles, et se partagèrent en deux ailes, dont notre Sauveur Jésus-Christ était le Chef. Puis la très prudente Mère se prosterna aux pieds de son Fils, l'adora comme vrai Dieu et Rédempteur véritable du monde, et lui demanda sa dernière bénédiction. Tous les autres fidèles qui se trouvaient présents en firent de même à l'imitation de leur Reine. Alors ils demandèrent avec beaucoup de larmes au Seigneur s'il rétablirait en ce temps-là le royaume d'Israël[1108]. Il leur répondit que ce secret appartenait à son Père éternel, et qu'il ne leur convenait pas de le savoir[1109] ; mais qu'il fallait qu'ils reçussent le Saint-Esprit, et qu'ensuite ils prêchassent les mystères de la rédemption du genre humain dans Jérusalem, dans toute la Judée et la Samarie, et jusqu'aux extrémités de la terre[1110].

1512. Après que le Seigneur eut adressé cet adieu à cette sainte et heureuse assemblée des fidèles, il joignit les mains avec un air serein et majestueux, et commença à s'élever de terre par sa propre vertu, y laissant les vestiges ou l'empreinte de ses pieds sacrés. Il monta insensiblement dans la région de l'air, ravissant les yeux et le cœur de ces nouveaux enfants de l'Église. Et comme le premier mobile imprime le mouvement à tous les cieux inférieurs qu'il renferme dans sa vaste sphère, de même notre Sauveur Jésus-Christ attira après lui les anges, les saints Pères, et les autres justes qui l'accom-

---

1107 Mt 28, 13.

1108 Ac 1, 6.

1109 Ac 1, 7.

1110 Ac 1, 8.

pagnaient, les uns en corps et en âme, les autres en leurs âmes seulement ; de sorte qu'ils s'élevèrent tous ensemble de terre dans le plus bel ordre, et suivirent leur Roi et leur Chef. Le nouveau mystère que la droite du Très-Haut opéra en ce moment, fut d'emmener sa très sainte Mère pour lui donner dans le ciel la possession de la gloire et de la place qu'il lui avait destinée comme à sa Mère véritable, et qu'elle s'était acquise par ses mérites. La bienheureuse Vierge était déjà préparée à cette faveur avant de la recevoir ; car son très saint Fils la lui avait promise pendant les quarante jours qu'il demeura avec elle après sa résurrection. Et afin que ce mystère ne fût alors découvert à aucun mortel, que les apôtres et les autres fidèles ne fussent point privés de la présence de leur auguste Maîtresse, et qu'elle persévérât à prier avec eux jusqu'à la venue du Saint-Esprit (comme il est marqué dans les Actes des Apôtres)[1111], la puissance divine fit qu'elle se trouvât, d'une manière miraculeuse, en deux endroits car elle resta au milieu des enfants de l'Église, elle se rendit avec eux au Cénacle, et en même temps elle monta au ciel avec le Rédempteur du monde, et sur son propre trône, où elle s'assit trois jours avec le plus parfait usage de ses puissances et de ses sens, tandis qu'on la voyait aussi dans le Cénacle tout absorbée dans la contemplation.

1513. La bienheureuse Vierge fut élevée avec son très saint Fils, et placée à sa droite, et alors s'accomplit ce que dit David : que la Reine était à sa droite, revêtue des splendeurs de la gloire, comme d'un manteau d'or pur[1112], et parée de tous les dons et de toutes les grâces à la vue des anges et des saints qui escortaient le Seigneur. Or, afin que l'admiration de ce grand mystère enflamme davantage la dévotion et la foi vive des fidèles, et les porte à glorifier l'Auteur d'une merveille si inouïe, il faut que ceux qui liront ce miracle sachent que dès que le Très-Haut m'eut déclaré qu'il voulait que j'écrivisse cette histoire, et m'eut même prescrit à diverses reprises d'entreprendre cet ouvrage, pendant plusieurs années successives sa divine Majesté me fit connaître divers mystères, et me découvrit un grand nombre des sublimes secrets que j'ai écrits et que je dois écrire dans la suite ; parce que la haute importance du sujet exigeait cette préparation. Je ne recevais pas néanmoins toutes ces lumières à la fois parce que la capacité de la créature est trop bornée pour profiter d'une si grande abondance. Mais lorsque je devais écrire, la lumière de chaque mystère en particulier m'était renouvelée d'une autre manière. Je recevais ordinairement l'intelligence de tous ces mystères aux jours de fête consacrés à notre Sauveur Jésus-Christ, et à notre auguste Reine ; et quant à cette grande merveille que le Seigneur opéra lorsqu'il emmena le jour de son ascension sa très sainte Mère dans le ciel, tandis qu'elle se trouvait encore miraculeusement dans le Cénacle, je l'ai connue aux mêmes jours pendant plusieurs années consécutives.

1514. La certitude qui est inséparable de la vérité divine, ne laisse aucun doute dans l'entendement de celui qui la connait et qui la considère en Dieu, où tout est

---

1111 Ac 1, 14.

1112 Ps 44, 10.

lumière sans mélange de ténèbres[1113], et où l'on discerne à la fois l'objet et sa raison d'être. Mais pour ce qui regarde ceux qui lisent ou entendent seulement ces mystères, il faut donner des motifs à leur piété pour les porter à croire ce qu'ils ont d'obscur. C'est pour cela que j'aurais hésité à rapporter cette secrète et mystérieuse ascension de notre auguste Reine au ciel avant sa mort, si je n'eusse craint de me rendre grandement coupable en excluant de cette histoire un fait si merveilleux, et qui constitue pour elle une prérogative si glorieuse. Je me trouvai dans cette hésitation la première fois que je connus ce mystère, mais je ne m'y trouve pas maintenant que je l'écris, ayant déjà déclaré dans la première partie, que la bienheureuse Vierge fut portée dans le ciel empyrée aussitôt après sa naissance, et ayant dit ensuite dans cette seconde partie que cela lui était arrivé deux fois pendant les neuf jours qui précédèrent l'incarnation du Verbe, pour la disposer dignement à un si haut mystère. En effet, si le Tout-Puissant a accordé des faveurs si admirables à la très pure Marie avant qu'elle fût la Mère du Verbe, afin de la préparer à cette sublime dignité, il est bien plus croyable qu'il les lui aura renouvelées lorsque déjà elle était consacrée comme l'ayant reçu dans son sein virginal, où elle lui donna la forme humaine de son sang le plus pur, lorsqu'elle l'avait nourri de son propre lait, élevé comme son Fils véritable, lorsque enfin elle l'avait servi l'espace de trente-trois ans, et imité en sa vie, en sa Passion et en sa mort avec une fidélité qu'aucune langue ne saurait exprimer.

1515. Si l'on cherche dans ces mystères de la bienheureuse Marie les raisons pour lesquelles le Très-Haut les a opérés en elle, ou les a tenus si longtemps cachés dans son Église, c'est là une tout autre chose. Le prodige en lui-même doit se mesurer sur la puissance de Dieu, sur l'amour incompréhensible qu'il a eu pour sa Mère, et sur la dignité qu'il lui a donnée au-dessus de toutes les créatures. Et comme les hommes, tant qu'ils vivent dans leur chair mortelle, ne parviennent jamais à connaître entièrement ni la dignité de l'auguste Vierge Mère, ni l'amour que son adorable Fils a pour elle, ni la tendresse qu'a la très sainte Trinité à son égard, ni ses mérites, ni la sainteté à laquelle la toute-puissance du Très-Haut l'a élevée, ils sont toujours tentés, dans leur ignorance, de limiter le pouvoir qu'il lui a plu de faire éclater, en opérant en faveur de sa Mère tout ce qu'il a pu, c'est-à-dire tout ce qu'il a voulu. Or, s'il s'est donné à elle seule d'une manière si particulière que de devenir le Fils de sa propre substance, il fallait, par une conséquence rigoureuse, qu'il fit à son égard, dans l'ordre de la grâce, ce qu'il n'était pas convenable de faire à l'égard d'aucune autre créature, ni même à l'égard du genre humain tout entier ; et non seulement les faveurs, les dons et les vues dont le Seigneur a comblé sa très sainte Mère, doivent être exceptionnels ; mais la règle générale est qu'il ne lui en a refusé aucun de tous ceux qu'il a pu lui faire, pour rehausser sa gloire et sa sainteté, et les rapprocher de celle de son humanité très sainte.

1516. Mais pour ce qui est de la bonté que Dieu a eue de découvrir ces mer-

---

1113 1 Jn 1, 5.

veilles à son Église, il s'y trouve d'autres raisons de sa haute providence, par laquelle il la gouverne et lui procure de nouvelles lumières, selon les temps et les besoins qui s'y présentent. Car l'heureux jour de la grâce qui a lui sur le monde par l'incarnation du Verbe et la rédemption des hommes, a son lever et son midi, comme il aura son coucher ; et la Sagesse éternelle dispose les choses et règle les heures suivant ses desseins et dans l'ordre le plus convenable. Quoique tous les mystères de Jésus-Christ et de sa Mère soient contenus dans les divines Écritures, ils ne sont pas également tous manifestés à la fois ; mais le Seigneur tire peu à peu le voile des figures, des métaphores ou des énigmes ; de sorte que plusieurs mystères qui étaient comme renfermés et réservés pour une certaine époque, ont été découverts comme les rayons du soleil le sont lorsque se retire la nue qui les intercepte. On ne doit pas s'étonner si les hommes ne reçoivent que peu à peu les rayons de cette divine lumière, puisque les anges eux-mêmes, qui connurent dès leur création le mystère de l'incarnation en substance d'une manière assez vague, et comme la fin à laquelle se rapportait tout le ministère qu'ils devaient exercer auprès des hommes, ne découvrirent pas néanmoins toutes les conditions, tous les effets et toutes les circonstances de ce mystère ; au contraire, ils n'en ont connu la plupart que dans le cours des cinq mille deux cents et quelques années qui se sont écoulées depuis la création du monde. Cette connaissance nouvelle de particularités qu'ils ignoraient, redoublait leur admiration, et les portait à glorifier de nouveau Celui qui en était l'auteur, comme je l'ai remarqué en divers endroits de cette histoire. Par cet exemple je réponds à l'étonnement que pourraient avoir ceux qui apprendront pour la première fois le mystère de la très pure Marie que j'expose ici, et qui a été caché jusqu'au moment où le Très-Haut a bien voulu le découvrir avec les autres que j'ai fait et ferai connaître dans la suite.

1517. Avant que j'eusse été informée de ces raisons, lorsque je commençai à connaître ce mystère que notre Sauveur Jésus-Christ opéra en emmenant sa très sainte Mère avec lui dans son ascension, grands furent mon embarras et mon admiration, non pas tant pour ce qui me concernait que par rapport à ceux qui l'entendraient rapporter. Entre autres choses par lesquelles le Seigneur daigna m'éclairer alors, il me rappela ce qu'avait écrit de lui-même dans l'Église, saint Paul racontant le ravissement qu'il eut jusqu'au troisième ciel, c'est-à-dire jusqu'au ciel des bienheureux, sans déterminer s'il y fut ravi avec son corps ou sans son corps, et sans nier ni affirmer plutôt l'un que l'autre, puisqu'il suppose au contraire qu'il a pu être ravi de l'une de ces deux manières comme de l'autre. Je compris donc que, s'il est possible que l'Apôtre ait été, au commencement de sa conversion, ravi avec son corps jusqu'au ciel empyrée, lorsque sa vie précédente offrait, non des mérites mais des fautes, et que s'il n'y avait ni témérité ni inconvénient dans l'Église à croire que le pouvoir divin ait fait ce miracle en sa faveur, on ne devait pas douter que le Seigneur n'eût accordé ce privilège à sa Mère, qui était déjà remplie de tant de mérites ineffables et élevée à une si haute sainteté. Le Seigneur me fit aussi entendre que, puisque les autres saints qui étaient ressuscités avec Jésus-Christ avaient obtenu de monter avec lui au ciel en corps et en âme, il y avait bien plus de sujet d'accorder ce bienfait à sa très pure Mère ; car quand même il eût été refusé à tous les autres mortels, il était en quelque sorte dû à la bienheureuse Marie parce qu'elle avait souffert avec lui. Il était juste qu'elle eût part au triomphe du Sauveur, et à la joie avec laquelle il allait s'asseoir à la droite de son Père éternel, pour que sa propre Mère pût à son tour se placer à la sienne, elle qui lui avait fourni de sa propre substance cette nature humaine en laquelle il montait triomphant au ciel.

Et comme il était convenable que le Fils et la Mère ne fussent point séparés dans ce triomphe, il l'était aussi qu'aucun autre enfant de la race humaine n'arrivât en corps et en âme à la possession de cette félicité éternelle avant l'auguste Marie, eût-ce été son père, sa mère et son époux Joseph ; car ce jour-là il aurait manqué quelque chose à la joie accidentelle de tous ceux qui montaient avec notre Rédempteur Jésus-Christ, et même à celle de son humanité sainte, si la très pure Marie avait été absente, et si elle n'était entrée avec eux dans la patrie céleste, comme Mère de leur Restaurateur et Reine de tout ce qui est créé, qu'aucun de ses sujets ne devait devancer en cette faveur.

1518. Ces raisons me semblent suffisantes pour satisfaire la piété des catholiques, pour les consoler et les réjouir saintement par la connaissance de ce mystère et de plusieurs autres de cette nature, dont je parlerai dans la troisième partie. Et reprenant le fil de l'histoire, je dis que notre Sauveur emmena avec lui dans son ascension sa très sainte Mère revêtue de splendeur et de gloire à la vue des anges et des saints, qui en recevaient une joie inexprimable. Il fut très utile que les apôtres et les autres fidèles ignorassent alors ce mystère, car s'ils eussent vu monter leur Mère et leur Maîtresse avec Jésus-Christ, ils eussent été plongés dans la consternation, puisque la plus grande consolation qu'il leur restât était d'avoir parmi eux la Mère la plus compatissante. Néanmoins ils éclatèrent en sanglots et en gémissements, quand ils virent que leur très aimable Maître et leur Rédempteur s'éloignait en s'élevant de plus en plus. Et au moment où ils commençaient à le perdre de vue, une nuée très lumineuse se mit entre le Seigneur et ceux qui demeuraient sur la terre, et le déroba entièrement à leurs regards[1114]. La personne du Père éternel tenait dans cette nuée ; il descendit de l'empyrée jusqu'à la région de l'air à la rencontre de son Fils unique incarné, et de la Mère qui lui avait donné le nouvel être humain dans lequel il s'en retournait. Puis, le Père les approchant de lui, les reçut avec un embrassement propre à l'amour infini ; et ce spectacle causa une nouvelle joie aux légions innombrables d'anges qui accompagnaient la personne du Père éternel. Bientôt cette divine assemblée traversa rapidement les éléments et les sphères célestes, et arriva aux hauteurs de l'empyrée. À l'entrée qui s'y fit, les anges qui montaient de la terre avec leur Roi et leur Reine, Jésus et Marie, et ceux qu'ils avaient rencontrés dans la région

---

1114 Ac 1, 9.

de l'air, s'adressant aux autres qui étaient demeurés dans le ciel empyrée, répétèrent les paroles de David[1115], en y ajoutant les choses relatives au mystère.

1519. Ouvrez, ouvrez vos portes éternelles, ô princes ; et vous, portes, ouvrez-vous, afin de laisser entrer dans sa demeure le grand Roi de gloire, le Seigneur des puissances, qui est fort et puissant dans les combats, qui est vainqueur, et qui revient victorieux et triomphant de tous ses ennemis. Ouvrez les portes du paradis suprême, et laissez-les toujours ouvertes, car voici le nouvel Adam, le Restaurateur de tout le genre humain, qui est riche en miséricorde[1116], opulent dans les trésors de ses propres mérites, chargé des dépouilles et des prémices de la rédemption abondante[1117] qu'il a opérée dans le monde, par sa mort. Il a réparé la perte de notre nature, et a élevé la nature humaine à la dignité souveraine de son propre être immense. Il vient avec le royaume des élus que son Père lui a donnés. Il a racheté les mortels, et par sa miséricorde libérale il leur laisse le moyen de pouvoir légitimement reconquérir le droit qu'ils avaient perdu par le péché, et de mériter par l'observance de sa loi la vie éternelle en qualité de ses frères et comme héritiers des biens de son Père[1118] ; en outre, pour sa plus grande gloire et pour mettre le comble à notre joie, il amène à ses côtés la Mère de bonté qui lui a donné la forme humaine, en laquelle il a vaincu le démon, et notre Reine vient parée de tant de beauté et de grâce, qu'elle charme tous ceux qui la regardent. Sortez, sortez, divins courtisans, vous verrez notre Roi revêtu de splendeur avec le diadème que sa Mère lui a donné[1119], et vous verrez sa Mère couronnée de la gloire que son Fils lui donne.

1520. Cette procession toute nouvelle et si bien rangée arriva au ciel empyrée au milieu de transports d'allégresse qui surpassent tout ce qu'on petit imaginer. Et après que les anges et les saints eurent formé deux chœurs, notre Rédempteur Jésus-Christ et sa bienheureuse Mère passèrent entre deux, et tous à leur tour rendirent au Sauveur l'adoration suprême, et à sa très sainte Mère l'hommage qui était dû à sa haute dignité, chantant de nouveaux cantiques de louanges à l'Auteur dela grâce et de la vie, et à sa divine Mère. Le Père éternel mit à sa droite sur le trône de la Divinité le Verbe incarné, et il y parut avec tant de gloire et de majesté, qu'il inspira une nouvelle admiration et une crainte respectueuse à tous les habitants du ciel, qui connaissaient intuitivement la Divinité avec sa gloire et ses perfections infinies, unie substantiellement en une personne à la très sainte humanité, d'une union indissoluble qui élevait cette même humanité à une prééminence et à une gloire que l'œil n'a point vues, que l'oreille n'a point ouïes, et que jamais aucun homme mortel n'a comprises[1120].

1115 Ps 23, 7.

1116 Ep 2, 4.

1117 Ps 129, 7.

1118 2 Tm 4, 8.

1119 Ct 3, 11.

1120 Is 64, 4.

1521. Dans cette circonstance l'humilité et la sagesse de notre très prudente Reine atteignirent le plus haut degré ; car parmi toutes ces faveurs ineffables, elle demeura sur le marchepied du trône de la Divinité abîmée dans la connaissance de son être terrestre et de simple créature ; et là, prosternée, elle adora le Père et lui fit de nouveaux cantiques de louanges, pour la gloire qu'il communiquait à son Fils, et de ce qu'il élevait en lui son humanité déifiée à une grandeur si sublime. Ce fut un nouveau motif d'admiration et de joie pour les anges et pour les saints de voir la très prudente humilité de leur Reine, dont ils tâchaient d'imiter les vertus avec une sainte émulation. On entendit alors la voix du Père qui s'adressant à l'auguste Vierge lui disait : *Ma Fille, montez plus haut.* Son très saint Fils l'appela aussi, disant : *Ma Mère, levez-vous et venez prendre la place que je vous dois pour le zèle avec lequel vous m'avez suivi et imité.* Et le Saint-Esprit lui dit : *Mon Épouse et ma bien-aimée, venez recevoir mes embrassements éternels.* Ensuite tous les bienheureux eurent connaissance du décret de la très sainte Trinité par lequel il était déclaré que la place de la bienheureuse Mère serait la droite de son Fils pendant toute l'éternité pour lui avoir donné l'être humain de son propre sang, et pour l'avoir nourri, servi et imité avec toute la plénitude et toute la perfection possible à une simple créature ; et qu'aucune autre créature humaine ne prendrait possession de ce lieu et de cet état inamissible, avec les attributions déjà exclusivement propres à notre auguste Reine avant qu'elle y fût élevée ; il était aussi déclaré que cette place lui était destinée avec justice, afin qu'elle en prit la possession éternelle après sa mort, comme étant infiniment au-dessus de tous les autres saints et par ses mérites et par sa dignité.

1522. En vertu de ce décret, la très pure Marie fut mise sur le trône de la très sainte Trinité, à la droite de son adorable Fils, sachant dès lors comme les autres saints que, non seulement la possession de cette place lui était destinée après sa mort pour toutes les éternités, mais encore que le Seigneur la laissait libre d'y demeurer et de ne plus retourner au monde. Car la volonté conditionnelle des Personnes divines était, pour ce qui dépendait du Seigneur, qu'elle ne quittât plus, son siège de gloire. Et afin qu'elle se déterminât, le Très-Haut lui découvrit de nouveau l'état dans lequel la sainte Église militante se trouvait sur la terre, ainsi que l'isolement et les besoins des fidèles, au milieu desquels elle pouvait à son gré descendre ou ne pas descendre pour les protéger. Par-là il donnait occasion à la Mère de miséricorde d'augmenter ses mérites, et de manifester la tendresse maternelle qu'elle avait pour le genre humain, en faisant un acte de charité sublime, semblable à celui de son très saint Fils, lorsqu'il accepta l'état passible, et suspendit pour nous racheter la gloire qu'il pouvait et devait recevoir en son corps. Sa bienheureuse Mère l'imita aussi en ce point, afin de se rendre en tout semblable au Verbe incarné, et connaissant clairement tout ce qui lui était proposé, elle se prosterna devant les trois Personnes, et dit : « Dieu éternel et Tout-Puissant, mon Seigneur, si j'accepte maintenant la récompense que vous m'offrez par un effet de votre infinie bonté, ce sera pour mon repos. Mais si je m'en retourne sur la terre, et que je travaille encore parmi les enfants d'Adam pendant la vie passagère, pour assister les fidèles de votre sainte Église, cela tournera à la gloire et au bon plaisir de votre divine Majesté, et au profit de mes enfants exilés et voyageurs. Or je choisis le travail, et je me prive quant à présent de ce repos et de la joie, que je reçois de votre divine présence. J'apprécie ce que je possède et ce que je reçois ; mais j'en fais le sacrifice à l'amour que vous avez pour les hommes. Agréez, seigneur de tout mon être, agréez mon sacrifice, et faites que votre vertu divine me dirige dans l'entreprise que vous m'avez confiée.

Propagez votre foi, afin que votre saint nom soit glorifié, et agrandissez votre Église, acquise par le sang de votre Fils unique et le mien ; car je m'offre de nouveau à travailler pour votre gloire, et à gagner autant d'âmes que je pourrai. »

1523. C'est le choix si inouï que fit la Reine des vertus ; et il fut si agréable au Seigneur, qu'il le récompensa aussitôt, en la disposant par les purifications et les illustrations dont j'ai parlé ailleurs à voir intuitivement la Divinité ; car elle ne l'avait vue jusqu'alors, dans cette occasion, que par une vision abstractive, de même que tout ce qui avait précédé. Lorsqu'elle fut ainsi élevée, la Divinité lui fut manifestée par la vision béatifique ; et elle fut remplie de gloire et de biens célestes qu'on ne saurait exprimer ni connaître dans cette vie.

1524. Le Très-Haut renouvela en elle tous les dons qu'il lui avait communiqués jusqu'alors, les confirma et les scella de nouveau au degré qui était convenable, pour l'envoyer en qualité de Mère et de Maîtresse de la sainte Église ; il lui renouvela aussi les titres de Reine de tout ce qui est créé, d'Avocate et de Maîtresse des fidèles, qu'il lui avait donnés auparavant ; et comme le sceau s'imprime sur la cire molle, de même l'être humain et l'image de Jésus-Christ furent de nouveau imprimés en la très pure Marie par la vertu de la toute-puissance divine, afin qu'elle s'en retournât avec cette marque à l'Église militante, où elle devait être le jardin véritablement fermé et scellé pour garder les eaux de la vie[1121]. Ô mystères aussi vénérables que sublimes ! Ô secrets de la très haute Majesté, dignes de nos plus profonds respects ! Ô charité de l'auguste Marie, que les ignorants enfants d'Ève n'ont jamais pu imaginer ! Ce ne fut pas sans mystère que Dieu laissa le secours de ses enfants les fidèles à la disposition de cette Mère de miséricorde ; ce fut une divine adresse pour nous découvrir en cette merveille cet amour maternel que nous n'aurions peut-être jamais bien connu autrement, malgré tant d'autres œuvres qu'elle avait faites en notre faveur. Ce fut un effet de la divine Providence, afin que notre grande Reine ne fût point privée de cette excellence, que nous comprissions l'obligation qu'un pareil témoignage d'amour nous imposait, et que nous fussions excités à la reconnaissance par un exemple si admirable. Ce que les martyrs et les autres saints ont fait en renonçant à quelque satisfaction passagère pour arriver au repos éternel, nous pourra-t-il paraître grand à la vue de cette charitable bonté de notre très douce Mère, et sachant qu'elle s'est privée de la joie véritable

---

1121 Ct 4, 12.

pour venir secourir ses faibles enfants ? Quelle confusion doit être la nôtre, lorsque, ni pour reconnaître ce bienfait, ni pour imiter cet exemple, ni pour plaire à cette auguste Reine, ni pour nous assurer sa compagnie éternelle et celle de son adorable Fils, nous ne voulons pas même nous priver du moindre plaisir terrestre et trompeur, qui nous attire leur inimitée et nous procure la mort ? Bénie soit une telle femme ; que les cieux la louent, et que toutes les générations l'appellent bienheureuse[1122].

1525. J'ai terminé la première partie de cette Histoire par le chapitre trente et unième des Proverbes de Salomon, en m'en servant pour énumérer les excellentes vertus de cette incomparable Reine, qui fut l'unique Femme forte de l'Église ; je pourrais finir aussi cette seconde partie par le même chapitre ; car le Saint-Esprit a renfermé dans la fécondité des mystères que contiennent les paroles de ce passage des Proverbes, plus que je ne saurais dire. Ces paroles se vérifient plus éminemment dans le grand mystère dont je viens de faire mention, par l'état si sublime dans lequel se trouva la très pure Marie après avoir reçu ce bienfait. Mais je ne m'arrête point à répéter ce que j'ai déjà dit, attendu que si l'on prend la peine d'y faire réflexion, on y découvrira la plupart des choses que je pourrais expliquer ici, et l'on verra que cette auguste Reine fut véritablement la Femme forte[1123] dont le prix venait de loin, et du plus haut du ciel empyrée. On découvrira la confiance que la très sainte Trinité eut en elle, et que le cœur de son Fils Dieu et homme, ne fut point frustré de ce qu'il en attendait. Ou trouvera qu'elle fut le vaisseau du marchand qui apporta du ciel la nourriture à l'Église ; qu'elle planta cette même Église, du fruit de ses mains ; qu'elle se ceignit de force et affermit son bras pour entreprendre de grandes choses; qu'elle ouvrit sa main aux pauvres, et étendit ses bras vers les affligés, qu'elle vit combien ce trafic était bon à la vue de la récompense dans l'état béatifique ; que sa lampe ne s'éteignit point pendant la nuit de la tribulation qu'elle ne pouvait rien craindre dans la rigueur des tentations, et qu'elle avait donné à ses domestiques un double vêtement. Or, pour se préparer à tout cela, elle demanda avant de descendre du ciel au Père éternel, la puissance, au Fils la sagesse, au Saint-Esprit le feu de son amour, et aux trois Personnes leur assistance ; et quand elle fut sur le point de s'en retourner, elle leur demanda leur bénédiction. Elle la reçut prosternée devant leur trône, et fut remplie de nouvelles influences dela Divinité. Elles la congédièrent avec beaucoup de tendresse, et la renvoyèrent pleine des trésors inestimables de leur grâce. Les saints anges et les justes l'exaltèrent par des bénédictions et des louanges magnifiques, avec lesquelles elle revint sur la terre, comme je le dirai dans la troisième partie, où l'on verra aussi ce qu'elle fit dans la sainte Église pendant le temps qu'il fut convenable qu'elle y demeurât ; que toutes ses actions furent un sujet d'admiration pour les bienheureux, et d'un immense profit pour les mortels, et qu'elle travailla toujours avec un zèle incroyable pour leur procurer la félicité éternelle. Comme elle

---

1122 Lc 1, 48.

1123 Pr 21, 10.

avait connu le prix de la charité en son principe, c'est-à-dire en Dieu même, qui est charité[1124], elle en fut toute enflammée ; de sorte que son pain du jour et de la nuit fut la charité, et, semblable à une abeille laborieuse, elle descendit de l'Église triomphante dans l'Église militante, chargée des fleurs de la charité, pour fabriquer le miel de l'amour de Dieu et du prochain, dont elle nourrit les enfants de la primitive Église, et elle les rendit par cette nourriture si forts et si parfaits, qu'ils devinrent propres à être les fondements du haut édifice de la sainte Église[1125].

1526. Pour finir ce chapitre et en même temps cette seconde partie, je reviendrai à l'assemblée des fidèles que nous avons laissés si affligés sur la montagne des Oliviers. La bienheureuse Marie ne les oublia pas au milieu de sa gloire ; mais, considérant la tristesse et la stupéfaction avec lesquelles ils continuaient à regarder dans les airs l'endroit où leur Rédempteur et leur Maître avait disparu, elle jeta les yeux sur eux de la nue dans laquelle elle montait, et d'où elle les assistait. Et voyant leur douleur, elle pria tendrement Jésus de consoler ces pauvres enfants qu'il laissait orphelins sur la terre. Le Rédempteur des hommes, touché des prières de sa très douce Mère, envoya de cette même nue deux anges vêtus de blanc et tout rayonnants de lumière, qui apparurent sous une forme humaine à tous les fidèles, et leur dirent : *Hommes de Galilée, ne vous arrêtez pas à regarder en haut avec tant d'étonnement ; car ce même Seigneur Jésus, qui du milieu de vous s'est élevé dans le ciel, en descendra avec la même gloire et la même majesté que vous l'y avez vu monter*[1126]. Par ces paroles et quelques autres qu'ils ajoutèrent, ils consolèrent les apôtres, les disciples et les autres fidèles, afin qu'ils ne se laissassent point abattre par la douleur, et qu'ils attendissent dans leur retraite la consolation que le Saint-Esprit leur donnerait par sa venue, ainsi que le divin Maître le leur avait promis.

1527. Mais il faut remarquer qu'encore que ces paroles tendissent à consoler les hommes et les femmes qui composaient cette heureuse assemblée, elles servirent aussi à les reprendre de leur peu de foi. Car si elle eût été bien affermie par le pur amour de la charité, ils auraient compris qu'il leur était inutile de regarder le ciel avec une si grande surprise, puisqu'ils ne pouvaient plus voir leur Maître, ni le retenir par cet amour sensible qui les portait à regarder en haut, par où cet adorable Seigneur était monté ; mais ils pouvaient le voir par la foi et le chercher où il était, et avec la foi ils l'eussent assurément trouvé. L'autre manière de le chercher était inutile et imparfaite, puisqu'il n'était pas nécessaire qu'ils le vissent et qu'ils lui parlassent corporellement pour le porter à les assister par sa grâce ; et comme ils ne l'entendaient pas de la sorte, ils commettaient une faute digne d'être reprise. Les apôtres et les disciples restèrent longtemps à l'école de notre Seigneur Jésus-Christ, et puisèrent la doctrine de la perfection dans sa propre source, qui était si pure et si claire, qu'ils auraient pu être déjà

1124 1 Jn 4, 16.

1125 Ep 2, 20.

1126 Ac 1, 11.

tout spiritualisés, et capables de la plus haute perfection. Mais notre nature est si malheureusement encline à satisfaire les sens et à se contenter de tout ce qui les flatte, qu'elle veut aimer et goûter d'une manière sensible, même les choses les plus divines et les plus spirituelles ; et une fois accoutumée à ces inclinations terrestres, elle tarde beaucoup à s'en purifier, et bien souvent elle se trompe elle-même lorsqu'elle croit aimer plus sûrement ce qui est le plus saint et le plus parfait. Cette vérité a été expérimentée pour notre instruction par les apôtres, à qui le Seigneur avait dit qu'il était de telle sorte la vérité et la lumière, qu'il était en même temps le chemin[1127], et que par lui ils arriveraient à la connaissance de son Père éternel ; car la lumière n'est pas faite que pour briller dans la solitude, ni le chemin que pour s'y arrêter.

1528. Cette doctrine si répétée dans l'Évangile et si souvent sortie de la bouche de Celui qui en est l'auteur, et confirmée par l'exemple de sa vie, aurait pu élever le cœur et l'esprit des apôtres à sa connaissance et à sa pratique. Mais la satisfaction spirituelle et sensible qu'ils recevaient de la conversation et de la présence de leur divin Maître, et le grand amour qu'ils lui portaient avec raison, occupaient toutes les forces de leur volonté. Elle restait si attachée aux sens, qu'ils ne savaient se résoudre à sortir de cet état, ni remarquer qu'ils se cherchaient beaucoup eux-mêmes dans cette satisfaction spirituelle, se laissant aller à l'inclination qu'ils avaient pour un plaisir spirituel qui leur venait des sens. Et si leur adorable Maître ne les eût quittés en montant au ciel, il eût été bien difficile de les éloigner de sa très douce présence sans leur causer une douleur et une tristesse excessives ; et par là ils n'auraient pas été si propres à prêcher l'Évangile, qui devait être annoncé par tout le monde au prix des travaux, des sueurs, et même de la vie de ceux qui le prêchaient. Ce ministère ne pouvait convenir qu'à des hommes forts en l'amour divin, dégagés des douceurs sensibles de l'esprit, et préparés à tout ; à l'abondance et à la disette, à l'infamie et aux honneurs, aux applaudissements et aux outrages, à la tristesse et à la joie[1128], et à conserver dans tous ces divers événements le zèle de l'honneur de Dieu avec un cœur magnanime, supérieur à toutes les adversités comme à toutes les prospérités. Après cette réprimande des anges, ils s'en retournèrent avec la bienheureuse Marie de la montagne des Oliviers au Cénacle, où ils persévérèrent à prier avec elle, en attendant la venue du Saint-Esprit[1129], comme nous le verrons dans la troisième partie.

Instruction que j'ai reçue de notre grande Reine

1529. Ma fille, vous terminerez heureusement cette seconde partie de ma vie, si vous êtes bien pénétrée et persuadée de la douceur très efficace de l'amour du Seigneur, et de sa munificence infinie envers les âmes qui n'y mettent aucun obstacle de leur côté. Il est plus conforme à l'inclination et à la volonté sainte du souverain Bien

---

1127 Jn 14, 6.

1128 2 Co 6, 8.

1129 Ac, 1, 12.

de consoler les créatures que de les affliger ; de les caresser que de les châtier. Mais les mortels ignorent cette science divine, car ils souhaitent que le Seigneur leur donne les consolations, les plaisirs et les récompenses terrestres et dangereuses, et les préfèrent aux biens véritables et assurés. L'amour divin dissipe cette erreur pernicieuse, lorsqu'il les corrige et les afflige par les adversités, et qu'il les instruit par les châtiments ; car la nature humaine est par elle-même pesante, grossière et ingrate, et ce n'est qu'à force de la labourer et de la cultiver qu'on parvient à lui faire produire de bons fruits, et par ses inclinations elle ne saurait être bien disposée à recevoir les très douces et très aimables communications du souverain Bien. C'est pourquoi il faut la travailler et la polir par le marteau des adversités, et la retremper dans le creuset de la tribulation, afin qu'elle se rende capable des faveurs divines, et qu'elle apprenne à ne pas aimer les objets terrestres et trompeurs, dans lesquels la mort est cachée.

1530. Toutes les peines que j'avais prises me parurent fort peu de chose quand je connus la récompense que le Seigneur m'avait préparée par sa bonté éternelle ; et c'est pour cela qu'il disposa avec une providence admirable que je choisisse volontairement de retourner dans l'Église militante, parce que ce choix devait servir à exalter le saint nom du Très-Haut, à m'acquérir une plus grande gloire, et à procurer à l'Église et à ses enfants le secours nécessaire en la manière la plus admirable et la plus sainte. Je crus qu'il était fort juste de me priver de la félicité que j'avais dans le ciel, pendant ces années qu'il me restait encore à vivre sur la terre, et d'y retourner pour y acquérir de nouveaux mérites, et y trouver de nouvelles occasions de travailler selon le bon plaisir du Très-Haut ; car je devais tout cela à sa bonté divine, qui m'avait tirée de la poussière. Profitez donc, ma très chère fille, de cet exemple, et animez-vous à m'imiter dans un temps auquel la sainte Église se trouve si affligée et environnée de tribulations, sans que ses enfants se mettent en peine de la consoler. Je veux que vous vous y employiez de toutes vos forces, priant du plus intime de votre cœur le Tout-Puissant pour ses fidèles, et étant toujours prête à donner, s'il était nécessaire, votre propre vie pour une si belle cause. Je vous assure, ma fille, que le zèle que vous y déploierez sera fort agréable aux yeux de mon très saint Fils et aux miens. Que tout soit à la gloire du Très-Haut, Roi des siècles, immortel et invisible, et de sa très sainte Mère Marie, durant les siècles des siècles[1130] !

1130 1 Tm 1, 17.

LIVRE CINQUIÈME

Où l'on dépeint la perfection avec laquelle la très pure Marie imitait les opérations de l'âme de son très aimable Fils, et comment ce divin législateur lui expliquait la loi de grâce, les vérités de la foi, les sacrements et le Décalogue. — On y voit aussi avec quel zèle et avec quelle fidélité elle observait   cette loi. — La mort de saint Joseph. — La prédication de saint Jean-Baptiste. — Le jeûne et le baptême de notre Rédempteur. — La vocation des premiers disciples, et le baptême de Notre Dame la Vierge Marie

LIVRE SIXIÈME

Où l'on voit ce qui se passa aux noces de Cana en Galilée. — Comment la très pure Marie accompagna le Rédempteur du monde prêchant son Évangile. — L'humilité que cette auguste Reine témoignait dans les miracles qu'opérait son très saint Fils. — La Transfiguration de cet adorable Seigneur. — Son entrée dans Jérusalem. — Sa Passion et sa mort. — La victoire qu'il remporta en la Croix sur Lucifer et sur ses ministres. — Sa glorieuse Résurrection et son admirable Ascension

Aux Éditions La Caverne du Pèlerin

- *Vous serez comme des dieux*, Mario Bosco, 2016
- *Le Livre de l'Apocalypse, interprétation catholique, pour le lire et le comprendre en Église,* Mario Bosco, 2019
- *Sœur Marie Lataste, Œuvre intégrale (13 livres et 27 lettres)*, Pascal Darbin, 2020
- *Lecture de l'Évangile de St Matthieu : Lectura Super Matthaeum,* St Thomas d'Aquin, 2020
- *Commentaire de la lettre de St Paul aux Hébreux,* St Thomas d'Aquin, 2020
- *176 sermons de St Pierre Chrysologue,* St Pierre Chrysologue, 2020
- *Commentaire de la lettre de St Paul aux Galates,* St Thomas d'Aquin, 2020
- *Commentaire du Livre de Jérémie et du Livre des Lamentations,* St Thomas d'Aquin, 2020
- *Explication suivie des 4 Évangiles, Évangile de St Matthieu et Évangile de St Marc, la chaîne d'or, Volume 1,* St Thomas d'Aquin, 2021
- *Explication suivie des 4 Évangiles, Évangile de St Luc et Évangile de St Jean, la chaîne d'or, Volume 2,* St Thomas d'Aquin, 2021
- *Commentaire de la lettre de St Paul aux Romains,* St Thomas d'Aquin, 2021
- *Homélies et discours sur le Livre de la Genèse,* St Jean Chrysostome, 2021
- *Saint Joseph, Époux de la Très Sainte Vierge, traité théologique,* Cardinal Lépicier, 2021
- *Homélies sur le Livre des Psaumes,* St Jean Chrysostome, 2021
- *Les Saintes Voies de la Croix,* Père Henri-Marie Boudon, 2021
- *Commentaire des lettres à Timothée, à Tite et à Philémon,* St Thomas d'Aquin, 2021
- *Commentaire de la première lettre de St Paul aux Corinthiens,* St Thomas d'Aquin, 2021
- *Homélies sur le Livre des Psaumes,* St Jean Chrysostome, 2021
- *Commentaire sur Isaïe, homélies sur Ozias, David et Anne, Synopse de l'Ancien Testament,* St Jean Chrysostome, 2021
- *Commentaire de la lettre de St Paul aux Éphésiens,* St Thomas d'Aquin, 2021
- *Commentaire de la lettre de St Paul aux Philippiens, aux Colossiens et aux Thessaloniciens,* St Thomas d'Aquin, 2021
- *Dieu seul : le Saint esclavage de l'admirable Mère de Dieu,* Père Henri-Marie Boudon, 2021

- *Échelle du Ciel, ou moyens efficaces de parvenir au vrai bonheur,* St Robert Bellarmin, 2021

- *Sainte Gemma Galgani : Autobiographie, Journal Intime, Extases, L'Heure Sainte : Fille de la Passion du Christ,* Jocelyn Girard, 2021

- *Homélies sur l'Évangile de St Matthieu, 1-39, Tome I,* St Jean Chrysostome, 2021

- *Homélies sur l'Évangile de St Matthieu, 40-90, Tome II,* St Jean Chrysostome, 2021

- *Exercices spirituels,* St Ignace de Loyola, 2021

- *Traité de l'oraison et de la méditation, traité de la dévotion,* St Pierre d'Alcantara, 2021

- *Vie des Saints Martyrs, Les temps Néronien et le deuxième siècle, volume 1,* R.P. Dom Henri Leclercq, 2021

- *Vie des Saints Martyrs, Le troisième siècle Dioclétien, volume 2,* R.P. Dom Henri Leclercq, 2021

- *Saint Thomas d'Aquin, Patron des écoles catholiques,* R.P. Charles-Anatole Joyau, 2021

- *La Mère des Chrétiens et la Reine de l'Église,* Abbé Joseph Lémann, 2021

- *Le Mystère de l'Église,* R.P. Humbert Clérissac, 2021

- *La divinité de Notre-Seigneur Jésus-Christ,* par Mgr Charles-Émile Freppel, 2021

- *Le monde des esprits, anges et démons,* Dom Bernard-Marie Maréchaux, 2021

- *Vie de Notre Seigneur Jésus-Christ, visions de Anne Catherine Emmerich,* Tome I-II, Abbé Édmond de Cazalès, 2021

- *Vie de Notre Seigneur Jésus-Christ, visions de Anne Catherine Emmerich,* Tome III-IV, Abbé Édmond de Cazalès, 2021

- *Vie de Notre Seigneur Jésus-Christ, visions de Anne Catherine Emmerich,* Tome V-VI, Abbé Édmond de Cazalès, 2021

- *Gloire et bienfaits de la Sainte Vierge,* Abbé Stéphen Coubé, 2021

- *Sainte Véronique Giuliani, Abbesse des Capucines,* Comtesse Marie de Villermont, 2021

- *La dévotion au Saint-Esprit, dons et fruits du Saint-Esprit,* R.P. François-Xavier Gautrelet, 2021

- *Histoire de Notre-Dame de Liesse,* abbés Émile et Aldoric Duployé, 2021

- *Saint Pierre,* Abbé Louis-Claude Fillion, 2021

- *Vie des Saints Martyrs, Julien l'Apostat, Sapor, Genséric, volume 3,* R.P. Dom Henri Leclercq, 2022

- *La douloureuse Passion de Notre Seigneur Jésus-Christ, d'après les méditations de Anne*

Catherine Emmerich, Abbé Édmond de Cazalès, 2022

- *La vie de la Sainte Vierge, d'après les méditations de Anne Catherine Emmerich,* Abbé Édmond de Cazalès, 2022

- *Pseudo-Denys l'Aréopagite, œuvres intégrales,* Abbé Georges Darboy, 2022

- *Saint Justin Martyr, œuvres intégrales,* Abbé Antoine Eugène Genoude, 2022

- *Sermons du Curé d'Ars, Tome I,* Saint Jean-Marie Vianney, 2022

- *Sermons du Curé d'Ars, Tome II,* Saint Jean-Marie Vianney, 2022

- *Sermons du Curé d'Ars, Tome III,* Saint Jean-Marie Vianney, 2022

- *Sermons du Curé d'Ars, Tome IV,* Saint Jean-Marie Vianney, 2022

- *Homélie sur l'Évangile de St Jean,* St Jean Chrysostome, 2022

- *Saint Clément d'Alexandrie, Recueil d'œuvres,* Abbé Antoine Eugène Genoude, 2022

- *Lactance, Recueil d'œuvres,* Jean Alexandre C. Buchon, 2022

- *Les Apôtres, ou Histoire de l'Église primitive,* Abbé Claude-Joseph Drioux, 2022

- *Du culte de la Sainte Vierge dans l'Église Catholique, lettre du R.P. Newman au Docteur Pusey,* R.P. John Henry Newman, 2022

- *Bethléem, ou le Mystère de la Sainte Enfance,* R.P. Frédérick-William Faber, 2022

- *Le Pied de la Croix, ou les Douleurs de Marie,* R.P. Frédérick-William Faber, 2022

- *Tout pour Jésus, ou voies faciles de l'amour divin,* R.P. Frédérick-William Faber, 2022

- *Le Précieux Sang, ou le prix de notre salut,* R.P. Frédérick-William Faber, 2022

- *Le Témoignage de Marie de l'Incarnation,* Dom Albert Jamet, 2022

- *Le Créateur et la créature, ou les Merveilles de Dieu,* R.P. Frédérick-William Faber, 2022

- *Du néant à Dieu,* Ernest Hello, 2022

- *Le Rosaire et la sainteté,* R.P. Édouard Hugon, 2022

- *Des Grâces d'Oraison,* R.P. Augustin Poulain, 2022

- *Le Déluge biblique devant la foi,* Père Alexandre Motais, 2022

- *Le Règne Social du Sacré-Cœur,* Mgr Albert Nègre, Georges de Noaillat, 2022

- *L'Esprit de Saint Dominique,* R.P. Humbert Clérissac, 2022

- *La vocation catholique de la France et sa fidélité au Saint-Siège à travers les âges,* Mgr Alfred Baudrillart, 2022

- *Vie populaire de Notre Seigneur Jésus-Christ, Tomes 1 & 2,* Abbé Emmanuel Barbier, 2022

- *La Sainte Église au temps de Apôtres,* Abbé Henri Lesêtre, 2022

- *La vie intérieure simplifiée et ramenée à son fondement,* Père Joseph Tissot, 2022

- *Six leçons sur les Évangiles,* Abbé Pierre Batiffol, 2022

- *Saint Éphrem, poète,* Abbé Camille Ferry, 2022

- *Les origines du Christianisme, d'après la Tradition Catholique,* Abbé Émile Castan, 2023

- *Vies choisies des Pères des déserts de l'Orient,* R.P. Michel-Ange Marin, 2023

- *Le procès de Jésus-Christ,* Chanoine Constantin Chauvin, 2023

- *Commentaire du Cantiques des Cantiques, sermons 1 à 86,* Saint Bernard de Clairvaux, 2023

- *Commentaire du Cantiques des Cantiques, sermons 87 à 134,* Saint Bernard de Clairvaux, 2023

Printed in France by Amazon
Brétigny-sur-Orge, FR

13852924R00285